Albert Stöckl

Geschichte der Philosophie des Mittelalters

Albert Stöckl

Geschichte der Philosophie des Mittelalters

ISBN/EAN: 9783743387959

Hergestellt in Europa, USA, Kanada, Australien, Japan

Cover: Foto ©ninafisch / pixelio.de

Manufactured and distributed by brebook publishing software (www.brebook.com)

Albert Stöckl

Geschichte der Philosophie des Mittelalters

Geschichte

der

Philosophie des Mittelalters

von

Dr. Albert Stöckl,
ord. Professor der Philosophie an der Academie Münster.

Erster Band.
Periode der Entstehung und allmähligen Ausbildung der Scholastik.

MAINZ,
Verlag von Franz Kirchheim.
1864.

Mainz, Druck von Florian Kupferberg.

Vorrede.

Es ist Thatsache, dass in neuester Zeit der Philosophie des Mittelalters eine weit grössere Aufmerksamkeit geschenkt wird, als solches noch vor Jahrzehnten der Fall war. Nach meiner innigsten Ueberzeugung kann diese Thatsache nur als eine sehr erfreuliche betrachtet werden, und wie die Kunst in Folge des Zurückgehens auf die mittelalterlichen Kunstentwicklungen einen neuen Aufschwung genommen hat, so wird auch der Fortgang der christlichen Wissenschaft, in specie der Philosophie, durch jenes Zurückgehen auf die alten Meister der Schule und durch die Verwerthung der in ihren Werken niedergelegten reichen Schätze des Wissens für unsere Zeit, ganz gewiss in hohem Masse gefördert werden. Ich kann die Ansicht derjenigen nicht theilen, welche aus dem unverkennbar immer allgemeiner werdenden Streben der Geister, an die patristische und mittelalterliche Philosophie und Theologie wieder anzuknüpfen, und auf dieser Grundlage unter Benützung der Resultate der neuern Wissenschaft den Bau der christlichen Wissenschaft weiter zu führen, nur Verderben und Unheil für dieselbe erwarten. Sollte denn die grosse Arbeit der Geister während des langen Zeitraumes von sechzehn Jahrhunderten ganz unnütz für die gegenwärtige Zeit gewesen sein? Sollte es denn in der speculativen Wissenschaft allein gar keinen *dauernden* Gewinn geben, welcher als solcher für alle folgenden Zeiten immer wieder verwerthet werden kann, um auf dieser Grundlage einen weitern dauernden Gewinn zu erzielen? Oder ist denn die Aussicht so tröstlich, dass spätere Jahrhunderte mit dem gleichen Rechte, wie wir, die Resultate unserer modernen Wissenschaft als etwas ganz Unnützes und Unbrauchbares bei Seite legen, und aus der Benützung derselben nur Unheil und Verderben erwarten werden? Wozu denn dann alle Arbeit der Geister im Gebiete der Wissenschaft? Sie wird zu einer Sisyphus-Arbeit, welche wahrhaft nicht werth ist, dass die besten Kräfte an dieselbe vergeudet werden.

Eine Folge der erhöhten Aufmerksamkeit, welche in unserer Zeit der mittelalterlichen Philosophie und Theologie geschenkt wird, ist es, dass unsere Literatur sich immer mehr bereichert mit solchen Werken, welche in die Geschichte der Philosophie des Mittelalters einschlagen, und entweder einzelne Partien aus derselben behandeln, oder aber ein allgemeines Bild von dem Wesen und von dem Inhalt der scholastischen Philosophie zu entwerfen suchen. Noch aber fehlt uns eine vollständige Geschichte der Philosophie des Mittelalters, welche den ganzen geschichtlichen Entwicklungsgang dieser Philosophie mit jener Ausführlichkeit, welche die Sache selbst erfordert, zur Darstellung brächte. Und doch muss eine solche Geschichte als ein Bedürfniss unserer Zeit anerkannt werden. Denn je grösser das Interesse ist, welches an der mittelalterlichen Philosophie genommen wird, desto nothwendiger dürfte es sein, einen genügenden Einblick zu ermöglichen in den ganzen geschichtlichen Verlauf und Entwicklungsgang dieser Philosophie, um so mehr, da nur unter der Voraussetzung eines solchen Einblickes in das Ganze dieselbe gehörig gewürdigt werden kann. Selbst die Gegner der Scholastik werden dieses nicht in Abrede stellen. Doch auch abgesehen davon ist schon an und für sich das geschichtliche Interesse, welches die mittelalterliche Philosophie, besonders für christliche Denker, darbietet, von der Art, dass eine eingehende und ausführliche Darstellung ihres ganzen geschichtlichen Entwicklungsganges nicht mehr länger aufgeschoben werden darf.

Diese Gründe nun sind es, welche nach meinem Dafürhalten das Erscheinen des vorliegenden Werkes rechtfertigen dürften. Ich habe mich keine Mühe gereuen lassen, den Anforderungen, welche an ein solches Werk mit Recht gemacht werden können, nach Möglichkeit wenigstens annähernd zu entsprechen. Wenn ich nicht Alles erreicht habe, was ich erreichen wollte, so wird der geneigte Leser gewiss die Schwierigkeit der gestellten Aufgabe und den ungeheuern Umfang des zu bewältigenden Materials in der Bestimmung seines Urtheils mit in Anschlag bringen. Dass ich die oben erwähnten trefflichen Vorarbeiten für die Geschichte der Philosophie des Mittelalters weder unberücksichtigt, noch unbenützt lassen konnte und durfte, versteht sich wohl von selbst. Wo solches geschah, habe ich dieselben auch stets citirt.

Als ich vor einigen Jahren meine „Geschichte der Philosophie der patristischen Zeit" herausgab, habe ich dieselbe an ein anderes Werk sich anschliessen und als Fortsetzung desselben erscheinen lassen. Davon glaubte ich in Bezug auf die vorliegende Geschichte der Philosophie des Mittelalters abgehen zu müssen, da ich nur unter dieser Bedingung ganz freie Hand für die geschichtliche Darstellung des Ganzen dieser Philosophie gewinnen konnte. Deshalb entschloss ich mich, jenes Werk auf andere Weise zu vollenden, und die vorliegende Geschichte der Philosophie des Mittelalters als ein eigenes, selbstständiges Werk erscheinen zu lassen. Dieses glaubte ich bemerken zu müssen, um das von mir eingeschlagene Verfahren den Abnehmern des ersterwähnten Werkes gegenüber zu rechtfertigen.

Und so möge denn das vorliegende Werk unter dem Segen Gottes einen kleinen Beitrag liefern zur Förderung der christlichen Wissenschaft in unserer Zeit. Wird dieser Wunsch erfüllt, dann ist mein Zweck erreicht und die Mühe gelohnt, welche ich auf dasselbe verwendet habe.

Münster, am Feste der Heimsuchung Mariä 1864.

Der Verfasser.

Inhaltsverzeichniss.

Einleitung.

Allgemeine Charakteristik des Mittelalters. Bewegende Elemente in der Geschichte des Mittelalters. Wirksamkeit des Christenthums auf das öffentliche Leben der neuen Culturvölker. §. 1. S. 3 ff. Allgemeine Charakteristik der mittelalterlichen Wissenschaft. Würdigung dieser Wissenschaft. Verhältniss der mittelalterlichen Wissenschaft zur patristischen. Fortschritt zur Systembildung. Verbindung von Stabilität und Fortschritt in der mittelalterlichen Wissenschaft. §. 2. S. 5 ff. Wie die mittelalterlichen Denker das Verhältniss zwischen Philosophie und Offenbarung, und zwischen Philosophie und Theologie bestimmten. Bedeutung der Devise: „Philosophia Theologiae ancilla." Scheidung von Scholastik und Mystik. Gegensätze zur christlichen Speculation im Mittelalter. In wie weit das theologische Moment in die folgende Darstellung hereinzuziehen sei. Eintheilung der Materie. §. 3. S. 9 ff.

I. Die ersten Anfänge wissenschaftlicher Bestrebungen bei den abendländischen Völkern.

1. Isidor von Sevilla, Beda Venerabilis, Alcuin.

Leben und Schriften Isidors von Sevilla. Definition der Philosophie. Charakteristik seiner Lehre. §. 4. S. 13 f. Ausbreitung des Christenthums in England. Beda's Leben und Schriften. Philosophische Gedanken in denselben. §. 5. S. 14 ff. Carl der Grosse. Verdienste desselben um die Förderung der Wissenschaft. Alcuin. Sein Leben und seine Schriften. Charakter seiner theologischen Lehre. Psychologie. Definition der Seele. Einheit der Seele. Seelenkräfte. Die Seele als Bild der Trinität. Ursprung und Unsterblichkeit der Seele. Ethische Grundbegriffe. Eintheilung der Tugenden. §. 6. S. 16 ff.

2. Fredegisus, Rhabanus Maurus, Paschasius Radbertus.

Fredegisus. Inhalt seiner Schrift „de nihilo et tenebris." Tiefere Bedeutung der in dieser Schrift entwickelten Lehre. §. 7. S. 20 ff. Leben und Schriften des Rhabanus Maurus. Inhalt und Charakteristik seines Buches über das Universum. §. 8. S. 23 f. Paschasius Radbertus. Seine Schrift: De fide, spe et charitate. Die in dieser Schrift entwickelte Lehre über das Verhältniss zwischen Glaube und Vernunfterkenntniss. Der Glaube als Grundlage und Vervollständigung unserer Erkenntniss. §. 9. S. 24 ff.

3. Der Prädestinationsstreit. Gottschalk und Hinkmar von Rheims.

Gottschalks Leben und Lehre. Doppelte Prädestination. Wie Gottschalk die doppelte Prädestination auffasste und begrifflich bestimmte. Urtheil der Zeitgenossen über seine Lehre. §. 10. S. 26 ff. Sein Gegner Hinkmar von Rheims. Dessen Leben. Wie er Gottschalk zu widerlegen suchte. Einfache Prädestination. Begriff und Begründung derselben. Epilog und Uebergang zu Skotus Erigena. §. 11. S. 28 ff.

II. Johannes Skotus Erigena.

Leben und Schriften des Skotus Erigena. Seine Auctoritäten. Sein Benehmen im Prädestinationsstreit. Vertheidigung der einfachen Prädestination gegen Gottschalk. Beweisgründe für die einfache Prädestination. §. 12. S. 31 ff. Erigena's Auffassungsweise der einfachen Prädestination. Verhältniss zwischen Prädestination und Präscienz. Gott sieht das Böse und die Strafe der Bösen nicht voraus. Beweisgründe. Charakteristik dieser Prädestinationslehre und Aufnahme derselben Seitens der Zeitgenossen Erigena's. § 13. S. 34 ff. Erigena's philosophisches System. Sein philosophischer Standpunkt. Auctorität und Vernunft. Verhältniss zwischen beiden. Scheinbar widersprechende Aeusserungen Erigena's hierüber. §. 14. S. 36 ff. Erklärung jenes scheinbaren Widerspruches. Der tiefere Sinn der heiligen Schrift. Allegorische Erklärungsweise. Gnostischer Standpunkt Erigena's. Identität von Religion und Philosophie. §. 15. S. 39 ff. Mysticismus. Entwicklung desselben. Charakteristik dieses Mysticismus und Bedeutung desselben im erigenistischen System. Theosophie. Folgen der mystischen Geistesrichtung Erigena's für das Ganze seiner Lehre. Widersprüche in der letztern. Woher diese kommen. §. 16. S. 42 ff. Die Unterscheidung der vier Naturen. Die erste Natur. Gott in seinem Ansichsein alle Erkenntniss überragend. Bejahende und verneinende Theologie. Verhältniss zwischen beiden. Vereinigung beider in der Art und Weise, wie wir Gottes Eigenschaften ausdrücken. Theophanien. Begriff und Arten derselben. Welche Erkenntniss Gottes die Theophanien ermöglichen. Stellung des Begriffs der Theophanie in Erigena's Lehrsystem. §. 17. S. 45 ff. Erhabenheit des göttlichen Wesens über die Categorien. In wie fern Gott in seinem Ansichsein „Nichts" genannt werden könne. Art und Weise der göttlichen Selbsterkenntniss. Absolute Einfachheit Gottes. §. 18. S. 48 ff. Trinitätslehre. Speculative Bestimmung dieser Lehre. Wesentlicher Charakter dieser speculativen Bestimmung. In wie fern der Vater im Sohne Alles geschaffen. Der heilige Geist als zertheilende und ordnende Ursache. Einheit des göttlichen Lebens. §. 19. S. 51 ff. Zweite Natur. Die Primordialursachen im göttlichen Worte. Art und Weise der Schöpfung derselben. Verhältniss der ersten zur zweiten Natur. Selbstbestimmung und Selbstverwirklichung Gottes in der idealen Welt. Ewigkeit der Primordialursachen. In wie fern Gott nicht war vor der (idealen) Welt. Das göttliche Denken als schöpferische Ursache der Welt. §. 20. S. 54 ff. Dritte Natur. Objectivirung des Allgemeinen als solchen. Die allgemeine οὐσία. Verhältniss derselben zu den Gattungen, Arten und Individuen. In wie fern die Individuen vergänglich sind. Unterschied zwischen οὐσία und φυσις. Die Negation. Unerkennbarkeit der οὐσία. Sie bedarf keiner Accidentien zu ihrer Existenz. Bedeutung dieser Lehre vom Allgemeinen. §. 21. S. 58 ff. Begriff der Materie in ihrem Verhältniss zur Form und in ihrem Ansich. Wie die Körper aus der Materie entstehen. Wesentliche und qualitative Form. Die Quantität. Begriff des Körpers. Worin die Veränderlichkeit und Vergänglichkeit der Körper, so wie die Verschiedenheit der Individuen begründet sei. Epilog. §. 22. S. 62 ff. Verhältniss zwischen der zweiten und dritten Natur, der idealen und Erscheinungswelt. Reale Identität und beziehungsweise Verschiedenheit. Zeitlichkeit der Erscheinungswelt. Sie hat einen Anfang. Grund dieser Annahme bei Erigena. Ob sie mit seinen Principien im Einklang stehe. §. 23. S. 65 ff. Verhältniss Gottes zur Welt. Schöpfung aus Nichts. Motive der Weltschöpfung. Wie Erigena das „Schaffen aus Nichts" versteht. Bilder, in welchen er seinen Gedanken versinnlicht. Werden Gottes in der Welt. Unter welchem Begriffe dieses Werden Gottes in der Welt zu denken sei. Nur Eine Welt möglich. Warum? Weshalb Gott das Böse nicht kennen kann. §. 24. S. 68 ff. Conformität der erigenistischen Lehrsätze mit den neuplatonischen. Aussprüche Erigena's, in welchen Gott und Welt ihrem Sein nach ausdrücklich identificirt werden. Transcendenz und Immanenz Gottes zugleich. Schicksal der Schrift Erigena's de div. nat. in der folgenden Zeit des Mittelalters. §. 25. S. 73 ff. Engellehre. Begriff des Engels. Erkenntnissweise des Engels. Leiber der Engel. Von welcher Art sie seien. §. 26. S. 77 ff. Erkenntnisslehre. Die höhere Erkenntnisskraft. Verzweigungen derselben. Verstand, Vernunft und innerer Sinn. Niedere Erkenntnisskraft. Der äussere Sinn. Process der sinnlichen Erkenntniss. Das Gedächtniss. Dreifache Bewegung der höhern Erkenntniss. Analytischer und synthetischer Erkenntnissprocess. Nachbildliches Verhältniss der höhern Erkenntnisskräfte des Menschen zur göttlichen Trinität. Die οὐσια, δυναμις und ἐνεργεια und ihr Verhältniss zum νους, zum λογος und zur διανοια §. 27. S. 79 ff. Psychologische Lehre. Der Geist erkennt sich nur, dass er ist, nicht was er ist. Worin dennoch die Möglichkeit einer psychologischen Erkenntniss gründe. Definition des Menschen in seinem Ansichsein. Doppelte Wesenheit des Menschen. Der allgemeine Mensch im göttlichen Worte und der empirische Mensch. Verhältniss beider zu einander. Das Selbstbewusstsein ist blos dem empirischen Menschen eigen. Im Menschen sind alle Dinge geschaffen, und der Mensch ist in allen Dingen geschaffen. §. 28. S. 83 ff. In wie ferne alle Dinge im Menschen nicht blos der Natur, sondern auch dem Begriffe nach geschaffen seien. Identität des Begriffes der Sache im Menschen mit der Sache selbst. Erste und zweite Wesenheiten. Die Dinge existiren wahrer in der menschlichen Erkenntniss, als in sich selbst. In wie fern der Mensch vor allen Dingen zugleich mit den Engeln und in wie ferne der Mensch im Engel, und der Engel im Menschen geschaffen worden. Unsterbliche und sinnliche Leiblichkeit des ersten Menschen. §. 29. S. 88 ff. Der empirische Mensch. Wesen der Seele und ihr Verhältniss zum Leibe. Fünf Momente der menschlichen Natur. Die Seele ist in jeder ihrer Wirksamkeiten nach ihrem ganzen Sein thätig. Der Mensch nach dem Bilde Gottes geschaffen. In wie fern dieses Bild in ihm sich ausprägt. Freiheit des Willens. Ursprung und Wesen des Bösen. Das Böse als grundlos, incausal. Die Natur als solche bleibt vom Bösen unberührt. Ursprung des empirischen Menschen. Theorie des Abfalls. §. 30. S. 92 ff. Zustand und Vorzüge des Menschen vor dem Sündenfalle in leiblicher und geistiger Beziehung. Sein Verhältniss zur Schöpfung. Geschlechtslosigkeit. Was unter „Paradies" zu verstehen. Auf welche Weise die menschliche Natur, falls die Sünde nicht dazwischen trat, in der Vielheit der Individuen sich individualisirt hätte. Herabsinken des Menschen in den empirischen Zustand in Folge der Sünde. Entstehung des thierischen Leibes, des thierischen Lebens und der thierischen Gelüste im Menschen. Ausscheidung der Geschlechter. Thierische Fortpflanzung. Erbsünde. Die ursprüngliche Würde hat jedoch der Mensch nicht gänzlich verloren. §. 31. S. 97 ff. Allegorisirung der einzelnen Momente in der biblischen Erzählung der Urgeschichte des Menschen. Widersprüche, in welche sich diese allegorischen Deutungen verwickeln, und versuchte Lösung derselben. Das Böse schon in der Natur des Menschen angelegt. Analogie und Verschiedenheit der erigenistischen Abfallslehre von der platonischen. Die empirische Welt als solche erst in Folge des Abfalls des ersten Menschen entstanden. Würdigung dieser Lehre. §. 32. S. 102 ff. Lehre von der vierten Natur. Höchster Zweck der Verleiblichung des Menschen in Folge der Sünde. Die Strafe blos correctiv. Zurückstreben aller Dinge zu ihrem Princip. Die Rückkehr derselben zum Princip vermittelt durch Christum. Lehre von der Person Christi. Wesentlicher Charakter der origenistischen Erlösungslehre. Zustand der menschlichen Natur Christi nach seiner Auferstehung und Himmelfahrt. Verwandlung der Menschheit Christi in die Gottheit. Allgegenwart des Leibes Christi. §. 33. S. 107 ff. Drei Stufen der Rückkehr der Dinge in Gott. Anderwärts sieben Stufen dieser Rückkehr aufgeführt. Drei Stufen der Rückkehr der menschlichen Natur im Besondern. Die Eigenheit der geschöpflichen Substanzen wird in dieser Rückkehr nicht aufgehoben. Gleichnisse zur Veranschaulichung dieses Gedankens. §. 34. S. 112 ff. Wesen und Bestimmung der Kirche. Die Eucharistie. Die Auferstehung. Innerer Möglichkeitsgrund der Auferstehung. Zustand der Auferstandenen. Vergeistigung der Körperwelt. Untergang des Bösen. Aufhebung des Geschlechtsunterschiedes. Beurtheilung dieser Lehre. §. 35. S. 116 ff. Die ewige Strafe der Verdammten. Die Strafe trifft nicht die Natur, sondern blos den Willen. Wesen dieser Strafe. Kein Unterschied zwischen Guten und Bösen in Bezug auf den Stand der Verklärtheit der menschlichen Natur als solcher. Erkenntniss der Verworfenen. §. 36. S. 121 ff. Die Hölle nicht ausserhalb Gottes. Untergang des objectiven, nicht des subjectiven Uebels. Andeutungen einer allgemeinen Apokatastasis auch der Verdammten. Schwanken in Bezug auf die Apokatastasis des Satans. Das Böse und die Strafe des Bösen steht nicht im Widerspruch mit der allgemeinen Harmonie und Schönheit des Universums. Gründe hiefür. Epilog. Wesentlicher Charakter und Grundgedanke des erigenistischen Systems. §. 37. S. 124 ff.

III. Fortgang der philosophischen Bestrebungen.

Entwicklung des Gegensatzes zwischen Nominalismus und Realismus.

Der excessive Realismus des Erigena als Veranlassung zur Entstehung der nominalistischen Theorie. Gegensatz dieser Theorie zum erigenistischen Realismus. Die ersten Vertreter dieser Theorie. Heiric von Auxerre. Seine Lehre. Unterscheidung zwischen res, intellectus und vox. Jepa. Seine Lehre. Remigius von Auxerre. Lehre desselben. Ueber „Johannes Sophista." §. 38. S. 128 ff. Gerbert. Sein Leben. Inhalt seines Schriftchens: „De rationali et ratione uti." Berengar von Tours. Sein Leben. Sein rationalistischer Standpunkt. Berengars Gegner Lanfranc. Charakteristik seiner Lehre. §. 39. S. 132 ff. Begründung des Nominalismus. Roscellin. Anselms und Abälards Bericht über Roscellins Lehre. Empiristischer Charakter der nominalistischen Lehre. Was aus der Anwendung dieser Lehre auf die christlichen Mysterien erfolgt. Roscellins Tritheismus. Anselms und Abälards Bericht hierüber. Schicksal dieser Lehre vor dem Forum der Kirche. §. 40. S. 135 ff. Begründung des excessiven Realismus. Wilhelm von Champeaux. Sein Leben. Abälards Bericht über Wilhelms Realismus. Johannes von Salisbury über den Inhalt der excessiv-realistischen Lehre. Idealistischer Charakter derselben. §. 41. S. 140 ff. Die wahre Mitte zwischen diesen beiden Gegensätzen des Nominalismus und excessiven Realismus. Vermittlungsversuche, welche in der gegenwärtigen Epoche zwischen diesen Gegensätzen gemacht wurden. Der Conceptualismus. Inhalt dieser Lehre. Wahres und Falsches in derselben. Joscellin von Soissons. Lehre desselben von den Universalien. §. 42. S. 143 ff. Das Buch „De generibus et speciebus." Ueber Verfasser und

Abfassungszeit dieses Buches. Die in demselben vorgetragene Lehre von den Universalien. Der allgemeine Begriff als Sammelbegriff, beruhend auf dem Begriff der ähnlichen Schöpfung. Genesis der Art- und Gattungsbegriffe. Verhältniss des Allgemeinen zum Individuum. Die Atome als die letzten Bestandtheile der körperlichen Dinge. Fortschreitende Bestimmung der Materie durch die verschiedenen Formen. Beurtheilung dieser Lehre. §. 43. S. 146.

IV. Eigentliche Begründung der mittelalterlichen Scholastik.

Anselm von Canterbury.

Aufschwung des kirchlichen Geistes im eilften Jahrhundert. Gregor VII. Günstige Wirkung dieses neuen Aufschwunges für die christliche Wissenschaft. Anselm. Hohe Verdienste Anselms um die Wissenschaft. Sein Leben und seine Schriften. Charakteristik der letztern. §. 44. S. 151 ff. Wissenschaftlicher Standpunkt Anselms. Der Glaube geht dem Wissen voraus. In wie fern das Wissen über dem Glauben, und in wie fern umgekehrt das Glauben über dem Wissen steht. Die Vernunft der Offenbarung gegenüber eine eigene Erkenntnissquelle. Ausdehnung der wissenschaftlichen Erkenntniss auf die christlichen Mysterien. Anselm intendirt hiebei keine apriorische Deduction der christlichen Mysterien aus den Vernunftwahrheiten. Beweise für diese Aufstellung. §. 45. S. 154 ff. Philosophische Erkenntnisslehre. Realismus. Sinnliche und übersinnliche Erkenntniss. Begriff der Wahrheit. Wahrheit der Erkenntniss, des Willens und der Sache. Die absolute Wahrheit, als Bedingung aller Wahrheit. §. 46. S. 157 ff. Theologie. Beweise für Gottes Dasein. Aposterioristische Beweise. Der ontologische Beweis. Welche Bedeutung Anselm diesem Beweise zutheilt. Formulirung desselben. Beurtheilung dieses Beweises. § 47. S. 159 ff. Aus sich sein Gottes. Alle übrigen Dinge sind aus Gott. Wie sie aus Gott hervorgehen. Schöpfung aus Nichts. Bestimmung der Begriffe. Ideales Sein der Dinge im göttlichen Verstande. Analogie der schöpferischen Thätigkeit Gottes mit der künstlerischen Thätigkeit. Die Ideen als das innere Wort, durch welches Gott die Dinge denkt und ausspricht. Erhaltung der Dinge durch Gott. §. 48. S. 165 ff. Was von Gott der Substanz nach prädicirt werden könne und müsse. Quidditative, nicht qualitative Prädication der diesbezüglichen Eigenschaften von der göttlichen Natur. Absolute Einfachheit Gottes. Folgerungen aus dieser göttlichen Eigenschaft. Ewigkeit und Allgegenwart Gottes. Unveränderlichkeit Gottes. In wie fern von Gott die Categorie der Substanz prädicirt werden könne. Geistigkeit Gottes. Gott allein *ist* wahrhaft; alles Uebrige ist ihm gegenüber fast nicht. §. 49. S. 168 ff. Trinitätslehre. Die Erkenntniss des innern Wortes, in welchem Gott die Dinge denkt, leitet zur Erkenntniss jenes Wortes, in welchem er sich selbst denkt. Wie diese Hinleitung sich bewerkstellige. Identität des einen und des andern Wortes unter sich sowohl, als auch mit der göttlichen Substanz. Verschiedenheit des göttlichen Wortes von demjenigen, welcher es spricht. Das Verhältniss zwischen beiden ist das des Erzeugers zum Erzeugten, des Vaters zum Sohne. Weitere Entwicklung dieses beiderseitigen Verhältnisses. Der heilige Geist als die persönliche Liebe zwischen Vater und Sohn. Erläuterung dieser Thesis. Gleichniss zur Versinnbildlichung des trinitarischen Verhältnisses. Epilog. §. 50. S. 173 ff. Lehre von der menschlichen Willensfreiheit. Freiheit von Zwang und Nothwendigkeit. Die Freiheit zum Bösen kein Moment im Begriff der Freiheit. Gründe hiefür. In wie fern der erste Mensch desungeachtet frei sündigte. Der Wille des Zuträglichen und des Gerechten. Die Freiheit hat ihren Sitz in dem „Willen des Gerechten." Ableitung des Begriffes der Freiheit. In wie fern der erste Mensch die Freiheit durch die Sünde nicht verlor. Unüberwindlichkeit der Freiheit. Erklärung des Ausspruches der heiligen Schrift, dass der Mensch Sclave der Sünde sei. §. 51. S. 175 ff. Die Gerechtigkeit kann der Wille sowohl vor als nach dem Falle nur besitzen aus göttlicher Gnade, nicht aus sich selbst. Gründe hiefür. Daraus erfolgend ein durchgreifender Unterschied zwischen dem Willen des Gerechten und dem Willen des Zuträglichen. Beurtheilung der Anselmianischen Freiheitstheorie. Die menschliche Freiheit wird durch die göttliche Voraussehung nicht aufgehoben, und ebenso wenig durch die göttliche Vorherbestimmung. Gründe hiefür. Vorausgehende und nachfolgende Nothwendigkeit. Begriff der Prädestination. §. 52. S. 180 ff. Lehre vom Bösen. Das Uebel der Ungerechtigkeit und der Unseligkeit. Der Begriff des einen wie des andern läuft auf eine Negation hinaus. Der Begriff des malum incommodi im Besondern. Das sittlich Böse im Besondern. Nähere Bestimmung des Begriffes desselben. Es hat seinen Grund ausschliesslich im Willen. Gründe hiefür. Nur der Wille wird bestraft. Gott ist nicht der Urheber des Bösen. In wie fern die Mitwirkung Gottes zu den bösen Handlungen der Menschen nicht zugleich die Urheberschaft des Bösen für Gott mit sich führt. §. 53. S. 184 ff. Ueber den Fall der Engel. Warum der gefallene Engel das Geschenk der Beharrlichkeit von Gott nicht empfing. Worin die Sünde des gefallenen Engels und das Verdienst der guten Engel bestand. Ursprünglicher Zustand der Engel. Weder den Willen der Glückseligkeit, noch den Willen der Gerechtigkeit konnten sie aus sich haben. Der gefallene Engel konnte seinen Fall und die daraus folgende Strafe weder voraussehen, noch voraus vermuthen. Gründe hiefür. Auch der gute Engel konnte nicht voraus wissen, dass auf den Fall die Strafe wirklich folgen werde. Warum? § 54. S. 188 ff. Lehre von der Erbsünde. Ableitung des Begriffes derselben. Der erste Mensch der Repräsentant des ganzen Geschlechtes. In wie ferne hieraus die Vererbung der Sünde sich erklärt. Erstes Moment im Begriff der Erbsünde. Beraubung der ursprünglichen Gerechtigkeit. Zweites Moment: Die Schuld der Genugthuung. Corruption der menschlichen Natur in Folge dieser Schuld. §. 55. S. 193 ff. Sitz der Erbsünde. In wie ferne die Erbsünde sich durch die Erzeugung fortpflanzen könne. Verhältniss der Erbsünde zur Natur und Person des Erzeugten. Die Nothwendigkeit des Behaftetseins der Natur mit der Erbsünde entbindet nicht von der Schuld. Die Strafe der Erbsünde milder als die der persönlichen Sünde. §. 56. S. 196 ff. Erlösungstheorie. Gott ist in gewisser Weise gehalten, die Menschheit zu erlösen. Gründe. In wie fern dadurch die Freiheit der Erlösungsthat nicht aufgehoben wird. Die Erlösung war nicht möglich ohne Genugthuung. Gründe hiefür. Begriff der Genugthuung. Bedingungen derselben. Der Werth der zur Genugthuung an Gott hingegebenen Gabe muss den Werth alles Geschöpflichen übersteigen. Freiheit der genugthuenden Action von sittlicher Nothwendigkeit. §. 57. S. 198 ff. Unfähigkeit jedes geschaffenen Wesens, eine solche Genugthuung zu leisten. Nur ein Gottmensch kann eine solche Genugthuung bewerkstelligen. Weitere Requisite in der Person dieses Gottmenschen. Die zur Genugthuung erforderliche Opfergabe konnte nur das eigene Leben des Gottmenschen selbst sein. Grund hiefür. Nothwendige Beschaffenheit des Opfertodes des Gottmenschen. Beurtheilung dieser Erlösungslehre. Die Gnade als Mittel zur Subjectivirung der Erlösung. Mitwirkung des freien Willens mit der Gnade. §. 58. S. 201 ff. Eschatologie. Beweise für die Unsterblichkeit der Seele. Die Seelen der Guten und Bösen müssen unsterblich sein. Ewigkeit der Strafe. Die Auferstehung. Vernunftgründe für dieselbe. Epilog. §. 59. S. 205 ff.

V. Abweichungen von dieser Richtung.
1. Platoniker.
Adelard von Bath, Bernhard von Chartres, Wilhelm von Conches, Walter von Mortagne.

Adelard von Bath. Sein Leben und seine Schriften. Das Wesen und die Bedingungen der Vernunfterkenntniss und Philosophie ganz in platonischer Weise bestimmt. Ebenso das Verhältniss der Seele zum Leibe. Das leibliche Element ist für die Seele verunreinigend und ihre lautere Thätigkeit behindernd. Bedeutung der Philosophie in dieser Richtung. Lehre Adelards von den Universalien. Er sucht in dieser Lehre Plato und Aristoteles mit einander zu vereinbaren. §. 60. S. 208 ff. Bernhard von Chartres. Seine Lehre von Gott, von den Ideen und von der Materie. Die Ideen ewig, aber nicht gleich ewig mit Gott. Der göttliche νους. Die Weltseele. Die Welt als Ganzes ein Lebendiges. Wirksamkeit der Weltseele. Die Welt incorruptibel. Die Materie als Ursache des Unvollkommenen und Bösen. Kreislauf des Universums. Präexistenzlehre. Einfluss der Gestirne auf das zeitliche Geschehen. Excessiver Realismus. §. 61. S. 212 ff. Wilhelm von Conches. Bestreitung der Präexistenzlehre. Creatianismus. Die Weltseele identisch mit dem heiligen Geiste. Begriff und Eintheilung der Wissenschaft. Methodischer Gang im Studium der Wissenschaften. Die Liebe Gottes und sittliches Leben als Bedingung zur Erlangung höherer Einsicht und Wissenschaft. Walter von Mortagne. Sein eigenthümlicher Realismus. Beurtheilung desselben. §. 62. S. 215 ff.

2. Peter Abälard.

Rationalistische Tendenz bei manchen Dialektikern dieser Epoche. Verhältniss Abälards zu dieser Richtung. Lebensgeschichte Abälards. §. 63. S. 218 ff. Charakteristik Abälards nach seiner eigenen Selbstbiographie. Seine bedeutendsten Schriften. Dialektische Gewandtheit ihres Verfassers. Seine Lehre von den Universalien. Er bezeichnet sie als „sermones." Erklärung dieser Formel. Beurtheilung dieser Lehre. Sie kommt über die conceptualistische Formel nicht hinaus. §. 64. S. 221 ff. Bestimmung des Verhältnisses zwischen der Vernunft und dem christlichen Glauben. Doppelte Richtung: supernaturalistische und rationalistische. Supernaturalistische Lehrsätze. Selbstrechtfertigung Abälards in Bezug auf seine Behandlungsweise der Mysterien. Rationalistische Lehrsätze. Das Wissen als Bedingung des Glaubens. Berufung auf die heilige Schrift und die Väter. Inspiration der Vernunft durch den heiligen Geist. §. 65. S. 224 ff. Welchen Vernunftgebrauch Abälard vor dem Glauben fordert. Vorläufige Prüfung des Glaubensinhaltes. Die Uebervernünftigkeit der Mysterien, zunächst der Trinität, aufgehoben. Charakterisirung des Abälard'schen Standpunktes auf der Grundlage dieser Prämissen. Gnosticismus. Aehnlichkeit des Abälard'schen Standpunktes mit dem origenistischen. Wodurch sich beide unterscheiden. Begriff des Glaubens. Bekämpfung dieses Begriffes durch Bernard. §. 66. S. 228 ff. Kein Unterschied zwischen Vernunft- und übervernünftigen Wahrheiten in Bezug auf unsere Erkenntniss. Auch die alten Philosophen haben jene erkannt. Inspiration derselben durch den heiligen Geist. Die Uebernatürlichkeit des Christenthums aufgehoben. Welchen Charakter Abälard dem Christenthum und der christlichen Offenbarung zuerkennt. Aufhebung des Unterschiedes zwischen Natürlichem und Uebernatürlichem auch im sittlichen Gebiete. Gleichstellung der Lehren und des sittlichen Lebens der alten Philosophen mit der Offenbarungslehre und dem christlich ascetischen Leben. §. 67. S. 232 ff. Trinitätslehre. Die hier zu lösenden Probleme. Ableitung der Trinität aus dem Begriffe des vollkommensten Gutes. Identificirung der göttlichen Personen mit der göttlichen Allmacht, Weisheit und Güte. Modalistischer Charakter dieser Lehre. Versuch, diese Lehre im Sinne der Appropriation zu deuten. Widerstreit dieser Appropriationslehre mit den vorausgesetzten Prämissen. Das Appropriationsprincip geht im weitern Verlaufe der Lehre wieder verloren. §. 68. S. 235 ff. Gott der Vater die Allmacht schlechthin. Die Weisheit — der Sohn Gottes — als theilweise Macht. Warum der Sohn aus der Substanz des Vaters erzeugt sei. Modalistischer Subordinatianismus. Der Begriff der Güte schliesst das Moment der Macht aus. Warum der heilige Geist aus Vater und Sohn hervorgehe. Was das „Hervorgehen" bedeute. Der heilige Geist geht nicht aus der *Substanz* des Vaters und Sohnes hervor. Modalistischer Charakter dieser Lehre vom heiligen Geiste. Subordination. §. 69. S. 239 ff. Begründung der Trinitätslehre aus dem alten Testamente und aus den altheidnischen Philosophen. Grundsatz, von welchem hiebei ausgegangen wird. Zeugnisse für die Trinität aus Plato. Deutung der Aussprüche Plato's über die Weltseele auf die Person des heiligen Geistes. Rechtfertigung dieser Deutungen. Dialektische Begründung der Trinität. Gegen welche Gegner diese nothwendig. §. 70. S. 244 ff. Schwierigkeit dieser Aufgabe. Gott über alle Categorien erhaben. In welchem Sinne er Substanz zu nennen sei. In der Entwicklung der göttlichen Geheimnisse muss man sich mit Gleichnissen behelfen. Verdeutlichung der Trinitätslehre durch solche Gleichnisse. Erstes Gleichniss: Einheit eines jeden Dinges in der Vielheit und Verschiedenheit seiner Eigenschaften. Zweites Gleichniss. Die drei Personen, welche die Grammatik unterscheidet. Anwendung des Gleichnisses auf die göttlichen Personen. §. 71. S. 247 ff. Drittes Gleichniss: Ehernes Siegel. Entwicklung dieses Gleichnisses. Detaillirte Anwendung desselben auf die göttliche Trinität. Viertes Gleichniss: Wachsbild. Verhältniss zwischen Gattung und Art. Anwendung. Critik dieser Gleichnisse und ihrer Anwendung. Bekämpfung derselben durch Bernard. §. 72. S. 249 ff. Nähere Untersuchung und Entwicklung der Macht, Weisheit und Güte Gottes, so fern diese Eigenschaften die göttlichen Grundeigenschaften sind. Die Allmacht. Gott kann nicht Mehreres und Besseres thun, als er thut, und kann das, was er thut, nicht unterlassen. Begründung und Vertheidigung dieser Aufstellung. Daraus erfolgend die Nothwendigkeit der Weltschöpfung und der Optimismus. Wie Abälard die Zufälligkeit der Dinge und des Geschehenden überhaupt mit dem bezeichneten Grundsatze zu vereinbaren sucht. In wie fern Gott in jener Voraussetzung doch immer allmächtig bleibe. Bestimmung der göttlichen Freiheit in jener Voraussetzung. Gott *muss* das Böse in der Welt zulassen. §. 73. S. 254 ff. Unveränderlichkeit Gottes. Sie ist gleichfalls in seiner Macht begründet. Sicherstellung derselben gegen mögliche Einwürfe. Wie die Allgegenwart Gottes zu fassen sei. Die göttliche Weisheit. Die göttliche Erkenntniss ist als Allwissenheit zu fassen. Für Gott gibt es keinen Zufall. Vereinbarung der göttlichen Vorsehung mit der menschlichen Freiheit. Die Vorherbestimmung. Einfache Prädestination. Begriffsbestimmung. Wie und in wie fern die Prädestination mit der göttlichen Gerechtigkeit sich vereinbaren lasse. Die göttliche Güte und Barmherzigkeit. Gott kann nicht gütiger und gnädiger sein in seinen Wirkungen, als er wirklich ist. Beurtheilung dieser Lehren über die göttlichen Eigenschaften. §. 74. S. 257 ff. Psychologische Lehre. Wesen der Seele. In wie ferne man sie körperlich nennen könne. Die Seele trägt in sich das Bild der Trinität. Begriff des liberum arbitrium. Es besteht nicht in der Freiheit der Wahl zwischen Gut und Bös. Warum? **Ethische Lehre.** Unterschied zwischen

Vitium, peccatum und actio mala. Begriff des Vitium. Es ist nicht Sünde. Begriff des Peccatum. Es besteht blos in der Einwilligung. Die Actio mala vergrössert die Sünde nicht. Alle Handlungen sind an sich ihrem sittlichen Charakter nach indifferent. Ihren sittlichen Charakter erhalten sie blos durch die Intention. Erläuterung dieser Lehre. Was in Unwissenheit und Unglaube geschieht, ist nicht Sünde. Nur die schweren Sünden sind Sünden im eigentlichen Sinne. Möglichkeit der Vermeidung aller Sünde hienieden. Beurtheilung dieser ethischen Lehre. Unterschied Abälards von Anselm in diesem Gebiete. §. 75. S. 260 ff. Lehre von der Erbsünde. Die Erbsünde schliesst das Moment der Schuld aus, und reducirt sich blos auf die Strafe der ersten Sünde. Begründung dieses Satzes. In wie fern das Ererben einer Strafe ohne Schuld der göttlichen Gerechtigkeit nicht zuwiderlaufe. Beweggründe für Gott, die Strafe der ersten Sünde vererben zu lassen. Pelagianischer Charakter dieser Lehre. §. 76. S. 265 ff. Erlösungslehre. Der Mensch ist durch die Sünde nicht unter die Gewalt des Satans gekommen. Warum? Leiden und Tod Christi haben keinen satisfactorischen Charakter. Begründung dieses Satzes. Wahre Bedeutung des Leidens und Todes Christi. Christi Werk reducirt sich auf Lehre und Beispiel und auf den Zweck der Erzeugung der höchsten Liebe Gottes zu uns. Pelagianischer Charakter dieser Lehrmeinung. §. 77. S. 268 f. Gnadenlehre. Nicht zu jedem guten Werke eine besondere Gnade nothwendig. Die Gnade Gottes reducirt sich auf Vorlegung und Verheissung der Seligkeit für jene, welche das Gute thun. Sie ist blos Gnade des Glaubens. Und auch hier blos äussere Gnade. Vollständiger Pelagianismus. Die Rechtfertigung ist blosse Straferlassung. Rein uneigennützige Liebe. Zu dieser ist der Mensch verpflichtet. Auch hierin das Eintreten in den pelagianisch-rationalistischen Gedankenkreis ersichtlich. Epilog. §. 78. S. 269 ff.

3. Gilbert de la Porrée.

Leben und Schriften Gilberts. Sein wissenschaftlicher Standpunkt im Verhältniss zum christlichen Glauben. Der Glaube in theologischen Dingen das erste. Verhältniss desselben zur natürlichen Erkenntniss. Die Begriffe und Grundsätze der natürlichen Erkenntniss dürfen nicht ohne Beschränkung auf das Theologische angewendet werden. Erkenntnisslehre. Entstehung und Bedeutung der allgemeinen Begriffe. Conceptualistische Färbung dieser Lehre. §. 79. S. 272 ff. Die metaphysischen Begriffe Gilberts. Wesenheit. Subsistenz, Substanz und Person. Bestimmung der Begriffe. Form und Materie. Ihr Verhältniss zu einander. Das Individuum. Schöpfungslehre. §. 80. S. 277 ff. Psychologie. Definition des Menschen. Wesen der Seele. Einfachheit und Unvergänglichkeit derselben. §. 81. S. 280 ff. Theologie. Eigenthümliche Methode in der wissenschaftlichen Construction der Gotteslehre. Die Theologie hat ihre eigenen Grundsätze. In wie fern die Categorien auf das göttliche Wesen anwendbar sind. Metaphysische Einfachheit Gottes. Trinitätslehre. Irrthümliche Gestaltung derselben. Excessiver Realismus in diesem Gebiete. Die göttliche Wesenheit nicht Gott. Sie ist nur das, wodurch Gott Gott ist. Anwendung dieses Lehrsatzes auf die Bestimmung des Verhältnisses zwischen der Gottheit und den göttlichen Personen. Die Personen drei Einheiten, drei zählbare Dinge. Das Irrthümliche in diesen Bestimmungen. §. 82. S. 282 ff. Realer Unterschied zwischen der göttlichen Wesenheit und den göttlichen Personen. Quaternität. Die göttlichen Relationen sind nicht die göttlichen Personen selbst. Christologische Lehrsätze. In der göttlichen Person ist nicht die göttliche Natur Mensch geworden. Eigenschaften der menschlichen Natur des Erlösers, je nach dem dreifachen Zustande der menschlichen Natur. Freiwilligkeit der Erlösungsthat. Epilog. §. 83. S. 286 ff.

4. Joachim von Floris, Amalrich von Chartres und David von Dinanto.

Rationalistische Tendenzen in dieser Epoche. Simon von Tournay. Die Irrlehren des Joachim von Floris. Eigenthümliche Formel in der Trinitätslehre. Die drei Zeitalter. Amalrich von Bene. Quelle seiner Lehre. Sein Leben. Darstellung seiner Lehrmeinungen. Pantheistischer Charakter derselben. §. 84. S. 288 ff. Schüler Amalrichs. Deren häretische Lehrsätze. Die drei Zeitalter. David von Dinanto. Seine Lehre. Gott als die erste Materie aller Dinge. Beweisführung für diese Thesis. Epilog. §. 85. S. 291 ff.

VI. Begründung der mittelalterlichen Mystik.

1. Bernard von Clairvaux.

Charakteristik der mittelalterlichen Mystik im Allgemeinen. Leben und Schriften Bernards. Seine psychologischen Lehrsätze. Dreifache Freiheit. §. 86. S. 293 ff. Freiheit von der Nothwendigkeit. Begriff derselben. Das Wesen des liberum arbitrium besteht nicht in der Freiheit der Wahl zwischen Gut und Bös. Warum? Die Freiheit von der Sünde. Doppelte Abstufung derselben. Der Mensch hat diese Freiheit durch die Sünde verloren. Nothwendigkeit des Bösen. Wie diese Nothwendigkeit zu fassen sei. Sie hebt die natürliche Freiheit nicht auf. Beurtheilung dieser Lehre. Wodurch und in wie fern die Freiheit von der Sünde wieder hergestellt werde. Die Freiheit zum Guten. Verhältniss der Gnade zum freien Willen. Die Freiheit von der Unseligkeit. Abstufungen derselben. Wann und wodurch der Mensch selbe erringe. §. 87. S. 295 ff. Lehre von der Liebe Gottes. Schon die Vernunft verpflichtet uns zu dieser Liebe. In wie fern diese Liebe nicht Lohn erzwecken dürfe. Stufen der Liebe. Mystische Erhebung des Menschen. Bedingungen dieser Erhebung. Die Demuth. Betrachtung und Beschauung. Ekstase. Zustand der Seele im jenseitigen Leben. Vergöttlichung. Die Substanz der Seele bleibt. Beurtheilung dieser Lehre. §. 88. S. 300 ff.

2. Hugo von St. Victor.

Leben Hugo's. Charakteristik seiner Lehrrichtung im Gegensatze gegen die Lehrrichtung Anselms. Der mystische Zug. Seine Schriften. Definition des Glaubens. Der Glaube in seinem Verhältnisse zur Meinung und zur Wissenschaft. In wie fern der Glaubensact Sache des Verstandes, und in wie fern er Sache des Affectes sei. Welche Erkenntniss der Glaube voraussetze. Doppeltes Wachsthum des Glaubens. Verdienstlichkeit des Glaubens. Stufen der Vollkommenheit des Glaubens. §. 89. S. 304 ff. Nothwendigkeit des Glaubens. Relative Nothwendigkeit desselben. Worauf sie beruhe. Dreifaches Auge des ersten Menschen. Einfluss der Sünde auf diese dreifache Erkenntniss des Menschen. Absolute Nothwendigkeit des Glaubens. Unterscheidung dessen, was aus, nach, über und gegen die Vernunft ist. Was überhaupt Gegenstand des Glaubens sein könne. Wie sich das, was nach, und das, was über der Vernunft ist, zur Vernunft selbst verhalte. In wie fern hieraus eine absolute Nothwendigkeit des Glaubens sich ableite. Ob und in wie weit Gott von Anfang an der menschlichen Erkenntniss sich offenbaren musste. Vierfacher Weg zur Erkenntniss Gottes. Offenbarung und Vernunft wirken zusammen zur vollkommenen Erkenntniss Gottes. Gegenstand der Philosophie und der Offenbarung. §. 90. S. 308 ff. Beweise für Gottes Dasein. Begründung der Einzigkeit Gottes. Unveränderlichkeit, Ewigkeit und Allgegenwart des göttlichen Wesens. §. 91. S. 312 ff. Wie und in wie ferne eine speculative Erkenntniss der göttlichen Trinität möglich sei. Spuren der göttlichen Trinität in den Dingen. Bild derselben in der Seele des Menschen. Worin dieses Bild bestehe. Rückschluss vom Abbilde auf das Urbild. Wesentliche Verschiedenheit des Urbildes vom Abbilde. Appropriation der Macht, Weisheit und Güte auf die drei göttlichen Personen. Wie diese Appropriation zu fassen sei. Doppelter Grund, auf welchen hin dieselbe berechtigt ist. In wie fern die Betrachtung der äussern Creaturen diese Erkenntniss der göttlichen Trinität unterstützt. Die Grundattribute des göttlichen Wesens. Analogie und Unterschied zwischen der Hugo'schen und Abälard'schen Trinitätslehre. §. 92. S 314 ff. Weltschöpfung. Vorbildliche und Zwecksache der Welt. Stufenleiter der Dinge. Primordialursachen. Allgemeiner Zusammenhang der Dinge unter einander. Die zwei Reiche des Geschöpflichen. Das Reich des Sichtbaren und des Unsichtbaren. In wie ferne die Materie als ursprünglich formlos bezeichnet werden könne. Keine geistige Materie. In wie fern die geistige Natur gleichfalls als ursprünglich formlos zu denken sei. Welche göttliche Attribute in der Schöpfung zunächst zur Offenbarung kommen. §. 93. S. 317 ff. Die göttliche Macht. Doppelte Macht Gottes. Die Allmacht. Was Gott vermöge seiner Allmacht wirken könne. Widerlegung der Abälard'schen Lehre, dass Gott nichts Anderes thun könne, als was er thut, und dass er nichts vollkommener machen könne, als er es wirklich macht. Die göttliche Güte als Motiv der Weltschöpfung. Freiheit der Weltschöpfung. Das Geschaffene nicht ewig. Die göttliche Weisheit als Erkenntniss, Voraussehung, Anordnung, Vorherbestimmung und Vorsehung. Ideenlehre. Die Voraussehung Gottes hebt die Zufälligkeit des Geschehenden nicht auf. Begriff der Vorherbestimmung und Vorsehung. §. 94. S. 319 ff. Der göttliche Wille als Norm alles Rechten und Guten. Voluntas beneplaciti und voluntas signi. Wirkender und zulassender, gebietender und verbietender Wille Gottes. Der göttliche Wille geht stets auf das Gute. Warum und in wie fern Gott desungeachtet das Böse zulassen konnte. Wie und in wie fern er auch im Bösen nur das Gute wolle. Der Wille Gottes hat überall seine Wirkung. Begründung. Unterscheidung dessen, was gut ist für den Einzelnen, und dessen, was gut ist für die Gesammtheit. Gott ist nicht gehalten, im Interesse des Gutes des Einzelnen das Gut der Gesammtheit zu verhindern. Folgerungen hieraus in Bezug auf die Zulassung des Bösen. §. 95. S. 323 ff. Lehre von den Engeln. Vorzug der geistigen vor der körperlichen Creatur. Worin dieser Vorzug gründet. Ursprünglicher Zustand der geistigen Creatur. Verschiedenheit der Engel von einander. Momente dieser Verschiedenheit. Dreifache Macht der Engel. Dreifache Erkenntniss derselben. §. 96. S. 328 ff. Unterscheidung einer dreifachen Vollkommenheit. In wie fern die Engel vollkommen geschaffen wurden, und in wie fern sie sich erst zur Vollkommenheit erheben sollten. In wie fern man sagen könne, dass die Engel gut, gerecht und glücklich geschaffen wurden. Freies Selbstbestimmungsvermögen der geistigen Creatur. Begriff derselben. Der Zweck, zu welchem die Engel dieses Vermögen besassen. Engelfall. Scheidung im Reiche der Geister. Worin die Bosheit jenes Actes bestand, in welchem der gefallene Engel sich von Gott abwendete. Gottes Rathschluss ward durch den Fall der Engel nicht vereitelt. Warum? §. 97. S. 330 ff. Lehre vom Menschen. Die Welt zum Dienste des Menschen geschaffen, der Mensch zum Dienste Gottes. Zweifaches Gut des Menschen. Die menschliche Seele nicht eine intelliktible, sondern eine intelligible

Substanz. Bestimmung dieser Begriffe. Einheit der Seele. Die Unterschiede in ihr sind nur Unterschiede der Kräfte. Gliederung der höhern Seelenkräfte. Stellung der Vernunft und des Willens. Creatianismus. §. 98. S. 334 ff. Die menschliche Natur als solche. Abweisung der Ansicht, dass Seele und Leib in Einheit miteinander den Menschen als solchen constituiren. Der eigentliche Mensch ist die Seele. Die Seele für sich selbst Person: der Leib nur ein Annexum zu dieser Persönlichkeit. Die menschliche Persönlichkeit als solche hört mit dem Tode nicht auf. Anwendung dieser Lehrsätze auf die Christologie. Gründe, warum Gott die Seele mit dem Leibe ursprünglich verbunden. Die menschliche Freiheit. Begriff des Guten und Bösen. Verhältniss des Werkes zum Willen in Bezug auf sittliches Verdienst und sittliche Schuld. §. 99. S. 336 ff. Ursprünglicher Zustand des ersten Menschen. Von welchem Umfange und von welcher Art seine Erkenntniss, zunächst seine Gotteserkenntniss war. Beschaffenheit seiner Willensfreiheit. Die vier Gestaltungsstufen der menschlichen Freiheit überhaupt. Welche Tugenden der erste Mensch besass. Ursprüngliches Verhältniss der Sinnlichkeit zu Vernunft und Wille. Impassibilität und Unsterblichkeit. Verleihung sichtbarer und unsichtbarer Güter an den Menschen. Art dieser Verleihung. Gesetz der Natur und der Disciplin. §. 100. S. 339 ff. Von welcher Art das Gesetz der Disciplin sein musste. Eigenschaften desselben. Das Streben nach dem Gerechten und nach dem Zuträglichen. Unterschied, Zweck und Resultat dieses beiderseitigen Strebens. Sittliche Aufgabe des ersten Menschen. Was aus der Erfüllung oder Nichterfüllung dieser Aufgabe erfolgen sollte. Worin die Sünde des ersten Menschen ihrem Wesen nach bestand. Folgen dieser Sünde. §. 101. S. 342 ff. Lehre von der Erbsünde. Wesen derselben. Unwissenheit und Begierlichkeit. In wie fern Unwissenheit und Begierlichkeit in uns schuldbar sind. Art und Weise der Fortpflanzung der Erbsünde. Sie wird fortgepflanzt durch das Fleisch. Wie dieses zu verstehen sei. Wie sich die Erbsünde auf die Seele überleitet. Verhältniss dieser Lehre von der Erbsünde zur Anselmianischen. §. 102. S. 345 ff. Lehre von der Erlösung. Nur Gott kann den Menschen wieder erlösen. Ob und in wie fern die Erlösung eine Genugthuung erfordere. Christologie. Wie die Vollkommenheit der Seele Christi aufzufassen sei. Gnade. Ihr Verhältniss zum freien Willen. Prädestination. Sacramente. Das christliche Leben. Furcht und Liebe. Eintheilung der Furcht, Ihr Verhältniss zur Liebe. Selbstliebe und Nächstenliebe. Begriff der Tugend. Möglichkeit einer mystischen Erhebung des christlichen Lebens. §. 103. S. 348 ff. Dreifache Erkenntnissthätigkeit: das Denken, Nachdenken und die Contemplation. Bestimmung der Begriffe. Bedingungen der mystischen Contemplation. Die drei Zeitalter. Die diesen drei Zeitaltern entsprechenden drei verschiedenen Menschenklassen. Eschatologische Lehrsätze. Epilog. §. 104. S. 352 ff.

3. Richard von St. Victor.

Leben und Schriften Richards. Allgemeine Charakteristik seiner Lehre und Lehrweise. Verhältniss zwischen Vernunft und Glaube. Erfahrungs-, Vernunft- und Glaubenswahrheiten. Das Ueberverninftige und sein Verhältniss zur Vernunft. Nöthigende Beweise für die göttliche Trinität. In welchem Sinne dies zu nehmen sei. §. 105. S. 355 ff. Lehre von Gott. Unterscheidung eines dreifachen Seins. Darauf gegründet der Beweis für Gottes Dasein. Das Sein, welches ewig, aber nicht a se ist. Wissenschaftliche Bestimmungen über das Wesen Gottes. Verhältniss der göttlichen Eigenschaften zu dem Wesen Gottes. Einheit Gottes. Allmacht und Weisheit Gottes. §. 106. S. 368 ff. Ewigkeit,

Unveränderlichkeit und Unermesslichkeit Gottes. Speculative Begründung dieser Eigenschaften. Unendliche Vollkommenheit Gottes. Einfachheit der göttlichen Natur. Schöpfung aus Nichts. Begründung derselben. Allgegenwart Gottes in Zeit und Raum. Unbegreiflichkeit des göttlichen Wesens. §. 107. S. 361 ff. Trinitätslehre. Dreifacher Beweis für eine Mehrpersönlichkeit Gottes überhaupt. Beweise für die *Drei*persönlichkeit Gottes in specie. Coäternität der göttlichen Personen. Gleiche Vollkommenheit derselben. Antithese zwischen der göttlichen und menschlichen Natur. Unbegreiflichkeit des Mysteriums der Trinität. §. 108. S. 364 ff. Psychologische Lehrbestimmungen. Verhältniss zwischen Seele und Leib. Geist und Seele. Vernunft und Affect. Einbildungskraft und Sensualität. Einbildungskraft, Vernunft und Intelligenz. Bestimmung des Begriffes dieser Kräfte und ihres gegenseitigen Verhältnisses zu einander. Vorstellung, Meditation und Contemplation. Bestimmung des Begriffes der menschlichen Freiheit. Verhältniss des liberum arbitrium zu den übrigen Seelenkräften und Thätigkeiten. Unzerstörbarkeit desselben. Bedeutung der Erlösung und Gnade für die menschliche Freiheit. In wie fern die Gnade nothwendig sei. §. 109. S. 369 ff. Lehre von der mystischen Contemplation. Grundbedingungen der mystischen Erhebung. Die Tugend. Begriff der Tugend und Eintheilung derselben. Zurückziehung des Geistes von der Aussenwelt, und Versenkung desselben in sich selbst als die zweite Bedingung der mystischen Erhebung. Wesen der mystischen Contemplation. Die sechs Hauptstufen derselben. Entwicklung derselben. Vergleichung derselben mit der alttestamentlichen Bundeslade. Uebernatürlichkeit der mystischen Contemplation, besonders der zwei höchsten Stufen derselben. §. 110. S. 372 ff. Verschiedene Grade der Contemplation. Mentis dilatatio, sublevatio und alienatio. Bestimmung der Begriffe. Die Ekstase im Besondern. Verschiedene Ursachen, aus welchen dieselbe entspringen kann. Rein übernatürlicher Charakter derselben. In wie fern der Mensch sich zu derselben disponiren kann. Auf welchen Contemplationsstufen die Ekstase zumeist eintritt. Schilderung des ekstatischen Zustandes. Zurücktreten der leiblichen Functionen. Auch die höhern Seelenkräfte hören auf thätig zu sein. Das Bewusstsein der Aussen- und Innenwelt geht unter in der Unmittelbarkeit der Contemplation. Glückseligkeit dieses Zustandes. §. 111. S. 377 ff. Unterscheidung der „drei Himmel." Die Norm, nach welcher die ekstatische Erkenntniss beurtheilt und geprüft werden muss. Nähere Untersuchung des wesentlichen Charakters dieser Mystik. Wesentlicher Unterschied derselben von der neuplatonisch-heidnischen Mystik. Vergleichung derselben mit der origenistischen Mystik. Epilog. §. 112. S. 381 ff.

4. Isaak von Stella und Alcherus.

Ueber Isaaks Leben und Schriften. Seine psychologischen Lehrsätze. Unterscheidung zwischen Körper, Seele und Gott. Die Seele hält die Mitte zwischen dem Körperlichen und Gott. Das Wesen des Körpers weniger erkennbar als das der Seele, das Wesen der Seele weniger, als das Gottes. Die Seele einfach und zusammengesetzt zugleich. In wie fern sie das eine und in wie fern sie das andere sei. Momente der Aehnlichkeit der Seele mit Gott einerseits und mit dem Körperlichen andererseits. Momente der Verschiedenheit derselben von beiden. Niederstes, Höchstes und Mittleres in der Seele. Concupiscibilität, Vernünftigkeit und Irascibilität. Der Affect. Die Grundaffecte der Seele. Wesen der Tugend. §. 113. S. 384 ff. Sinn, Einbildungskraft, Vernunft, Verstand und Intelligenz. Begriffsbestimmung. Eintheilung der Wissenschaften nach diesen Erkenntnisskräften. Möglichkeitsgrund der Vereinigung der Seele mit dem Leibe. Das „Phantasticum animae" und die Sensualität. Hereinziehen des mystischen Elementes in den menschlichen Erkenntnissprocess. Das Licht der erleuchtenden Gnade nothwendig zur Erkenntniss. Theophanie. Beurtheilung dieser Lehre. Alcher. Seine Schrift: „De spiritu et anima." Charakteristik der in dieser Schrift enthaltenen psychologischen Lehre. Sie ist eine Zusammenstellung der psychologischen Lehrsätze, welche damals aus der psychologischen Untersuchungen resultirt waren. §. 114. S. 386 ff.

VII. Resultate der wissenschaftlichen Bewegung dieser Epoche.
1. Peter der Lombarde.

Fortschritt der Systembildung in der gegenwärtigen Epoche. Verdienste des Hugo von St. Victor um die Systembildung. Ueber eine angebliche Schrift des Hildebert von Lavardin. Sie gehört dem Hugo an. Die Sententiarier. Peter der Lombarde, der wichtigste unter denselben. Lebensgeschichte desselben. Seine libri sententiarum. Plan und Methode dieses Werkes im Allgemeinen. Es eignete sich als Leitfaden für den theologischen Unterricht. §. 115. S. 390 ff. Uebersichtlicher Inhalt der Sentenzen. Unterscheidung zwischen „Dingen" und „Zeichen." Eintheilung des Ganzen in die Lehre von den Dingen und von den Zeichen. Lehre von den Dingen. Gegenstände des Genusses und des Gebrauches. An diese Unterscheidung lehnt sich die weitere Eintheilung der Lehre von den „Dingen" an. Lehre von der göttlichen Trinität. Die geschöpflichen Dinge führen uns zur Erkenntniss Gottes. Beweise für das Dasein Gottes. Spuren der göttlichen Trinität in allen Dingen. Bild derselben in der Seele. Ohne die positive Offenbarung ist aber keine vollständige Erkenntniss der Trinität möglich. Unterscheidung zwischen Vernunft- und übervernünftigen Wahrheiten überhaupt. Verhältniss der wissenschaftlichen Speculation zu den letztern. Verfahren des Lombarden in der Entwicklung der Trinitätslehre. §. 116. S. 393 ff. Ob Gott, indem er den Sohn erzeugte, sich selbst erzeugt habe. Ob der Vater die göttliche Wesenheit, oder diese den Sohn, oder ob die Wesenheit Gottes sich selbst erzeugt habe. Ob der Vater den Sohn gezeugt habe durch seinen Willen oder mit Nothwendigkeit. Speculative Erledigung dieser Fragen. In welchem Sinne der heilige Geist die Liebe genannt werden könne. Doppeltes Hervorgehen des heiligen Geistes aus Vater und Sohn. Begriff der „Sendung." Der heilige Geist ist selbst die Liebe, welche Gott über uns ausgiesst. In wie fern in dieser Voraussetzung von einer Vermehrung oder Verminderung der Liebe in uns gesprochen werden könne. §. 117. S. 396 ff. Ueber die göttliche Voraussehung. In wie fern sie eine nothwendige Beziehung zu geschöpflichen Dingen einschliesst. In welcher Weise Alles ewig in Gott sei. Zeitlichkeit und Räumlichkeit des Geschöpflichen.. Ueberzeitlichkeit und Ueberräumlichkeit Gottes. Wie dessen Allgegenwart aufzufassen sei. Verhältniss der göttlichen Voraussehung zur Zufälligkeit des hienieden Geschehenden. Vom Guten ist Gott auch die Ursache. Unterschied des Vorauswissens des Guten und des Bösen. Begriff der Prädestination und Reprobation. Wirkungen beider. §. 118. S. 398 ff. Allmacht Gottes. Gott kann mehr und Anderes thun, als er wirklich thut. Beweis für diesen Satz. Widerlegung des Optimismus. Ob und in wie fern Gott immer all das thun könne, was er einmal gekonnt hat. Der göttliche Wille. Er ist Ursache von Allem. Unterschied zwischen Voluntas beneplaciti und Voluntas signi. Verhältniss des göttlichen Willens zum Bösen hienieden. In wie fern der göttliche Wille immer seine Wirkung hat. §. 119. S. 402 ff. Die Schöpfung. Freiheit des Schöpfungsactes. Zweck der Schöpfung. Endbestimmung der vernünftigen Creatur überhaupt und des Menschen im Besondern. Grund der Vereinigung der Seele mit dem Leibe. Uebersicht über die Engellehre. Anthropologische Lehre. In wie fern der Mensch nach dem Bilde und Gleichnisse Gottes geschaffen worden. Ueber den Zeitpunkt der Schöpfung der ersten Seele. Creatianismus. Die Seelenkräfte des Menschen. Begriff des liberum arbitrium. Das Uebel der Schuld und das Uebel der Strafe. Begriffsbestimmung. Definition des sittlich Bösen. Verhältniss der äussern That zum bösen Willen. Der sittliche Charakter einer Handlung hängt nicht ausschliesslich von der Intention ab. Dreifache Corruption als Folge der Sünde. Dreifache Freiheit. §. 120. S. 404 ff. Ursprünglicher Zustand des Menschen. Die Gnade der Schöpfung. Wesen der Erbsünde. Art und Weise ihrer Fortpflanzung. Defect der Schuld und Defecte der Strafe. In wie fern und in wie weit der Sohn Gottes die letztern nach seiner menschlichen Natur annehmen konnte. Das sittliche Leben des erlösten Menschen. Furcht und Liebe. Epilog. §. 121. S. 409 ff.

2. Alanus von Ryssel.

Leben und Schriften desselben. Charakteristik der letztern. Welche Beweiskraft er seinen Beweisen für die christlichen Mysterien zuschrieb. Beweis für Gottes Dasein. Einfachheit des göttlichen Wesens. Einheit Gottes. Accidenzlosigkeit der göttlichen Substanz. Unveränderlichkeit, Unermesslichkeit, Ewigkeit und Unbegreiflichkeit des göttlichen Wesens. An Gott können wir nur glauben. §. 122. S. 411 ff. Berechtigungsgrund, auf welchen hin wir Gott verschiedene Eigenschaften beilegen können und müssen. Negative und affirmative Theologie. Jede Eigenschaft Gottes drückt das ganze göttliche Wesen aus. Warum? Verhältniss Gottes zur Welt. Schöpfung. Allgegenwart Gottes in den Dingen. Dreipersönlichkeit Gottes. Abspieglung derselben in den geschöpflichen Dingen. Verhältniss der göttlichen Personen zu den Werken Gottes nach Aussen. Allmacht Gottes. Voraussehung. Welche Nothwendigkeit diese inducirt. Alles, was von Gott kommt, ist gut. Grund, warum Gott geistige Wesen überhaupt schuf. Bestimmung der letztern. Zweck der materiellen Welt. §. 123. S. 414 ff. Grund, warum der Mensch im Besondern geschaffen wurde. Endbestimmung desselben Freiheit seines Willens. Charakter der jenseitigen Vergeltung. Eingehendere Bestimmungen über die menschliche Natur. Beweise für die Unkörperlichkeit der Seele. Der physische Lebensgeist. Ueber Sündenfall und Erlösung. Erlösungsfähigkeit des Menschen. Nothwendigkeit der Satisfaction. Von wem und wie diese zu vollziehen war. Epilog. §. 124. S. 417 ff.

3. Johannes von Salisbury.

Reaction gegen die sich überhebende Dialektik. Walter von St. Victor. Seine Schrift gegen die „vier Labyrinthe Frankreichs." Einige Sätze aus dieser Schrift zur Charakterisirung ihres Inhaltes und ihrer Tendenz. In wie fern auch Johannes von Salisbury jener Reaction sich anschloss. Leben und Schriften desselben. §. 125. S. 420 ff. Charakteristik seines wissenschaftlichen Standpunktes. Verhältniss seiner wissenschaftlichen Bestrebungen zum christlichen Glauben und zur antiken Philosophie. Er entscheidet sich für eine vorsichtige Skepsis. Beschränkung derselben. Welche Wahrheiten nicht bezweifelt werden dürfen. Worin dagegen Vorsicht im Urtheil anzuwenden sei. Vertheidigung der Logik. Seine Ansicht über die Universalien. In wie fern sie objectiv begründet seien, und in wie fern sie auf dem subjectiven Denken beruhen. §. 126. S. 422 ff. Der christliche Glaube und die sittliche Lebensreinheit als die Bedingung aller ächten Wissenschaft. Ethischer Zweck der Wissenschaft und Philosophie. Erkenntnisslehre. Unterscheidung der menschlichen Erkenntnisskräfte. Vernunft und Verstand, Wissenschaft und Weisheit. Beweise für Gottes Dasein. Unbegreiflichkeit Gottes. §. 127. S. 425 ff. Weltschöpfung. Vorsehung. Kein Fatum. Natur der menschlichen Seele. Ihr Verhältniss zu Gott. Bedingungen der Sittlichkeit. Endbestimmung des Menschen. Die Tugend. Demuth und Liebe. Werkthätigkeit der Liebe. Wesen des Staates. Das Gesetz. Normales Verhältniss des Fürsten zum Staate. Epilog. §. 128. S. 428 ff.

I.
Periode der Entstehung und allmähligen Ausbildung der Scholastik.

Einleitung.

§. 1.

Mit dem Sturze der bestehenden politischen Verhältnisse durch den Einbruch der germanischen Völker in die dem römischen Scepter unterworfenen Reiche beginnt eine Zeit, welche sowohl in politischer, als auch in wissenschaftlicher Beziehung einzig in ihrer Art dasteht. Die alte Zeit hat sich ausgelebt, der alte Stamm jenes Theiles der Menschheit, welcher bisher Träger der Cultur gewesen, ist abgestorben; es beginnt eine neue Zeit; auf den alten Stamm wird ein neues Reis aufgesetzt, und dieses entfaltet sich allmählig zu einem Baume, welcher alle Länder Europas überschattet. Auf den Trümmern des alten entsteht ein neues Weltreich. Und dieses neue Weltreich steht nicht mehr auf der Stufe des alten. Der Boden, auf welchem das alte Weltreich erwuchs, war die physische Gewalt allein, entblöst von dem Schimmer einer höheren leitenden Idee, und darum musste dieses Weltreich im Fortgange der geschichtlichen Entwicklung nothwendig in den Umarmungen eines rohen, zügellosen Despotismus seinen Untergang finden. Das neue Weltreich dagegen wuchs aus einer höhern leitenden Idee hervor; es war die christliche Idee, welcher dasselbe seine Entstehung und seine Entwicklung verdankte, und von dieser Idee war es in der Weise getragen und gehalten, dass die physische Gewalt sich nicht Selbstzweck war, sondern nur als Mittel zur Realisirung jener Idee dienen sollte, da, wo die Anwendung dieses Mittels nothwendig war.

Zwei Elemente also sind es, welche bewegend und gestaltend in der Geschichte dieses grossen Zeitraumes wirken. Das Eine ist der christliche Geist, wie er von der Kirche getragen und in derselben verleiblicht war, jener Geist, welcher allmählig alle Verhältnisse durchdrang, und ihnen jenes eigenthümliche höhere Gepräge gab, wodurch sie so sehr verschieden sind von den frühern Verhältnissen im römischen Weltreiche. Das zweite Element ist die naturwüchsige, originale Lebenskraft der neuen Völker, welche nach dem Sturze des Römerreiches auf den Schauplatz der Geschichte treten. Diese neuen Völker bringen auch ein neues jugendliches Leben mit sich, und indem dieses sich dem christlichen Geiste als Grundlage unterbreitet, findet jener in demselben das entsprechende Medium zu seiner Entfaltung in allen Verhältnissen des öffentlichen und privaten Lebensbereiches. Diese beiden Elemente also vereinigten sich miteinander, und wirkten in ihrem wechselseitigen Ineinandersein, und in ihrer gegenseitigen Durchdringung mit einer so originellen Eigenthümlichkeit, dass die Geschichte, welche aus diesem Ineinanderwirken beider Elemente resultirt, in der That einzig in ihrer Art dasteht. Das gesammte Leben, das private, politische und internationale Leben, hatte, im Ganzen und Grossen genommen, eine ideale Richtung; die christliche Idee lag den Bestrebungen und Unternehmungen der Völker des Mittelalters, so wie ihren Einrichtungen und Verhältnissen zu Grunde, und war der Stern, welchem die Völker folgten. Wahr ist es, dass die Wirklichkeit vielfach hinter der Idee zurückblieb; wahr ist es, dass im Laufe der Geschichte vielfach auch andere nicht ideale Mächte, andere der Idee geradezu entgegengesetzte Beweggründe bewegend auf den Gang der Ereignisse einwirkten; wahr ist es, dass zum öftern ein gegensätzliches Verhalten sich entspann zwischen den Vertretern des christlichen Geistes und den Trägern des weltlichen Schwertes: — aber wer wollte sich darüber wundern, der da weiss, dass die Geschichte unter Menschen und nicht unter überirdischen Wesen spielt? Im Ganzen und Grossen waren die bewegenden Elemente der mittelalterlichen Geschichte doch immer dieselben, und ohne Streit und Kampf kann sich nun einmal das menschliche Leben, im Einzelnen sowohl als auch im Allgemeinen, nicht entfalten.

Und so stellt sich uns denn das Mittelalter als ein nothwendiges Glied im Ganzen der christlichen Geschichte dar. Das Christenthum hatte während der Epoche, welche dem Mittelalter vorausging, seine innere Lebenskraft bewährt. Es hatte sich aufrecht erhalten in Mitte aller Verfolgungen von Seite der rohen Gewalt; es hatte sich ausgebreitet über die ganze damals bekannte Welt ungeachtet aller Hindernisse, welche ihm in den Weg gelegt wurden; es hatte die Angriffe der heidnischen Philosophie und der Häresie abgeschlagen, und sich so innerlich um so mehr gefestigt, je grösser die Stürme waren, welche über es hereinbrachen. Aber es hatte noch nicht alle öffentlichen und Privatverhältnisse im Ganzen und Grossen durchdrungen; der heidnische Sauerteig war aus letzteren noch nicht vollständig hinweggeschafft, und bewies eine um so zähere Existenz, je grösser die Anstrengungen des christlichen Geistes waren, ihn zu beseitigen. Mit Einem Worte: das öffentliche Leben als solches war noch nicht christianisirt. Die alten Völker und die Verhältnisse, in welche sie sich eingelebt hatten, waren einer solchen völligen Neugestaltung auch nicht mehr fähig; denn die Corruption und die daraus erfolgende Schwächung und Entnervung der sittlichen Lebenskraft war unter dem despotischen Scepter der römischen Kaiser schon zu weit gediehen, als dass eine vollkommene Regeneration des öffentlichen Lebens im Sinne der christlichen Idee noch sich hätte erwarten lassen. Darum liess die göttliche Vorsehung neue, von der im Schoosse der Culturvölker in so schrecklichem Grade auftretenden Corruption noch nicht angesteckte, naturwüchsige Völker an die Stelle der alten abgelebten Nationen treten, damit das Christenthum an ihnen seine neugestaltende Kraft auch im Bereiche des öffentlichen Lebens in vollem Masse bewähren möchte. Das Christenthum sollte auch als Völker erziehende Macht sich offenbaren. Das ist die Bedeutung des Mittelalters. Und die Kirche, in welcher und durch welche das Christenthum und der christliche Geist Leib und Leben besitzt, hat denn auch im Laufe des Mittelalters jene Aufgabe in einer Weise gelöst, welche jeden unbefangenen Beobachter mit Bewunderung erfüllen muss.

§. 2.

Was nun aber von der Geschichte des Mittelalters im Allgemeinen gilt, das gilt insbesonders auch von der Geschichte der mittelalterlichen Wissenschaft. Auch sie ist in ihrem ganzen Umfange vom christlichen Geiste durchdrungen und getragen, und erhält dadurch eine durchaus ideale Richtung. Die christliche Idee ist überall der leitende Faden, welcher die grossen Denker des Mittelalters durch die Labyrinthe der Forschung hindurchführt, sie ist ihnen der sichere Anhaltspunkt, welchen sie nie aus den Augen verlieren, welcher sie aber auch mit freudiger Kühnheit, mit fester Zuversicht und mit nie ermüdendem Eifer in alle Gebiete des Wissens eindringen lässt. Rechnen wir hiezu noch die energische, durch eine gediegene sittliche Haltung getragene Denkkraft dieser Männer, dann werden wir es uns einigermassen erklären können, wie jene Denker während eines verhältnissmässig kurzen Lebens so grosse, nach allen Seiten gediegene Werke zu Stande zu bringen vermochten: Werke, bei denen man nicht weiss, was man mehr bewundern solle, die Fülle ihres Inhaltes, oder die Tiefe des Gedankens und den Scharfsinn der Unterscheidung, welcher in denselben sich kundgibt. Es war der Grund, auf welchem sie bauten, ein fester, und es war die Kraft, welche sie an den Bau der Wissenschaft wendeten, die frische und energische Kraft einer noch nicht verdorbenen und verbildeten Natur. So konnte der Bau nur ein fester, gediegener und grossartiger werden. Die Signatur, welche die mittelalterliche Wissenschaft characterisirt, ist dieselbe, welche auf der Geschichte des Mittelalters überhaupt ruht.

Es hat die Wissenschaft des Mittelalters lange nicht jene Würdigung finden können, welche ihr mit Recht gebührt. Als man noch der Ansicht huldigte, dass die Geschichte des Christenthums und der christlichen Wissenschaft mit Augustinus oder noch früher abgeschlossen sei, und erst nach mehr als Tausend Jahren wieder beginne, weil erst da das Licht aus dem langen Dunkel wieder hervorgebrochen sei; da konnte man freilich den grossen Männern, deren Leben und Wirken zwischen die beiden genannten Zeitpunkte hineinfällt, nicht blos keine Aufmerksamkeit schenken, sondern es lag im Interesse der Theorie, dieselben sammt ihren Leistungen auch so viel als möglich zu verkleinern und herabzusetzen. Diese Zeiten sind glücklicherweise vorüber; heut zu Tage wird die Ueberzeugung bei Allen, deren wissenschaftliches Streben ein ernstes ist, immer allgemeiner, dass die Geschichte unserer Väter und ihrer Wissenschaft nicht eine blose Cloake von Aberglaube und Sophistik sein könne, und dass der Undank, dessen ihre Nachkommen so lange Zeit gegen sie sich schuldig gemacht, diesen Nachkommen wahrhaft nicht zur Ehre gereiche. Aber nicht blos von diesem Standpunkte aus haben sich die Anschauungen geändert, sondern man wendet sich heut zu Tage sogar mit Vorliebe wiederum der scholastischen Wissenschaft des Mittelalters zu, und sucht auf der Grundlage derselben eine Regeneration der speculativen Wissenschaft, welche in neuerer Zeit in so schwere Irrthümer sich verloren hat, zu Stande zu bringen. Besonders im Gebiete des Katholicismus wird dieses Streben immer allgemeiner. Das ist offenbar ein gutes Zeugniss für den innern Werth und für die innere Gediegenheit der mittelalterlichen Wissenschaft.

Es ist bekannt, dass die christliche Speculation der patristischen Epoche, im Abendlande wenigstens, nicht an eigener Entkräftung starb, sondern dass vielmehr ihre Weiterentwicklung gewaltsam durch äussere Einflüsse verhindert wurde, nämlich durch den Umsturz aller bestehenden Verhältnisse in Folge der Einfälle der „Barbaren[1]." Es stand daher zu erwarten, dass, nachdem die neuen Verhältnisse sich hinreichend consolidirt hatten, und so das Hinderniss der weitern Entwicklung der patristischen Wissenschaft entfernt war, auch diese wieder erstehen und auf der Bahn ihrer Weiterentwicklung fortschreiten würde. Und das geschah denn auch wirklich in der speculativen Wissenschaft des Mittelalters. Diese ist, von dem gedachten Standpunkte aus betrachtet, nichts anderes, als die Fortsetzung und Weiterentwicklung der Speculation der Kirchenväter. Sie steht ganz und gar auf diesen, und die Lehren eines Hilarius, Ambrosius, Augustinus, Hieronymus, der Gregore, eines Dionysius, Johannes Damascenus, Boethius u. s. w. ziehen sich durch alle Schriften der Scholastiker hindurch, und finden in diesen ihre weitere Entwicklung und Anwendung.

Schliesst sich in solcher Weise die Scholastik ganz naturgemäss an die Patristik an, so darf doch hiebei nicht übersehen werden, dass in der Scholastik noch ein weiteres Moment in den Vordergrund tritt, welches wir in der Patristik mehr oder weniger vermissen. Es ist dieses das Streben nach Systembildung. Was die Väter nur bruchstückweise und vielfach in blosen Gelegenheitsschriften ausgeführt hatten, das fassten die grossen Denker des Mittelalters zusammen, und bauten mit diesen Bausteinen jene grossartigen Systeme auf, wie sie in ihren Werken niedergelegt sind. Die Kirchenväter hatten das Christenthum in positiver und speculativer Weise zu vertheidigen gegen die Angriffe der heidnischen Philosophie und der Häresie; — das war ihre Hauptaufgabe; der systematischen Gliederung ihrer speculativen Gedanken konnten sie daher nicht die gleiche Aufmerksamkeit spenden. Erst Johannes Damascenus machte den ersten Versuch, eine solche Gliederung zu Stande zu bringen. Dagegen kehrte sich nun im Mittelalter das Verhältniss in der Weise um, dass

---

[1] Vgl. meine Gesch. der patristischen Philosophie (Würzburg, Stahel) S. 494 ff.

zwar das Moment der Vertheidigung der christlichen Lehre gegen äussere Angriffe stets seine Rolle spielte, aber doch dem systematischen Streben sich unterordnen musste. Was also in Bezug auf systematische Gliederung des Stoffes der Patristik noch fehlte, das wurde durch die mittelalterliche Speculation ergänzt. Und so ist auch von diesem Standpunkte aus die letztere die natürliche Fortsetzung und Weiterbildung der erstern, die Patristik weist auf die Scholastik hin und fordert sie zu ihrer eigenen Vervollständigung; wie das Verständniss der Scholastik von dem der patristischen Lehre abhängig ist: so gewährt auch umgekehrt wiederum die Scholastik als die Vollendung der patristischen Speculation erst volle, klare und wahre Einsicht in diese.

Daraus geht denn nun schon hervor, dass die mittelalterliche Speculation keineswegs ein blosser Appendix zur patristischen Wissenschaft sei und der eigenen Originalität entbehre. Wir haben vielmehr in der erstern eine stetige Fortbildung der letztern vor uns. Der Standpunkt, die Methode und die leitenden Grundsätze sind im Grossen und Ganzen beiderseits dieselben; aber die Art und Weise, wie auf diesen Grundlagen die Wissenschaft sich gestaltete, ist beiderseits in so fern verschieden, als die grossen Denker des Mittelalters die von den Vätern in ihren Grundzügen entworfene christliche Wissenschaft dem Inhalte nach weiter fortbildeten und der Form nach organisch gestalteten. Diese Stetigkeit der Entwicklung, in welcher das conservative und fortschreitende Moment im wissenschaftlichen Processe zur innigsten Versöhnung und Wechselwirkung gediehen sind, ist das charakteristische Merkmal der mittelalterlichen Speculation. Nie verstanden sich die grossen Denker dieser Periode dazu, die vorausgehende Epoche der Väter zu discreditiren, ihre Speculation als eine verfehlte oder wenigstens einseitige und unreife zu erklären, über welche man hinausgehen, die man überwinden müsste; vielmehr hielten sie stets mit der innigsten Verehrung an den Grundsätzen und Resultaten der patristischen Wissenschaft fest, und liessen sich diese Grundlage nicht entwinden. Aber ebenso wenig waren sie auch gewillt, auf eigenes Denken zu verzichten und sich blos mit einer leeren Wiederholung desjenigen zu begnügen, was die Väter ihnen vorgedacht; vielmehr bemächtigten sie sich mit ihrer vollen Denkkraft der Wahrheit, und suchten dieselbe mit neuen, weitergehenden Beweisführungen zu stützen, und ihr eine noch tiefere Entwicklung zu geben. Das ist der wahrhaft kirchliche Standpunkt in der Wissenschaft, weil er Stabilität und Fortschritt zur Einheit verbindet; — und die mittelalterlichen Denker haben denselben entschieden gewahrt.

§. 3.

Fragen wir nun weiter nach dem Verhältnisse, in welches die mittelalterliche Philosophie zur göttlichen Offenbarung sich setzte, so gingen die mittelalterlichen Denker in dieser Beziehung von dem Grundsatze aus, dass die göttliche Offenbarung absolute Wahrheit für sich in Anspruch nehme, während die menschliche Vernunft als beschränkte Vernunft des Irrthums fähig sei. Daraus schlossen sie mit Recht, dass die Philosophie die göttliche Offenbarung als leitendes Princip ihrer Forschungen anzuerkennen habe, und daher an keinem Resultate festhalten dürfe, welches mit der Offenbarungswahrheit im Widerspruch steht. Praktisch befolgten sie diesen Grundsatz allenthalben. Nie sehen wir sie einen Satz vertheidigen, welcher mit der christlichen Lehre nicht im Einklang steht.

Dem entsprechend gestaltete sich ihnen denn nun auch das Verhältniss der Philosophie zur Theologie. Die Philosophie galt ihnen der Theologie gegenüber als eine eigene, selbstständige Wissenschaft, welche ihr eigenes Erkenntnissprincip (die Vernunft), ihre eigene Methode und ihren eigenen Wahrheitskreis hat. Dagegen betrachteten sie dieselbe nicht als coordinirt zur Theologie, sondern vielmehr als derselben subordinirt. Die Philosophie steht nach ihrer Ansicht nicht in gleichem Range mit der Theologie. Denn diese hat nicht blos ein höheres Erkenntnissprincip, als die Philosophie, nämlich die göttliche Offenbarung, sondern in ihren Bereich fallen auch höhere Wahrheiten, solche nämlich, welche die Vernunft aus sich allein gar nicht zu erkennen vermag: — die christlichen Mysterien. Darum steht die Philosophie, wie gesagt, nach der Ansicht der mittelalterlichen Denker nicht neben, sondern unter der Theologie.

Nicht genug aber, dass die Philosophie der Theologie untergeordnet ist dem Range nach; die Philosophie steht nach der mittelalterlichen Auffassung auch in einem Dienstverhältnisse zur Theologie. Daher die bekannte Devise: „Philosophia Theologiae ancilla." Von dem Grundsatze nämlich ausgehend, dass Vernunft und Offenbarung, weil aus Einer Quelle stammend, mit einander in innerer Uebereinstimmung stehen müssen, schritt man zu der Folgerung fort, dass die Philosophie nach Form und Inhalt für die Theologie verwerthet werden könne und müsse. Die Philosophie diene also der Theologie in zweifacher Weise: einmal dadurch, dass sie derselben die wissenschaftliche Form darbiete, und dann ferner dadurch, dass die Theologie aus der Philosophie jene Vernunftwahrheiten entnehme, auf deren Grundlage sie auch zu einem speculativen Verständnisse der christlichen Mysterien, so weit ein solches dem menschlichen Geiste überhaupt möglich sei, sich erheben könne.

Das war also die Art und Weise, wie im Mittelalter das Verhältniss zwischen Philosophie und Offenbarung, zwischen Philosophie und Theologie gedacht wurde. Unstreitig ist dieses Verhältniss das allein richtige. Gerade dadurch, dass das Mittelalter auf der Grundlage dieser Verhältnissbestimmung die Philosophie in ihrem ganzen Umfange zum Dienste der speculativen Theologie heranzog, entstanden jene grossartigen theologischen Lehrsysteme, welche die Blütezeit unserer Periode bezeichnen. Auf dieser Grundlage konnte der Entwicklungsgang der mittelalterlichen Wissenschaft ungestört vor sich gehen.

Wir müssen aber in diesem Entwicklungsgang der mittelalterlichen Wissenschaft eine doppelte Strömung signalisiren, die scholastische und die mystische. Schon in der patristischen Epoche hatte sich eine Scheidung angebahnt zwischen der begrifflich speculativen und der mystisch-contemplativen Richtung, indem die einen Väter die Wahrheiten des Christenthums mehr in streng wissenschaftlicher, die andern mehr in contemplativer Weise behandelten und darstellten, je nach dem besondern Gepräge ihres eigenthümlichen Geisteslebens. Im Mittelalter setzte sich diese Scheidung in der Weise fort, dass die beiden Richtungen stets nebeneinander herliefen, und jede derselben ihre hervorragenden Träger und Vertreter fand. So entstanden die Scholastik und die Mystik. Wenn die erstere das begrifflich speculative Moment vertrat, so fiel der letztern das mystisch contemplative zu. Der Gegenstand, um welchen beide Richtungen sich bewegten, war derselbe: — die Wahrheit in ihrem ganzen Umfange, geoffenbarte und Vernunftwahrheit; — auch die Grundsätze beider waren nicht verschieden; aber beide behandelten ihren Gegenstand in verschiedener Weise und darin nur liegt ihre Verschiedenheit. Aber eben weil sie bei aller Verschiedenheit die Einheit nicht verloren, und bei aller Einheit nicht aufhörten, verschieden zu sein, darum ergänzten sie sich wechselseitig, und hielt eine Richtung der andern das Gegengewicht, so dass keine von beiden in ein falsches Extrem sich verlieren konnte, sondern beide auf der rechten Linie sich hielten. In so fern war also die Scheidung zwischen Scholastik und Mystik sehr heilsam, und gewährte grosse Vortheile für die Entwicklung der mittelalterlichen Wissenschaft.

Wir dürfen jedoch nicht glauben, dass in diesem Entwicklungsgange der Scholastik und Mystik während des Mittelalters Alles so friedlich hergegangen sei, und die Wissenschaft sich gegen gar keine Gegensätze zu wehren gehabt hätte. Weit entfernt, die Irrthümer, welche schon während der patristischen Zeit der christlichen Wissenschaft das Feld streitig zu machen gesucht hatten, tauchten auch im Mittelalter gar häufig und energisch auf, und Scholastik und Mystik hatten sich gegen falsche Lehrsätze zu wehren, welche von jener Seite her in die christliche Wissenschaft einzuschmuggeln gesucht wurden. Schon die allmähliche Entstehung und Ausbildung der Scholastik und Mystik konnte sich nur vollziehen im Kampfe mit idealistich- und empiristisch-rationalistischen Irrthümern, und auch dann noch, als beide, die Scholastik und Mystik, in den Stand ihrer Blüte eingetreten waren, hatten sie stets den Kampf fortzuführen gegen die arabische Pseudoscholastik und gegen eine auf neuplatonisch-heidnischer Grundlage beruhende Pseudomystik. Noch heftiger wurde der Kampf in der letzten Epoche des Mittelalters, wo eine allgemeine Fehde gegen die Scholastik sich entspann, und alle Kräfte von Seite ihrer Gegner angespannt wurden, um sie zu stürzen, so zwar, dass dieser Kampf zuletzt auch auf das rein dogmatische Gebiet sich hinüberspielte, und die alten Häresien, welche in den ersten Zeiten des Christenthums ihr Wesen getrieben hatten, in anderer Form wieder auf die Oberfläche hervortrieb. Es wird daher unsere Aufgabe sein, nicht blos der christlichen Scholastik und Mystik des Mittelalters unsere Aufmerksamkeit zuzuwenden, sondern mit gleicher Sorgfalt und Ausführlichkeit auch die Gegensätze zu behandeln, welche sich ihr im Laufe ihrer Geschichte entgegenstellten, weil nur unter dieser Bedingung ein treues und vollständiges Bild der Geschichte der mittelalterlichen Speculation gewonnen werden kann. Das Interesse für die Sache wird sich dadurch nicht mindern, sondern vielmehr noch steigern, weil die

Nebeneinanderstellung der Gegensätze den Glanz der Wahrheit noch mehr hervorleuchten lässt.

Zur Vollständigkeit unserer Darstellung wird es aber ferner auch nothwendig sein, dass wir hie und da unsere Betrachtung auch auf das theologische Gebiet erstrecken. Ein *vollkommenes* Bild der Geschichte der Philosophie des Mittelalters wird man nämlich nur dann gewinnen können, wenn man auch die Art und Weise in's Auge fasst, wie die philosophischen Grundsätze zum Behufe einer speculativen Entwicklung der geoffenbarten Wahrheiten von den Scholastikern und Mystikern verwendet wurden, und wie andererseits deren Gegner ihre falschen Lehrsätze zur Begründung und Entwicklung ihrer Häresien gebrauchten. Dieses Moment darf mithin in der Darstellung nicht völlig umgangen werden, obgleich freilich dasselbe nicht mit jener Ausführlichkeit behandelt zu werden braucht, wie solches in einer Geschichte der Theologie stattfinden müsste. Wir werden es daher stets nur in so weit herbeiziehen, als es zur Vervollständigung der Darstellung der einzelnen speculativen Systeme nothwendig ist.

Man bezeichnet die mittelalterliche Philosophie gewöhnlich mit dem Ausdrucke „Scholastik," indem man diesen Begriff im weitern Sinne nimmt, und darunter auch die Mystik begreift. Indem wir uns dieser Ausdrucksweise anschliessen, theilen wir die Geschichte der mittelalterlichen Philosophie in drei Epochen. Die erste ist die Epoche der Entstehung und der allmähligen Ausbildung der Scholastik; die zweite ist die Epoche der Herrschaft der Scholastik, und die dritte ist die der Bekämpfung der Scholastik. Es wird sich diese Eintheilung im Verlaufe unserer Darstellung von selbst rechtfertigen.

1. Die ersten Anfänge wissenschaftlicher Bestrebungen bei den abendländischen Völkern.

1. Isidor von Sevilla, Beda Venerabilis, Alcuin.

§. 4.

Wenn wir die wissenschaftliche Literatur der neuern Völker bis zu ihren ersten Anfängen verfolgen, so müssen wir uns nach Spanien wenden. Nachdem daselbst die Westgothen vom Arianismus zur katholischen Kirche übergetreten waren, und ein Zustand des Friedens sich zu befestigen schien, begann auch die Wissenschaft wieder Wurzel zu schlagen. Die Brüder Leander und Isidor von Sevilla, von denen der erstere die Bekehrung des Königs Reccared und damit die Bekehrung der Westgothen zur katholischen Kirche veranlasste, ragen unter den gelehrten Namen dieser Zeit am meisten hervor. Besonders aber glänzt Isidor, der jüngere Bruder des Leander, welcher dessen Nachfolger auf dem bischöflichen Stuhle von Sevilla wurde, vor allen seinen Zeitgenossen durch fromme Gelehrsamkeit († 636). Sein Freund Braulio, Bischof von Cäsaraugusta (Saragossa), sagt von ihm: „Gott habe ihn, nach so vielem Verluste, den Spanien erlitten, zur Wiederherstellung der alten Denkmäler erweckt, damit seine Mitbürger nicht ganz und gar durch einen bäuerischen Geschmack veraltern möchten [1].“ Von seinen vielen Schriften, die er hinterliess, sind die zwanzig Bücher „Originum sive Ethymologiarum“ am wichtigsten. Es verbreitet sich dieses Werk über alle Wissenschaften, heilige und profane, und kann als eine sehr brauchbare Encyclopädie für jene Zeit betrachtet werden. Ein grosser Theil desselben ist grammatischen Untersuchungen gewidmet; aber es war auch für philosophische und theologische Bildung nicht ohne Nutzen. Es enthält Auszüge aus classischen Schriftstellern, Kirchenvätern, den Werken der nächsten Vorgänger Isidors, besonders jener Gregors des Grossen. „Die Philosophie bezeichnet hier Isidor als die Kenntniss der menschlichen und himmlischen Dinge, verbunden mit dem Bestreben eines guten Lebens, und theilt sie dann in Physik, Ethik und Logik [2].“ Weiter müssen wir noch erwähnen seine drei Bücher Sentenzen, worin er, grösstentheils aus Augustin und Gregor dem Grossen, ein Handbuch der Glaubenslehre zusammenstellte.

---

[1] Praenotatio S. Isidori, in Oudini Commentar. de scriptorib. eccles. antiqq. tom. I. p. 1584.
[2] *Isidor.* opp. ed. F. Arevalus, Rom. 1798. III. p. 99 seqq.

welches im Mittelalter hoch geschätzt wurde, und bis auf die Sentenzensammlung Peters des Lombarden im Gebrauche blieb. Dann sein Buch „De ordine creaturarum," in welchem er von oben, von der Trinität herabsteigend in einer natürlichen Reihenfolge über alle natürlichen und geistigen Creaturen sich in kurzen Betrachtungen vom Standpunkte der Theologie aus ergeht. Endlich noch das Buch „De natura rerum," welches für spätere Zeit ein Muster gewesen, ein Fachwerk, in welches mancherlei Gedanken und Kenntnisse sich eintragen liessen.

Wir sehen leicht, dass die Schriften Isidors noch vorwiegend den Charakter von Sammelschriften haben, und ihr Werth vorzugsweise darin besteht, dass sie die wissenschaftlichen Resultate der verflossenen Zeit in einem encyclopädischen Ueberblicke den neuen Geschlechtern, welche auf dem Schauplatze der alten Völker aufgetreten waren, überlieferten. So ist Isidor einer jener Männer, welche auf wissenschaftlichem Gebiete den Zusammenhang zwischen der alten und neuen Zeit vermittelten, und der letztern durch ihre Schriften die Impulse zu eigener wissenschaftlicher Thätigkeit darboten. In seinem Vaterlande selbst vermochte jedoch Isidor unmittelbar kein wissenschaftliches Leben anzupflanzen, weil das Reich der Westgothen den Angriffen der muhamedanischen Araber nicht Stand halten konnte, und mit diesen in Spanien eine ganz andere geistige Richtung sich niederzulassen begann.

§. 5.

Mit dem Christenthum, welches schon gegen das Ende des zweiten Jahrhunderts in England und Irland, im fünften und sechsten Jahrhundert auch in Schottland eindrang, hatte sich daselbst bald in zahlreichen Klöstern ein wissenschaftliches Streben, das sich jedoch grösstentheils auf das Gebiet der exegetischen Theologie beschränkte, eingeleitet. Besonders die beiden Klöster Bangor, das eine in Irland, in der Provinz Ulster, das andere in England, in Wallis, gelegen, wurden berühmte und einflussreiche Pflegerinnen desselben. Von dieser Thätigkeit in den irischen und britanischen Klöstern ging in der Folge die Wiederbelebung der Wissenschaft unter den germanisch-romanischen Völkern des Abendlandes aus. Während aber in Irland dieselbe sich ungehemmt bis in's neunte Jahrhundert, wo die Dänen verheerend einbrachen, entwickeln konnte, wurde ihre Blüte in England schon viel früher gestört. Zuerst fielen um die Mitte des fünften Jahrhunderts über die alten Briten vom Norden her die Pikten und Skoten herein; dann aber setzten sich die zu Hilfe gerufenen Angelsachsen selbst in England fest, und drängten die Briten nach Wales zurück. Dadurch ging die römisch-christliche Cultur grösstentheils unter, und liess sich an ihrer Stelle das germanische Heidenthum und mit ihm die Barbarei nieder. Erst im siebenten Jahrhundert gelang es dem von Rom aus geschickten Benedictiner Augustinus, die Angelsachsen für das Christenthum zu gewinnen, und damit auch unter ihnen den Grund zu einer Pflege der Wissenschaften zu legen. Besonders wichtig hiefür wurde die Besetzung des erzbischöflichen Stuhles von Canterbury mit dem römischen Mönche Theodor von Tarsus, welcher mit seinem Freunde Hadrianus einen grossen Schatz von Gelehrsamkeit mitbrachte, und zugleich mit ihm an lernbegierige Schüler vermittelte. So fachte sich bald in Klöstern und Domschulen ein reges wissenschaftliches Leben an, welches man von Rom aus durch zahlreiche Büchersendungen zu erhalten und zu befördern bemüht war [1]).

Unter den englischen Gelehrten dieser Zeit strahlt nun besonders hervor *Beda der Ehrwürdige*, welchen die Angelsachsen mit Recht als die Zierde und den Stolz ihrer Nation betrachten. Er war zu Sunderland im Jahre 674 geboren, und ward im siebenten Jahre seines Alters den Mönchen zu Jarrow, einem Kloster am rechten Tyneufer, anvertraut. Hier verlebte er über fünfzig Jahre, betend, lehrend und lernend († 735) [2]). Unbedenklich kann er für den grössten Gelehrten seiner Zeit gelten, denn er hatte Alles gelesen, was damals aufzutreiben war, und versuchte sich als Schriftsteller fast in jeder Wissenschaft. Seine Schriften, ebenso zahlreich als mannigfaltig, sind jedoch mehr Auszüge und Sammlungen, als originale Produkte; doch sind sie auch nicht ganz entblöst von eigenthümlichen und geistreichen Bemerkungen. Er verfasste Homilien zu den Evangelien und mit fleissiger Benützung der Väter Commentare zu den meisten Büchern des alten und neuen Testamentes, worin er der mystisch-allegorischen Exegese huldigt. Besonders zu erwähnen ist hier sein Buch „De rerum natura," welches er auf Grundlage des gleichnamigen Buches von Isidor verfasste. Er lässt uns da mit Augustinus die Schöpfung als ein Werk betrachten, welches im Worte Gottes nicht geworden, sondern ewig ist, und belehrt uns, dass in der geschaffenen Materie alle Samen der Dinge lagen, und dass aus ihnen und den ursprünglichen Ursachen im natürlichen Laufe der Dinge die Welt durch alle Zeiten sich entwickeln sollte [3]). Anderwärts erinnert er, gleichfalls nach Augustinus, daran, dass wir den Menschen als Mikrokosmus zu betrachten haben, dessen Geschichte in denselben Zeitabschnitten verlaufen müsse, in welchen die Welt geschaffen worden, bis er zum ewigen Sabbath eingehen werde [4]). So ist auch Beda, wie Isidor, ein Glied in der Kette jener Männer, welche in Mitte einer rauhen Zeit

---

1) Vgl. *Huber*, Skotus Erigena, S. 24 f.
2) *Gehle*, de Bedae Venerab. vita et scriptis. (Lugd. Batav. 1835.) p. 31.
3) *Beda Ven*. De rer. nat. 1.
4) **De temp. rat.** 64.

das Licht der patristischen Wissenschaft nicht erlöschen liessen, sondern dasselbe unverdrossen nährten, um es einer Zeit zu überliefern, die dasselbe wieder zur hellen Flamme anfachen konnte und sollte. Beda's Streben war vorzugsweise auf den Unterricht seines Volkes gerichtet; er suchte dasselbe zur christlichen Bildung und Gesittung heranzuziehen; diesem Streben war sein ganzes Leben und seine ganze Thätigkeit geweiht, weshalb er es nicht verschmähte, auch Schriften über Chronologie, Rechtschreibung, Metrik und über die rednerischen Figuren zu schreiben, welche die folgende Zeit wohl zu benützen verstand.

§. 6.

Doch würde es vielleicht noch lange gedauert haben, ehe das ruhige Bestreben der Mönche und Klöster auch nur theilweise den rohen Zeitgeist überwältigt und die Wissenschaften zu einer ehrenvolleren und allgemeineren Sache der Menschheit gemacht hätte, wenn nicht ein *Carl der Grosse* als ihr Beförderer und Beschützer aufgetreten und die zerstreuten Kräfte zum gemeinsamen und wetteifernden Wirken in seinen Staaten vereinigt hätte. Dieser Fürst, der in der gewöhnlichen Unwissenheit der Grossen seiner Zeit aufgewachsen war, hatte kaum durch seine Züge nach Italien und durch seine Bekanntschaft mit einigen gelehrten Männern die Idee einer bessern Bildung empfangen, als sie sogleich in seinem von Natur hellen und fruchtbaren Geiste sich nach ihrem ganzen Umfange entwickelte und ihn zum Wiederhersteller der Wissenschaften machte. In ihm lebte nicht minder die Idee der Schöpfung eines neuen Weltalters der Bildung und Gesittung, als die Gründung eines Weltreiches. Darum wand sich um seinen Scepter nicht blos der Lorbeer des Waffenruhmes und des Herrschergenie's, sondern auch die Wissenschaft umgab ihn mit ihrem Glanze. Er berief die gelehrtesten Männer seiner Zeit in seine Staaten, wie einen Peter von Pisa, einen Paul Warnefried (Paulus Diakonus), den Geschichtschreiber der Longobarden, einen Alcuin von England, den gelehrtesten Mann seiner Zeit, liess durch sie Schulen gründen und zeichnete sie auf jede Art aus. Ja er selbst, obschon vierzig Jahre alt, begab sich in die Schulen dieser Männer, und liess sich von Peter Pisanus in der Grammatik, von Alcuin in der Vernunftlehre, Beredsamkeit und Sternkunde unterweisen; er sprach das Latein so fertig, wie seine Muttersprache, und verstand das Griechische. So gab er seinem Volke selbst das Beispiel regen wissenschaftlichen Strebens, welches denn auch unter seinem Scepter immer allgemeiner Eingang fand.

Der vorzüglichste Gelehrte an seinem Hofe war der eben genannte Mönch *Alcuin*, welcher im Jahre 732 im Gebiete von York geboren, an der Domschule daselbst seine Bildung erhalten und später selbst die Oberleitung über dieselbe geführt hatte. Auf einer Reise nach Rom traf er zu Parma (781) mit Carl dem Grossen zusammen;

welcher ihn zu sich nach Frankreich einlud. Er folgte diesem Rufe (782). und kam mit einigen Gehilfen nach Frankreich und an den Hof Carls des Grossen. Dieser hatte die ohnedem schon unter den Merovingern bestandene Hofschule (schola palatina), wo von einigen Clerikern die Prinzen und andere Söhne vornehmer Geschlechter unterrichtet wurden, wieder erneuert. An ihr entfaltete nun Alcuin sein gedeihliches Wirken. Von allen Seiten strömten Schüler herbei, nicht blos Geistliche, sondern auch Laien, da Carl die Verleihung der Aemter von wissenschaftlicher Bildung abhängig zu machen anfing. So wurde Alcuin der Lehrer der Franken. Allenthalben entstanden nach und nach Schulen, an den Kathedralen und in den Klöstern; hohe Schulen, wo die sieben freien Künste und die Theologie gelehrt wurden, Seminarien für Gesang und Kirchenmusik und niedere Anstalten für den nothdürftigsten Unterricht. Später (796) ward Alcuin Abt von St. Martin zu Tours, wo er sogleich eine Schule gründete, welche in ganz Europa berühmt wurde, und aus welcher viele gelehrte Männer hervorgingen († 804) [1]).

Die Schriften, welche uns Alcuin hinterliess, zeugen von nicht gewöhnlichen Geistesgaben, haben aber ebenfalls noch vorwiegend den Zweck der Erhaltung und Fortpflanzung der patristischen Wissenschaft, und sind grösstentheils für den Unterricht in den Schulen berechnet. Vorzüglich schliesst er sich an den heil. Augustin an. Wir haben von ihm einige Schriften, die in das Gebiet der allgemeinen Wissenschaften und der Philosophie gehören, wie den Dialog de grammatica, ferner de rhetorica et virtutibus und de dialectica, dann die disputatio Pippini cum Albino scholastico über Naturgeschichte, und endlich das Buch de animae ratione, geschrieben für die Jungfrau Eulalia. Die Philosophie definirt er als Untersuchung der Wesen und als Erkenntniss der göttlichen und menschlichen Dinge, und theilt sie ein in Physik, Ethik und Logik. Die Physik umfasst das Quadrivium: Arithmetik, Geometrie, Musik und Astronomie. Ihr folgt die Ethik, welche die vier platonischen Tugenden zu ihren Unterabtheilungen hat. Zuletzt kommt die Logik, welche in Dialektik und Rhetorik zerfällt. Der dritte Theil das Trivium, die Grammatik, wird dabei übergangen, und wahrscheinlich als eine einleitende Wissenschaft betrachtet. — Die Theologie, welcher die andern Wissenschaften zu dienen haben, ist diejenige Wissenschaft, wodurch wir das Sichtbare überschreitend etwas von den göttlichen und himmlischen Dingen mit dem Geiste allein betrachten. Von der Theologie gibt Alcuin in seiner Schrift über die Trinität[2]) ein ziemlich vollständiges System, welches von der

---

1) *Lorentz*, Alcuins Leben. (Halle 1829.) *Monnier*. Alcuin et son influence littéraire, religieuse et politique chez les Francs. (Paris 1853.)
2) *Alcuin*, de fide Trinitatis.

Ueberzeugung ausgeht, dass zuerst das Herz durch den Glauben und die Liebe gereinigt werden müsse, um Gott erkennen zu können. Alcuin spricht in diesem Werke von Gottes Wesen, von seinen Eigenschaften, von seiner Dreipersönlichkeit, von der Menschwerdung und Erlösung, und verbindet damit endlich auch eine Eschatologie. Der Inhalt und die Haltung dieses Systems ist ganz augustinisch. Wie Augustin, so denkt auch Alcuin Gott als das absolut unbegreifliche und unnennbare Wesen, und lehrt, dass, wenn wir auch die Categorien auf Gott übertragen, wir sie doch nicht ganz in derselben Weise von Gott prädiciren dürfen, wie von den geschöpflichen Dingen. In Gott ist Alles: Sein, Leben, Denken, Wollen und Thun ein und dasselbe; er ist in seinem Ansichsein die absolute Einfachheit. — Ausser diesem Hauptwerke „de fide Trinitatis" hat aber Alcuin noch mehrere andere theologische Schriften geschrieben, besonders über Liturgie und Exegese. In letzterer Beziehung ist er, wie seine Vorgänger, der mystisch allegorischen Erklärungsweise zugethan.

Das treueste Bild seiner speculativen Denkweise bietet uns seine oben erwähnte Schrift über die Seele an die Jungfrau Eulalia dar, weshalb wir dessen Inhalt hier mit einiger Ausführlichkeit darstellen wollen. Die Seele ist nach Alcuin ein vernünftiger Geist, welcher sein Dasein in stetigem Leben und in stetiger Bewegung bewährt, welcher durch die Güte des Schöpfers mit freiem Willen begabt worden ist, und folglich nur durch eigene Schuld dem Bösen verfallen kann, wovon er wiederum nur durch die göttliche Gnade befreit werden kann und wirklich befreit wird. Sie ist unsichtbar, unkörperlich, ohne Gewicht und Farbe, in jedem Gliede des Leibes ganz gegenwärtig. Ihr ist das Bild ihres Schöpfers geistig bei ihrer ursprünglichen Schöpfung eingeprägt worden [1]). Sie ist dazu bestimmt, die Bewegungen des Fleisches zu leiten, und das Medium, wodurch sie auf den Leib einwirkt, ist jene feine Substanz, welche wir als Licht und Luft in der Aussenwelt wahrnehmen [2]). Sie ist das Leben des Körpers; ihr eigenes Leben aber ist Gott [3]).

Die Seele ist ihrer Substanz nach nur Eine; sie ist einfach und untheilbar; aber nach ihren verschiedenen Funktionen wird sie auch verschieden benannt: anima, in so fern sie den Leib belebt; Geist

---

1) *Alcuin*, de animae ratione ad Eulal. virg. c. 10. Anima seu animus est spiritus intellectualis, rationalis, semper in motu, semper vivens, bonae malaeque voluntatis capax, secundum benignitatem creatoris libero arbitrio nobilitatus, sua voluntate vitiatus, dei gratia liberatus, ad regendum carnis motus creatus, invisibilis, incorporalis, sine pondere, sine colore, circumscriptus, in singulis suae carnis membris totus, in quo est imago conditoris spiritualiter primitiva creatione impressa.
2) Ib. c. 12. Quae etiam per lucem et aerem, quae sunt excellentiora mundi corpora, corpus administrat suum. — 3) Ibid, c. 9.

(spiritus), in so fern sie betrachtend thätig ist; animus, in so fern sie Einsicht in die Dinge gewinnt; Sinn (sensus), in so fern sie empfindet; Verstand, in so fern sie denkt; Vernunft, in so fern sie unterscheidet; Wille, in so fern sie beistimmt; Gedächtniss, in so fern sie sich erinnert¹).

Nach den Meinungen der Philosophen zerfällt die Seele in drei Theile, in den vernünftigen, irascibeln und begehrlichen. Die Begierde und den Zorn hat der Mensch mit den Thieren gemein, aber durch die Vernunft überragt er sie; durch sie soll er die niedrige Seele beherrschen; denn die Vernunft ist unter jenen drei Theilen der Seele naturgemäss der herrschende Theil. Doch sind auch diese Unterschiede in der Seele nicht als Substanzunterschiede zu fassen; ihrer Substanz nach ist und bleibt die Seele stets ein und dieselbe²).

Und gerade deshalb trägt denn auch die Seele als vernünftige Seele das Bild der Trinität in sich. Die vernünftige Seele bethätigt sich nämlich als Gedächtniss, als Intelligenz und als Wille. Diese drei Thätigkeiten sind an sich verschieden von einander; aber es ist Eine Substanz, Ein Leben, welches in diesen drei Thätigkeiten sich offenbart. Wir haben somit hier eine Einheit in der Verschiedenheit, und eine Verschiedenheit in der Einheit, in analoger Weise, wie solche in dem trinitarischen Leben Gottes stattfindet. Ja selbst die gegenseitige Durchdringung und Durchwohnung der göttlichen Personen findet hier ihr geschöpfliches Abbild; denn ich erkenne mein Erkennen, Wollen und Erinnern; ich will mein Erkennen, Erinnern und Wollen, und ich erinnere mich endlich meines Erkennens, Wollens und Erinnerns. Dieses Bild kann in der Seele durch Nichts zerstört werden, weil es ihr natürlich ist³).

Die Seele ist der eigentliche Grund der menschlichen Persönlichkeit, wiewohl zum menschlichen Ich in seiner vollen Totalität beides gehört, Seele und Fleisch⁴). Sie ist unser wahres Gut, weil nur durch sie unser einziges Gut, d. i. Gott geliebt wird. Wie die Seele entsteht, das weiss nur Gott; blos so viel ist gewiss, dass Gott ihr Urheber ist; doch ist sie kein Theil Gottes, weil sie sonst nicht sündigen könnte⁵). Sie ist, eben weil sie unkörperlich ist, auch unsterblich; und diese Unsterblichkeit ist unverlierbar⁶). Die Glückseligkeit dagegen, welche Gott der Seele zugleich mit der Unsterblichkeit als kostbarste Gabe verliehen hat, ist durch die Sünde verlierbar⁷).

---

1) Ib. c. 11. Atque secundum officium operis sui variis nuncupatur nominibus: anima est, dum vivificat; dum contemplatur, spiritus est; dum sentit, sensus est; dum sapit, animus est; dum intelligit, mens est; dum discernit, ratio est; dum consentit, voluntas est; dum recordatur, memoria est. Non tamen haec ita dividuntur in substantia, sicut in nominibus: quia haec omnia una est anima.

2) Ib. c. 3. c. 2. — 3) Ib. c. 5. c. 6. 7. 9. 10. — 4) Ib. c. 1. Quid sum ego, nisi anima et caro? — 5) Ib. c. 12. — 6) Ib. c. 13. c. 9. — 7) Ib. c. 9.

Das höchste Gut des Menschen ist Gott [1]. In seiner Natur selbst ist das Verlangen nach diesem höchsten Gute eingepflanzt; es ist uns natürlich, Gott zu lieben [2]. Durch die Liebe werden wir mit ihm verbunden, und aus dieser Liebe zu Gott entspringt dann von selbst die Liebe zu uns selbst, zu unserm Nächsten und zu unserm Körper [3]. Durch den Sündenfall ist jedoch die Seele aus der Verbindung mit Gott herausgetreten, und wir vermögen uns daher nur durch tugendhaften Lebenswandel wieder in diese Verbindung mit Gott zurückzuversetzen [4].

Die Schönheit der Seele besteht in der Tugend, ihre eigentliche Zierde in dem Studium der Weisheit, aber nicht jener, welche sich dem vergänglichen Irdischen zuwendet, sondern jener, welche auf die Erkenntniss des Unvergänglichen, Himmlischen, des ewig Wahren gerichtet ist, jener, welche Gott verehrt und liebt [5]. Die Grundtugenden, aus welchen alle andern entspringen, sind die Klugheit, Mässigkeit, der Starkmuth und die Gerechtigkeit. Diese Eintheilung wird von Alcuin in platonisch-augustinischer Weise auf die oben erwähnte Dreitheilung der Seele gegründet [6].

Wir haben also hier eine ziemlich vollständige Psychologie im Entwurfe vor uns, und sehen hieraus, dass Alcuin einen hohen Grad philosophischer Bildung und Belesenheit besass. Wenn sein Name in der Geschichte des Unterrichtswesens überhaupt eine glänzende Rolle spielt, so muss derselbe auch in der Geschichte der Philosophie immerhin mit Ehren genannt werden.

2. Fredegisus, Rhabanus Maurus, Paschasius Radbertus.

§. 7.

Die wissenschaftliche Regsamkeit, welche Alcuin verbreitet hatte, erhielt sich unter seinen Schülern, obgleich Carls Nachfolger, Ludwig der Fromme, den Eifer seines Vaters für die Pflege der Wissenschaften nicht theilte. Unter jenen Schülern Alcuins haben wir vorerst den *Fredegisus* zu nennen, welcher schon zu York Alcuins Schüler gewesen und mit ihm nach Frankreich gekommen war, wo er meistens am Hofe Carls des Grossen und Ludwigs des Frommen, dessen Kanzler er war, lebte. Nach dem Tode Alcuins ward er zum Abte des Klosters von St. Martin zu Tours erhoben.

Wir besitzen von ihm eine Schrift, welche eine philosophische Frage behandelt, nämlich ob das Nichts etwas sei oder nicht (nihilne aliquid sit an non). Sie ist überschrieben: „De nihilo et tenebris [7]."

---

1) Ib. c. 1. — 2) Ib. c. 4. — 3) Ib. c. 5. — 4) Ib. c. 8. 9. — 5) Ib. c. 14. — 6) Ib. c. 3. 4. 12.

7) Abgedruckt in *Migne's* „Patrologiae Cursus completus", tom. 105., wonach wir hier citiren.

Er beantwortet die gestellte Frage dahin, dass er behauptet, das Nichts sei Etwas. Folgendes ist seine Beweisführung. Wenn Jemand sage: Es scheint mir, dass das Nichts sei, so spreche er damit aus, dass es Etwas sei [1]). Sage man dagegen: Es scheint mir, dass das Nichts nicht Etwas sei, so könne man sich dagegen sowohl auf die Vernunft, als auch auf die Auctorität berufen. Was vorerst den Vernunftgrund betrifft, so bezeichnet jeder Name ein Etwas; folglich muss auch der Name „Nichts" Etwas bezeichnen, und es muss ihm folglich ein Sein entsprechen. Ein Name, eine Bezeichnung, ohne ein Reales, worauf sie sich bezieht, ist nicht denkbar [2]). Aber auch die göttliche Auctorität spricht sich hiefür aus. Denn es heisst in der heiligen Schrift, dass Gott aus dem Nichts die Welt geschaffen habe. Alle Elemente, Licht, Engel und die Seele des Menschen sind mithin aus dem Nichts hervorgegangen. Daraus folgt nicht blos, dass das Nichts etwas sei, sondern dass es auch etwas Grosses sei, welches wir gar nicht zu ermessen vermögen. Denn wenn wir schon die Dinge, welche aus dem Nichts hervorgehen, nicht ermessen können, um wie viel weniger werden wir das Nichts zu ermessen im Stande sein, aus welchem sie ihren Ursprung und ihre Gattung haben. Weder wie gross, noch welcher Qualität es sei, vermögen wir auszudrücken [3]).

Im Anschluss an diese Ausführungen stellt er dann auch in Bezug auf die Finsterniss die gleiche Frage, ob sie nämlich Etwas sei, oder nicht, und beantwortet sie gleichfalls in affirmativer Weise. Die Beweise, welche er hiefür beibringt, sind sämmtlich Auctoritätsbeweise. Er beruft sich auf den Ausspruch der Genesis: „Et tenebrae erant super faciem abyssi." Hier schreibe die heilige Schrift selbst der Finsterniss das Sein zu; denn da sie sagt: „Tenebrae *erant* super faciem abyssi," so setzt sie durch das Verbum „erant" die Finsterniss als etwas Reales, weil „die Finsterniss" sonst nicht das Subject des Verbums „erant" sein könnte [4]). Ferner heisst es in der heiligen Schrift, dass eine Finsterniss über Aegypten kam, so dicht, dass man sie mit Händen greifen konnte. Was nun aber greifbar ist, das muss auch wirklich, und kann nicht Nichts sein [5]). Wenn es dann in der Genesis heisst, dass Gott zwischen Licht und Finsterniss schied, und jenes Tag, dieses Nacht nannte: so geht auch daraus hervor, dass

---

1) De nih. et tenebr. l. c. pag. 751. Si quis responderit: Videtur mihi nihil esse, ipsa ejus, quam putat negatio, compellit eum fateri, aliquid esse nihil, dum dicit: Videtur mihi nihil esse. Quod tale est, quasi dicat: Videtur mihi nihil quiddam esse.
2) Ib. p. 752. Omne nomen finitum aliquid significat, ut homo, lapis, lignum ... Igitur nihil ad id, quod significat refertur ... Item aliud: Omnis significatio est quod est. Nihil autem aliquid significat. Igitur nihil ejus significatio est quid est, id est, rei existentis.
3) Ib. p. 753. — 4) Ib. p. 753. — 5) Ib. p. 754.

die Finsterniss nichts rein Negatives sein könne. Wenn nämlich der Name „Tag" ein Reales ausdrückt, so muss solches des Parallelismus wegen auch in Bezug auf den Namen „Nacht" der Fall sein. Denn Gott hat den Dingen, welche er geschaffen, bestimmte Namen eingeprägt, damit, mit ihrem Namen benannt, jede Sache erkannt würde. Und wie er keine Sache schuf ohne ihren bestimmten Namen, so gibt es auch keinen Namen ohne eine bestimmte Realität, deren Name er ist[1]). Ebenso ergibt sich aus dem Worte Davids: „Misit tenebras" die Realität der Finsterniss; denn wenn sie Nichts ist, wie kann sie dann gesendet werden[2]). — Aber auch das neue Testament bestätigt diese Wahrheit. Wenn Christus sagt, die Söhne des Reiches werden in die äusserste Finsterniss hinausgestossen, so geht daraus nicht blos deren Existenz überhaupt, sondern auch ihre örtliche Existenz hervor, da die äussern Finsternisse innere voraussetzen, und damit also eine Oertlichkeit involviren[3]). Endlich, wenn es bei Matth. (c. 6.) heisst: „Si lumen, quod in te est, tenebrae sunt, ipsae tenebrae, quantae erunt," so ergibt sich für die Finsterniss sogar die Quantität, und da diese nur Attribut der Körper ist, die Körperlichkeit[4]).

Was wollte nun Fredegisus mit diesen Lehrsätzen? Dass die Behauptung, die Finsterniss sei etwas Wirkliches, nur eine andere Wendung des erst bewiesenen Lehrsatzes sei, nach welchem das Nichts etwas Wirkliches sei, lässt sich wohl nicht bezweifeln. Es kommt also Alles darauf an, zu untersuchen, warum er dem Nichts eine Realität beilegte. Unstreitig wollte er das Nichts als die allgemeine Gattung angesehen wissen, von welcher alle übrigen Gattungen der Dinge nur besondere Formen des Seins wären. Damit stimmt es überein, wenn er nach Agobard behauptete, dass die Seelen aus einer unbekannten Materie im Leeren geschaffen werden[5]). Diese unbekannte Materie ist offenbar identisch mit dem „Nichts," da er nach dem Obengesagten auch behauptet, dass die Seelen aus dem „Nichts" hervorgehen. Was ist aber zuletzt diese „unbekannte Materie?" Agobard führt gegen ihn die Lehre der Kirche an, dass die Seele kein Theil der göttlichen Natur sei. Dies scheint darauf hinzuweisen, dass Fredegisus, unter der „unbekannten Materie" oder unter dem „Nichts" von unermesslicher Quantität und unbegreiflicher Qualität die göttliche Natur selbst verstand, aus welcher alles Geschaffene geschöpft worden sei. Damit würde dann die Präexistenzlehre, welcher er gleichfalls huldigt, im Einklang stehen. Verhielte es sich wirklich so, so würden wir den Fredegisus als den Vorläufer des Skotus Erigena zu betrachten haben. Ein bestimmtes Urtheil lässt sich jedoch hier bei der Mangelhaftigkeit der Quellen kaum gewinnen[6]).

---

1) Ib. p. 754. — 2) Ib. l. c. — 3) Ib. p. 754 sq. — 4) Ib. p. 755 sq. — 5) Agob. adv. Fredegis. 14. p. 181. Incognita materies, unde animas dicitis creari in vacuo. — 6) Vgl. *Ritter*, Gesch. d. Phil. Bd. 7. S. 190 f.

§. 8.

Ein anderer Schüler Alcuins war der berühmte *Rhabanus Maurus* (776—856). Er war im Kloster zu Fulda erzogen worden, wirkte dann in diesem Kloster zuerst als Lehrer und dann als Abt, und war unermüdlich thätig für den Unterricht, für die literarische Bildung unserer Sprache, für schöne Kunst, besonders die in Fulda heimische Baukunst, vor Allem aber für die Verbreitung der theologischen Literatur. Später wurde er zum Erzbischof von Mainz erhoben, als welcher er thätig in den Prädestinationsstreitigkeiten aufzutreten sich veranlasst sah. Wir werden ihm daher im Folgenden nochmal begegnen. Hier haben wir blos auf seine literarische Thätigkeit zu reflectiren.

Rhabanus Maurus wird mit Recht als der Begründer der Gelehrsamkeit in Deutschland verehrt, weil er zuerst im Kloster Fulda den Wissenschaften einen Sitz in Deutschland gründete. Seine literarische Thätigkeit steht aber im Allgemeinen auf gleicher Linie mit der seiner Vorgänger. Sie ist erhaltend und überliefernd. Er sammelte beinahe über alle Bücher des alten und neuen Testamentes Commentare aus den Schriften der Väter, und neigte sich nach dem durchgängigen Charakter seiner Zeit vorzugsweise der allegorischen Schrifterklärung zu. Was das Philosophische betrifft, so besitzen wir von ihm zwei Bücher über die Grammatik, und ein weitläufiges Werk über das Universum in zwei und zwanzig Büchern, welches nach dem Vorgange der Ethymologien Isidors und des Buches Bedas über die Natur der Dinge mit allen Gebieten des damaligen Wissens sich beschäftigt. Es ist dieses Werk zwar ausführlicher als die erwähnten Schriften Isidors und Beda's, aber zum grossen Theil ist dessen Inhalt aus diesen entnommen, wie denn Rhabanus in der Vorrede selbst sagt, dass er denjenigen folgen wolle, welche über die Natur der Dinge und über die Ethymologie der Worte geschrieben hätten. Auch aus Alcuin und Augustinus ist vieles entnommen [1]).

Das Werk beginnt mit einer Betrachtung Gottes und der Engel, geht dann über zu den Hauptpersönlichkeiten des alten und neuen Testamentes, zu den einzelnen Büchern der heiligen Schrift, zu den Sacramenten und den meisten kirchlichen Gegenständen. Das sechste, siebente und achte Buch handeln von den verschiedenen Geschöpfen, die folgenden über astronomische, physikalische Gegenstände und Chronologie, wie darauf bezügliche Erfahrungen. Das fünfzehnte Buch handelt von den Philosophen, Dichtern, heidnischen Gottheiten u. s. w., worin Rhabanus manche interessante Notizen über einzelne Persönlichkeiten der nächstfolgenden Zeit, die noch keine genauere Kenntniss der Originalien erlangen konnte, überliefert hat. Das nächste Buch handelt von der Sprache, woran sich dann noch Betrachtungen über einzelne

---

1) Vgl. *Kunstmann*, Rhabanus Magnentius Maurus. (Mainz 1841.)

Erfahrungsgegenstände, über Medicin u. s. w. anreihen, um endlich mit der Betrachtung des Landbaues, der Kriegskunst, der Kleidung, Speisen und der Hauseinrichtungen zu schliessen ¹).

So leitete Rhabanus den Strom der wissenschaftlichen Ueberlieferung fort, und suchte die Schätze der Literatur, welche die frühere Zeit aufgehäuft hatte, seinen Zeitgenossen zugänglich zu machen, um dadurch die Erziehung und Heranbildung der neuen Völker zu eigener geistiger Thätigkeit zu fördern.

§. 9.

Ein jüngerer Zeitgenosse des Rhabanus Maurus war endlich *Paschasius Radbertus*. Auch er war aus der Schule Alcuins hervorgegangen, wenn auch nicht unmittelbar. Er war ein Schüler der Brüder Adelhard und Wala, und deren Nachfolger in der Würde eines Abtes von Corbie. († 851.) Er ist besonders berühmt geworden durch den sogenannten Abendmahlsstreit, dessen Darstellung jedoch nicht zu unserer Aufgabe gehört.

Um ein Bild von seiner Denkweise zu geben, wollen wir hier besonders auf sein Buch „de fide, spe et caritate" reflectiren, und die Hauptgrundsätze seiner Lehre vom Glauben ausheben. Paschasius unterscheidet drei Arten des Glaublichen. Einiges wird nämlich sehr leicht geglaubt; aber obgleich man es glaubt, so sieht man es doch nie ein. Dazu gehört das sinnlich Wahrnehmbare und das zeitlich Geschehende; denn da die Bilder der sinnlichen Dinge und der Einbildungskraft nur dem Gedächtnisse angehören, nicht aber vom Verstande gedacht werden, so kann dieser jene Dinge nach ihrer sinnlichen Erscheinung auch nicht einsehen, verstehen ²). Anderes dagegen ist von der Art, dass es, so wie es geglaubt, auch sogleich eingesehen, verstanden wird: dazu gehören die mathematischen Axiome, und überhaupt die obersten Grundsätze der menschlichen Vernunft; denn diese bedarf es nur zu erkennen, um sie zu verstehen ³). Endlich aber gibt es noch andere Dinge, welche zwar zugleich geglaubt und verstanden werden können, so aber, dass sie zuerst geglaubt werden müssen, um verstanden werden zu können, also keineswegs verstanden werden können, wenn sie nicht vorerst geglaubt werden. Das sind die Wahrheiten, welche sich auf Gott beziehen, und welche uns von Gott geoffenbart worden sind ⁴). Da ist also der Glaube die nothwendige Voraussetzung

---

1) Vgl. *Kaulich*, Gesch. der schol. Phil. S. 61 f.
2) Paschas. Radbert. (ed. Migne) De fid., spe et car. l. 1. c. 7, 1.
3) Ib. l. 1. c. 7, 1.
4) Ib. l. 1. c. 7, 2. Porro illa, quae de Deo divinitus dicuntur, credibilia quidem sunt simul et intelligibilia; sed nisi credantur prius, nunquam intelliguntur: idcirco necesse est credantur ex toto corde, et ex tota anima, et ex tota virtute; ut Christo illustrante hic ex parte et in futuro ex toto intelligantur.

zu aller tiefern Einsicht in die Wahrheit. Und zwar muss jener Glaube ein solcher sein, welcher sich thätig erweist in der Liebe und in der Beobachtung der göttlichen Gebote; denn nur auf der Basis eines solchen lebendigen Glaubens ist eine höhere Erkenntniss möglich, und zwar wird diese Erkenntniss um so vollkommener, je reineren Herzens der Mensch in Folge eines in Liebe thätigen Glaubens ist¹). Wer ohne den Glauben an die Erforschung göttlicher Dinge sich wagt, der wird es nie zu einer wahren und vollkommenen Erkenntniss Gottes bringen. Das also ist die rechte Ordnung, dass der Glaube die Grundlage und Voraussetzung der tiefern Erkenntniss aller höhern göttlichen Wahrheit bilde, und an diese Ordnung muss sich Jeder halten, welcher in seinem Streben nach Erkenntniss zu günstigen Resultaten gelangen will²). Der Glaube aber wird nicht durch unsere eigene Thätigkeit gewonnen: — er ist eine Gnade Gottes³).

Daraus ergibt sich nun die hervorragende Stellung, welche der Glaube im Gebiete unserer Erkenntniss einnimmt. Die Einbildungskraft fasst zwar die Gestalten der Körper ohne Materie auf, und urtheilt darüber; zu Gott aber kann sie sich nicht erheben, weil diesem eben keine körperliche Form zukommt. Die Vernunft dagegen erhebt sich zwar über die körperlichen Gestalten, und erfasst das Allgemeine; aber sie erkennt nicht einmal vollkommen die Naturen der Einzeldinge; und wie viel weniger kann sie die unbegreiflichen Tiefen der Gottheit erforschen⁴). Ueber der Vernunft steht gleichsam als ein höheres geistiges Auge die Intelligenz, welche über den Kreis der Erscheinungswelt sich erhebt, und zuweilen Gott zu betrachten vermag; aber doch nur theilweise⁵). Und eben weil auch auf dieser Stufe nur eine theilweise Erkenntniss möglich ist: so ist der Glaube die Ergänzung und Vervollständigung unserer ganzen Erkenntniss; denn obgleich auch er, in der Liebe wirksam, blos eine stückweise Erkenntniss ist, so glaubt er doch das Unsichtbare nicht blos zum Theile, sondern nach seiner vollen Ganzheit, wie es der göttliche Lehrer gelehrt und der heilige Geist enthüllt hat⁶). In so fern steht der Glaube über dem Verstande, über der Wissenschaft⁷). Durch den Glauben muss hienieden die Intelligenz

---

1) Ib. l. 1. c. 7, 2. — 2) Ib. l. c. — 3) Ib. l. 1. c. 11, 1. 2. — 4) Ib. l. 1. c. 8, 2

5) Ib. l. c. Ceterum intelligentia celsior oculus in anima supergreditur universitatis ambitum, et ex parte ipsam illam Deitatis naturam interdum cognoscens, contemplatur.

6) Ib. l. c. Sed fides, quae per dilectionem est, licet ex parte sit, non ex parte, sed ex toto credit omnia, quae non videntur, ita ut magister veritatis docuit, et spiritus sanctus reseravit.

7) Ib. l. 1. c. 8, 1. Et ideo fides praeeminet scientiae vel intellectui nostro, quia, etsi, ut est, necdum scitur nec intelligitur, tamen quia est, ita ut est, vel quidquid de illo sermo divinus praedicat, hoc totum fide creditur, ut per eam melius intelligatur.

erst gereinigt und geklärt werden, damit sie dann im Jenseits auf die Stufe der Schauung emporsteigen könne. Diese Schauung wird der Lohn des Glaubens sein[1]. In diesem Schauen wird der Glaube dereinst aufgehen; aber er wird nur vergehen, wie die Jugend im Alter vergeht; es wird nämlich die Erinnerung des Vergangenen und der Gewinn der frühern Zeiten bleiben, so dass wir dasselbe, was wir früher als ein Zukünftiges im Glauben und in der Hoffnung geistig als uns gegenwärtig erblickten, nun im gegenwärtigen Genuss erblicken werden. Der Glaube hört auf, die Substanz des Glaubens aber bleibt[2].

Wir sehen, der augustinische Standpunkt in Bezug auf das Verhältniss zwischen Glauben und Wissen ist hier mit aller wünschenswerthen Entschiedenheit festgehalten. Darin war Paschasius nur der Herold des christlichen Bewusstseins, welches von diesem Standpunkte weder in der Schule noch im Leben sich je verdrängen liess. Gerade dadurch waren in den folgenden Zeiten die grossen Fortschritte der christlichen Wissenschaften bedingt; und es wird sich bald zeigen, dass die Abweichung von diesem Standpunkte, wo sie hin und wieder eintrat, jedesmal grosse Verirrungen in der Lehre zur Folge hatte.

3. Der Prädestinationsstreit. Gottschalk und Hinkmar von Rheims.

§. 10.

Wir können nicht umhin, auch dem im neunten Jahrhunderte hervortretenden Prädestinationsstreit noch einige Aufmerksamkeit zu schenken, so fern derselbe auch ein speculatives Gepräge an sich trägt. Der Urheber desselben war der Fuldaische Mönch Gottschalk (819—868). Von seinem Vater, dem sächsischen Edelmanne Berno, schon als Kind in das Kloster Fulda gegeben, verliess er später, des Lebens daselbst überdrüssig, dieses Kloster, und begab sich in das Kloster Orbais der Diöcese Soissons, wo er, dem Studium der Schriften des heil. Augustin obliegend, seine Irrlehren zu verbreiten anfing, während er dabei ein keineswegs erbauliches Leben führte. Endlich verliess er auch dieses Kloster wieder, und begab sich auf Reisen, wo er mit der Verbreitung seiner Irrlehre fortfuhr. Sein ehemaliger Abt, Rhabanus Maurus, sah sich deshalb veranlasst, gegen ihn zu schreiben, so wie auch der Erzbischof Hinkmar von Rheims gegen ihn auftrat. Zudem wurde Gottschalks Lehre von zwei Synoden, zu Mainz (848) unter Rhabanus Maurus, und zu Quiercy (849) unter Hink-

---

1) Ib. l. l. c. 8, 2. Intelligentia enim est merces fidei, et ideo quae necdum intelligimus, fide credimus, operibus veneramur, ut intellectu totum, quod in fide est, comprehendamus.

2) Ib. l. l. c. 1, 5. c. 2.

mar, verdammt. Gottschalk war jedoch nicht zum **Widerruf** zu bewegen; er blieb bis zu seinem Tode seiner Irrlehre zugethan, wies in seiner letzten Krankheit noch den Versuch Hinkmars, ihn für die katholische Lehre zu gewinnen, zurück, und starb ohne Sacramente im Kirchenbanne.

Die Lehre Gottschalks ward von den damaligen Bischöfen verschieden beurtheilt, und es entstanden darüber beklagenswerthe Wirren in der fränkischen Kirche. So weit wir aus den Schriften des Rhabanus Maurus und seines Hauptgegners, des Erzbischofs Hinkmar, entnehmen können, reducirt sich Gottschalks Prädestinationslehre auf folgende Sätze: Gott hat von Ewigkeit her gewisse Menschen zur Seligkeit, und auf dieselbe Weise die andern zum ewigen Tode vorherbestimmt (doppelte Prädestination), so zwar, dass der Grund dieser beiderseitigen Prädestination ausschliesslich in dem göttlichen Willen zu suchen ist[1]). Es ist, sagt Gottschalk, durchaus nicht anzunehmen, dass Gott das Heil *aller* Menschen wolle; er will nur das Heil derjenigen, welche er zur Seligkeit vorausbestimmt hat, während er mit gleicher Bestimmtheit den ewigen Tod derjenigen will, welche er in seinem ewigen Rathschluss verworfen hat[2]). Nicht für alle Menschen ist Christus gestorben, sondern nur für eine bestimmte Zahl derselben; die übrigen sind von der Wohlthat des Sühnopfers Christi ausgeschlossen. Mögen solche immerhin die Taufe empfangen; aber der Kreuzestod Christi gilt nicht für sie; sein Blut hat Christus für sie nicht vergossen[3]). Nur jene also, für welche Christus sein Blut vergossen hat, will Gott retten, und zwar ist dieser Wille ein unbedingter; solche Menschen *können* nicht verloren gehen. Jene dagegen, für welche Christus nicht gestorben ist, will Gott nicht retten; ihr Heil will er nicht, und zwar will er es positiv und unbedingt nicht. Er prädestinirt sie unbedingt zum Tode, weil er voraussieht, dass sie der Bosheit gänzlich anheim-

---

[1] *Hincmar*, De praedestinat. dissert. post. c. 2. (ed. Migne.) Dicit (Godescalcus), quod praedestinatio Dei sicut in bono sit, ita et in malo; et tales sint in hoc mundo quidam, qui propter praedestinationem Dei, quae eos cogit in mortem ire, non possint ab errore et peccato se corrigere, quasi Deus eos fecisset ab initio incorrigibiles esse et poenae obnoxios in interitum ire.

[2] Ib. c. 5. In cartula suae professionis ad Rabanum episcop. dicit: Ego Godescalcus credo et confiteor, quod gemina est praedestinatio, sive electorum ad requiem, sive reproborum ad mortem: quia sicut Deus incommutabilis ante mundi constitutionem omnes electos suos praedestinavit ad vitam aeternam, *similiter omnino* omnes reprobos, qui in die judicii damnabuntur propter ipsorum mala merita, idem ipse incommutabilis Deus per justum judicium suum incommutabiliter praedestinavit ad mortem merito sempiternam. c. 19.

[3] Ib. c. 34. p. 365. Baptismi, inquit Godescalcus, sacramento eos emit, non tamen pro eis crucem subiit, neque mortem pertulit, neque sanguinem fudit.

fallen werden¹). Ihnen nützt daher auch die Taufe nichts²). Wer also wirklich erlöst ist, kann nicht zu Grunde gehen; wer es nicht ist, weil Christus sein Blut für ihn nicht vergossen hat, der kann nicht gerettet werden.

Untersucht man nun diese Lehre näher, so hat es wohl hin und wieder den Anschein, als wollte Gottschalk die Verwerfung durch die Voraussicht der Bosheit der Verworfenen von Seite Gottes bedingt sein lassen; aber die Zeitgenossen sprechen sich entschieden dahin aus, Gottschalk habe die Prädestination zur Verwerfung in dem nämlichen Sinne gefasst, wie die Prädestination zur Seligkeit. Sie sagen, nach Gottschalks Lehre determinire und nöthige die Reprobation den Menschen zum Bösen, so dass derselbe sich gar nicht bessern könne³). Und in der That kann nur in diesem Sinne das Princip einer doppelten Prädestination aufgefasst werden, wenn es anders einen Sinn haben soll. Dies um so mehr, als der Satz, Christus habe nicht für alle Menschen sein Blut vergossen, ganz zu dieser Auffassung passt, und in der gegentheiligen Auffassung ganz unverständlich und unmotivirt bleiben würde. Gottschalk hat einzelne Stellen des heil. Augustin, welche für sich genommen in der That etwas hart klingen, aus dem Ganzen der Augustinischen Lehre herausgerissen, und ist dadurch zu seiner Annahme einer doppelten Prädestination in dem gedachten Sinne gekommen: gerade so, wie auch schon die frühern „Prädestinatianer" für ihre Lehre auf Augustinus sich beriefen, indem sie absahen von dem ganzen Geiste der Augustinischen Lehre, welcher eine solche Fassung der Prädestination in der That nicht zulässt⁴).

§. 11.

Man erkannte aber zur Zeit Gottschalks vollkommen das Verderbliche dieser Lehre. Ausser Rhabanus Maurus war es besonders Hinkmar von Rheims, welcher Alles aufbot, um der Lehre Gottschalks entgegenzuarbeiten. Hinkmar, Erzbischof von Rheims, ward um das Jahr 806 aus einem vornehmen westfränkischen Geschlechte geboren, und im Benedictinerkloster St. Denys bei Paris unter Abt Hilduin er-

---

1) Ib. c. 27. p. 275. Godescalcus novorum Praedestinatianorum signifer dicit: Hos omnes impios et peccatores, quos proprio fuso sanguine filius Dei redimere venit, hos omnipotentis Dei bonitas ad vitam praedestinatos irretractabiliter salvari tantummodo velit: — et rursum illos omnes impios et peccatores, pro quibus idem filius Dei nec corpus assumsit, nec orationem, ne dico sanguinem fudit, neque pro eis ullo modo crucifixus fuit, quippe quos pessimos futuros esse praescivit, quosque justissime in aeterna praecipitandos tormenta praefinivit, ipsos omnino perpetuo salvari penitus nolit. c. 33.
2) Ib. c. 35. p. 969 sqq.
3) Ib. c. 2. — *Hincmar*, Epist. 9. ad Egilon.
4) Vgl. meine Gesch. der Phil. der patristischen Zeit, S. 473 ff. S. 480 ff.

zogen. In Folge seiner hervorragenden Geistesgaben und der ausgebreiteten Kenntnisse, welche er sich erworben hatte, griff er als Erzbischof von Rheims, besonders unter Carl dem Kahlen, mächtig in die Verhältnisse seiner Zeit ein, und war nicht blos in wissenschaftlicher Beziehung, sondern auch in Leitung kirchlicher und politischer Angelegenheiten ununterbrochen thätig bis zu seinem Tode, welcher im Jahre 882 erfolgte, nachdem er den erzbischöflichen Stuhl von Rheims sieben und dreissig Jahre lang verwaltet hatte.

Dieser Hinkmar von Rheims also trat dem Gottschalk als entschiedener Gegner gegenüber. Er macht darauf aufmerksam, dass mit der Annahme einer doppelten Prädestination im Sinne Gottschalks die Lehre von der Freiheit des Willens im Menschen sich in keiner Weise mehr vereinbaren liesse. Alles hängt hier von der göttlichen Prädestination ab; was der Mensch thut und unterlässt, dazu ist er von vornherein durch den göttlichen Willen determinirt; der Mensch wird zum Spielball in der Hand Gottes, zu einem blosen Werkzeug des göttlichen Willens; Verdienst und Schuld sind bei ihm unmöglich [1]).

Um so entschiedener hält daher Hinkmar in der Bekämpfung Gottschalks fest an der Theorie der einfachen Prädestination. Es gibt, so lehrt er, nur Eine eigentlich so zu nennende Vorherbestimmung, nämlich die Vorherbestimmung zur Gnade und zur Seligkeit. Die Reprobation dagegen besteht nur darin, dass Gott die Sünde des Menschen zulässt, und dann ex consequenti den Menschen zu der dieser Sünde gebührenden Strafe verurtheilt. Die Reprobation setzt mithin auf Seite Gottes die Voraussicht der Sünde wesentlich voraus, während dagegen die Prädestination zur Gnade, und durch diese zur Seligkeit die Voraussicht guter Werke, durch welche etwa der Mensch diese Prädestination verdienen könnte und verdienen müsste, wesentlich ausschliesst [2]). Nur in dem Falle, dass man die Reprobation in diesem Sinne auffasst, kann man von einer doppelten Prädestination sprechen. Aber auch in diesem Falle ist der Act der beiderseitigen Vorherbestimmung in dem göttlichen Willen ein und derselbe. Nur beziehungsweise, d. h. nach der Verschiedenheit der Wirkungen kann ein Unterschied zwischen beiden gesetzt werden. So ist ja auch die Liebe Gottes und des Nächsten in uns dem Wesen nach Eine Liebe, während dagegen beide, die Liebe Gottes und des Nächsten, beziehungsweise wiederum verschieden sind je nach der Verschiedenheit der Gegenstände, auf welche sie sich beziehen [3]).

Hinkmar versäumt nicht, für seine Lehrsätze die nöthigen Beweisstellen aus den Schriften der Väter aufzuführen, und hiebei zugleich auch den heil. Augustin zu vertheidigen gegen die Unterstellun-

---

1) *Hincmar*, De praedest. dissert. post. c. 21 p. 182. c. 23. — 2) Ib. c. 16. — 3) Ib. c. 19. p. 174.

gen der Prädestinatianer. Besonders bemüht er sich, die zwei grossen Lehrsätze, in welchen sich in der That die ganze Grösse und Wohlthat des Christenthums kundgibt, nämlich dass Gott das Heil aller Menschen ohne Ausnahme wolle, und dass deshalb Christus für alle Menschen ohne Ausnahme gestorben sei, mit Aufbietung aller Beweismittel, welche ihm seine achtungswerthe Gelehrsamkeit darbot, zu begründen, und den heil. Augustin gegen die Zumuthung in Schutz zu nehmen, als hätte er diese beiden Lehrsätze geläugnet [1]).

So viel über den Prädestinationsstreit. Hinkmar veranlasste noch andere Männer, gegen den Prädestinatianismus des Gottschalk zu schreiben; unter ihnen auch den Philosophen Skotus Erigena, welcher die Frage vom rein philosophischen Standpunkte aus behandelte, aber in dieser seiner philosophischen Vertheidigung der einfachen Prädestination keineswegs glücklich war, wie wir sogleich sehen werden.

So haben wir denn die ersten Anfänge wissenschaftlicher Thätigkeit bei den abendländischen Völkern und deren vornehmste Träger kennen gelernt, und in diesen das traditionale Element vorherrschend gefunden. Sie sind gleichsam die Vorboten grösserer Ereignisse auf dem Gebiete des geistigen Lebens, welche die folgenden Jahrhunderte uns bringen werden. Es leitet sich in ihnen jener grosse Entwicklungsprocess erst ein, in welchem die speculative Wissenschaft des Mittelalters im Laufe der Zeit zu herrlicher Form sich crystallisiren sollte. Nun sind wir aber bei dem Zeitpunkte angelangt, wo das erste förmlich ausgebildete und in sich geschlossene System uns begegnet. Es ist das System des Skotus Erigena. Leider ist dieses System nicht von der Art, dass wir es als die Begründung und als den Anfang der eigentlichen Scholastik betrachten könnten. Es pflanzt sich in ihm die neuplatonisch-origenistische Anschauung in die neue Zeit herüber, um auch ihrerseits ihre Geschichte in diesem Zeitraume fortzusetzen. Erigena's System ist daher eine ganz eigenthümliche Erscheinung in dieser Zeit; es kann nicht in den Entwicklungsgang der *christlichen* Wissenschaft des Mittelalters eingereiht werden, sondern muss ausser den Bereich derselben hingestellt und in dieser seiner aparten Stellung eigens für sich betrachtet werden. Es ist aber dieses System in so fern von Wichtigkeit, als manche Erscheinungen im Gebiete des wissenschaftlichen Lebens, welche uns im Laufe des Mittelalters begegnen werden, nur aus der Nachwirkung dieses Systems erklärt werden können. Wir haben daher dieses System hier nach seiner exceptionellen Stellung ausführlich zu behandeln und darzustellen.

---

1) Ib. c. 33. De una et non trina Deitate. 19, p. 615. Epist. ad Egilon p. 73.

II. Johannes Skotus Erigena.

§. 12.

Die Lebensgeschichte dieses Mannes ist vom Anfang bis zum Ende in Dunkel gehüllt. Nur so viel ist gewiss, dass er um die Mitte des neunten Jahrhunderts als gelehrter Mann an den Hof Carls des Kahlen gezogen wurde, wo damals Wissenschaft und Kunst eifrige Pflege fanden und in schöner Blüte standen, und dass er daselbst der Hofschule Carls vorstand. Im Auftrage Carls des Kahlen übersetzte er einige Schriften des Dionysius Areopagita, und eine Schrift des Maximus Confessor. Ob er aus Wallis in England gebürtig gewesen sei (wie ziemlich allgemein angenommen wird), oder aus Irland, ob er zu seiner Ausbildung eine Reise nach Griechenland unternommen habe, ob er mehrerer Sprachen, auch der hebräischen und syrischen mächtig gewesen sei: — über all dieses lässt sich historisch nichts Bestimmtes feststellen. Später soll er von Alfred dem Grossen als Lehrer an die neuerrichtete Universität Oxford gerufen worden sein. In höherem Alter endlich soll er zu Malmesbury eine eigene Schule errichtet haben und hier von erbitterten Schülern getödtet worden sein (um 883). Dass er Priester gewesen sei, ist wahrscheinlich*).

Die wichtigsten Schriften des Erigena sind sein Buch über die Prädestination, und sein Werk „über die Theilung der Natur" (De divisione naturae). Dazu kommen noch seine Abhandlungen über die Schriften des Areopagiten, die oben erwähnten Uebersetzungen, sowie endlich eine Homilia in prologum Evang. sec. Joannem, und ein Commentarius in Evang. sec. Joannem nebst einigen kleinern Schriften. Das Bemerkenswertheste in diesen seinen Werken ist seine Kenntniss des Griechischen, mit welchem ein lästiger Prunk getrieben wird, so wie eine vertraute Bekanntschaft nicht blos mit lateinischen, sondern auch mit griechischen Kirchenvätern. Bei jeder Gelegenheit führt Erigena den Origenes, die beiden Gregore, den Basilius, den Dionysius Areopagita und den Maximus im Munde; als Belege für seine Behauptungen führt er oft lange Stellen aus den Schriften derselben an; sie bilden ihm die positiven Haltpunkte für seine Speculation. Zwar benützt er auch die lateinischen Kirchenväter, besonders den Ambrosius und Augustinus; aber die griechischen Väter zieht er den lateinischen doch vor, weil letztere in ihren Lehren gar vielfach blos der populären Auffassungsweise des Inhaltes der heiligen Schrift sich accommodirt hätten¹). Unter den alten

---

*) Vgl. *Staudenmaier*, Skotus Erigena und die Wissenschaft seiner Zeit (Frankfurt 1834); *Huber*, Joh. Skotus Erigena: ein Beitrag zur Geschichte der Phil. u. Theol. im Mittelalter (München 1861) S. 36 ff.

1) *Scot. Erigena*, De divisione naturae (ed. Migne) l. 4, 14. l. 5, 37. p. 986 sqq. 38. p. 1015.

Philosophen schätzt er den Plato am höchsten¹), obgleich er auch den Aristoteles sehr in Ehren hält²).

Indem wir nach Vorausschickung dieser allgemeinen Andeutungen auf Erigena's Lehre selbst übergehen, müssen wir hier vorläufig, um später den Zusammenhang der Darstellung nicht unterbrechen zu müssen, einen Blick werfen auf die Art und Weise, wie Skotus Erigena im Prädestinationsstreite sich benahm, oder vielmehr, auf welche Weise er Gottschalks Lehre zu widerlegen suchte. Erigena geht hier von dem Grundsatze aus, dass die Prädestination nicht ein nothwendiger, sondern ein freier Act Gottes sei. Gott steht ja überhaupt weder unter einer äussern, noch unter einer innern Nothwendigkeit. Wo die Nothwendigkeit ist, da ist kein Wille; in Gott aber ist Wille; daher keine Nothwendigkeit³). Gottes Wille ist also ein wesentlich freier. Ist er aber dieses, dann kann die Prädestination wesentlich nur als eine freie gedacht werden, weil sie ja ein Act des göttlichen Willens, der absoluten göttlichen Freiheit ist⁴).

Es ist aber Alles, was in Gott ist, Gott selbst. In Gott ist nicht ein Anderes das Sein, ein Anderes das Wissen oder Wollen; sondern Gott selbst ist sein Sein, sein Wissen, sein Wollen. Mag ihn auch die vernünftige Kreatur in verschiedener Weise benennen, verschiedene Eigenschaften in ihm unterscheiden; er ist und bleibt in seinem Ansichsein doch stets ein und derselbe, die absolut einfache, unterschiedslose Einheit. Daraus folgt, dass auch die Prädestination zur Wesenheit Gottes gehört, ja Gott selbst ist. Gott ist also selbst seine Prädestination; es ist zwischen beiden gar kein Unterschied⁵).

Aus diesen Prämissen folgert nun Erigena den Lehrsatz, welchen er gegen Gottschalk vertheidigen wollte, nämlich dass es nur eine einfache, nicht eine doppelte Prädestination geben könne. Ist nämlich die Prädestination mit Gottes Wesen identisch, so kann sie, weil das göttliche Wesen nur Eines ist, gleichfalls nur Eine sein. Wenn ferner in Gott Alles Eins ist, also auch das Wollen und Prädestiniren, so kann es wie nur Einen göttlichen Willen, so auch nur Eine Prädestination geben. Und das ist eben die Prädestination zur Gnade und Seligkeit⁶).

Damit verbindet Erigena noch weitere Argumente. Das eine stützt sich auf das Verhältniss der Wirkung zur Ursache. Alles nämlich, was unter sich entgegengesetzt ist, muss auch entgegengesetzte Ursachen haben; denn es ist widersinnig, dass ein und dieselbe Ursache Entgegengesetztes wirke. Nun ist aber dem Sein das Nichts, dem Leben der Tod, der Gerechtigkeit die Sünde, dem Glück das Elend entgegengesetzt; folglich müssen für selbe auch entgegengesetzte

---

1) Ib. 1. 3, 36. p. 728. *Plato*, philosophorum summus.
2) Ib. l. 1, 14. p. 462 sq. — 3) De praedestinatione, c. 2, 1. — 4) Ib. c. 2, 1.
— 5) Ib. c. 2, 2. — 6) Ib. c. 3, 1. 5. c. 2, 2. 5. 6.

Ursachen vorausgesetzt werden ¹). Wenn daher Gottschalk annimmt, dass Gott zu Beidem prädestinire, zum Guten und zum Bösen, zum Lohn und zur Strafe, und zwar noch dazu in der Weise, dass Gott vermöge dieser doppelten Prädestination den Einen zum Guten, den Andern zum Bösen zwingt; so widerstreitet er mit dieser Annahme der gesunden Vernunft, indem er entgegengesetzte Wirkungen ein und derselben Ursache, dem Einen Gotte nämlich, zuschreibt. Die Prädestination kann folglich auch von diesem Standpunkte aus wesentlich nur als eine einfache betrachtet werden ²). Und diese einfache Prädestination ist durchaus nicht zwingend; denn in Gott ist überhaupt nichts Zwingendes, weil sein Wille die Güte ist, und Alles, was ist, dieser Güte sein Dasein verdankt ³).

Dazu kommt ferner noch, dass Gott nur von dem die Ursache ist, was überhaupt von ihm ist: Sünde, Tod und Elend sind aber nicht von Gott; folglich kann Gott deren Ursache nicht sein; er kann sie nicht prädestiniren. Mit andern Worten: Gott kann nicht zugleich von dem, was ist, und von dem, was nicht ist, Ursache sein. Gott ist aber die Ursache dessen, was ist; folglich kann er nicht die Ursache von dem sein, was nicht ist. Die Sünde aber und ihre Wirkungen nämlich der Tod und das Elend welches sich ihm anheftet, sind nicht: folglich kann weder Gott, noch die mit ihm identische Prädestination die Ursache davon sein ⁴).

Man sieht auf den ersten Blick, dass diese Beweise von Gottschalk unschwer hätten entkräftet werden können. Denn da sie keineswegs ohne Sophistik sind, so hätte die eine Sophistik die andere bekämpfen können. Allein das ist das Geringere. Von weit grösserer Wichtigkeit ist es, dass diese Beweise in ihrer ganzen Form und Ausführung auf eine irrthümliche Fassung der Prädestinationslehre von Seite Erigena's selbst hinweisen. Wir werden uns davon sogleich überzeugen.

---

1) Ib. c. 3, 2.
2) Ib. l. c. Igitur, ut haereticus asserit, si duae praedestinationes sint in Deo, quarum una, ut ait, non solum efficit, sed etiam violentia sui cogit vitam, quod est esse, deinde justitiam, quam sequitur beatitudo; altera vero, quae per omnia contraria est praedictae, ipsa enim e diverso non solum efficit, sed etiam cogit peccatum, quod est non esse, deinde mortis interitum, quem necessario sequitur miseria: ipsae igitur sibimet contradicunt. Si autem natura divina, summa omnium, quae sunt, causa multiplex, cum sit simplex et una, saluberrime creditur, consequenter necesse est, nullam in se ipsa controversiam recipere creditatur. Relinquitur ergo, in Deo duas non esse praedestinationes, quae inter se discordantia et efficiant, et fieri cogant.
3) Ib l. c. Quomodo enim creditur in Dei natura causa necessario aliquid cogens, qui omnia, quae fecit, bonitate voluntatis, et voluntate bonitatis suae fecit? cujus bonitas sua est voluntas, et voluntas sua est bonitas.
4) Ib. c. 3, 3.

§. 13.

Ist nämlich die Prädestination nur eine einfache, so kommt nun Alles darauf an, zu untersuchen, wie Erigena das Wesen dieser einfachen Prädestination des Nähern bestimmte. Und hier finden wir ihn denn nun entschieden auf der Bahn des Irrthums. Sich stets an den Grundsatz haltend, dass in Gott Alles Eins sei, folgert er daraus auch die Einheit der göttlichen Prädestination mit der göttlichen Präscienz. Beide fallen in Gott eben so wesentlich zusammen, wie die anderweitigen göttlichen Eigenschaften. Vorherwissen ist vorherbestimmen, und umgekehrt. Zunächst scheint zwar Erigena hiebei blos die reale Identität beider Thätigkeiten in Gott im Auge zu haben [1]; aber er bleibt hiebei nicht stehen, sondern er lässt zuletzt auch den Umfang der Objecte, auf welche beide sich beziehen, ein und den nämlichen sein. Und darin liegt der Irrthum. Die göttliche Präscienz erstreckt sich hienach nicht weiter, als die göttliche Prädestination [2]. Der Grund hievon liegt nach Erigena darin, dass Gott das Böse und das Uebel gar nicht voraussehen *kann*. Und gerade dieses ist das Hauptmoment seiner Beweisführung für die einfache Prädestination. Weil Gott das Böse und das Uebel nicht voraussicht, darum gibt es keine Prädestination zum Verderben, sondern nur eine Prädestination zum Heile. Suchen wir seinen hieher einschlägigen Gedankengang weiter zu verfolgen.

Das Böse und das Uebel sind überhaupt nichts Positives, nichts Seiendes, sondern blose Negation des Seienden, — Nichts [3]. Das Uebel ist nichts Anderes, als die Corruption des Guten. Alles Gute aber ist entweder Gott, welcher nicht corrumpirt werden kann, oder es ist von Gott, welch letzteres corrumpirt werden kann; alle Corruption aber erzielt nichts Anderes, als das Nichtsein des Guten [4]. So ist das Böse weder Gott, noch von Gott; alles Uebel geht nur hervor aus der verkehrten Bewegung des freien, veränderlichen, von Gott sich abwendenden und die Creatur schlecht gebrauchenden Willens, weshalb es nach dem Ausdrucke des heil. Augustin nicht aus einer Causa efficiens, sondern vielmehr aus einer Causa deficiens entspringt [5]. Sind aber das Böse und das Uebel Nichts, und sind sie deshalb nicht von Gott, dann können sie von ihm auch nicht vorausgesehen werden. Denn alles Wis-

---

1) lb. c. 2, 2. Recte ergo dicitur „omnis praedestinatio praescientia, non omnis praescientia praedestinatio" (August.) ut intelligamus, quod est praescire, hoc est praedestinare, et quod est praedestinare, hoc est praescire: unius enim ejusdemque substantiae sunt, divinae videlicet naturae.

2) lb. c. 18, 1 seqq. vgl. c. 17, 2. — 3) lb. c. 10, 2.

4) lb. c. 10, 3. Deinde si nihil aliud est malum, nisi boni corruptio, et omne bonum aut Deus est, quod corrumpi non potest, aut a Deo est, quod corrumpi potest, omnis autem corruptio nihil appetit, nisi ut bonum non sit: quis dubitare potest esse malum, quod appetit bonum delere, ne sit?

5) lb. c. 10, 2. 3. 4.

sen kann sich nur auf Seiendes beziehen: das ist sein Inhalt; was nicht ist, das kann ebendeshalb, weil es nicht ist, auch nicht gewusst werden¹). Würde Gott das Böse erkennen und voraussehen, dann müsste es nothwendig Etwas, eine positive Natur sein, und ausserdem wäre dann dasselbe auch nothwendig in der Welt da. Denn das göttliche Wissen ist die Ursache von Allem, was da ist; nicht deshalb weiss Gott die Dinge, weil sie da sind, sondern sie sind deshalb da, weil Gott sie weiss. Gott wäre somit der Urheber des Bösen²), und zwar in der Art, dass er dasselbe nothwendig hätte hervorbringen müssen³). All das lässt sich nicht denken, und folglich steht es fest, dass Gott das Böse und das Uebel nicht voraussieht. Daraus folgt aber dann von selbst, dass er das Böse und das demselben folgende Uebel, die Strafe, auch nicht prädestiniren könne; denn was er nicht voraussieht, das kann er ja auch nicht prädestiniren⁴). Folglich kann es unmöglich weder eine Prädestination zum Bösen, noch auch zur Strafe geben; es bleibt bei der einfachen Prädestination zur Gnade und Seligkeit. Wenn also von einer Prädestination zur Strafe die Rede ist, so darf man darunter nichts Anderes verstehen, als die Nichtprädestination der bezüglichen Menschen zur Seligkeit von Seite Gottes⁵).

Wie könnte auch, fährt Erigena fort, von einer Prädestination zur Strafe die Rede sein, da es feststeht, dass Gott überhaupt nicht strafen kann, sondern dass die Strafe nur die nothwendige Folge der Sünde ist, und folglich Niemand anderer den Sünder straft, als er sich selbst⁶). Gott straft nicht das, was er selbst erschuf, nämlich die Natur des Menschen; alle Strafe bleibt nur beschränkt auf den verkehrten Willen. Dieser hat in sich das natürliche Verlangen nach Glückseligkeit, kann

---

1) Ib. c. 10, 3. Numquid possumus recte sentire de Deo, qui solus est vera essentia, qui fecit omnia, quae sunt, in quantum sunt, eorum, quae nec ipse est, nec ab eo sunt, quia nihil sunt, praescientiam.... habere? Si enim nihil aliud est scientia, nisi rerum, quae sunt, intelligentia: qua ratione in his, quae non sunt, scientia vel praescientia dicenda est?

2) De divis. nat. l. 2, 28. p. 596. (ed. Migne.) Deus malum nescit. Nam si malum sciret, necessario in natura rerum malum esset. Divina siquidem scientia omnium quae sunt, causa est. Non enim ideo Deus scit ea, quae subsistunt, quia subsistunt, sed ideo subsistunt, quia Deus ea scit. Eorum enim essentiae causa est divina scientia, ac per hoc, si Deus malum sciret, in aliquo substantialiter intelligeretur, et particeps boni malum esset, et ex virtute et bonitate vitium et malitia procederent, quod impossibile esse vera edocet ratio.

3) Ib. l. 5, 27. p. 926. Nam quidquid Deus novit, necesse est in natura rerum fieri. — 4) De praedest. c. 10, 3—5.

5) Ib. c. 13, 4. Teneat sana fides praedestinatorum.... hanc inconcusse regulam: ut quotiescunque vel audierint, vel legerint praedestinatos ad malum, ad poenas, ad interitum, seu supplicium, nihil aliud sentiant nisi non praedestinatos, sed a massa damnabili merito peccati originalis atque proprii non esse separatos, ideoque impie vivere permissos relictos, subinde aeterno igne plectendos.

6) Ib. c. 15, 8—10. c. 18, 5.

selbe aber nicht gewinnen, und ebenso wenig kann er dasjenige sich aneignen, was er in seiner verkehrten Begierde anstrebt. So ist er selbst seine eigene Pein; die Sünde straft sich selbst; Gott verhält sich dabei nicht wirkend[1]. Alles, was dabei von Seite Gottes in Rechnung kommt, ist die Zulassung dieser Selbstpein des Sünders[2], zu welcher Zulassung er als Wiederordner der Weltordnung, welche durch die Sünde gestört worden, gehalten ist[3].

Man sieht leicht, dass durch diese Lehre die des Gottschalk nicht widerlegt, vielmehr an die Stelle des einen nur ein anderer nicht minder verwerflicher Irrthum gesetzt ist. Mit der Prädestination zum Bösen negirt Erigena auch die durch die göttliche Voraussehung bedingte Prädestination zur Strafe, und um dieser Negation einen Halt zu geben, läugnet er die Voraussehung wie des Bösen, so auch der Strafe von Seite Gottes. Kein Wunder, wenn gegen eine solche Lehre der christliche Geist mit aller Macht sich erhob, um dieselbe von sich zu stossen. Prudentius und der Diakon Florus, Vorsteher der Domschule zu Lyon, traten mit Widerlegungsschriften gegen Erigena hervor, und auch die Bischöfe, unter ihnen besonders Remigius, Erzbischof von Lyon, sahen sich veranlasst, gegen seine Lehre einzuschreiten. Auf der Synode von Valence (855) wurde seine Lehre verdammt, und einige Jahre später (859) trat auch die Synode von Langres diesem Beschlusse der erstgenannten Synode bei. Natürlich musste sich zuletzt auch Hinkmar von Rheims, auf dessen Veranlassung Erigena die Schrift über die Prädestination geschrieben hatte, gegen ihn erklären. Und so ward denn diese Lehre, wie es ihr gebührte, ebenso wie die Gottschalk'sche, allgemein von dem christlichen Bewusstsein der damaligen Zeit abgestossen und unter die Reihe der häretischen Lehren gestellt.

§. 14.

Dieses vorausgeschickt können und müssen wir nun auf die Entwicklung des speculativen Systems selbst eingehen, in welchem Erigena uns seine philosophische Anschauungsweise darlegt. Es ist dasselbe enthalten in dem Buche „De divisione naturae," in welchem Erigena in einer oft sehr lästigen Ausführlichkeit über seine philosophischen Ansichten sich verbreitet, und dabei doch nicht immer jener gediegenen Klarheit sich befleissigt, welche bei philosophischen Ausführungen in Interesse des Verständnisses wohl sehr wünschenswerth ist. Diesem Umstande mag es wohl mitunter zuzuschreiben sein, dass sein System von Verschiedenen schon so verschiedenartige Beurtheilung erfahren hat, und heute noch die Frage ventilirt wird, ob sein System den pantheistischen beizuzählen sei oder nicht. Unsere Aufgabe wird es sein, dasselbe mit objectiver Treue nach dem Zusammenhange seiner

---

1) Ib. c. 16, 1 seqq. — 2) Ib. c. 18, 8. — 3) Ib. c. 17, 1. 2.

Lehrsätze darzustellen, und daraus unser Urtheil über dasselbe zu schöpfen. Vor Allem haben wir uns über den philosophischen Standpunkt Rechenschaft zu geben, auf welchen Erigena in der Entwicklung seines speculativen Systems sich stellt.

Die erste und vornehmste Erkenntnissquelle für die Erkenntniss aller höhern Wahrheit ist die göttliche Offenbarung. Die Auctorität der heiligen Schrift ist eine unerschütterliche [1]); ihr muss man überall folgen, weil in ihr, wie in ihrem geheimen Sitze, die Wahrheit thront. Die, welche rein und fromm leben und eifrig nach Wahrheit streben, dürfen nichts Anderes sagen oder denken, als was in der heiligen Schrift gefunden wird; selbst an ihre Ausdrücke und Bezeichnungen müssen sie sich halten. Denn wer könnte sich anmassen, über das unaussprechliche Wesen seine eigene Erfindung auszusprechen, und nicht vielmehr das, was es selbst in seinen heiligen Organen, den Theologen, von sich verkündigt hat[2])? Deshalb muss denn auch der Anfang jeder Untersuchung aus der heiligen Schrift genommen werden; mit ihr hat jede Erforschung der Wahrheit zu beginnen[3]). Der Glaube ist die Grundlage aller Erkenntniss. Der Glaube ist daher seinem Wesen nach nichts Anderes, als ein Princip, woraus in der vernünftigen Creatur die Erkenntniss des Schöpfers zu entstehen anfängt[4]).

Diese Aussprüche lauten jedenfalls sehr supranaturalistisch; allein Erigena ist deshalb nicht gewillt, der menschlichen Vernunft den Werth einer besondern Erkenntnissquelle für die göttliche Wahrheit abzusprechen. Auf zweifache Weise, sagt er, offenbart sich das ewige Licht der Welt, nämlich durch die Schrift und durch die Creatur. Nicht anders nämlich wird in uns die göttliche Erkenntniss erneuert, als durch die Züge der heiligen Schrift und durch die Formen der Creatur. Lerne die göttlichen Aussprüche und erfasse in deinem Geiste ihren Sinn, darin wirst du dann das Wort erkennen. Mit dem körperlichen Sinne dagegen erfasse die Formen und Schönheiten der sinnlichen Dinge, und

---

1) De divis. nat. l. 3. c. 17. Inconcussa ... auctoritas divinae scripturae...
2) Ib. 1, 64. Sacrae siquidem scripturae in omnibus sequenda est auctoritas, quoniam in ea veluti quibusdam suis secretis sedibus veritas possidetur.... Siquidem de Deo nil aliud caste pieque viventibus studioseque veritatem quaerentibus dicendum vel cogitandum, nisi quae in sacra scriptura reperiuntur, neque aliis nisi ipsius significationibus translationibusque utendum his, qui de Deo sive quid credant sive disputent. Quis enim de natura ineffabili quippiam a seipso repertum dicere praesumat, praeter quod illa ipsa de seipsa in suis sanctis organis, theologis dico, modulata est?
3) Ib. 2, 15. M. Ratiocinationis exordium de divinis eloquiis assumendum esse puto. D. Nil convenientius, ex ea enim omnem veritatis inquisitionem initium sumere necessarium.
4) Ib. 1, 71. Nihil enim aliud est fides, nisi principium quoddam, ex quo cognitio creatoris in natura rationabili fieri incipit.

du wirst auch in ihnen das göttliche Wort erkennen; in Allem wird dir die Wahrheit nichts anders als sich selbst offenbaren [1]). Somit haben wir nach Erigena eine doppelte göttliche Offenbarung, und dem entsprechend eine doppelte Erkenntnissquelle für die höhere Wahrheit zu unterscheiden: Vernunft und Auctorität. Es handelt sich also nur darum, in welches Verhältniss er beide Erkenntnissquellen zu einander setzt.

Wir erhalten hierüber Aufschluss in einer Stelle, wo Erigena auf das Verlangen des Schülers (die ganze Schrift de divisione naturae ist nämlich in Form eines Dialogs zwischen Lehrer und Schüler geschrieben), der Lehrer möge ihm Väterstellen für seine Behauptungen angeben, den Lehrer also antworten lässt: „Von höherer Würde ist dasjenige, was der Natur nach früher ist, gegenüber demjenigen, was blos der Zeit nach früher ist. Der Natur nach aber ist früher die Vernunft, während die Auctorität blos der Zeit nach früher ist." Die Vernunft nimmt daher in so fern den Vorrang vor der Auctorität ein. Der Schüler zieht dann hieraus folgende Consequenzen, welche der Lehrer billigt: „Die Auctorität," sagt er, „ist aus der wahren Vernunft hervorgegangen, die Vernunft dagegen keineswegs aus der Auctorität. Wo also eine Wahrheit zwar durch eine Auktorität bestätigt wird, aber die Vernunft sie nicht ebenfalls billigt, da ist der Auktoritätsbeweis schwach und von keinem Gewichte. Wenn dagegen durch wahre Vernunftgründe eine Wahrheit erwiesen wird, so ist sie in der Weise begründet, dass sie keiner Bekräftigung durch eine Auctorität mehr bedarf. Denn die wahre Auctorität ist zuletzt selbst nichts Anderes, als die durch vernünftige Forschung gefundene Wahrheit, welche die Väter, die sie gefunden, zum Nutzen der nachfolgenden Generationen niedergeschrieben haben." „Wir müssen daher," schliesst der Lehrer, „zuerst die Vernunft gebrauchen in dem, was wir zu erörtern haben, und dann die Auctorität [2])."

---

1) Homil. in prol. evang. sec. Joann. p. 289, c—d. Dupliciter ergo lux aeterna se ipsam mundo declarat, per scripturam videlicet et creaturam. Non enim aliter in nobis divina cognitio renovatur, nisi per divinae scripturae apices et creaturae species. Eloquia disce divina et in animo tuo eorum concipe intellectum, in quo cognosces verbum; sensu corporeo formas ac pulchritudines rerum percipe sensibilium, et in eis intelliges Deum Verbum, et in iis omnibus nil aliud tibi veritas declarabit praeter se ipsum, qui fecit omnia, extra quem nihil contemplaturus es, quia ipse est omnia. Comm. in evang. sec. Joann. 307, b. Duo pedes Verbi sunt, quorum unus est naturalis ratio visibilis creaturae, alter spiritualis intellectus divinae scripturae. Unus tegitur sensibilis mundi sensibilibus formis, alter divinarum apicum h. e. scripturarum superficie.

2) De div. nat. l. 1, 69. Mag. Non ignoras, ut opinor, majoris dignitatis esse, quod prius est natura, quam quod prius est tempore. Disc. Hoc paene omnibus notum est. Mag. Rationem priorem esse natura, auctoritatem vero tempore didicimus. Disc. Et hoc ipsa ratio edocet. Auctoritas siquidem ex vera ratione processit,

Diese Aeusserungen lauten offenbar an und für sich genommen rationalistisch; doch dürften sie sich, nach dem Zusammenhange zu schliessen, blos auf die Auctorität der Väter in Dingen, die blos philosophischer Natur sind, beziehen; und man darf daher aus ihnen *allein* vielleicht noch keinen entscheidenden Schluss ziehen in Bezug auf den philosophischen Standpunkt des Erigena. Wohl aber muss man solches thun, wenn man bemerkt, wie er anderwärts das aufgestellte Princip viel weiter ausdehnt und selbst die Auctorität der heiligen Schrift nicht schont, ja sie sogar bei Seite schiebt. „*Keine* Auctorität," sagt einmal der Lehrer zum Schüler, „möge dich zurückschrecken von dem, was der vernünftige Schluss einer richtigen Betrachtung lehrt. Die wahre Auctorität widersteht der richtigen Vernunft nicht, noch die richtige Vernunft der wahren Auctorität, beide strömen ja ohne Zweifel aus derselben Quelle, nämlich aus der göttlichen Weisheit aus¹)." Und als der Schüler einmal das Bedenken äussert, er komme mit den vom Lehrer gelehrten Grundsätzen in Widerspruch mit der heiligen Schrift²), erwiedert ihm dieser: „Fürchte dich nicht; denn jetzt müssen wir der Vernunft folgen, welche die Wahrheit der Dinge erforscht und durch keine Auctorität unterdrückt wird³)." Dadurch erhält dann der Schüler Muth und erklärt, er scheue sich nicht, das offen auszusprechen, was er durch die vernünftige Forschung gefunden, wenn auch nicht unter gewöhnlichen Menschen, so doch unter Weisen, auf deren Kreis ohnedies solche Dinge beschränkt bleiben müssten⁴).

§. 15.

Was will nun Erigena damit, wenn er einerseits die unbedingte Auctorität der heiligen Schrift so sehr urgirt, und andererseits der Ver-

ratio vero nequaquam ex auctoritate. Omnis enim auctoritas, quae vera ratione non approbatur, infirma videtur esse. Vera autem ratio, quoniam suis virtutibus rata atque immutabilis munitur, nullius auctoritatis adstipulatione roborari indiget. Nil enim aliud mihi videtur esse vera auctoritas, nisi rationis virtute reperta veritas, et a S. Patribus ad posteritatis utilitatem literis commendata. Sed forte tibi aliter videtur. M.² Nullo modo. Ideoque prius ratione utendum est in his, quae nunc instant, ac deinde auctoritate.
1) De div. nat. 1, 66. *Nulla* itaque auctoritas te terreat ab his, quae rectae contemplationis rationabilis suasio edocet. Vera enim auctoritas rectae rationi non obsistit, neque recta ratio verae auctoritati. Ambo siquidem ex uno fonte, divina videlicet sapientia, manare dubium non est.
2) Ib. l. l. c. 63. p. 508. At si hoc, videsne, quot et quantis frequentibus Scripturae sacrae obruar telis? Undique enim videntur obstrepere, atque hoc falsum esse conclamare.
3) Ib. l. c. Noli expavescere; nunc enim nobis ratio sequenda est, quae rerum veritatem investigat, nullaque auctoritate opprimitur, nulloque modo impeditur, ne ea, quae et studiose ratiocinantium ambitus inquirit, et laboriose invenit, publice aperiat atque pronuntiet.
4) Ib. l. l. c. 67. p. 512.

nunft wieder eine solch hervorragende Stellung gegenüber der Auctorität und der heiligen Schrift einräumt? Wir dürfen nicht lange suchen, um die Antwort auf diese Frage bei Erigena zu finden. Gerade da, wo er die Auctorität der heiligen Schrift am meisten urgirt, versäumt er nicht, beizufügen, dass man nicht glauben dürfe, die Worte der heiligen Schrift seien, wenn sie von Gott spreche, stets im eigentlichen Sinne zu fassen; vielmehr bediene sie sich vielfacher Bilder, um das, was sie lehrt, unserm noch schwachen und minder gebildeten Erkenntnissvermögen zugänglich zu machen¹). Daraus folgt, dass es Sache des Weisen sei, unter der Hülle dieser Bilder den wahren Sinn dessen, was die heilige Schrift uns lehrt, aufzufinden. Zuerst, sagt Erigena, hat man den Buchstaben der Schrift und die Gestalten der sinnlichen Dinge zu ergreifen, um nach der Einsicht in beide zum Geist des Buchstabens und zum Vernunftgrund der Creatur zu gelangen²). Die Schaar der gewöhnlichen Gläubigen hält sich an das Erstere, an den Buchstaben, an die sinnliche Form und das sichtbare Symbol, und befriedigt sich darin³). Sie glauben, ausser derselben sei nichts mehr zu suchen, und lagern sich daher im Thale, während der Herr mit seinen Schülern auf dem Berge, d. h. in der Höhe geistiger Anschauung verweilt⁴). Wie die Poesie in erdichteten Fabeln und allegorischen Bildern einen moralischen und physikalischen Sinn enthält, so gibt es auch eine gewisse theologische Poesie in der heiligen Schrift, die uns durch Dichtungen zur vollkommenen Erkenntniss intelligibler Dinge erhebt, wie uns die Kindheit in das reifere Alter führt. Denn nicht ist der menschliche Geist der heiligen Schrift wegen gemacht, welcher er auf keine Weise benöthigt war, falls er nicht sündigte, sondern um des menschlichen Geistes willen ist die heilige Schrift in verschiedenen Lehren und Symbolen zusammengesetzt, damit durch die Unterweisung derselben unser durch die Sünde aus der Betrachtung der Wahrheit gefallener Geist wieder in die frühere Höhe derselben zurückgeführt würde⁵).

Also die menschliche Vernunft hat sich zwar in ihrer Forschung auf die unerschütterliche Auctorität der heiligen Schrift zu stützen und von ihr auszugehen; aber ihre Aufgabe ist es, mit Hilfe der ihr eigenthümlichen Erkenntnisse in den tiefern und geheimen Sinn der

---

1) Ib. l. 1, 64. Sacrae siquidem scripturae in omnibus sequenda est auctoritas.... Non tamen ita credendum est, ut ipsa semper propriis verborum seu nominum signis fruatur, divinam nobis naturam insinuans, sed quibusdam similitudinibus variisque translatorum verborum seu nominum modis utitur, infirmitati nostrae condescendens, nostrosque adhuc rudes infantilesque sensus simplici doctrina erigens.
2) Comment. in ev. sec. Joann. p. 342, b.
3) Ib. p. 343, a. b. — 4) Ib. p. 345, d—346, a.
5) Expos. in cael. hier. p. 146, b—c. vgl. *Huber*, a. a. O. S. 135 f.

heiligen Schrift einzudringen, denselben von den Dichtungen und Bildern, mit welchen er in der heiligen Schrift umhüllt ist, zu entkleiden, und ihn in seiner reinen Wahrheit darzustellen. Das Mittel aber, welches zu diesem Behufe angewendet werden muss, und dessen sich Erigena allenthalben bedient, ist die allegorische Erklärungsweise.

Es ist nun wohl wahr, dass in der heiligen Schrift nicht Alles und Jedes im eigentlichen Sinne genommen werden dürfe; allein Erigena geht, wie wir im Verlaufe unserer Darstellung sehen werden, hierin viel zu weit, indem er auch da noch blos uneigentlichen und bildlichen Sinn sieht, wo derselbe in der That nicht vorhanden ist. Es ist ferner ebenso wahr, dass viele geschichtliche Thatsachen, welche in der heiligen Schrift erzählt werden, auch allegorisch gedeutet werden können, wenn nur die faktische Wahrheit des Geschehenen, wie sie der Literalsinn ausspricht, stets vorausgesetzt wird. Allein Erigena fasst die allegorische Auslegung, wie wir sehen werden, so, dass darüber die faktische Wahrheit des in der heiligen Schrift Erzählten verloren geht, und nur dasjenige als Wahrheit bleibt, was die allegorische Auslegung den erzählten Thatsachen als ihren Inhalt unterlegt. Kurz, Erigena huldigt ganz dem Grundsatze der alten Gnostiker, dass unter der Hülle des Literalsinnes ein geheimer Inhalt in der heiligen Schrift verborgen liege, welcher erst die reine Wahrheit sei, und welchen sie, die Gnostiker oder Weisen, zu erforschen und zu enthüllen hätten. Freilich setzt Erigena die von den Gnostikern nicht adoptirte Beschränkung bei, dass dieser geheime Inhalt, wie ihn der Weise zu entziffern habe, mit der Kirchenlehre nicht in Widerspruch stehen dürfe[1]); allein wo einmal das Princip falsch ist, da kann eine solche Beschränkung zu Nichts helfen, und wir werden sehen, dass sie auch dem Erigena zu Nichts geholfen habe. So kommt es, dass Erigena die wahre Philosophie geradezu mit der wahren Religion identificirt. Was die Religion lehrt, dessen tiefern Sinn hat die Philosophie zu erforschen, und ihr Rechtsgebiet erstreckt sich somit so weit, wie das Rechtsgebiet der Religion. Die Religion ist die exoterische, die Philosophie die esoterische Seite der höhern Erkenntniss des Menschen[2]).

---

1) De div. nat. 3, 24.
2) De praedest. c. 1, 1. Cum omnis piae perfectaeque doctrinae modus, quo omnium rerum ratio et studiosissime quaeritur et apertissime invenitur, in ea disciplina, quae a Graecis philosophia solet vocari, sit constitutus, de ejus divisionibus seu partitionibus quaedam breviter edisserere necessarium duximus. „Sic enim," ut ait S. Augustinus, „creditur et docetur, quod est humanae salutis caput, non aliam esse philosophiam, id est sapientiae studium, et aliam religionem, cum hi, quorum doctrinam non approbamus, nec sacramenta nobiscum communicant." Quid est aliud, de philosophia tractare, nisi verae religionis, qua summa et principalis omnium rerum causa, Deus, et humiliter colitur, et rationabiliter

§. 16.

Wir sehen also hier ganz den Standpunkt und die Methode der alten Gnostiker wiederkehren; es ist hier ebenso wie bei den Gnostikern, der Rationalismus mit dem Supernaturalismus in eigenthümlicher Weise verquickt. Dass sich hiemit dann auch das mystische Element verbinden musste, ist an sich klar. Nicht die sich selbst überlassene natürliche Vernunft ist es, durch welche der Mensch befähigt ist, in die göttlichen Geheimnisse einzudringen; sondern es ist vielmehr die durch das göttliche Licht erleuchtete, von diesem übernatürlichen Lichte erfüllte Vernunft, welche allein zu jener Höhe sich zu erschwingen vermag. Unsere Vernunft ist durch die Sünde in die Finsterniss der Unwissenheit gefallen, und kann daher ohne die göttliche Gnade nicht mehr zum Lichte emportauchen[1]). Aber auch selbst dann, wenn der Mensch nicht gesündigt hätte, wäre die Vernunft aus eigener Kraft nicht dazu geeigenschaftet gewesen. Wie die Luft an sich dunkel ist, und nur durch das Licht der Sonne erleuchtet werden kann, so ist auch die Vernunft an sich Dunkelheit; sie kann nur erleuchtet werden durch die Sonne des göttlichen Wortes, welches in ihr gegenwärtig ist. Und darum erkennt sie die höhere Wahrheit nicht durch sich, sondern nur durch das ihr eingesenkte göttliche Licht[2]). Und dies geht so weit, dass eigentlich nicht die Vernunft selbst es ist, welche unter der gesetzten Bedingung das Intelligible erkennt, sondern vielmehr das göttliche Licht in der Vernunft sich selbst erkennt. Nicht der Mensch erkennt Gott, sondern Gott erkennt sich selbst im Menschen[3]). Wenn gefunden wird, sagt Erigena, so findet nicht der selbst, welcher sucht, sondern derjenige findet, welcher gesucht wird, und das Licht der Geister ist[4]). So ist der Mensch in der That in Stand gesetzt, in alle Geheimnisse der Wahrheit einzudringen und bis zur unmittelbaren Anschauung der ewigen Wahrheit, dieser Spitze mysti-

---

investigatur, regulas exponere? Conficitur inde, veram esse philosophiam veram religionem, conversimque veram religionem esse veram philosophiam.

1) De div. nat. l. 3, 20. 35. l. 4, 8.

2) Hom. in Joann. p. 289. 290. Humana natura, etsi non peccaret, suis propriis viribus lucere non posset.... nostra natura, dum per se consideratur, quaedam tenebrosa substantia est, capax ac particeps lucis sapientiae. Et quemadmodum praefatus aer, dum solari radio participat, non dicitur per se lucere, sed solis splendor dicitur in eo apparere ita, ut et naturalem suam obscuritatem non perdat, et lucem supervenientem in se recipiat, ita rationalis naturae nostrae. pars, dum praesentiam Dei Verbi possidet, non per se res intelligibiles et Deum suum, sed per insitum sibi divinum lumen cognoscit. De div. nat. l. 2, 23. p. 576.

3) Erigena erklärt nämlich die Stelle: „Non vos estis, qui loquimini;" also: Non vos estis, qui intelligitis me, sed ego ipse in vobis per Spiritum meum me ipsum intelligo. Hom. in Joh. p. 291, A. cf. de div. nat. l. 1. c. 76. p. 522.

4) De div. nat. l. 2, 23. p. 572. Nam si invenitur, non ipse, qui quaerit, sed ipse, qui quaeritur, et qui est lux mentium, invenit.

scher Erhebung, emporzusteigen; wie denn Erigena den Vollkommenen und Erleuchteten dieses Prärogativ wirklich zuspricht¹). Darauf beruht ihm eben die Weisheit, im Gegensatze zur blosen Wissenschaft²). Der göttliche Theil der Seele ist der Verstand (intellectus), und der ist es, welcher um Gott allein sich bewegt, und bis zur klaren Schauung der ewigen Wahrheit sich emporheben kann³).

Es ist dieser Mysticismus offenbar nur die natürliche Ergänzung des gnostisch-rationalistischen Standpunktes Erigena's. Denn wenn man einmal der menschlichen Vernunft das Vermögen zuschreibt, auf der Basis der heiligen Schrift bis zur Einsicht in die höchsten Mysterien des Christenthums sich zu erheben, alle Geheimnisse der heiligen Schrift selbst zu enthüllen, um so das Innere der Wahrheit bloszulegen: so muss man sie nothwendig, um den Schein zu retten, auf den mystischen Weg verweisen. Weil hier die Kraft der Vernunft möglichst erniedrigt, ja auf Nichts zurückgeführt und dafür Alles dem übernatürlichen göttlichen Lichte, welches in die Vernunft sich herablässt, zugeschrieben wird: so bekommt es den Anschein, als ob jene Theorie, welche das Erkennen des Menschen bis zu einer unnatürlichen Höhe emporschraubt, auf der Basis ächt christlicher Demuth beruhe, obgleich im Grunde nichts weniger der Fall ist, als dieses. Denn die rationalistische Selbstüberhebung des Menschen lässt sich aus derselben doch nicht bannen; sie bleibt nach wie vor der Träger und der Mittelpunkt des Ganzen. Aber der Schein ist doch gerettet, und das System bekommt durch den Mysticismus, mit welchem es getränkt wird, einen Anstrich christlich frommen Geistes. So war es früher zu den Zeiten der Gnostiker, so verhält es sich auch im Systeme des Erigena. Dass aber auch dieser Mysticismus in seinem ganzen Wesen ein falscher sei, leuchtet von selbst ein. Denn wahre Mystik kann blos da sein, wo das übernatürliche Licht, welches den Menschen zur Schauung Gottes emporführt, wirklich als ein übernatürliches im eigentlichen Sinne dieses Wortes anerkannt wird. Das findet aber bei Erigena nicht statt. Denn wenn die menschliche Vernunft, wie er behauptet, aus sich selbst gar nicht erkenntnissfähig ist, sondern alle Erkenntniss derselben durch jenes Licht des göttlichen Wortes, welches in die Seele sich einsenkt, bedingt und vermittelt ist, so gehört ja jenes Licht wesentlich zum Erkenntnissvermögen des Menschen; es ist also nicht mehr etwas rein Uebernatürliches im kirchlichen Sinne, sondern etwas Natürliches. Erigena steht also ganz auf dem Boden des fal-

---

1) Ib. l. 3. c. 1. p. 627. Perfectissimorum est divinique radii splendoribus illuminatorum, ac per hoc ad sacratissima coelestium mysteriorum abdita manuductorum, altissima divinae theoriae ἀκμάτα, h. e. gradus superare, ac sine ullo errore apertissimae veritatis speciem nulla caligine obstante intueri.
2) Ib. l. 3. c. 1. p. 629. — 3) Ib. l. 2. c. 33. p. 570.

schen neuplatonischen Mysticismus, und seine Mystik kann in keinen Vergleich kommen weder mit der Mystik der Väter, noch auch mit der der spätern Vertreter der mystischen Richtung im Mittelalter. Er ist Theosoph, nicht Mystiker im christlichen Sinne.

Gerade in diesem falschen Mysticismus Erigena's dürfte der Grund zu suchen sein, warum die Klarheit seines Systems in vielen Punkten so viel zu wünschen übrig lässt. Ein verschwommener, oft in Ueberschwänglichkeiten sich ergehender Mysticismus lässt den Gedanken nicht immer in jener Klarheit hervortreten, welche wohl wünschenswerth ist, wie denn die Geschichte uns überall lehrt, dass gerade jene Systeme, welche auf einem falschen Mysticismus beruhen, die unklarsten und am schwersten verständlichen sind. Wenn es ferner in dem Systeme Erigena's nicht ohne mannichfache innere Widersprüche abgeht, so dürfen wir auch davon den Grund in dem mystischen Gepräge des Ganzen suchen. Eben weil die mystische Verschwommenheit es nicht zu einer klaren und deutlichen Fixirung des Gedankens kommen lässt, liegt die Gefahr des innern Widerspruches nahe, und wenn dann ein solcher hervortritt, so ist der mystische Nimbus, mit welchem er umhüllt wird, wiederum das geeignetste Mittel, um denselben möglichst zu decken und zu verbergen. Jene innern Widersprüche berühren aber bei Erigena um so empfindlicher, als wir seine speculative Anschauung in stetem Kampfe begriffen sehen mit seinem christlichen Bewusstsein. Die neuplatonischen Ideen, welchen er sich gefangen gibt, führen ihn stets zu Resultaten, welche der kirchlichen Lehre widerstreiten; und Erigena scheint sich dessen klar bewusst gewesen zu sein. Darum ist er stets genöthigt, jene Resultate durch die Corrective des christlichen Bewusstseins zu mildern, ihre Tragweite abzuschwächen und sie auf ein solches Mass zurückzuführen, in welchem nach seiner Meinung das christliche Bewusstsein mit ihnen noch zusammen bestehen kann. Für den christlichen Sinn Erigena's legt ein solches Verfahren zwar ein günstiges Zeugniss ab; aber das System selbst wird dadurch ein seltsames Gemische von neuplatonischen und christlichen Ideen, welche zu einander in keiner Weise passen wollen und den innern Widerspruch überall aufweisen. Das christliche und philosophische Bewusstsein liegen bei Erigena in beständigem Kampfe, beide fliessen in den Inhalt des Systems ein, und so kommt es, dass dasselbe aus wahren und falschen Elementen in der seltsamsten Weise zusammengekoppelt ist. Wenn man daher auf Seite Erigena's sich stellen will, so mag man wohl dessen Rechtgläubigkeit, d. h. dessen rechtgläubiges christliches Bewusstsein, so wie jene Elemente, welche aus diesem in das System einflossen, in Schutz nehmen; aber seine philosophische Anschauung und jene Elemente seines Systems, welche aus dieser entsprangen, wird man kaum ohne hin und wieder gewaltsame Deutung seiner Aussprüche vertheidigen können.

Haben wir nun den Standpunkt kennen gelernt, auf welchen Erigena in seiner Philosophie sich stellt, so wird es jetzt an der Zeit sein, in sein System selbst einzutreten und dasselbe nach seinen Grundzügen zur Darstellung zu bringen.

§. 17.

Erigena beginnt die Entwicklung seines Systems mit der Unterscheidung einer vierfachen Natur, eine Unterscheidung, welche schon bei Philo uns begegnet. Auch bei dem heil. Augustin findet sich ein Analogon derselben, wiewohl die Augustinische Unterscheidung bei weitem nicht den gleichen Sinn hat, wie die des Erigena[1]). Es ist, sagt Erigena, eine Natur, welche erschafft und nicht erschaffen wird. Das ist Gott, die höchste wirkende Ursache aller Dinge; denn er wird von Nichts erschaffen, während er dagegen selbst die erste Ursache ist, welche Alles erschafft[2]). An sie schliesst sich eine zweite Natur an, welche erschaffen wird und erschafft. Darunter haben wir die Urgründe der Dinge (causas primordiales), die ewigen Ideen und göttlichen Beschlüsse, die Ursachen und Potenzen der Weltdinge zu verstehen. Sie sind natura creata, in so fern sie von Gott gesetzt sind; sie sind aber auch natura creatrix, in so ferne sie thätig und wirksam sind und in den Erscheinungen sich offenbaren[3]). Dann folgt eine dritte Natur, welche erschaffen wird und nicht erschafft. Das ist die Erscheinungswelt mit den Einzelwesen, welche sie einschliesst. Sie ist blos Wirkung und Erscheinung der ewigen Kräfte; sie ist mithin blos geschaffen, und schafft nicht weiter[4]). Endlich folgt eine vierte Natur, welche nicht erschaffen wird und nicht erschafft. Das ist wiederum Gott, so ferne er der letzte Endzweck aller geschöpflichen Dinge ist. Als solcher ist er nicht schaffend, in so fern er eben als letztes Endziel aller Dinge Nichts mehr aus sich hervor-, sondern Alles in sich zurückgehen lässt[5]). Diese Unterscheidung der vier Naturen ist der Rahmen, in welchen Erigena sein ganzes System einfügt. Wir haben zuerst der Betrachtung der *ersten Natur* uns zuzuwenden.

Gott ist in seinem Ansichsein über alles Geschöpfliche erhaben und übersteigt deshalb auch nach diesem seinem Ansichsein alle Erkenntnisskräfte des geschöpflichen Geistes[6]). Er überragt nicht nur die Versuche menschlichen Schliessens, sondern auch die reinsten Erkenntnisskräfte

---

1) *August.* De civ. Dei l. 5. c. 9. Causa itaque rerum, quae facit, nec fit, Deus est. Aliae vero causae et faciunt, et fiunt, sicut sunt omnes creati spiritus, maxime rationales. Corporales autem causae, quae magis fiunt, quam faciunt, non sunt inter causas efficientes annumerandae, quoniam hoc possunt, quod ex ipsis faciunt spirituum voluntates.
2) *Erig.* De div. nat. l. 1, 1. 11. l. 2, 1. 2. 21. l. 3, 6. 23.
3) Ib. l. 1, 1. 1. 2. 2. — 4) Ib. l. 1, 1. — 5) Ib. l. 1, 1. 70. l. 2, 2 1 3. 23. cf. l. 4, 27. l. 5, 20. — 6) Ib. l. 1, 7 seqq. 39. l. 2, 23. 28. 30.

der himmlischen Wesenheiten¹); er wohnt in einem unzugänglichen Lichte²). Er wird nicht erkannt, was er ist, sondern blos, dass er ist³). Was daher auch immer von ihm ausgesagt werden mag, es kommt ihm nie im eigentlichen Sinne zu; er ist stets mehr als das, was von ihm prädicirt wird. Er *ist* das, als was wir ihn bezeichnen; aber er ist es nur uneigentlich; er ist es zugleich auch wieder nicht; er ist mehr als jene Bezeichnung involvirt, die wir ihm beilegen⁴). Daher muss zwischen einer doppelten Theologie unterschieden werden, zwischen der bejahenden und verneinenden. Die bejahende Theologie affirmirt von Gott Alles, alle Vollkommenheiten, welche in den geschöpflichen Dingen sich vorfinden, weil er als deren Urheber Alle zuvor in sich schliessen muss⁵). Aber diese Affirmation ist nur eine Affirmation durch Uebertragung, also eine uneigentliche, metaphorische⁶). An sich ist Gott über alle jene Eigenschaften und Vollkommenheiten, welche von den geschöpflichen Dingen auf ihn übertragen werden, unendlich erhaben. Daher schliesst sich an diese affirmative oder Causaltheologie⁷) die negative an, welche von Gott alle jene Eigenschaften, welche die affirmative ihm beigelegt hat, wieder negirt, eben weil sie ihm in seinem Ansichsein im eigentlichen Sinne nicht zukommen. Und diese negative Theologie ist ungleich wahrer und treffender als die affirmative; denn wenn diese uneigentlich, so spricht dagegen jene, indem sie von Gott Alles negirt, eigentlich; sie verfährt daher mit mehr Wahrheit; zur Erfassung Gottes besitzt die Negation mehr Kraft, als die Affirmation, weil mit mehr Wahrheit geläugnet wird, dass Gott etwas von dem sei, was von ihm ausgesagt wird, als behauptet wird, dass er es sei⁸). Die

1) Ib. l. 1, 13. Nam non solum .... humanae ratiocinationis conatus, verum etiam essentiarum coelestium purissimos superat intellectus. l. 2, 23. p. 576.

2) Ib. l. 5, 26.

3) Ib. l. 1, 13. l. 2, 28. l. 5, 26 .... cognoscitur Deus esse et invenitur, non quid est, sed quia solummodo est, quoniam ipsa Dei natura nec dicitur nec intelligitur; superat namque omnem intellectum lux inaccessibilis.

4) Ib. l. 1, 36. Nempe jamdudum inter nos est confectum, omnia, quae vel sensu corporeo, vel ratione, vel intellectu cognoscuntur, de Deo merito creatore omnium posse praedicari, dum nihil eorum, quae de se praedicantur, pura veritatis contemplatio eum approbat esse. l. 1, 14. p. 460. l. 1, 16. l 2, 28. p. 589.

5) Ib. l. 1, 37. — 6) Ib. l. 1, 15. — 7) Ib. l. 1, 11.

8) Ib. l. 1, 76. Et haec est causa et salutaris et catholica de Deo praedicanda professio, ut prius de eo juxta catafaticam, i. e. affirmationem, omnia sive nominaliter sive verbaliter praedicemus, non tamen proprie, sed translative: deinde ut omnia, quae de eo praedicantur per catafaticam, eum esse negemus per apofaticam, i. e. negationem, non tamen translative, sed proprie. Verius enim negatur Deus quid eorum, quae de eo praedicantur, esse, quam affirmatur esse: deinde super omne, quod de eo praedicatur, superessentialis natura .... superessentialiter laudanda est. l. 3, 20. In theologicis siquidem regulis ad investigandam divinae naturae sublimitatem et incomprehensibilitatem plus negationis quam affirmationis virtus valet. l. 2, 30. l. 1, 13. p. 458. l. 4, 5.

negative Theologie steht daher über der affirmativen¹); Gott wird besser durch Nichtwissen gewusst; die Unwissenheit in Bezug auf ihn ist wahre Weisheit²).

So ist denn Gott in seinem Ansichsein über alle Prädicationen hinaus, und wenn Etwas von ihm prädicirt wird, so muss die Prädication, wenn sie vollkommen treffend sein soll, so gehalten werden, dass in ihr die Affirmation und Negation zugleich enthalten sind. Und dieses geschieht durch Beisetzung der Präposition „Ueber." Gott ist also eigentlich nicht der Weise, sondern der Ueberweise, nicht der Gute, sondern der Uebergute, nicht der Wahre, sondern der Ueberwahre; er ist der Ueberwesentliche, Uebergöttliche, Ueberweise, Uebermächtige, u. s. w. Indem wir Gott also benennen, schliessen wir stets das positive und negative Moment in Eins zusammen. Denn dem Ausdrucke nach sind diese Prädicationen positiv; dem Sinne oder Verstande nach dagegen sind sie negativ; denn wenn wir Gott z. B. den Ueberwesentlichen nennen, so sagen wir damit, dass er nicht die Wesenheit, sondern mehr als die Wesenheit sei. Und so im Uebrigen³).

Aber wenn Gott in seinem Ansichsein alle geschöpfliche Erkenntnisskraft übersteigt, wie wird er denn dann überhaupt den geschöpflichen Wesen erkennbar. Welches ist das Medium, durch welches der geschöpfliche Geist überhaupt zur Erkenntniss Gottes sich erhebt? Erigena beantwortet diese Frage damit, dass er die Erkenntniss Gottes auf die Theophanien gründet. Gott erkennen wir nur durch seine Theophanien und in denselben⁴). Unter Theophanie aber versteht Erigena einerseits die Erscheinungen der geschöpflichen Welt, in so fern Gott in denselben sich offenbart⁵), und andererseits auch unmittelbare Selbstoffenbarungen Gottes an den geschöpflichen Geist in Bildern, wie solche

---

1) Ib. l. 2, l. l. 3, 20. p. 684.
2) Ib. l. 1, 66. Ratio vero in hoc universaliter studet, ut suadeat, certisque veritatis investigationibus approbet, nil de Deo posse proprie dici, quoniam superat omnem intellectum, omnesque sensibiles intelligibilesque significationes; qui melius nesciendo scitur, cujus ignorantia vera est sapientia; qui verius fideliusque negatur in omnibus, quam affirmatur etc. Comm. in ev. Joann. p. 302.
3) Ib. l. 1. 14. p. 459 seqq. Fiat igitur, si placet, praesentis hujus quaestionis solutio hoc modo, ut haec omnia', quae adjectione „super" vel „plusquam" particularum de Deo praedicantur, ut est superessentialis, plusquam veritas, plusquam sapientia, et similia, duarum praedictarum Theologiae partium in se plenissime sint comprehensiva, ita ut in pronunciatione formam affirmativae, in intellectu vero virtutem abdicativae obtineant. Exp. in coel. Hier. p. 171. 172.
4) De div. nat. l. 2, 23. p. 576. l. 2 c. 1. p. 626. c. 19. p. 680 sq.
5) De div. nat. l. 5, 26 Theophanias autem dico visibilium et invisibilium species, quarum ordine et pulchritudine cognoscitur Deus esse et invenitur non quid est, sed quia solummodo est. Expos. in coel. Hier. p. 141. 132. 135. 208. Comm. in ev. Joann. p. 302.

Selbstoffenbarung bedingt ist durch das Licht der göttlichen Gnade[1]). Durch letztere Art von Theophanien erkennen auch die Engel Gott und die ewigen Gründe der Dinge in ihm[2]). Bei dem Menschen dagegen wirken diese beiden Arten der Theophanien zusammen, nur dass die innern Theophanien in Bezug auf Klarheit und Vollkommenheit der Erkenntniss, welche sie gewähren, die erste Stelle einnehmen[3]).

Durch diese Theophanien also ist alle Erkenntniss Gottes bedingt. Aber freilich erkennen wir auch durch diese Theophanien Gott nicht in seinem Ansichsein[4]); das Ansichsein Gottes steht einmal absolut über aller unserer Erkenntniss. Dennoch aber ist uns durch die Theophanien, zunächst durch die innern Theophanien, welche im Grunde nichts Anderes sind als das Licht der göttlichen Gnade, die Möglichkeit gegeben, zu einer unmittelbaren Anschauung Gottes uns zu erheben. Durch unsere eigene Kraft vermögen wir solches freilich nicht; aber doch durch das Licht der Gnade[5]).

Diese Lehre von den Theophanien ist, wie wir leicht sehen, ein nothwendiges Moment in dem Erigenistischen System. Denn um die mystische Erhebung des Menschen zur Anschauung der reinen Wahrheit zu ermöglichen, muss ein Medium gegeben sein, durch welches der Mensch in eine mystische Verbindung mit dem Absoluten treten kann. Und dieses Medium liegt uns hier vor in den Theophanien, besonders in den innern, übernatürlichen Theophanien. So ist der Mensch wahrhaft in den Stand gesetzt, jene mystische Höhe zu ersteigen, auf welcher er die ewige Wahrheit ohne alle und jede Dunkelheit in voller Klarheit anschaut, und welche, wie wir später sehen werden, ihre höchste Vollendung in der dereinstigen Vergottung des Menschen finden wird.

§. 18.

Die fernern Lehrsätze, welche Erigena in der nähern Entwicklung seiner Lehre von der ersten Natur aufstellt, sind nur die weitere Aus-

---

1) Comm. in ev. Joann. p. 302. Item virtute purgatissimarum animarum et intellectuum Theophaniae sunt, et in eis quaerentibus et diligentibus se Deus manifestat, in quibus veluti quibusdam nubibus rapiuntur sancti obviam Christo, sicut ait Apostolus etc. De div. nat. l. 1, 9. Ex ipsa igitur sapientiae Dei condescensione ad humanam naturam per gratiam et exaltatione ejusdem naturae ad ipsam sapientiam per dilectionem, fit Theophania.

2) De div. nat. l. 1, 7. 8.

3) Ib. l. 1, 10. Ac per hoc intellige, divinam essentiam per se incomprehensibilem esse, adjunctam vero intellectuali creaturae, mirabili modo apparere, ita ut ipsa, divina dico essentia, sola in ea creatura, intellectuali videlicet, appareat. l. 5, 23. p. 905. 36. p. 963. 38. p. 1010. — 4) Ib. l. 5, 26. p. 919.

5) Ib. l. 1, 23 p. 576. Nulli siquidem conditae substantiae naturaliter inest virtus, per quam possit et terminos suae naturae superare, ipsumque Deum immediate per seipsum attingere; hoc enim solius est gratiae, nullius vero virtutis naturae.

führung der bisher entwickelten Fundamentalprincipien. Keine der aristotelischen Categorien, sagt Erigena, kann im eigentlichen Sinne auf Gott angewendet werden; denn sie sind ja nur die allgemeinsten Begriffe, welche sich aus der Betrachtung der endlichen Dinge ergeben; alles also, was unter die Categorien fällt, ist endlich; Gott aber ist unendlich; er muss also über allen Categorien erhaben sein [1]). Gott ist nicht οὐσία; er ist mehr als οὐσία; nur in so fern kann er im uneigentlichen Sinne οὐσία genannt werden, als er Ursache aller οὐσίαι ist [2]). Gott hat keine Quantität; er steht über der Quantität; er ist absolut raumlos, überräumlich. Er ist ohne Qualität, ohne Zuständlichkeit (habitudo), ohne Lage [3]). Auch die Categorie der Relation kann nur übertragungsweise, also im uneigentlichen Sinne, auf Gott Anwendung finden [4]). Gott wird nicht bewegt in der Zeit, wie die geschöpflichen Dinge, er steht über Zeit und Bewegung [5]); er ist Identität von Ruhe und Bewegung, ruhige Bewegung und bewegte Ruhe [6]). Keine andere Bewegung kann in Gott angenommen werden, als das Streben seines Willens, wornach er will, dass Alles geschehe; so wie auch unter Ruhe nicht der Stillstand nach einer Bewegung, sondern der unveränderliche Vorsatz seines Willens verstanden wird, wornach er bestimmt, dass Alles in der unveränderlichen Festigkeit seiner Gründe beharre [7]). Gott wird der Laufende nur in so ferne genannt, nicht weil er aus sich herausgeht, er, der immer unveränderlich in sich selbst bleibt, sondern weil er Alles aus dem Nichtsein in das Sein laufen macht [8]). Ist aber Gott ohne Bewegung, so ist er auch ohne Leiden und Thun; vielmehr ist er über Beides erhaben; da Handeln und Leiden ohne eine Bewegung des Handelnden und Leidenden unmöglich sind [9]). Und indem Gott weder handelt noch leidet, liebt er auch nicht, noch wird er geliebt; denn wer liebt, der ist leidend, weil ihn die Schönheit bewegt, und wer geliebt wird, ist handelnd, weil die Schönheit bewegt [10]). Nur metaphorisch kann Gott die Liebe genannt werden [11]).

So ist also Gott über alle endlichen Bestimmtheiten, über alle Formen erhaben, und muss daher in seinem Ansichsein als schlechthin formlos bezeichnet werden. Gott ist die Ursache aller Formen; aber

---

1) Ib. l. 1, 15. Nulla categoria proprie Deum significare potest.... Nam in ipsis naturis a Deo conditis, motibusque earum, categoriae qualiscunque sit potentia, praevalet. In ea vero natura, quae nec dici, nec intelligi potest, per omnia in omnibus deficit.

2) Ib. l. 1, 15. — 3) Ib. l. 1, 15. 16. 20. — 4) Ib. l. 1, 16. — 5) Ib. l. 1, 21. 71.

6) Expos. in coel hier. p. 130. Ipse est motus et status, motus stabilis, et status mobilis.

7) De div. nat. l. 1. 12. — 8) Ib. l. 1, 12. — 9) Ib. l. 1, 63. 78. — 10) Ib. l. 1, 62. — 11) Ib. l. 1. 68.

er selbst ist absolut formlos ¹). Als dieser absolut Formlose, über allen Formen und Bestimmtheiten stehende und darum Unbegreifliche wird Gott mit Recht „Nichts" (nihilum) genannt ²). Er ist ja in seinem Ansichsein in der That Nichts von dem, was ist; er ist über alles Sein hinaus ³). Zu Gott gibt es keinen Gegensatz ⁴), und darum kann man ihn auch als kein bestimmtes „Quid" im Unterschiede und im Gegensatze zu einem andern „Quid" bezeichnen; er ist quidditätslos, — Nichts. Aber eben weil er solches ist, darum muss ihm auch jene Selbsterkenntniss, welche in der Erfassung der Quiddität seines Seins bestünde, abgesprochen werden. Gott erkennt sich nur, *dass* er ist, aber er erkennt nicht, *was* er ist, weil er eben kein „*was*," kein „quid," kein Etwas ist. Würde man annehmen, Gott erkenne sich selbst, was er sei, so würde man ihm dadurch schon eine Quiddität beilegen, und ihn so in den Kreis der endlichen Dinge herabziehen ⁵). Darum ist in dieser Lehre durchaus keine Herabsetzung und Beschränkung des göttlichen Selbstbewusstseins enthalten; vielmehr ist die Negation *dieser* Art Selbstkenntniss, wie sie so eben bestimmt worden ist, nothwendig, um das Selbstbewusstsein Gottes in seiner vollen Höhe und Unendlichkeit zu erfassen. Denn gerade dadurch, dass Gott sich nicht erkennt, was er sei, dass er sich nicht als ein „quid" erkennt, erkennt und erfasst er sich wahrhaft als Gott, indem er nämlich erkennt, dass er nicht Eines von den Dingen sei, welche sind, sondern dass er über alles endliche bestimmte Sein hinaus, absolut transcendent sei. So ist jene Nichterkenntniss seiner selbst von Seite Gottes im Grunde die höchste und vollkommenste Selbsterkenntniss. Gott wird, indem er

---

1) lb. l. 2, 1.... prima omnium causa, quae superat omnem formam et speciem, dum sit formarum et specierum omnium informe principium... Quod igitur nulla forma coactatur vel definitur, quia nullo intellectu cognoscitur, rationabilius dicitur informe, quam forma....

2) lb. l. 3, 19. Dum vero (divina bonitas) incomprehensibilis intelligitur, per excellentiam nihilum non immerito vocitatur.

3) lb. l. 1, 39. Est enim super ipsum esse aliquo modo, super esse et universaliter super quod dicitur et intelligitur. l. 3, 19. Divina bonitas propterea nihilum dicitur, quoniam ultra omnia, quae sunt et quae non sunt, in nulla essentia invenitur.

4) lb. l. 1, 14.

5) lb. l. 1, 2. p. 589 seqq. Nemo pie cognoscentium inque divina mysteria introductorum audiens de Deo, seipsum intelligere non posse, quid sit, aliud debet existimare, nisi ipsum Deum, qui non est quid, omnino ignorare in se ipso, quod ipse non est, seipsum autem non cognoscit aliquid esse. Nescit igitur, quid ipse est, h. e. nescit, se quid esse, quoniam cognoscit, se nullum eorum, quae in aliquo cognoscuntur, et de quibus potest dici vel intelligi, quid sunt, omnino esse. Nam si in aliquo seipsum cognosceret, non omnino infinitum et incomprehensibilem innominabilemque seipsum judicaret... Disc. Non suades, Deum se ipsum ignorare, sed solummodo ignorare, quid sit.

in dem gedachten Sinne sich selbst nicht weiss, von sich besser gewusst; denn besser ist es, sich von allem Endlichen frei, als in die Zahl desselben gestellt zu wissen [1]).

Gott ist in seinem Uebersein auch die absolute Einfachheit[2]), und als solche ist er die Einheit aller Gegensätze. „Er ist der Umfang von Allem, was ist und was nicht ist, was sein kann und was nicht sein kann, und auch dessen, was ihm entgegengesetzt zu sein scheint. Er selbst ist die Aehnlichkeit des Aehnlichen, und die Unähnlichkeit des Unähnlichen und die Entgegensetzung des Entgegengesetzten. Alles dieses sammelt und gleicht er durch eine schöne und unaussprechliche Harmonie in Einer Einheit aus; denn was in den Theilen des Universums sich entgegengesetzt und widerstrebend und von sich gegenseitig abzuklingen scheint, alles dieses ist in der allgemeinsten Harmonie des Universums selbst zusammengehörig und einstimmig [3])."

§. 19.

Nach diesen Erörterungen über das Ansichsein Gottes geht Erigena zur Entwicklung der Trinitätslehre über. Durch die Erkenntniss, sagt Erigena, dass Dinge sind, erkannten die Theologen, dass Gott sei; daraus, dass dieselben in Gattungen und Arten ordnungsgemäss gegliedert sind, erkannten sie, dass Gott weise sei, und aus der ruhigen Bewegung und der bewegten Ruhe, welche sie wahrnahmen, erkannten sie, dass Gott lebe. Auf solche Weise fanden sie das trinitarische Leben Gottes. Unter dem Sein ist nämlich nach ihnen zu verstehen der Vater,

---

1) lb. l. 2, 29. p. 597 sq. Sicut enim, qui recto ratiocinandi itinere investigant, in nullo eorum, quae in natura rerum continentur, ipsum intelligere possunt, sed supra omnia sublimatum cognoscunt, ac per hoc eorum ignorantia vera est sapientia, et nesciendo eum in his, quae sunt et quae non sunt: — ita etiam de seipso non irrationabiliter dicitur, in quantum seipsum in his, quae fecit, non intelligit subsistere, in tantum intelligit se super omnia esse, ac per hoc ipsius ignorantia vera est intelligentia. Et in quantum se nescit in his, quae sunt, comprehendi, in tantum se scit ultra omnia exaltari; atque ideo nesciendo seipsum a seipso melius scitur; melius est enim, se scire ab omnibus remotum esse, quam si sciret, in numero omnium se constitui. lb. l. c. Divina ignorantia nil aliud intelligendum est, nisi incomprehensibilis infinitaque divina scientia. vgl. c. 28. p. 593.

2) De praedest. c. 3, 5. c. 2, 2. De div. nat. l. 1, 72.

3) De div. nat. l. 1, 72. Deus est ambitus omnium, quae sunt, et quae non sunt, et quae esse possunt, et quae esse non possunt, et quae ei seu contraria seu opposita videntur esse, ut non dicam similia et dissimilia. Est enim similium similitudo, et dissimilitudo dissimilium, oppositorum oppositio et contrariorum contrarietas. Haec enim omnia pulchra ineffabilique harmonia in unam concordiam colligit atque componit. Nam quae in partibus universitatis opposita sibimet videntur atque contraria et a se invicem dissona, dum in generalissima ipsius universitatis harmonia considerantur, convenientia consonaque sunt.

unter der Weisheit der Sohn, und unter dem Leben der heilige Geist[1]). Indem die Theologen, vom heiligen Geiste erleuchtet, auf die Eine unaussprechliche Ursache aller Dinge und auf das einfache, untheilbare und allgemeine Princip ihre Betrachtung lenkten, nannten sie die Gottheit Einheit. Aber diese setzten sie nicht in eine gewisse Einzigkeit und Sterilität, sondern erkannten in ihr eine wunderbare und fruchtbare Vervielfältigung, und erfassten so die drei Personen in ihr, nämlich die ungezeugte, die gezeugte und die hervorgehende, und nannten das Verhältniss der ersten zur zweiten Vater, der zweiten zur ersten Sohn, und der dritten zu den beiden ersten Geist[2]).

Das klingt offenbar keineswegs supernaturalistisch; denn wenn die Theologen das trinitarische Leben Gottes „gefunden" haben, dann hört dasselbe auf, Mysterium im strengen Sinne dieses Wortes zu sein; und der Uebergang von Sein, Weisheit und Leben zu drei Persönlichkeiten, welche darin involvirt sind, ist dann keineswegs gerechtfertigt; vielmehr wird die Auffassung der Trinität sich, wenn die Consequenz gewahrt bleiben soll, nur modalistisch gestalten können. Erigena hält sich zwar in der Erklärung der Trinitätslehre an die Definitionen und Ausdrücke des kirchlichen Dogmas[3]), und behauptet auch, dass die göttliche Einheit und Dreiheit, das immanente trinitarische Leben Gottes weder vom reinsten Verstande gedacht, noch auch von der ungetrübtesten englischen Intelligenz begriffen werden könne[4]). Allein dieser Appell an die Unbegreiflichkeit ist ihm überhaupt, wie solches ja im Wesen des Mysticismus liegt, überall geläufig; und man darf darauf kein besonderes Gewicht legen. Wie dem auch immer sei, das gnostisch rationalistische Element lässt sich auch hier nicht verkennen: und wir werden sehen, wie später ein anderer Vertreter des Rationalismus dasjenige, was Erigena nur angedeutet hat, den Modalismus nämlich, zur vollen Ausbildung brachte, ohne doch von den kirchlichen Formeln lassen zu wollen und ohne die Unbegreiflichkeit der göttlichen Trinität in thesi zu läugnen.

Im Sohne als in seiner Weisheit, fährt Erigena fort, hat der

---

1) Ib. l. 1, 13. Ipsam (divinam naturam) tamen esse, ex his quae sunt; et sapientem esse, ex divisionibus eorum in essentias, in genera, in species differentiasque numerosque; vivereque eam ex motu omnium stabili et ex statu mobili, rectae mentis contuitu Theologi scrutati sunt. Hac enim ratione causam ter substantem verissime invenerunt. Nam ut diximus, ex essentia eorum, quae sunt, intelligitur esse, ex mirabili rerum ordine, sapientem esse; ex motu, vitam esse repertum est. Est igitur causa omnium creatrixque natura, et sapit, et vivit. Ac per hoc per essentiam Patrem, per sapientiam Filium, per vitam Spiritum Sanctum intelligi, inquisitores veritatis tradiderunt. l. 2. 19.

2) Ib. l. 1, 13. p. 456. — 3) Ib. l. 1, 13. p. 456 sq. l. 2, 19. 22. 23. 29. 30. 32. 34.

4) Ib. l. 1, 13. l. 2, 20. Comm. in ev. Joann. p. 302.

Vater Alles gegründet, die Totalität der Creatur¹); die Art und Weise der Gründung aber überragt alle menschliche Einsicht und ist nur dem „Worte" bekannt²). Indem der Sohn vor Allem aus dem Vater gezeugt wurde, ist Alles mit ihm und durch ihn gemacht worden; denn seine Zeugung selbst aus dem Vater ist die Gründung aller Ursachen und die Bewirkung und Ausführung von Allem, was aus den Gründen in Gattungen und Arten hervorgeht³). Der Sohn ist also zugleich Persönlichkeit und Weltidee; denn was der Vater im Sohne gründete, das ist der Sohn selbst. „Der Vater konnte im Sohne nichts gründen, was nicht der Sohn selbst wäre; denn wie würde das Wort es dulden, dass in ihm Etwas werde, was nicht gleich wesentlich mit ihm ist? Nicht wie in einem Raume hat der Vater in der Weisheit Alles gemacht: vielmehr hat er sie selbst zu Allem gemacht⁴)." Darum wird er auch der Logos, das Wort, die Idee, die Ursache genannt⁵). Alles also, was in ihm gegründet worden ist, ist in ihm Leben, und vernünftiges, ewiges Leben, ohne Anfang und ohne Ende⁶). Aber Alles ist in ihm, so fern es in ihm ist, zu einer Einheit verschmolzen⁷). Nur in so ferne der Logos die Dinge aus sich hervorgehen lässt, also in die Scheidung der Gattungen und Arten sich herablässt, tritt er, ohne seine Einheit zu verlieren, in die Vielheit ein. Und so ist das göttliche Wort zugleich Einheit und Vielheit, Einfachheit und Vielfältigkeit, beides jedoch in verschiedenfacher Beziehung⁸).

Der heilige Geist dagegen ist die zertheilende und ordnende Ursache dessen, was der Vater im Sohne als Einheit begründet hat. Was der Vater im Sohne schafft, und dieser in sich enthält, das vertheilt der

---

1) De div. nat. l. 2, 20. Deus in Verbo suo intelligibilium essentiarum sensibiliumque universaliter causas condidit. vgl. l. 5, 23.

2) Ib. l. 3. 17. . . . totius creaturae universitatem in Verbo Dei conditam esse, ipsiusque conditionis rationem omnem intellectum superare, solique Verbo in quo condita sunt omnia, cognitam esse.

3) Homil. in prolog. ev. sec. Joann. p. 287. . . . . eo nascente ante omnia ex Patre, omnia cum ipso et per ipsum facta sunt. Nam ipsius ex Patre generatio ipsa est causarum omnium conditio, omniumque, quae ex causis in genera et species procedunt, operatio et effectus.

4) De div. nat. l. 3, 18. l. 2, 2. p. 529. — 5) Ib. l. 3, 9. — 6) Ib. l. 5, 24.

7) Ib. l. 2, 2. Nam quae in processionibus naturarum multipliciter divisa atque partita esse videntur, in primordialibus causis unita atque unum sunt. 28. p. 593.

8) Ib. l. 3, 9. p. 642 seqq. Quoniam igitur Dei Filius et verbum, et ratio, et causa est, non incongruum dicere, simplex et in se infinite multiplex creatrix universitatis conditae ratio et causa Dei verbum est . . . . Simplex quidem est, quia rerum omnium universitatis in ipso unum individuum et inseparabile est; vel certe individua et inseparabilis unitas omnium Dei Verbum est, quoniam ipsum omnia est. Multiplex vero non immerito intelligitur esse, quoniam per omnia in infinitum diffunditur, et ipsa diffusio subsistentia omnium est.

heilige Geist. Der Geist führt die im Sohne gesetzten Ideen und Potenzen zu fruchtbaren Wirkungen; er theilt sie dann in dieser ihrer Wirklichkeit in Gattungen, Arten und Individuen, und verwirklicht so die Erscheinungswelt [1]). Er ist somit der Spender des Lebens, des natürlichen sowohl als des übernatürlichen; er verwirklicht die Gründe der Natur und der Gnade. Die ganze natürliche und übernatürliche Weltordnung wird durch ihn hergestellt und geleitet [2]).

Allein, schliesst Erigena, „obgleich das göttliche Wirken, in welchem Alles gegründet wurde, von den Theologen der heiligen Schrift gemäss als ein dreifaches betrachtet wurde: — denn der Vater schafft, der Sohn wirkt, der Geist ordnet Alles —: so ist es doch nur eine und dieselbe Thätigkeit der höchsten und heiligen Trinität; denn was der Vater schafft, schafft sowohl der Sohn, als auch der heilige Geist, und was im Sohne geschaffen worden ist, ist auch im Vater und Geist geschaffen worden; da ja, wenn der Sohn im Vater ist, Alles, was im Sohn geschaffen worden ist, nothwendig im Vater sein muss; denn es widerspricht der Vernunft, dass wir annehmen, der Sohn sei allein im Vater, das aber, was der Vater im Sohne schuf, sei nicht im Vater. In ähnlicher Weise wird auch im Vater und Sohn gepflegt und geordnet, was der Geist pflegt und ordnet [3])."

§. 20.

In dem Bisherigen sind, wie wir sehen, bereits auch die Grundzüge der Lehre Erigena's von der *zweiten Natur* entworfen. Wir haben jedoch dieselbe noch speciell zu erörtern. Die zweite Natur befasst also die Primordialursachen der Dinge in dem göttlichen Worte, die unveränderlichen Gründe, Ideen oder Formen, welche den erscheinenden Dingen zu Grunde liegen, und welche Erigena mit den Griechen auch προτοτυπα, προορισματα, θεια θεληματα nennt [4]). In dem göttlichen Worte werden sie, wie wir bereits wissen, von Gott begründet [5]), und sie sind nicht von diesem verschieden, sondern sie sind dieses selbst [6]).

---

1) Ib. l. 2, 22. p. 566. (Theologia) Patri dat omnia facere, Verbo dat omnes in ipso universaliter, essentialiter, simpliciter, primordiales rerum causas aeternaliter fieri; Spiritui dat ipsas primordiales causas, in Verbo factas, in effectus suos fecundatas distribuere, h. e. in genera et species, numeros differentiasque, sive coelestium et spiritualium essentiarum corporibus omnino carentium, seu purissimis spiritualibusque corporibus ex catholicorum elementorum simplicitate factis adhaerentium, seu sensibilium hujus mundi visibilis universalium vel particularium separatarum locis, temporibus mobilium, qualitate et quantitate differentium.

2) Ib. l. 2, 32. Spiritus causa est divisionis et multiplicationis distributionisque causarum omnium, quae in Filio a Patre factae sunt, in effectus suos et generales et speciales et proprios secundum naturam et gratiam.

3) Ib. l. 3, 17. — 4) Ib. l. 2, 2. p. 529. 36. — 5) Ib. l. 3, 9. p. 642. 8. p. 641. 18. — 6) Ib. l. 2, 2. p. 529.

Und in so fern sie in diesem göttlichen Worte sind, sind sie noch zu einer unterschiedslosen Einheit aufgelöst, so zwar, dass sie in dieser unterschiedslosen Einheit zugleich Alles und nichts von Allem im Besondern sind¹). Diese Begründung der allgemeinen Weltidee im göttlichen Worte will die heilige Schrift bezeichnen, wenn sie sagt, dass Gott im Anfange Himmel und Erde schuf. Der „Himmel" bedeutet die Ideen oder Urgründe der geistigen und himmlischen Wesenheiten; die „Erde" dagegen die Ideen und Urgründe der sinnlichen, körperlichen Dinge²). Wenn ferner die heilige Schrift sagt, dass die Erde ursprünglich „nichtig und leer" war, so bedeutet dieses jene unterschiedslose Einheit, in welcher die Primordialursachen im göttlichen Worte aufgelöst sind³). Der Ausdruck der heiligen Schrift: „Es werde, und es ward," bedeutet die Hervorbringung der Dinge in dem göttlichen Worte, während das folgende: „Und es schuf Gott" das Hervorgehen der Dinge in die Wirklichkeit bezeichnet⁴), wie dieses Hervortreten durch den göttlichen Geist, „welcher die Wasser hegte," vermittelt ward und in der Schöpfung des Lichtes sich vollzog⁵). Die Schöpfung der Dinge ist also durchaus nicht im Nacheinander zu denken, und wenn die heilige Schrift Schöpfungstage ausscheidet, so ist darunter nicht eine zeitliche Folge, sondern nur die Ordnung zu verstehen, in welcher die Dinge ihrer Natur nach auf einander folgen⁶).

Aber nun fragt es sich, wie wir uns denn jene Gründung der Primordialursachen in dem göttlichen Worte zu denken haben. Diese Frage beantwortet Erigena, ganz dem Geiste seines Systems entsprechend, also: „Die ersten Ursachen schafft Gott nicht aus einer Materie; denn was in ihm ist, ist er selbst; aber auch von Aussen her hätte er keine nehmen können, weil ausser ihm Nichts ist⁷). Aus Nichts hat er vielmehr Alles geschaffen oder aus sich selbst; denn unter dem Nichts wird er selbst verstanden, weil er in keinem bestimmten Sein gefunden wird und aus den Negationen aller Wesenheiten in die Affirmation ihrer Totalität, von sich selbst in sich selbst, wie aus Nichts in Etwas herabstieg⁸). Gott selbst also *wird* in den Urgründen; in ihnen schafft er sich selbst, d. h. in seinen Theophanien beginnt er zu erscheinen, indem er emportauchen will aus den geheimsten Tiefen seiner Natur, worin er sich selbst unbekannt ist, d. h. sich in keinem erkennt, weil er unendlich und übernatürlich und überwesentlich und

---

1) lb. l. 2, 2. 28. p. 593. — 2) lb. l. 2, 15. p. 546. 20. p. 554. — 3) lb. l. 2, 16. 17. — 4) lb. l. 3, 35. p. 726. — 5) lb. l. 3, 25. — 6) lb. l. 3, 27. p. 699. 31. 32. l. 4, 14. p. 807. — 7) lb. l. 3, 14. p. 664 sq.

8) lb. l. 3, 19. p. 681. Divina igitur bonitas, quae propterea nihilum dicitur, quoniam ultra omnia, quae sunt, et quae non sunt, in nulla essentia invenitur, ex negatione omnium essentiarum in affirmationem totius universitatis essentiae a seipsa in seipsam descendit, veluti ex nihilo in aliquid, ex inessentialitate in essentialitatem, ex informitate informas innumerabiles et species.

über Allem ist, was erkannt und nicht erkannt werden kann. Indem er aber in die Principien der Dinge herabsteigt, beginnt er, gleichsam sich selbst schaffend, in Etwas zu sein ¹).«

Die Schöpfung der idealen Welt ist also im Grunde nur die Selbstverwirklichung Gottes. Gott bekommt erst Gestalt und Wirklichkeit, indem er zur idealen Welt sich bestimmt. Vorher ist er „Nichts." Aus diesem Nichts, welches gleichsam die Materie seiner eigenen Gestaltung ist²), taucht er empor zur bestimmten Wirklichkeit, indem er sich zur Idealwelt determinirt. Und indem er sich vorher in seinem reinen Ansichsein nicht als ein Etwas erkennt, erkennt er sich nun in den Urgründen der Dinge auch als die bestimmte Quiddität, welche diese Urgründe involviren. Es ist ein Werden Gottes, ein Uebergehen desselben von der Unbestimmtheit zur Bestimmtheit des Seins, was in diesen Worten ausgesprochen ist, — nichts Anderes. Die Idealwelt ist nichts Anderes, als Gott selbst, im Stadium der bestimmten Wirklichkeit.

Daraus erklärt sich denn auch die Art und Weise, wie Erigena über die Ewigkeit jener Urgründe sich ausspricht. Die Urgründe, sagt er, sind mit Gott gleich ewig³); denn würde sie Gott erst in der Zeit schaffen, so würde das Schaffen als ein Accidenz sich zu seiner Substanz verhalten, während er doch wesentlich accidenzlos ist. Bewegung und zeitliches Geschehen würde dadurch ihm zugetheilt werden, was nicht zulässig ist⁴). Daher schafft Gott die Welt ewig in ihren Urgründen; diese sind so anfangslos, wie Gott selbst⁵). Doch aber sind sie nicht in derselben Weise ewig, wie Gott; denn Gott ist von Natur aus ewig, die Urgründe der Dinge dagegen sind in so fern ewig, als sie ewig von Gott geschaffen sind⁶). Allein weil Gott in diesen Urgründen eigentlich nur sich selbst schafft, sich selbst verwirklicht, so kann man mit vollem Rechte sagen, dass Gott nicht war, dass er nicht subsistirte, bevor er die (ideale) Welt schuf. Gott geht der Welt nicht der Zeit nach voran, sondern blos so, wie die Ursache der Wirkung vorangeht. Sein Wirken ist sein Sein selbst, und wie daher sein

---

1) lb. l. 3, 23. p. 689. Creatur enim a seipsa in primordialibus causis, ac per hoc seipsam creat, h. e. in suis theophaniis incipit apparere, ex occultissimis naturae suae sinibus volens emergere, in quibus et sibi ipsi incognita, hoc est, in nullo se cognoscit, quia infinita est, et supernaturalis et superessentialis, et super omne, quod potest intelligi et non potest; descendens vero in principiis rerum, ac veluti seipsam creans in aliquo inchoat esse.
2) Ib. l. 3, 17. p. 679. — 3) Ib. l. 20, 2. p. 558. l. 3, 15. 16. l. 5, 24. p. 909.
4) Ib. l. 3, 8. p. 639. l. 1, 72.
5) Ib. l. 5, 24. p. 909. Quia semper creator et dominus erat Deus, necessario sequitur, semper creaturam servientem creatam substitisse; non enim accidens creatori omnium est creasse, quae creavit, sed sola perpetuitate superascendit et praecellit, quae creavit etc.
6) Ib. l. 2, 21.

Wirken als gleich ewig mit seinem Sein gefasst werden muss, so auch
die Wirkung, — die ideale Welt. Seine eigene Wirklichkeit ist eben
bedingt durch die Hervorbringung dieser idealen Welt, seine Subsistenz
also an diese gebunden. Er kann nicht Ursache sein ohne das Beur-
sachte [1].

So schafft denn Gott in den Primordialursachen sich selbst; er verwirklicht sich in ihnen. Das Nichts, woraus Gott die Welt schuf, ist
nur er selbst in seiner Ueberwesentlichkeit, er ist die Materie, welche
den Dingen zu Grunde liegt [2]. Und die Thätigkeit, durch welche und
in welcher er sich selbst schafft, ist Denken. Denken und Thun sind
in ihm identisch. Er denkt die Dinge dadurch, dass er sie wirkt, und
er wirkt sie dadurch, dass er sie denkt [3]. „So ist Alles, was in der
Reihenfolge des Irdischen nach Zeiten und Räumen entsteht, zugleich
und auf einmal im Worte des Herrn gesetzt worden. Man darf darum
nicht glauben, dass es erst damals anfing zu werden, als man es in
der Welt entstehen sah; denn immer war es substantiell im Worte
Gottes, und auch sein Aufgang und Niedergang in der Ordnung der
Zeiten und Räume durch Zeugung, d. h. durch Annahme der Accidenzen, war immer im göttlichen Worte, in welchem das, was sein
wird, schon gemacht worden ist; weil die göttliche Weisheit die Zeiten umfasst, und in ihr Alles, was in der Natur der Dinge zeitlich
entsteht, vorausgeht und ewig subsistirt. Es gibt keine Creatur,
welcher nicht ihr im Worte gesetzter Grund vorausginge, nach welchem sie gesetzt ist, dass sie *ist*, und nach dem sie geordnet ist, dass
sie *schön ist*, und von dem sie bewacht wird, dass sie *ewig ist*,
und der sie offenbart, sei es den Sinnen, sei es der Vernunft, als
einen Gegenstand des Lobes der Einen Ursache selbst, aus welcher

---

1) lb. l. 3, 8. M. Non ergo erat (Deus) subsistens, antequam universitatem
conderet. Nam si esset, conditio sibi rerum accideret. D. Deum praecedere universitatem credimus non tempore, sed ea sola ratione, qua causa omnium ipse
intelligitur. Si enim tempore praecederet, accidens ei secundum tempus facere
universitatem foret. Quoniam vero ea sola ratione, qua causa est, universitatem
ab eo conditam praecedit, sequitur, universitatis conditionem non esse Deo secundum accidens, sed secundum quandam ineffabilem rationem, qua causativa in
sua causa semper subsistunt. M. Si igitur nulla alia ratione Deus universitatem
a se conditam praecedit, praeter illam solam, qua ipse causa est; ea vero causativa, et omne causativam semper in causa subsistit: aliter enim nec causa causa
est, nec causativum causativum; Deoque non accidit causalis esse; semper enim
causa et est et erat et erit: — semper igitur causativa in sua causa subsistunt, et
substiterunt et substitura sunt: proinde universitas in sua causa, quoniam causativa est, h. e. suae causae particeps, aeterna est. l. l. 72. Deus ergo non erat,
priusquam omnia faceret.

2) lb. l. 3, 17. p. 679.

3) lb. l. 3, 17. p. 678. Non aliud Deo est videre, et aliud operari, sed ipsius visio ipsius est operatio. Videt enim operando, et videndo operatur. 28.

und in welcher und durch welche, und zu welcher Alles gegründet ist¹)."

Wie geht nun aber aus dieser idealen die empirische Welt hervor? In welchem Verhältnisse stehen beide zu einander? Die Beantwortung dieser Fragen leitet uns auf die Lehre Erigena's von der *dritten Natur* über. Um diese entwickeln zu können, müssen wir zuerst die allgemeine Anschauung untersuchen, welche Erigena sich von der sinnlichen Erscheinungswelt als solcher bildet.

§. 21.

Den Schlüssel hiezu bietet uns die Art und Weise, wie Erigena das Allgemeine im Gegensatz zum Besondern auffasst. Er stellt sich hier ganz und gar auf den Boden des Neuplatonismus. Das Allgemeine als solches ist nach Erigena nicht das blose Resultat des Denkens, sondern es ist eine für sich seiende Objectivität. Er spricht somit nicht blos dem Inhalte der allgemeinen Begriffe objective Realität zu, sondern er setzt das Allgemeine als solches in die Objectivität hinaus, und legt es den Erscheinungen zu Grunde. Der ganze Begriffsorganismus also mit seiner innern dialektischen Gliederung ist ihm als solcher eine objective Macht, welche Alles, was in der Erscheinung sich darstellt, innerlich trägt und gestaltet. In *diesem* Sinne lehrt er, dass die Dialektik kein blos subjectives Verfahren, nicht von menschlicher Geschäftigkeit verursacht sei, sondern dass sie in der Natur der Dinge vom Urheber aller wahrhaften Künste selbst gegründet und von den Weisen nur aufgefunden und für eine sorgsame Erfassung der Dinge benützt worden sei²).

Dem entsprechend nimmt Erigena eine allgemeine οὐσία an, welche, in sich schlechterdings untheilbar und unveränderlich, durch alle Dinge sich hindurch zieht, und so der tiefste und innerste Träger der ganzen empirischen Objectivität ist³). Diese Eine allgemeine οὐσία bestimmt sich, ohne ihre Einheit zu verlassen, zu den besondern οὐσίαι, zu den besondern Wesenheiten, welche in der Welt sich vorfinden, und indem bei den letztern der gleiche Process sich wiederholt, entstehen so die Gattungen und Arten der weltlichen Dinge. Aus der allgemeinen οὐσία

---

1) Ib. l. 3, 16.
2) Ib. l. 4, 4. p. 740. Ac per hoc intelligitur, quod ars illa, quae dividit genera in species, et species in genera resolvit, non ab humanis machinationibus sit facta, sed in natura rerum ab auctore omnium artium, quae vere artes sunt, condita, et a sapientibus inventa est ad utilitatem solerti rerum indagine usitata.
3) Ib. l. 1, 47. l. 4, 5. p. 750. Est enim generalissima quaedam et communis omnium natura, ab uno omnium principio creata, ex qua veluti amplissimo fonte per poros occultos corporales creaturae velut quidam rivuli derivantur, et in diversas formas singularum rerum eructant.

emaniren also, wie begrifflich, so auch in der Wirklichkeit die Gattungen. Arten und Individuen, aus welchen die Erscheinungswelt besteht, und wie sie aus ihr hervorgehen, so sind sie in ihr auch wiederum Eins, und lösen sich in ihr auf [1]. Nur in dieser Gliederung in die Gattungen und Arten kann die οὐσία wirklich sein [2]. Und eben weil in den Gattungen und Arten nur Eine untheilbare Wesenheit subsistirt, sind jene auch bleibend und fortbestehend, und keiner Zerstörung unterworfen [3]. Wie sich aber die οὐσία in alle Gattungen und Arten der empirischen Dinge zertheilt: so ist sie doch wiederum ganz in jeder dieser Gattungen und Arten; und jede Gattung ist ganz in jeder ihrer Arten. Ungeachtet jener Gliederung bleibt deshalb die οὐσία stets eine in sich ungetheilte und untheilbare Einheit. Sie ist somit einfach und vielfach zugleich [4]. Und dies bleibt sich gleich in dem ganzen dialektischen Fortgange bis herab zu den Individuen. Jede Wesenheit oder substantielle Form ist Eine in allen Individuen, denen sie zukommt; sie ist ganz in allen und ganz in jedem einzelnen Individuum; und indem sie in diesen hervortritt, bleibt sie dessungeachtet ungetheilt in sich [5]. Daher geht denn auch kein Individuum in der Erscheinungs-

---

1) Ib. l. 1, 25. Habitus vero οὕτως, generis et species est virtus ipsa immobilis, per quam genus, dum per species dividitur, in seipso semper unum individuumque permanet, et totum in speciebus singulis, et singulae species in ipso unum sunt. Eadem virtus et in specie perspicitur, quae dum per numeros dividatur, suae individuae unitatis inexhaustam vim custodit. Omnesque numeri, in quos dividi videtur in indefinitum, in ipsa finiti unumque individuum sunt.

2) Ib. l. 1, 26. Nihil aliud esse video, in quo naturaliter inesse οὐσία possit, nisi in generibus et speciebus, a summo usque deorsum descendentibus, h. e. a generalissimis usque ad specialissima, i. e. individua; seu reciprocatim sursum versus ab individuis ad generalissima. In his enim veluti naturalibus partibus universalis οὐσία subsistit.

3) Ib. l. 1, 34. Nam genera et species et atoma propterea semper sunt et permanent, quia inest eis aliquod unum individuum, quod solvi nequit neque destrui. Ipsa quoque accidentia propterea in sua natura immutabiliter permanent, quia omnibus eis unum quoddam individuum subest, in quo naturaliter omnia unum subsistunt.

4) Ib. l. 1, 49. Οὐσία tota in singulis suis formis speciebusque est, nec major in omnibus simul collectis, nec minor in singulis a se invicem divisis ... Quamvis οὐσία sola ratione in genera sua speciesque et numeros dividatur, sua tamen naturali virtute individua permanet, ac nullo actu seu operatione visibili segregatur. Tota enim simul et semper in suis subdivisionibus aeternaliter et incommutabiliter subsistit, omnesque subdivisiones sui simul ac semper in se ipsa unum inseparabile sunt.

5) Ib. l. 3, 27. p. 703. Substantialis forma est ipsa, cujus participatione omnis individua species formatur et est una in omnibus et omnis in una, et nec multiplicatur in multiplicatis, nec minuitur in refractis. Non enim major est forma illa, v. gr. quae dicitur homo, in infinita humanae naturae per individuas species multiplicatione, quam in illo uno et primo homine, {qui primus particeps illius

welt völlig unter, seine Auflösung ist eben nur die Zurücknahme desselben in die allgemeine Wesenheit, an welcher es participirt hatte¹). In *dieser* Weise also ist das Individuum vergänglich, während die οὐσία unvergänglich ist²). Darauf gründet sich denn auch der Unterschied zwischen οὐσία und φύσις. Die οὐσία, d. i. die Wesenheit, kann in jeder sichtbaren oder unsichtbaren Creatur von dem, was in ihr weder corrumpirt, noch vermindert werden kann, prädicirt werden; — φύσις dagegen, d. i. die Natur, wird von der Zeugung der Wesenheit durch Räume und Zeiten in irgend einer Materie, die corrumpirt, vermehrt und vermindert werden kann, und mit verschiedenen Accidentien afficirt ist, ausgesagt; denn οὐσία deutet der Ethymologie nach auf das Sein, φύσις auf das Geboren- oder Erzeugtwerden. Jede Creatur also, in wie fern sie in ihren Gründen existirt, ist οὐσία; in wie fern sie aber in irgend einer Materie geboren wird, φύσις. Der Unterschied ist somit nur ein beziehungsweiser; an sich sind οὐσία und φύσις, Wesenheit und Natur, identisch³).

Es kann jetzt nur noch die Frage sein, wodurch denn die Gliederung der οὐσία in die Gattungen und Arten objectiv sich vollziehe. Erigena deutet die Antwort auf diese Frage da an, wo er von den verschiedenen Beziehungen redet, in welchen zwischen Sein und Nichtsein unterschieden werden könne. Da sagt er unter Andern, dass in der Stufenordnung der Wesen, die mit der höchsten und Gott zunächst stehenden intelligenten Kraft beginnt und bis zur letzten Creatur sich fortsetzt, vom höchsten Engel bis zu den rein körperlichen Dingen herab, jeder Grad, welcher noch über und unter sich Wesen hat, seiend und nichtseiend genannt werden könne. Die Affirmation des Niedrigeren ist stets die Verneinung des Höhern und umgekehrt ist die Bejahung

---

factus est; nec minor erat in illo, quam in omnibus, quorum corpora ex illo multiplicantur; sed in omnibus una eademque est, et in omnibus tota aequaliter, in nullis ullam varietatem vel dissimilitudinem recipiens. 39. p. 787. l. 5, 10. De praedest. c. 18, 8. De div. nat. l. 1, 72. Genus totum in singulis suis formis est, quemadmodum et singulae formae unum in suo genere sunt. Et haec omnia, i. e. genera et formae, ex uno fonte ousiae manant, inque eam naturali ambitu redeunt.

1) Ib. l. 3. 27. p. 702.
2) Ib. l. 1, 62. Non enim veritati obstrepat, si dicamus, ex ipsa essentia, quae una et universalis in omnibus creata est, omnibusque communis, atque ideo, quia omnium se participantium est, nullius proprie dicitur esse, singulorum se participantium quandam propriam substantiam, quae nullius alicujus est, nisi ipsius solummodo, cujus est, naturali progressione emanare. Cui etiam substantiae propria possibilitas inest, quae aliunde non assumitur, nisi ex ipsa universali virtute ipsius praedictae universalis et essentiae et virtutis, quae per se unum est et in omnibus, quae ex ea et in ea existunt, incommutabiliter permanet, nec augeri, nec minui, nec corrumpi, nec perire potest. l. 1, 49. Omnis ousia incorruptibilis est.
3) Ib. l. 5, 3. p. 867.

des Höhern die Verneinung des Niedrigeren. So ist die Negation des Menschen die Bejahung des Engels, und umgekehrt. Was der eine ist, ist der andere nicht¹). So wäre also bei Erigena in gleicher Weise, wie bei den Platonikern, das Medium der objectiven Gliederung alles Seins die *Negation*.

Die οὐσία ist, wie schon erwähnt, immer dieselbe; denn nur das Bleibende wird mit Recht Substanz genannt²). Sie ist unkörperlich, und darum auch keinem körperlichen Sinne zugänglich³); sie kann daher nicht sichtbar oder greifbar oder räumlich erscheinen⁴), und entbehrt aller räumlichen Dimensionen⁵). Aber sie ist auch dem Verstande nicht zugänglich; in Bezug auf ihre Quiddität entzieht sie sich auch unserer intellectuellen Erkenntniss. Nur *dass* sie ist, vermögen wir durch die Accidentien, welche sie umhüllen, zu erkennen, nicht aber, *was* sie ist⁶). Sie kann folglich auch nicht definirt werden⁷).

Es bedarf aber die οὐσία auch, mit Ausnahme von Zeit und Raum, welche ihr untrennbar inhäriren, weil sie als erschaffene zu existiren anfing, also zeitlich ist, und als bestimmtes Sein nicht unbestimmt und raumlos sein kann⁸), keiner andern Accidenzen, um zu existiren⁹), und daher auch nicht des Körpers; sie existirt vielmehr

---

1) Ib. l. 1, 4. Ubi mirabili intelligentiae modo unusquisque ordo cum ipso deorsum versus novissimo, qui est corporum, in quo omnis divisio terminatur, potest dici esse et non esse. Inferioris enim affirmatio superioris est negatio. Itemque inferioris negatio superioris est affirmatio. Eodemque modo superioris affirmatio inferioris est negatio. Negatio vero superioris est affirmatio inferioris . . . . . etc.
2) Ib. l. 1, 68.
3) Ib. l. 1, 33. Nam οὐσία incorporalis est, nullique corporeo sensui subjacet.
4) Ib. l. 1, 53. — 5) Ib. l. 1, 49.
6) Ib. l. 1, 3. Nam sicut ipse Deus in seipso ultra omnem creaturam nullo intellectu comprehenditur, ita etiam in secretissimis sinibus creaturae ab eo factae et in eo existentis considerata οὐσία incomprehensibilis est. Quidquid autem in omni creatura vel sensu corporeo percipitur vel intellectu consideratur, nihil aliud est, nisi quoddam accidens incomprehensibilis per se, ut dictum est, uniuscujusque essentiae: quae aut per qualitatem aut quantitatem aut formam aut materiam aut differentiam quandam, aut locum aut tempus cognoscitur, non quid est, sed quia est. l. 1, 25. Οὐσία in omnibus omnino, quae sunt, per se incomprehensibilis est non solum sensui, sed etiam intellectui. Atque ideo ex his veluti circumstantiis suis intelligitur existere, loco dico, quantitate, situ; additur etiam tempus. Intra haec siquidem veluti intra quosdam fines circumpositos, essentia cognoscitur circumcludi, ita ut neque accidentia ei quasi in ea subsistentia videantur esse, quia extrinsecus sunt, neque sine ea existere posse, quia centrum corum est, circa quod volvuntur tempora, loca vero et quantitates et situs undique collocantur. l. 1, 45. l. 3, 15.
7) Ib. l. 1, 45. Οὐσίαν per seipsam definire et dicere, quid sit, nemo potest.
8) Ib. l. 1, 45. — 9) Ib. l. 1, 60. 63.

durch sich selbst¹). Und endlich ist jede οὐσία einfach und nimmt keine Zusammensetzung von Materie und Form an; zusammengesetzt könnte man sie nur in *der* Hinsicht heissen, in so fern sie als bestimmte Wesenheit eine von andern unterschiedene ist und damit also an ihr Wesenheit und wesentliche Differenz aufgezeigt werden kann²).

Es ist diese ganze Auffassungsweise des Allgemeinen, wie man leicht sieht, schlechterdings idealistisch und geht wesentlich darauf aus, die gediegene Realität der Erscheinungswelt in lauter allgemeine Begriffe, d. i. in lauter Ideales zu verflüchtigen. Das Individuum hat hier keine eigene für sich seiende Substantialität mehr; es ist nur eine vorübergehende Erscheinungsweise des Allgemeinen. Aber wie kommt es denn zu dieser Erscheinung des Allgemeinen im Individuum? Was hat es mit den körperlichen Dingen als solchen überhaupt für eine Bewandtniss? — Die Art und Weise, wie Erigena diese Frage beantwortet, ist die vollständige Ausbildung des in der Theorie des Allgemeinen angelegten Idealismus. Verfolgen wir den hieher einschlägigen Gedankengang Erigena's.

§. 22.

Jeder Körper, sagt er, besteht aus Form und Materie³). Was ist nun die Materie? Die Materie ist, aller Form und Farbe entbehrend, durchaus unsichtbar und unkörperlich⁴). Sie ist darum kein Object der Sinne, sondern nur der Vernunft. Sie ist fähig, alle Formen in sich aufzunehmen; an sich aber ist sie die Beraubung aller Formen⁵), und steht daher am nächsten dem Nichtsein; sie ist, wie Augustin sagt, nahezu Nichts⁶). Die Materie ist nicht ausgeschlossen aus dem Kreis der Primordialursachen; sie ist vielmehr gleichfalls eingeschlossen in der göttlichen Weisheit⁷), und ist von Gott, als dem Werkmeister des Alls, aus Nichts geschaffen worden⁸).

Das ist jedoch nicht das letzte Wort Erigena's in dieser Sache. Er bestimmt die Materie nicht blos in ihrem Verhältnisse zur Form, sondern er sucht auch einen Begriff von dem Ansichsein derselben zu

---

1) Ib. l. 1, 51. Οὐσία vero nullo modo corpore indiget, ut sit, quoniam per se ipsam subsistit.
2) Ib. l. 1, 47. — 3) Ib. l. 2, 16
4) Ib. l. 3, 14. ... cum ipsa materia, carens forma atque colore, omnino invisibilis sit et incorporea. l. 1, 56.
5) Ib. l. 1, 56. — 6) Ib. l. 2, 15. — 7) Ib. l. 3, 5.
8) Ib. l. 3, 5. Qui enim fecit mundum de materia informi, ipse fecit informem materiam de omnino nihilo, siquidem non alius est auctor mundi de informi materia facti, et alius ipsius materiae de omnino nihilo prius creatae, sed unus atque idem utriusque est conditor, quoniam ab uno principio omnia, quae sunt, sive informia, sive formata, procedunt.

geben. Jeder Körper, sagt er, kann in bestimmte an und für sich
unsinnliche Momente aufgelöst werden, aus deren Ineinandersein er
sich bildet. Ohne Quantität, Qualität, Figur, Lage u. dgl. ist kein
Körper denkbar. Trennt man aber diese Eigenschaften vom Körper,
so bleibt nichts mehr übrig, was wir Körper nennen könnten¹). Daher kann der Körper als solcher nur aus dem Zusammenflusse und
Ineinandersein dieser an sich unsinnlichen Momente oder Eigenschaften resultiren²). Daraus folgt, dass die Materie, welche den körperlichen Dingen zu Grunde liegt, im Grunde nichts Anderes ist, als
dieses Zusammensein der an sich unkörperlichen Qualitäten, welche
der körperlichen Natur zu Grunde liegen³).

Aus dieser Materie also, indem sich die Form mit ihr verbindet,
entstehen die körperlichen Dinge. Die Quantitäten und Qualitäten,
welche an sich unkörperlich und formlos sind, bewirken, in Eins zusammentretend, die formlose Materie, welche, nachdem ihr Formen
und unkörperliche Farben hinzugefügt werden, in verschiedene Körper sich gestaltet⁴). Dasjenige, was dem Körper als wesentliche
Form zu Grunde liegt, ist die οὐσία⁵). Diese umkleidet sich mit gewissen Accidentien, mit Qualität und Quantität, welche, an sich unsichtbar, in ein sichtbares Quantum und Quale hervorbrechen, und so
entsteht die sichtbare Körperlichkeit. So bekommt der Körper ausser
der wesentlichen auch eine qualitative Form, welche seine äussere
Beschaffenheit bestimmt und daher als solche mit ihm entsteht und
vergeht⁶).

---

1) Ib. l. 1, 57. 58. l. 3, 14. p. 668. — 2) Ib. l. 1, 33. 34. l. 3, 15.

3) Ib. l. 1, 42 Ipsa etiam materies, si quis intentus aspexerit, ex incorporeis qualitatibus copulatur. l. 3, 16. p. 672.

4) Ib. l. 3, 14. p. 668. Quantitates siquidem et qualitates, dum per se incorporeae sint, in unum vero coeuntes informem efficiunt materiam, quae adjectis formis coloribusque incorporeis in diversa corpora movetur. cf. l. 1, 53.

5) Ib. l. 1, 53.

6) Ib. l. 1, 53. D.... videris mihi non aliud suadere, nisi eam formam, quae species qualitatis est, materiae superadditam corpus, cui οὐσία subsistit, perficere. Haec enim tria in omnibus naturalibus inspiciuntur corporibus: οὐσία, quantitas, qualitas. Sed οὐσία solo semper intellectu cernitur; in nullo enim visibiliter apparet. Quantitas vero et qualitas ita invisibiliter sunt in οὐσία, ut in quantum et quale visibiliter erumpant, dum corpus sensibile inter se conjunctae componunt. Si enim geometricum corpus, cui nulla subest οὐσία, sola quantitate spatiorum linearumque qualitatisque forma, quae figura dicitur, rationabiliter constare probatur: quid impedimenti est, ut naturale corpus, cui virtus ousiae ad permanendum substat, quantum manere valet, ea forma, quae ex qualitate est, adjecta quantitati, quae ex materia assumitur, perfici non dicamus? l. 3, 27. Qualitativam quidem formam dico illam, quae ex qualitate sumta et quantitate sensibus corporcis apparet, materiaeque instabilitati adhaerens, cum ipsa semper fluctuat, generationem et corruptionem patiens, incrementa et decrementa per quantitates et

Die Grundlage aller Accidentien, welche den Körper bilden, ist aber die Quantität; sie ist die unmittelbare Trägerin derselben; ohne diese Unterlage könnten keine anderweitigen Accidentien an der οὐσία Platz greifen [1]). Und so ist denn der Körper seinem Wesen nach nichts Anderes, als das Resultat des Zusammenströmens gewisser Accidentien, besonders der Quantität und Qualität, um eine bestimmte Wesenheit [2]). Die allgemeine οὐσία ist als solche der Aufnahme der Accidentien nicht fähig; nur in den untersten Stufen ihrer Gliederung, also in den bestimmten Wesenheiten, in welchen sie in den Individuen hervortritt, vermag sie dieselben anzunehmen. Und indem sie dieselben annimmt, resultirt hieraus die körperliche Erscheinungswelt [3]). Die οὐσία ist dann in den Individuen das Unwandelbare und Unvergängliche, während dagegen die Accidentien an ihr im beständigen Fluss der Bewegung sind, und daher in Bezug auf ihr Ineinandersein den Charakter des Vergänglichen und Wandelbaren in sich tragen. Daher die Veränderlichkeit und Vergänglichkeit der Dinge in der sinnlichen Erscheinungswelt [4]). Nur durch die Verschiedenheit der Accidentien ist die Mannigfaltigkeit und die Verschiedenheit der Individuen von einander bedingt [5]).

qualitates recipit, multisque et variis differentiis, quae extrinsecus.... accidunt, succumbit.

1) Ib. l. 1, 53. Daher definirt Erigena l. 1, 49. den Körper als „οὐσιας quantitas, et ut verius dicam, non quantitas, sed quantum."

2) Ib. l. 1, 53, 59. 60, cf. l. 3, 32. p. 712. Ubi notandum, quod non ex coitu substantialium elementorum, dum sint incorruptibilia et insolubilia, sed ex eorum qualitatibus sibi invicem proportionaliter copulatis corpora sensibilia conficiuntur. Qualitates autem quatuor elementorum notissimae sunt quatuor: caliditas, frigiditas, siccitas, humiditas: ex quibus omnia corpora materialia adjectis formis componi physica perhibet doctrina.

3) Ib. l. 2, 29. p. 597. Universalis essentia nullum in se accidens recipit; in suis quippe subdivisionibus usque ad individua pervenientibus, accidentium capax est, ipsa vero in se ipsa simplex est, nullique accidentium subjecta.

4) Ib. l. 1, 30. Ut enim totus iste mundus sensibus apparens assiduo motu circa suum cardinem volvitur, circa terram dico, circa quam veluti quoddam centrum cetera tria elementa, aqua videlicet, aer, ignis incessabili rotatu volvuntur: ita invisibili motu sine ulla intermissione universalia corpora, quatuor elementa dico, in se invicem coeuntia, singularum rerum propria corpora conficiunt. Quae resoluta iterum ex proprietatibus in universalitates recurrunt, manente semper immutabiliter quasi quodam centro singularum rerum propria naturalique essentia, quae nec moveri, nec augeri, nec minui potest. Accidentia enim in motu sunt, non essentiae. Nec etiam ipsa accidentia in motu sunt, seu in incrementis decrementisve, sed participatio eorum ab essentia tales patitur mutabilitates. Aliter enim vera ratio non sinit esse. Omnis siquidem natura seu esse essentiarum seu accidentium immutabilis est; participatio vero, ut diximus, essentiarum ab accidentibus seu accidentium ab essentiis, semper in motu est. Participatio siquidem et inchoari et augeri minuique potest, donec mundus iste ad finem suae stabilitatis in omnibus perveniat.... etc. — 5) Ib. l. 3, 27. p. 703.

Wir sehen, der Idealismus Erigena's lässt nichts zu wünschen übrig. Es wird zuerst das Reale in lauter allgemeine Begriffe aufgelöst, und dann wird auch noch das Residuum der Realität, welches nach jenem Processe etwa noch übrig bleiben dürfte, das Materielle und Körperliche nämlich, in immaterielle und unkörperliche Momente verflüchtigt. Es ist dieses Verfahren nicht neu; der Neuplatonismus hatte es ehedem zum Vorschein gebracht; von ihm war es auch in die origenistische Speculation übergegangen und hatte in der folgenden patristischen Zeit hin und wieder seine Vertreter gefunden [1]). Jetzt sehen wir diese neuplatonische Theorie bei Erigena wiederum hervortreten und sich in ihrer ganzen Tragweite geltend machen. Die Aussenwelt sinkt hier zu einem blosen Scheine herab, welcher nur vor dem Forum der sinnlichen Erkenntniss eine Berechtigung hat, aber in dem Augenblicke verschwindet, wo der Verstand an die Erscheinungen herantritt und das Ineinandersein der Accidentien, wodurch sie bedingt sind, auflöst. Auf seinem Standpunkte hat also Erigena vollkommen Recht, wenn er den Körpern und überhaupt den sichtbaren Dingen jede für sich seiende Subsistenz abspricht und sie nur als vorübergehende Bilder und Schatten des wahrhaft Seienden betrachtet [2]). Aber freilich kann er diesen Lehrsatz nicht einmal mehr im Sinne Plato's gelten lassen; denn dieser hatte der Erscheinungswelt, diesem Schatten der idealen Welt, doch noch eine reale Materie zu Grunde gelegt, während Erigena im Anschlusse an die Neuplatoniker auch diese noch im Idealen und Unsinnlichen verflüchtigt. Erigena's Lehre ist somit der ausgeprägteste Idealismus, und er steht in Bezug auf consequente Durchführung des idealistischen Systems hinter keinem andern Adepten der idealistischen Theorie zurück.

§. 23.

Hieraus löst sich denn von selbst die Frage, in welchem Verhältniss die reale zur idealen Welt, die dritte Natur zur zweiten stehe. Es sind nicht zwei „Naturen," welche von einander real oder substantial verschieden wären; die dritte Natur, die Erscheinungswelt, be-

---

1) Vgl. meine Gesch. d. Phil. der patrist. Zeit. S. 193 f. S. 292 f.
2) De div. nat. l. 5, 25. p. 914. Omnia siquidem, quae locis temporibusque variantur, corporeisque sensibus succumbunt, non ipsae res (substantiales vereque existentes, sed ipsarum rerum vere existentium quaedam transitoriae imagines et resultationes intelligenda sunt. Cujus rationis exemplum est vox ejusque imago, quae a Graecis ἠχώ vocatur, seu corpora ipsorumque umbrae, quae sive in puro aere formatae, sive de aquis, sive de qualicumque re, unde solent resultare, resultant; quae cuncta non res, sed falsae rerum imagines probantur esse. Itaque sicut imagines vocum umbraeque corporum per se non subsistunt, quia substantia non sunt; sic corpora ista sensibilia, veluti rerum subsistentium quaedam similitudines sunt, et per se subsistere nesciunt.

sitzt der zweiten Natur, der idealen gegenüber keine für sich seiende Realität; sondern beide sind dem Wesen nach Eins und unterscheiden sich nur der verschiedenen Zuständlichkeit nach. Die οὐσίαι sind in dem göttlichen Worte in voller Ungeschiedenheit und Reinheit; in der sichtbaren Welt dagegen gehen sie in ihre Gattungen und Arten auseinander und kleiden sich auf ihren untersten Entwicklungsstufen in die Accidentien ein, wodurch sie den Schein einer für sich seienden Realität der Erscheinungswelt erwecken [1]. Nur die verschiedenen Gesichtspunkte also, unter welchen die Welt uns entgegentritt, lassen uns die zweite und dritte Natur unterscheiden; an und für sich sind beide identisch [2]. Die Erscheinungswelt ist die Wirkung der idealen; die Primordialursachen treten in dem, dessen Ursachen sie sind, hervor; aber sie sind in diesem ihrem Hervortreten dem Wesen nach doch immer dieselben, wie sie in der göttlichen Weisheit enthalten sind. Ja sie verlassen in diesem ihrem Hervortreten das Princip, in welchem sie gesetzt sind, nämlich die Weisheit des Vaters, gar nicht. „Und damit ich so sage," schliesst Erigena, „in sich selbst unsichtbar bleibend, durch die Finsterniss ihrer Erhabenheit immer verborgen, hören sie doch nicht auf, in ihren Wirkungen, wie an's Licht der Erkenntniss hervorgezogen, zu erscheinen [3]." Die Urgründe verlassen nicht die Weisheit, in welcher sie subsistiren; und ebenso verlassen auch die Substanzen jene ihre Urgründe nicht; wenn also die einen ausser den andern zu sein scheinen, so ist und bleibt solches eben nur Schein; nichts weiter [4]. Und so ist es denn wahr, dass eine und dieselbe Sub-

---

1) Ib. l. 2, 20. p. 558. l. 3, 15. l. 5, 24. p. 909. l. 3, 16. p. 669.

2) Ib. l. 3, 8. Aliter sub illo (Deo) sunt, dum per generationem facta in generibus et formis, locis quoque temporibusque visibiliter per materiem apparent; aliter in ipso sunt, dum in primordialibus rerum causis, quae non solum in Deo, verum etiam Deus sunt, aeternaliter intelliguntur.... non quod alia sint, quae in Deo sunt et Deus esse dicuntur propter unitatem naturae, et alia, quae per generationem in mundum veniunt, sed quia una eademque rerum natura aliter consideratur in aeternitate Verbi Dei, aliter in temporalitate constituta mundi. l. 4, 7. D. Duas igitur substantias hominis intelligere debemus, unam quidem in primordialibus causis generalem, alteram in earum effectibus specialem. M. Duas non dixerim, sed unam dupliciter intellectam. Aliter enim humana substantia per conditionem in intellectualibus perspicitur causis, aliter per generationem in effectibus. Ibi quidem omni mutabilitate libera, hic mutabilitati obnoxia; ibi simplex omnibusque accidentibus absoluta omnem effugit contuitum et intellectum, hic compositionem quandam ex qualitatibus et quantitatibus caeterisque, quae circa eam intelliguntur, accipit, per quam mentis recipit intuitum. Una itaque eademque veluti duplex dicitur propter duplicem sui speculationem... Atque hinc datur intelligi, nullius creaturae aliam subsistentiam esse, praeter illam rationem, secundum quam in primordialibus causis in Dei Verbo substituta est. cf. 3, 17.

3) Ib. l. 2, 18.

4) Ib. l. 5, 14. M. Causas itaque omnium rerum in sapientia creatas et substitutas in ipsa aeternaliter et incommutabiliter non dubitas, ut opinor, permanere,

stanz blos wegen der doppelten Betrachtung als eine doppelte bezeichnet wird. Es gibt keine andere Existenz der Creatur ausser in jenem Grunde, in welchem und nach welchem sie in den primordialen Ursachen im göttlichen Worte gesetzt worden ist¹).

Wie verhält es sich nun aber mit der Dauer der Erscheinungswelt? Offenbar müsste Erigena, wenn er strenge an dem Faden der bisher entwickelten Grundsätze fortschliessen wollte, sich ebenso für die Ewigkeit der Erscheinungswelt erklären, wie er die Ewigkeit der Idealwelt festhält. Denn sind beide dem Sein nach identisch: woher soll man dann einen vernünftigen Grund hernehmen, um die eine der Dauer nach hinter die andere zurückzustellen? Dennoch aber nimmt Erigena einen Anfang der Erscheinungswelt an. „Immer," sagt er, „war Alles in der Ideenwelt der Causalität und Potenz nach über aller räumlich und zeitlich geschehenen Erzeugung, über aller durch Sinn und Verstand erkannten Form und Gestalt; über aller Qualität und Quantität und über allen Accidenzen. Und ebenso war nicht immer Alles; nämlich bevor es durch Zeugung in Formen und Arten, in Räumen und Zeiten und in allen Accidenzen, welche ihrer im göttlichen Worte unveränderlich gesetzten ewigen Substanz zukommen, hervorfloss, war es nicht in der Erzeugung weder räumlich noch zeitlich, noch in eigenen Formen und Gestalten, die den Accidentien zukommen²)." Die Ursachen waren immer geschaffen; aber sie gingen und gehen nach bestimmten Ort- und Zeitabschnitten in diese Welt hervor³). Und gerade dieses Hervortreten der Primordialursachen in ihre Wirkungen ist der Anfang der Zeit, weil die Zeit das Mass der Bewegung, also ohne eine bestimmte gemessene Bewegung auch keine Zeit ist⁴).

Wie kommt es nun, dass Erigena, im Widerspruch mit seinen Principien, doch wieder einen Anfang der Erscheinungswelt statuirt? Er gibt uns selbst die Antwort auf diese Frage. „Die gesunde und kirchliche Lehre," sagt er, „glaubt und nimmt ganz klar an, dass der Eine und allmächtige Gott, das Princip und die Ursache von Allem, was ist und nicht ist, der Welt Materie und Form gegeben habe, sobald er wollte, und dass er ihr ein Ende verleihen werde, sobald er es festsetzte: er, der Alles in den ewigen Gründen machte,

---

et ab ipsa nusquam nunquam recedere vel fluxum aliquem pati ad ea, quae inferiora sunt. Non enim per se subsisterent, si aliquo modo ab ipsa recederent.... Ut enim ipsae causae primordiales non deserunt sapientiam, sic ipsae substantiae non deserunt causas, sed in eis semper subsistunt. Et quemadmodum causae extra substantias nesciunt esse, ita substantiae extra causas non possunt fluere. l. 2, 36.

1) Ib. l. 3, 8. l. 4, 7. — 2) Ib. l. 3, 15.
3) Ib. l. 5, 24. Causas etenim rerum semper creatas fuisse, earum vero effectus definitis locorum et temporum interstitiis in hunc mundum processisse et adhuc procedere et processuros esse opinor. — 4) Ib. l. 5, 17. 18.

ehe es in den zeitlichen Momenten wurde[1]. Also eine Concession an die kirchliche Lehre! In der That, anders kann diese Lehre vom Anfange der Welt in dem erigenistischen Systeme nicht motivirt werden. Das christliche Bewusstsein macht sich hier bei Erigena geltend im Widerspruch mit allen speculativen Grundlagen seines Systems. In der That, wenn Gott aus dem Grunde, weil das Schaffen sich zu ihm accidentel verhielte, falls er nicht ewig schaffen würde, die Idealwelt ewig gesetzt hat, so muss aus dem gleichen Grunde auch die Erscheinungswelt ewig sein, weil ja in der Voraussetzung der Zeitlichkeit derselben das Schaffen der Erscheinungswelt für ihn gleichfalls wiederum zum Accidens werden würde. Wie also Gott ohne die Idealwelt nicht sein kann, wie er nicht subsistent war, bevor die Idealwelt existirte, so kann er auch nicht wirklich sein ohne die Erscheinungswelt. Die Eine muss so ewig sein, wie die andere. Wirklich entfallen auch dem Erigena hie und da Aeusserungen, welche klar zeigen, dass ihm die Nothwendigkeit dieser Folge keineswegs entging. So wenn er sagt, dass Gott ohne die Verschiedenheit der Dinge, welche bekanntlich erst mit der Erscheinungswelt beginnt, nicht sein könne[2]. Die Principien des erigenistischen Systems stehen eben im Gegensatz zur christlichen Lehre, und darum hilft auch die Correctiv des christlichen Bewusstseins, welche Erigena hie und da anlegt, zu Nichts; das falsche Princip bricht sich in seinen Consequenzen doch jedesmal wieder Bahn.

Nachdem wir nun Erigena's Lehre über die erste, zweite und dritte Natur zur Darstellung gebracht haben, so können wir jetzt in den Kern des Systems eintreten, und das innere Verhältniss näher untersuchen, in welchem nach diesem Systeme Gott zur Welt steht.

§. 24.

Erigena spricht in ganz christlichen Ausdrücken von einer Schöpfung aus Nichts, und gibt sogar Gründe an, warum Gott die Welt aus Nichts geschaffen habe: „Deshalb," sagt er, „wurde Alles aus Nichts gemacht, damit die Fülle und der Reichthum der göttlichen Güte durch das, was sie hervorbrachte, geoffenbart und gepriesen würde; denn wäre sie allein in sich selbst ohne irgendwelche Thätigkeit (nach Aussen) verharrt, so hätte sie sich keinen Anlass zur Lobpreisung bereitet. Nun aber, da sie sich in alles Sichtbare und Unsichtbare ausgiesst und in Allem als Alles existirt, die vernünftige und intellectuelle Creatur zu ihrer Erkenntniss erhebt, und ihr die schönen und zahllosen Formen der Dinge als einen Gegenstand ihres Lobes darbietet, fügte sie

---

1) Ib. l. 5, 19.
2) Ib l. 3, 1. p. 621. Deus est principium omnium et inseparabilis ab omni diversitate, quam condidit, et sine qua subsistere conditor non potest. Vgl. auch l. 5, 24. p. 909. Quia semper creator et dominus erat Deus, necessario sequitur, semper creaturam servientem creatam substitisse, etc.

Alles so, dass keine Creatur ist, welche nicht entweder durch sich selbst oder durch ein Anderes das höchste Gut preisen würde." — Als ein weiterer Grund der Weltschöpfung kann ferner angeführt werden, dass das höchste Gut, welches das von und in sich selbst existirende Gut ist, sich nicht von der Setzung jener Güter zurückhalten durfte, welche nicht Güter von und in sich selbst, sondern nur von und in ihm sind. „Damit er nicht des Neides beschuldigt würde, indem er sich von der Schöpfung dessen zurückzieht, was er schaffen konnte, schuf Gott die Welt aus Nichts. Wenn er nicht schaffen würde, so wäre er weder der Herr noch der Gründer der Wesen, nicht der reichlichste und in keinem ermangelnde Spender seiner Güte, nicht der gerechteste Richter über die Verdienste, noch die Vorsicht über Alles [1]."

Aber was hat es mit dieser Schöpfung aus Nichts bei Erigena für eine Bewandtniss? Wir haben früher gesehen, wie Erigena in der Schöpfung der Primordialursachen in letzter und höchster Instanz nur eine Selbstverwirklichung Gottes erkennt, so fern dieser aus den geheimnissvollen Tiefen seines Nichts emporsteigend, zu der Welt der Primordialursachen sich gestaltet und bestimmt. Da nun die dritte Natur, die Erscheinungswelt, im Wesen nichts Anderes ist, als die zweite Natur, die ideale Welt, beide in ihrem innersten Sein ganz identisch sind, so wird wohl von der Erscheinungswelt das Gleiche gelten müssen, wie von der idealen Welt. Wir täuschen uns nicht. Erigena spricht diesen Gedanken so klar als möglich aus: „Aus jener Ueberschwenglichkeit," sagt er, „in welcher Gott Nichtsein genannt wird, zuerst sich herablassend, wird Gott in den Urgründen von sich selbst geschaffen und wird das Princip aller Wesenheit, alles Lebens, aller Intelligenz und alles Dessen, was die erkennende Betrachtung in den Urgründen erfasst. Dann aber steigt er aus den Urgründen, welche gewissermassen eine mittlere Stellung zwischen Gott und den Creaturen einnehmen, herab in ihre Wirkungen, und wird in diesen, macht sich offenbar in seinen Theophanien. Hierauf schreitet er durch die vielfältigen Formen der Wirkungen bis zur letzten Stufe der ganzen Natur, bis zu den Körpern fort. Und auf solche Weise in bestimmter Ordnung in Alles fortschreitend, macht er Alles, und wird Alles in Allem. Aber während er in Allem wird, hört er dennoch nicht auf, über Allem zu sein. Auf solche Weise bringt er Alles aus Nichts hervor, nämlich aus seiner Ueberwesentlichkeit producirt er die Wesen, aus seiner Ueberlebendigkeit das Leben, aus seiner Uebererkenntnisskraft die Erkenntnisskräfte; kurz aus der Negation von Allem, was ist und nicht ist, lässt er Alles, was ist und nicht ist, hervorgehen [2]."

---

[1] Ib. l. 5, 33.
[2] Ib. l. 3, 20. Proinde ex superessentialitate suae naturae, in qua dicitur non esse, primum descendens, in primordialibus causis a seipso creatur, et fit

„Wie der ganze Fluss ursprünglich aus der Quelle ausströmt, und wie durch sein Bett, in welcher Länge es sich auch erstrecken mag, das Wasser, welches zuerst in der Quelle emporsteigt, immer und ohne Aufhören ergossen wird, so fliesst auch die göttliche Güte und Wesenheit, das Leben und die Weisheit und Alles, was in der Quelle von Allem ist, zuerst in die Urgründe, und bewirkt deren Existenz; dann strömt es durch dieselben herab in ihre Wirkungen durch alle ihr angemessenen Stufen des Universums, immer durch Höheres zum Niedrigeren herabfliessend; — endlich aber geht es durch die geheimsten Poren der Natur auf einem ganz dunkeln Wege wieder zu seiner Quelle zurück [1]." Wie die Einheit das Princip aller Zahlen ist, und diese sämmtlich in jener subsistiren und aus jener hervorgehen, ohne dass doch die Einheit selbst unter die Zahlen zu rechnen wäre: so ist auch Gott die Urmonas der Welt; die ganze reich gegliederte Verschiedenheit der Weltdinge subsistirt in ihm und geht aus ihm hervor, ohne dass er doch selbst in ihnen aufgehen würde; er bleibt vielmehr in seinem Ansichsein stets transcendent über der Verschiedenheit der Dinge [2]. In ähnlicher Weise lässt sich sein Verhältniss zur Welt in Analogie bringen zu dem Verhältniss des Centrums zu den Linien des Cirkels [3].

So verwirklicht also Gott, wie in der Idealwelt, so auch in der Erscheinungswelt, nur sich selbst; die Erscheinungswelt ist nur die zweite Stufe seiner Selbstverwirklichung. Er selbst geht, wie in der Idealwelt, so auch in der Erscheinungswelt, aus Nichts in Etwas hervor, *wird* Etwas. „Wenn die Creatur aus Gott ist," sagt Erigena, „so ist Gott Ursache, die Creatur aber Wirkung. Die Wirkung ist aber nichts Anderes, als die gewordene Ursache. Folglich *wird* Gott, in so fern er Ursache ist, in seinen Wirkungen. Denn Nichts geht aus der Ursache in ihre Wirkungen über, was ihr fremd ist, da ja auch in Wärme und Licht nichts Anderes als die feurige Kraft hervorbricht [4]."

---

principium omnis essentiae, omnis vitae, omnis intelligentiae et omnium, quae in primordialibus causis gnostica considerat theoria. Deinde ex primordialibus causis, quae mediatatem quandam inter Deum et creaturam obtinent, i. e. inter illam ineffabilem superessentialitatem super omnem intellectum et manifestam substantialiter naturam puris animis conspicuam, descendens in effectibus earum fit, et manifeste in suis theophaniis aperitur. Deinde per multiplices effectuum formas usque ad extremum totius naturae ordinem, quo corpora continentur, procedit. Ac sic ordinate in omnia proveniens facit omnia, et fit in omnibus omnia, et dum in omnibus fit, super omnia esse non desinit. Ac sic de nihilo facit omnia, de sua videlicet superessentialitate producit essentias, de supervitalitate vitas, de superintellectualitate intellectus, de negatione omnium, quae sunt, et quae non sunt, affirmationes omnium, quae sunt, et quae non sunt.

1) Ib. l. 3, 4. — 2) Ib. l. 3, 1. p. 621 seqq. 11. p. 651 seqq. 12. — 3) Ib. l. 3, 1. p. 621 seqq.

4) Ib. l. 3, 22. At si creatura ex Deo erit, erit Deus causa, creatura autem effectus. Si autem nil aliud est effectus, nisi causa facta, sequitur, Deum causam

„In Allem, was immer als wahrhaft seiend erkannt wird, existirt nur die vielfältige Kraft der schöpferischen Weisheit; würde sie von dem Geschaffenen hinweggenommen, so müsste dieses gänzlich in Nichts zerfallen ¹)." So schafft sich demnach Gott auch in den letzten Wirkungen der Urgründe, worüber hinaus er nichts mehr schafft, und worin er also nur erschaffen wird ²). In Gott ist nicht etwas Anderes das Thun und etwas Anderes das Sein; beide sind identisch; und folglich was Gott thut, das ist er auch; sein Thun ist sein eigenes Werden. So und nicht anders schafft Gott die Dinge aus Nichts. Das Nichts ist er selbst; die Schöpfung ist sein eigenes Werden aus Nichts, seine eigene Selbstoffenbarung, so fern er nämlich in den Geschöpfen als seinen Theophanien zur Erscheinung kommt ³). Wenn man sagt, er schaffe sich selbst, so ist darunter nichts anders zu verstehen, als die Gründung der Naturen der Dinge. Indem er sich selbst schafft, wird er zum allgemeinen Substrat aller weltlichen Dinge ⁴). Die Weltschöpfung ist somit nichts Anderes, als die Selbstergiessung Gottes in die unendliche Mannigfaltig-

---

in effectibus suis fieri; non enim ex causa in effectus suos procedit, quod a sua natura alienum est, siquidem in calorem et in lucem nihil aliud, nisi ipsa vis ignea erumpit.

1) Ib. I. 3, 9. p. 642 seqq. p. 646. Quid aliud restat, nisi ut intelligamus, sapientiam Dei patris et causam creatricem esse omnium, et in omnibus, quae creat, creari et fieri, et omnia in quibus creatur et fit, continere? In omnibus enim, quaecunque vere intelliguntur esse, nihil aliud est, nisi sapientiae creatricis multiplex virtus, quae in omnibus subsistit. Si enim intellectu creatricem sapientiam ab omnibus, quae creat, subtraxeris, in nihilum omnino redigentur, nullaque essentia, nulla vita, nullus sensus, nulla ratio, nullus intellectus, et omnino nullum bonum remanebit. 16. p. 671. 21.

2) Ib. l. 3, 23. Creatur enim descendens in extremos effectus, ultra quos nil creat, ideoque dicitur creari solummodo et non creare.

3) Ib. l. 1, 12. Fieri ergo dicitur in omnibus divina natura, quae nihil aliud est, nisi divina voluntas. Non enim aliud in ea est esse et velle, sed unum idemque velle et esse in condendis omnibus, quae facienda visa sunt.... Creat igitur Deus omnia, quae de nihilo adducit, ut sint, ex non esse in esse; creatur autem, quia nihil essentialiter est praeter ipsum; est enim omnium essentia... l. 3, 19. Dum Deus incomprehensibilis intelligitur, per excellentiam nihilum non immerito vocatur. At vero in suis theophaniis incipiens apparere, veluti ex nihilo in aliquid dicitur procedere, et quae proprie supra omnem essentiam existimatur, proprie quoque in omni essentia cognoscitur, ideoque omnis visibilis et invisibilis creatura theophania, i. e. divina apparitio potest appellari. 20. p. 683. l. 1, 12. Non solum itaque divina natura dicitur fieri, dum in iis, qui fide, spe et caritate caeterisque virtutibus reformantur, Dei verbum mirabili et ineffabili modo innascitur, sed etiam, quia in omnibus, quae sunt, apparet, quae per se ipsam invisibilis est, non incongrue dicitur facta.... etc.

4) Ib. l. 1, 13. Nam cum dicitur (divina natura) seipsam creare, nil aliud recte intelligitur, nisi naturas rerum condere. Ipsius namque creatio, h. e. in aliquo manifestatio, omnium existentium profecto est substitutio.

keit der Dinge; was wir mit Verstand und Sinn wahrnehmen, ist nur das aus der reinen Negation in positive Bestimmtheiten übergegangene göttliche Sein¹). Motivirt aber ist diese Schöpfung durch das Uebermass der göttlichen Güte, welche nicht in sich verschlossen bleiben konnte, sondern nothwendig überströmen musste in das All der Dinge²). Darum ist die Schöpfung auch eine nothwendige. In Gott kann und darf keine andere Lebensbewegung angenommen werden, als das Streben, Alles zu werden³). Dieses Streben aber ist ihm wesentlich, und es realisirt sich in der Schöpfung.

Unter welchem Begriffe muss nun aber jene göttliche Thätigkeit gefasst werden, durch welche er sich selbst in der Welt verwirklicht? Offenbar ist es der Begriff des Denkens, welcher hier ebenso zu Grunde gelegt werden muss, wie bei der Schöpfung der Idealwelt als solcher. Durch das Denken resultirt in Gott das göttliche Wort, und in ihm die ideale Welt. Durch das Denken schafft er sich dann aber auch zum zweiten Male in der Erscheinungswelt⁴). Das göttliche Denken oder der göttliche Verstand trägt und durchdringt also alle Dinge; er ist als identisch mit dem göttlichen Sein der tiefste und innerste Träger, das tiefste und innerste Substrat aller erscheinenden Dinge; und deshalb kann und muss jedes Ding nach seinem wahren Sein als ein göttlicher Gedanke gefasst werden⁵). Und da das göttliche Denken im göttlichen Worte

---

1) Ib. l. 3, 4. Summae siquidem ac trinae soliusque verae bonitatis in se ipsa immutabilis motus et simplex multiplicatio et inexhausta a se ipsa, in se ipsa, ad se ipsam diffusio causa omnium, imo omnia est. Si enim intellectus omnium omnia est, et ipsa sola intelligit omnia: ipsa igitur sola est omnia, quoniam sola gnostica virtus est ipsa, quae priusquam essent omnia, cognovit omnia, et extra se non cognovit omnia, quia extra eam nihil est, sed intra se habet omnia. Ambit enim omnia, et nihil intra se est, in quantum vere est, nisi ipsa, quia sola vere est. Caetera, quae dicuntur esse, ipsius theophaniae sunt, quae etiam in ipsa vere subsistunt. Deus itaque est omne, quod vere est, quoniam ipse facit omnia, et fit in omnibus. Omne namque, quod intelligitur et sentitur, nihil aliud est, nisi non apparentis apparitio, occulti manifestatio, negati affirmatio, incomprehensibilis comprehensio, ineffabilis fatus, inaccessibilis accessus, intelligibilis intellectus, incorporalis corpus, superessentialis essentia, informis forma, immensurabilis mensura, innumerabilis numerus, carentis pondere pondus, spiritualis incrassatio, invisibilis visibilitas, illocalis localitas, carentis tempore temporalitas, infiniti definitio, incircumscripti circumscriptio. 17. p. 678. 19. p. 681.

2) Ib. l. 3, 2. 4. 9. Die Güte ist dem Begriffe nach früher als das Sein.

3) Ib. l. 1, 12. Non alium motum in Deo oportet credi, praeter suae voluntatis appetitum, quo vult omnia fieri.

4) Ib. l. 3, 17. p. 678. 23. p. 689.

5) Ib. l. 2, 20. p. 559. Sanctorum quippe in sapientia Patris cognitio eorum est creatio. Intellectus enim omnium in Deo essentia omnium est. Siquidem idipsum est Deo cognoscere, priusquam fiant, quae facit, et facere, quae cognoscit; cognoscere enim et facere Dei unum est. Nam cognoscendo facit, et faciendo cognoscit.... **Nihil enim est aliud omnium essentia, nisi omnium in divina sapientia cognitio.**

sich vollzieht, so gilt das Gleiche vom göttlichen Worte. Es ergiesst sich in alle Dinge, und liegt allen Dingen zu Grunde, und wie Gott überhaupt ganz in der ganzen, und ganz in jedem Theile der Welt ist, so auch das göttliche Wort¹). So verstehen wir es, wenn Erigena von Gott sagt, dass er der Intellectus omnium und dass dieser intellectus omnium omnia sei²).

Aber eben weil Gott in der Idealwelt und Erscheinungswelt eigentlich nur sich selbst verwirklicht, so muss Alles, was Gott denkt, nothwendig wirklich sein; sein Denken kann dem Inhalte nach sich nicht weiter erstrecken, als das wirkliche Sein reicht. Da sein Denken die Ursache der Dinge ist, so muss Alles, was er denkt, in die Wirklichkeit treten; was also nicht wirklich ist, das denkt Gott auch nicht, von solchem gibt es kein Wissen in Gott. Darum ist keine andere Welt mehr möglich, als die wirkliche; Möglichkeit und Wirklichkeit decken sich vollständig³). Ebenso kann auch das Uebel, das Böse nicht in dem göttlichen Wissen enthalten sein; denn wäre es dieses, dann müsste es ein Sein und zwar ein nothwendiges Sein haben, während es doch nur Negation des Seienden, — Nichts ist⁴). Dieser Satz also, auf welchen, wie wir bereits gesehen haben, Erigena seine Prädestinationslehre gründet, ist tief in seinen philosophischen Principien begründet, und er könnte nicht fehlen, ohne dass in dem System selbst eine wesentliche Lücke sich aufthun würde.

§. 25.

Reflectiren wir nun auf das bisher Gesagte, so kann es wohl keinem Zweifel mehr unterworfen sein, unter welche Categorie das erigenistische System einzureihen sei. Es ist wesentlich pantheistisch, und zwar in der Art, dass die Transcendenz Gottes über der Welt zugleich mit der Immanenz desselben in der Welt aufrecht erhalten und beide mit ein-

---

21. l. 3, 12. p. 659. l. 1, 43. l. 4, 7. Non enim Deus videt, nisi seipsum, quia extra ipsum nihil est, et omne, quod in ipso est, ipse est, simplexque visio ipsius est, et a nullo alio formatur, nisi a se ipso. l. 3, 28.

1) Ib. l. 3, 9. Multiplex non immerito (Verbum) intelligitur esse, quoniam per omnia in infinitum diffunditur, et ipsa diffusio subsistentia omnium est. ... Manet ergo in seipso universaliter et simpliciter, quoniam in ipso unum sunt omnia. Attingit autem a fine usque ad finem et velociter currit per omnia, h. e. sine mora facit omnia et fit in omnibus omnia, et dum in seipso unum perfectum et plus quam perfectum et ab omnibus segregatum subsistit, extendit se in omnia, et ipsa extensio est omnia. Cf. hom. in prol. ev. s. Joann. p. 289.

2) De praedest. c. 2, 2. Summus intellectus est omnia.

3) De div. nat. l. 5, 27. p. 926. Divina scientia causa est existentium, ideoque, quidquid novit, necesse est in rerum natura fieri. Quod autem in rerum natura non invenitur, nullo modo in divina scientia inveniri possibile est. l. 3, 17. p. 676. Ea ergo vidit Deus, quae facere voluit, et non alia vidit, nisi ea, quae fecit, et ea, quae fecit, priusquam faceret, vidit. — 4) Ib l. 2, 28. p. 596.

ander vermittelt werden sollen. Das göttliche Sein ergiesst sich selbst in die Dinge, und ist das innerste Substrat derselben; es durchzieht ein allgemeines Leben alle Dinge, und tritt in Allen auf jene Weise hervor, wie es ihre eigenthümliche Bestimmtheit erheischt. Dieses Leben ist getragen von einer allgemeinen Seele, und diese Weltseele ist Gott selbst, in so fern er in das All der Dinge sich ergiesst[1]). Aber obgleich Gott in Allem ist und in Allem wird, so geht er doch nicht in den Dingen auf, sondern ist und bleibt in seinem Ansichsein doch stets als eine untheilbare, unendliche Einheit transcendent über der Welt. Er verhält sich also zur Welt zugleich als immanentes und transcendentes Sein. Er ist die allgemeine οὐσία der Dinge, und ist es zugleich nicht. Er ist es in seiner Ergossenheit durch die Weltdinge, er ist es nicht in seinem Ansichsein. In seinem Ansichsein ist er die Einheit der Gegensätze, in seinem Herabsteigen in die Dinge geht er in jene Gegensätze auseinander[2]). Und so treffen wir denn hier ganz die gleichen Ideen, wie sie den wesentlichen Inhalt des alten Neuplatonismus bilden. Gott als die unendliche Güte, als das von aller Erkenntniss unerreichbare überseiende Wesen wird an die Spitze gestellt; dann folgt der göttliche Verstand, das göttliche Wort, als die Einheit der Ideen gedacht; und daraus emanirt dann in ganz idealer Weise die allgemeine Seele, das allgemeine Leben, welches an seinen äussersten Gränzen in die Materie ausläuft. Diese Materie stellt sich dann als das Ende und die Gränze der in absteigender Stufenfolge sich vollziehenden idealen Emanation dar, und ist selbst nur das Resultat des Zusammenströmens gewisser an sich unsinnlicher Accidentien um die οὐσία, weshalb sie nur der sinnlichen Erkenntniss als Materie erscheint, weil in dieser dasjenige verworren aufgefasst wird, was dann der Verstand in seine unsinnlichen Momente auseinander scheidet. All dieses findet sich, wie gesagt, auch im Neuplatonismus, und wir dürfen daher mit vollem Rechte sagen, dass Erigena in seinem Systeme nur die neuplatonische Strömung in die neue Zeit herübergeleitet hat.

Darum fehlt es denn bei Erigena auch nicht an Aeusserungen, in welchen auf ganz kategorische Weise Gott und Welt als dem Wesen nach identisch erklärt werden. „Gott allein," sagt er, „ist Alles in Allem[3]). Wenn wir hören, dass Gott Alles thue, so dürfen wir nichts

---

1) Ib. l. 3, 36. p. 728 seqq. l. 2, 36. l. 3, 39. p. 739.
2) Ib. l. 3, 1. p. 621. In Deo immutabiliter et essentialiter sunt omnia, et ipse est divisio et collectio universalis creaturae, et genus, et species, et totum et pars, dum nullius sit genus vel species, vel totum seu pars, sed haec omnia ex ipso et in ipso et ad ipsum sunt. l. 3, 20. Ac sic Deus ordinate in omnia proveniens facit omnia et fit in omnibus omnia, et in seipsum redit, revocans in se omnia, et dum in omnibus fit, super omnia esse non desinit. l. 3, 16. p. 668, l. 4, 5. p. 759. l. 3, 17. p. 675. 677. 20. p. 683.
3) Ib. l. 1, 68. Ipse solus omnia in omnibus est.

Anderes darunter verstehen, als dass Gott in Allem sei, d. h. als die
Wesenheit aller Dinge subsistire; denn er allein ist wahrhaft durch sich
(d. h. er allein ist Substanz), und Alles, was mit Wahrheit im Bereiche dessen, was ist, Sein genannt wird, ist er allein. Was aber
immer in ihm wahrhaft erkannt wird, ist durch Theilnahme an ihm [1]).
Aber in Allen, die an ihm Theil nehmen, verhält er sich als die eine
und dieselbe Wesenheit, und ist, wie das Licht der Augen, keinem
mehr oder minder zur Theilnahme gegenwärtig; ganz ist die göttliche
Wesenheit in den einzelnen Dingen, ganz ist sie in sich selbst [2]). Gott
ist das Princip, die Mitte und das Ziel des Universums; denn diese
drei sind in ihm Eins. Er ist Princip, weil aus ihm und durch ihn Alles
ist, was an der Wesenheit Theil nimmt; er ist Mitte, weil es in ihm
und durch ihn existirt und bewegt wird; er ist Ziel, weil zu ihm Alles
bewegt wird, was eine Ruhe seiner Bewegung und einen Standort seiner
Vollendung sucht [3]). Gott ist die Wesenheit aller Dinge [4]). Alles existirt in Gott, nichts ausserhalb ihm; er allein ist wahrhaft und eigentlich das Sein in Allen, und Nichts ist wirklich und eigentlich, was
er nicht ist. Wir dürfen darum nicht denken, dass Gott und die
Creatur zwei von einander verschiedene Wesen seien; sondern sie
sind ein und dasselbe [5]). Gott ist es, der Alles macht, und der in
Allem gemacht wird; er ist kein Einzelnes, weder diess noch jenes,
sondern Alles. In Allem erscheinend macht er Alles und wird Alles
in Allem, und kehrt in sich zurück, in sich Alles zurückrufend; — aber
während er in Allem wird, hört er doch nicht auf, über Allem zu sein [6]).
Gott ist überall Alles und ganz im Ganzen, sowohl der Schöpfer, als

---

1) Ib. l. 1, 72. Cum ergo audimus, Deum omnia facere, nil aliud debemus
intelligere, quam Deum in omnibus esse, h. e. essentiam omnium subsistere. Ipse
enim solus per se vere est, et omne, quod vere in his, quae sunt, dicitur esse,
ipse solus est. Nihil enim eorum, quae sunt, per seipsum vere est; quodcunque
autem in eo vere intelligitur, participatione ipsius, unius, qui solus per seipsum
vere est, accipit esse.

2) Ib. l. 1, 62. Ipsa (universalis essentia) quoque in omnibus participantibus
se una atque eadem permanet, nullique ad participandum se plus aut minus adest.
Sicut lux oculis. Tota enim in singulis est, et in seipsa.

3) Ib. l. 3, 23. l. 1, 11. l. 3, 1. Deus est principium causale, medium implens
essentiale, finis consummans.

4) Ib. l. 1, 3. Deus omnium essentia est.

5) Ib. l. 3, 17. Conclusum est, ipsam (sc. divinam naturam) solam vere ac
proprie in omnibus esse, et nihil vere ac proprie esse, quod ipsa non sit ....
Proinde non duo a seipsis distantia debemus intelligere Deum et creaturam, sed
unum et idipsum.

6) Ib. l. 3, 20..... nil aliud reperiet suadere, immo etiam pronunciare, nisi
ipsum Deum omnium factorem esse et in omnibus factum .... Et neque est
hoc ... hoc autem non est, sed omnia est.... Ac sic ordinate in omnia proveniens facit omnia, et fit in omnibus omnia, et in seipsum redit, revocans in se
omnia, et dum in omnibus fit, super omnia esse non desinit.

auch das Geschöpf; der Sehende und das, was er sieht, Zeit und Raum, Wesenheit und Substanz von Allem und das Accidens, ja damit ich es kurz sage, Alles, was ist und nicht ist, — überwesentlich in den Substanzen, über aller Creatur als Schöpfer und innerhalb aller Creatur als erschaffen und in jeder subsistirend; von sich aus beginnend, durch sich selbst sich bewegend, zu sich selbst bewegt und in sich selbst ruhend; durch Gattungen und Arten in sich selbst in's Unendliche vervielfältigt, und doch dabei die Einfachheit seiner Natur nicht verlassend und die Unendlichkeit seiner Vermehrung wieder in sich zurückrufend; denn in ihm ist Alles Eins[1]. Wenn man zwischen einem Sein der Dinge in Gott und ausser Gott unterscheidet, so geschieht dies nur in dem Sinne, dass man die Ursachen und Gründe der Dinge wegen ihrer Aehnlichkeit und Einfachheit als innerhalb Gott seiend bezeichnet, die Wirkungen dieser Ursachen und Gründe aber wegen einer gewissen Unähnlichkeit als ausserhalb seiend; denn durch die Räume und Zeiten werden sie verändert, durch Gattungen und Arten, durch Eigenthümlichkeiten und Accidenzen unterschieden, und deshalb sagt man, dass sie gleichsam ausserhalb der göttlichen Einfachheit sind, während doch Nichts ausser Gott und er selbst Alles, das allgemeine und einfache Leben ist[2]. Gott ist sowohl über Allem als auch in Allem; er selbst ist die Wesenheit von Allem und ist in Allem ganz; aber er hört darum doch nicht auf, auch ausserhalb diesem Allem ganz zu sein; er ist ganz in der Welt und ganz ausserhalb der Welt; ganz in der sichtbaren und ganz in der geistigen Creatur; als Ganzer gründete er das Universum und in ihm wird er ganz und ist darin ganz gegenwärtig, in der Totalität der Schöpfung sowohl, wie in jedem Theil derselben, weil er selbst sowohl Ganzes als Theil, und doch weder Ganzes noch Theil ist[3]. Gott ergiesst sich auf mannichfache Weise in Alles, dass es sei, und verbindet es in sich zur Einheit, und bleibt doch einfach in sich[4].

---

1) Ib. l. 3, 17. 19. — 2) Ib. l. 5, 24.

3) Ib. l. 4. 5. p. 759. Deus enim et supra omnia, et in omnibus est, ipse siquidem omnium essentia est, qui vere solus est, et cum in omnibus totus sit, extra omnia totus esse non desinit: totus in mundo, totus circa mundum, totus in creatura sensibili, in intelligibili totus, totus universitatem facit, in universitate totus fit, in toto universitatis totus, in partibus ejus totus, quia ipse est totum et pars, et neque totum neque pars.

4) Expos. in coel. Hierarch. l. §. 1. p. 127. Dum diffunditur universaliter in ea, quae sunt, ut sint, quia nulla alia est rerum omnium sensibilium et intelligibilium subsistentia praeter divinae bonitatis illuminationem et diffusionem, non desinit esse in se ipsa simplex et inexhausta. Est enim fons non deficiens et in omnia, quae sunt, infinita numerositate producens. Et non solum in omnia manat et provenit, ut subsistant, verum etiam universa, quae ex ipsa et in ipsa et per ipsam subsistunt, in unam ineffabilem harmoniam coaptat, ita ut in universitate multiplex sit per infinitam multiplicationem et in ipsa omnia unum sint per incomprehensibilem adunationem.

Er sieht Alles, was ist, in sich; während er nichts ausser sich selbst erblickt, da Nichts ausser ihm ist.[1]). Wie unser Verstand und unser Denken an sich unsichtbar ist, und nur durch bestimmte sinnliche Zeichen sich offenbaren kann, so ist auch Gott in seinem Ansich unsichtbar und unbegreiflich; er offenbart sich aber in den Theophanien der sichtbaren Welt, indem er in ihnen sich selbst zur sinnlichen Wirklichkeit herausschafft. Und wie das Denken, obgleich es sich im Worte sinnlich offenbart, desungeachtet nicht aufhört, in seinem Ansich unsichtbar zu sein; so verharrt auch Gott, obgleich er in der Erscheinungswelt sich offenbart, doch stets in seiner überseienden Einheit und Unbegreiflichkeit[2])."

Wir glauben, dass diese Aussprüche Erigena's klar genug seien, um unser Urtheil über den innern Charakter seiner Lehre noch vollends zu bestimmen. Wir können sie von einer pantheistischen Vermischung des göttlichen mit dem weltlichen Sein ein- für allemal nicht freisprechen. Und damit ist auch die Stellung gerechtfertigt, welche wir diesem System oben zugewiesen haben. Wir können es nicht einreihen in die Reihe der christlichen Systeme des Mittelalters, weil es mit dem christlichen Princip ebenso im innern Widerspruche steht, wie ehedem der Neuplatonismus, welcher in Erigena's Lehre seine Wiedererstehung feiert. Keiner der folgenden christlichen Scholastiker beruft sich deshalb auch auf Erigena; sie erkannten ihn nicht an als einen Träger der christlichen Speculation und schieden ihn daher auch von dem Bereiche der letztern aus. Aber auch das christliche Bewusstsein erhob sich gegen seine philosophische Anschauungsweise und reagirte gegen selbe ebenso, wie gegen seine Prädestinationslehre. Sein Werk „De divisione naturae" wurde schon von Leo IX. (1050), und nachdem auch eine Synode von Sens darüber geurtheilt hatte, auch von Honorius III. (1225) zum Feuer bestimmt.

Nachdem wir nun die allgemeinen Grundsätze des erigenistischen Systems kennen gelernt haben, wird es an der Zeit sein, auf die besondern Momente desselben einzugehen, um den ganzen Inhalt desselben darzulegen. Und hier begegnet uns zunächst seine Engellehre.

§. 26.

In der Engellehre folgt Erigena ganz dem Areopagiten. Die Engel sind zu definiren als geistige, ewige und unveränderliche Bewegungen um das allgemeine Princip[3]). Sie stehen Gott am nächsten. Zwischen ihnen und dem göttlichen Worte sind nur die Urgründe. Engel heisst eben so viel als nahestehend, weil ἄγγελος von ἄγχι abgeleitet ist[4]). Es sind neun Engelchöre, welche in drei übereinander sich erheben-

---

1) Ib. l. 4. 7. — 2) Ib. l. 1, 12 p. 451. l. 3, 4. p. 633.
3) Ib. l. 2. 23. Intelligibiles, aeterni, incessabilesque motus circa principium omnium.
4) Ib. l. 3. 16.

den Ordnungen sich aufstufen. Die höhere Ordnung wirkt immer auf die niedere ein, erleuchtet und belehrt sie [1]. Die Engel sind keiner Werke der Natur zur Erkenntniss der Wahrheit bedürftig, sie dringen nicht erst durch die Erscheinung zum Wesen vor, sondern sie erblicken Alles in Gott und in den Urgründen, über allen Sinn und Verstand [2], und müssen folglich als intellectuelle Wesen im Gegensatz zu den Menschen als vernünftigen Wesen bezeichnet werden [3]. Indessen schauen auch die Engel, wie früher schon erwähnt worden ist, die Urgründe nicht selbst und unmittelbar an, sondern durch gewisse Theophanien dieser Gründe, welche in der Erkenntnisskraft der Engel von Gott hervorgebracht werden, und welche nichts Anderes sind, als gewisse der intellectuellen Natur fassliche göttliche Erscheinungen [4]. Ihre Gesammterkenntniss aber ist eine dreifache; die erste ist nämlich die Schauung der Gründe; dann reflectirt sich das also Erkannte in dem Bewusstsein des Engels, und er schaut dasselbe dann auch in sich selbst: und das ist die zweite Art seiner Erkenntniss; und endlich erkennt er dann auch das Niedrigere, jedoch freilich nicht durch körperliche Sinne, wie wir; sondern in den ewigen Gründen, welche er anschaut, erkennt er auch die sichtbare Welt [5]. Aller Unwissenheit sind die Engel nicht ledig; sie lernen noch [6]. Besonders gilt dieses von den niedrigeren Ordnungen der Engel [7].

Auch die Engel besitzen Körper, worin sie oft erscheinen. Dieselben sind aber einfach und geistig und entbehren aller äussern Sinne. Sie sind incorruptibel [8]. Jedoch nur die seligen Engel besitzen diese immateriellen und geistigen Leiber in voller Reinheit; die gefallenen Engel sind zur Strafe ihres Abfalles zugleich mit zerstörbaren, luftigen Körpern umkleidet worden [9]. Die Engel erscheinen in diesen immateriellen Leibern den menschlichen Sinnen in der Zeit, wann, wo und wie sie wollen, nicht etwa blos als Phantasiebilder, sondern wahrhaftig [10]. Sie sind zwar in ihren geistigen Leibern an und für sich von aller Formbegränzung frei; aber sie nehmen eine Formbegränzung für die Zeitlichkeit an, weil es unmöglich oder nicht leicht wäre, anders den Menschen zu erscheinen und mit ihnen zu reden [11]. Aber die geistige

---

1) Expos. in coel. hierarch. p. 205 seqq. — 2) De div. nat. l. 3, 20. — 3) Ib. l. 3, 37. — 4) Ib. l. 1, 7. 8.
5) Ib. l. 1, 7. Non est ergo mirum, si trina quaepiam cognitio in angelo intelligatur. Una quidem superior, quae de aeternis rerum rationibus juxta praedictum modum primo in eo exprimitur. Deinde quod ex superioribus excipit, veluti in mirabili et ineffabili quadam memoria sibi ipsi committit, quasi quaedam imago imaginis expressa. Ac per hoc, si superiora eo tali modo potest cognoscere, quis audeat dicere, inferiorum quandam cognitionem in eo non habere?
6) Ib. l. 2, 28. — 7) Ib. l. 4, 8. — 8) Ib. l. 4, 10. l. 5, 13. 38. Expos. in coel. hier. p. 159. — 9) De div. nat. l. 4, 13. l. 5, 18. — 10) Ib. l. 5, 38. — 11) Ib. l. 5, 20.

Wesenheit der Engel gestattet keine Ortsbewegung, sondern nur eine geistige. Was immer die Engel in der allgemeinen Ursache als ein zu Vollbringendes erkennen, das führen sie in der Natur aus, welche durch sie verwaltet wird und welcher sie vorstehen, ohne räumliche und zeitliche Bewegung, Räume und Zeiten und Alles, was in ihnen umschrieben wird, beherrschend [1]).

Von der Engellehre gehen wir über zur anthropologischen Theorie Erigena's, welche uns dann von selbst hinleiten wird zur Lehre Erigena's von der *vierten* Natur. Diese Lehre Erigena's vom Menschen bildet einen der interessantesten Theile des erigenistischen Systems, weil wir in derselben die höhern Grundsätze des Systems vollkommen zur Anwendung kommen sehen. Lassen wir hier vorläufig die erkenntnisstheoretischen Grundsätze Erigena's folgen, um später den Zusammenhang nicht unterbrechen zu dürfen.

§. 27.

Die Erkenntnisslehre Erigena's ist, wie sich solches gar nicht anders erwarten lässt, der neuplatonischen nachgebildet. Er unterscheidet im Menschen eine höhere und eine niedere Erkenntnisskraft. Erstere gliedert sich in Verstand, Vernunft und innern Sinn. Der Verstand (intellectus) wird von den Griechen νους, die Vernunft (ratio) wird λογος, und der innere Sinn (sensus interior) διανοια genannt [2]). Der Verstand ist das contemplative Vermögen, und Gegenstand seiner Erkenntniss ist Gott, wie er an sich ist, d. h. wie er in seinem Ansichsein alles Sein und Nichtsein übersteigt, also undefinirbar und unerkennbar ist. Der Vernunft dagegen eignet das Wissen um die ewigen Gründe in der Gottheit, ihre Erkenntniss geht also auf die zweite Natur, auf die Primordialursachen. Die διανοια endlich hat zum Gegenstande die dritte Natur, und sucht im Denken „entweder aus den sinnlichen Bildern und Anschauungen die Begriffe, aus den Wirkungen die Gründe zu erkennen, oder falls die Begriffe und Gründe gegeben sind, dieselben in ihre Anschauungen und Wirkungen zu entwickeln [3])."

Was dagegen die niedere Erkenntnisskraft betrifft, so umfasst dieselbe zunächst die äussern Sinne. Der äussere Sinn ist „die die sinnliche Welt durch das Medium der Sinnenorgane empfindende Seele." Der äussere Sinn, obschon er mehr zur Seele als zum Körper zu gehören scheint, ist doch nicht die Wesenheit der Seele, sondern er ist, wie die Griechen

---

1) Ib. I. 4, 8. l. 5, 38. Nam et coelestes substantias localiter moveri spiritualis suae naturae ratio non patitur; moventur autem spiritualiter, cum quod in causa omnium faciendum esse perspiciunt, in ipsa natura, quae per eos administratur, et cui praesident, peragunt absque suo locali et temporali motu, loca et tempora, omniaque, quae in eis circumscribuntur, disponentes. Vgl. *Huber*, Skot. Erig. S. 262 ff.

2) De div. nat. l. 2, 23. p. 569. — 3) Ib. l. 2, 23. p. 570.

sagen, eine gewisse Verbindung von Körper und Seele, welche mit der Auflösung des Leibes und mit dem Erlöschen des Lebens auch gänzlich untergeht[1]). Durch diesen fünffach gegliederten äussern Sinn nun nimmt die Seele die äussern Dinge nach ihrer sinnlichen Erscheinung wahr; die Sinne verhalten sich wie ebenso viele Thore, durch welche die Bilder der äussern Dinge in den Bereich des innern Sinnes eintreten[2]). Diese sinnlichen Bilder heissen φαντασιαι. Es gibt zwei Arten von Phantasien; davon ist die erste diejenige, welche aus der sichtbaren Natur zuerst in den Organen der Sinne entsteht, und eigentlich ein in den Sinnen ausgedrücktes Bild genannt wird; die andere aber ist jene Phantasie, welche nachfolgend aus dem ebengenannten Bilde geformt wird, und daher eigentlich der äussere Sinn genannt zu werden pflegt. Diese ist es, welche in das Bewusstsein eintritt, und so die Erkenntniss der Aussendinge bedingt[3]). Die Phantasien nun werden im Gedächtnisse niedergelegt und in demselben aufbewahrt[4]). Und so ist der äussere Sinn für uns die Erkenntnissquelle für die sichtbare Aussenwelt.

Ueber den äussern Sinn erhebt sich aber die höhere Erkenntnissquelle in ihrer oben angegebenen dreifachen Gliederung. Wenn wir durch den Sinn die sinnliche, so erkennen wir durch diese höhere Erkenntnisskraft die intelligible Welt. Und die Erkenntnisse, welche wir dadurch gewinnen, treten dann gleichfalls in den Bereich des Gedächtnisses ein, und werden in demselben aufbewahrt, so dass also aus zwei Quellen, aus einer sinnlichen und intelligibeln, zwei Ströme im Gedächtnisse zusammenfliessen und in demselben sich vereinigen. Und auch dasjenige, was aus der höhern Erkenntnissquelle in das Gedächtniss einströmt, wird φαντασια genannt, weil auch das Intelligible in gewissen Bildern gedacht wird[5]).

---

1) Ib. l. 2, 23. p. 569. — 2) Ib. l. 2, 23. p. 569 sq.

3) Ib. l. 2, 23. Phantasiarum enim duae species sunt, quarum prima est, quae ex sensibili natura primo instrumentis sensuum nascitur, et imago in sensibus expressa proprie vocatur; altera vero est ipsa, quae consequenti ordine ex praedicta imagine formatur, et est ipsa phantasia, quae proprie sensus exterior consuevit nominari. Et illa prior corpori semper adhaeret, posterior vero animae; et prior quamvis in sensu sit, seipsam non sentit; posterior vero et seipsam sentit, et priorem suscipit.

4) Ib. l. 5. 36. p. 962.

5) Ib. l. 5, 36 p. 962. Dum enim nulla res corporea vel incorporea per seipsam mortalibus sensibus conspicua sit, natura rerum constituit, ut in sensu exteriori sensibilium rerum imagines, in interiori vero intelligibilium exprimantur, ac deinde veluti ex duobus fontibus, sensibilibus dico et intelligibilibus, duo quaedam flumina in memoriam confluant, et unum quidem flumen ex inferioribus per sensum corporeum, alterum vero ex superioribus per eum sensum, qui solius animae est, meatum trahit. Et omne, quod ex his memoriae infigitur, phantasia proprie nominatur, i. e. apparitio.

Dieses vorausgesetzt, entsteht nun die Frage, welches denn der Process der höhern Erkenntniss sei.

Erigena unterscheidet drei Bewegungen der Seele, analog den drei Stufen der höhern Erkenntnisskraft. Die erste Bewegung ist die Bewegung nach dem Verstande; die Seele bewegt sich hier um Gott, wie er an sich ist, sie schaut Gott, erkennt ihn aber nicht, weil er eben in seinem Ansichsein unerkennbar ist. Die zweite Bewegung ist die Bewegung nach der Vernunft. Hier definirt die Seele den unbekannten Gott als die erste Ursache, und prägt sich alle die natürlichen formgebenden Gründe ein, welche, um Gott gesetzt, ewig existiren. Doch lehrt auch diese Erkenntniss von den Urgründen nur, dass sie sind, und dass sie in ihre Wirkungen übergehen, nicht aber, was sie sind. Die dritte Bewegung endlich ist die nach dem innern Sinne, und in dieser wendet sich die Seele der dritten Natur zu, um dieselbe nach ihrem Sein zu erkennen, und auf ihre Gründe zurückzuführen, oder aus ihnen abzuleiten [1]). Es frägt sich nun, wie denn diese Bewegungen der Seele in einandergreifen.

Der erste Entwicklungsgang der menschlichen Erkenntniss geht von Unten nach Oben. Alle übersinnliche Erkenntniss beginnt mit der Erfahrung und leitet sich aus derselben ab [2]). Aus der sinnlichen Wahrnehmung abstrahirt der innere Sinn die Arts- und Gattungsbegriffe, und führt dann diese Abstraction fort bis zur allgemeinsten Gattung, der οὐσία. Die also gebildeten Begriffe nimmt dann die Vernunft aus dem innern Sinne auf, und erfasst sie in ihrer innern Einheit, wie sie im göttlichen Worte begründet sind. Von da geht endlich die Erkenntniss in den Verstand über, welcher alles auf den untern Stufen der Erkenntniss Erkannte auf Gott zurückbezieht, indem er Gott als das Ueberseiende denkt, und erkennt, dass von ihm alle Gattungen und Arten der Dinge ausgehen und zu ihm wieder zurückkehren [3]). Er ist also das eigentliche Organ der Gotteserkenntniss,

---

1) Ib. l. 2, 23. p. 572 sq.
2) Ib. l. 4, 25. p. 855.
3) Ib. l. 2, 23. p. 573 sq. Dum vero tertius ille motus phantasias rerum visibilium deserit, nudasque omni imaginatione corporea rationes ac per se simplices pure intelligit, ipse quoque simplex simpliciter, h. e. universales universaliter rationes visibilium, omni phantasia absolutas, inque semetipsis purissime ac verissime perspectas, per medium motum primo motui renuntiat. Ipse vero primus motus, quodcunque ex tertio per medium, et ex ipso medio immediate in moderationibus rerum creaturum percipit, per seipsum immediate incognito quidem quid est, cognito vero, quod causa omnium est, principiisque omnium rerum, h. e. principalibus causis ab eo et in eo factis et a se distributis refert, h. e. a Deo per ipsas in omnia, quae post se sunt, procedere, et iterum per ipsas in ipsum intelligit recurrere.

und ohne ihn gibt es keine Theologie, noch ein Empfangen geistiger Gaben [1]).

Dieser aufsteigende Weg ist jedoch nur die Vorbereitung des absteigenden Erkenntnissprocesses. Hier beginnt die Erkenntniss mit der „gnostischen Anschauung" Gottes im Verstande [2]). In dieser gnostischen Schauung erfasst der Verstand zugleich die Primordialursachen in dem göttlichen Worte, und prägt sie der Vernunft ein [3]). So kommt der Verstand, welcher an sich unfassbar und unerkennbar ist, in der Vernunft zur Erscheinung, in analoger Weise, wie Gott aus seinem Ansichsein, in welchem er schlechthin unerkennbar ist, in seine Theophanien heraustritt und sich so der Erkenntniss offenbart [4]). Wenn aber die Vernunft dasjenige noch einheitlich befasst, was der Verstand ihr eingeprägt hat, so gliedert dann der innere Sinn diese Einheit in die ihr immanente Vielheit aus, indem er auf dem Wege der Analyse und Syntese die Gattungs- und Artsbegriffe von der höchsten Gattung bis zur niedrigsten Art heraus entwickelt und organisch aneinanderreiht [5]). So ist dieser absteigende Entwicklungsgang des menschlichen Erkennens ganz parallel mit dem objectiven Entwicklungsgang der Dinge; ja man kann sagen, dass der reale, objective und der ideale, subjective Entwicklungsprocess des Alls aus der Urmonas nur zwei einander parallel laufende Strömungen sind, in welche das Ureins in seiner Selbstoffenbarung sich ergiesst [6]).

So ist der Mensch nach seinen drei höhern Erkenntnisskräften ein getreues Abbild der göttlichen Trinität. Der νοῦς entspricht dem Vater, der λογος dem Sohne und die διανοια dem heiligen Geiste. Wie der Vater in dem Sohne die ganze Welt nach ihren Primordialursachen begründet hat, so prägt auch der Verstand dasjenige, was er von Gott und den Primordialursachen erkennt, der Vernunft ein und legt es in

---

1) Comment. in Ev. sec. Joann. p. 336, c. Absente intellectu nemo novit altitudinem theologiae ascendere, nec dona spiritualia participare.
2) De div. nat. l. 2, 23. p. 577. „Gnostico intuitu."
3) De div. nat. l. 2, 23. p. 576 sq.
4) Ib. l. 2, 23. p. 577. Nam quemadmodum causa omnium per seipsam nec a seipsa, nec ab aliquo inveniri potest, quid sit, in suis vero theophaniis quodammodo cognoscitur: ita intellectus, qui semper circa eum volvitur, et ad ejus imaginem omnino similem conditus est, nec a seipso, nec ab aliquo intelligi potest, quid sit, in ratione autem, quae de ipso nascitur, incipit apparere.
5) Ib. l. 2, 23. p. 577 sq. ... Et ut breviter colligamus, quodcunque anima per primum suum motum, qui est intellectus, de Deo et primordialibus causis uniformiter et universaliter cognoscit, secundo suo motui, qui est ratio, eodem modo uniformiter universaliterque infigit. Quod autem a superioribus per intellectum in ratione formatum accipit, hoc totum in discretas essentias, in discreta genera, in diversas formas, in multiplices numeros per sensum inferioribus effectibus distribuit.
6) Ib. l. 3, 12. p. 661.

derselben nieder. Und wie dasjenige, was in dem Sohne noch in eine Einheit verschlungen ist, durch den heiligen Geist in die Vielheit und Verschiedenheit der Dinge auseinander getheilt wird, so theilt auch der innere Sinn die in der Vernunft gelegene Einheit der Erkenntniss in die Vielheit der Gattungs- und Artsbegriffe auseinander [1]).

Zwar ist auch noch in anderer Weise das Bild der göttlichen Trinität in der menschlichen Seele ersichtlich, in so fern sie nämlich οὐσια, δυναμις und ἐνεργεια ist. Die οὐσια entspricht dem Vater, die δυναμις, oder das Vermögen zur Thätigkeit, welches der Seele eigen ist, entspricht dem Sohne, und die ἐνεργεια, oder die wirkliche Thätigkeit, welche die Seele entfaltet, entspricht dem heiligen Geiste [2]). Aber diese andere Trinität der Seele fällt zuletzt doch wieder mit der erstern zusammen. Denn die eigentliche οὐσια der Seele ist doch keine andere, als der νους. Die Wesenheit unserer Seele ist ja nur eine harmonische Bewegung um die Gottheit und um die Creatur, und darum besteht ihre Wesenheit im Verstande, welcher um Gott über aller Natur unsichtbar bewegt wird. Ebenso fällt der λογος mit der δυναμις zusammen. Denn der λογος bewegt sich um die Principien der Dinge, welche die allgemeine Weltpotenz sind. Wie er sich daher um die allgemeine Weltpotenz bewegt, so kann er auch subjectiv als Potenz, als δυναμις bezeichnet werden. Die διανοια endlich bewegt sich um die Wirkungen der Urgründe, und kann daher auch analog diesen Wirkungen ἐνεργεια genannt werden [3]).

§. 28.

Diese erkenntnisstheóretischen Principien vorausgesetzt, ist uns denn nun die Möglichkeit gegeben, tiefer in die anthropologische Lehre Erigena's einzudringen. Erigena scheint gleich Anfangs die psychologische Erkenntniss sehr zu beschränken, indem er den Satz aufstellt, dass der Mensch nur zu erkennen vermöge, *dass* er sei, nicht aber, *was* er seinem Wesen nach sei. „Er identificirt nämlich die Definition mit dem Raume [4]), welcher der Umfang ist, wodurch jedes Wesen eingeschlossen wird [5]); und wie nun dieser grösser sein muss, als das von

---

1) Ib. l. 2, 24. p. 579. — 2) Ib. l. 1, 44. 48. 62.

3) Ib. l. 2, 23. p. 570 sq. Essentia itaque animae nostrae est intellectus, qui universitati humanae naturae praesidet, quia circa Deum supra omnem naturam incognite circumvehitur. λογος vero vel δυναμις, h. e. ratio vel virtus secundam veluti partem insinuat; non irrationabiliter, quia circa principia ipsa rerum, quae primo post Deum sunt, circumfertur. Tertia vero pars, διανοιας et ἐνεργειας, i. e. sensus et operationis vocabulis denominatur, et veluti extremum humanae animae obtinet locum; nec immerito, quoniam circa effectus causarum primordialium, sive visibiles, sive invisibiles sint, circumvolvitur. Ac per hoc non duas substantiales trinitates, sed unam eandemque ad similitudinem Creatoris sui conditam oportet nos intelligere.

4) Ib. l. 1, 43. Praedictis rationibus confectum est, locum definitionem esse, et definitionem locum. — 5) Ib. l. 1, 27.

ihm Umschlossene, so muss auch der Definirende grösser sein, als das Definirte[1], weil er der Umschliessende, dieses das Umschlossene ist. Der Begreifende ist höher als das Begriffene, weil im Begreifen das begriffene Wesen von dem Begreifenden umfasst wird. Daraus folgt, dass der vernünftige Geist nur definiren kann, was niedriger ist, als er[2]. Verhält es sich aber so, dann kennt auch der Mensch sich selbst nicht, weil er sich selbst begreifend zugleich grösser sein müsste, als er ist. Wenn jeder Intellect ausser Gott nicht von sich selbst, sondern von einem höhern, als er ist, umschrieben wird, so ist kein Intellect der Raum seiner selbst, sondern er ruht innerhalb eines höhern Raumes[3]. Der Geist erkennt sich also nicht, was er seiner Wesenheit nach ist; nur der kennt ihn, der ihn erschuf. Er weiss nur, dass er geschaffen ist, wie aber und in welcher Substanz er existirt, kann er nicht erfassen[4]." Aber gerade hierin spricht sich die Nachbildlichkeit des Menschen zu Gott ganz besonders aus, indem ja auch Gott sich nach seiner Quiddität nicht erkennt, und gerade diese Unwissenheit Gottes als die höchste Wissenschaft zu betrachten ist[5].

Dessenungeachtet ist uns aber nach Erigena die Erkenntniss unseres Wesens nicht gänzlich verschlossen. Wie wir überhaupt die οὐσία

---

1) Ib. l. 1, 43. Majus enim est, quod definit, quam quod definitur.

2) Ib. l. 1, 43. Videtur mihi hac ratione concludi, non alias naturas rationabili animo definiri, nisi inferiores se, sive visibiles sint, sive invisibiles. M. Quisquis hoc dixerit, veritate non errat.

3) Ib. l. 1, 43.

4) Ib. l. 2, 27. Nam et noster intellectus nec 'a seipso cognoscitur, quid sit secundum essentiam, nec ab alio praeter Deum, qui solus novit, quae fecit; sed quemadmodum de conditore suo hoc tantum cognoscit, quia est, non autem percipit, quid est: ita de seipso solummodo definit, quia creatus est: quomodo vero vel in qua substantia substitutus est, intelligere non potest. l. 4, 5. 15.

5) Ib. l. 4, 7. p. 771. Utrumque verum esse ratio perdocet: humana siquidem mens et seipsam novit, et seipsam non novit. Novit quidem, quia est, non autem nonit, quid est. Ac per hoc maxime imago Dei esse in homine docetur. Ut enim Deus comprehensibilis est, dum ex creatura colligitur quia est, et incomprehensibilis est, quia nullo intellectu humano vel angelico comprehendi potest quid sit, nec a seipso, quia non est quid, quippe superessentialis: ita humanae menti hoc solum datur nosse, se esse, quid autem sit, nullo modo ei conceditur; et quod est mirabilius, et considerantibus seipsos et Deum suum pulchrius: plus laudatur mens humana in sua ignorantia, quam in sua scientia. Laudabilius namque in ea est, se nescire quid sit, quam scire, quia est, sicut plus et convenientius pertinet ad divinae naturae laudem negatio ejus quam affirmatio, et sapientis est ignorare illam quam nosse, cujus ignorantia (vera est sapientia, quia melius nesciendo scitur. Apertissime ergo divina similitudo in humana mente dignoscitur, dum solummodo esse scitur, quid autem est, nescitur; et, ut ita dicam, negatur in ea quid esse, affirmatur solummodo esse. Nec hoc ratione vacat. Si enim cognosceretur quiddam esse, circumscripta profecto in aliquo esset, ac per hoc imaginem sui Creatoris non omnino in se exprimeret, qui omnino incircumscriptus est, et in nullo intelligitur, quia infinitus est, super omne, quod dicitur et intelligitur, superessentialis.

nicht an sich, aber doch in irgend einem Grade durch die Accidentien zu erkennen vermögen, unter welchen sie in der Erscheinungswelt hervortritt, so verhält es sich in analoger Weise auch mit der menschlichen οὐσία. Die psychologische Erkenntniss ist uns also keineswegs von vorneherein abgeschnitten; nur dürfen wir dieselbe nicht so weit ausdehnen, dass wir annehmen, wir könnten durch unser Denken das menschliche Wesen ergründen, so, wie es an und in sich ist.

Untersuchen wir also zuerst, was wir nach Erigena von dem menschlichen Wesen überhaupt und im Allgemeinen zu halten haben, so führt er uns in dieser Beziehung wieder auf die höchsten Obersätze seiner ganzen Lehre zurück. Wie nämlich alle Dinge im Grunde nur göttliche Gedanken sind [1], so ist auch der Mensch nach seinem tiefsten Wesen ein göttlicher Gedanke, und gerade das ist die wahrste und höchste Definition des Menschen [2].

Gilt dieses im Allgemeinen, so kann aber, wie solches bei allen anderweitigen Naturen der Fall ist, die Wesenheit des Menschen in doppelter Weise gedacht werden, nämlich so fern sie als enthalten in den Primordialursachen dem göttlichen Worte immanent ist, und dann, wie und in so fern sie in die Wirklichkeit hervortritt. Hienach hat man zwei Wesenheiten des Menschen zu untersuchen, die ideale nämlich und die in der Wirklichkeit gegebene. Aber diese zwei Wesenheiten sind ebenso wenig von einander real verschieden, wie die zweite und dritte Natur überhaupt. Beide unterscheiden sich nur beziehungsweise; sie sind nur Eine Wesenheit, aber in zweifach verschiedener Zuständlichkeit. In dem göttlichen Worte ist die menschliche Natur schlechterdings allgemein, ohne allen innern Unterschied und ohne alle individuelle Besonderheiten, einfach, unveränderlich, accidenzlos. In der Wirklichkeit dagegen besondert sich die allgemeine menschliche Natur durch die Annahme der Accidentien zu den einzelnen individuellen Menschen, und diese sind dann, eben weil sie mit der Vielheit der Accidentien behaftet sind, nicht mehr einfache, sondern zusammengesetzte Naturen, und unterliegen folglich der Veränderlichkeit [3].

---

1) Ib. l. 5, 27. p. 925. Quidnam aliud omnia sunt, nisi eorum in divino animo scientia?

2) Ib. l. 3. 8. p. 640. Nihil aliud sumus nos, in quantum sumus, nisi ipsae rationes nostrae aeternaliter in Deo substitutae. l. 4, 7. p. 768. Intelligo, non aliam esse substantiam totius hominis, nisi suam notionem in mente artificis, qui omnia, priusquam fierent, in se ipso cognovit: ipsamque cognitionem substantiam esse veram, ac solam eorum, quae cognita sunt, quoniam in ipsa perfectissime facta et aeternaliter et immutabiliter subsistunt. Possumus ergo hominem definire sic: Homo est notio quaedam intellectualis in mente divina aeternaliter facta.

3) Ib. l. 4. c. 7. p. 770 sq. D. Duas igitur substantias hominis intelligere debemus, unam quidem in primordialibus causis generalem, alteram in earum effectibus specialem. M. Duas non dixerim, sed unam dupliciter intellectam. Ali-

Im göttlichen Worte ist somit nur der allgemeine Mensch; die Besonderheit der Individuen in der Menschenwelt ist blos auf den Bereich der dritten Natur beschränkt. Deshalb beginnt auch hier erst das individuelle Selbstbewusstsein; d. h. erst wenn der allgemeine Mensch in der Erscheinungswelt sich in die einzelnen Menschen besondert, ist diesen das Selbstbewusstsein in und nach ihrer Besonderheit ermöglicht; im göttlichen Worte kennt kein Mensch sich in seiner Besonderheit; es ist dort nur eine allgemeine Erkenntniss, welche Gott allein eignet [1]). So wie aber das individuelle Selbstbewusstsein auf den individuellen Menschen, wie er in der Wirklichkeit auftritt, allein beschränkt ist, so ist selbes diesem auch wesentlich; und wenn der Mensch nicht alsogleich nach seinem Eintritte in die Welt das Selbstbewusstsein wirklich hat, so haben wir hierin blos eine Folge und Strafe der ersten Sünde zu erkennen [2]). Hätte der Mensch nicht gesündigt, so hätte ihm eine vollkommene Erkenntniss seiner selbst von Natur aus beigewohnt [3]).

Es ist nun aber die menschliche Natur von der Art, dass sie alle jene Momente in sich einschliesst, welche in der geschaffenen Welt geschieden von einander auftreten. Der Mensch *erkennt* wie ein Engel, *schliesst* wie ein Mensch, *empfindet* wie das vernunftlose Thier, *lebt* wie die Pflanze und *ist* nach Leib und Seele. Keines der Momente des creatürlichen Seins fehlt ihm also; in ihm sind alle Bestimmtheiten des Seins einheitlich enthalten. Er kann daher mit Recht

---

ter enim humana substantia per conditionem in intellectualibus perspicitur causis, aliter per generationem in effectibus. Ibi quidem omni mutabilitate libera, hic mutabilitati obnoxia: ibi simplex omnibusque accidentibus absoluta omnem effugit contuitum et intellectum, hic compositionem quandam ex quantitatibus et qualitatibus caeterisque, quae circa eam intelliguntur, accipit, per quam mentis recipit intuitum. Una itaque eademque velut duplex dicitur propter duplicem sui speculationem, ubique tamen suam incomprehensibilitatem custodit, in causis dico et in effectibus, h. e. sive nuda in sua simplicitate, sive accidentibus induta. 11. p. 788.

1) Ib. l. 4, 9. p. 776 sq. Nam in illa primordiali et generali totius humanae naturae conditione nemo scipsum specialiter cognoscit, neque propriam notitiam sui habere incipit; una enim et generalis cognitio omnium est ibi, solique Deo cognita. Illic namque omnes homines unus sunt, ille profecto ad imaginem Dei factus, in quo omnes creati sunt. Ut enim omnes formae vel species, quae in uno genere continentur, adhuc per differentias et proprietates intellectui vel sensui cognitae non succumbunt, sed veluti quaedam unitas nondum divisa subsistit, donec unaquaeque suam proprietatem et differentiam in specie individua intelligibiliter vel sensibiliter accipiat: ita unusquisque in communione humanae naturae nec seipsum nec consubstantiales suos propria cognitione discernit, priusquam in hunc mundum suis temporibus, juxta quod in aeternis rationibus constitutum est, processerit.

2) Ib. l. 4, 9. p. 777.

3) Ib. l. c. Inerat ergo humanae naturae potentia perfectissimam sui cognitionem habendi, si non peccaret.

die Werkstätte aller Creaturen genannt werden, weil Alles, was nach Gott ist, in ihm ist, und weil er die Extreme von Geist und Körper in sich vereinigt¹). Daraus folgt, dass alle Dinge im Menschen geschaffen und gegründet worden sind²). Ja noch mehr, man kann auch umgekehrt sagen, dass, weil Alles im Menschen vereinigt ist, in Allem, was vor ihm geschaffen worden, nur der Mensch geschaffen worden sei³). In der ganzen Erzählung des Sechs-Tage-Werkes ist daher im Grunde nichts Anderes dargestellt, als die Art und Weise, wie Gott den Menschen in allen Dingen schuf⁴). „Wenn z. B. am sechsten Tage der Herr lebende Wesen aller Art, Vieh, Gewürme und wilde Thiere von der Erde hervorbringen lässt, so ist damit der Mensch zunächst nach seiner leiblichen Seite gemeint; denn die vierfüssigen Lastthiere deuten auf die fünf Sinne, deren Objecte die aus den vier Elementen zusammengesetzten Körper sind und die der Vernunft für die Erkenntniss der materiellen Welt keine geringe Unterstützung leisten. Das Gewürm deutet auf die geheimen und gleichsam schleichenden Functionen, womit die Seele den Leib in gesundem Zustande beherrscht, ohne dass sie ihr selbst zum Bewusstsein kämen, und womit sie in ihm Wachsthum und Ernährung bewirkt. Die wilden Thiere endlich drücken die vernunftwidrigen Triebe der menschlichen Natur aus, wie Wuth, Begierde u. s. w., welche ihr aus den unvernünftigen Thieren eingepflanzt sind." Und so im Uebrigen⁵). Nur deshalb wird in der mosaischen Erzählung die Erschaffung des Menschen zuletzt berichtet, damit man erkenne, *dass* in ihm Alles gesetzt sei⁶). Die menschliche Natur ist daher auch ganz in dem ganzen All der geschaffenen Welt, eben weil Alles in ihr und sie in Allem gegründet worden ist, weil Alles in ihr sich einigt, und deshalb auch zuletzt in sie zurückkehren muss, wie wir später sehen werden⁷).

---

1) Ib. l. 3, 37. p. 738. Ac per hoc homo non immerito dicitur creaturarum omnium officina, quoniam in ipso universalis creatura continetur. Intelligit quidem ut angelus, ratiocinatur ut homo, sentit ut animal irrationale, vivit ut germen, corpore animaque subsistit, nullius creaturae expers. l. 4, 5. p. 755. l. 2, 3 seqq. 9.

2) Ib. l. 4, 7. p. 763 sq. Omnem quidem creaturam visibilem et invisibilem Deus in homine fecit, quia ipsi universitas conditae naturae inesse intelligitur .... Totus iste mundus sensibilis in ipso conditus est. p. 769. l. 8. p. 773 seqq. l. 2, 13.

3) Ib. l. 4, 10. p. 782. — 4) Ib. l. 4, 10 p. 782 sqq. — 5) Ib. l. 4, 5. p. 751 seqq.

6) Ib. l. 4, 10. p. 782. Proinde post mundi visibilis ornatus narrationem introducitur homo velut omnium conclusio, ut intelligeretur, quod omnia, quae ante ipsum condita narrantur, in ipso universaliter comprehenduntur.

7) Ib. l. 4, 5. p. 760. Humana siquidem natura in universitate totius naturae conditae tota est, quoniam in ipsa omnis creatura constituta est, et in ipsa copulata est, et in ipsam reversura, et per ipsam salvanda.

§. 29.

Aber nicht blos in so fern, als der Mensch in seinem Wesen alle Momente des creatürlichen Seins einschliesst, ist Alles in ihm gegründet und geschaffen worden, sondern auch in so fern, als in ihm auch Alles der Erkenntniss nach ist. Von allen geschaffenen Dingen ist nämlich dem Menschen von Gott ein Begriff eingepflanzt worden, und gerade dadurch war der erste Mensch in den Stand gesetzt, die Thiere, als sie ihm vorgeführt wurden, zu benennen. Hätte er den Begriff derselben nicht schon vorher gehabt, wäre er nicht von Gott ihm anerschaffen worden, so hätte er die Dinge nicht benennen können¹). Und diese eingeschaffenen Begriffe waren nicht etwa blos ein Prärogativ des ersten Menschen, sondern auch uns Allen sind die Ideen aller Dinge, alles Seins eingeschaffen; dass wir davon kein Bewusstsein haben, und dass unsere Erkenntniss so mangelhaft ist, hat seinen Grund einzig in dem Zustande der Unvollkommenheit, in welchen wir in Folge der Sünde herabgesunken sind²). Diese Begriffe nun, welche dem Menschen von Gott eingepflanzt worden sind, sind im Grunde nichts Anderes, als die Wesenheiten oder Substanzen selbst, welche in ihnen gedacht werden. Es waltet hier ganz das analoge Verhältniss ob, wie in der göttlichen Weisheit³). Denn wie der göttliche Begriff der Dinge, den der Vater im Sohne setzte, die Wesenheit derselben ist, und der Träger von Allem, was um sie herum ist, so ist auch der Begriff der Dinge, welchen der Sohn in der menschlichen Natur erschuf, die Wesenheit derselben und das Subject aller ihrer Accidentien⁴). Darum ist sogar der Begriff, in welchem der Mensch sich selbst denkt, identisch mit seiner Substanz; Gedanke und Sein fallen auch hier schlechterdings in Eins zusammen⁵). Wie also alle Wesenheiten der Dinge in dem

---

1) Ib. l. 4, 7. p. 768 sq. — 2) Ib. l. 4, 7. p. 769.
3) Ib. l. 4, 7. p. 769. Quid ergo mirum, si rerum notio, quam mens humana possidet, dum in ea creata est, ipsarum rerum, quarum notio est, substantia intelligatur, ad similitudinem videlicet mentis divinae, in qua notio universitatis conditae, ipsius universitatis incommunicabilis substantia est; et quemadmodum notionem omnium, quae in universitate et intelliguntur, et corporeo sensu percipiuntur, substantiam dicimus eorum, quae intellectui vel sensui succumbunt, ita etiam notionem differentiarum ac proprietatum naturaliumque accidentium ipsas differentias et proprietates et accidentia esse dicamus? .... Creata est igitur in homine irrationabilitas, et omnis species, omnisque differentia, et proprietas ipsius irrationabilitatis, et omnia, quae circa eam naturaliter cognoscuntur, quoniam horum omnium et similium notitia in ipso condita est.
4) Ib. l. 4, 9. p. 779. Quemadmodum intellectus omnium, quae Pater fecit in suo Verbo unigenito, essentia eorum est, et cunctorum, quae circa eam naturaliter intelliguntur, substitutio: ita cognitio omnium, quae Patris Verbum in humana anima creavit, essentia est eorum, omniumque, quae circa eam naturaliter dignoscuntur, subjectum.
5) Ib. l. 4, 7. p. 770. Itaque si notio, illa interior, quae menti inest huma-

göttlichen Worte subsistiren, so sind sie auch alle in der menschlichen Seele; nur mit dem Unterschiede, dass sie dort ursächlich, hier aber als in die Wirklichkeit hervorgegangen zu denken sind. Die Begriffe, welche und in so fern sie der göttlichen Weisheit immanent sind, sind die ersten; die Begriffe dagegen, welche in der geschaffenen Weisheit, d. h. in der menschlichen Erkenntniss niedergelegt sind, sind die zweiten Wesenheiten der Dinge, und sind als Wirkungen der erstern zu betrachten; aber in ihrem Ansichsein unterscheiden sie sich beide nicht von einander [1]).

Sind also die Begriffe aller Dinge dem Menschen eingeschaffen, und sind diese Begriffe identisch mit den Wesenheiten der Dinge, welche in ihnen gedacht werden: — so sieht man klar, dass und wie auch der Erkenntniss nach alle Dinge im Menschen geschaffen worden sind. Alle Dinge sind also im Menschen, nicht blos in so fern sein Sein alle Momente des creatürlichen Seins in sich schliesst, sondern auch in so fern, als die Begriffe aller Dinge in ihm sind [2]). Und in dieser letztern Beziehung sind die Dinge wahrer und vollkommener im Menschen, als sie in sich selbst existiren. „Denn der Begriff eines Dinges ist um so viel besser, denn das Ding selbst, dessen Begriff er ist, als die Natur besser ist, worin sich der Begriff befindet. Besser existiren daher die vernunftlosen Dinge in den Begriffen, die sich von ihnen in der vernünftigen Natur finden, als in sich selbst, und wo sie besser existiren, da existiren sie auch wahrer. Demnach existiren die Dinge wahrer in ihren Begriffen, als in sich selbst. Die Begriffe der Dinge wohnen aber von Natur aus dem Menschen ein: woraus sich ergibt, dass die Dinge wahrhafter im Menschen, als in sich existiren. So ist der Begriff des Dreiecks schlechthin, der sich im Geiste des Mathematikers findet und in

---

nae, rerum, quarum notitia est, substantia constituitur, consequens, ut et ipsa notio, qua homo se ipsum cognoscit, sua substantia credatur.

[1]) Ib. l. 4, 9. p. 778 sq. Ut enim sapientia creatrix, quod est Verbum Dei, omnia, quae in ea facta sunt, priusquam fierent, vidit, ipsaque visio eorum, quae, priusquam fierent, visa sunt, vera et incommutabilis aeternaque essentia est: ita creata sapientia, quae est humana natura, omnia, quae in se facta sunt, priusquam fierent, cognovit, ipsaque cognitio eorum, quae, priusquam fierent, cognita sunt, vera essentia et inconcussa est. Proinde ipsa notitia sapientiae creatricis prima causalisque totius creaturae essentia recte intelligitur esse, cognitio vero creatae sapientiae secunda essentia et superioris notitiae effectus subsistit. — p. 779. Et quemadmodum divinus intellectus praecedit omnia et omnia est: ita cognitio intellectualis animae praecedit omnia, quae cognoscit, et omnia, quae praecognoscit, est, ut in divino intellectu omnia causaliter, in humana vero cognitione effectualiter subsistant. Non quod alia sit omnium essentia in Verbo, alia in homine, sed quod unam eandemque aliter in causis aeternis subsistentem, aliter in effectibus intellectam mens speculatur: illic enim superat omnem intellectum, hic autem ex his, quae circa eam considerantur, esse solummodo intelligitur; in utrisque vero, quid sit, nulli creato intellectui nosse licet. l. 2, 20. p. 559. — [2]) Ib. l. 4, 8. p. 773 sq.

der Geometrie durchgängig festgehalten wird, wahrer, als jede sinnliche Darstellung und Existenz desselben, deren Ursache er ist¹).“

Daraus folgert nun Erigena, dass der Mensch zwar nicht der Zeit, aber doch der Natur nach früher als alle sichtbaren Dinge und zugleich mit den Engeln geschaffen worden sei. Weder der Zeit, noch dem Orte, noch der Dignität oder dem Ursprunge nach ist Etwas geschaffen worden vor dem Menschen; er selbst ist vielmehr zwar nicht der Zeit, aber doch der Erkenntniss und der Würde nach vor allen Dingen zugleich mit den Engeln in's Dasein getreten²). Wo das Erkennende und Erkannte verschieden sind, und das Erkennende von einer bessern Natur ist, als das Erkannte, da, sagt Erigena in der Person des Schülers, möchte ich behaupten, dass das Erstere vorausgehe³). So geht die schöpferische Weisheit, das göttliche Wort, Allem voraus und sieht Alles vorher, was in ihm gemacht wurde, bevor es wurde. Ebenso ging die geschaffene Weisheit voraus, nämlich die menschliche Natur, und erkannte Alles, was in ihr gemacht wurde, bevor es wurde⁴).“

Aber wie ist es nun denkbar, dass die Engel zugleich mit dem Menschen, und doch auch, wie wir wissen, in ihm geschaffen worden sind? Dadurch ist es denkbar, sagt Erigena, dass erkannt wird, dass

---

1) Ib. l. 4, 8. p. 774. Ipsaque notitia rerum, quae intra se (hominem) continentur, in tantum melior est his, quorum notitia est, in quantum melior est natura, in qua constituta est. Omnis autem rationabilis natura omni irrationabili et sensibili naturae recta ratione praeponitur, quoniam Deo propinquior est. Quapropter et res, quarum notitiae humanae naturae insunt, in suis notionibus subsistere non incongrue intelliguntur. Ubi enim melius cognitionem suam patiuntur, ibi verius existere judicandae sunt. Porro si res ipsae in notionibus suis verius, quam in seipsis subsistunt, notitiae autem earum homini naturaliter insunt, in homine igitur universaliter creatae sunt..... Trigonus siquidem, qui corporeo sensu in aliqua materia conspicitur, profecto illius, qui in animo est, quaedam sensibilis imaginatio est, ipsumque trigonum, qui in animo disciplinabili subsistit, intelliget, rectoque judicio, quid praestantius sit, ponderabit, num figura trianguli, an ipse triangulus, cujus figura est. Et inveniet, ni fallor, illam quidem figuram, veram figuram esse, sed falsum triangulum, illum vero triangulum, qui in arte subsistit, illius figurae causam esse, verumque triangulum .... etc. cf. 7. p. 766. Talis ordo, ut reor, ex divina providentia per universam creaturam procedit, ut omnis natura, quae sequentis se notitiam comprehendit, non solum melior et superior sit, verum etiam et ipsa notitia dignitate naturae, in qua est, praecedit eam longe, cujus notitia est. Ac per hoc facilius dixerim, notitiam intelligibilium rerum antiquiorem esse ipsis intelligibilibus rebus.

2) Ib. l. 4, 9. p. 779. Nulla igitur creatura vel visibilis vel invisibilis conditionem hominis praecedit, non loco, non tempore, non dignitate, non origine, non aeternitate, et simpliciter nullo praecessionis modo; ipsa vero cognitione et dignitate, non autem loco vel tempore praecedit ea, quae cum ea et in ea et infra eam creata sunt: his vero, quibus condignitate naturae aequalis est, coelestibus videlicet essentiis, concreata est.

3) Ib. l. 4, 9. p. 776. — 4) Ib. l. 4, 9. p. 779.

in Allem, was immer der reine Verstand erkennt, er selbst wird, und dass es mit ihm zu Einem gemacht wird, was er erkennt. „Während wir," sagt der Meister zum Schüler, „mit einander disputiren, werden wir gegenseitig in einander hervorgebracht. Indem ich einsehe, was du einsiehst, werde ich dein Verstand, und werde so in dir auf unaussprechliche Weise. Ebenso, wenn du klar erkennst, was ich erkenne, wirst du mein Verstand; und so wird aus zwei Intellecten durch gemeinsame Erkenntniss Einer gebildet. So werden wir, wie gesagt, in einander hervorgebracht; denn wir sind ja von unserm Verstande nicht verschieden, da unsere wahre und höchste Wesenheit der Verstand ist, welcher durch die Erkenntniss der Wahrheit gestaltet wird." Ebenso verhält es sich nun auch im gegebenen Falle. Die Engelnatur und die menschliche Natur sind zugleich mit einander, und doch auch wiederum in einander geschaffen worden. Denn beide erkannten sich gegenseitig, und indem sie sich gegenseitig erkannten, wurde auch hier die eine in der andern hervorgebracht. Die Engelnatur wurde in der menschlichen Natur, und die letztere in der erstern, in so fern beide sich gegenseitig erkannten, und so in gewisser Weise Eins wurden [1]).

---

1) Ib. l. 4, 9. p. 780 sq. Si intentus intellectualium et rationabilium naturarum reciprocam copulationem et unitatem inspexeris, invenies profecto, et angelicam essentiam in humana, et humanam in angelica constitutam. In omni siquidem, quodcumque purus intellectus perfectissime cognoscit, fit, eique unum efficitur. Tanta quippe humanae naturae et angelicae societas fuerat, et fieret, si primus homo non peccaret, ut utraque unum efficeretur. Quod etiam in summis hominibus, quorum primitiae in coelestibus sunt, fieri incipit. Et angelus quidem in homine fit per intellectum angeli, qui in homine est, et homo in angelo per intellectum hominis in angelo constitutum. Qui enim, ut dixi, pure intelligit, in eo, quod intelligit, fit. Natura itaque intellectualis et rationalis angelica in natura intellectuali et rationali humana facta est, quemadmodum et humana in angelica per reciprocam cognitionem, qua et angelus hominem intelligit, et homo angelum. Nec mirum. Nam et nos, dum disputamus, in nobismet invicem efficimur. Siquidem dum intelligo, quod intelligis, intellectus tuus efficior, et ineffabili quodam modo in te factus sum. Similiter quando pure intelligis, quod ego plane intelligo, intellectus meus efficeris, ac de duobus intellectibus fit unus, ab eo, quod ambo sincere et incunctanter intelligimus, formatus. Verbi gratia, ut ex numeris exemplum introducamus: senarium numerum suis partibus esse aequalem intelligis; et ego similiter intelligo, et intelligere te intelligo, sicut et me intelligis intelligere. Uterque noster intellectus unus fit senario numero formatus, ac per hoc et ego in te creor, et tu in me crearis. Non enim aliud sumus, aliud noster intellectus; vera siquidem ac summa nostra essentia est intellectus contemplatione veritatis specificatus..... Hac itaque ratione reciprocae intelligentiae et angelus in homine, et homo in angelo, non abs re creari dicitur, et neque angelum praecedere hominem ulla conditionis lege, ullo praecessionis modo recte creditur et intelligitur, quamvis naturae angelicae creationem prophetica narratio prius pronuntiet, ut multi volunt, humanae vero posterius.

Ist aber der erste Mensch zugleich mit dem Engel geschaffen worden, so ist schon hieraus ersichtlich, dass Erigena den ersten Menschen nicht auf gleiche Linie stellen konnte mit dem Menschen, wie er uns gegenwärtig empirisch und thatsächlich gegenübertritt. Denn in dem Zustande, in welchem der Mensch gegenwärtig sich befindet, setzt derselbe, um in die Wirklichkeit eintreten zu können, die Wirklichkeit der empirischen Erscheinungswelt nothwendig voraus, weil durch sie sein Dasein und Leben bedingt ist. In der That stellt Erigena den ersten Menschen der Beschaffenheit seiner Natur nach auf gleiche Linie mit dem Engel. Wie der Engel eine geistige Natur ist, welche mit einem geistigen Leibe umhüllt ist, so war auch der erste Mensch zwar mit einer Leiblichkeit umkleidet; aber diese Leiblichkeit war nicht von solcher Beschaffenheit, wie der gewöhnliche irdische Körper, sondern sie war eine geistige, darum einfache und untheilbare, unvergängliche und unsterbliche, himmlische Leiblichkeit [1]. Aber wenn dem so ist, wie kam dann der Mensch zu jenem materiellen Körper, welchen er gegenwärtig besitzt? — Diese Frage werden wir vor Allem zu beantworten haben, nachdem wir vorher die allgemeinen psychologischen Lehrsätze dargestellt haben, welche Erigena über die Natur des Menschen in seinem gegenwärtigen Zustande, oder mit andern Worten, über die Natur des empirischen Menschen aufstellt.

§. 30.

Der empirische Mensch besteht nach Erigena aus der Seele und dem sinnenfälligen Leibe [2]. Die Seele ist ein einfaches, geistiges Wesen, unsichtbar und unkörperlich, mit eigener Individualität und eigenen Kräften [3]. Es sind keine zwei Seelen im Menschen; die Seele ist nur Eine der Substanz nach [4]. Die Seele ist unmittelbar durch sich selbst das Lebensprincip des Leibes [5]. Sie bildet und schafft sich ihren Körper selbst, und bedingt dessen Leben, Wachsthum und Entwicklung [6]. Auch die unvernünftigen Bewegungen in der Region der Sinnlichkeit vollziehen sich nicht ohne die Seele; vielmehr ist die Seele auch hier das Princip aller sinnlichen Empfindung und alles sinnlichen Begeh-

---

1) Ib. l. 2, 23. p. 571. l. 4, 12. p. 800.
2) Ib. l. 3, 36. p. 729. Homo autem corpus et anima est.
3) Ib. l. 1, 43. 54. l. 3, 36. p. 731. l. 4, 7. p. 767. l. 2, 23. p. 574. Anima est simplex natura et individua.
4) Ib. l. 4, 5. p. 754. Duas animas in uno homine nec ratio, nec divina auctoritas sinit me arbitrari, imo etiam prohibet, nec ulli philosophantiam recte fas est aestimare.
5) Ib. l. 3, 37. p. 734.
6) Ib. l. 2, 24. p. 580. Anima corpus suum ipsa creat, non tamen de nihilo, sed de aliquo. Anima namque incorporales qualitates in unum conglutinante, et quasi quoddam subjectum ipsis qualitatibus ex quantitate sumente et supponente, corpus sibi creat. 29. p. 598.

rens ¹). Dagegen besitzt aber die Seele auch eine von den körperlichen Organen abgelöste Kraft, welche, wie wir bereits gehört haben, in Verstand, Vernunft und innern Sinn sich gliedert ²). So besteht die menschliche Natur, als Ganzes betrachtet, aus fünf Theilen: aus dem Leibe, aus dem leiblichen Leben, aus dem Sinn, aus der Vernunft und aus dem Verstande ³).

Die Seele ist das eigentliche Ich im Menschen, während der Körper nur in so fern zu diesem Ich gehört, als dieses ihn zu eigen besitzt und er sich zu ihm als Organ verhält ⁴). Die Seele ist der innere, der materielle Körper der äussere Mensch ⁵). Die Seele ist ganz in allen Theilen des Leibes, ohne von denselben räumlich eingeschlossen zu sein ⁶); sie verhält sich aber auch als Bewegerin des Leibes, und hier ist die bewegende Einwirkung der Seele auf den Körper vermittelt durch eine feine Substanz, welche man als ein licht- oder luftartiges Element zu betrachten hat ⁷).

Wie aber auch die Seele wirksam sein möge, sie ist in jeder ihrer Wirksamkeit immer mit ihrem ganzen Sinn thätig. „Sie ist ganz Leben, ganz Verstand, ganz Vernunft, ganz Sinn, ganz Gedächtniss; als ganze belebt, ernährt, hält sie den Körper zusammen und vermehrt ihn; als ganze empfindet sie in allen Sinnen die Formen der sinnlichen Dinge; als ganze erwägt, unterscheidet, verbindet sie, beurtheilt die Natur und den Grund der Dinge selbst, welche über der körperlichen Natur sind; ganz ausser und über aller Creatur und über sich selbst (da sie ja selbst in der Zahl der Creatur befasst wird) bewegt sie sich um ihren Schöpfer in einer geistigen und ewigen Bewegung, indem sie von allen Lastern und Phantasien gereinigt wird. Indem die Seele auf solche Weise von Natur aus als einfach existirt, erhält sie ihre Theilungen nur gemäss der Vielheit und Verschiedenheit ihrer Bewegungen; denn wenn sie sich um die Gottheit bewegt, wird sie mens, animus, intellectus, wenn sie die Natur und Ursachen der Dinge betrachtet, ratio, wenn sie auf die Formen der sichtbaren Dinge sich bezieht, sensus; und

---

1) Comm. in Ev. sec. Joann. p. 297, c. Non enim desunt, qui irrationabilem motum, quo homines concipiuntur in carne, soli carni attribuunt, quasi nihil ad animam pertineat, dum caro sine anima nihil in talibus praevaleat. De div. nat. l. 4, 5. p. 754.
2) De div. nat. l. 2, 24. p. 581.
3) Ib. l. 2, 15. l. 2, 23. p. 570 sq. Humana natura veluti quinque partibus, h. e. corpore, vitalique motu, sensu et ratione constare videtur et intellectu. l. 5, 6. p. 874.
4) Ib. l. 1, 54. — 5) Ib. l. 4, 5. p. 753.
6) Ib. l. 4, 11. p. 788. Sicut Deus per omnia, quae sunt, diffunditur, et a, nullo eorum potest comprehendi, ita anima totum sui corporis organum penetrat ab eo tamen concludi non valet.
7) Ib. l. 3, 36. p. 730.

endlich, wenn sie den Körper belebt, ernährt und vermehrt in der Weise der vernunftlosen Thiere, wird sie Lebenskraft genannt — in allen diesen Thätigkeiten ist sie aber nur Eine, und in jeder derselben ganz gegenwärtig [1]."

Die ganze Seele ist nach dem Bilde Gottes geschaffen, weil sie als ganze erfassender Verstand, denkende Vernunft und wahrnehmender Sinn ist, weil sie ganz Leben und Belebend ist. Auf zwei Arten aber erkennen wir am meisten die Ebenbildlichkeit der Seele mit Gott; erstens, weil, wie Gott Alles durchdringt und von Nichts umschlossen wird, so auch sie ihren ganzen Körper durchwohnt, ohne doch von ihm eingeschlossen zu sein; und zweitens, weil, wie von Gott nur gesagt werden kann, er ist, auf keine Weise aber bestimmt werden kann, was er ist, so auch von der menschlichen Seele nur erkannt werden kann, dass, nicht aber, was sie ist [2]. Da aber die Seele durch ihre eigene Thätigkeit den Leib sich anbildet, so ist der Leib hinwiederum der Spiegel der Seele; und verhält sich somit gleichsam als Spiegel des Spiegels, als Spiegel der Seele nämlich, welche der Spiegel Gottes ist. Nur in so fern kann man sagen, dass nicht blos die Seele allein, sondern in einem gewissen Sinne der ganze Mensch nach dem Bilde Gottes geschaffen sei, weil das Bild Gottes, welches in der Seele sich darstellt, durch das Medium der Lebenskraft auch an der Gestalt des äussern Körpers, welcher nach dem Bilde der Seele geformt ist, sich ausprägt [3].

Wie nun aber nach dem Bilde Gottes, so ist der Mensch andererseits auch frei geschaffen. Es kommt der menschlichen Seele ebenso

---

1) Ib. l. 4, 5. p. 754..... Et cum ita simplex naturaliter subsistat, suarum intelligibilium et substantialium differentiarum, veluti totius in partes divisiones recipit secundum motuum suorum numerositatem. Ac per hoc multis nominibus denominatur. Siquidem dum circa divinam essentiam vehitur, et mens, et animus et intellectus; dum rerum creatarum naturas causasque considerat, ratio; dum per sensus corporeos species sensibilium recipit, sensus; dum in corpore occultos suos motus juxta similitudinem irrationabilium animarum peragit, nutriendo illud et augendo, vitalis motus solet appellari. In his autem omnibus tota ubique est. 11. p. 786 sq. l. 2, 23. p. 574. Anima simplex natura est et individua, motuumque suorum substantialibus differentiis solummodo discreta.

2) Ib. l. 1, 11.

3) Ib. l. 1. 11. p. 790 sq. Et animus quidem, in quo tota animae virtus constat, ad imaginem Dei factus, et summi boni speculum, quoniam in eo divinae essentiae incomprehensibilis forma ineffabili et incomprehensibili modo resultat. Materialis autem vita, quae specialiter circa materiam versatur, et propterea materialis dicitur, quia mutabilitati materiae, i. e. corporis adhaeret, imago quaedam animi est, et speculum speculi: ita ut animus divinae naturae forma sit, vitalis autem motus, qui etiam materialis vita vocatur, cum ipsa materia forma sit animi, ac veluti secunda imago, per quam animus etiam materiae speciem praestat. Ac per hoc quadam ratione per humanae naturae consequentiam totus homo ad imaginem Dei factus non incongrue dicitur, quamvis proprie et principaliter in solo animo imago subsistere intelligatur..... l. 2, 27. 29. p. 598.

wie Vernunft, so auch Wille zu, und sowie sie ganz Vernunft ist, so ist sie auch ganz Wille ¹). Dieser Wille nun schliesst jeden Zwang und jede Nothwendigkeit aus, und gerade darin besteht seine Freiheit. Weil er keinem Zwang und keiner Nothwendigkeit unterworfen ist, darum ist er frei. Wäre er jenes nicht, so wäre er auch nicht dieses; ja er wäre gar nicht mehr Wille; sein Wesen wäre aufgehoben ²). Die Freiheit folgt so nothwendig aus dem Begriffe der Vernünftigkeit, dass ein vernünftiges Wesen als solches ohne Freiheit gar nicht denkbar wäre ³). Die menschliche Freiheit schliesst aber als solche auch die Freiheit zum Bösen ein; denn eine Freiheit, welche sich nicht ausser zum Guten auch zum Bösen zu bewegen vermöchte, wäre nicht mehr vollkommene Freiheit ⁴). Fragen wir daher nach dem Begriff des liberum arbitrium im Unterschied von der Freiheit selbst, so besteht dasselbe in der freien Bewegung des Willens zum Guten oder zum Bösen, welche freie Bewegung wiederum bedingt ist durch die Intelligenz, resp. durch die Erkenntniss des Objectes, worauf dieselbe bezogen werden soll ⁵).

Hieraus ist schon ersichtlich, dass, wenn es sich um den Ursprung des Bösen handelt, dieses keineswegs in der menschlichen Natur selbst gegründet sein könne. Denn das Gute kann als solches nicht Ursache des Bösen sein ⁶). Das Böse ist nicht in die menschliche Natur gepflanzt; vielmehr besteht es nur in der verkehrten und unvernünftigen Bewegung des vernünftigen und freien Willens ⁷). Nur der freie Wille ist der Grund und die Ursache des Bösen ⁸). Das Böse besteht in nichts Anderm, als darin, dass der freie Wille von dem ewigen, unveränderlichen Gute sich abwendet und gegen die Ordnung der Vernunft

---

1) De praedest. c. 8, 2. Tota animae natura voluntas est.
2) De praedest. c. 5, 1. Ubi intendendum est, nullius voluntatis esse veram libertatem, si aliqua causa eum coegerit. Igitur si humanam voluntatem aliqua causa praecedit, quae eam invitam extorqueat in bona malave vel cogitanda vel agenda, sequitur, non esse eam vere liberam, sed penitus eam non esse.
3) Ib. c. 8, 5. Ubi rationabilitas, ibi necessario libertas.
4) Ib. c. 5, 8. Si Deus in homine talem voluntatem condidisset, quae non omnimodo movere se posset, sive recte, sive perverse, non omnimodo libera esset, sed esset ex parte libera, ex parte non libera; libera quidem juste, non autem libera injuste vivere. Si ergo esset aliqua ex parte necessitas, non esset perfecta libertas.
5) Ib. c. 8, 9. — 6) Ib. c. 16, 4.
7) De div. nat. l. 4, 16. p. 828. Non ergo in natura humana plantatum est malum, sed in perverso et irrationabili motu rationabilis liberaeque voluntatis est constitutum. p. 826. Per se consideratum malum omnino nihil est, praeter irrationabilem et perversum imperfectumque rationabilis naturae motum. De praedest. c. 5, 5.
8) De div. nat. l. 5, 36. p. 975. . . . Non aliunde originem ducere peccatum, nisi ex irrationabilibus motibus rationabilis naturae, abusioneque liberi arbitrii bono. l. 4, 22. p. 843 sqq. De praed. c. 6, 1.

den veränderlichen und hinfälligen Gütern sich zuwendet [1]). Für diese verkehrte Bewegung des freien Willens gibt es keine natürliche Ursache. So ist das Böse, wie überhaupt, so auch in der menschlichen Natur grundlos, incausal; denn hätte es einen natürlichen Grund, so wäre es nothwendig; oder vielmehr es müsste ein Sein sein, während es doch nur Privation, Corruption ist [2]), und nur darauf beruht, dass die intellectuelle Seele der natürlichen Güter vergisst, der Bethätigung der zur Erreichung des Zieles verliehenen Kräfte ermangelt, und die natürlichen Kräfte unvernünftigerweise oder vielmehr im Widerspruche mit der Vernunft zu etwas Anderm als zum Ziele hin bewegt, in Folge eines täuschenden Urtheils [3]). „Daraus," sagt Erigena, „erwächst auch jenes Wunderbare und Unerforschliche, wie der böse Wille der sündigenden Engel und Menschen, während er grundlos ist, die wirkende Ursache der ganzen Strafe und Sünde ist. Und wenn nun Jemand sagt, der Anfang aller Sünde sei der Stolz, so möge er erkennen, dass dieser in der Natur der Dinge nicht existire; denn weder ist er ein Sein, noch eine Kraft, noch eine Thätigkeit, noch irgend ein natürliches Accidenz; er ist vielmehr der Mangel der Demuth (intimae virtutis defectus), und ein verkehrtes Streben nach Herrschaft. Und Anfang wird er genannt, nicht Ursache, weil er der erste Ausgang und Ausfluss der ursprünglichen Sünde ist, worin Alle sündigten. Und wenn er nun durchaus Nichts ist: welcher Vernünftige möchte ihn dann unter die Ursachen stellen, da er doch in Nichts natürlicher Weise subsistirt? [4])"

Wenn aber das Böse, und mit ihm auch alles andere Uebel,

---

1) De praedest. c. 6, 3. Nam hoc uno genere omnia malefacta, i. e. peccata mihi videntur hoc uno genere contineri, cum quisque avertitur a divinis vereque manentibus, et ad mutabilia atque incerta convertitur. Quae quamquam in ordine suo recte locata sint, et suam quandam pulchritudinem peragant, perversi tamen animi est et inordinati, eis sequendis subjici, quibus ad naturam suum ducendis potius divino ordine ac jure praelatus est.

2) De div. nat. l. 5, 36. p. 976. Causas autem illicitas abusionis atque perversae cupiditatis si quis vult invenire, sollicitus quaerat. Ego autem securus sum, incunctanter perspiciens, quod nemo eas potest reperire. Ut enim malum incausale est, et nullo modo invenitur, unde est, ita et naturalibus bonis illicita abusio ex nulla naturali nascitur causa. l. 1, 16. p. 828. Malum varium est et incausale, quoniam in rerum natura omnino substantialiter non invenitur. l. 5, 31. p. 944. Etenim causa totius peccati est, sive in angelo, sive in homine, propria perversaque voluntas: ipsius autem perversae voluntatis causa in naturalibus rationabilis et intellectualis creaturae non invenitur. Etenim bonum causa mali non potest esse; incausale itaque est omnique naturali origine carens.

3) Ib. l. 5, 26. p. 919. Malitia est animae intellectualis naturalium bonorum oblivio et ad finem insitarum naturae virtutum operationis defectus naturaliumque potentiarum per fallentem judicationem in aliud praeter finem irrationabilis motus.

4) Ib. l. 5, 31. p. 944. Vgl. *Huber*, a. a. O. S. 350 ff.

welches aus dem Bösen hervorgeht¹), keine natürliche Ursache hat, so kann es doch nur in einer Natur als in seinem Subjecte sein. Freilich wie die Güte aus dem Nichtseienden das Seiende führt, damit es sei, so strebt im Gegentheil die Bosheit, alles Seiende zu corrumpiren und gänzlich aufzulösen, damit es nicht sei. Würde aber dies eintreten und Alles zu Grunde gehen können, so würde auch das Böse selbst untergehen; denn es hätte dann kein Substrat mehr, in welchem es gegeben sein könnte²). Obgleich aber das Böse nur einer an sich guten Natur inhäriren kann, so bleibt doch wiederum diese Natur als solche von dem Bösen unberührt. Wie dasselbe blos in einer verkehrten Bewegung des Willens besteht, so bleibt es auch auf den Willen allein beschränkt und dringt nicht weiter³). Nur durch eine entgegengesetzte Natur könnte die Natur selbst corrumpirt werden; allein das Böse ist keine Natur; es ist nur Privation, also „Nichts," und dem „Nichts" kommt keine Thätigkeit zu⁴). Die Natur ist also wohl der Träger des Bösen; aber sie leidet als Natur selbst nicht unter dem Einfluss des Bösen, und kann daher von demselben auch wieder gereinigt werden⁵).

Haben wir nun den Menschen nach seinem empirischen Sein kennen gelernt, wie das letztere in der erigenistischen Lehre sich uns darstellt: so ermöglichen uns die so eben gegebenen Bestimmungen über das Wesen des Bösen nun den Uebergang zur Lehre Erigena's über die Entstehung des empirischen Menschen aus dem idealen. Wie die Neuplatoniker, so weiss auch Erigena diesen Uebergang des idealen in den empirischen Menschen auf natürlichem Wege nicht zu erklären, und nimmt deshalb, wie jene, zur Idee des Abfalls seine Zuflucht. Der Abfall des idealen Menschen von Gott in der Sünde ist die Ursache davon, dass der ideale Mensch aus seinem engelgleichen Zustande in diese niedrige unvollkommene Existenz herabgesunken ist, in welcher er uns gegenwärtig entgegentritt.

Sehen wir, wie Erigena diesen Gedanken weiter ausführt.

§. 31.

Nach der Ansicht Erigena's ist der erste Mensch, wir wir wissen, in einem engelgleichen Zustande von Gott geschaffen worden. Seine Seele war nicht mit einem materiellen, sondern vielmehr mit einem geistigen Leibe bekleidet, welcher ganz auf gleicher Linie stand mit dem geistigen Leibe der Engel⁶). Deshalb war dieser Leib des ersten Menschen auch noch frei von geschlechtlichen Organen: der geschlechtliche

---

1) De praedest. c. 10, 4. Sicut enim causa malae voluntatis neque inveniri, neque sciri potest, ita omnium defectionum merito cum consequentium neque causae efficientes sciri possunt, neque ipsae defectiones, quia nihil sunt.
2) De div. nat. l. 1, 66. — 3) Ib. l. 5, 31. p. 943. — 4) Cf. De praedest. c. 3, 3. c. 10, 2. — 5) De div. nat. l. 4, 4. p. 747. — 6) Ib. l. 2, 23. p. 575.

Unterschied, das geschlechtliche Verhältniss bestand noch nicht¹). Nach dem Bilde Gottes geschaffen, unterschied sich der Mensch vor der Sünde von Gott nur dadurch, dass er unterworfen war, Gott aber durch sich selbst ist²). In himmlischer Glückseligkeit und zu derselben ward der erste Mensch geschaffen³). „Er war von solcher Geistigkeit, dass er zur Erkenntniss der Sinne nicht bedurfte. Wenn die heilige Schrift sagt, dass er nackt war, so will sie damit sagen, dass er ohne körperlichen Sinn war, und Alles in den ewigen Gründen sah. Es war ihm die vollkommenste Kenntniss eingeboren, so weit dieselbe überhaupt der Creatur von sich selbst und von ihrer Ursache zukommen kann; denn ohne diese wäre er nicht Gottesbild. Er hatte eine vollkommene Erkenntniss seiner selbst und seines Schöpfers⁴).“ Falls er nicht sündigte, bedurfte er auch zur Erkenntniss der Naturen der Dinge keines Vernunftschlusses; er erkannte dieselben unmittelbar, und zwar mit der grössten Leichtigkeit⁵). Und indem er so die innern Ursachen der Dinge unmittelbar erkannte, beherrschte und regierte er auch dieselben durch den blosen Act seines Willens, ohne dazu der Sinne oder einer zeitlichen und örtlichen Bewegung zu bedürfen⁶). Indem er seinem Schöpfer unveränderlich anhing, war er in der That allmächtig. Denn was er immer wollte, dass es in der Natur geschähe, das musste nothwendig erfolgen, da er ja nur den Willen seines Schöpfers wollte⁷). Und in diesem Zustande blieb er für immer, ohne dass der Tod ihn berührte⁸).

Das nun ist es, was die heilige Schrift mit der Lehre, dass der erste Mensch in's Paradies gesetzt ward, ausdrücken wollte. Das Paradies ist nämlich nichts Anderes, als die menschliche Natur in ihrer

---

1) Ib. l. 2, 6. Nam si primus homo non peccaret, naturae suae partitionem in duplicem sexum non pateretur, sed in primordialibus suis rationibus, in quibus ad imaginem Dei conditus est, immutabiliter permaneret.

2) De div. nat. l. 2, 27. l. 4, 9. p. 778. — 3) Ib. l. 2, 25. — 4) Ib. l. 4, 9. p. 778.

5) Ib. l. 4, 25. p. 855. Si homo non peccaret, non solum interiori intellectu, verum etiam exteriori sensu naturas rerum et rationes summa facilitate omni ratiocinationis necessitate absolutus, purissime contemplaretur.

6) Ib. l. 4. 10. p. 782. Non enim homo, si non peccaret, inter partes mundi administraretur, sed ejus universitatem omnino sibi subditam administraret, nec corporeis his sensibus mortalis corporis ad illum regendum uteretur, verum sine ullo sensibili motu vel locali vel temporali, solo rationabili contuitu naturalium et interiorum ejus causarum, facillimo rectae voluntatis usu secundum leges divinas aeternaliter ac sine errore gubernaret, sive in administratione partium, sive in administratione universitatis.

7) Ib. l. 4, 9. p. 778. Si humana natura non peccaret, eique, qui eam condiderat, incommutabiliter inhaereret, profecto omnipotens esset. Quidquid enim in natura rerum fieri vellet, necessario fieret, quippe dum nil aliud fieri vellet, praeter quod creatorem sui fieri velle intelligeret.

8) Ib. l. 4, 12. p. 800.

ursprünglichen Integrität, wie sie nämlich nach dem Bilde Gottes und in den Freuden ewiger Glückseligkeit anfänglich war geschaffen worden¹). Der erste Mensch trat in seiner ursprünglichen Schöpfung aus der Region der Primordialursachen noch nicht heraus, er lebte ganz in diesen; und gerade darin, dass er in dieser höhern, geistigen Region der Primordialursachen existirte, bestand der paradiesische Zustand, dessen er sich erfreute²).

In diesem Urmenschen nun, welcher im Grunde kein anderer ist, als der allgemeine Mensch, wurden zugleich und auf einmal die Gründe aller Menschen nach Leib und Seele geschaffen. In ihm waren, eben weil er der allgemeine Mensch war, alle besondern, individuellen Menschen der Möglichkeit und dem Keime nach enthalten³). Falls er daher nicht sündigte, hätte die Vervielfältigung der menschlichen Natur in den Individuen in ganz geistiger Weise sich vollzogen, ohne geschlechtliche Concupiscenz. Es wäre diese Vervielfältigung von derselben Art gewesen, wie die Vervielfältigung der Engelnatur in die Individuen. Sie wäre deshalb auch nicht in zeitlicher Aufeinanderfolge vor sich gegangen, sondern die Auseinanderbreitung der allgemeinen Natur in die Individuen würde in Einem Acte sich vollbracht haben, also eine ganz gleichzeitige gewesen sein⁴). Der Mensch wäre mit den Engeln in die innigste Gemeinschaft getreten, so dass er mit ihnen Eins geworden wäre⁵).

Aber der Mensch sündigte, indem er nicht Gott, sondern sich selbst und den veränderlichen Gütern sich zuwendete⁶). In Folge dieser Sünde sank er aus seinem höhern idealen Zustande herab, und

---

1) Ib. l. 4, 16. p. 822. 17. 19. l. 5, 2. p. 868. — 2) Ib. l. 2, 9.

3) Ib. l. 2, 25. Simul ac semel in illo uno homine, qui ad imaginem Dei factus est, omnium hominum rationes secundum corpus et animam creatae sunt.... In ipso quippe generali et universali homine ad imaginem Dei facto omnes homines secundum corpus et animam simul et semel in sola possibilitate conditi sunt.

4) Ib. l. 2, 6. Homo namque solummodo esset in simplicitate suae naturae creatus, eoque modo, quo sancti Angeli multiplicati sunt, intellectualibus numeris multiplicatus.

5) Ib. l. 1, 9. l. 2, 9. Et si non peccaret homo, non esset in eo divisio sexuum, sed solummodo homo esset; non separaretur in eo orbis terrarum a paradiso, sed omnis terrena natura in eo esset paradisus, hoc est spiritualis terra et conversatio; coelum et terra in eo non segregarentur; totus enim coelestis esset, et nil terrenum, nil grave, nil corporeum in eo appareret; esset enim et multiplicaretur in numerum a conditore suo praefinitum sicut angeli et sunt et multiplicati sunt; sensibilis natura ab intelligibili in eo non discreparet; totus enim esset intellectus creatori suo semper et immutabiliter adhaerens, et nullo modo a primordialibus suis causis, in quibus conditus est, recederet, omnis creatura, quae in eo condita est, nullam divisionem in eo pateretur. 10.

6) Ib. l. 2, 25. Prius enim ad seipsum, quam ad Deum conversus est, et ideo lapsus.

ward mit jenem materiellen Körper bekleidet, in welchem er gegenwärtig sich uns darstellt[1]). Die ursprüngliche Einheit ward zersplittert, und was geistig war, wurde materialisirt. Der Mensch wurde aus dem Paradiese vertrieben, d. h. er trat aus der Einheit der Primordialursachen heraus in die materielle Theilung und Vielheit. Er verlor jene vollkommene Erkenntniss, welcher er ehedem sich erfreut hatte, und verfiel in jene tiefe Unwissenheit seiner selbst und seines Schöpfers, welche wir gegenwärtig an ihm zu beklagen haben[2]).

Der sterbliche und materielle Körper, in welchen der Mensch in Folge der Sünde herabsank, wird durch jene περιζώματα aus Feigenblättern ausgedrückt, mit welchen nach der Erzählung der heiligen Schrift Gott die Menschen nach der Sünde bekleidete. Denn wie jene Blätter Schatten machen und Lichtstrahlen abschliessen, so hüllte dieser Körper unsere Seele in Finsterniss und Unwissenheit. Der Mensch selbst ist Urheber dieses Leibes, nicht Gott, welcher als Unsterblicher nichts Sterbliches schaffen kann. Wenn es daher in der heiligen Schrift heisst: Gott machte den Menschen Felle, so will dies nur sagen: er ordnete es an, dass die Menschen sich selber Leiber schufen[3]). Erst in Folge der Sünde entstand daher auch das animalische Leben des Menschen, und begann die Seele ihre belebende Thätigkeit auf den Körper auszuüben[4]). Ebenso kamen erst in dem thierischen Leibe und durch denselben jene unvernünftigen thierischen Gelüste und Bewegungen in den Menschen, welche im Thiere natürlich, im Menschen dagegen sündhaft sind, weil sie seiner höhern Natur widerstreiten[5]). Die Begierlichkeit des Fleisches ist eine Folge der Sünde[6]); durch die Sünde ist der Mensch in dieser Richtung dem Thiere ähnlich geworden. Daraus folgt, dass der thierische Körper, das animalische Leben, die thierischen Triebe und Gelüste, und überhaupt Alles, was an das animalische Leben sich knüpft und dadurch bedingt ist, keineswegs zur Natur des Menschen gehört, sondern nur zur Strafe der Sünde der eigentlichen höhern Natur des Menschen sich angefügt hat[7]).

Eine weitere Folge des Sündenfalles besteht darin, dass die Annahme des thierischen Leibes auch die Ausscheidung der Geschlechter in dieser thierischen Leiblichkeit nach sich zog. Die Verschiedenheit der Geschlechter ist somit gleichfalls erst Folge der Sünde, und nicht in der menschlichen Natur als solcher begründet[8]). Der Zweck dieser Ausscheidung der Geschlechter ist aber die fleischliche Fort-

---

1) Ib. l. 4, 12. p. 799. — 2) Ib. l. 4, 9. — 3) Ib. l. 2, 26. — 4) Ib. l. 2, 23. p. 571. — 5) Ib. l. 4, 6. l. 5, 7. — 6) Comment. 313, b. — 7) De div. nat. l. 2, 23. p. 571.

8) Ib. l. 4, 12. p. 799. l. 2. 6. Reatu suae praevaricationis homo obrutus suae naturae divisionem in masculum et foeminam est passus l. 2, 9. l. 4, 23.

pflanzung. Nachdem nämlich der Mensch die thierische Natur angenommen, konnte die Vervielfältigung der allgemeinen Menschennatur in die Individuen nicht mehr in geistiger Weise sich vollziehen; sie musste jetzt auf dem Wege thierischer Lust vor sich gehen; es musste die fleischliche Zeugung als Medium der Vervielfältigung der Menschennatur in den Individuen eintreten[1]. Und so kann nun die im göttlichen Rathschlusse prädestinirte Anzahl der Menschen auch nicht mehr gleichzeitig in die Wirklichkeit eintreten, die Fortpflanzung kann blos im Nacheinander sich vollziehen; die Vollzahl der Menschen kann sich daher gleichfalls nur in continuirlicher Aufeinanderfolge während eines bestimmten Zeitraums erfüllen, und so lange, bis solches geschehen, muss die Erscheinungswelt fortdauern[2]).

Das ist also der Zustand, in welchen der Mensch in Folge der Sünde herabgesunken ist. Durch die fleischliche Generation nun pflanzt sich die Sünde des ersten Menschen auf alle seine Nachkommen fort[3]). Denn in dem ersten Menschen als dem allgemeinen Menschen waren, wie wir bereits gehört haben, alle einzelnen Menschen ihren Gründen nach geschaffen. Folglich haben sie in ihm auch alle gesündigt, und muss daher die Sünde des ersten Menschen auch auf alle seine Nachkommen übergehen[4]). Daher jener Widerstreit zwischen Sinnlichkeit und Vernunft in uns, welcher keineswegs in unserer Natur begründet, sondern nur die Folge der Sünde sein kann[5]).

Allein wenn auch die menschliche Natur in Folge der Sünde in einen Zustand herabgesunken ist, welcher mit ihrem frühern Zustande gar nicht mehr verglichen werden kann, so hat sie doch durch den Sündenfall nicht ganz und gar ihre Würde verloren. „In unserer Erschlaffung haben wir weder Gott ganz verlassen, noch er uns; zwischen ihn und unsern Geist trat keine Creatur dazwischen. Der Aussatz der Seele oder des Körpers hat die Geistesschärfe, womit wir erkennen und worin am meisten des Schöpfers Bild besteht, nicht vertilgt[6]). Trotz der Sünde hat die menschliche Natur die Blüte der Schönheit und die Integrität der Wesenheit niemals verloren, noch kann sie je dieselbe verlieren. Die göttliche Form bleibt immer unveränderlich; doch wurde sie zur Strafe der Sünde des Vergänglichen theilhaftig[7]).“ Nicht verlor also der Mensch seine Natur; denn diese ist, weil nach

---

1) Ib. l. 2, 6. Et quoniam homo divinum modum multiplicationis suae observare noluit, in pecorinam corruptibilemque ex masculo et femina numerositatem justo judicio redactus est. 12. l. 4, 5. p. 760 sqq. 12. p. 799. 23.
2) Ib. l. 4, 12. p. 799. — 3) Ib. l. 4, 23. p. 847. — 4) Ib. l. 2, 25. — 5) Cf. ib. l. 4, 23. p. 847. 25. p. 855. — 6) Ib. l. 2, 5.
7) Ib. l. 5, 6. Magisque dicendum, quod ipsa natura, quae ad imaginem Dei facta est, suae pulchritudinis vigorem integritatemque essentiae nequaquam perdidit, neque perdere potest. Divina siquidem forma incommutabilis permanet, capax tamen corruptibilium poena peccati facta est.

dem Bilde und Gleichnisse Gottes geschaffen, incorruptibel; er verlor aber jene Glückseligkeit, deren er theilhaftig geworden wäre, falls er nicht gesündigt hätte¹). Vernunft und Freiheit ist ihm auch in seinem Falle noch geblieben²). Auch ist er nicht ganz unwissend über sich selbst und über seinen Schöpfer geworden, weil sonst der Zug nach Glückseligkeit, welcher in ihm zurückgeblieben ist, unerklärlich bliebe³). Das Gleiche gilt von seiner höhern geistigen Leiblichkeit. Auch diese ist nicht verloren, sondern sie ist nur verborgen unter der Hülle des materiellen Körpers und offenbart sich in den unveränderlichen Formumrissen des letztern dem Auge des Geistes⁴).

§. 32.

Ist dieses die Lehre Erigena's von dem Sündenfalle des Menschen und seinen Folgen, so allegorisirt Erigena dieser seiner Anschauung gemäss die Urgeschichte des Menschen, wie sie in der heiligen Schrift enthalten ist. Der Literalsinn dieser Geschichte verschwindet ihm hiebei gänzlich⁵); die lateinischen Väter, welchen dieser Literalsinn als der primäre erscheint, weist er höflich ab, indem er seine eigene Meinung zwar nicht über die ihrige setzen will⁶), aber doch die Ansicht ausspricht, dass die lateinischen Väter in ihrer Erklärungsweise sich nur der Fassungskraft des Volkes accommodirt hätten⁷). Da ist das Paradies, wie schon erwähnt, nur der ursprüngliche Zustand der menschlichen Natur in ihrer Primordialursache⁸); der Baum des Lebens, sowie alle übrigen Bäume des Paradieses, von welchen Gott dem Menschen zu essen gestattete, sind Christus, der menschgewordene Gott, durch welchen Dasein und Leben der menschlichen Natur bedingt ist⁹); die Quelle, welche am Fusse des Baumes entsprang,

---

1) Ib. l. 2, 5. l. 3, 35. l. 5, 2. p. 868. Non enim homo naturam suam perdidit, quae quoniam ad imaginem et similitudinem Dei facta est, necessario incorruptibilis est; perdidit autem felicitatem, quam adepturus esset, si obediens Deo esse non contemneret.

2) Ib. l. 4, 9. p. 777. De praed. c. 4, 6. Quamvis homo beatam vitam peccando perdidit, substantiam suam non amisit, quae est esse, velle, scire . . . Si dixerimus, libertatem eum perdidisse, perdidit igitur suam naturam. Si autem ratio edocet, nullam naturam posse perire, prohibemur dicere, liberam voluntatem eum perdidisse.

3) De div. nat. l. 4, 9. Casus quippe naturae humanae maximus et miserrimus erat, scientiam et sapientiam sibi insitam deserere, et in profundam ignorantiam suimet et creatoris sui labi, quamvis appetitus beatitudinis, quam perdiderat, etiam post casum in ea remansisse intelligatur, qui in ea nullo modo remaneret, si seipsam et Deum suum omnino ignoraret.

4) Ib. l. 2, 26. l. 4, 12. p. 800 sqq. 13.

5) Ib. l. 5, 1. — 6) Ib. l. 4, 15. p. 813 sqq. — 7) Ib. l. 4, 14. l. 5, 37. p. 966 sqq. 38. p. 1015. — 8) Ib. l. 4, 21. p. 841. — 9) Ib. l. 4, 16. p. 823 sqq. 17.

und in die vier Flüsse sich zertheilte, ist gleichfalls Christus, so fern er im Menschen die Quelle der vier Haupttugenden ist, welche sich dann in den besondern guten Werken offenbaren¹); der Baum der Erkenntniss des Guten und Bösen ist die sinnliche Erkenntniss, weil in ihr das Böse unter dem Schein des Guten sich darstellt, und sie daher die Seele zu täuschen, die Begierden in ihr zu erregen geeigenschaftet ist, wenn die Seele das Böse von dem Scheine des Guten, unter welchem es ihr in der sinnlichen Erkenntniss entgegentritt, nicht unterscheidet²); die Schlange, welche das Weib zur Sünde verführte, ist die sinnliche Lust, welche aus jener Täuschung des Sinnes im Menschen entsprang³); das Weib, an welches die Schlange zuerst herantrat, ist die Sinnlichkeit, in welcher jene Lust erregt wurde⁴); der Mann, welchen wiederum das Weib zur Sünde verführte, ist die Vernunft, welche durch die Sinnlichkeit zur Einwilligung in die böse Lust hingezogen wurde⁵); die gegenseitige Anklage zwischen Mann und Weib vor Gott endlich ist jener Streit zwischen Sinnlichkeit und Vernunft, welcher in Folge der Sünde hervorgetreten ist⁶). Damit hängt denn nun auch die Betäubung und der Schlaf, in welche nach der Erzählung der heiligen Schrift Adam verfiel, zusammen. „Diese Betäubung Adams war die Hinwendung seiner Aufmerksamkeit, welche er immer und unwandelbar auf den Schöpfer hätte richten sollen, auf die sinnlichen Freuden und auf die Begierde nach dem Geschlechtsgenuss. Darauf folgte nun der Schlaf, d. h. der Mensch schied sich ganz von dem Leben der ewigen und seligen Betrachtung Gottes, und fiel, leer an aller Tugend, in die sinnliche Lust, fast auf alle Geistigkeit verzichtend." Während dieses Schlafes erzählt die heilige Schrift dann die Schöpfung des Weibes, um anzudeuten, dass die menschliche Natur, wenn sie nicht ihre Integrität, in welcher sie zum Bilde Gottes gemacht war, verlassen hätte, sondern immer in der Betrach-

---

1) Ib. l. 4, 16. p. 822.
2) Ib. l. 4, 16. p. 826 sqq. In sensu corporeo, qui a Graecis αἴσθησις vocatur, γνωστόν, h. e. lignum scientiae boni et mali constituitur, malitia videlicet in phantasia boni colorata, vel malum configuratum bono, vel ut simpliciter dicam: falsum bonum, vel malum sub figura boni latens, cujus fructus mixta scientia est, h. e. confusa. Confunditur enim ex malo latente et ex forma boni patefacta, ac per hoc seducit primo sensum, in quo est, veluti quandam mulierem discernere non valentem inter malitiam quae latet, et formam boni, qua ipsa malitia ambitur. Malitia siquidem per se deformitas quaedam est et abominabilis turpitudo, quam si per seipsam errans sensus cognosceret, non solum non sequeretur, neque ea delectaretur, verum etiam fugeret et abhorreret. Errat autem insipiens sensus, ac per hoc decipitur, credens malum bonum et pulchrum esse, et ad usum suave. 17.
3) Ib. l. 4, 17. — 4) Ib. l. 4, 15. p. 813. 17. — 5) Ib. l. 4, 17. 18. p. 833. cf. l. 2, 12. — 6) Ib. l. 4, 23. p. 847. 25. p. 855.

tung der Wahrheit unwandelbar geblieben wäre. die Trennung in zwei Geschlechter, nach Art der vernunftlosen Thiere, nicht erlitten haben würde ¹).

Betrachtet man die bisher ausgeführten allegorischen Deutungen näher, so sieht man leicht, dass nach diesen die erste Sünde eigentlich keine andere war, als die fleischliche Lust. Aber ebenso klar ist es auch, dass eine solche Sünde, um überhaupt möglich zu sein, schon den empirischen Menschen als solchen voraussetzt; denn wo kein „thierischer Körper," da ist auch keine thierische Lust. Und doch soll der materielle Leib erst in Folge der Sünde entstanden sein. Diesen Widerspruch sucht Erigena damit zu beseitigen, dass er der heiligen Schrift in ihrer Erzählung geradezu ein Hysteron Proteron unterschiebt. Die ganze Versuchungs- und Verführungsgeschichte des Menschen von der Betäubung Adams an hat sich nach Erigena erst zugetragen, als der Mensch bereits aus dem Paradiese vertrieben, also in den empirischen Zustand herabgesunken war; und die heilige Schrift erzählt nur diese Geschichte früher, als sie eigentlich sollte; wie sie ja auch sonst dieses oft thut; wie wenn sie z. B. erzählt, dass nach dem Tode Jesu sich die Gräber öffneten und die Leiber der Heiligen aus diesen hervorgingen, was doch in der That erst nach der Auferstehung Christi geschah ²). Dass diese Ausflucht ungereimt sei, leuchtet von selbst ein, um so mehr. da ja die Vertreibung des Menschen aus dem Paradiese oder das Herabsinken desselben in den empirischen Zustand nicht mehr Folge der Sünde sein könnte, wenn die Sünde diesem Ereigniss erst nachgefolgt wäre. Doch weiss Erigena auch für diese Schwierigkeit eine Lösung. Die erste Sünde, sagt er, ist eigentlich nicht jene gewesen, welche die heilige Schrift als solche aufführt. Diese ist vielmehr erst die Folge der ersten Sünde gewesen. Die erste Sünde und der Anfang des Bösen im Menschen war eigentlich der Hochmuth, in welchem sich der Mensch innerlich von Gott abwendete. Durch diesen Hochmuth fiel der Mensch zuerst in sich selbst, bevor er vom Teufel versucht wurde ³). Der Stolz ist also der erste Hervortritt und Ausgang der Ursünde, worin Alle gesündigt haben ⁴). Erst als der Mensch durch den Stolz sich von Gott abgewendet hatte und bereits im Herabsinken in seinen gegenwärtigen Zustand begriffen war, konnte er vom Teufel versucht und verführt werden ⁵). Der Geist hätte der sinnlichen Lust nicht

---

1) Ib. l. 4, 20. l. 2, 6. — 2) Ib. l. 4, 20. p. 837 sq. cf. 18. p. 833. — 3) Ib. l. 4, 15. p. 811. l. 2, 25.

4) Ib. l. 5, 31.... Et initium (superbia) dicitur, non causa, quia prima progressio est et manatio primordialis peccati, in quo omnes peccaverunt.

5) Ib. l. 4, 15. p. 811. Homo prius in se ipso lapsus est, priusquam a diabolo tentaretur; nec hoc solum, verum etiam non in paradiso, sed descendente eo, propriaque voluntate a paradisi felicitate, quae Jerusalem vocabulo, hoc est

beigestimmt, wenn er nicht selbst vorher durch Stolz gesündigt hätte. Stolz mit unerlaubter fleischlicher Begierde zusammen haben die menschliche Natur in die Damnatio mortis gebracht ¹). Und zwar verfiel der Mensch in die Sünde des Stolzes sogleich nach seiner Schöpfung. Es verfloss keine Zeit zwischen seiner Schöpfung und seinem Falle ²). Deshalb tritt er denn auch sogleich nach seiner Schöpfung mit der materiellen Leiblichkeit auf, und erscheint nie ohne diese.

Das ist die eine Erklärungsweise, durch welche Erigena die oben angeregte Schwierigkeit zu lösen sucht. Er scheint jedoch selbst durch dieselbe nicht befriedigt zu sein, und deshalb schliesst er sich anderwärts auch wieder der Ansicht des Gregor von Nyssa an, nach welcher Gott den Sündenfall des Menschen vorausgesehen, und in dieser Voraussicht ihn sogleich bei seiner Schöpfung mit dem materiellen Leibe bekleidet habe ³). Allein mit dieser Annahme ist im Grunde gar Nichts ausgerichtet. Denn wenn es denn doch feststeht, dass der Mensch erst im empirischen Zustande jene Sünde begehen konnte, in welcher die innere Sünde des geistigen Hochmuthes ihren äussern Ausdruck gefunden hat: wie kann man dann noch sagen, dass Gott in der Voraussicht der Sünde des Menschen diesen mit dem empirischen Leibe bekleidet habe? Er würde ihm ja gerade dadurch das Mittel geboten haben, um die Sünde, welche er beging, zur ganzen Vollendung bringen zu können. Und so sieht sich denn Erigena endlich zu einer Behauptung hingetrieben, welche uns den innersten Kern seiner Lehre enthüllt. Wir haben schon gehört, dass nach Erigena's Ansicht der Mensch nie wirklich ohne Sünde war, dass er keinen Augenblick im Guten festgestanden sei; denn hätte er nur einen Augenblick ausgeharrt, dann hätte er nothwendig zu einer Vollkommenheit gelangen müssen, welche für die Zukunft die Sünde ausgeschlossen und unmöglich gemacht hätte ⁴). Worin liegt nun aber der Grund hievon, dass der Mensch schon im ersten Augenblicke seines Daseins mit der Sünde behaftet war? Dieser Grund, antwortet Erigena, liegt in der

---

visionis pacis intelligitur, desereute, et in Jericho, h. e. in hunc mundum labente, a diabolo sauciatus est et beatitudine spoliatus.

1) Ib. l. 4, 23. p. 848. Superbia itaque animi carnalisque sensus illicita delectatio, sibi invicem copulatae, naturam humanam mortis damnationi tradiderunt.

2) Ib. l. 4, 20. p. 838. Porro si nullum spatium temporis inter conditionem hominis et lapsum divina tradit historia, quid aliud datur intelligi scripturae silentio, nisi hominem mox ut conditus est, superbiisse, ac per hoc corruisse? 15. p. 809 sqq.

3) Ib. l. 4, 14. p. 807 sq. Quoniam igitur Deus de sua praescientia, quae falli non potest, certissimus erat, etiam priusquam homo peccaret, peccati consequentia in homine et cum homine simul concreavit. 23. p. 846. Vgl. meine Gesch. der patrist. Phil. §. 127. S. 303 ff.

4) Ib. l. 4, 15. p. 809 sqq.

Veränderlichkeit des freien Willens, mit welcher der Mensch geschaffen wurde; denn diese Veränderlichkeit ist die Ursache des Bösen, und *als Ursache des Bösen ist sie selbst etwas Böses*[1]). Hienach tritt also das Böse mit dem Menschen selbst in's Dasein; es ist eigentlich in seiner Natur begründet, so fern diese den veränderlichen Willen in sich schliesst: diese Veränderlichkeit des Willens ist das radikal Böse im Menschen, ohne welches dieser nicht in's Dasein treten konnte. Und so kann zuletzt das empirische Dasein des Menschen nur mehr als eine natürliche Folge jenes radikal Bösen gedacht werden, welches in seiner Natur selbst angelegt ist. Wie sehr diese Lehre mit dem oben ausgeführten Princip, dass das Böse keine natürliche Ursache habe, sondern incausal sei, im Widerspruch stehe, liegt auf offener Hand. Aber solche Widersprüche lassen sich nun einmal auf dem Standpunkte, auf welchem Erigena steht, nicht vermeiden. Der Abfall des idealen Menschen von Gott muss hinreichend motivirt sein; dieses aber ist er nicht, so lange nicht angenommen wird, dass der Keim und die Wurzel dieses Abfalles in seiner Natur angelegt sei. Denn nur dadurch kann eine gewisse Nothwendigkeit in dem Processe der Entstehung des empirischen Menschen gewonnen werden, welche Nothwendigkeit eine unabweisbare Forderung des pantheistischen Standpunktes ist.

Reflectiren wir nun auf das Ganze dieser Lehre von dem Ursprung des empirischen Menschen, so können wir nicht verkennen, dass hier die alte platonische Praeexistenz wiederkehrt, nur dass Erigena, wie gesagt, den überzeitlichen Abfall der menschlichen Natur von Gott nicht mehr, wie solches in der platonischen Lehre stattfindet, in einem freien Acte der Seele gründen lässt, sondern ihn in so ferne als nothwendig denkt, als er dessen Grund in ein wesentliches Moment der menschlichen Natur selbst einträgt, nämlich in den Willen, so fern derselbe von Natur aus veränderlich ist. Erigena geht hier offenbar wieder ganz und gar in den neuplatonischen Gedanken ein, indem er die platonische Praeexistenzlehre nicht in ihrer ursprünglichen Form stehen lässt, sondern die neuplatonische Fassung derselben adoptirt.

So viel über Erigena's Lehre von der Entstehung des empirischen Menschen. Reflectiren wir nun aber auf den innern Wesenszusammenhang, welchen Erigena zwischen dem Menschen und der sichtbaren

---

1) Ib. l. 4, 14. p. 808. Ac per hoc datur intelligi, hominem peccato nunquam caruisse: sicut nunquam intelligitur absque mutabili voluntate substitisse. Nam et ipsa irrationabilis mutabilitas liberae voluntatis, quia causa mali est, nonnullum malum esse necesse est. Causa siquidem mali malam non esse quis audeat dicere, quandoquidem libera voluntas ad eligendum bonum data se ipsam servilem fecit ad sequendum malum?

Welt festhält, so werden die Consequenzen jener Lehre noch weiter gehen müssen. Wenn im Menschen Alles geschaffen ist, wenn in seiner Natur alle Momente des creatürlichen Daseins sich concentriren: dann folgt daraus nothwendig, dass die Erscheinungswelt ursprünglich in demselben verklärten, vergeistigten Zustande sich befunden haben müsse, wie der erste Mensch. Und wenn dieses, dann muss dieselbe Catastrophe, welche das Herabsinken des idealen Menschen in den empirischen Zustand herbeiführte, auch der Grund der Entstehung der Erscheinungswelt in ihrer sichtbar materiellen Gestalt sein, in welcher sie uns gegenwärtig erscheint. Die Entstehung der Erscheinungswelt als solcher muss gleichfalls auf den Abfall des Menschen von Gott reducirt werden. Und in der That behauptet Erigena, dass die ideale Welt nicht in die Vielheit der sinnlich wahrnehmbaren Gattungen, Arten und Individuen auseinander gegangen, also die Erscheinungswelt als solche nicht entstanden wäre, wenn Gott den Abfall des Menschen nicht vorausgesehen hätte¹).

Der idealistische Pantheismus kann die Entstehung der sinnlichen Welt aus dem göttlichen Sein in keiner Weise erklären, wenn er nicht dazu sich versteht, den salto mortale des Abfalls zwischen das göttliche und creatürliche Sein hineinzusetzen. Der Neuplatonismus hatte schon im Alterthum den Beweis hiefür geliefert; Erigena musste sich nothwendig auch hierin dem Neuplatonismus anschliessen. Er hat es gethan. So allein konnte er für die Existenz der dritten Natur als solcher einen Schein von Zufälligkeit und Zeitlichkeit gewinnen, und so in Etwas seine Behauptung rechtfertigen, dass die ideale Welt ewig sei, die Erscheinungswelt dagegen einen Anfang genommen habe. Freilich ist und bleibt diese Zufälligkeit und Zeitlichkeit doch immer nur eine scheinbare, weil ja der Abfall des Menschen doch in seiner Natur begründet ist; aber der Schein war doch gerettet, und auf etwas Anderes kann eine solche idealistisch-pantheistische Theorie vermöge ihres Wesens selbst doch nicht ausgehen.

§. 33.

Kehren wir aber wieder zur anthropologischen Lehre Erigena's zurück, so sind wir nun, nachdem wir die Theorie der Entstehung des empirischen Menschen entwickelt haben, bei jenem Punkte angelangt, wo Erigena die wissenschaftliche Construction der *vierten* Natur in Angriff nimmt. Wenn nämlich der Mensch zur Strafe für seinen Abfall von Gott in diesen empirischen Zustand herabgesunken und mit

---

1) De div. nat. l. 2, 7 seqq. 12. Etenim, ut ratio docet, mundus iste in varias sensibilesque species, diversasque partium suarum multiplicitates non erumperet, si Deus casum primi hominis, unitatem suae naturae deserentis, non praevideret.

dem materiellen Körper bekleidet worden ist: so hatte diese Strafe doch wiederum zugleich den Zweck, dass der Mensch durch diese Strafe gebessert würde, d. h. dass er, durch die Strafe so zu sagen gewitzigt und belehrt, von nun an den Willen Gottes mit Eifer und Demuth erfüllen und so wieder in den ursprünglichen Zustand zurückgeführt werden möchte, dessen er durch die erste Sünde verlustig gegangen war [1]). Das Dasein des empirischen Menschen auf dieser Welt hat mithin nur den Zweck der Reinigung von der ursprünglichen Schuld; der Mensch soll von der Sünde hienieden gereinigt werden, damit er wieder in den ursprünglichen Zustand zurückkehren könne [2]). So liegt es in der Absicht Gottes. Und deshalb hat sich nach Erigena in der Vertreibung des Menschen aus dem Paradiese mehr die Barmherzigkeit als die Gerechtigkeit Gottes geoffenbart, weil damit auch zugleich die Heilung des Menschen begonnen hat, ja das Eingehen des Menschen in den empirischen Zustand selbst die Bedingung dieser seiner Reinigung und Heiligung gewesen ist [3]).

Alles, was von einem Princip ausgegangen ist, strebt wieder zu diesem zurück; das Ziel jeglicher Bewegung ist die Rückkehr in jenes Princip, von welchem sie ausgegangen ist. Das ist ein allgemeines Weltgesetz. Es offenbart sich dieses Gesetz in dem ganzen All der Dinge. Die ganze Welt strebt zurück nach jenem Anfange, von welchem sie ausgegangen ist, um in ihm ihre Vollendung zu finden [4]). Keine Creatur strebt das Nichtsein an; sie flieht vielmehr dasselbe;

---

1) Ib. l. 2, 12. Non enim credendum est, divinissimam conditoris clementiam peccantem hominem in hunc mundum retrusisse, quasi quadam indignatione commotam, aut quodam vindicandi motu cupidam; his enim accidentibus divinam bonitatem carere vera ratio indicat. Sed modo quodam ineffabilis doctrinae incomprehensibilisque misericordiae, ut homo, qui liberae voluntatis arbitrio in suae naturae dignitate se custodire noluerat, conditoris sui gratiam suis poenis eruditus quaereret, et per eam divinis praeceptis obediens, quae prius superbiendo neglexerat, ad suum pristinum statum cautus providusque pristinae suae negligentiae superbique casus humilis atque memor rediret, unde iterum gratia et libero arbitrio suae voluntatis custoditus non caderet, nec cadere vellet, nec posset. 25.

2) Ib. l. 4, 5. p. 760.

3) Ib. l. 5, 2. p. 804. Ubi datur intelligi, plus divinae misericordiae, quam vindictae, in expulsione hominis de paradiso fuisse. Non enim conditor imaginem suam voluit omnino damnare, voluit autem eam renovare, multitudineque scientiae exercitare, fusione item sapientiae rigare et illuminare, dignamque efficere, iterum lignum vitae, a quo remota est, adire, coque frui, ne interiret, sed viveret in aeternum. 35.

4) Ib. l. 5, 3. Finis enim totius motus est principium sui; non enim alio fine terminatur, nisi suo principio, a quo incipit moveri, et ad quod redire semper appetit, ut in eo desinat et quiescat. Et non solum de partibus sensibilis mundi, verum etiam de ipso toto id ipsum intelligendum est. Finis enim ipsius principium suum est, quod appetit et quo reperto cessabit, non ut substantia ipsius pereat, sed ut in suas rationes, ex quibus profectus est, revertatur. l. 5, 20. l. 2, 11.

und so weit sie sich auch von ihrem Princip entfernt haben möge; immer will sie wieder zu ihm zurückkehren¹). Ganz besonders aber gilt solches von der vernünftigen Creatur. So tief der Mensch auch in Folge der Sünde gesunken ist; er sucht doch immer und überall seinen Schöpfer, zu dessen Anschauung er geschaffen ist. Der natürliche Zug nach dem Guten, nach dem höchsten Gute, durch welches seine Glückseligkeit bedingt ist, ist in ihm unaustilgbar²). Und dieses allgemeine Rückstreben der Dinge nach ihrem Anfange kann nicht vergebens sein. Es muss eine solche Rückkehr aller Dinge in Gott wirklich stattfinden.

Diese Rückkehr der Dinge in ihr Princip und zunächst des Menschen zu Gott ist nun aber vermittelt durch Christus, den Erlöser der Welt.

Christus ist Gott und Mensch zugleich in Einer, der göttlichen Person³). Die menschliche Natur ist in sich selbst Eins und untheilbar. Indem daher der göttliche Logos die menschliche Natur annahm, hat er sie ganz angenommen, um sie ganz zu erlösen⁴). Er hat sie aber angenommen nicht in ihrer reinen Wesenheit, sondern mit all dem, was in Folge der Sünde sich ihr angehängt hat, um Alles, was in uns ist, zu restauriren⁵). Alle Theile der menschlichen Natur nahm er an, Leib, Sinne, Seele und Intellect, und vereinte sie in sich. Nichts vom Menschen, mit Ausnahme der Sünde, liess er zurück⁶).

Aber indem er die menschliche Natur in solcher Weise annahm, nahm er mit dem Körper auch alle körperliche Wesenheit an, mit der Annahme des Sinnes alle sinnliche, mit der Seele alle vernünftige und auch die Lebenskraft, endlich mit dem menschlichen Intellect alle intellectuellen Wesenheiten. So hat er alle Creatur aufgenommen und in sich vereinigt, um alle Creatur zu erlösen⁷). Nicht blos den Menschen, auch jeder sinnlichen Creatur, und nicht weniger den Engeln als den Menschen hat ja die Incarnation genützt; den Engeln zur Erkenntniss des Wortes, den Menschen zur Erlösung und Erneuerung ihrer Natur. „Vor der Incarnation war ja das Wort jeder sichtbaren und unsichtbaren Creatur unfasslich, weil entfernt und geheim über Allem, was ist und was nicht ist, was gesagt und erkannt wird; incarnirt aber, in gewisser Weise herabsteigend, geht es durch eine wunderbare und unaussprechliche und endlos vielfache Theophanie in die Kenntniss der englischen und menschlichen Natur ein, macht den Vater und die ganze Trinität offenbar, und über Allen unbekannt.

---

1) Ib. l. 5, 8. 34. — 2) Ib. l. 5, 8. 26. — 3) Ib. l. 5, 36. — 4) Ib. l. 5, 27. p. 922 sqq. 31. p. 942. 36.

5) Ib. l. 2, 23. p. 572. Non solum in nostra naturalia, verum etiam in superaddita nobis descendit, ut omnia nostra in seipso restauraret.

6) Ib. l. 2, 18. — 7) Ib. l. 2, 18.

nahm es aus Allen die Natur an, woraus es erkannt würde, die sinnliche und intelligible Welt in sich in unaussprechlicher Harmonie vereinend. In ihm ist also die sichtbare und unsichtbare Welt restaurirt und in eine unaussprechliche Einheit zurückgerufen [1]."

„Und so stieg denn Gott, d. i. das göttliche Wort, in welchem Alles der Ursache nach gemacht wurde und subsistirt, nach seiner Gottheit in die Wirkungen der Ursachen, welche in ihm existiren, herab, nämlich in diese sichtbare Welt, indem er die menschliche Natur annahm, in welcher alle sichtbare und unsichtbare Creatur enthalten ist. Er stieg aber deshalb herab, damit er die Wirkungen der Ursachen, welche er nach seiner Gottheit ewig und unveränderlich besitzt, nach seiner Menschheit rettete und in ihre Ursachen zurückriefe, damit sie selbst darin in einer unaussprechlichen Einigung, sowie die Ursachen selbst gerettet würden. Denn wenn Gottes Weisheit nicht in die Wirkungen der Ursachen, welche in ihm ewig leben, herabstiege, so würde der Grund der Ursachen untergehen; denn wenn die Wirkungen der Ursachen untergehen, würde auch keine Ursache zurückbleiben, sowie auch keine Wirkung bleiben würde, falls die Ursachen untergingen; denn da sie correlat sind, entstehen sie beide zugleich, und gehen zugleich unter oder bleiben zugleich und immer [2]."

Es lässt sich nicht verkennen, dass Erigena hiemit die Menschwerdung als ein wesentliches und nothwendiges Moment des ganzen kosmischen und theogonischen Processes darstellt. Die Rückkehr der Dinge in Gott muss sich vollziehen: so fordert es der Kreislauf des göttlichen Lebens; sie kann sich aber nicht vollziehen ohne das Herabsteigen des göttlichen Wortes in die Wirkungen der Primordialursachen, d. h. ohne die Menschwerdung. Durch diese vermittelt sich jene Rückkehr. In Christo kehrt die menschliche Natur und die ganze Welt in ihren Anfang zurück [3]. — Doch verfolgen wir den Gedankengang Erigena's weiter.

1) Ib. l. 5, 25. p. 912 sq.
2) Ib. l. 5, 25. p. 911 sq. Deus itaque Dei verbum, in quo omnia facta sunt causaliter et subsistunt, secundum suam divinitatem descendit in causarum, quae in ipso subsistunt, effectus; in istum videlicet sensibilem mundum, humanam accipiens naturam, in qua omnis visibilis et invisibilis creatura continetur.... Non aliam ob causam, ut opinor, nisi ut causarum, quas secundum suam divinitatem aeternaliter et incommutabiliter habet, secundum suam humanitatem effectus salvaret, inque suas causas revocaret, ut in ipsis ineffabili quadam adunatione sicuti et ipsae causae salvarentur. Ac si aperte diceret: Si Dei Sapientia in effectus causarum, quae in ea aeternaliter vivunt, non descenderet, causarum ratio periret; pereuntibus enim causarum effectibus nulla causa remaneret, sicuti pereuntibus causis nulli remanerent effectus; haec enim relativorum ratione simul oriuntur et simul occidunt, aut simul et semper permanent. Vgl. *Huber*, Skotus Erigena, S. 370 ff.
3) Ib. l. 5, 25. p. 912.

Indem Christus vom Tode auferstand, war diese Auferstehung die Rückkehr der menschlichen Natur in ihm zu ihrem ursprünglichen Zustande. Der auferstandene Christus ist geschlechtslos; sein Leib ist nach der Auferstehung ein geistiger, unsterblicher und himmlischer [1]. So hat er in sich die Erde in's Paradies zurückgeführt. Denn Alles, was er von der Erde empfangen, das materielle Fleisch mit allen seinen Accidenzen und die männliche Gestalt, hat er in sich in die geistige Natur verwandelt [2]. Aber noch mehr. Indem Christus in den Himmel auffuhr, ist die menschliche Natur in ihm in Gott selbst übergegangen, sie ist mit der Gottheit ganz Eins, ja in diese selbst verwandelt worden. Die Substanz der menschlichen Natur hat sich in Christo mit der Substanz der göttlichen Natur verschmolzen [3]. Daher ist auch Christi Menschheit, nachdem sie in den Himmel emporgestiegen, nicht mehr den Bedingungen der Räumlichkeit unterworfen. Wie die Gottheit Christi unräumlich ist, so auch seine Menschheit. Dasselbe gilt in Bezug auf die Zeit, die Qualität, Quantität und alle begränzenden Formen [4]. Christus ist somit nicht blos als Gott, sondern auch als Mensch, nach seiner Leiblichkeit nämlich, allgegenwärtig [5]. „Wenn Christus sagt: Ich und der Vater sind Eins, so gilt das nicht allein von seiner Gottheit, sondern von der ganzen Substanz, von dem Menschen und Gott; und deshalb ist der ganze Christus, nämlich das Wort und das Fleisch, überall und wird durch keinen Raum gebunden, weder ganz, noch theilweise, weder in der Gottheit, noch in der Menschheit, aus welchen beiden die ganze Substanz Christi gebildet ist [6]." Diese Verwandlung der Menschheit in die Gottheit, diese Erhebung der erstern zur Ueberräumlichkeit und Ueberzeitlichkeit in Gott, wie solche in Christo sich vollzogen hat, ist dasjenige, was dem verherrlichten Christus vor allen Dingen eigen ist. Bis zu dieser Stufe kann kein anderes Wesen sich erheben. „Das behielt sich," sagt Erigena, „das Haupt der Kirche vor, dass nicht nur seine Menschheit der Gottheit theilhaftig wäre, sondern die Gottheit selbst würde, nachdem Christus zum Vater hinaufstieg, zu welcher Höhe keiner als er hinaufsteigt, noch hinaufsteigen wird [7]."

---

1) Ib. l. 2, 9. 10. 11. l. 5. 20. p. 894. — 2) Ib. l. 5. 20. p. 894. — 3) Ib. l. 5, 8. p. 877. 20. p. 894. 25. p. 911. — 4) Ib. l. 2, 11.

5) Ib. l. 5, 38. l. 2. 11. Satis ac plane indicat (Christus), ipsum non solum secundum Verbum, quo omnia implet, et super omnia est, verum etiam secundum carnem, quam in unitatem suae substantiae vel personae accepit et ex mortuis suscitavit, et in deum transmutavit, semper et ubique esse, non tamen localiter seu temporaliter, nec ullo modo circumscriptum . . . . Noli ergo in loco figere Christi humanitatem, quae post resurrectionem translata est in divinitatem. Divinitas Christi in loco non est, igitur neque ejus humanitas.

6) Ib. l. 5, 37. p. 992.

7) Ib. l. 5, 25. p. 911. Hoc enim proprium caput ecclesiae sibi ipsi reserva-

§. 34.

So ist denn in Christo bereits die menschliche Natur und in ihr die Gesammtheit der Dinge zu Gott zurückgekehrt, und hat sich in ihm vollendet. Was aber in Christo geschah, das muss nun auch in allen andern Dingen geschehen; alle müssen sie in Christo in ihren Anfang zurückkehren¹). Erst wenn die Rückkehr von dem Centrum aus, welches Christus ist, sich auch in der ganzen Peripherie vollendet hat, hat der ganze Weltprocess seinen Abschluss gewonnen. Es vollzieht sich aber diese Rückkehr aller Dinge in Gott durch Christum in drei Stufen. „Die erste Rückkehr," sagt Erigena, „wird allgemein in der Verwandlung der ganzen sinnlichen Creatur, welche innerhalb dieses Weltraumes enthalten ist, erkannt, d. h. alle Körper, sei es, dass sie den Sinnen zugänglich sind, oder wegen zu grosser Subtilität ihnen entgehen, sei es, dass sie nur durch die Lebenskraft, heimlich und offen, vegetiren, oder dass sie mit einer unvernünftigen Seele oder mit körperlichen Sinnen begabt sind, kehren durch das Medium ihres Lebens in ihre geheimen Ursachen zurück. Die zweite Rückkehr besteht in der Rettung der ganzen menschlichen Natur in Christo und in ihrer Wiedereinsetzung in jenen Zustand, in welchem sie ursprünglich war geschaffen worden. Durch Christi Verdienst, dessen Blut für das gemeinsame Heil der Menschheit vergossen wurde, wird der Mensch in das Paradies, d. i. in die Würde des göttlichen Ebenbildes wieder eingesetzt werden, so dass keiner, mag er gut oder schlecht in diesem Leben gelebt haben, der natürlichen Güter, in welche er gesetzt wurde, beraubt wird. Die dritte Rückkehr endlich findet in jenen statt, welche nicht nur zur Erhabenheit ihrer Natur emporsteigen werden, sondern durch die Fülle der göttlichen Gnade, welche durch Christus und in demselben seinen Auserwählten ertheilt wird, über alle Gesetze und Schranken der Natur überwesentlich in Gott selbst übergehen werden, eins in ihm und mit ihm werdend²)."

---

vit, ut non solum ejus humanitas particeps Deitatis, verum etiam ipsa Deitas, postquam ascendit ad Patrem, fieret; in quam altitudinem nullus praeter ipsum ascendit nec ascensurus est.

1) Ib. l. 2, 23. p. 575. l. 5, 20. p. 895.
2) Ib. l. 5, 39. p. 1020. Cujus reditus triplex occurrebat modus. Quorum primus quidem generaliter in transmutatione totius sensibilis creaturae, quae intra hujus mundi ambitum continetur, h. e. omnium corporum seu sensibus corporeis succumbentium, seu prae nimia sui subtilitate fugientium, consideratur, ita ut nullum corpus sit intra textum corporeae naturae, sive vitali motu solummodo, seu occulte, seu aperte vegetatum, seu irrationabili anima corporeoque sensu pollens, quod non in suas occultas causas revertatur per vitae suae medietatem; ad nihilum enim nihil redigetur in his, quae substantialiter a causa omnium substituta sunt. Secundus vero modus suae speculationis obtinet in reditu generali totius humanae naturae in Christo salvatae in pristinum suae conditionis

Wir sehen hienach, dass Erigena in der Rückkehr der Dinge in Gott gewisse Grade oder Abstufungen annimmt. Die natürlichen Dinge kehren in ihre Primordialursachen zurück und bleiben hiebei stehen. In Bezug auf die menschliche Natur dagegen ist zwischen einer allgemeinen und besondern Rückkehr zu unterscheiden. Alle Menschen kehren in das Paradies, d. h. in ihren ursprünglichen Zustand zurück; sie vereinigen sich wieder in ihrer Primordialursache; die Auserwählten dagegen steigen noch höher, sie kehren nicht blos in das Paradies zurück, sondern essen auch von dem Baume des Lebens, d. h. sie werden mit Gott eins, sie werden vergöttlicht[1]. Diese Vergöttlichung ist ausschliesslich Werk der Gnade, während die Auferstehung, d. i. die Verklärung der Natur, zugleich Werk der Gnade und der Natur ist[2]. Die Vergöttlichung der Auserwählten ist somit das höchste Ziel der Erlösung[3].

Es beschreibt nun aber die Rückkehr der Auserwählten in den Stand der Vergöttlichung wieder sieben Stufen. „Die erste wird sein die Verwandlung des irdischen Leibes in die Lebenskraft, die zweite die der Lebenskraft in den Sinn, die dritte die des Sinnes in die Vernunft, die vierte die der Vernunft in den Geist, worin das Ziel der ganzen gegenwärtigen Creatur gesetzt ist. Nach dieser fünfmaligen Einigung der Theile unserer Natur, nämlich von Körper, Lebenskraft, Sinn, Vernunft und Geist, so dass sie nicht mehr fünf, sondern Eines sind, indem die untern immer von den höhern verzehrt wurden, nicht, damit sie nicht sind, sondern damit sie Eins seien, folgen die weitern Grade des Aufsteigens, wovon der eine in dem Uebergange des

---

statum, ac veluti in quemdam paradisum in divinae imaginis dignitatem, merito unius, cujus sanguis communiter pro salute totius humanitatis fusus est, ita ut nemo hominum naturalibus bonis, in quibus conditus est, privetur, sive bene, sive male in hac vita vixerit. Ac sic divinae bonitatis et largitatis ineffabilis et incomprehensibilis diffusio in omnem humanam naturam apparebit, dum in nullo punitur, quod a summo bono manat. Tertius de reditu theoriae modus versatur in his, qui non solum in sublimitatem naturae in eis substitutae ascensuri, verum etiam per abundantiam divinae gratiae, quae per Christum et in Christo electis suis tradetur, supra omnes naturae leges ac terminos superessentialiter in ipsum Deum transituri sunt, unumque in ipso et cum ipso futuri.

1) lb. l. 5, 36. p. 978 sqq. Tota itaque humanitas in ipso, qui eam totam assumsit, in pristinum est reversura statum, in Verbo Dei videlicet incarnato. Qui reditus duobus modis consideratur, quorum unus est, qui totius humanae naturae docet in Christo restaurationem, alter vero, qui non solum ipsam restaurationem generaliter respicit, verum etiam eorum, qui in ipsum Deum ascensuri sunt, beatitudinem et deificationem. Aliud enim est, in paradisum redire', aliud, de ligno vitae comedere..... Ligui autem vitae, quod est Christus, fructus est beata vita, pax aeterna in contemplatione veritatis, quae proprie dicitur deificatio. 20. p. 893 sqq. 21. 23. p. 907.

2) lb. l. 5, 23. l. 2, 23. — 3) lb. l. 3, 15 l. 5, 36. p. 972.

Geistes in die Wissenschaft von Allem, was nach Gott ist, besteht; der andere in dem Uebergange der Wissenschaft in die Weisheit, d. i. in die innigste Anschauung der Wahrheit, so weit sie der Creatur zugestanden wird; der letzte endlich der höchste auf übernatürliche Weise geschehende Untergang der reinsten Geister in Gott selbst ist; die Finsterniss jenes unbegreiflichen und unnahbaren Lichtes, in welcher die Ursachen aller Dinge verborgen sind. Dann wird die Nacht wie der Tag erleuchtet werden, d. h. die geheimsten göttlichen Mysterien werden den seligen und erleuchteten Geistern offenbar werden [1]). Durch eine achtfache Erhebung also wird die menschliche Natur in ihr Princip zurückkehren; durch eine fünffache nämlich innerhalb der Gränzen der Natur, durch eine dreifache übernatürliche und überwesentliche aber innerhalb Gott selbst. So wird die Fünfzahl der Creatur mit der Dreizahl des Schöpfers vereinigt, und in Keinem wird etwas Anderes ausser Gott erscheinen, gleichwie uns im Aether nur das Sonnenlicht entgegenstrahlt [2])."

Anderwärts lässt Erigena die Rückkehr der menschlichen Natur im Besondern in fünf Stufen sich vollziehen. „Die erste Rückkehr findet statt, wenn der Körper aufgelöst und in die vier Elemente der sichtbaren Welt, woraus er zusammengesetzt ist, zurückgerufen wird. Die zweite wird in der Auferstehung erfüllt, wenn ein Jeder seinen eigenen Leib aus der Vereinigung der vier Elemente wieder empfangen wird. Die dritte, wenn der Leib in den Geist verwandelt wird. Die vierte, wenn der Geist, und, damit ich es offener sage, wenn die ganze Menschennatur in die Urgründe zurückkehren wird, welche immer und unveränderlich in Gott sind. Die fünfte, wenn die menschliche Natur mit ihren Gründen zu Gott bewegt werden wird, so wie die Luft in Licht verwandelt wird. Da wird Gott Alles in Allem sein, wenn Nichts mehr sein wird, als Gott allein [3])."

---

1) Ib. l. 5, 39. p. 1020. Quorum (electorum scilicet) recursio veluti per quosdam gradus septem discernitur. Ac primus erit mutatio terreni corporis in motum vitalem, secundus vitalis motus in sensum, tertius sensus in rationem, dehinc rationis in animum, in quo finis totius rationalis creaturae constituitur. Post hanc quinariam veluti partium nostrae naturae adunationem, corporis videlicet, et vitalis motus, sensusque rationisque intellectusque, ita ut non quinque, sed unum sint, inferioribus semper a superioribus consummatis, non ut non sint, sed ut unum sint, sequentur alii tres gradus ascensionis, quorum unus transitus animi in scientiam omnium, quae post Deum sunt, secundus scientiae in sapientiam, h. e. contemplationem intimam veritatis, quantum creaturae conceditur, tertius, qui est summus, purgatissimorum animorum in ipsum Deum supernaturaliter occasus, ac veluti incomprehensibilis et inaccessibilis lucis tenebrae, in quibus causae omnium absconduntur: et tunc nox sicut dies illuminabitur, h. e. secretissima divina mysteria beatis et illuminatis intellectibus ineffabili quodam modo aperientur.

2) Ib. l. c.

3) Ib. l. 5, 8. p. 876. Prima igitur humanae naturae reversio est, quando corpus solvitur. Secunda in resurrectione implebitur, quando unusquisque suum

Aus dem Gesagten könnte man nun wohl möglicherweise den Schluss ziehen, dass in dieser stufenweisen Rückkehr der Dinge in Gott deren Natur und Substanz sich aufhebe. Allein dem ist nicht so. Wenn das Niedere in das Höhere übergeht, so hebt es sich deshalb in seiner Eigenheit nicht auf, sondern erhebt sich nur in einen höhern, vollkommnern Zustand'). „Das Niedere wird von dem Höhern angezogen und sich einverleibt, nicht damit es nicht mehr sei, sondern auf dass es in jenem vielmehr gerettet werde, und subsistire, und Eins sei²)." „So verliert die Luft ihre Substanz nicht, wenn sie ganz in Sonnenlicht verwandelt wird, so dass nur dieses in ihr erscheint. Das Licht herrscht nur in ihr. Ebenso scheint das Eisen oder irgend ein Metall, wenn es im Feuer flüssig wurde, in Feuer verwandelt zu sein: und doch bleibt die Substanz des Metalls bewahrt. Auf dieselbe Weise dürfte auch die körperliche Natur in den Geist übergehen, nicht auf dass sie als das, was sie ist, untergehe, sondern damit sie in einer kostbaren Wesenheit erhalten und enthalten bleibe. Aehnlich ist es mit der Seele, dass sie, in den Intellect verwandelt, schöner und gottähnlicher wird. Dasselbe endlich gilt von dem Uebergang der vernünftigen Creatur in Gott³). Denn wenn Alles, was rein erkennt, eins mit dem Erkannten wird, was ist es zu wundern, wenn unsere Natur, Gott von Angesicht zu Angesicht schauend, in denen, die es würdig sind, soweit es der Creatur möglich ist, auf den Wolken der Anschauung sich erheben, und Eins mit Gott und Eins in ihm werden wird⁴)?" Wie viele Individuen eins sind in

proprium corpus ex communione quatuor elementorum recipiet. Tertia, quando corpus in spiritum mutabitur. Quarta, quando spiritus, et ut apertius dicam, tota hominis natura, in primordiales causas revertitur. Quinta, quando ipsa natura cum suis causis movebitur in Deum, sicut aer movetur in lucem. Erit enim Deus omnia in omnibus, quando nihil erit nisi solus Deus.

1) lb. l. 5, 8. p. 876. Nec per hoc conamur astruere, substantiam rerum perituram, sed in melius per gradus praedictas redituram.

2) lb. l. 5, 8. p. 879. Inferiora a superioribus naturaliter attrahuntur et absorbentur, non ut non sint, sed ut in eis plus salventur et subsistant et unum sint.

3) lb. l. 1, 10. 40. l. 5, 8. p. 879 sqq. Neque aer perdit suam substantiam, cum totus in solare lumen convertitur, in tantum, ut nihil in eo appareat, nisi lux, cum aliud sit lux, aliud aer; lux tamen praevalet in aere, ut sola videatur esse. Ferrum aut aliud aliquod metallum, in igne liquefactum, in ignem converti videtur, ut ignis purus videatur esse, salva metalli substantia permanente. Eadem ratione existimo corporalem substantiam in animam esse transituram, non ut pereat, quod sit, sed ut meliori essentia salva sit. Similiter de ipsa anima intelligendum, quod ita in intellectum movebitur, ut in eo pulchrior deoque similior conservetur. Nec aliter dixerim de transitu, ut non adhuc dicam omnium, sed rationabilium substantiarum in Deum, in quo cuncta finem potitura sunt, et unum erunt.

4) lb. l. 5, 8. p. 876. Mutatio itaque humanae naturae in Deum non substantiae interitus aestimanda est, sed in pristinum statum, quem praevaricando perdiderat, reversio. Si enim omne, quod pure intelligit, efficitur unum cum eo,

der Art, viele Arten Eins in der Gattung: wie viele Zahlen Eins sind in der Monas, alle Linien im Punkte, so wird es auch mit der Einheit aller Dinge in ihrer Rückkehr zu Gott sich verhalten. Denn wie dort die Einheit zugleich Vielheit ist, so wird es auch hier sein [1]). „So wird ferner eine goldene Kugel, auf die höchste Spitze eines Thurmes gesetzt, zugleich von Allen gesehen, die um ihn herumstehen. Jeder, der sie erblickt, heftet die Strahlen seines Schauens darauf, und Keiner sagt zum Andern: Hebe dein Gesicht hinweg, damit auch ich sehe, was du siehst; weil Alle zugleich sehen können. Wenn daher so viele Strahlen in Eins zusammenfliessen und doch keiner mit dem andern confundirt wird, weil die Einzelnen, welche hinschauen, ihre Eigenthümlichkeit behaupten, während sie um ein und dieselbe Sache in wunderbarer Einigung verweilen, so ist es nicht zu verwundern, wenn die ganze menschliche Natur in eine unaussprechliche Einheit gebracht wird, wobei die Eigenthümlichkeiten von Körper und Seele und Intellect unveränderlich bleiben [2])."

§. 35.

So also verhält es sich mit der Rückkehr der Dinge in Gott. Diese Rückkehr kann jedoch allgemein erst dann stattfinden, wenn die prädestinirte Gesammtzahl von Menschen voll ist; also am Ende der Welt. Bis dahin währt die Wirksamkeit der Kirche zur Heiligung der Menschen. Sie ist ein mystischer Leib, dessen Haupt Christus, dessen Glieder die Gläubigen sind [3]). Ihr sind die Sacramente anvertraut. Zu der Zahl der letztern gehört auch die Eucharistie. Sie ist aber nach Erigena's Lehre blos „ein Bild unserer geistigen Theilnahme an Christus, die wir jetzt im Glauben mit dem Denken ergreifen, an dem wir aber dereinst der Wirklichkeit nach participiren werden [4])." Sie hat somit nach seiner Lehre einen blos symbolischen Charakter [5]). Was aber das

---

quod intelligitur: quid mirum, si nostra natura, quando Deum facie ad faciem contemplatura sit, in his, qui digni sunt, quantum ei datur contemplari, in nubibus theoriae accensura, unum cum ipso et in ipso fieri possit? 37. p. 989.

1) Ib. l. 5, 10. cf. l. 1, 10. — 2) Ib. l. 5, 12. 3) Comment. in Ev. sec. Joan. 319, d. — 4) Vgl. Huber, a. a. O. S. 389.

5) Comm. in Ev. sec. Joann. p. 347—384. a. b. Item in novo Testamento, ut et inde exemplum accipiamus, corpus et sanguis Domini nostri et sensibiliter secundum res gestas conficitur mysterii, et secundum spiritualis intellectus investigatur cerebrum (?). Quod extrinsecus percipitur et sentitur carnalibus hominibus, quinquepertito corporeo sensui subditis, hordiaceus panis est, quia altitudinem spiritualis intelligentiae non valent ascendere; ac veluti quoddam fragmentum est, quibus carnalis illorum cogitatio satiatur. Fragmentum spirituale est his, qui altitudinem divinorum ipsius mysterii intellectuum valent cognoscere, ideoque ab eis colligitur, ne pereat. Nam mysterium ex littera et spiritu confectum, partim perit, partim aeternaliter manet. Perit, quod videtur, quia

christliche Leben betrifft, so gestaltet es sich so, dass dasselbe zugleich Werk der Gnade und der menschlichen Freiheit ist [1]. Und diese Gnade ist eine doppelte, eine natürliche und eine übernatürliche [2]. Sei sie aber das eine oder das andere: jede Gnade strömt uns nur durch Christus zu [3].

Hat die Kirche in der Heiligung der Menschen ihre Aufgabe vollbracht, so wird endlich am Ende der Welt die Auferstehung erfolgen, und mit ihr die Rückkehr aller Dinge in Gott. Die Rückkehr beginnt, wie wir schon wissen, in Bezug auf den einzelnen Menschen mit dem Tode seines Leibes. Allgemein aber wird sie sich vollziehen in der Auferstehung. Die Möglichkeit der Auferstehung ist innerlich darin begründet, dass die Seele auch nach der Auflösung ihres materiellen Leibes mit den Bestandtheilen und Elementen desselben innerlich verbunden bleibt. Die Seele ist und bleibt ja stets *Menschenseele*; sie kann daher auch nach dem Tode des Leibes nicht aufhören, die zerstreuten Elemente desselben unter ihrem Einflusse zu behalten. Dies um so mehr, als sie ja ein einfacher Geist und daher ihre Wirksamkeit nicht an einen wie immer beschränkten Ort gebunden ist, und als sie andererseits als Geist die Erkenntniss des Körpers, welcher ihr eigen angehört, nicht ganz und gar verlieren kann [4]. Dazu kommt noch, dass die Körper, wenn sie in ihre Elemente übergehen, welche der geistigen Natur am nächsten sind, ihre grobe Materialität verlieren, und daher um so leichter von der Seele beherrscht werden können, da sie weit eher Aehnliches, als Unähnliches erreicht [5]. Verhält es sich aber also, dann ist es nicht zu verwundern, wenn die Seele am

---

sensibile est et temporale: manet, quod non videtur, quia spirituale est et aeternale.

1) De div. nat. l. 5, 23. p. 903 sq. His enim duobus efficitur bene esse, libera videlicet voluntate, donoque divino, quod gratiam vocat sacrosancta scriptura. De praed. c. 4, 3. 4. c. 8. 9.

2) De div. nat. l. 3, 3. 9. 20. — 3) Ib. l. 2, 22.

4) Ib. l. 3, 36. p. 730. Similiter anima humana, sive corpus suum simul collectum regat, sive in partes dissolutum, ut videtur, sensibus regere desinat; anima tamen hominis esse non cessat. Ac per hoc datur intelligi altiori rerum imitatione, non minus eam administrare corpus per elementa dispersum, quam una compagine membrorum conjunctum. 1 4, 13. Quoniam vero illius corporis materialis atque solubilis manet in anima species, non solum illo vivente, verum etiam post ejus solutionem et in elementa mundi reditum — disputatio quippe divitis cum Abraham notionem corporum adhaerere animabus post mortem indicat —: propterea partium illius, ubicunque elementorum sint, non potest anima oblivisci aut eas nescire.

5) Ib. l. 3, 36. p. 730. Si enim anima spiritus est, per se omni corporea crassitudine carens, ipsa quoque elementa, in quae corpus solvitur, quantum per se simpliciter subsistunt, spirituali naturae proxima sunt: quid mirum, si incorporea anima partes corporis sui in proximis sibi naturis custodita rexerit?

Ende diesen ganzen Leib mit allen seinen Elementen aus der Zerstreuung wieder sammeln und ihn wieder an sich nehmen kann[1]).

Auferstehen wird also der materielle Leib des Menschen; doch nicht in dem Zustande, in welchem er gegenwärtig sich befindet, sondern verklärt in den geistigen Leib[2]). Er besteht ja selbst nur aus an sich unsinnlichen Qualitäten, und eben deshalb liegt es in der Möglichkeit desselben, in eine höhere vergeistigte Daseinsform überzugehen[3]). Und so ist die allgemeine Auferstehung eine Erhebung Aller aus dem Tod in das Leben, aus dem thierischen und zerstörbaren Leib in den geistigen und unzerstörbaren[4]). Die ganze menschliche Natur wird in Geist verwandelt werden[5]).

Zugleich aber wird auch Alles, was in dieser Welt sichtbar, räumlich und zeitlich, und der Veränderung unterworfen ist, vergehen, d. h. in seine ursprüngliche Substanz und Natur übergehen. Die ganze Welt wird vergeistigt werden[6]). Besteht ja nicht blos der menschliche Leib, sondern überhaupt alles Körperliche aus unkörperlichen Qualitäten; daher können wie der menschliche, so auch alle andern Körper in den Stand des Vergeistigtseins übergehen[7]). Vermittelt jedoch ist diese Rückkehr aller körperlichen Dinge in ihre Ursachen durch den Menschen. Da der Mensch der Einheitspunkt und das Centrum aller Naturen ist, so kehren in der Auferstehung alle Naturen zunächst in die menschliche Natur zurück und erst durch diese in ihre Primordialursachen in dem göttlichen Worte[8]). Wie ehedem die Dinge durch den Menschen in die Verschiedenheit und Trennung auseinander gegangen

---

1) Ib. l. 4, 13. — 2) Ib. l. 2, 23. p. 571 sq. l. 5, 13. p. 884 sqq.

3) Ib. l. 5, 13. p. 885. Si enim qualitates rerum visibilium incorporales sunt, et si omnia terrena corpora ex ipsarum qualitatum exaggeratione conglobantur: quid mirum vel incredibile est, quod ex incorporalibus qualitatibus conficitur, in res incorporales posse redire?

4) Ib. l. 5, 6.

5) Ib. l. 5, 6. p. 874. Tota siquidem humana natura in solum intellectum refundetur, ut nil in ea remaneat, praeter illum solum intellectum, quo creatorem suum contemplabitur. 37. p. 990. Nostra siquidem natura adhuc in hac vita ex duabus substantiis composita est; constat enim ex corpore et anima; et quoniam haec tanta dissimilitudo nostrarum substantiarum, ex quibus nunc constituimur, ex praevaricatione humanitatis in prima conditione processerat, ad veterem hominem pertinere Apostolus testatur, docetque nos spoliari veterem hominem, et indui novum, Christum videlicet, in quo nostra natura, corpus dico et animam et intellectum, renovata est, et in unum simplificata, et de composita incomposita facta; et quod in capite totius humanae naturae, in Christo, jam peractum est, in tota natura perficietur, dum terra nova corporis nostri in coelum novum, h. e. in novitatem animae mutabitur, ac deinde superiori ascensu corpus simul et anima in spiritum, spiritus in ipsum Deum. 34.

6) Ib. l. 5, 38. l. 2, 2. 11. l. 5, 13. 15 sqq. — 7) Ib. l. 5, 13. p. 885. —
8) Ib. l. 4, 5. p. 760. 8. p. 774. l. 5, 23. p. 900 sqq. 25. p. 913.

sind, so einigen sich auch alle wieder durch den Menschen in dem göttlichen Worte¹).

Mit dem materiellen Sein wird endlich auch alles Böse untergehen. Bis zur allgemeinen Auferstehung dauert die allmählige Reinigung vom Bösen fort²); in der Auferstehung aber verschwindet es gänzlich aus der Natur. Das Böse kann nicht ewig sein; es muss nothwendig einmal ein Ende nehmen. Denn wenn die göttliche Güte, die überall, in den Guten, wie in den Bösen wirksam ist, ewig ist, so kann ihr Gegensatz nicht ewig sein; denn wäre er dieses, dann würde er eben dadurch aufhören, Gegensatz zu sein. Das Böse muss also einmal gänzlich ausgetilgt werden; und das geschieht bei der allgemeinen Rückkehr der Dinge in Gott, weil von da an nur die göttliche Güte in allen Dingen sich offenbaren wird³). Die *ganze* menschliche Natur kehrt in das Paradies zurück⁴).

Endlich wird in der Auferstehung auch die Scheidung der Geschlechter aufhören. Denn da die Verschiedenheit der Geschlechter nur in dem materiellen Leibe ihren Grund hat, so muss sie in dem Augenblicke aufhören, wo dieser wieder in den ursprünglichen, geistigen Leib zurükkehrt. Und das geschieht eben in der Auferstehung⁵). „Und so wird, wie in Christo zuerst, so in der Auferstehung die allgemeine Einigung der Gegensätze wieder stattfinden, in welche das Universum durch die Sünde auseinanderging. Zuerst tritt die Einigung des Geschlechtes ein; es wird das Geschlecht gänzlich hinweggenommen und nur mehr der Mensch sein, wie er geblieben wäre, wenn er nicht gesündigt hätte. Dann wird die Erde mit dem Paradies vereinigt werden und Nichts ausser dem Paradiese sein. Hierauf gehen Himmel und Erde in eine Einheit zusammen, und Nichts wird ausser dem Himmel selbst sein; denn immer wird das Niedrige in das Höhere verwandelt. Weiter folgt die Einigung der ganzen sinnlichen Creatur mit der intelligiblen, so dass die ganze Natur intelligibel wird. Endlich aber geht diese intelligible Creatur in Gott selbst über, wobei es aber zu keiner Confusion und zu keinem Untergang ihrer eigenthümlichen Substanz kommt⁶)." Und ist dieses geschehen, dann wird nichts mehr sein als Gott; alles weitere Schaffen hört auf⁷). Gott wird in Wahrheit sein

---

1) Ib. l. 2, 8. — 2) Ib. l. 4, 26. p. 858.
3) Ib. l. 5, 26. p. 918. Malitia non potest esse perpetua, sed ex necessitate rerum ad certum terminum perveniet, et quandoque desinet. Si enim divina bonitas, quae semper non solum in bonis, verum etiam in malis bene operatur, aeterna et infinita est, contrarium ejus necessario non erit aeternum et infinitum; alioquin non erit contrarium, nec ex diversa parte oppositum.... Malitia itaque consummationem accipiet, et in nulla natura remanebit, quoniam in omnibus bonitas divina et apparebit et operabitur. 27. p. 926. 28. p. 934 sq. 30. p. 940.
4) Ib. l. 5, 28. p. 935. 36. p. 973. 978 sqq. — 5) Ib. l. 4, 12. p. 799. l. 5, 20. p. 893. — 6) Ib. l. 5, 20. p. 893 sq. — 7) Ib. l. 4, 27. l. 5, 39. p. 1019.

Alles in Allem; nicht als wäre er dieses nicht auch vorher schon gewesen, sondern weil er dann als solcher auch wird erkannt werden von den Erwählten, indem in Allem nur er erscheinen wird[1]). Das ist die Vollendung: die Natur, welche nicht geschaffen wird und nicht mehr schafft.

In dieser ganzen Lehre von der Rückkehr der Dinge in Gott ist ein stetiger Kampf des philosophischen Standpunktes mit dem christlichen Bewusstsein in Erigena unverkennbar. Die philosophische Consequenz drängt ihn, die Einigung der Dinge mit Gott so straff als möglich zu spannen und mit der Aufhebung alles individuellen Unterschiedes in der Einigung der Dinge mit Gott folgerichtig auch das persönliche Selbstbewusstsein des Menschen im Jenseits fallen zu lassen, womit dann die Negation der persönlichen Unsterblichkeit von selbst gesetzt ist. Da tritt nun aber das christliche Bewusstsein hindernd ein und bestimmt Erigena, das individuelle Selbstbewusstsein des Menschen im Jenseits nicht geradezu aufzuheben. Daher die fortwährende Restriction des philosophischen Lehrsatzes von dem Einswerden der menschlichen Natur mit Gott, von der Verwandlung der Vergotteten in Gott; — die Restriction, sage ich, nach welcher in dieser Rückkehr der Dinge in Gott, in dieser Verwandlung der menschlichen Natur in Gott die Natur und Substanz der Dinge als solche sich nicht aufheben werde. Philosophisch ist diese Restriction bei Erigena gar nicht zu rechtfertigen; denn da im Grunde das Sein alles Geschöpflichen doch nur das göttliche Sein ist, so ist gar nicht abzusehen, wie dann, wenn alle Dinge wieder in Gott zurückgekehrt, mit ihm wieder Eins geworden sind, noch ein eigenes Sein des Geschöpflichen oder gar eine für sich seiende Individualität desselben, ein individuelles Selbstbewusstsein übrig bleiben könne. Wir können also offenbar diese Restriction blos auf Rechnung des christlichen Bewusstseins setzen, welches Erigena von den letzten Consequenzen seiner Lehre zurückhielt. Und eben dieser Kampf zwischen zwei einander entgegengesetzten und sich gegenseitig aufhebenden Bewusstseinsweisen mag wohl auch der Grund sein, warum Erigena diese Lehre von der Rückkehr der Dinge in Gott so weitschweifig behandelt und ihr so verschiedene Wendungen gibt, ohne doch eine durchgängige Uebereinstimmung seiner hieher bezüglichen Erörterungen bewerkstelligen zu können, so sehr er sich auch abmüht, eine solche zu Stande zu bringen.

Noch mehr aber tritt dieser Kampf zwischen dem idealistisch-pantheistischen Princip und der christlichen Ueberzeugung hervor, wenn wir plötzlich wider alles Erwarten Erigena auch von einer ewigen Strafe sprechen hören. Wir haben seine Ansichten hierüber noch in Kürze darzustellen.

---

1) Ib. l. 3, 20. p. 683 sq. l. 5, 39. p. 1019 sqq.

§. 36.

Wir haben schon gehört, dass nach Erigena's Lehre mit der Auferstehung der menschlichen Natur auch alles Böse aufhören, ja gänzlich werde vernichtet werden. Man sollte nun glauben, dass diese Vernichtung des Bösen auch eine allgemeine Beseligung aller menschlichen Individuen zur Folge haben werde. Allein dem widerstreitet die christliche Lehre von der Höllenstrafe, und so sucht denn Erigena diese Lehre aufrecht zu erhalten und sie mit seinen philosophischen Principien in Einklang zu bringen.

Hienach unterscheidet Erigena zwischen der menschlichen Natur als solcher und zwischen dem freien Willen. Die menschliche Natur als solche wird durch die Sünde nicht befleckt, und darum kehrt sie denn auch in allen Menschen, Guten wie Bösen, in das göttliche Wort zurück. Die ganze menschliche Natur in allen Individuen wird in der Auferstehung in ihren ursprünglichen Zustand erhoben, die ganze menschliche Natur kehrt in das Paradies zurück. Da ist kein Unterschied zwischen Guten und Bösen¹). Anders aber verhält es sich mit dem freien Willen. Dieser allein ist es, welcher, wie das Gute, so auch das Böse vollbringt, und deshalb trifft auch ihn allein, wie die Belohnung, so auch die Strafe²). Wenn jene, welche unter Führung der Gnade mit gutem Willen über Alles den Schöpfer suchend, in die Integrität ihrer Natur zurückzukehren strebten, in Gott selbst verwandelt werden, so werden dagegen diejenigen, welche in diesem Leben Gott nicht dienen wollten, abgehalten aus Liebe zu den zeitlichen Dingen, zu den höchsten Geschenken der göttlichen Gnade nicht gelangen³). Nicht ihre Natur, sondern ihr Wille wird gestraft werden. Was von Gott geschaffen ist, kann keine Corruption, keine Strafe aufnehmen; nicht der Körper, nicht die Geister. Es gibt keinen andern Sitz für die Strafe und Corruption, als den Willen; nur das Nichtseiende wird in dem Seienden bestraft, d. i. der verkehrte Wille, welcher in seiner Verkehrtheit nichts Substantielles, sondern ein Nichtseiendes ist⁴). — Worin besteht nun aber diese Strafe des Willens?

Die Strafe des bösen Willens besteht nach Erigena vorzugsweise darin, dass das Gelüste nach den Dingen, welche er in Leben angestrebt hat, und welche der Seele auch nach dem Tode noch in der Erinnerung haften, nicht mehr zu befriedigen vermag, weil ihm mit dem Uebertritte in die Ewigkeit alle diese irdischen Güter entzogen sind. Das ist die Flamme, welche ihn innerlich verzehrt. Dazu kommt dann noch die nun zu späte und darum unfruchtbare Reue über das im Leben begangene Böse⁵). „Die Hölle," sagt Erigena, „ist kein bestimmter Ort in oder ausser dem

---

1) Ib. l. 5, 28. p. 935. 36. p. 973. 978 sqq. — 2) Ib. l. 5, 31. p. 943. 36. p. 973. — 3) Ib. l. 5, 32. — 4) Ib. l. 5, 35. p. 955 sqq. — 5) Ib. l. 5, 29. p. 936 sq. 30, 961. 31, 944 sqq. 32. 36. p. 967. De praed. c. 17, 7.

Weltall, sie ist nur die Armuth des begierlichen Willens der bösen Menschen und Engel, der Mangel und die Beraubung an jenen Dingen, welche sie übermässig liebten. Daraus entsteht denn jene Traurigkeit, wodurch die unvernünftigen Begierden der vernünftigen Seele gequält werden. Und zwar aus der Armuth, indem sie nicht zu finden vermögen, was sie wünschen; aus Mangel und Beraubung aber, indem das, was sie aus unerlaubter und verderblicher Liebe zu besitzen glaubten, gänzlich von ihnen genommen und ihnen nicht länger zu missbrauchen gestattet ist. Noch immer begehren sie brennend nach dem, was, wenn es erlangt wäre, nur Ungewissheit und Unruhe einflössen würde. Immer schweben ihnen noch die eitlen und falschen Phantasien der zeitlichen Dinge vor, über deren Liebe sie die Gottesliebe vergassen, und sie haschen nach ihnen, wie nach den Dingen selbst; aber Schatten gleich verschwinden jene. In dieser innerlichen Strafe im Bewusstsein durch Schmerz und Traurigkeit besteht die Strafe und Pein der bösen Gedanken und unvernünftigen Begierden [1])." Also „die verkehrten Triebe des bösen Willens, das verderbte Gewissen, die späte und darum fruchtlose Reue, die gänzliche Unterdrückung der Macht zu sündigen, während doch der Wille zu sündigen da ist: das ist die Hölle eines Jeden [2])." Der böse Wille ist der Seligkeit beraubt, welche er doch nothwendig sucht, und eben darin, dass er diese Seligkeit, wornach er nothwendig strebt, selbst in zeitlichen Gütern nicht mehr zu erreichen vermag, besteht seine Strafe [3]). So straft sich die Sünde selbst, verborgen in diesem und offenbar in dem andern Leben [4]). Aber wie die Sünde selbst nur im Willen sich vollzieht, so bleibt auch die Strafe im Willen und dringt nicht weiter [5]). Denn, wie gesagt, nicht

---

1) De div. nat. l. 5, 35. Naturam siquidem rerum visibilium et invisibilium diligenter rimantes locum suppliciis invenire non potuerunt, nisi in libidinosae voluntatis malorum hominum et angelorum egestate, rerumque quas intemperanter amaverunt, defectu et privatione, ex quibus tristitia nascitur, in qua rationabilium animarum irrationabiles appetitus sive in hac vita sive in futura torquentur, egestate quidem non valentes invenire, quod sibi optant fieri, defectu vero et privatione, dum quod illicito perniciosoque amore possidere putaverunt, omnino ab eis aufertur, diutiusque eo abuti non sinuntur. Et hoc est totum, quod dicitur malarum cogitationum irrationabiliumque cupiditatum poena atque supplicium, dolor videlicet atque tristitia, quibus duobus impiorum conscientia intra semetipsam punitur. 31. p. 945 sqq. 36. p. 961.
2) Ib. l. 5, 29. p. 936 sqq. Diversas suppliciorum formas non localiter in quadam parte, vel in toto hujus visibilis creaturae, et ut simpliciter dicam, neque intra universitatem totius naturae a Deo conditae futuras esse credimus, sed in malarum volun'atum corruptarumque conscientiarum perversis motibus, tardaque poenitentia et infructuosa, inque perversae potestatis omnimoda subversione, sive ab humana, sive ab angelica creatura.
3) Ib. l. 5, 35. p. 955. De praed. c. 18,-7. — 4) De praed. c. 16, 6 sqq. —
5) De div. nat. l. 5, 35. p. 959.

das, was ist, straft Gott, sondern das, was in dem Seienden nicht ist¹); der böse Wille, welcher als solcher nichts Positives, sondern etwas Privatives, und in diesem Sinne *nicht* ist, der wird bestraft ²). Wie solches möglich sei, können wir freilich nicht begreifen; aber es genügt zu wissen, *dass* es so ist, und dass es so sein müsse ³). Und wie das Mass der Belohnungen nach dem Masse des Guten, so bestimmt sich auch das Mass der Strafe nach dem Masse des Bösen, welches der Mensch hienieden gethan hat ⁴).

Und so bleibt denn, obgleich es verschiedene Grade von Verdammten gibt, doch in Allen die menschliche Natur rein und unversehrt; mit den Guten wird auch den Bösen die gleiche Geistigkeit der Körper sein, nachdem alle Thierheit hinweggenommen ist; die gleiche Incorruptibilität, nachdem alle Corruption hinweggenommen ist, die gleiche Ruhe der Natur nach Tilgung jeder Schmach; die gleiche Wesenheit und Ewigkeit. In allen, Guten wie Bösen, wird die Natur gut, unbefleckt, vollkommen, glücklich, ähnlich ihrem Schöpfer, kurz alles das sein, was sie in ihrem ursprünglichen Zustande gewesen. Nur im Willen und Bewusstsein wird der Unterschied zwischen Seligen und Verdammten gelegen sein⁵). Ja selbst die Erkenntniss der Wahrheit wird den Verworfenen nicht gänzlich entzogen sein. Gott wird sich Allen offenbaren in seinen Theophanien; aber freilich nicht in derselben Weise. Anders als in seinen Theophanien können ja selbst die Vergöttlichten im Jenseits Gott nicht erkennen; eine unmittelbare

---

1) Ib. l. 5, 30. p. 940. 35. p. 959 sq.

2) Ib. l. 5, 31. p. 943. Ineffabili modo Deus in eo, quod fecit, impunito, punit, et ut verius dicam, puniri sinit, quod non fecit. 32. 36. p. 973. De praed. c. 10, 2. 4. c. 18, 6.

3) De div. nat. l. 5, 32. 33. — 4) Ib. l. 5, 36 p. 978. p. 983 sqq.

5) Ib. l. 5, 31. p. 942 seqq Punitur itaque irrationabilis motus perversae voluntatis in natura rationabili, ipsa videlicet natura ubique in seipsa, et in omnibus eam participantibus bona, salva, integra, illaesa, incontaminata, incorruptibilis, impassibilis, immutabilis participatione summi boni permanente, ubique beata, gloriosissimaque in electis, in quibus deificatur, optima in reprobis, quos continet, ne illorum substantialis proprietas in nihilum redigatur, h. e. naturalium bonorum, quae ex conditione sua attraxerant, patiantur interitum; gaudet contemplatione veritatis in his, qui perfectam beatitudinem possident; gaudet administratione substantialitatis in his, qui suorum delictorum poenas solvunt; in omnibus tota, perfecta, suo similis Creatori, cunctis vitiorum sordibus purgata, in pristinum conditionis suae statum restituta revertetur, redemtoris et susceptoris sui gratia revocata. Hinc datur intelligi, quod in natura rerum, post mundi hujus sensibilis consummationem, nulla malitia, nulla mors corruptionem inferens, nulla miseria fragilem in hac adhuc vita materiem inficiens relinquetur. Omnia quippe visibilia et invisibilia in suis causis quiescent; sola vero illicita voluntas malorum hominum et angelorum, sauciata pravorum sui morum memoria conscientiaque in seipsa torquebitur, cum de his, quae in hac vita sibi optaverat, et futura sibi cogitaverat, nihil inveniat.

Anschauung Gottes durch sein eigenes Wesen ist selbst diesen nicht gegönnt ¹). Aber diese Theophanie wird auch den Verworfenen nicht gänzlich entzogen werden; auch ihnen wird die Wahrheit noch leuchten und erscheinen; eben weil ihre Natur im Stande der Verklärung sich befindet ²). Allein in der Verkehrtheit ihres Willens wenden sie selbst sich diesem Lichte nicht zu, centriren sich vielmehr in ihrem eigenen Ich, und schliessen sich so selbst von jenem göttlichen Lichte aus, woraus dann freilich nur die tiefste Finsterniss und Unwissenheit in ihnen erfolgen kann ³).

§. 37.

Fassen wir nun das Ganze zusammen, so sehen wir, dass nach Erigena die gemeinsame Natur gleichsam das allgemeine Wohnhaus ist, in welchem die Seligen auf allen Stufen ihrer Vollendung und die Verworfenen auf allen Stufen ihrer Verdammung sich befinden, und dass eines jeglichen moralischer Zustand eine besondere Wohnung in diesem allgemeinen Wohnhause ausdrückt ⁴). Und da die Natur im Stande ihrer Verklärung nicht ausser, sondern in Gott ist, so folgt daraus, dass auch die Hölle nicht ausser Gott sei, sondern dass sie vielmehr in ihm enthalten ist, wie die Finsterniss innerhalb des Lichtes, wie das Schweigen innerhalb des Klanges, wie der Schatten innerhalb des Körpers ⁵).

Auf diese Weise also sucht Erigena die Lehre von der allgemeinen Apokatastasis, welche wesentlich in der Consequenz seiner Principien gelegen ist, mit der christlichen Lehre von der Ewigkeit der jenseitigen Strafe zu vereinbaren. Das Böse, objectiv genommen, wird mit allen seinen Folgen bei der allgemeinen Rückkehr der Dinge in Gott aufgehoben und vernichtet werden; aber die Verkehrtheit des Willens wird bleiben, so jedoch, dass dieser von da an nicht mehr fähig ist, Böses zu thun, sondern nur zu seiner eigenen Qual und Strafe wirksam bleibt ⁶).

---

1) Ib. l. 1, 8. Eo enim modo et angelos Deum semper videre arbitror, justos quoque, et in hac vita, dum mentis excessum patiuntur, et in futuro sicut angeli visuros esse. Non ergo ipsum Deum per semetipsum videbimus, quia neque Angeli vident; hoc enim omni creaturae impossibile est: sed quasdam factas ab eo in nobis theophanias contemplabimur.

2) Ib. l. 5, 36. p. 964. 967. Non enim solis justis in hac vita viventibus, veritatemque rite quaerentibus, verum etiam injustis, pravisque suis moribus corruptis, lucemque veram odientibus et fugientibus, ipsa veritas per omnia fulgebit in futuro. Omnes enim videbunt gloriam Dei. 38. p 1012.

3) Ib. l. 5, 38. p. 1012. — 4) Ib. l. 5, 36. p. 983 sqq. — 5) Ib. l. 5, 36.

6) Ib. l. 5, 31. Aliud est enim, omnem malitiam generaliter in omni humana natura penitus aboleri, aliud phantasias ejus, malitiae dico, in propria conscientia eorum, quos in hac vita vitiaverat, semper servari, eoque modo semper puniri: quemadmodum aliud est, eandem humanam naturam in suam gratiam, quam peccando perdiderat, divinae videlicet imaginis dignitatem restitui, aliud uniuscujusque elec-

„Die Vernunft," sagt Erigena, „duldet nicht, dass das Ebenbild Gottes in ewiger Schmach zurückgehalten werde; anders würde ja das Elend gleich ewig mit der Glückseligkeit sein. die Bosheit mit der Güte, das Reich des Teufels mit dem Reiche Gottes. Nicht jedoch sagen wir dieses, weil keine Strafe ewig wäre; da das Bewusstsein eines Jeden entweder in Ewigkeit beseligt oder verdammt wird, sondern wir bringen nur vor, dass in Keinem die Natur bestraft werde¹)." Freilich äussert sich Erigena hin und wieder so, als wollte er die allgemeine Apokatastasis auch auf das Aufhören der Strafe im verkehrten Willen deuten. So sagt er unter Andern: „Die Folgen der Sünde sind Tod, Elend und die übrigen Strafen; demnach wenn Bosheit, Tod und Elend der geschaffenen Natur widerstreiten, so finde ich es wunderbar, dass du zögerst zu läugnen (es spricht der Lehrer), dass die Bosheit und der Tod der ewigen Strafen in der Menschheit, welche das göttliche Wort ganz in sich aufnahm und befreite, ewig bleiben werden, da doch die wahre Vernunft lehrt, dass kein Gegensatz der göttlichen Güte, des Lebens und der Seligkeit sein könne. Die göttliche Güte wird daher das Böse verzehren, das ewige Leben den Tod und die Glückseligkeit das Elend²)." Ob auch der Satan noch bekehrungsfähig sei, und so in den Stand der Seligkeit zurückkehren könne, das lässt Erigena wenigstens unentschieden³). Wir werden wohl auch in diesen Aeusserungen nichts Anderes erkennen dürfen, als einen jener Widersprüche, welche bei Erigena so häufig hervortreten, wo die philosophische Consequenz mit dem christlichen Bewusstsein im Streite liegt. In der That, es liegt nicht blos die Aufhebung des objectiv Bösen, sondern auch des subjectiven Uebels in der Consequenz des erigenistischen Princips, und wir dürfen uns deshalb nicht wundern, wenn diese Consequenz auch hier durch alle Restrictionen, womit das christliche Bewusstsein sie umzäunt, zuletzt doch wieder hindurch bricht und sich geltend zu machen sucht.

Wie dem aber immer sei, das steht nach Erigena fest, dass so

---

torum propriam in bonis meritis conscientiam, qua in hac vita Deo suo in omnibus servierunt, super omnem humanitatis virtutem deificari. 29. p. 936. Extinguetur omnino omnis facultas peccandi, maleficiendi, impie agendi. Facultate autem totius malitiae penitus subtracta, nonne sola occasio, perversa videlicet voluntas, remanebit veluti extincta? .... Et fortassis tales sunt gravissimi cruciatus malorum hominum et angelorum, et ante judicium futurum, et post, malefaciendi cupiditas, et perficiendi difficultas.

1) Expos. in coel. hierarch. p. 204, d—205, a.
2) De div. nat. l. 5, 27. p. 927. Divina siquidem bonitas consummabit malitiam, aeterna vita absorbebit mortem, beatitudo miseriam.
3) Ib. l. 5, 31. p. 941. De salute autem ejus (daemonis) aut conversione, seu in causam suam reditu propterea nihil definire praesumimus, quoniam neque divinae historiae, neque sanctorum Patrum, qui eam exposuere, certam de hoc auctoritatem habemus.

wie das Böse, so auch die Strafe der Bösen mit der allgemeinen Harmonie und Schönheit des Universums nicht in Widerspruch steht. Der Grund hievon liegt darin, dass das Böse sowohl als auch die Strafe des Bösen indirect zur Verherrlichung des Guten und zur Erhöhung der Seligkeit der Guten beitragen muss, weil das Gute und der Lohn des Guten durch Entgegenstellung des Gegensatzes an Herrlichkeit und Vollkommenheit nur gewinnen kann [1]). „Die Schönheit," sagt Erigena, „entsteht nur aus der Verbindung des Aehnlichen und Unähnlichen, aus der Zusammenfügung der Gegensätze; und das Gute wäre nicht Gegenstand so grossen Lobes, wenn es nicht mit dem zu tadelnden Bösen verglichen würde. Das Böse für sich betrachtet wird nur getadelt; indem aber mit ihm verglichen das Gute gelobt wird, scheint selbst das Böse nicht mehr durchaus tadelnswerth; denn was das Lob des Guten erhöht, ist selbst nicht des Lobes baar [2])." Und wie mit dem Bösen, so verhält es sich auch mit der Strafe des Bösen. „Die Seligkeit der Gerechten gewinnt Ruhm aus der Strafe der Gottlosen, und die Freude des guten Willens aus der Traurigkeit des verkehrten. Ja sogar die Hölle ist zwar, für sich betrachtet, für die Bösen ein Uebel; aber in die schöne Ordnung des Universums gesetzt, wird sie den Guten ein Gut, weil nicht allein die Strenge und der ewige Urtheilsspruch des gerechten Richters in ihr offenbar wird, sondern aus ihr auch ein Lob des Glückes der seligen Engel und Menschen gewonnen und die Schönheit des Ganzen vermehrt wird. Warum soll daher nicht innerhalb der Totalität der Natur bestehen, was ihr Lob bereitet und ihre Schönheit vermehrt [3])? Auch die Verdammniss ist also gut; nicht allein, weil sie gerecht ist, da ja alles Gerechte gut ist, sondern weil sie innerhalb der göttlichen Gesetze befasst und angeordnet ist, innerhalb deren Alles gut, gerecht und anständig sein muss [4]). Und so bleibt nichts zurück, was die Fülle und Schönheit des Universums verändern oder entstellen könnte, sei es hier, wo die sinnliche Welt noch ihren Lauf vollbringt,

---

1) Ib. l. 5, 35. p. 954 sqq. 36. p. 964 sqq. p. 972. 982. 29. p. 938 sqq.

2) Ib. l. 5, 36. Nulla enim pulchritudo efficitur, nisi ex compaginatione similium et dissimilium, contrariorum et oppositorum; neque tantae laudis esset bonum, si non esset comparatio ex vituperatione mali. Ideo quod malum dicitur, dum per se consideratur, vituperatur; dum vero ex ejus comparatione bonum laudatur, non omnino vituperabile videtur. Quod enim boni laudem cumulat, non omnino laude caret.

3) Ib. l. 5, 35. p. 954 sq. Infernus itaque, cum a Graecis ἄχος, h. e. tristitia, vel deliciarum privatio, dum per seipsum consideratur, malum malis cognoscitur, dum vero in universitatis pulcherrima ordinatione constituitur, bonum bonis efficitur, quoniam non solum justissimi judicis severitas aeternaque sententia in eo manifestatur, verum etiam bonorum hominum et angelorum laus felicitatis acquiritur, et pulchritudo cumulatur. Quare itaque intra terminos naturae fieri non sineretur, unde laus ejus et acquiritur, et pulchritudo augetur?

4) Ib. l. 5, 36. p. 971.

sei es dort, wo sie in ihre Ursachen zurückkehren und darin ruhen wird¹).",

Wir glauben durch die bisherige Darstellung des erigenistischen Systems zur Genüge den Beweis geliefert zu haben, dass dasselbe seinem Wesen nach nicht christlich sei. Erigena steht vielmehr ganz auf dem idealistisch-pantheistischen Boden des Neuplatonismus. Die Grundidee seines Systems ist die Idee der Emanation und eines durch diese Emanation bedingten kosmisch-theogonischen Processes. Weiter erhebt sich diese Lehre nicht. Die ganze Entwicklung läuft dahin innerhalb der Schablone der bezeichneten Grundidee. Wenn in der patristischen Zeit die neuplatonischen Ideen hin und wieder in die Speculation der Kirchenschriftsteller einfliessen, wie solches besonders bei Origenes, Gregor von Nyssa und Dionysius dem Areopagiten stattfindet, so hat Erigena diese Ideen von den bezeichneten Kirchenschriftstellern sich angeeignet und zu einem vollständigen idealistisch-pantheistischen System verarbeitet. Daher seine immerwährende Berufung auf die genannten Kirchenschriftsteller. Er wollte positive Belege für den neuplatonischen Gedanken, welcher in ihm lebte, und fand solche zu seiner Befriedigung in den Werken dieser Schriftsteller. In den lateinischen Kirchenvätern fand er dieselben weniger; und darum galten sie ihm auch nicht so viel, wie die griechischen. Aber auch nur das eignete er sich aus den griechischen Kirchenschriftstellern an, was seinen Zwecken diente; dass deren Speculation ihrem Wesen nach auf ganz andern Principien beruhte und einen ganz andern Charakter hatte, als die seinige, brauchen wir wohl nicht erst zu erwähnen. Wir haben solches an einem andern Orte hinreichend nachgewiesen²). Bei Erigena dagegen läuft, wie schon gesagt, Alles auf Eine Grundidee hinaus, welcher alles Andere dienen muss, nämlich auf die Idee eines durch die Emanation bedingten kosmisch-theogonischen Prozesses.

Gott emanirt in die Welt und insbesondere in die Menschennatur, und indem die letztere von ihm abfällt, ist dieser Abfall nur eine Durchgangsstufe zur Rücknahme des Emanirten in Gott, in welcher Rücknahme Gott selbst sich zum vollendeten Dasein erhebt. Wie der Abfall, so ist auch die Erlösung nur ein Moment dieses theogonischen Processes. Die christlichen Gedanken, welche in diesem Systeme uns begegnen, haben wir dem christlichen Bewusstsein Erigena's zu danken: in das Ganze seiner Lehre passen sie nicht. Der neuplatonische Pantheismus verträgt sich nicht mit dem Christenthum. In der erige-

---

1) lb. l. 5, 36. Nihil ergo relinquitur, quod plenitudinem et pulchritudinem totius universitatis minuat seu dehonestet, sive hic, dum adhuc sensibilis mundus cursum suum peragit, sive illic, dum in causas suas reversurus est, inque eis quietus permanebit.

2) Vgl. meine Geschichte der Philos. der patristischen Zeit. S. 178 ff. S. 288 ff. S. 498 ff.

nistischen Lehre sind alle in der patristischen Epoche vereinzelt dastehenden neuplatonischen Elemente zusammengeflossen, und haben in diesem Zusammenflusse sich gegenseitig zur vollendeten idealistisch-pantheistischen Theorie ergänzt. Das ist die Bedeutung dieses Systems.

III. Fortgang der philosophischen Bestrebungen.

Entwicklung des Gegensatzes zwischen Nominalismus und Realismus.

§. 38.

Wir haben gesehen, dass und wie die ganze Lehre Erigena's innerlich ermöglicht und getragen ist durch die Voraussetzung, die allgemeinen Begriffe seien in dieser ihrer Allgemeinheit objectiv real; das Allgemeine sei als solches das wahre Sein, welches den Dingen der Erscheinungswelt zu Grunde liege, und in den individuellen Dingen trete dieses Allgemeine nur zu einer besondern Erscheinungsweise heraus. Es lässt sich denken, dass diese Lehre ihre Gegner finden musste. Sie musste um so mehr bekämpft werden, als nur von diesem Punkte aus gegen das erigenistische System mit Erfolg operirt werden konnte, weil diese Lehre von der Objectivität des Allgemeinen als solchen der eigentliche Hebel ist, durch welchen das ganze System Erigena's dialektisch in Bewegung und Fluss gebracht wird. Aber man wird es auch erklärlich finden, wenn in diesem Streben, die Bedeutung des Allgemeinen in die gebührenden Schranken zurückzuweisen, auf der andern Seite gleichfalls das rechte Mass vielfach überschritten wurde. Ein Extrem ruft eben immer auch das andere hervor. Statt die Objectivität der allgemeinen Begriffe auf den Inhalt zu beschränken und die Form der Allgemeinheit, welche diesen Begriffen eigen ist, davon auszuschliessen, ging man nämlich auf der Gegenseite so weit, dass man jenen Begriffen alle und jede Objectivität absprach und sie zu blosen Producten des subjectiven Denkens herabsetzte. Und so stellte sich dem excessiven Realismus des Erigena der in seinem Wesen ebenso unwahre und excessive Nominalismus gegenüber. So entstand der bekannte Streit zwischen Realismus und Nominalismus, welcher die dialektischen Schulen der damaligen Zeit in zwei entgegengesetzte Heerlager theilte, die sich gegenseitig, besonders auf dem Boden der Dialektik, bekämpften. Es ist unsere Aufgabe, den Entwicklungsgang dieser beiden Lehrsysteme zu verfolgen.

Schon im neunten Jahrhundert sehen wir einen Mann auftreten, welcher sich gegen die Art und Weise erklärte, wie Erigena die Objectivität der Allgemeinbegriffe auffasste. Es war der französische Mönch Heiric von Auxerre. Geboren gegen 834 zu Herry unweit

Auxerre wurde er von seinen Eltern den Mönchen des Klosters zu Auxerre zur Erziehung übergeben. Von da begab er sich zum Zwecke weiterer Ausbildung nach Fulda, wo damals der gelehrte Bischof von Halberstadt Haimon lehrte. Später setzte er zu Ferrieres unter dem Abte Lupus Servatus seine Studien fort und trat endlich nach seiner Rückkehr nach Auxerre selbst als Lehrer im Kloster Saint-Germain auf († 881).

Neuere Untersuchungen haben nachgewiesen, dass diesem Heiricus eine Schrift: „Glossen zu den zehn Categorien" zugeschrieben werden müsse [1]). In dieser Schrift nun spricht sich Heiricus entschieden gegen die substantiale Einheit der Gattungen und Arten aus und hebt dabei die sprachliche Bezeichnung der Dinge hervor. Weder Gattungen noch Arten für sich genommen sind Dinge, Substanzen oder Essenzen, sondern es sind Worte, welche zur Unterscheidung dessen dienen, was zur Definition des Thieres oder des Menschen gehört; so wird die Art vom Menschen ausgesagt vermöge desjenigen, was von den Vielen der Zahl nach geschieden ausgesagt werde [2]). Noch deutlicher tritt die Läugnung der realen Einheit der Substanz in der Vielheit der Dinge dort hervor, wo Heiricus das Aufsteigen des Denkens vom Besondern, Concreten, zum Allgemeinen betrachtet. Denn der erste Schritt des begrifflichen Denkens sei das Zusammenfassen der Individuen in Artsbegriffen, der zweite die Vereinigung der Arten in Gattungsbegriffe, bis endlich die Stufenleiter mit dem allgemeinsten Begriffe, dem Begriffe des Seins, der οὐσία, schliesst; aber das sei eben nur ein Name, und somit sei die Einheit aller Begriffe jedenfalls nur eine ideale [3])." Das lautet nun offenbar schon ganz nominalistisch;

---

1) *Kaulich*, Gesch. der schol. Phil. Bd. 1. S. 234 ff.

2) *Hauréau*, De la phil. schol. T. 1. p. 140. Posset aliquis dicere, non esse hoc verum, nam de animali praedicatur genus et est animal genus, non autem praedicatur genus de homine. Neque enim homo genus, sed species. Ac per hoc, inquit, non possunt praedicari de homine quaecunque praedicantur de animali. Sed huic occurrimus dicentes, genus non praedicari de animali secundum rem (i. e. substantiam), sed designativum esse nomen animalis, quo designatur animal de pluribus specie differentibus dici. Namque neque rationem animalis potest habere genus, cum dicitur animal est substantia animata et sensibilis. Similiter nec species dicitur de homine secundum id, quod significat, sed juxta illud, quod de numero differentibus praedicatur.

3) Ib. T. 1. p. 141. Sciendum autem, quia propria nomina primum sunt innumerabilia, ad quae cognoscenda intellectus nullus seu memoria sufficit. Haec ergo omnia coarctata species comprehendit et facit primum gradum, qui latissimum est, scilicet hominem, equum, leonem, et species hujusmodi omnes continet. Sed quia haec rursus erant innumerabilia et incomprehensibilia (quis enim potest omnes species animalis cognoscere?), alter factus est gradus angustior: ita constat in genere, quod est animal, surculus et lapis. Iterum etiam haec genera, in unum coacta nomen, tertium fecerunt gradum arctissimum jam et angustissimum, utpote qui uno nomine solummodo constet, quod est ousia.

allein wir dürfen dabei doch noch nicht an den Nominalismus im strengen Sinne dieses Wortes denken; denn andererseits unterscheidet Heiricus doch wiederum zwischen Begriff und Wort, und will beide keineswegs als identisch gefasst wissen. Er unterscheidet nämlich mit Boethius zwischen dem Dinge (res), dem Verstandesbegriffe davon (intellectus) und zwischen dem diesen Begriff bezeichnenden Worte (vox), welches letztere selbst wieder durch Zeichen, Buchstaben, dargestellt werde. Von diesen vieren, sagt er, sind zwei durch die Natur gegeben und bestimmt, nämlich das Ding und der Begriff davon; die beiden andern dagegen sind Producte menschlicher Setzung, nämlich das Wort und die Buchstaben[1]. Damit ist offenbar gesagt, dass die Begriffe doch nicht blosse Worte sind, sondern dass sie ihrem Inhalte nach eine Beziehung zum Realen haben: mit Einem Worte, wir finden bei Heiricus zwar schon Anklänge an die nominalistische Richtung; aber im streng nominalistischen Sinne dürfen wir seine Bekämpfung des excessiven Realismus Erigena's doch auch nicht fassen.

Ausser den Glossen zu den zehn Categorien hat Cousin auch noch eine andere Schrift aus jener Zeit: „Glossen zur Isagoge des Porphyrius" ihren wichtigsten Bestandtheilen nach veröffentlicht[2]. Der Verfasser dieser Schrift nennt sich Jepa. Kaulich weist nach[3], dass der Inhalt dieser Schrift nicht so fast eine nominalistische, als vielmehr eine realistische Tendenz verrathe. „Denn zunächst wird der reale Bestand der allgemeinen Begriffe als eine ausgemachte Sache vorausgesetzt[4]. Die Gattung und Art oder das Universale und Singulare haben ein und dasselbe Subject; aber auf andere Weise bestehen sie, und treten sie in die Erscheinung, und auf eine andere Weise werden sie mit der Vernunft erfasst. An sich sind die Universalien unkörperlich; aber mit dem Sensiblen verbunden bestehen sie in den Dingen der Erscheinungswelt, und dann besteht jenes Subject als ein singuläres; werden sie aber mit der Vernunft gefasst, wie die Substanz selbst, d. h. als ein solches, das

---

[1] *Hauréau*, Notices et Extraits des Manuscrits. T. XX. P. II. p. 25. 26. Tria sunt, quibus omnis collocutio disputatioque perficitur, res, intellectus et voces. Res sunt, quas animi ratione percipimus intellectuque discernimus. Intellectus vero, quo ipsas res addiscimus. Voces, quibus quod intellectu capimus, significamus. Praeter haec autem tria est aliud quiddam, quod significat voces: hae sunt litterae. Harum enim scriptio vocum significatio est. — — Rem concipit intellectus, intellectum voces designant, voces autem litterae significant. Rursus horum quatuor duo sunt naturalia, id est, res et intellectus; duo secundum positionem hominum, h. e. voces et litterae.

[2] *Cousin*, Oeuvres inéd. d'Abélard.

[3] A. a. O. S. 238 ff.

[4] *Cousin*, Oeuvres inéd. d'Abél. LXXXII. Prima quaestio est, utrum genera et species vere sint. Sed sciendum est, quod non esset disputatio de eis, si non vere subsisterent; nam res omnes, quae vere sunt, sine eis non esse possunt.

nicht in andern sein Sein besitzt, dann besteht jenes Subject als ein universales¹).“

Das Gleiche gilt wohl auch von Remigius von Auxerre, welcher im Kloster zu Auxerre unter dem Abte Heiric, so wie unter Lupus, Abt von Ferrières, gebildet wurde, und nach Heirics Tode selbst die Leitung der Klosterschule zu Auxerre übernahm, später aber an die Schule von Rheims berufen wurde, und zuletzt als Lehrer in Paris auftrat († 904). In seinem Commentar über Martianus Capella erklärt er zwar die Gattung für eine Zusammenfassung vieler Arten²), hält aber dann doch wieder an dem substantiellen Bestand der allgemeinen Begriffe fest³). „Er wiederholt ganz wortgetreu die Stelle aus Erigena über die allgemeinste Substanz, und wie alles Existirende nur einen Theil derselben darstelle, und überhaupt nur durch Theilnahme an derselben bestehe; wie die allgemeine Essenz durch die Gattungen und Arten bis zu den Besonderungen der letztern, den Individuen, herabsteige. Die Gattungen und Arten werden daher von der allgemeinen οὐσία umfasst und bestehen nur in ihr und durch sie; ihnen kommt gewissermassen das Geschäft zu, den Individuen den ihnen zukommenden Theil des Seins anzuweisen⁴).“

Ein entschiedener Vertheidiger des Nominalismus soll dagegen zur Zeit Berengars aufgetreten sein; wir erfahren aber über ihn nirgends etwas Näheres, als dass er Johannes Sophista genannt wird und zahlreiche Schüler hatte, zu welchen auch Roscellin gehört haben soll⁵). Wir können daher auch nicht mit Bestimmtheit wissen, was es mit diesem Johannes Sophista eigentlich für eine Bewandtniss habe. Vielfach

---

1) Ib. l. c. Genus et species, i. e. universale et singulare unum quidem subjectum habent. Subsistunt vero alio modo, intelliguntur alio. Et sunt incorporalia; sed sensibilibus juncta subsistunt in sensibilibus, et tunc est singulare; intelliguntur ut ipsa substantia ut non in aliis esse suum habentia, et tunc est universale. LXXXIII sq. Animal et homo, licet per se intellecta incorporalia sint, in individuis tamen, quibus substant, corporalia sunt.

2) *Hauréau*, De la phil. scol. T. 1. p. 145. Genus est complexio, id est adlectio et comprehensio multarum formarum, i. e. specierum.

3) Ib. l. c. Est autem forma partitio substantialis, ut homo; homo est multorum hominum substantialis unitas.

4) Ib. p. 146. Notices et Extraits des Manuscrits. T. XX. P. II. p. 17.

5) *Bulaei*, Hist. univ. p. I. p. 443. Hist. lit. de France, VII. p. 132. Opp. Petr. Abel. ed. Cousin. T. I. p. 40. Nota VIII. Atqui Bitanus hic (Rosc.) veteri et anonymo Francorum historico Compendiensis dicitur, et Joannis etiam cujusdam in dialectica potentis sophistae discipulus astruitur. Sic enim historicus ille, qui fragmentum historiae Francorum a Roberto ad Philippum I. regem scripsit. In dialectica quoque hi potentes exstiterunt sophistae: Joannes, qui eandem artem sophisticam vocalem esse disseruit, Robertus Parisiacensis, Rucelinus Compendiensis, Arnulfus Laudunensis. Hi Joannis fuerunt sectatores, qui etiam complures habuerunt auditores.

wird die ganze Tradition von diesem Johannes als problematisch hingestellt. Neuestens ist die Vermuthung ausgesprochen worden, dieser Johannes Sophista sei eigentlich niemand Anderer, als Johannes Skotus Erigena selbst[1]), was dahin gestellt bleiben mag. So viel dürfte aus dieser Tradition ersichtlich sein, dass Roscellin, welchen wir sogleich als den eigentlichen Begründer des Nominalismus werden kennen lernen, die Elemente seiner Lehre schon vorfand, und daher nicht so fast der Urheber dieser Lehre, als vielmehr derjenige war, welcher selbe in bestimmter Weise formulirte und principiell feststellte.

§. 39.

Bevor wir aber auf Roscellin übergehen, haben wir noch zwei andere Männer zu erwähnen, welche für die Geschichte der Philosophie in dieser Zeit von einiger Bedeutung sind. Zunächst begegnet uns nämlich im Laufe des zehnten Jahrhunderts ein Mann, welcher in der Mathematik, Astronomie und Naturkunde, sowie in der Theologie viele Kenntnisse besass und auch mit dialektischen Untersuchungen sich beschäftigte. Es ist *Gerbert*, Mönch zu Aurillac, nachmals Papst Silvester II. Er stammte aus einem niederen Geschlechte zu Aurillac in der Auvergne, wurde von Jugend auf im Kloster daselbst erzogen und nahm dann auch das Mönchskleid in diesem Kloster. Nach vollendeten Studien erhielt er die Erlaubniss zum Reisen, um seine wissenschaftliche Ausbildung zu vollenden. Er ging nach Spanien und erwarb sich daselbst zu Barcellona, wahrscheinlich aus arabischen Quellen, jene Kenntnisse in der Mathematik und Astronomie, welche ihn bei seinen Zeitgenossen so berühmt machten, dass er für ein Wunder der Gelehrsamkeit galt und für einen Magier gehalten wurde. Später wurde er Lehrer zu Rheims, dann unter Otto II. Abt von Bobbio, und endlich wurde er, als die Partei der Capetinger in Frankreich die Oberhand erhalten hatte, im Jahre 991 zum Erzbischof von Rheims gewählt. Er musste aber bald den erzbischöflichen Stuhl wieder verlassen, und ging dann zu Otto III., dessen Lehrer er wurde, und welcher ihn 997 zum Erzbischof von Ravenna erhob. Als bald darauf der päpstliche Stuhl erledigt wurde, ward Gerbert (999) durch die Bemühungen Otto's III. zum Papste erhoben, unter dem Namen Sylvester II., starb aber schon 1003.

Seine wissenschaftliche Thätigkeit können wir ausser seinen Briefen aus zwei kleinen Schriften beurtheilen: die eine handelt über das heilige Abendmahl; die zweite führt den Titel: „De rationali et ratione uti." In der erstern Schrift erklärt sich Gerbert für die Realität der Begriffe, weil wir, wie er mit Skotus Erigena sagt, die Eintheilungen der Dialektik in Arten und Gattungen, so wie die Eintheilungen

---

[1]) *Kaulich*, a. a. O. S. 247 f.

der Arithmetik nicht als Erfindungen des menschlichen Geistes, sondern als Werke Gottes in der Natur anzusehen hätten¹). In der zweiten Schrift behandelt er eine rein dialektische Frage. Es wird nämlich untersucht, wie es denn möglich sei, dass von dem vernünftigen Wesen ausgesagt werden könne, dass es die Vernunft gebrauche, indem es vernünftig denkt; da doch diesem der logische Satz zu widersprechen scheine, dass von dem niedern Begriff nur ein höherer ausgesagt werden könne. Zur Lösung dieses Problems zieht Gerbert den Unterschied zwischen der Substanz und ihren Accidentien herbei. Die Substanzen sind entweder nothwendige und ewige, oder veränderliche und vergängliche. Erstere umfassen alles Uebersinnliche, oder durch Verstand und Vernunft erkennbare, und sie sind immer als activ zu denken. Zu den letztern dagegen gehören alle sinnlichen und natürlichen Dinge, die dem Wechsel unterworfen sind, und daher entstehen und vergehen. Von diesen lassen sich denn nun auch veränderliche Accidentien aussagen, welche im Verhältniss zu ihnen niedere Begriffe bezeichnen, weil diese veränderlichen Accidentien Gegensätze bilden, welche unter den allgemeinen Begriff des Vermögens der veränderlichen Dinge fallen.

Dieses vorausgesetzt lässt sich nun die gestellte Frage unschwer lösen. Da die intelligibeln Wesen als solche stets als activ zu denken sind, so sind Vernünftiges und Vernunftgebrauchendes im Bereiche des Intelligibeln äquipollente Begriffe, von denen die Setzung des einen die Nothwendigkeit der Setzung des andern nach sich zieht. Das eine kann also von dem andern schlechthin und allgemein prädicirt werden. Anders verhält es sich aber, wenn man das Intelligible mit dem Sinnlichen, die Seele mit dem Körper verbunden denkt. Denn indem die Seele mit dem Körper sich verbindet, geht die ursprüngliche Actualität in Potenzialität über, so nämlich, dass nun die Seele nicht mehr schlechthin activ ist, sondern von der Potenzialität in die Actualität übergehen muss. Daraus folgt, dass hier der Vernunftgebrauch sich zur Seele als dem Vernünftigen accidentel verhält. Daher kann der Vernunftgebrauch zwar auch hier noch von der Seele als dem Vernünftigen prädicirt werden, aber nur so, wie das Accidenz überhaupt von einer veränderlichen Substanz ausgesagt werden kann, nicht mehr als nothwendiges Prädicat²). Man sieht, dass diese ganze Untersuchung zwar dialektischen Scharfsinn beweisst, aber im Grunde von geringer Bedeutung ist.

---

1) *Gerbert,* De corp. et sanguine Dom. (bei Pez, thes. anecdot. nov. I. p. II.) 7. Non enim ars illa, quae dividit genera in species, et species in genera resolvit, ab humanis machinationibus est facta, sed in natura rerum ab auctore omnium artium, quae vere artes sunt, et a sapientibus inventa.

2) De rationali et ratione uti, (bei Pez, thes. anecdot. nov. I. p. II. p. 148 sqq.) 1—11.

Weiter begegnet uns in der ersten Hälfte des eilften Jahrhunderts *Berengar von Tours*, welcher bekanntlich durch seine Bestreitung der katholischen Lehre von der Transsubstantiation sich einen Namen gemacht hat. „Er ward zu Anfang des eilften Jahrhunderts zu Tours von reichen und vornehmen Aeltern geboren, erhielt seinen ersten Unterricht zu Tours im Kloster zu St. Martin, worauf er sich nach Chartres begab, um unter Fulbert seine Studien fortzusetzen. Hier verlegte er sich, mit Vernachlässigung der übrigen Wissenschaften, einseitig auf die Dialektik, welche deshalb bei ihm zu einer sophistischen Kunst wurde¹). Schon als Schüler war er bemüht, in philosophischen Schriften Argumente gegen den gemeinen Glauben zu suchen, und war bei vorkommenden Disputationen nur schwer im Zaume zu halten. Obwohl er ein Liebling seines Lehrers war, soll dieser doch kurz vor dem Tode die Stürme vorausgesagt haben, welche durch seinen Schüler würden hervorgerufen werden. Im Jahre 1031 wurde er unter den Klerus der Kirche zu St. Martin aufgenommen, und Scholastiker an der Schule daselbst. Er nahm sich in seiner Lehrrichtung den Skotus Erigena zum Muster²), und bald strömten viele Schüler herbei, um seinen Vorträgen beizuwohnen." Der Ehrgeiz aber und die Arroganz, womit er auftrat, brachten ihn bald in offenen Conflict mit der Lehre der Kirche über die Eucharistie. Es kann hier nicht unsere Aufgabe sein, den Gang dieses Conflictes im Detail zu schildern; wir beschränken uns darauf, zu erwähnen, dass Berengar, nachdem seine Lehre von mehreren Concilien verworfen worden war, zuletzt dennoch mit der Kirche sich noch aussöhnte und nach einem vielbewegten Leben in hohem Alter starb.

Wir finden bei Berengar, was den wissenschaftlichen Standpunkt in seinem Verhältnisse zur Auctorität betrifft, ebenso wie bei Erigena, das rationalistische Princip offen ausgesprochen. Er stellt die Vernunft über die Auctorität, und legt dem entsprechend überall das Hauptgewicht auf die Dialektik. Er beruft sich hierin auf Augustinus, welcher ja gleichfalls die Dialektik für die Kunst der Künste, für die Wissenschaft der Wissenschaften erklärt, welcher auseinandergesetzt habe, dass man überall auf die Dialektik zurückgehen müsse, weil auf sie zurückgehen nichts Anderes sei, als auf die Vernunft zurückgehen, auf das Ebenbild Gottes in uns. Zwar sei uns die Auctorität in vielen Fällen nöthig; aber bei Weitem vorzuziehen sei es, zur Erkenntniss der Wahrheit die Vernunft zu gebrauchen³). Nach solchen Grundsätzen,

---

1) Hist. litt. de la France, T. VIII. p. 201. — 2) Ib. T. VII. p. 148.
3) *Berengar*, De sacra coena, p. 100. ed. Vischer. Ratione agere in perceptione veritatis incomparabiliter superius esse, quia in evidenti res est, sine vecordiae coecitate nullus negaverit... Maximi plane cordis est, per omnia ad dialecticam confugere, quia confugere ad eam, ad rationem est confugere; quo qui

die offenbar nur eine Repristination der erigenistischen sind, darf es uns nicht wundern, wenn Berengar auch in seiner Lehre von der Eucharistie die gleiche Anschauungsweise vertheidigt, wie sie dem Erigena zugeschrieben wird.

Zu den Hauptgegnern Berengars zählte der berühmte *Lanfranc*, welchen wir hier um so weniger unerwähnt lassen dürfen, als er der Lehrer Anselms von Canterbury war, welchen wir bald werden näher kennen lernen. „Er ward 1005 zu Pavia geboren und stammte aus einer hervorragenden Familie der Lombardei. Im Jahre 1042 trat er in das Kloster zu Bec ein, und vier Jahre später trat er an der Schule daselbst als Lehrer auf, und zwar mit einem solchen Erfolge, dass Schüler aus den verschiedensten Ländern herbeikamen, um an seinen Vorträgen Theil zu nehmen, so dass die Schule zu Bec nicht anders, als magnum et famosum litteraturae gymnasium genannt wurde[1]." Von welcher Art seine Vorträge gewesen, lässt sich nicht leicht bestimmen; dass aber das Philosophische davon nicht ausgeschlossen war, dürfte schon aus der vielseitigen philosophischen Anregung hervorgehen, welche sein Schüler Anselm durch ihn erhalten hat. Später wurde Lanfranc zum Erzbischof von Canterbury erhoben und starb 1089, allgemein als ein Mann von besonderer Sittenreinheit und Gelehrsamkeit geachtet.

§. 40.

Wir kommen nun auf denjenigen Mann, welcher den bereits vor ihm angebahnten *Nominalismus* principiell formulirte und vor das Forum der Oeffentlichkeit brachte: in welchem Sinne er mit Recht als der Begründer des Nominalismus bezeichnet werden kann. Es ist *Roscellin von Compiegne*. „Er ward zu Armorica, d. i. in der Niederbretagne geboren, machte zu Soissons und Rheims seine Studien, und lehrte hierauf öffentlich in Tours und in Locmenach (in der Nähe von Vannes in der Bretagne). Ebenso trat er zu Compiegne als Lehrer auf, und wurde an den Kirchen der genannten Orte Canonicus, und ausserdem noch an der Kirche zu Besançon. Unter den zahlreichen ihm zugeschriebenen Schülern ist Abälard der bedeutendste."

Was nun die Lehre dieses Mannes betrifft, so besitzen wir von ihm keine Schrift, die er selbst verfasst hätte; wir sind also in Bezug auf die Kenntniss seiner Lehre auf die Referate seiner Zeitgenossen angewiesen, zunächst auf Anselm, Abälard und Johannes von Salisbury. Anselm nun spricht sich in seiner Schrift über die Trinität, welche gegen Roscellin gerichtet ist, im Allgemeinen dahin aus, dass die Nomina-

---

non confugit, cum secundum rationem sit factus ad imaginem Dei, suum honorem relinquit, nec potest renovari de die in diem ad imaginem Dei.

1) Hist. litt. de la France, T. VII, p. 75.

listen die allgemeinen Begriffe für blose Worte (flatus vocis) hielten. Sie vermöchten die Farbe nicht von dem Körper, welchem sie zukommt, und die Weisheit nicht von der Seele, welcher sie eigen ist, zu unterscheiden. Ihre Vernunft sei eben derart in das Sinnliche und in die sinnlichen Bilder der Einbildungskraft verstrickt, dass sie sich davon nicht loszumachen und von der sinnlichen Vorstellung nicht dasjenige, was abgesondert von derselben rein und für sich von der Vernunft betrachtet werden müsse, zu unterscheiden im Stande seien[1]). Da Anselm in der erwähnten Schrift gegen Roscellin polemisirt, so muss offenbar das, was er hier im Allgemeinen von den nominalistischen Dialektikern sagt, in erster Linie von dem Haupte derselben, von Roscellin gelten. Nach Anselm läugnete also Roscellin die Objectivität der allgemeinen Begriffe gänzlich und betrachtete sie als blose allgemeine Benennungen, unter welchen wir eine Gesammtheit von Gegenständen zusammenfassen. Daher wirft er ihm denn auch vor, er begreife nicht, wie mehrere Menschen der Art nach Ein Mensch seien, er wisse nicht zu unterscheiden zwischen der Substanz und dem Accidenz, er könne sich den Menschen ausschliesslich nur als Individuum, als wirkliche, menschliche Person denken, und begreife darum auch nicht die Natur des Menschen[2]). Wir haben kein Recht, Anselm der Uebertreibung zu beschuldigen, um so weniger, da ja Anselm diese Lehre Roscellins in der gedachten Schrift als etwas Allbekanntes voraussetzt und nur nebenbei auf dieselbe reflectirt. Eine Uebertreibung der Lehre Roscellins auch nur in Einem Punkte hätte der Polemik Anselms gegen Roscellin überhaupt ihre ganze Schärfe genommen, und sie in ihrem ganzen Umfange als verdächtig erscheinen lassen. Dass Anselm dessen sich bewusst war, dürfen wir wohl annehmen, und müssen ihn also schon aus diesem Grunde, abgesehen von seiner gediegenen wissenschaftlichen Bildung und von der Ehrenhaftigkeit seines Charakters, gegen den Vorwurf einer Uebertreibung in Schutz nehmen. Wir können darum mit Sicherheit annehmen, dass Roscellin nicht blos den excessiven Realismus bekämpfte, sondern dass er in der Bekämpfung dieser Lehre sich zu dem andern Extrem hinreissen-

---

1) *Anselm*, De fide Trinitatis, c. 2. (ed. Migne.) Nostri temporis dialectici, imo dialectice haeretici, qui nonnisi flatum vocis putant universales substantias, et qui colorem nihil aliud queunt intelligere quam corpus, nec sapientiam hominis, quam animam .. In eorum quippe animabus ratio, quae et princeps et judex omnium debet esse, sic est in imaginationibus corporalibus obvoluta, ut ex eis se non possit evolvere, nec ab ipsis ea, quae ipsa sola et pura contemplari debet, valeat discernere.

2) Ib. l. c. Qui enim nondum intelligit, quomodo plures homines in specie sint unus homo — et cujus mens obscura est ad discernendum inter equum suum et colorem ejus — denique qui non potest intelligere, aliquid esse hominem nisi individuum, nullatenus intelligit hominem nisi humanam personam.

liess, nämlich die Objectivität der Allgemeinbegriffe gänzlich zu läugnen, und sie als blose allgemeine Benennungen gelten zu lassen. Und damit stimmt denn auch dasjenige überein, was Johannes von Salisbury über Roscellins Lehre referirt [1]).

Bei Abälard endlich finden wir noch eine Stelle, in welcher gesagt wird, Roscellin habe behauptet, dass kein Ding aus Theilen bestehe, sondern dass nur die Wörter, d. i. die Begriffe, durch welche wir die Dinge bezeichnen, getheilt werden können. Denn hätte ein Ding Theile, so würde sein Theil Theil des Ganzen, und weil das Ganze nur aus seinen Theilen bestünde, Theil seiner selbst und der übrigen Theile sein, was sich nicht annehmen lasse [2]). Offenbar liegt hier der Gedanke zu Grunde, dass alle Unterscheidung, welche wir an den Dingen vornehmen, blos eine Unterscheidung im Denken sei, welche auf die Objectivität sich keineswegs übertragen lasse, da in der Objectivität uns nur geschlossene Einheiten gegenüber treten: ein Satz, welcher mit der Negation der objectiven Realität der Begriffe vollkommen harmonirt.

Es lässt sich nicht läugnen, dass dieser Nominalismus wesentlich Empirismus ist. Denn wird den Begriffen jeder eigenthümliche ideale Inhalt abgesprochen, und sind dieselben nichts weiter, als allgemeine Namen, mit welchen wir eine Gesammtheit von Dingen bezeichnen, dann ist eo ipso die gesammte menschliche Erkenntniss zur blosen Erfahrungserkenntniss herabgesetzt, und das höhere, ideale Moment ist aus derselben verschwunden. Nicht mit Unrecht wirft darum Anselm den

---

1) *Joann. Saresb.* Metal. l. 2. c. 13. Alius ergo consistit in vocibus (licet haec opinio cum Rucelino suo omnino jam evanuerit). c. 17. Polycrat. l. 7. c. 12. p. 665. (ed. Migne.) Fuerunt, qui voces ipsas genera dicerent et species, sed eorum jam explosa est sententia et facile cum autore suo jam evanuit. Sunt tamen adhuc qui deprehenduntur in vestigiis eorum, licet erubescant auctorem vel sententiam profiteri, solis nominibus inhaerentes, quod rebus et intellectibus subtrahunt, sermonibus adscribunt.

2) *Abaelard*, Epist. 21. ad episc. Paris. Nomine designare quis iste sit, supervacaneum duxi, quem singularis infamia infidelitatis et vitae ejus singulariter notabilem facit. Ille sicut pseudo-dialecticus ita et pseudochristianus cum in dialectica nullam rem, sed solam vocem partes habere aestimat, ita divinam paginam impudenter pervertit, ut eo loco, quo dominus partem piscis assi comedisse dicitur, partem hujus vocis, quae est piscis assi, non partem rei intelligere cogatur. Oeuvres inédits, Lib. def. et div. p. 471. Fuit autem, memini, magistri nostri Roscelini tam insana sententia, ut nullam rem partibus constare vellet, sed sicut solis vocibus species, ita partes adscribebat. Si quis autem rem illam, quae domus est, rebus aliis, pariete scilicet et fundamento constare diceret, tali ipsum argumentatione impugnabat: Si res illa, quae est paries, rei illius, quae domus est, pars sit, cum ipsa domus nihil aliud sit quam ipsa paries et tectum et fundamentum, profecto paries sui ipsius et caeterorum pars erit; at vero quomodo sui ipsius pars fuerit? Amplius omnis pars naturaliter prior est suo toto; quomodo autem paries prior se et aliis dicetur, cum se nullo modo prior sit!

Nominalisten vor, dass sie ganz in den sinnlichen Bildern der Einbildungskraft verstrickt und befangen seien und zum Denken des Idealen sich nicht zu erheben vermöchten. Er deutet so mit klaren Worten die empiristische Denkweise der Nominalisten an. Aber ist dieser empiristische Standpunkt einmal eingenommen, dann kann er in seiner Anwendung auf die geoffenbarten Wahrheiten des Christenthums nicht ohne missliche Folgen bleiben. Denn da der Verstand auf diesem Standpunkte nur Empirisches erkennt, und demselben keine höhere, ideale Seite abzugewinnen vermag, so wird er auch die geoffenbarten Wahrheiten nach der Analogie des Empirischen denken, und sie der empirischen Anschauungsweise, in welcher er sich bewegt, anzupassen suchen. Damit hat er dann die Bahn des Rationalismus bereits betreten, und die Folge davon wird sein, dass nun die Mysterien des Christenthums nach den vorgefassten Ansichten und Begriffen des menschlichen Verstandes sich gestalten müssen. Der nominalistische Empirismus hat die Verflachung der Mysterien des Christenthums zur unausbleiblichen Folge. Anselm versäumt nicht, auch darauf hinzuweisen, und macht den nominalistischen Dialektikern seiner Zeit gerade dieses rationalistische Gebahren zum Vorwurfe [1]).

So hat denn auch Roscellin in der Anwendung seines Nominalismus auf die göttliche Trinität in eine Art Tritheismus sich verloren. Wie Anselm berichtet, behauptete Roscellin, die drei göttlichen Personen seien blos der Macht und dem Willen nach Eins, sonst aber seien sie drei Dinge, drei Wesenheiten oder Substanzen. Wollte man, meint Roscellin, den trinitarischen Unterschied der göttlichen Personen nicht in dieser Weise auffassen, sondern letztere als Eine Wesenheit, als Eine „res" denken, dann müsste man auch sich zur Annahme verstehen, dass mit dem Sohne auch der Vater und der heilige Geist Mensch geworden seien [2]). Wenn es darum der Gebrauch gestatten würde, so könnten die drei göttlichen Personen wohl auch drei Götter genannt werden [1]).

In ähnlicher Weise berichtet uns auch Abälard über die Trinitätslehre Roscellins. Auch er schreibt ihm die Ansicht zu, dass er drei

---

1) *Anselm*, De fid. Trin. c. 2. 3. Dialectici moderni nihil esse credunt, nisi quod imaginationibus comprehendere possunt, nec putant aliquid esse, in quo partes nullae sunt.... Unde fit, ut, dum praepostere prius per intellectum conantur ascendere, ad multimodos errores per intellectus defectum cogantur descendere. c. 5. Nolentes credere, quod non intelligunt, credentes derident. Cf. *Abaelard*, Theol. christ. l. 3. p. 1212—1227. (ed. Migne.) p. 1236.

2) *Anselm*, De fid. Trin. c. 1. Si, inquit (Roscellinus), in Deo tres personae sunt una tantum res, et non sunt tres res unaquaeque sese separatim, sicut tres angeli aut tres animae, ita tamen, ut potentia et voluntate omnino sint idem: ergo Pater et Spiritus sanctus cum Filio est incarnatus.

3) *Anselm*, Ep. l. II. ep. XLI. Tres Deos posso dici, si usus admitteret, Ep. XXXV.

Götter einführe, also den Tritheismus lehre ¹). In einem erst in neuerer Zeit aufgefundenen Brief an Abälard vertheidigt zwar Roscellin seine Lehre; aber auch in dieser Vertheidigung tritt das Irrthümliche seiner Ansicht offen hervor, und zeigt es sich uns somit, dass Anselm seine Theorie ganz richtig wiedergegeben habe. Die drei göttlichen Personen, lehrt er, sind drei Substanzen, deren Einheit nur darin besteht, dass sie einander ganz gleich sind: weshalb die Häresie des Arius blos darin bestanden habe, dass er von diesen drei Substanzen die eine der andern untergeordnet, und eine Zeitfolge in der Entstehung der einen und der andern angenommen habe ²). Die göttlichen Personen sind Eins wegen des gemeinsamen Besitzes der göttlichen Majestät, nicht wegen der Singularität dieser göttlichen Majestät; denn was singulär ist, das kann in keiner Weise gemeinsam sein; und umgekehrt, was Mehreren gemein ist, das kann in keiner Weise singulär sein ³). Der Ausdruck „Person" bedeutet, auf Gott angewendet, nichts Anders als die göttliche Substanz, wenn auch der Sprachgebrauch es mit sich bringt, dass wir in Gott blos von einer dreifachen Person, nicht von einer dreifachen Substanz sprechen ⁴). Heisst es also, dass der Vater den Sohn erzeugt habe, so ist das dasselbe, als ob man sagte, die Substanz des Vaters habe die Substanz des Sohnes gezeugt. Wir haben also in der That drei Substanzen in Gott⁵), folglich auch nicht Ein Ewiges, sondern drei Ewige ⁶).

Es ist diese Lehre nach nominalistischen Grundsätzen ganz folgerichtig. Denn steht es einmal fest, dass es in der *empirischen* Wirklichkeit nur Individuen gibt, und dass die Begriffe, unter welchen wir sie zusammenfassen, in ihnen selbst in *keiner* Weise begründet sind: was liegt dann näher, als von dem Verhältnisse der drei Personen zur

---

1) *Abael.* Ep. ad episc. Paris. 21. Elatus ille et semper inflatus catholicae fidei hostis antiquus, cujus haeresis detestabilis tres Deos confiteri imo et praedicari Suessionensi concilio a Patribus convicta est atque insuper exilio punita.

2) Ep. Roscell. ad Abael. (in Abälards Werken, Migne'sche Ausg.) p. 366—369. — 3) Ib. p. 368.

4) Ib. l. c. Sciendum est vero, quod in substantia sanctae trinitatis quaelibet nomina non aliud et aliud significant, sive quantum ad partes, sive quantum ad qualitates, sed ipsam solam non in partes divisam nec per qualitates mutatam significant substantiam. Non igitur per personam aliud aliquid significamus, quam per substantiam, licet ex quadam loquendi consuetudine triplicare soleamus personam, non substantiam.

5) Ib. Quia ergo Pater genuit filium, substantia patris genuit substantiam filii. Quia igitur altera est substantia generantis, altera generata, alia est una ab alia; semper enim generans et generatum plura sunt, non res una secundum illam b. Augustini praefatam sententiam, qua ait, quod nulla omnino res est, quae seipsam gignat.

6) Ib. Si enim coaeternae, sunt et aeternae; quomodo ergo non tres aeterni, si tres illae personae sunt aeternae?

Einen göttlichen Wesenheit eine *analoge* Anschauung sich zu bilden, d. h. bei den Personen als solchen stehen zu bleiben und die Eine Wesenheit fallen zu lassen!

Wegen dieser seiner tritheistischen Ansichten, die grosses Aufsehen erregten, ward Roscellin 1092 vor ein Concil zu Soissons vorgeladen. Seine Lehre ward verworfen, und er musste widerrufen. Doch scheint der Widerruf nicht aufrichtig gemeint gewesen zu sein. Anselm sah sich, wie wir bereits wissen, veranlasst, in einer eigenen Schrift gegen Roscellin aufzutreten, und seine tritheistischen Ansichten wissenschaftlich zu widerlegen [1]). Von den weitern Lebensschicksalen Roscellins ist nichts Sicheres mehr bekannt. Er scheint sich nach Besançon zurückgezogen und bis zu seinem Ende dort ein ruhiges Leben geführt zu haben.

§. 41.

Wenn nun aber in Roscellin der Nominalismus in seiner schärfsten Fassung hervortrat und gegen den erigenistischen Realismus in die Schranken trat, so dürfen wir nicht glauben, dass der letztere dadurch aus den Schulen verdrängt wurde; im Gegentheil sehen wir, wie auch der *excessive Realismus* im Laufe des eilften Jahrhunderts sich in den Schulen behauptet, und den Kampf gegen den Nominalismus aufnimmt. Unter den Vertretern desselben wird besonders *Wilhelm von Champeaux* genannt. „Er wurde zu Champeaux, einem Flecken in der Nähe von Melun (um 1070) geboren, und machte seine ersten Studien unter Manegold von Lutenbach, welcher in den Schulen zu Paris gelehrt haben soll, dann unter Anselm von Laon, welcher sich eines grossen Rufes erfreute und die bedeutendsten Männer seiner und der folgenden Zeit (unter ihnen auch Abälard und Gilbert) zu seinen Schülern zählte [2]), und endlich soll er sich auch unter den Schülern Roscellins befunden haben. Er wurde später Archidiakon und Scholasticus, lehrte in der Kathedralschule bei Notre-Dame zu Paris, erregte grosses Aufsehen und erfreute sich zahlreicher Zuhörer auch aus fremden Ländern [3]). Gegen 1108 verliess er die Kathedralschule und wurde regulirter Chorherr zu St. Victor. Da er aber hier seine wissenschaftlichen Vorträge bald wieder aufnahm, so wurde er der eigentliche Gründer der nachher so berühmten Schule von St. Victor. Er wurde Prior und Abt, und endlich mit Widerstreben Bischof von Chalous an der Marne. Mit dem heil. Bernard lebte er in Freundschaft bis zu seinem Tode." († 1121.)

Von seinen zahlreichen Schriften, in welchen er den Realismus vertrat, ist keine auf uns gekommen [4]). Wir sind also hinsichtlich der

---

1) In der Schrift: „De fide Trinitatis contra blasphemias Roscellini."
2) Hist. litt. de la France. T. VII. p. 90. — 3) Ib. T. X. p. 307.
4) „Wir besitzen von ihm bis jetzt nur zwei kleinere Schriften: „De euchari-

Kenntniss der Lehre Wilhelms vorzugsweise auf seinen Gegner Abälard angewiesen. Dieser nun sagt in seiner Historia calamitatum, Wilhelm habe gelehrt, dass jeder allgemeine Begriff ganz in jedem Individuum, welches von ihm befasst werde, wesentlich sei, und dass somit dem Wesen nach unter den Individuen derselben Art kein Unterschied sei, sondern ihre Verschiedenheit nur auf der Menge der Accidentien beruhe¹). Hienach hält Wilhelm von Champeaux ebenso, wie Erigena, an der objectiven Realität der Allgemeinbegriffe als solcher fest, und nimmt an, dass jeder Begriff als allgemeines Sein objectiv wie subjectiv in sich bestehe²). Das Einzelwesen kann hienach folgerichtig nur mehr als eine vorübergehende Erscheinungsweise des Allgemeinen gelten. Die Besonderung der Gattungen in die Arten fasst er daher so auf, dass die Artunterschiede sich nur accidentel zur Gattung verhalten, und dass den Arten ebenso ein substantivischer Bestand zugeschrieben werden müsse, wie der Gattung. Die Artsunterschiede oder Differenzen können somit nach seiner Ansicht gar nicht für sich als Abstracte eine Bedeutung haben, sondern nur an, in und mit der Besonderung der Arten, weshalb auch Abälard von ihm sagt, er habe die Differenzen selbst für die Arten genommen³). Die Individuen sind dann endlich das Resultat der Verbindung individueller Formen mit dem allgemeinen Sein der Art⁴).

---

stia," und: „De origine animae," in welch letzterer Schrift er als Vertreter des Creatianismus erscheint. Die Verfasser der Hist. litt. de France schreiben ihm auch eine Schrift unter dem Titel: „Liber sententiarum" zu. In neuester Zeit hat Ravaisson zwei und vierzig noch nicht herausgegebene Fragmente von Schriften Wilhelms von Champeaux in der Bibliothek zu Troyes entdeckt; worunter Eines den Titel führt: „De essentia Dei, et de substantia Dei, et de tribus ejus personis." Dieses soll das bedeutendste sein, ist aber noch nicht veröffentlicht." *Kaulich*, Gesch. der schol. Phil. Bd. 1. S. 384 f.

1) *Abael.* Hist. calam. c. 2. Erat autem (Guillelmus) in ea sententia de communitate universalium, ut eandem essentialiter rem totam simul singulis suis inesse astrueret individuis, quorum quidem nulla esset in essentia diversitas, sed sola multitudine accidentium varietas.

2) Oeuvres inéd. d'Ab. p. 513. (De gen. et spec.) Alii vero quasdam essentias universales fingunt, quas singulis individuis totas essentialiter inesse credunt.

3) Oeuvres inéd. d'Ab. Lib. de div. et def. p. 454 sq. Volebat enim, memini, tantam abusionem in vocibus fieri, ut, cum nomen differentiae in divisione generis pro specie poneretur, non sumtum esset a differentia, sed substantivum speciei nomen poneretur. Alioquin subjecti in accidentia divisio dici potest secundum ipsius sententiam, qui differentias generi per accidens inesse volebat. Per nomen itaque differentiae speciem ipsam volebat accipere

4) Oeuvr. inéd. d'Ab. De gen. et spec. c. 513. Homo quaedam species est, res una essentialiter, cui adveniunt formae quaedam et efficiunt Socratem; illam eandem essentialiter eodem modo informant formae facientes Platonem et caetera individua hominis, nec aliquid est in Socrate, praeter illas formas informantes illam materiam ad faciendum Socratem, quin illud idem eodem tempore in Platone

Wilhelm wurde wegen dieser seiner Lehre besonders von Abälard heftig angegriffen. „Namentlich soll Abälard dagegen geltend gemacht haben, dass in dieser Voraussetzung die absolute Substanz, die doch keine Form zulasse, jeder Substanz gleich wäre, während sie doch von allen andern verschieden gedacht werden müsse; ferner, dass alsdann dieselbe Substanz entgegengesetzte Accidentien erhalten müsste, was sich mit der vorausgesetzten Einheit der Substanz nicht vertrage [1])." Dadurch sah sich denn Wilhelm veranlasst, seine Ansicht später dahin zu modificiren, dass er lehrte, dieselbe Sache, d. i. dieselbe Art oder Gattung komme den Individuen in *individueller* Weise zu [2]). Wie er die Sache verstand, ist nicht ganz klar; jedenfalls zeigt es sich aber, dass er das Excessive seines Realismus zu mildern und in eine Bahn einzulenken suchte, welche dazu angethan wäre, den realen Bestand der Individuen zu sichern.

Aber nicht alle Anhänger des excessiven Realismus verstanden sich zu diesem Schritte. Vielmehr werden wir denselben in der gegenwärtigen Epoche noch bei Andern in ganz prägnanter Weise hervortreten sehen. Für jetzt wollen wir nur noch die Art und Weise in's Auge fassen, wie Johannes von Salisbury das Wesen des excessiven Realismus schildert, weil er dessen Begriff vollständig erschöpft. Dieser Realismus, sagt der erwähnte Schriftsteller, hält das Einzelne als solches einer substantivischen Benennung nicht würdig (d. h. er betrachtet das Einzelne als solches nicht für eine Substanz im eigentlichen Sinne dieses Wortes), weil die Einzeldinge im beständigen Flusse des Werdens und Vergehens sich befinden. Das wahre und eigentliche Sein eignet lediglich dem stets unveränderlich bleibenden: und das sind die Gattungen und Arten der Dinge, sowie die Quantität, Qualität, Relation nebst den übrigen Categorien. Diese sind weder einer Vermehrung, noch einer Verminderung fähig; sie sind stabil und perpetuirlich; und wenn die

---

informatum sit formis Platonis. Et hoc intelligunt de singulis speciebus ad individua et de generibus ad species. — Ubi enim Socrates est, et homo universalis ibi est, secundum totam suam quantitatem informatus Socratitate; quidquid enim res universalis suscipit, tota sua quantitate retinet — quidquid suscipit, tota sui quantitate suscipit.

1) Glossulae magistri Petri Baelardi sup. Porph. Rémusat. Abél. T. II. p. 98 sq. „Es scheint darnach, dass die in der Schrift „de gen. et spec." gegen Wilhelm von Champeaux angeführten Einwendungen, dass die Substanz des Menschen nicht zugleich zu Rom und Athen sein könnte, indem an einem Orte Socrates, an dem andern Plato wäre, und demnach die Substanz des einen identisch mit der des andern wäre; dass wenn Socrates sich langweilt, sich auch Plato langweilen müsste, weil die determinirenden Formen stets das ganze Wesen einschliessen sollen, ebenfalls von Abälard herrühren. De gen. et sp. p. 513 sq." *Kaulich*, a. a. O. S. 338, not.

2) *Abael.* Hist. cal. c. 2. Sic autem istam suam correxit sententiam, ut deinceps rem eandem non essentialiter, sed individualiter diceret.

ganze körperliche Welt untergehen würde, so würden doch sie als die ursprünglichen Gründe der Dinge übrig bleiben¹). Das ist offenbar im Wesen gar nichts Anderes, als die erigenistische Lehre. Wir finden es daher begreiflich, wenn aus solchen Voraussetzungen auch die analogen Folgerungen erschlossen wurden, wie wir sie bei Erigena gefunden haben. So wird referirt, es sei damals von Anhängern der erigenistischen Lehre die Behauptung aufgestellt worden, dass die wahren Wesenheiten der Dinge mit Gott gleich ewig seien, und dass daher, weil das Gleiche auch von den Accidentien gelte, die Erscheinung der Wesenheiten in der Wirklichkeit der Welt nur darin bestehe, dass die verschiedenen Begriffe und Dinge mit einander in der Einheit der Individuen und ihrer Accidentien zusammenträfen. Sogar die Ewigkeit von Geist und Körper soll aus jenen Voraussetzungen erschlossen worden sein, wornach die Schöpfung nicht als eine Setzung von Geist und Leib, sondern als eine blose Verbindung zweier ewig präexistirender Dinge zum menschlichen Wesen zu betrachten sei²). Ebenso stellte man die Behauptung auf, dass die Vernunft auch dann noch in der Natur dasein würde, wenn kein Wesen da wäre, von welchem sie prädicirt werden könnte³).

Es unterliegt nicht dem mindesten Zweifel, dass dieser excessive Realismus ebenso auf einen falschen Idealismus hinausläuft, wie der Nominalismus wesentlich empiristisch ist. Wir sehen daher in diesen beiden Lehrsystemen die gleichen Gegensätze auftreten, welche in der Geschichte der Philosophie überall spielen und sich geltend machen, die Gegensätze nämlich des Idealismus und des Empirismus. Es sind andere Formen; aber das Wesen ist dasselbe.

§. 42.

Hienach ist nun aber leicht ersichtlich, dass die Wahrheit zwischen diesen beiden Extremen in der Mitte liegen müsse. Der Nominalismus war in seinem Rechte, wenn er das Allgemeine *als* solches, d. h. in

---

1) *Joann. Saresb.* Metal. l. 2. c. 17. Johannes von Salisbury schreibt diese Lehre einem „Imitans Bernardum Carnotensem" zu; aber wenn auch dieselbe zunächst nur die Lehre eines Einzelnen war, so ist es doch augenfällig, dass in derselben die excessiv realistische Strömung dieser Epoche in voller Prägnanz hervortritt.

2) Oeuvres inéd. d'Ab. De gen. et spec. p. 517. Sunt autem, qui dicunt, quidquid est, aut genitum est, aut ingenitum. Universalia autem ingenita dicuntur, et ideo coaeterna et sic secundum eos, qui hoc dicunt, animus, quod nefas est dictu, in nullo est obnoxius Deo, qui semper fuit cum Deo, nec ab alio incepit, nec Deus aliquorum factor est. Nam Socrates ex duobus Deo coaeternis conjunctus est. — Nova ergo prima fuit conjunctio, non aliqua nova creatio.

3) Ib. l. c. Nam secundum eos etsi rationalitas non esset in aliquo, tamen in natura permaneret.

seiner Allgemeinheit genommen, nicht in die Objectivität hinaussetzen wollte; der Realismus dagegen war in seinem Rechte, wenn er den *Inhalt* der allgemeinen Begriffe nicht in dem blosen subjectiven Denken sich verflüchtigen lassen wollte, sondern ihm seine Objectivität zu wahren suchte. Man musste also zwischen dem *Inhalte* der Universalien und der *Form* der Allgemeinheit, welche ihnen eigen ist, unterscheiden, und man war auf dem Wege zu dem wahren, gemässigten Realismus, welcher jene beiden Extreme in sich ausgleicht und die rechte Mitte zwischen beiden hält. Denn man gewann auf diesem Wege das Resultat, dass die Universalien nach ihrem *Inhalte* objectiv in den Dingen wirklich, dass sie nach diesem ihrem Inhalte nur der ideale Ausdruck des Wesens der individuellen Dinge seien; während sie dagegen die *Form* der Allgemeinheit, welche ihnen eigen ist, nur durch den denkenden Geist selbst erhalten, so jedoch, dass der Verstand hiebei nicht willkürlich zu Werke geht, sondern auf der Basis der Objectivität sich bewegt, sofern nämlich die wirkliche oder mögliche Inexistenz des Inhaltes eines Begriffes in einer Mehrheit von Individuen für den Verstand der objective Grund ist, diese Individuen insgesammt und keine andern, unter jenem Begriffe, welcher deren Wesen zum Inhalte hat, zusammenzufassen, und so jenen Begriff als allgemein geltend für alle diese Individuen zu denken.

Dieser wahre, gemässigte Realismus ist es denn nun auch wirklich, welcher aus dem Kampfe der streitenden Parteien in den christlichen Schulen dieser Epoche sich herausbildete und in der spätern Scholastik zur Herrschaft gelangte. Freilich war die genaue wissenschaftliche Formulirung der Thesis nicht mit Einem Schlage gegeben; sie musste erst allmählig errungen werden. Darum treten denn schon in der gegenwärtigen Epoche mannigfache Vermittlungsversuche auf, welche Nominalismus und Realismus in einer wahren Mitte auszugleichen versuchten. Es waren diese Vermittlungsversuche der Sache nach auf der rechten Fährte; aber in der Formulirung der Thesis waren sie noch mehr oder minder unbestimmt und schwankend, und liessen das Vollkommene noch vermissen. Sie suchten die Extreme zu mildern; aber es gelang ihnen noch nicht, vollständig jene rechte Mitte zu gewinnen, welche den Streit zwischen beiden Extremen principiell geschlichtet hätte.

Als einen solchen Vermittlungsversuch haben wir vor Allem den sogenannten *Conceptualismus* zu betrachten. Derselbe ging davon ab, die Universalien als blose Namen zu betrachten; er fasste sie vielmehr als allgemeine Gedanken der Seele auf, räumte ihnen jedoch keine objective Realität ausser dem denkenden Geiste ein. Wenigstens lässt sich solches aus den Worten erschliessen, mit welchen Johannes von Salisbury diese Theorie definirt[1]). Der Conceptualismus unterschied

---

1) *Joann. Saresb.* Metal. l. 2. c. 17. Alius versatur in intellectibus, et cos

demnach zwischen dem Dinge, dem Verstandesbegriffe und dem Ausdrucke desselben im Worte, und behauptete, es könne weder der Ausdruck der Rede das Was der Dinge zeigen, noch der Act des Verstandes Alles, was in der Sache liegt, auffassen, folglich auch der Verstandesbegriff nicht Alles in sich schliessen. Und endlich bleibe auch das Wort hinter dem Begriffe zurück, indem es nicht dessen ganzen Inhalt zur Darstellung bringe [1]. Die Begriffe stehen somit gewissermassen in der Mitte zwischen dem Erkenntnissobjecte und dem Worte, durch welches jenes bezeichnet wird. Sie werden aus den Vorstellungen, welche die individuelle Form der Objecte repräsentiren, durch Entwicklung des Inhalts dieser Vorstellungen gewonnen [2]).

Betrachten wir diese Lehre näher, so kann man nicht verkennen, dass dieselbe auf dem Wege zur rechten Mitte zwischen den beiden Gegensätzen des Nominalismus und excessiven Realismus sich befindet. Die objective Realität der Allgemeinbegriffe als solcher wird in Abrede gestellt, zugleich aber auch den Begriffen ihr eigenthümlicher Inhalt gegenüber dem Worte, in welchem sie sich aussprechen, zu wahren gesucht. Aber freilich ist damit noch nicht das Verhältniss genau bestimmt, in welchem die Begriffe als Gedanken des Verstandes zu den objectiven Dingen stehen; es wird nur gesagt, dass sie durch Entwicklung aus den Vorstellungen gewonnen werden; wie sie sich aber zum Wesen der vorgestellten Dinge verhalten, ob sie wirklich dieses letztere zum Inhalte haben, oder ob sie sich blos auf verallgemeinerte Vorstellungen reduciren, ist damit noch nicht bestimmt. Es kann uns deshalb nicht wundern, wenn der Conceptualismus doch nur als eine gemilderte Form des Nominalismus betrachtet wurde.

Den Conceptualisten ist wohl auch beizuzählen der Bischof Joscellin von Soissons, welcher im Anfange des zwölften Jahrhunderts zu Paris neben Abälard als Lehrer aufgetreten zu sein scheint, ein intimer Freund des heiligen Bernard war, und späterhin zum Bischof von Soissons erhoben wurde. Nach Johannes von Salisbury betrachtete er das Allgemeine als eine Zusammenfassung von Indivi-

---

duntaxat genera dicit esse et species. Sumunt enim occasionem a Cicerone et Boëthio, qui Aristotelem laudant auctorem, quod haec credi et dici debeant notiones.

1) *Gilbert. Porret.* in libr. Boëth. de Trin. (Boëth. opp. ed. Migne) p. 1260. Tria quippe sunt: res, intellectus et sermo. — Res intellectu concipitur, sermone significatur. Sed neque sermonis nota quidquid res est potest ostendere, neque intelligentiae actus in omnia, quaecunque sunt ejusdem rei, ostendere; ideoque nec conceptus omnia tenere; circa conceptum etiam remanet sermo. Non enim tantum rei significatione vox prodit, quantum intelligentia concipit.

2) *Joh. Saresb* Metal. l. 2, c. 17. Est autem, ut ajunt, notio ex ante percepta forma cujusque rei cognitio, enodatione indigens. Et alibi: Notio est quidam intellectus et simplex animi conceptio. Eo ergo deflectitur quidquid scriptum est, ut intellectus aut notio, universalium universitatem claudat. Policrat. l. 7, c. 12.

duen im Denken, ohne demselben eine weitere Bedeutung zuzuschreiben [1]). Offenbar ist diese Behauptung dem excessiven Realismus entgegengesetzt, will aber doch auch den Nominalismus nicht geradezu zur Geltung bringen; sie sucht zu vermitteln, kann aber die rechte Vermittlung noch nicht finden. Das Gleiche gilt von einer anderen Theorie, welche nach dem Berichte des Johannes von Salisbury den Ausdruck „maneries" für die Bezeichnung des Allgemeinen einführte: ein Ausdruck, welchen der genannte Berichterstatter selbst nicht bestimmt zu deuten vermochte [2]).

§. 43.

Solche Vermittlungsversuche treten aber in der gegenwärtigen Epoche noch mehrere auf; wir werden seiner Zeit noch einige derselben zur Sprache bringen müssen. Für jetzt wollen wir nur noch einen Blick werfen auf jenen Vermittlungsversuch, welcher uns in dem Buche „De generibus et speciebus" begegnet, weil derselbe der wahren Mitte schon näher zu kommen scheint. Es wurde diese Schrift von Cousin den Schriften Abälards beigezählt; Ritter hat aber gezeigt, dass sie den Abälard nicht zum Verfasser haben könne, und hat sie seinerseits dem Joscellin zugeschrieben [3]). Allein es dürfte auch letzteres unrichtig sein; denn, wie Kaulich richtig bemerkt [4]), die in der genannten Schrift vertretene Ansicht unterscheidet sich in hohem Grade von derjenigen, welche Johannes von Salisbury dem Joscellin zuschreibt. Wie dem auch immer sei, so viel ist sicher, dass diese Schrift aus der ersten Hälfte des zwölften Jahrhunderts stammt; denn sie nimmt auf die realistischen Lehren dieser Zeit Rücksicht, wie sie gleichzeitig die Ausschreitungen des Nominalismus bestreitet. „Der Verfasser ist bestrebt, die Bedeutung der Universalien und allgemeinen metaphysischen Principien abzuleiten, und bringt demzufolge die Lehre von den allgemeinen Begriffen mit den Ansichten über Form und Materie, über Geist und Körper in Zusammenhang."

---

1) *Joh. Saresb.* Met. l. 2. c. 17. Est et alius, qui cum Gausleno Sucssionensi episcopo universalitatem rebus in unum collectis attribuit, et singulis eandem demit.

2) Ib. l. c. Est aliquis, qui confugiat ad subsidium novae linguae, quia latinae peritiam non satis habet; nunc enim, quum genus audit vel species, res quidem dicit intelligendas universales, nunc rerum maneriem interpretatur; hoc autem nomen in quo auctorum invenerit vel hanc distinctionem, incertum habeo, nisi forte in glossematibus aut modernorum linguis doctorum. Sed et ibi quid significet non video, nisi rerum collectionem cum Gausleno aut rem universalem, quod tamen fugit maneriem dici; nam ad utrumque potest ab interpretatione nomen referri, eo quod Maneries rerum numerus aut status dici potest, in quo talis permanet res; nec deest, qui rerum status attendat et eos genera dicit et species. De gen. et spec. p. 523.

3) Gesch. d. Phil. Bd. 7. S. 362 ff. — 4) Gesch. d. schol. Phil. S. 365.

Fragen wir nun nach der Ansicht, welche diese Schrift über die Universalien aufstellt, so werden in derselben die Gattungen und Arten der Dinge für Sammlungen von Individuen erklärt, welche, obgleich sie wesentlich eine Vielheit wären, dennoch als eine Art, als ein Allgemeines, als Eine Natur betrachtet werden könnten, so wie ein Volk oder Heer, obgleich aus vielen Personen bestehend, doch als Eines gedacht und Eins genannt werden könnten [1]). Der allgemeine Begriff wäre hienach wesentlich ein Sammelbegriff, welcher die Individuen in eine Einheit zusammenfasst, die der Sache nach zwar immer als eine Vielheit sich darstellt, welche aber dennoch als ein Ganzes, als ein Allgemeines, als Eine Natur sich ansehen lässt. Doch darf jene Sammlung, welche das Wesen des Allgemeinen bildet, nicht aus beliebigen Individuen bestehen, sondern die Individuen, welche unter einem allgemeinen Begriffe zusammengefasst werden sollen, müssen aus einer ähnlichen Materie und verschiedener Form zusammengesetzt, oder von ähnlicher Schöpfung sein. Die Aehnlichkeit der Materie, welche vorausgesetzt wird, um eine Mehrheit von Individuen unter einem allgemeinen Begriffe zusammenfassen zu können, wird aufgezeigt an dem Beispiele zweier menschlicher Individuen, wie des Sokrates und Plato. Sokrates besteht als das Individuum, welches er ist, aus dem „Menschsein," welches wie die Materie sich verhält, und aus dem „Sokratessein" (Socratitas), welches die Form ist, die jenes menschliche Individuum zum Sokrates macht, und ihn von allen übrigen Menschen unterscheidet. Analog verhält es sich mit Plato. Auch er besteht aus dem „Menschsein" als der Materie, und aus dem „Platosein" (Platonitas) als der Form. Wir sehen also, dass die Materie hier in beiden sich ähnlich ist, indem sie beiderseits in dem „Menschsein" besteht, während dagegen die Form in beiden verschieden ist, und sie in Folge dessen zu zwei verschiedenen Individuen macht [2]). Eben deshalb nun, weil in beiden die Materie in besagter Weise ähnlich ist, können und müssen sie unter dem allgemeinen Begriffe „Mensch" zusammengefasst werden. Der tiefere Grund aber, warum in einer Mehrheit von Individuen überhaupt eine ähnliche Materie mit verschiedener Form sich

---

1) De generib. et spec. (bei Cousin Oeuvres inéd. d'Abélard) p. 524 sq. Speciem igitur dico esse non illam essentiam hominis solam, quae est in Socrate, vel quae est in aliquo alio individuorum, sed totam illam collectionem ex singulis aliis hujus naturae conjunctam. Quae tota collectio, quamvis essentialiter multa sit, ab auctoritatibus tamen una species, unum universale, una natura appellatur, sicut populus, quamvis ex multis personis collectus sit, unus dicitur. p. 527.
2) Ib. p. 524. Ut Socrates ex homine materia et Socratitate forma, sic Plato ex simili materia, sc. homine, et forma diversa, sc. Platonitate constat. Et sicut Socratitas, quae formaliter constituit Socratem, nusquam est extra Socratem, sic illa hominis essentia, quae Socratitatem sustinet in Socrate, nusquam est nisi in Socrate. Ita de singulis.

vorfindet, besteht eben darin, dass sie von ähnlicher Schöpfung sind, d. h. dass Gott sie ähnlich geschaffen, die Materie in beiden in ähnlicher Weise bestimmt, informirt hat¹).

Was nun aber von den Individuen gilt, das kann und muss auch wiederum auf die Arten angewendet werden, welche zunächst aus den Individuen gebildet werden. Jede Art besteht nämlich selbst wiederum aus Materie und Form. Als Materie ist anzusehen das Gleiche der vielen Essenzen, z. B. im Begriffe „Mensch" das Thierische. Dieses, als Materie gefasst, wird von der Form weiter determinirt zur menschlichen Natur. Wir haben somit auch hier wiederum in verschiedenen Artsbegriffen Aehnlichkeit der Materie und Verschiedenheit der Form, und darum können diese Arten gleichfalls wieder unter einem höheren Begriff zusammengefasst werden, welcher sich zu ihnen als Gattungsbegriff verhält²). Der Gattungsbegriff lässt nun aber wiederum die gleiche Behandlung zu, und so kann in der Reihe der Allgemeinbegriffe immer höher gestiegen werden, bis man endlich bei dem Begriffe der Substanz anlangt, welcher jedoch, wie wir sehen werden, gleichfalls noch den Unterschied von Materie und Form in sich schliesst, indem nämlich in ihm wenigstens der Gegensatz der reinen Essenz und der Empfänglichkeit für entgegengesetzte Formen hervortritt³).

Hienach ist es denn keineswegs richtig, wenn gesagt wird, der Allgemeinbegriff sei in seiner vollen Ganzheit in jedem Individuum enthalten, welches unter demselben befasst ist. Die Art als Allgemeinbegriff resultirt ja erst daraus, dass die Individuen zusammengenommen und als Einheit gedacht werden: — wie kann man also an-

---

1) Ib. p. 530. Verum est, quod illa humanitas, quae ante mille annos fuit, vel quae heri, non est illa, quae hodie est, sed tamen est eadem cum illa, i. e. creationis non dissimilis.

2) Ib. p. 525. Hanc itaque multitudinem essentiarum animalis, quae singularum specierum animalis formas sustinet, genus appellandum dico, quae in hoc diversa est ab illa multitudine, quae speciem facit. Illa enim ex solis illis essentiis, quae individuorum formas sustinent, collecta est; ista vero, quae genus est, ex his, quae diversarum specierum substantiales differentias recipiunt.

3) Ib. l. c. Item, ut usque ad primum principium perducatur, sciendum est, quod singulae essentiae illius multitudinis, quae animal genus dicitur, ex materia aliqua essentia corporis et formis substantialibus, animatione et sensibilitate, constat, quae sicut de animali dictum est, nusquam alibi essentialiter sunt; sed illae indifferentes formas sustinent omnium specierum corporis. Et haec talium corporis essentiarum multitudo genus dicitur illius naturae, quam ex multitudine essentiarum animalis confectam diximus. Et singulae corporis, quod genus est, essentiae ex materia, scilicet aliqua essentia substantiae, et forma corporeitate constant. Quibus indifferentes essentiae corporeitatem, quae forma est, species sustinent, et illa talium essentiarum multitudo substantia generalissimum dicitur, quae tamen nondum est simplex, sed ex materia mera essentia, ut ita dicam, et susceptibilitate contrariorum forma constat. cf. p. 545 sq.

nehmen, dass das Allgemeine als Ganzes in dem Individuum sei [1])? Zwar verhält sich die Art gewissermassen als die Materie der Individuen; aber nur in dem Sinne, dass die eine jener vielen Substanzen, welche die Art bilden, durch die Form des fraglichen Individuums zu diesem Individuum constituirt wird oder ist. Es ist ja überall keine Identität zwischen den Individuen derselben Art in keiner Beziehung anzunehmen, sondern, wie gesagt, lediglich eine ähnliche Schöpfung [2]). Wenn man daher die Gattung oder Art von einem Individuum prädicirt, so hat das Prädicat nur eine adjectivische Bedeutung, und es soll durch die fragliche Prädication nur dieses ausgesprochen werden, dass das Individuum eines von jenen Dingen sei, welche unter eine bestimmte Art oder Gattung fallen [3]). Die Arten und Gattungen bleiben sich im Verlaufe der Zeit stets identisch; aber das rührt nicht etwa davon her, dass sie für sich ein objectives, sich stets gleichbleibendes Sein wären, sondern ihre Identität beruht blos darauf, dass die Individuen stets von ähnlicher Schöpfung sind und bleiben [4]).

Und so müssen wir denn als die Grundlage aller körperlichen Dinge — denn von den geistigen Dingen als solchen gelten diese Bestimmungen nicht [5]) — untheilbare Atome annehmen. „Aber diese körperlichen Atome können doch nicht als schlechthin einfach angesehen werden: denn es lässt sich an ihnen eine Vielheit von Bestimmungen unterscheiden; es tritt an ihnen noch der Gegensatz von Sein und von verschiedenen Qualitäten hervor. Diese bilden die Form und das ihnen zu Grunde liegende die Materie. Aber an dieser Materie selbst ist noch die Unterscheidung von der Empfänglichkeit für das Entgegengesetzte und dem reinen Wesen (mera essentia) zu machen, wo wieder jene als Form und diese als Materie betrachtet werden kann. Das reine Wesen ist nun völlig qualitätslos und hat eigentlich gar keine

---

1) Ib. p. 526. Illud tantum humanitatis informatur Socratitate, quod in Socrate est. Ipsum autem species non est, sed illud, quod ex ipsa et caeteris similibus essentiis conficitur. p. 534. Alioquin haberemus inconveniens, quod singulare est universale p. 547. Nullum universale est singulare.

2) Ib. p. 526. Materia est omnis species sui individui et ejus formam suscipit, non ita scilicet, quod singulae essentiae illius speciei informentur illa forma, sed una tantum, quae tamen, quia similis est compositionis, prorsus cum omnibus aliis ejusdem naturae essentiis, quid ipsa suscipit compactum ex ipsa et caeteris suscipere auctores voluerunt. Neque enim diversum judicaverunt unam essentiam illius collectionis a tota collectione, sed idem, non quod hoc esset illud, sed quia similis creationis in materia est forma hoc erat cum illo.

3) Ib. p. 527 sqq. — 4) Ib. p. 530 sqq.

5) Ib. p. 538. Neque enim universale appellata est tota illa collectio essentiarum omnium, quae, susceptibilitate contrariorum informata, distribuitur partim in corpus, partim in spiritum, sed illud tantum de illa multitudine, quod susceptibilitate contrariorum informante essentialiter sustinet corporeitatem, in quo essentia non communicat spiritus.

Form; es ist das Allgemeinste. Erst aus der Verbindung dieses Allgemeinsten mit der Empfänglichkeit für Entgegengesetztes entsteht die Substanz. Und um ein Individuum, z. B. Sokrates, in seiner Entstehung zu begreifen, müssen wir zunächst einen Theil des reinen Wesens, welches das Allgemeine genannt wird, festhalten. Dieser Theil hat natürlich wieder Theile, weil dieser Theil eben ein Quantum der Vielheit des reinen Wesens ist. Für sich gedacht ist aber dieser Theil noch nicht Substanz; erst dadurch wird derselbe Substanz, dass er als Materie entgegengesetzte Formen annehmen kann, welche diese Materie informiren, oder durch das wirkliche Hervortreten dieser Formen wird jener Theil zu einer Essenz oder Substanz. Was nun der ganzen Materie des Sokrates zukommt, das kommt auch den einzelnen Theilen jener Essenz zu. Darin besteht die Form der Körperlichkeit, und sobald die Körperlichkeit jenes Ganze afficirt, alsogleich werden auch die einzelnen Theile des Ganzen afficirt und bilden die Vielheit körperlicher Essenzen des Individuums. Auch der kleinste Theil des Körpers ist daher immer noch Körper. Dieses bisher betrachtete körperliche Individuum bietet nun die Unterlage für neue qualitative Bestimmungen. Es tritt zu jenem Ganzen die Form der Belebtheit hinzu und macht dadurch Sokrates zum belebten Körper, während jedoch den einzelnen Theilen für sich die Form des Ganzen nicht zukommt, sondern nur in der Verbindung mit allen übrigen zum Ganzen. Zu diesem belebten Ganzen tritt die Sensibilität, Fähigkeit für Unterricht und Wissenschaft hinzu, und so wird ein Thier, ein Mensch; aber zugleich treten auch andere Formen an den Theilen dieser Materie hervor. Ganz ähnlich verhält es sich mit der letzten individualisirenden Form, durch welche Sokrates eben Sokrates wird. Durch diese Form wird ein Theil der Materie der Menschheit informirt, während die einzelnen körperlichen Atome im Ganzen selbst noch weitere Determinationen erfahren und an ihnen die besonderen Qualitäten der einzelnen Elemente hervortreten, so dass Sokrates ebenso aus den vier Elementen besteht, wie sein Körper aus den einzelnen Gliedern, Füssen, Händen u. s. w. zusammengesetzt ist [1])."

Reflectiren wir nun auf diese ganze Lehre, so sehen wir, dass hier in der Objectivität der Grund gesucht wird für die allgemeinen Begriffe, dass sie deren Inhalt dem Objectiven entsprechen und aus ihm entnommen sein lässt; dass sie jedoch weit entfernt ist, das Allgemeine in seiner Allgemeinheit zu objectiviren, und es in dieser Fassung zum Substrat der erscheinenden Dinge zu machen. In dieser Beziehung findet sich also die vorwürfige Lehre offenbar auf der rechten Fährte. Aber freilich nähert sie sich dadurch, dass sie das Allgemeine

---

[1]) Ib. p. 539 sqq. Vgl. zur ganzen Darstellung dieser Lehre: *Kaulich*, Gesch. der schol. Phil. S. 364 ff. und *Ritter*, Gesch. d. Phil. Bd. 7. S. 362 ff.

mit dem Begriffe eines Heeres oder Volkes vergleicht, wieder mehr als billig der nominalistischen Anschauung. Ausserdem berücksichtigt sie Priorität des Allgemeinen vor dem Einzelnen im göttlichen Verstande gar nicht und bleibt blos bei den Universalien post rem, wie solche nämlich in unserem Denken sich vorfinden, stehen: was gleichfalls an den Nominalismus anklingt. Wir sehen also, dass in dieser Lehre die wahre Vermittlung zwischen den Gegensätzen noch nicht zu finden ist. Die rechte Formel will sich noch nicht ergeben. Aber es währt nicht mehr lange, bis selbe entdeckt wird, und der Streit zwischen den beiden Extremen seine principielle Schlichtung findet. Die nächste Epoche wird uns darüber Aufschluss geben.

IV. Eigentliche Begründung der mittelalterlichen Scholastik.

Anselm von Canterbury.

§. 44.

Es ist bekannt, dass im eilften Jahrhunderte die kirchlichen Bestrebungen überall einen neuen Aufschwung nahmen und die trüben Zustände, welche aus dem stürmischen zehnten Jahrhunderte in das neue Jahrhundert sich herüberverpflanzt hatten, allmählig beseitigt wurden. Was schon seine nächsten Vorgänger angebahnt hatten, das wusste der grosse Papst Gregor VII., der Held dieses Jahrhunderts, mit unwiderstehlicher Kraft durchzuführen: — Befreiung der Kirche von dem Despotismus der weltlichen Gewalt und sittliche Erhebung des gesunkenen Priesterthums und des christlichen Volkes. Furchtbar waren die Kämpfe, welche dieser grosse Mann in dem Streben nach Verwirklichung dieses hohen Zieles zu bestehen hatte; aber Niemand war auch weiter entfernt, sich dadurch schrecken zu lassen, als er. Mit unbesiegbarer Standhaftigkeit steuerte er dem grossen Ziele zu, und so konnte er am Ende seines thatenreichen Lebens, obgleich von seinem Sitze vertrieben, doch mit dem tröstlichen Bewusstsein aus dieser Welt scheiden, dass er nicht umsonst gearbeitet und gekämpft habe. Die wahre Reform im Geiste der Kirche war einmal ins Leben getreten und keine Macht vermochte mehr deren Fortgang zu verhindern. Das durch die Wucht äusserer Hemmnisse zurückgedrängte kirchliche Leben war einmal seiner Fesseln entledigt und konnte sich nun rasch wieder zur Blüthe entfalten. Es entwickelte sich daher wieder eine frische Thätigkeit in allen Zweigen des kirchlichen Lebens und war allenthalben von dem besten Erfolge gekrönt.

Dieser Aufschwung des kirchlichen Geistes nun theilte sich naturgemäss auch den wissenschaftlichen Bestrebungen in der Kirche mit.

Auch die kirchliche Wissenschaft feierte im Laufe des eilften Jahrhunderts eine neue Auferstehung. Es fällt in dieses Jahrhundert die eigentliche Begründung der christlichen Speculation des Mittelalters. Und der Mann, welcher sie begründete, war *Anselm von Canterbury*. Was der grosse Papst dieses Jahrhunderts im Gebiete des Lebens war, das war Anselm im Gebiete der Wissenschaft. Wenn unter der Hand des ersteren kirchliches Leben und christliche Gesittung wieder neu erwachte, so hauchte Anselms Genie auch der christlichen Speculation neues Leben ein, so dass ihre Erhebung gleichen Schritt hielt mit der Erhebung des kirchlichen Geistes. Anselm war der Augustinus dieses Jahrhunderts. Die tiefsten Probleme der höheren Wissenschaft wurden von ihm zur Untersuchung und Erörterung in Angriff genommen und mit einer Ausdauer und Gründlichkeit betrieben, welche unsere höchste Achtung verdient. Ueberall knüpft er an die Lehren der Väter an und sucht auf dieser Basis und im Geiste der Väter die kirchliche Speculation weiter zu führen. Standpunkt und Methode stehen bei ihm in herrlichster Harmonie, und indem er dadurch den Grundbedingungen zu einer glücklichen Gestaltung seiner Lehre genügt, ist auch seine Darstellung eine durchgehends edle und der Erhabenheit des Gegenstandes, welchen er behandelt, angemessene. Leichtsinn und Frivolität kennt er nicht; er betet die Wahrheit an und naht sich ihr immer mit einer gewissen religiösen Ehrfurcht.

    Anselm wurde geboren im Jahre 1033 zu Aosta in Piemont. Von seiner Mutter Ermenberg, an welcher er mit kindlicher Liebe hing, erhielt er eine fromme und christliche Erziehung. Da aber sein Vater Gundulph sich die Zuneigung des Sohnes nicht zu erwerben wusste, so hatte Anselm, als seine Mutter frühzeitig starb, keine Stütze im väterlichen Hause und scheint eine Zeit lang auf falsche Wege gerathen zu sein. Von seinem Vater angefeindet, flüchtete er im sechszehnten Jahre über die Alpen nach Frankreich und führte hier ein unstetes Leben, bis er endlich in das Kloster Bec in der Normandie kam, dessen Ruf unter dem Abte Lanfranc sich bereits weit verbreitet hatte. Hier zeichnete er sich bald durch ein ausserordentliches Talent, durch Fleiss im Studium und durch Eifer in der Uebung der Vollkommenheit vor allen übrigen Bewohnern des Klosters aus. Nach Lanfrancs Abgange wurde er von dessen Nachfolger, dem Abte Helluin, zum Prior des Klosters erhoben. Segensreich war die Wirksamkeit, welche er in diesem Berufe entfaltete. Selbst seine Neider und Feinde wusste er durch sein liebevolles Benehmen zu gewinnen. Seine Zeit war getheilt zwischen den Geschäften des Berufes und literarischer Thätigkeit, welcher obzuliegen ihm zum wahren Bedürfniss geworden war. In diese Zeit fallen seine besten und gediegensten Schriften. Sein wissenschaftlicher Ruhm, der sich bald weithin verbreitete, zog Jünglinge aus allen Gegenden nach Bec, um dort unter

Anselms Leitung die Wissenschaften zu erlernen. Im Jahre 1078 wurde er nach Helluins Tode einstimmig zum Abte erwählt. Als solcher unternahm er eine Reise nach England und wurde hier, vier Jahre nach Lanfrancs Tode, unter Wilhelm dem Rothen zum Erzbischof von Canterbury erhoben. Da aber die Kirche Englands in Folge der Willkürherrschaft Wilhelms des Rothen in einem höchst zerrütteten Zustande sich befand und Anselm sich verpflichtet fühlte, die Rechte der Kirche zu wahren, so entstanden bald Zerwürfnisse zwischen ihm und dem Könige, und Anselm sah sich zuletzt veranlasst, nach Rom zu reisen, um hier persönlich seine Sache vor dem Papste zu führen. Er ward glänzend gerechtfertigt. Als nach dem Tode Wilhelms dessen Bruder Heinrich den Thron bestieg, wurde von diesem an Anselm das Ansinnen gestellt, den Lehnseid zu leisten und sich vom Könige investiren zu lassen. Er weigerte sich entschieden, worauf er neuerdings England verlassen musste. Nach dreijähriger Verbannung durfte er endlich, nachdem er bei einer persönlichen Zusammenkunft mit dem Könige in der Normandie sich mit diesem vereinigt hatte, wieder auf seinen erzbischöflichen Stuhl zurückkehren. Von nun an lebten der König und Anselm im besten Einvernehmen. Nachdem Anselm seine theologischen Forschungen bis in die letzte Zeit seines Lebens fortgesetzt hatte, vor Allem aber für die Emporbringung und Läuterung der englischen Kirche rastlos thätig gewesen war, starb er ruhmgekrönt im Jahre 1109, in einem Alter von sechsundsiebenzig Jahren.

Was die Schriften des heil. Anselm betrifft, so war es nicht eitle Ruhmbegierde, welche ihn zur Abfassung derselben trieb, sondern stets nur der Drang, Andern, namentlich seinen Schülern zu Hilfe zu kommen in dem Streben, die Wahrheiten der Religion möglichst zu verstehen; ja zur Verfassung der meisten seiner Schriften wurde er durch die Bitten seiner ihm untergebenen Mönche und Schüler bewogen. Wie also die Schriften meistens aus ganz besondern Veranlassungen entsprungen sind, so haben sie auch meist nur specielle Punkte der Glaubenslehren zu ihrem Gegenstande. Nichtsdestoweniger aber stehen die einzelnen Abhandlungen in Beziehung zu einander, oder sind von Anselm selbst in einen Zusammenhang gebracht worden [1]. Ueberall aber tritt in denselben ein systematisches Bestreben hervor. Besonders zeigt sich dasselbe im Monologium und in der Schrift: „Cur Deus homo." Nur ist er freilich mit demselben nicht fertig geworden, wie denn namentlich seine Untersuchungen über den Ursprung der Seele, in welchen er durch den Tod unterbrochen wurde, als ein fehlendes Glied im

---

[1] Nach „De veritate," prol. gehört diese Schrift zusammen mit „De libero arbitrio" und „De casu diaboli," bezieht sich aber auch nach c. 1. und 10. auf das Monologium, desgleichen bilden die Schriften „Cur Deus homo" und „De conceptu virginali" ein Ganzes.

Ganzen seiner Lehre betrachtet werden müssen. Seine Darstellung ist rein, schmucklos, aber auch trocken. Sein Bemühen ist vorzüglich, durch bündige Schlüsse den Zusammenhang der Lehrsätze darzuthun, sie zu begründen und Alles auf den kürzesten Ausdruck zu reduciren, So haben seine Schriften für den denkenden Geist einen ungemeinen Reiz und befriedigen denselben durch die streng logische Gedankenfolge, welche überall in denselben hervortritt.

§. 45.

Charakterisiren wir nun zuerst den Standpunkt, welchen Anselm in seiner theologischen Speculation einnimmt, so steht an der Spitze seiner hieher bezüglichen Schriften stets der Grundsatz, dass der Glaube dem Wissen vorangehen, und das letztere von dem ersteren getragen werden müsse. Die geoffenbarten Wahrheiten müssen als solche zuerst geglaubt werden, und dann erst, und nur unter dieser Bedingung ist es der Vernunft gestattet, eine speculative Entwicklung derselben zu versuchen [1]). Ich strebe nicht, sagt Anselm, die Wahrheit einzusehen, damit ich sie glaube, sondern ich glaube sie, damit ich sie einsehe; denn auch das glaube ich, dass, wenn ich nicht glaube, ich auch nicht einsehen werde [2]). Der Glaube ist also das erste; aber wer im Glauben gefestigt ist, der *kann* und *soll* auch in das Verständniss der Glaubenswahrheit, so weit möglich, eindringen und so zum Wissen sich erheben. Es ist Nachlässigkeit, wenn er es nicht thut [3]). Zwischen dem Glauben und zwischen dem Schauen, welches unser im Jenseits wartet, liegt das Wissen in der Mitte, und je weiter wir in diesem vorwärts schreiten, um so mehr nähern wir uns dem Schauen [4]). Nicht als ob deshalb das Wissen schlechthin über dem Glauben stünde; denn der Glaube ist selbst die unabänderliche Regel unseres Wissens, und dieses muss immer und überall nach seiner Uebereinstimmung oder Nichtübereinstimmung mit dem Glauben bemessen und beurtheilt werden [5]). Nur in so fern das Wissen dem Glauben auch noch Einsicht hinzufügt, kann es zwischen den Glauben und das Schauen in die Mitte gestellt

---

1) *Anselm.* (Migne'sche Ausg.) De fide trinit. c. 2. Cur Deus homo, l. 1. c. 1. 2. Rectus ordo exigit, ut profunda Christianae fidei credamus, priusquam ea praesumamus ratione discutere.

2) Proslog. c. 1. Neque enim quaero intelligere, ut credam, sed credo, ut intelligam. Nam et hoc credo, quia, nisi credidero, non intelligam.

3) De fid. trin. praef. Nullum tamen reprehendendum arbitror, si fide stabilitus, in rationis ejus indagine se voluerit exercere. — Cur Deus homo, l. 1. c. 2. Negligentiae mihi esse videtur, si postquam confirmati sumus in fide, non studemus, quod credimus, intelligere.

4) De fid. trin. praef. Quoniam inter fidem et speciem intellectum, quem in hac vita capimus, esse medium intelligo, quanto aliquis ad illum proficit, tanto eum appropinquare speciei existimo.

5) Ib. c. 2. De conc. praesc. c. lib. arb. qu. 3. c. 6. p. 528.

werden. Unbegränzten Hochmuth dagegen verräth es, wenn man, wie so Manche es thun, nichts glauben will, was man nicht einsieht, und in Folge dessen zuerst mit dem Wissen die Wahrheit suchen und finden will, bevor man sie glaubt. Bei einem solchen Verfahren ist der Irrthum unvermeidlich¹). Zuerst muss das Herz durch den Glauben und durch Uebung der Tugend und Selbstverläugnung gereinigt werden, bevor man zu einer Wissenschaft der geoffenbarten Wahrheit sich erheben will; widrigenfalls ist kein Erfolg zu erwarten²).

Sind diese Grundsätze auf christlichem Standpunkte unstreitig die richtigen, so darf man sie doch auch nicht missverstehen. Anselm will damit durchaus nicht sagen, dass die menschliche Vernunft ohne den Glauben und ohne die Offenbarung gar keine höhere ideale Wahrheit zu erkennen vermöge. Im Gegentheil, er spricht es ausdrücklich aus, dass der Mensch auch ohne die Auctorität und den Glauben durch seine blose Vernunft zur Erkenntniss vieler Wahrheiten, wie zur Erkenntniss des Daseins Gottes und seiner wesentlichen Eigenschaften gelangen könne, weshalb der Gottlose, der Gottesläugner, durch seine eigene Vernunft widerlegt werde³). Ja er scheint in dieser Beziehung sogar noch weiter zu gehen, und selbst die Mysterien des Christenthums aus der Vernunft allein begründen und ableiten zu wollen. Im Monologium bestimmt er seine Absicht dahin, dass er die Schriftbeweise für die wesentlichen Eigenschaften und für das trinitarische Leben Gottes hinweglassen, und blos auf Vernunftgründe sich stützen wolle. Und diesen Vernunftgründen legt er dann sogar eine zwingende, apodiktische Kraft bei⁴). In der Vorrede des Buches „Cur Deus homo" sagt er ferner, er wolle ganz und gar von Christus und von der christlichen Offenbarung absehen, und rein aus der Vernunft durch apodiktische Vernunftgründe beweisen, wie es unmöglich sei, dass ein Mensch gerettet werde ohne Christus; auf gleiche Weise wolle er auch zeigen, dass der Mensch zur seligen Unsterblichkeit nach Leib und Seele geschaffen sei, dass diese seine Bestimmung sich erfüllen müsse, und dass sie nur erfüllt werden könne durch die Vermittlung eines Gott-

---

1) De fid. trin. c. 2. 4. — 2) Ib. c. 2.

3) Monol. c. 1. Si quis unam naturam summam omnium, quae sunt, solam sibi in aeterna beatitudine sua sufficientem, omnibusque rebus aliis hoc ipsum, quod aliquid sunt, aut quod aliquo modo bene sunt, per omnipotentem bonitatem suam dantem et facientem, aliaque perplura, quae de deo sive de ejus creatura necessario credimus, aut non audiendo, aut non credendo ignorat, ea ipsa ex magna parte, sic vel mediocris ingenii est, potest ipse sibi saltem sola ratione persuadere. Contr. Gaunil. c. 8.

4) Monol. praef. Hanc mihi formam praestituerunt (quidam fratres): quatenus auctoritate Scripturae penitus nihil in ea persuaderetur; sed quidquid per singulas investigationes fides assereret, id ita esse plano stylo et vulgaribus argumentis simpliciaque disputatione ostendendum, ut rationis necessitas breviter cogeret, et veritatis claritas patenter ostenderet.

menschen; ja er wolle durch reine Vernunftgründe nachweisen, dass Alles so habe geschehen *müssen*, was und wie es uns der Glaube in Bezug auf Christum und die von ihm vollzogene Erlösungsthat lehrt[1]). Von dieser Haltung ist in der That, wie wir sehen werden, die ganze angezogene Schrift. Diese Aeusserungen scheinen in der That zu dem Schlusse zu berechtigen, dass Anselm wirklich eine aprioristische Deduction der Mysterien des Christenthums aus den Principien der Vernunft, und in Folge dessen ein eigentliches Begreifen derselben für möglich gehalten und seinerseits angestrebt habe. Aber Anselm versäumt andererseits nicht, diesen Aeusserungen das gehörige Correctiv beizufügen. Er sagt, wie oben schon angedeutet worden, ausdrücklich, wir müssten, was wir aus Gründen finden, stets wieder an der heiligen Schrift proben, und es verwerfen, wenn es ihr entgegen sei, selbst wenn es unwiderleglich scheine, es dagegen beibehalten, wenn es ihr angemessen sei[2]). Wenn er also etwas behaupte, was durch die höhere Auctorität (des Glaubens) nicht bestätigt wird, so möge demselben, obgleich er es mit Vernunftgründen erwiesen und daraus abgeleitet habe, keine andere Gewissheit beigelegt werden, als dass es vorläufig und einstweilen so als wahr und begründet erscheint, bis etwa Gott es anders durch eine höhere Erkenntnissquelle offenbart[3]). Daraus geht offenbar hervor, dass Anselm keineswegs gewillt ist, den Glauben im Wissen aufgehen zu lassen, sondern dass er den Glauben bei aller speculativen Forschung in seiner vollen Integrität unangetastet festgehalten wissen will, als das Fundament und Regulativ alles Wissens[4]). Und eben deshalb ist er auch weit entfernt, die Mysterien des Christenthums ganz a priori deduciren zu wollen. „Ich versuche nicht," sagt er, „deine Grösse, o Herr, zu durchdringen, weil ich dieser Grösse meinen Verstand keineswegs für gewachsen halte, sondern ich verlange nur *einigermassen* deine Wahrheit einzusehen[5])." In der That, so weit auch das Mysterium erforscht werden mag, immer bleibt in ihm Etwas übrig, was nicht erforscht ist[6]). So übersteigt die Zeugung des göttlichen Sohnes aus dem Vater alle Schärfe des menschlichen Verstandes, und ist durchaus unbegreiflich und unaussprechlich[7]). Diese Aussprüche sind klar genug.

---

1) Cur Deus homo, praef.
2) De concord. praesc. c. lib. arb. qu. 3. c. 6. p. 528. Sic itaque sacra scriptura omnis veritatis, quam ratio colligit, auctoritatem continet. Cur Deus homo, l. 1. c. 38. Certus enim sum, si quid dico, quod sacrae scripturae absque dubio contradicat, quia falsum est, nec illud tenere volo, si cognovero.
3) Cur Deus homo, l. 1. c. 2. Si quid dixero, quod major non confirmet auctoritas, quamvis illud ratione probare videar, non alia certitudine accipiatur, nisi quia interim ita videtur, donec mihi Deus melius aliquo modo revelet.
4) Ib. l. 1. c. 18. — 5) Proslog. c. 1.
6) Cur Deus homo, c. 2. Sciendum est, quidquid homo inde dicere vel scire possit, altiores tantae rei adhuc latere rationes. — 7) Monol. c. 64.

Anselm kann also mit seinen Vernunftbeweisen blos die Absicht haben, den Einwürfen, welche aus der Vernunft gegen die Mysterien etwa gemacht werden könnten, jene Gründe entgegenzusetzen, welche die Vernunft selbst für jene Mysterien beizubringen vermag¹), nicht aber sie aprioristisch aus der Vernunft zu deduciren; denn in diesem Falle müsste er ja nothwendig den Glauben im Wissen aufgehen lassen, was er, wie wir gesehen haben, weit entfernt ist zu wollen²). Freilich sagt er hinwiederum, es müsse in Bezug auf das Mysterium der Trinität genügen, durch Vernunftbeweise darzuthun, *dass* es sich also verhalte; *wie* aber Gott einer in drei Personen sei, sei dem Verstande unzugänglich³). Es könnte dieser Ausspruch den Schein erwecken, dass das trinitarische Mysterium wenigstens in Bezug auf das „*dass*" eine reine Vernunftwahrheit sei. Aber im ganzen Zusammenhange, in welchem diese Stelle steht, hat sie nur den Sinn, dass wohl für das „Dass" der Trinität Vernunftgründe sich finden lassen, keine aber für das „Wie" derselben. Und dies steht mit der vorausgehenden Erklärung nicht im Widerspruch. Ohnedies lassen nach Anselms Ansicht auch jene Gründe die göttliche Trinität nur zum Theil erkennen, zum Theil nicht. Denn die Worte, deren wir uns bei der Entwicklung des Trinitätsgeheimnisses bedienen, gelten nach dem gewöhnlichen Sinne nicht von der Gottheit. Es ist eine Erkenntniss der Trinität nur im Gleichnisse, in der Aehnlichkeit⁴).

§. 46.

Ist dieses der Standpunkt, welchen Anselm in seiner Speculation dem christlichen Glauben gegenüber einnimmt: so ist die philosophische Erkenntnisslehre, welche er seiner Speculation zu Grunde legt, entschieden realistisch, ohne jedoch in den excessiven Realismus eines Erigena sich zu verlieren. Er tadelt die Dialektiker, welche die Universalien für blose Namen (flatus vocis) hielten; er wirft ihnen vor, dass sie, ganz in der sinnlichen Erkenntniss versunken, nicht einmal einzusehen vermöchten, wie mehrere individuelle Menschen der Art nach Eins seien. Wie sollten sie dann irgendwie zu erklären im

---

1) Vgl. De fid. trin. c. 2. 4. Monol. praef. Cur Deus homo, 1 1. c. 2.
2) Ep. 1. 2. ep. 41. Nam christianus per fidem debet ad intellectum proficere, non per intellectum ad fidem accedere, aut si intelligere non valet, a fide recedere. Sed cum ad intellectum valet pertingere, delectatur; cum vero nequit, quod capere non potest, veneratur.
3) Monol c. 64. Sufficere namque debere existimo rem incomprehensibilem indaganti, si ad hoc ratiocinando pervenerit, ut eam certissime esse cognoscat; etiamsi penetrare nequeat intellectu, quomodo ita sit: nec idcirco minus his adhibendam fidei certitudinem, quae probationibus necessariis nulla alia repugnante ratione asseruntur.
4) Ib. c. 65.

Stande sein, wie die drei Personen in Gott, obgleich der Person nach verschieden, doch der Natur nach Ein Gott sind? Wer im Menschen nichts weiter sieht, als die menschliche Person, der versteht den Menschen als solchen nicht. Wie soll er aber dann über die Menschwerdung sprechen können[1])! Im Gegensatze zu diesen nominalistischen Dialektikern nun hält Anselm entschieden fest an der objectiven Realität unserer höhern Erkenntniss. Hienach unterscheidet er zwischen Sinn und Vernunft: und während er dem Sinne das Empirische, so theilt er dagegen der Vernunft die Erkenntniss des Idealen und Allgemeinen zu[2]). Es gibt also eine doppelte Erkenntniss, eine blos sinnliche, und eine solche, welche durch den Geist allein gewonnen wird[3]). Und hier ist es denn nun der Begriff der Wahrheit, mit dessen Bestimmung Anselm ausführlich sich beschäftigt.

Anselm unterscheidet zwischen der Wahrheit der Erkenntniss, der Wahrheit des Willens und der Wahrheit der Sache. Die Wahrheit der Erkenntniss besteht darin, dass unsere Erkenntniss mit der Sache übereinstimmt, dass wir also die Sache so erkennen, wie sie ist[4]). Und sprechen wir dann dasjenige, was wir erkennen, aus, so ist auch der Satz, in welchem wir unsere Erkenntniss aussprechen, dann wahr, wenn er ausdrückt, was die Sache wirklich ist, oder was sie wirklich nicht ist. Das ist die Satzwahrheit, in welcher die Wahrheit der Erkenntniss sich vollzieht[5]). Und das gilt sowohl von der übersinnlichen, als auch von der sinnlichen Erkenntniss[6]). Wenn wir also in unserm Erkennen die Sache so auffassen, wie wir sie auffassen müssen, damit wir sie richtig auffassen, so können und müssen wir sagen, dass unsere Erkenntniss wahr sei. Die Wahrheit der Erkenntniss wird also allgemein als rectitudo cognitionis zu bestimmen sein[7]). Was dagegen die Wahrheit des Willens betrifft, so ist in dieser Richtung die Wahrheit gleichbedeutend mit Güte; denn die heilige Schrift stellt in dem Ausspruche: „Qui male agit, odit lucem," und: „Qui facit veritatem, venit ad lucem" (Joann. 3, 20. 21.) die Begriffe: „male facere" und „veritatem facere" als Gegensätze einander gegenüber und deutet damit an, dass der Begriff „veritas" hier im Sinne von „bonitas" zu nehmen, mit diesem gleichbedeutend sei. Nun aber handelt nur derjenige gut, welcher so handelt, wie er handeln soll und muss. Folglich fällt auch hier der Begriff der Wahrheit mit dem Begriffe der „Rectitudo" zusammen, und die Wahrheit des Willens ist nichts anders, als die „Rectitudo voluntatis[8])." Analog verhält es sich endlich mit der „Wahrheit der Sache." Da Alles, was ist, nur durch die höchste

---

1) De fid. trin. c. 1—4. — 2) Monol. c. 10. — 3) De veritate, c. 11.
4) Ib. c. 3. Cogitationem dicimus veram, cum est, quod ratione aut aliquo modo putamus esse, et falsam, cum non est.
5) Ib. c. 2. — 6) Ib. c. 6. — 7) Ib. c. 2. 3. 6. — 8) Ib. c. 4. 5.

Wahrheit ist, und von ihr Alles hat, was sie ist, so wird jegliches Wesen nur dadurch wahr sein, dass es so ist, wie es ursprünglich in der ewigen Wahrheit gewesen, wie es in der Idee Gottes präformirt ist. Also auch hier läuft die Wahrheit der Sache wieder darauf hinaus, dass das Ding so ist, wie es seiner ewigen Idee nach sein soll; die Wahrheit der Sache ist zu bestimmen als die „Rectitudo rei¹).''

Daraus geht denn nun hervor, dass die Wahrheit allgemein zu definiren sei als rectitudo, und zwar, da es sich hier nicht um etwas Sinnliches, sondern um etwas Transcendentes handelt, als rectitudo sola mente perceptibilis²). Wie verhält es sich nun aber mit der höchsten, mit der absoluten Wahrheit? Diese ist die Rectitudo durch sich selbst, ohne Beziehung auf ein anderes, die absolute Rectitudo³). Als solche ist sie die Bedingung und Norm aller übrigen Wahrheit. Es gibt keine Wahrheit ohne diese. Alles ist nur wahr durch die Theilnahme an der höchsten Wahrheit. Denken wir sie hinweg, dann gibt es keine Wahrheit mehr⁴). Und in so fern kann man sagen, dass es nur Eine Wahrheit in allem Wahren gibt, weil Alles nur wahr ist durch die Eine ewige und unveränderliche Wahrheit⁵).

§. 47.

Nachdem wir bisher den allgemeinen Charakter der Anselmianischen Speculation bezeichnet haben, so führt uns nun der Gang unserer Darstellung zur Lehre Anselms von Gott und von seinem Verhältnisse zur Welt: — eine Lehre, welche Anselm mit besonderem Fleisse entwickelt und ausgearbeitet hat. Vor Allem liegt Anselm, wie es sich nicht anders erwarten lässt, Alles daran, das Dasein Gottes, abgesehen von der Gewährleistung dieser Wahrheit durch den Glauben, auf dem Wege der Vernunft zu begründen, d. i. die Vernunftbeweise für Gottes Dasein aufzufinden und zu entwickeln. Da geht er denn zuerst von der Thatsache aus, dass uns in der objectiven Welt unzählige gute Dinge vor-

---

1) Ib. c. 7. Si ergo veritas et rectitudo idcirco sunt in rerum essentia, quia hoc sunt, quod sunt in summa veritate, certum est, veritatem rerum esse rectitudinem.

2) Ib. c. 11. — 3) Ib. c. 10. — 4) Ib. c. 10. 13.

5) Ib. c. 13. Improprie hujus vel illius rei esse dicitur (veritas); quoniam illa non in ipsis rebus aut ex ipsis aut per ipsas, in quibus esse dicitur, habet suum esse: sed cum res ipsae secundum illam sunt, quae semper praesto est his, quae sunt sicut debent, tunc dicitur hujus vel illius rei veritas: ut veritas vocis, actionis, voluntatis; quemadmodum dicitur tempus hujus vel illius rei, cum unum et idem sit tempus omnium, quae sunt in eodem tempore simul Et si non esset haec vel illa res, non minus esset idem tempus: non enim dicitur ideo tempus hujus vel illius rei, quia tempus est in ipsis rebus, sed quia ipsae sunt in tempore. Et sicut tempus per se consideratum non dicitur tempus alicujus, sed cum res, quae in illo sunt, consideramus, dicimus tempus hujus vel illius rei: ita summa veritas per se subsistens nullius rei est, sed cum aliquid secundum illam est, tunc ejus dicitur veritas vel rectitudo.

liegen, welche wiederum in Bezug auf ihre Güte sich nicht überall gleich sind, sondern in dieser Richtung die grösste Verschiedenheit aufweisen. Wo aber immer, sagt Anselm, von einer Gleichheit oder von einer Ungleichheit mehrerer Dinge in Bezug auf ihre Güte die Rede ist, da muss gesagt werden, dass sie durch Etwas gut sind, was nicht dieses oder jenes, sondern was Eins ist in Allen. Sie müssen nämlich gut sein durch das Gute schlechthin, und ihre Verschiedenheit in Bezug auf ihre Güte kann nur darin gründen, dass sie mehr oder weniger an dem Guten schlechthin participiren. Und weil alles Uebrige nur gut ist durch jenes schlechthinige Gute, so muss dieses das Gute aus sich und durch sich sein. Wir müssen also aus der vorausgesetzten Thatsache der Vielheit und Verschiedenheit des Guten in dieser Welt nothwendig schliessen auf das Dasein eines aus sich und an sich Guten. Dieses aus sich und an sich Gute ist aber dann auch das höchste Gute (summum bonum). Denn „durch ein Anderes sein" ist stets weniger, als durch und aus sich sein; und da eben alles Uebrige nur gut ist durch jenes an sich und aus sich Gute, so kann nichts Anderes ihm gleich oder gar über ihm stehen. Wie also die vorausgesetzte Thatsache das Dasein eines aus sich und durch sich Guten beweist, so beweist sie auch das Dasein eines höchsten Gutes, welches mit jenem Guten an sich und aus sich zusammenfällt. Und dieses höchste Gut ist Gott [1]). — Aehnlich lässt sich dann auch von der

---

1) Monol. c. 1. Cum tam innumerabilia bona sint, quorum tam multam diversitatem et sensibus corporeis experimur, et ratione mentis discernimus, estne credendum, esse unum aliquid, per quod unum sint bona, quaecunque bona sunt; an sunt bona alia per aliud? Certissimum quidem et omnibus est volentibus advertere perspicuum, quia quaecunque dicuntur aliquid, ita ut ad invicem magis aut minus aut aequaliter dicantur, per aliquid dicuntur, quod non aliud et aliud, sed idem intelligitur in diversis, sive in illis aequaliter, sive inaequaliter consideretur. Nam quaecunque justa dicuntur ad invicem, sive pariter, sive magis vel minus, non possunt intelligi justa nisi per justitiam, quae non est aliud et aliud in diversis. Ergo cum certum sit, quod omnia bona, si ad invicem conferantur, aut aequaliter aut inaequaliter sint bona, necesse est, ut omnia sint per aliquid bona, quod intelligitur idem in diversis bonis, licet aliquando videantur bona dici alia per aliud. Per aliud enim videtur dici bonus equus, quia fortis est, et per aliud bonus equus, quia velox est. Cum enim videatur dici bonus per fortitudinem, et bonus per velocitatem, non tamen idem videtur esse velocitas et fortitudo. Verum si equus, quia est fortis et velox, idcirco bonus est: quomodo fortis et velox latro malus est? Potius igitur quemadmodum fortis et velox latro ideo malus est, quia noxius est: ita fortis et velox equus idcirco bonus est, quia utilis est. Et quidem nihil solet putari bonum, nisi aut propter utilitatem aliquam, ut bona dicitur salus, et quae saluti prosunt; aut propter quamlibet honestatem, sicut pulchritudo aestimatur bona, et quae pulchritudinem juvant. Sed quoniam jam perspecta ratio nullo potest dissolvi pacto, necesse est omne quoque utile vel honestum, si vere bona sunt, per idipsum esse bona, per quod necesse est cuncta esse bona, quidquid illud sit. Quis autem dubitet, illud ipsum, per quod cuncta sunt bona, esse magnum bonum? Illud igitur est bonum per seipsum, quoniam omne bonum est per ipsum. Ergo consequitur, ut omnia alia

Thatsache, dass die Dinge in Bezug auf ihre Grösse verschieden sind, hinüberschliessen auf ein höchstes oder absolut Grosses, welches wiederum Gott ist ¹).

Einen andern Beweis für Gottes Dasein leitet Anselm ab aus dem Dasein der Dinge überhaupt. Alles nämlich, was ist, kann nur sein durch Etwas; denn durch Nichts kann Nichts werden. Jenes Etwas nun, durch welches die Dinge sind, kann entweder eine Einheit oder eine Vielheit sein. Nehmen wir nun das letztere an, so beziehen sich jene mehreren Ursachen, aus welchen in der gedachten Hypothese die Dinge entspringen, entweder wiederum auf Ein Wesen zurück, durch welches sie selbst sind, oder sie existiren sämmtlich durch sich und aus sich, oder endlich sie bedingen sich gegenseitig in ihrem Sein. Aber wenn jene Mehrheit von Ursachen auf Ein Sein sich zurückbezieht, durch welches sie selbst sind, so ist ja nicht mehr Alles durch eine Mehrheit von Ursachen, sondern Alles ist vielmehr durch jene Eine Ursache, auf welche sich die gedachte Mehrheit von Ursachen selbst zurückbezieht. Sind dagegen alle jene Ursachen aus sich und durch sich, so ist durch diese Annahme eine einheitliche Kraft oder Natur vorausgesetzt, vermöge welcher jede dieser Ursachen durch sich und aus sich ist. Vermöge dieser einheitlichen Kraft oder Natur sind sie alle Eins, weil sie alle derselben theilhaftig sind, alle dieselbe besitzen. Man kann und muss also auch hier wiederum mit mehr Wahrheit sagen, dass durch jenes Eine die Dinge sind, als durch die vorausgesetzte Mehrheit von Ursachen, weil ja diese selbst wiederum ohne jenes Eine nicht sein können. Das dritte Glied der oben gestellten Alternative endlich ist gar nicht denkbar; denn es widerstreitet aller Vernunft, dass zwei Dinge einander gegenseitig Grund ihres Seins sein sollten. — Und so muss denn nothwendig angenommen werden, dass alle Dinge durch eine Einheit, durch eine einheitliche Ursache sind. Und diese einheitliche Ursache muss, weil alles Andere aus ihr, und sie selbst aus keinem Anderen ist, aus sich und durch sich sein. Und daraus folgt wiederum, dass sie selbst das höchste, vollkommenste Sein ist und alle Dinge überragt; denn es ist ja immer und überall weniger und unvollkommener, aus einem Anderen, denn aus sich selbst zu sein. Es gibt also ein höchstes, ein vollkommenstes, über allen Dingen stehendes Sein, — und das ist Gott ²).

---

bona sint per aliud, quam quod ipsa sunt et ipsum solum per seipsum. At nullum bonum quod per aliud est, est aequale aut majus eo bono, quod per se est bonum. Illud itaque solum est summe bonum, quod solum est per se bonum. Id enim summum est, quod sic supereminet aliis, ut nec par habeat, nec praestantius. Sed quod est summe bonum, est etiam summe magnum. Est igitur unum aliquid summe magnum, et summe bonum, id est summum omnium, quae sunt.

1) Ib. c. 2.
2) Ib. 3. Denique non solum omnia bona per unum aliquid sunt bona, et

In der objectiven Wirklichkeit treffen wir ferner in den verschiedenen Dingen gewisse Grade von Güte und Vollkommenheit, so zwar, dass die einen Dinge mehr, die anderen minder vorzüglich sind, wie denn z. B. die Thierwelt über der Pflanzenwelt, der Mensch über dem Thiere steht. Da nun die Stufenreihe der Naturen nicht in's Unendliche fortgeleitet werden kann, so muss an der Spitze derselben eine vollkommenste Natur stehen, über welcher keine höhere mehr denkbar ist, und welche die ganze Stufenreihe der Naturen überragt. Diese Natur kann nun nicht wiederum eine vielfache sein, d. h. es kann nicht mehrere einander ganz gleiche vollkommenste Wesen geben; denn ihre durchgängige Gleichheit könnte in dem gegebenen Falle nicht durch verschiedene Momente bedingt sein, sondern nur durch Ein und dasselbe, weil sie ja nur dadurch gleich sein können, dass Ein und dasselbe in Allen sich vorfindet. Dieses Eine, wodurch sie gleich sind, könnte aber dann wiederum nur entweder ihre eigene Wesenheit sein, oder aber ein anderes Etwas, welches von ihnen verschieden ist. Ist es ihre eigene Wesenheit, dann sind sie, wie nicht mehrere Wesenheiten, so auch nicht mehrere Naturen; denn Wesenheit und Na-

---

omnia magna per idem aliquid sunt magna, sed quidquid est, per unum aliquid videtur esse. Omne namque, quod est, aut est per aliquid, aut per nihil; sed nihil est per nihil. Non enim vel cogitari potest, ut sit aliquid non per aliquid. Quidquid igitur est, nonnisi per aliquid est. Quod cum ita sit, aut est unum, aut sunt plura, per quae sunt cuncta, quae sunt. Sed, si sunt plura, aut ipsa referuntur ad unum aliquid, per quod sunt, aut eadem plura singula sunt per se, aut ipsa per se invicem sunt. At si plura ipsa sunt per unum, jam non sunt omnia per plura, sed potius per illud unum, per quod haec plura sunt. Si vero ipsa plura singula sunt per se, utique est una aliqua vis vel natura existendi per se, qua habent, ut per se sint. Non est autem dubium quod per idipsum unum sint per quod habent ut per se sint. Verius ergo per ipsum unum cuncta sunt, quam per plura, quae sine eo uno esse non possunt: ut vero plura per se invicem sint, nulla patitur ratio, quoniam irrationalis cogitatio est, ut aliqua res sit per illud cui dat esse: nam nec ipsa relativa sic sunt per se invicem. Nam cum dominus et servus referantur ad invicem, et ipsi homines, qui referuntur, omnino non sunt per invicem, et ipsae relationes quibus referuntur, non omnino sunt per se invicem, quia eaedem sunt per subjecta. Cum itaque veritas omnimodo excludat plura esse, per quae cuncta sunt, necesse est unum illud esse, per quod sunt cuncta, quae sunt. Quoniam ergo cuncta quae sunt, sunt per ipsum unum: procul dubio et ipsum unum est per seipsum. Quaecumque igitur alia sunt per aliud, et ipsum solum per seipsum. At quidquid est per aliud, minus est, quam illud, per quod cuncta sunt alia, et quod solum est per se. Quare illud, quod est per se, maxime omnium est. Est igitur unum aliquid, quod solum maxime et summe omnium est: quod autem maxime omnium est, et per quod est quidquid est bonum vel magnum, et omnino quidquid aliquid est, id necesse est esse summe bonum et summe magnum, et summum omnium quae sunt. Quare est aliquid, quod sive essentia sive substantia, sive natura dicatur, optimum et maximum est, et summum omnium, quae sunt.

tur ist Eins. Ist es aber ein Anderes, wodurch sie gleich sind, dann sind sie nicht mehr das, was wir vollkommenste Natur nennen, weil sie durch jenes Andere bedingt wären, und folglich dieses Andere über ihnen stehen würde. Die vollkommenste Natur, welche als über allen Dingen stehend angenommen werden muss, kann also nur Eine sein. Es existirt somit ein einheitliches vollkommenstes Wesen: — und das ist Gott [1]).

Wir sehen, diese Beweise haben sämmtlich die geschöpflichen Dinge zur Grundlage und schliessen von der Wirkung auf die Ursache hinüber. Aber Anselm begnügt sich mit diesen Beweisen nicht. Sie sind ihm zu complicirt; er möchte einen Beweis finden, welcher für sich allein hinreichen könnte, um Gottes Dasein zu beweisen, und so diese anderen zu complicirten Beweise als überflüssig erscheinen liesse. Nach vielfachem Nachdenken, sagt er, sei er endlich so glücklich gewesen, einen solchen Beweis zu finden [2]). Es ist der sogenannte ontologische Beweis, welcher aus der Idee Gottes selbst, wie sie in unserem Geiste sich darstellt, das Dasein Gottes erschliesst [3]).

Wenn wir Gott denken, sagt Anselm, so denken wir ihn als das höchste Wesen, über welchem kein höheres mehr gedacht werden kann. Obgleich nun der Gottesläugner in Abrede stellt, dass ein Gott existire, so versteht er doch, was das bedeute: „ein Wesen, über welchem kein höheres mehr gedacht werden kann." Und wenn er es versteht und einsieht, so ist es in seinem Verstande, wenn er auch noch nicht einsieht, dass dasselbe auch objectiv wirklich sei. Das kann er also nicht läugnen, dass „das Wesen, über welchem kein höheres mehr gedacht werden kann," so fern er es denken kann und wirklich denkt, in seinem Verstande sei. Nun kann aber dieses höchste Sein nicht einzig und allein im Verstande, sondern es muss auch in der Wirklichkeit sein. Denn gesetzt, es sei im Verstande allein, so kann es auch als objectiv wirklich gedacht werden: und das ist offenbar mehr. Ist also das Wesen, über welchem kein höheres mehr gedacht werden kann, blos im Verstande, so ist es gerade ein solches Wesen, über welchem noch ein höheres gedacht werden kann: — ein höheres nämlich, welches auch in der Wirklichkeit ist, da, wie schon gesagt, objectiv wirklich sein mehr ist, als blos gedacht sein. Das ist ein Widerspruch. Es existirt also zweifelsohne das We-

---

1) Ib. c. 4. cf. De fid. Trin. c. 4.
2) Proslog. prooem. Postquam opusculum quoddam (Monologium), velut exemplum meditandi de ratione fidei, in persona alicujus tacite secum ratiocinando quae nesciat investigantis edidi: considerans illud esse multorum concatenatione contextum argumentorum, coepi mecum quaerere, si forte posset inveniri unum argumentum, quod nullo alio ad se probandum, quam se solo indigeret; et solum ad astruendum, quia Deus vere est, et quia est summum bonum nullo alio indigens, et quo omnia indigent ut sint et bene sint, et quaecunque credimus de divina substantia, sufficeret.
3) Ib. l. c.

sen, über welchem kein höheres mehr gedacht werden kann, im Verstande nicht blos, sondern auch in der objectiven Wirklichkeit. Und es existirt hier so nothwendig, dass es gar nicht als nichtseiend gedacht werden kann. Denn wir können uns Etwas denken, was gar nicht als nichtseiend denkbar ist; und das ist dann offenbar höher und vorzüglicher, als ein anderes Etwas, welches wir uns auch als nichtseiend denken können. Könnte also jenes Wesen, über welchem kein höheres mehr denkbar ist, auch als nichtseiend gedacht werden, so wäre gerade dieses Wesen, über welchem der Voraussetzung gemäss kein höheres mehr denkbar ist, von der Art, dass noch ein höheres über ihm denkbar wäre. Das ist offenbar widersprechend und wir werden somit nothwendig in der objectiven Wirklichkeit ein Wesen annehmen müssen, über welchem kein höheres mehr denkbar ist, so zwar, dass wir es gar nicht als nichtseiend denken können: — und das ist Gott [1]).

Es ist hier nicht unsere Aufgabe, dieses berühmte Argument Anselms kritisch zu beleuchten. Es wurde dasselbe schon zur Zeit Anselms bekämpft von dem Mönche Gaunilo, welcher nicht zugab, dass man von dem blosen Denken auf das Sein hinüberschliessen könne, wie es hier geschieht. Obgleich wir, sagt er, einsehen, dass jenes Wesen, über welchem kein höheres mehr denkbar ist, die reale Existenz nothwendig in sich schliesse, so können wir doch daraus allein, dass wir dieses einsehen, nicht schliessen, dass ein solches Wesen wirklich existire, wenn

---

1) Ib. c. 2. 3. Ergo, Domine, qui das fidei intellectum, da mihi, ut quantum scis expedire, intelligam, quia es, sicut credimus, et hoc es, quod credimus. Et quidem credimus, te esse aliquid, quo nihil majus cogitari possit. An ergo non est aliqua talis natura, quia „dicit insipiens in corde suo: Non est Deus?" Sed certe idem ipse insipiens, cum audit hoc ipsum, quod dico, aliquid, quo majus nihil cogitari potest, intelligit, quod audit, et quod intelligit, in intellectu ejus est, etiamsi non intelligat illud esse. Aliud est enim, rem esse in intellectu, aliud intelligere, rem esse. Nam cum pictor praecogitat quae facturus est, habet quidem in intellectu, sed nondum esse intelligit, quod nondum fecit. Cum vero jam pinxit, et habet in intellectu, et intelligit esse, quod jam fecit. Convincitur ergo etiam insipiens esse vel in intellectu aliquid, quo nihil majus cogitari potest; quia hoc cum audit, intelligit; et quidquid intelligitur, in intellectu est. Et certe id, quo majus cogitari nequit, non potest esse in intellectu solo. Si enim vel in solo intellectu est, potest cogitari esse et in re, quod majus est. Si ergo id, quo majus cogitari non potest, est in solo intellectu, idipsum, quo majus cogitari non potest, est quo majus cogitari potest; sed certe hoc esse non potest. Existit ergo procul dubio aliquid, quo majus cogitari non valet, et in intellectu, et in re. Quod utique sic vere est, ut nec cogitari possit non esse. Nam potest cogitari esse aliquid, quod non possit cogitari non esse; quod majus est, quam quod non esse cogitari potest. Quare si id, quo majus nequit cogitari, potest cogitari non esse; id ipsum, quo majus cogitari nequit, non est id, quo majus cogitari nequit; quod convenire non potest. Sic ergo vere est aliquid, quo majus cogitari non potest, ut nec cogitari possit non esse: et hoc es tu, Domine Deus noster! —

uns diese Existenz nicht anderweitig bekannt und gewiss ist. Erst dann, wenn wir durch anderweitige Beweismittel zur gewissen Erkenntniss der Existenz dieses Wesens gekommen sind, können wir aus der speculativen Betrachtung desselben auch zu der weiteren Erkenntniss fortschreiten, dass dasselbe in sich selbst subsistire und nothwendig subsistire [1]). Bekanntlich haben auch die späteren Scholastiker, insbesondere der heilige Thomas, in ähnlicher Weise, wie Gaunilo, gegen den Anselmianischen Beweis argumentirt [2]). Anselm vertheidigte zwar sein Argument gegen Gaunilo [3]); aber es ist in der That nicht abzusehen, wie die erwähnten Instanzen Gaunilo's sich abwenden lassen. Keinenfalls wird man dem heiligen Anselm darin beistimmen können, dass durch diesen Beweis alle übrigen überflüssig gemacht werden. Die Beweise für Gottes Dasein, welche aus dem Dasein und aus der Beschaffenheit der geschöpflichen Dinge eruirt werden, müssen stets vorausgesetzt werden; denn durch sie steigen wir zunächst und auf erster Linie zur Erkenntniss Gottes auf. An diese mag sich dann wohl der ontologische Beweis als eine gewissermassen superabundante Beweisführung anschliessen, zudem, da er gar nicht einfach das Dasein Gottes, sondern vielmehr die Nothwendigkeit der Existenz Gottes erweist. Aber verdrängen kann und darf er die übrigen Beweise für Gottes Dasein nicht, wenn er nicht selbst seine ganze Beweiskraft verlieren soll [4]).

§. 48.

Nach Entwicklung der Beweise für Gottes Dasein geht nun Anselm zunächst auf die nähere Erörterung des Aussich- und Durchsichseins Gottes über. Hier sucht er denn durch eine weitläufige Beweisführung darzuthun, dass das höchste Wesen weder eine Ursache voraussetze, durch welche es sein Sein hat, noch auch, dass es sich selbst hervorgebracht haben könne. Das erstere ist an sich klar; denn würde das höchste Wesen eine Ursache seines Seins voraussetzen, dann würde es ja nicht mehr das höchste Wesen sein. Was aber das letztere betrifft, so wäre, falls wir annähmen, dass die höchste Natur sich selbst hervorgebracht hätte, dieses Sichselbsthervorbringen entweder so zu denken, dass sie sich aus einer Materie durch eigene Selbstentwicklung oder durch fremde Beihilfe herausgebildet, oder aber, dass sie sich selbst aus Nichts in's Dasein übergesetzt hätte. Es ist aber das eine Glied dieser Alternative ebenso wenig denkbar, wie das andere. Denn im ersteren Falle wäre das höchste Wesen schon nicht mehr durch sich und aus sich, sondern vielmehr durch ein anderes Sein, nämlich durch die Material-

---

1) *Gaunilo*, Lib. pro Insipiente, n. 5. (Inter opp. S. Anselmi ed. Migne.)
2) *S. Thom.*, Contr. gent. l. 1. c. 11. S. Theol. p. 1. qu. 2. art. 1. ad 2.
3) *Anselm*, Lib. apolog. contr. Gaunil.
4) Vgl. meine Abhandl. De argumento ontologico (Münster, Regensberg 1862).

Ursache, welche ihm vorausgesetzt wäre. Dies würde um so mehr stattfinden, wenn man noch dazu eine von Aussen kommende Unterstützung zur Selbstentwicklung des höchsten Wesens aus seiner Materialursache hinzufügen würde. Im letzteren Falle dagegen, d. h. in der Annahme, dass das höchste Wesen sich selbst aus Nichts hervorgebracht habe, würde, da ein Nichts nicht hervorbringende Ursache sein kann, das höchste Wesen früher gewesen sein müssen, als es sich hervorgebracht hat, — was absurd ist. Das göttliche Wesen ist also schlechthin aus sich und durch sich; es ist, weil es ist; jede Selbstentwickelung oder Selbsthervorbringung zum Dasein ist von ihm ebenso wesentlich ausgeschlossen, wie die Hervorbringung durch ein Anderes [1]).

Ist aber das göttliche Wesen schlechterdings aus sich und durch sich, so sind dagegen alle übrigen Dinge aus Gott und durch Gott; und es kann somit nur mehr die Frage sein, wie und auf welche Weise sie aus Gott und durch Gott sind. Um diese Frage zu beantworten, sucht Anselm vor Allem zu beweisen, dass die Materie der geschöpflichen Welt nicht in der Art aus der höchsten Natur sein könne, dass diese selbst als die Materie oder als das Substrat der geschöpflichen Dinge betrachtet werden müsste. Denn in diesem Falle würde die höchste Natur in den geschöpflichen Dingen der Veränderlichkeit und der Corruption unterliegen, was man nicht annehmen kann, noch darf. Ausserdem kann dasjenige nicht als ein Gut betrachtet werden, wodurch das höchste Gut verändert oder corrumpirt wird. Wäre aber das göttliche Sein die Materie der geschöpflichen Dinge, so würde es sich in diesen Dingen selbst verändern und beziehungsweise corrumpiren; es würde sich also selbst als das höchste Gut negiren: — was wieder absurd ist. Die Materie der geschöpflichen Dinge kann also nicht selbst wiederum aus einer anderen Materie, nämlich aus der göttlichen Substanz sein. Ist sie aber aus keiner anderen Materie, und ist sie dennoch aus Gott, so müssen wir nothwendig schliessen, dass Gott dieselbe durch seine absolute Thätigkeit aus dem Nichts in's Dasein gesetzt hat. Die Dinge können also aus Gott nur entspringen durch Schöpfung aus Nichts [2]).

Anselm unterlässt nicht, den Begriff der Schöpfung aus Nichts näher zu bestimmen. Wenn gesagt wird, äussert er sich, dass die Welt aus Nichts geschaffen sei, so dürfe man den Ausdruck „aus Nichts" nicht so verstehen, als würde sich das Nichts etwa wie eine Materie verhalten, aus welcher die Dinge in's Dasein hereingebildet worden wären. Das wäre absurd; denn was schlechterdings Nichts ist, kann nicht den Charakter einer Materialursache haben. Der Ausdruck „aus Nichts" kann

---

1) *Anselm.* Monolog. c. 6.... Quare summa natura nec a se, nec ab alio fieri potuit; nec ipsa sibi, nec aliquid aliud illi materia, unde fieret, fuit; nec ipsa se aliquo modo aut aliqua res ipsam, ut esset, quod non erat, adjuvit.
2) Ib. c. 7.

folglich nur die Bedeutung haben, dass die Welt zwar hervorgebracht sei, aber dass Nichts dagewesen sei, woraus sie wäre hervorgebracht worden [1]). — Offenbar ist dieses die allein richtige Bestimmung des Schöpfungsbegriffes, und wir sehen, wie hier Anselm die Sophistik des Fredegisus und des Erigena, die den Begriff des Nichts geradezu zum Etwas hinaufschrauben wollten, ebenso einfach als klar blossstellt und widerlegt.

Wenn nun aber hienach die Dinge, bevor sie durch die Schöpfungsthat Gottes in's Dasein eintraten, ihrem aussergöttlichen geschöpflichen Sein nach gar nicht waren: so muss ihnen dennoch andererseits wiederum schon vor ihrem Eintritte in's geschöpfliche Dasein insofern ein Sein zugeschrieben werden, als sie im Verstande Gottes ewig waren. Denn die schöpferische Thätigkeit Gottes ist eine vernünftige; und daraus folgt, dass er Nichts in's Dasein setzt, was er nicht vorher erkennt, dessen Idee er nicht in sich trägt. Gott denkt ewig die geschöpflichen Wesen, und der Gedanke, welchen er von ihnen hat, ist das Musterbild, nach welchem er die Dinge schafft. Nach diesen ihren Begriffen also, welche im göttlichen Verstande sind, sind die Dinge ewig; zeitlich sind sie nach ihrem aussergöttlichen, geschöpflichen Sein [2]).

Betrachtet man nun aber dieses ideale Sein der Dinge im göttlichen Verstande näher, so sieht man, dass das Verhältniss analog ist zu dem Verhältnisse des Künstlers zum Kunstwerke. Wie der Künstler das Kunstwerk der Idee nach schon vorher in seinem Geiste tragen muss, um es am äusseren Stoffe verwirklichen zu können, so trägt auch Gott die Ideen aller Dinge in sich und verwirklicht dieselben dann nach Aussen in der Schöpfung [3]). Freilich walten hier auch wieder durchgreifende Unterschiede ob. Der menschliche Künstler bedarf eines Stoffes, um an ihm seine Kunstidee zu verwirklichen; Gott bedarf eines solchen Stoffes nicht; der menschliche Künstler kann in seinem Geiste das Bild des Kunstwerkes nur aus schon gegebenen Bildern, die er von Aussen gewonnen hat, zusammensetzen; Gott dagegen schöpft die vorbildlichen Ideen der Dinge rein aus sich selbst [4]). Allein ungeachtet dieser Unterschiede bleibt doch die beiderseitige Analogie bestehen. Wir haben die Inexistenz der Dinge nach ihren Ideen in Gott so zu fassen, dass Gott die

---

1) Ib. c. 8.
2) Ib. c. 9. Nullo namque pacto fieri potest aliquid rationabiliter ab aliquo, nisi in facientis ratione praecedat aliquod rei faciendae quasi exemplum, sive (ut apertuis dicam) forma, vel similitudo, aut regula. Patet itaque, quoniam priusquam fierent universa, erat in ratione summae naturae, quid aut qualia aut quomodo futura essent: quare cum ea, quae facta sunt, clarum sit nihil fuisse antequam fierent, quantum ad hoc, quia non erant, quod nunc sunt, nec erat, ex quo fierent; non tamen nihil erant, quantum ad rationem facientis, per quam et secundum quam fierent.
3) Ib. c. 10. — 4) Ib. c. 11.

Dinge in seinem Verstande innerlich ausspricht, gleichwie der Künstler sein Kunstwerk innerlich denkt und denkend in sich ausspricht. Die göttlichen Ideen sind also ein inneres Sprechen Gottes; sie sind das innere Wort, in welchem Gott die Dinge ausspricht; ebenso wie der Gedanke im Menschen das innere Wort ist, in welchem er einen Gegenstand nach seinem Inhalte denkend ausspricht¹). Aber dieses innere Wort, dieses innere Sprechen Gottes ist zuletzt wiederum nichts Anderes, als die göttliche Substanz selbst. Denn Alles, was Gott hervorbringt, bringt er rein durch sich selbst hervor. Wenn er also durch sein inneres Wort, durch sein inneres Sprechen die Dinge ideal hervorbringt, so folgt nothwendig, dass dieses innere Wort, dieses innere Sprechen mit seiner Substanz schlechterdings in Eins zusammenfallen müsse²).

So hat denn Gott die Dinge nach dem Vorbilde des inneren Wortes, in welchem er sie ewig ausspricht, aus Nichts in's Dasein geschaffen, und wie er sie geschaffen hat, so erhält er sie auch fortwährend. Wie kein Wesen in's Dasein treten kann ohne die schöpferische Wirksamkeit Gottes, so kann auch Nichts im Dasein beharren, ohne die fortdauernde Wirksamkeit der schöpferischen Ursache. Gott allein ist bestehend und dauernd durch sich selbst; alles Uebrige besteht und dauert nur fort durch ihn³). Und daraus folgt wiederum, dass Gott überall und in allen Dingen präsent sein müsse; denn wo Gott nicht ist mit seiner erhaltenden Kraft, da ist Nichts, da kann Nichts bestehen. Gottes Wesen trägt, beschliesst, durchdringt und überragt Alles⁴).

§. 49.

Auf diesen Grundsätzen baut nun Anselm in der Construction seiner Lehre von Gott weiter. Zunächst wirft er die Frage auf, was von Gott der Substanz nach ausgesagt werden könne und müsse. In der Beantwortung dieser Frage unterscheidet er zwischen relativen und absoluten Eigenschaften. Was nun zuerst die relativen Eigenschaften betrifft, so ist es von selbst klar, dass eine relative Eigenschaft von keinem Wesen, also auch nicht von Gott der Substanz nach prädicirt werden könne; denn die relativen Eigenschaften gründen ja als solche nur in der Beziehung eines Wesens zu einem Andern, nicht aber in dessen Substanz. Wenn also z. B. gesagt wird, das göttliche Wesen sei das höchste aller Wesen, es sei grösser als alle anderen Wesen, so ist damit offenbar nicht seine Wesenheit bezeichnet oder bestimmt. Was dagegen die absoluten Eigen-

---

1) Ib. c. 10. Illa autem forma rerum, quae in Dei ratione res creandas praecedebat, quid aliud est, quam rerum quaedam in ipsa ratione locutio; veluti cum faber facturus aliquod suae artis opus, prius illud intra se dicit mentis conceptione? Mentis autem sive rationis locutionem hic intelligo, non cum voces rerum significativae cogitantur, sed cum res ipsae, vel futurae, vel jam existentes acie cogitationis in mente conspiciuntur.

2) Ib. c. 12. — 3) Ib. c. 13. — 4) Ib. c. 14.

schaften betrifft, so kann man nicht verkennen, dass manchmal die Position der einen in jedem Falle etwas Vorzüglicheres involvirt, als deren Negation, wie z. B. das „Weise sein" in jedem Falle und unter jeder Bedingung besser und vorzüglicher ist, als das „Nicht weise sein;" dass aber manchmal auch in Bezug auf bestimmte Wesen die Position einer solchen Eigenschaft etwas Geringeres involvirt, als deren Negation; wie z. B. die Negation des Goldseins von dem Menschen, diesen als eine vortrefflichere Natur erscheinen lässt, als wenn ihm dieses Prädicament beigelegt werden könnte. Wenden wir nun diese Bestimmungen auf die göttliche Natur an, so sehen wir hieraus klar ein, was von der göttlichen Natur der Substanz nach prädicirt werden müsse. Alle jene Eigenschaften müssen ihr nämlich der Substanz nach beigelegt werden, deren Position in ihr einen höhern Vorzug, eine höhere Vortrefflichkeit involvirt, als in dem Falle gegeben wäre, dass sie von ihr negirt würden. Die göttliche Natur ist daher keine körperliche Natur; denn ein nichtkörperliches Sein ist ja höher und vortrefflicher, als ein körperliches. Dagegen ist die göttliche Natur lebend, weise, mächtig und allmächtig, wahr, gerecht, selig, ewig, und überhaupt Alles, was es besser ist zu sein, als nicht zu sein [1]).

Alle diese Eigenschaften müssen aber wiederum von der göttlichen Natur nicht qualitativ, sondern quidditativ prädicirt werden. Wenn Gott gerecht ist, so ist er gerecht durch die Gerechtigkeit. Wäre nun die Gerechtigkeit etwas Anderes als er selbst, so würde ihm das „Gerechtsein" blos als eine Qualität eigen sein. Aber die Gerechtigkeit kann nicht etwas Anderes sein, als Gott selbst; denn was immer Gott ist, das ist er aus sich und durch sich; folglich muss er auch gerecht sein durch sich und aus sich. Ist er aber dieses, dann ist die Gerechtigkeit, durch welche er gerecht ist, nicht verschieden von ihm, sondern sie ist er selbst. Das Gerechtsein kommt ihm daher quidditativ zu. Und so verhält es sich auch mit den übrigen Eigenschaften. Gott besitzt also nicht Gerechtigkeit, sondern er ist die Gerechtigkeit; er hat nicht blos Leben, sondern er ist das Leben; er besitzt nicht blos Weisheit, sondern er ist die Weisheit; er *ist* die Wahrheit, die Güte, die Grösse, die Schönheit, die Seligkeit, die Ewigkeit, die Macht, die Unsterblichkeit, die Einheit [2]).

Noch mehr. Obgleich wir der göttlichen Natur so viele Eigenschaften beizulegen haben, so dürfen wir doch in derselben keine Zusammensetzung annehmen. Denn Alles, was zusammengesetzt ist, verdankt den Momenten, aus welchen es zusammengesetzt ist, Alles, was es ist; was es ist, ist es nur durch jene Momente; diese dagegen sind keineswegs durch jenes. Die Momente stehen also in so fern höher, als das Wesen selbst, welches aus ihnen resultirt. Wäre also die höchste

---

1) Ib. c. 15. Proslog. c. 5. 6. — 2) Monol. c. 16.

Natur ein zusammengesetztes Sein, so wäre sie als solches offenbar nicht mehr das höchste Sein. Von Gottes Natur ist mithin alle Zusammensetzung wesentlich ausgeschlossen. Wenn wir also Gott viele und verschiedene Eigenschaften beilegen, so müssen wir dieselben so denken, dass sie in dem göttlichen Wesen selbst identisch sind, dass folglich jede dieser Eigenschaften das Eine göttliche Wesen in seiner vollen Ganzheit bezeichnet. Gott ist in seinem Ansichsein die absolute unterschiedslose Einheit aller seiner Eigenschaften. Er ist nicht in einer Hinsicht weise, in der andern gerecht; er ist ganz Weisheit, ganz Gerechtigkeit [1]).

Von diesen allgemeinen Betrachtungen geht nun Anselm über auf die Begründung der Ewigkeit Gottes. Gott ist ohne Anfang und ohne Ende. Dass er ohne Anfang sei, geht schon aus den Bestimmungen hervor, welche eben in Bezug auf das Aussich- und Durchsichsein Gottes entwickelt worden sind. Hätte er einen Anfang gehabt, so wäre er nothwendig entweder von einer äussern Ursache oder aber von sich selbst hervorgebracht worden, was, wie wir bereits gesehen haben, unmöglich ist. Gott ist aber auch ohne Ende. Würde ein Ende seines Daseins je eintreten können, so wäre die göttliche Natur nicht mehr die höchste Unsterblichkeit, folglich auch nicht mehr die höchst denkbare Natur. Gott ist die Wahrheit; die Wahrheit aber kann weder einen Anfang noch ein Ende haben. Nehmen wir nämlich einen Satz, in welchem sich eine nothwendige Wahrheit ausspricht, so können wir uns keine Zeit denken, wo dieser Satz nicht wahr wäre. Wahr ist er aber nur durch die Wahrheit, welche Gott ist; folglich können wir uns auch nie einen Augenblick denken, wo Gott nicht wäre: — kurz, Gott ist, wie ohne Anfang, so auch ohne Ende [2]).

Es ist nun aber schon oben bewiesen worden, dass Gott in allen Dingen sei, und dass Alles in ihm sei. Da nun Gott auch, wie aus dem eben Gesagten erhellt, ohne Anfang und Ende ist: so folgt als letzter Schlusssatz dieser, dass Gott in jedem Raum und in jeder Zeit sei. Gottes Sein kann nicht an einen bestimmten Raum oder an eine bestimmte Zeit gebunden sein; denn da Alles nur durch Gott ist, so könnte ausser jenem Raume und ausser jener Zeit, worauf das göttliche Sein beschränkt wäre, gar Nichts sein. Es kann keineswegs genügen, die Allgegenwart Gottes in jeder Zeit und in jedem Raume auf dessen Macht zu beschränken und die Wesenheit davon auszuschliessen; denn Gottes Macht ist an sich dasselbe, was seine Wesenheit; ist also Gott nach seiner Macht allgegenwärtig, so muss er es nothwendig auch nach seiner Wesenheit sein [3]).

---

1) Ib. c. 17..... Cum igitur divina natura nullo modo composita sit et tamen omnimodo tot illa bona sit, necesse est, ut illa omnia non plura, sed unum sint. Idem igitur est quodlibet unum illorum, quod omnia, sive simul, sive singula; ut cum dicitur justitia, vel essentia, idem significet, quod alia, vel omnia simul, vel singula. — 2) Ib. c. 18. — 3) Ib. c. 20.

Und doch kann und muss man gegentheilig wieder sagen, dass die göttliche Wesenheit in keinem Raume und in keiner Zeit sei. Nämlich sie ist nicht so im Raume und in der Zeit, wie die übrigen Dinge, welche vom Raume und von der Zeit umschlossen werden. Sie steht unter keinen Bedingungen der Räumlichkeit und Zeitlichkeit, die Dimensionen des Raumes und die Momente der Zeit lassen sich auf sie nicht anwenden; in der göttlichen Wesenheit gibt es kein Oben und Unten; kein Vor und Nach; kurz sie ist zwar in jedem Raum und in jeder Zeit; aber sie ist nicht selbst zeitlich und räumlich; sie ist also ganz im ganzen und ganz in jedem Theile des Raumes, und alle Zeit ist ihr schlechthinige Gegenwart; sie ist folglich auch ganz in der ganzen und ganz in jedem Momente der Zeit[1]). Um also jedes Missverständniss zu vermeiden, sagt man besser: „Gott sei überall und immer," als: „Gott sei in jedem Raume und in jeder Zeit," weil er ja vermöge seines Wesens alle Bedingungen der Räumlichkeit und Zeitlichkeit überragt[2]).

Hieraus geht hervor, dass der Begriff der göttlichen Ewigkeit jedes zeitliche Nacheinander ausschliessen müsse. In dem absoluten Leben Gottes gibt es keine Succession, was er ist, ist er zumal in Einem untheilbaren Acte; sein Leben entwickelt sich nicht in einer aufeinanderfolgenden Reihe von Entwicklungsstufen, sondern es ist ein für allemal in seiner ganzen Totalität vollendet, ohne Zuwachs und Abnahme[3]).

Gott ist aber auch der absolut Unveränderliche; und darum müssen auch alle jene Accidentien von seinem Sein ausgeschlossen sein, deren Inexistenz in Gott eine Veränderlichkeit seines Seins mit sich führen würde. Es gibt nämlich Accidentien, welche durch ihren Hinzutritt zu einer Substanz keine Veränderung in derselben hervorbringen, wie z. B. gewisse blos äussere Beziehungen; es gibt aber auch solche, welche durch ihren Hinzutritt zur Substanz oder durch ihre Trennung von derselben eine Veränderung in ihr hervorbringen, wie z. B. die Qualität der Farbe an einem Körper. Die erstere Categorie der Accidentien widerstreitet der Unveränderlichkeit der göttlichen Substanz nicht; wohl aber die letztere. Und darum dürfen solche Accidentien Gott nicht beigelegt werden[4]).

Daraus folgt dann wiederum, dass das göttliche Wesen nicht im gewöhnlichen Sinne Substanz genannt werden könne, sofern man unter Substanz das beharrliche Subject der Accidentien versteht. Die göttliche Natur ist zwar Substanz, aber nur in dem Sinne, dass sie eine für sich und in sich seiende Wesenheit ist, nicht aber in dem Sinne, dass sie beharrlicher Träger der Accidentien wäre; denn solche kommen ihr, wie gesagt, nicht zu. Die göttliche Substanz kann daher auch nicht unter die allgemeine Categorie der Substanzen eingereiht

---

1) Ib. c. 21. 22. — 2) Ib. c. 23. 24. — 3) Ib. c. 24. — 4) Ib. c. 25.

werden; sie steht über und ausser aller Gattung¹). Aber eben weil sie denn doch, obgleich in einem weit höhern Sinne Substanz ist, so kann und muss diese Substanz näher bestimmt werden; und diese Bestimmung geht dahin, dass, weil das geistige Sein vorzüglicher ist, als das blose körperliche Sein, die göttliche Substanz als eine geistige gedacht werden müsse. Gott ist Geist, das ist die wesentliche Bestimmtheit seiner Substanz²).

So ist denn Gott, wie die bisherige Entwicklung der Gottesidee zeigt, das höchste und vollkommenste Sein, welches in jeder Beziehung aus sich und durch sich ist. Und eben deshalb kann man in einem gewissen Sinne sagen, dass nur Gott wahrhaft ist, und dass Alles, was ausser ihm ist, im Vergleich zu ihm, nicht ist, oder wenigstens „fast nicht ist," „kaum ist." Denn Gott allein ist das ewige, das durch sich seiende, das unveränderliche Sein; Alles ausser ihm ist veränderlich, hat Anfang und Ende, und ist nur in einem der Ewigkeit Gottes gegenüber fast verschwindenden Zeitraume da. Man kann folglich mit Recht sagen dass es im Vergleiche mit dem göttlichen Sein fast nicht ist, und dass allein das göttliche Sein wahrhaft ist, weil es schlechthin und absolut ist³).

Das also ist die Art und Weise, wie Anselm das göttliche Sein nach seiner Wesenheit auffasst und entwickelt⁴). Auf diesen Grundlagen nun baut er seine speculative Trinitätslehre auf. Wir haben

---

1) Ib. c. 26, 27.
2) Ib. c. 27. Quoniam tamen divina substantia non solum certissime existit, sed etiam summe omnium existit, et cujuslibet rei essentia dici solet substantia: profecto, siquid digne dici potest, non prohibetur dici substantia. Et quoniam non noscitur dignior essentia, quam spiritus aut corpus, et ex his dignior est spiritus, quam corpus: utique eadem asserenda est esse spiritus, non corpus.
3) Ib. c. 28. Si enim diligenter intendatur, Deus solus videbitur simpliciter et perfecte et absolute esse; alia vero omnia fere non esse, et vix esse, quoniam namque idem spiritus (Deus) propter incommutabilem aeternitatem suam, nullo modo secundum aliquem motum dici potest, quia fuit aut erit, sed simpliciter, est: nec mutabiliter est aliquid, quod aliquando aut non fuit, aut non erit; neque non est, quod aliquando fuit aut erit; sed quidquid est, semel et simul et interminabiliter est. Quoniam, inquam, hujusmodi est esse ejus: jure ipse simpliciter et absolute et perfecte dicitur esse. Quoniam vero omnia alia secundum aliquid mutabiliter aliquando aut fuerunt, aut erunt quod non sunt; aut sunt quod aliquando non fuerunt, vel non erunt: et quoniam hoc quia fuerunt, jam non est; illud autem, scilicet, quia erunt, nondum est; et hoc quia in labili brevissimoque et vix existente praesenti sunt, vix est. Quoniam ergo tam mutabiliter sunt, non immerito negantur simpliciter et perfecte et absolute esse; et asseruntur fere non esse, vix esse..... Videtur ergo consequi, quod iste spiritus (divinus), qui sic suo quodam mirabiliter singulari et singulariter mirabili modo est, quadam ratione solus sit; alia vero, quaecunque videntur esse, huic collata, non sint.
4) Vgl. auch Proslog. c. 17 seqq.

die Aufgabe, auch diese Lehre wenigstens in kurzen Umrissen anzudeuten.

§. 50.

Wir haben Anselm schon früher von einem innern Sprechen, von einem innern Worte Gottes reden hören. Darauf kommt er nun in der Entwicklung seiner Trinitätslehre wieder zurück. Das innere Wort, in welchem Gott die geschöpflichen Dinge ausspricht, ist in sich nur Eines, weil es an sich identisch ist mit der göttlichen Wesenheit [1]). In ihm existiren die geschöpflichen Dinge wahrer und vollkommener, als in sich selbst. Denn in ihm ist das wahre Vorbild, das wahre, eigentliche Sein der geschöpflichen Dinge gegeben, welche letztere nur als ein schwaches Nachbild dieses ihres vollkommenen Vorbildes angesehen werden können [2]).

Wenn nun aber, fährt Anselm fort, das göttliche Wort *nur* unter diesem Gesichtspunkte zu fassen wäre, nach welchem es das reale Prototyp der geschöpflichen Dinge ist, so wäre es also durch die letztern bedingt, und im Falle, dass nie eine geschöpfliche Welt in's Dasein hätte treten sollen, würde auch von einem Worte in Gott nicht die Rede sein können. Wenn aber Gott Nichts in seinem Innern spräche, dann müsste man auch sagen, dass er Nichts erkenne, weil Sprechen und Erkennen in ihm identisch sind. Da nun dieses nicht denkbar ist, so sind wir also darauf angewiesen, einem andern Objecte des göttlichen Erkennens und Sprechens nachzuforschen, welches stets als ein Wirkliches dem Blicke Gottes vorschwebt, auch in dem Falle, dass nie etwas Geschöpfliches je in's Dasein hätte treten sollen. Dieses Object nun findet Anselm in dem eigenen Sein Gottes. Gott erkennt sich selbst ewig in seiner ganzen Unendlichkeit, und es ist geradezu undenkbar, dass er je einmal sich selbst nicht erkennen sollte. Erkennt er sich aber ewig, so spricht er sich auch ewig aus: — und so haben wir ein ewiges Wort in Gott, welches in Gott da ist, auch in dem Falle, dass keine geschöpflichen Dinge je in's Dasein getreten wären [3]).

Nun entsteht aber die Frage, ob wir aus dem Gesagten schliessen dürfen, dass in Gott ein doppeltes Wort sei, jenes, in welchem er sich selbst ewig ausspricht, und jenes, in welchem er die geschöpflichen Dinge denkt und spricht. Keineswegs. Denn was von dem letzterwähnten Worte gilt, dass es nämlich die göttliche Substanz selbst sei.

---

1) Monol. c. 29. 30. cf. c. 12.
2) Ib. c. 31. Satis itaque manifestum est, in Verbo, per quod facta sunt omnia, non esse rerum similitudinem, sed veram simplicemque essentiam; in factis vero non esse simplicem absolutamque essentiam, sed verae illius essentiae vix aliquam imitationem.
3) Ib. c. 32.

das gilt auch von dem erstern, und zwar mit noch viel grösserm Rechte. Wenn also beide Worte die göttliche Wesenheit selbst sind, und diese nur Eine sein kann: so sind auch die beiden Worte wesentlich Ein Wort, d. h. Gott denkt und spricht in ein und demselben Worte sowohl sich selbst, als auch die geschöpflichen Dinge. Oder vielmehr, wenn wir genauer sprechen wollen, werden wir sagen müssen, dass Gott durch das Wort, in welchem er sich selbst ausspricht, zugleich auch die geschöpflichen Dinge ausspreche [1]). Denn in jenem Worte sind, wie schon gesagt, die unveränderlichen Gründe der veränderlichen Dinge gelegen; ihr eigentliches, wahres Wesen, von welchem sie in ihrer geschöpflichen Wirklichkeit nur schwache Nachbilder sind, und in dieser ihrer Inexistenz im göttlichen Worte sind sie nur dieses Wort selbst, so fern dieses das reale Urbild der geschöpflichen Dinge ist [2]). In diesem Worte ist daher alles Werdende Leben und Wahrheit [3]). Und wie sich die göttliche Wesenheit zu dem Geschöpflichen verhält, so verhält sich dazu auch das göttliche Wort, weil es eben mit Gott consubstantiell ist [4]).

Wie verhält sich nun aber des Nähern das göttliche Wort zu demjenigen, welcher es spricht? Wir wissen bereits, dass es dem Wesen nach identisch ist mit dem, welcher es spricht. Dennoch aber muss zwischen beiden ein Unterschied stattfinden; denn der, welcher das Wort spricht, kann *als solcher* nicht dasselbe sein, wie das Wort, das er ausspricht, und umgekehrt. Während also beide dem Wesen nach eins sind, tritt zwischen ihnen andererseits, so fern nämlich das Wort aus dem Sprechenden, und dieser nicht aus jenem ist, eine unaussprechliche Pluralität hervor. Dem Einen ist es eigenthümlich, dass es aus dem andern sei, und dem Andern ist es eigenthümlich, dass jenes aus ihm sei [5]). Dieses Verhältniss kann nun auf keine geignetere Weise ausgedrückt werden, als dadurch, dass gesagt wird, das Wort werde aus dem Sprechenden erzeugt. Denn da das Wort, in welchem sich Gott in seiner ganzen Unendlichkeit ausspricht, als solches das vollkommenste Gleichbild Gottes ist, so lässt sich das Verhältniss zwischen beiden gar nicht geeigneter denken, denn so, dass das Wort aus dem Sprechenden erzeugt werde, weil das Erzeugte als solches immer gleichartig und gleichbildig zu dem Erzeugenden ist [6]). Daraus folgt dann

---

1) Ib. c. 33.
2) Ib. c. 34. Nam et antequam fierent res, et cum jam facta sunt, et cum corrumpuntur seu aliquo modo variantur, semper in ipso sunt, non quod sunt in seipsis, sed quod est idem ipse. Etenim in seipsis sunt essentia mutabilis, secundum immutabilem rationem creatae; in ipso vero sunt ipsa prima essentia, et prima existendi veritas, cui, prout magis utcunque illae similes sunt, ita verius et praestantius existunt.
3) Ib. c. 35. 36. — 4) Ib. c. 37. — 5) Ib. c. 38. — 6) Ib. c. 39.

von selbst, dass der Erzeugende als Vater, das erzeugte Wort dagegen als Sohn bezeichnet werden müsse¹).

So haben wir denn in der Einen Gottheit zwei Personen, den Vater und den Sohn. Beide sind sich entgegengesetzt durch ihre Relationen, indem der Eine den Sohn erzeugt, der andere vom Vater erzeugt wird, und können somit in dieser Beziehung in keiner Weise in einander übergehen. Beide sind aber doch wiederum Eins und dasselbe in ihrer Natur. Der Sohn ist alles das, was der Vater ist, in ganz gleicher Weise; nur hat er alles das, was er ist, vom Vater²). Nicht als ob er deshalb aufhörte, durch sich selbst zu sein, wie der Vater; denn wie der Vater durch sich selbst ist, so hat auch der Sohn von ihm, durch sich selbst zu sein; wie der Vater Wesenheit, Weisheit und Leben in sich und durch sich hat, so hat er, den Sohn erzeugend, auch diesem gegeben, Wesenheit, Weisheit und Leben in sich und durch sich zu haben³). Wenn im Menschen der wirkliche Gedanke durch das Gedächtniss in so fern bedingt ist, als er aus dem Schoosse des Gedächtnisses an das Licht des Verstandes hervorgezogen wird: so kann auch in Gott der Vater als die ewige Erinnerung der Gottheit bezeichnet werden, aus welcher dann der ewige Gedanke Gottes von sich selbst, — das ewige Wort erzeugt wird⁴).

Dies leitet uns dann hinüber auf eine weitere Betrachtung. Wenn nämlich der ewige Geist seiner sich erinnert und sich denkt, so muss er sich auch lieben; denn jenes ist müssig und unnütz ohne dieses⁵). Dabei ist es klar, dass diese Liebe durch die Erinnerung und Erkenntniss, nicht umgekehrt diese durch jene bedingt ist. Daraus folgt, dass die Liebe des ewigen Geistes aus dieser Erinnerung und Erkenntniss hervorgeht. Wenn man nun unter der Erinnerung den Vater und unter der denkenden Intelligenz den Sohn versteht, so ist damit nichts Anderes gesagt, als dass jene Liebe aus Vater und Sohn zugleich hervorgehe⁶). Sie ist die dritte Person in der Gottheit: — der heilige Geist. Es ist diese persönliche Liebe so gross als Gott selbst. Denn wenn Gott sich seiner erinnert und sich denkt nach seiner *ganzen* Wesenheit, so muss er sich auch in gleichem Masse lieben. Nun ist aber nichts Gott gleich, als nur er sich selbst. Folglich ist diese persönliche Liebe dem Wesen nach dasselbe, was Vater und Sohn sind, — die Eine göttliche Wesenheit⁷). Deshalb geht sie auch nicht aus dem hervor, worin Vater und Sohn zwei sind, sondern vielmehr aus dem, worin sie Eins sind. Aus dieser ihrer Einen Natur lassen Vater und Sohn jene persönliche Liebe hervorgehen⁸).

Den ganzen Inhalt der bisher entwickelten Trinitätslehre sucht endlich Anselm durch ein Gleichniss vorstellig zu machen. Nehmen

---

1) Ib. c. 40. 41. 42. — 2) Ib. c. 43. — 3) Ib. c. 44. — 4) Ib. c. 48. — 5) Ib. c. 49. — 6) Ib. c. 50. — 7) Ib. c. 52. 53. — 8) Ib. c. 54.

wir an, sagt er, eine Quelle, aus welcher ein Bach entspringt und ausläuft, welcher zuletzt in einen See sich sammelt, und nennen wir das Ganze Nil. Hier können wir nun die Quelle weder als Bach, noch den Bach als See bezeichnen; alle drei sind verschieden von einander. Und doch heisst die Quelle Nil, und heisst der Bach Nil, und heisst der See Nil, und heissen endlich alle drei miteinander Nil. Und es sind nicht verschiedene Nile, wenn die Quelle, oder der Bach, oder der See, oder alle drei zugleich Nil genannt werden, sondern es ist immer ein und derselbe Nil. Es sind also drei: die Quelle, der Bach und der See; und doch nur Ein Nil, Ein Fluss, Ein Wasser, Eine Natur. So werden also hier von Einem Drei, und Eins von Dreien ausgesagt, nicht aber die Drei gegenseitig von einander: — ein Bild der göttlichen Dreieinigkeit. Wirft man hiegegen ein, dass ja hier die Quelle, der Bach und der See, einzeln für sich genommen, nicht der ganze Nil sind, sondern nur Theile desselben, so ist zu bedenken, dass der Nil nicht nach seinen Theilen, sondern in seiner vollen Ganzheit Nil genannt wird, und dass folglich, wenn man den Nil als vollendetes Ganzes betrachtet, der Name dieses Ganzen als solchen (Nil) auch den einzelnen Theilen beigelegt werden kann, so fern sie im Ganzen gegeben sind. Und so wird denn die Congruenz des Gleichnisses zwar nicht bis zur Adäquatheit erhoben, aber doch wenigstens der Gefahr des Missverständnisses enthoben [1]).

Diese Andeutungen mögen genügen, um zu zeigen, auf welche Weise Anselm das Trinitätsdogma behandelt. Er hat sich mit diesem Dogma ganz besonders eingehend beschäftigt, indem er nicht blos im Monologium dasselbe speculativ erörtert, sondern auch von vorwiegend positivem Standpuncte aus dasselbe in zwei andern Schriften behandelt[2]). Und so ist denn seine hieher bezügliche Lehre der erste Versuch einer eingehenderen wissenschaftlichen Entwicklung der Trinitätsidee im Mittelalter. Mag in derselben, was das Detail betrifft, noch Manches mangelhaft erscheinen, so beruht sie doch im Ganzen und Grossen auf den einschlägigen Lehren des heil. Augustin, und hat deshalb auch für die weitern Versuche dieser Art im Laufe des Mittelalters die nächste Grundlage geboten.

Nach Darstellung der theologischen Lehrsätze Anselms führt uns der Gang dieser unserer Darstellung hinüber auf seine anthropologischen Grundsätze. Mit der Erörterung des Wesens der menschlichen Seele und ihres Verhältnisses zum Leibe beschäftigt sich Anselm weniger; er schliesst sich in dieser Beziehung den augustinischen Grundsätzen an. Um so ausführlicher dagegen behandelt er die Lehre von der Freiheit, von dem Falle und von der Erlösung des Menschen.

---

1) De fide Trin. c. 8.
2) „De Fide Trinitatis" gegen Roscellin, und „De processione Spiritus sancti" gegen die Griechen.

§. 51.

Was nun zuerst Anselms Lehre von der menschlichen Willensfreiheit betrifft: so findet er im Begriff der Freiheit im Allgemeinen ein doppeltes Moment, nämlich die Freiheit vom Zwange und die Freiheit von der Nothwendigkeit. Ein Wille, welcher frei ist, kann weder durch eine äussere zwingende Ursache zu einer Handlung physisch determinirt werden, noch kann derselbe unter der Herrschaft einer inneren natürlichen Nothwendigkeit stehen, welche sein Thun bestimmt, wie solches bei dem Thiere der Fall ist, welches nothwendig seinen sinnlichen Trieben folgt und sich der Herrschaft derselben nicht zu entziehen vermag. Der Begriff der Freiheit im Allgemeinen ist also nur da verwirklicht, wo eine solche Freiheit von Zwang und Nothwendigkeit gegeben ist, — mit anderen Worten, wo Selbstbestimmung, Wahlfreiheit ist [1]).

Dieses vorausgesetzt, erörtert nun Anselm zuerst die Frage, ob der Begriff der Freiheit richtig bestimmt sei, wenn man sage, dieselbe bestehe in dem Vermögen, zwischen Gut und Bös wählen zu können. Er verneint diese Frage. Die Freiheit ist nicht das Vermögen, zu sündigen oder nicht zu sündigen; denn wäre damit ihr Wesen bestimmt, so müsste man Gott und den guten Engeln die Freiheit absprechen, da ja diese gar nicht sündigen können [2]). Freilich ist es wahr, dass die Freiheit Gottes und der Engel eine andere ist, als die Freiheit des Menschen; aber im allgemeinen Begriffe der Freiheit müssen sie dennoch übereinkommen. Und eben deshalb darf man die Freiheit der Wahl zum Bösen gar nicht in den Begriff der Freiheit mitaufnehmen, weil derselbe sonst nicht mehr auf Gott und auf die guten Engel anwendbar wäre. Die Macht, das Böse zu thun, ist weder Freiheit, noch ein Moment der Freiheit [3]). Jener Wille, welcher das Böse gar nicht thun kann, ist freier, als derjenige, welchem diese Möglichkeit innewohnt. Denn freier ist der Wille, wenn er zum Guten und Rechten in einem solchen Verhältnisse steht, dass er dasselbe gar nicht verlieren kann; minder frei ist er, wenn er sich so zu ihm verhält, dass er es auch verlieren, und so zum Unrechten und Bösen hingewendet werden kann [4]). Was also, wie die Macht, das Böse zu thun, die Freiheit nicht mehrt, sondern vermindert, das kann keineswegs ein Mo-

---

1) De lib. arbitr. c. 2, 5.

2) De lib. arbitr. c. 1. Libertatem arbitrii non puto esse potentiam peccandi et non peccandi. Quippe si haec ejus esset definitio, nec Deus, nec angeli, qui peccare nequeunt, liberum haberent arbitrium: quod nefas est dicere.

3) Ib. l. c.

4) Ib. l. c. An non vides, quoniam qui sic habet quod decet et quod expedit, ut hoc amittere non queat, liberior est, quam ille, qui sic habet hoc ipsum, ut possit perdere, et ad hoc, quod dedecet, et non expedit, valeat adduci?... Liberior est ergo voluntas, quae a rectitudine non peccandi declinare nequit, quam quae illam potest deserere.

ment der Freiheit sein; es muss aus dem Begriffe der letzteren ausgeschlossen bleiben ¹).

Aber wie kann man dann sagen, dass der erste Mensch frei sündigte? dass überhaupt das Böse ein Act der Freiheit sei? Darauf erwiedert Anselm: der erste Mensch habe frei gesündigt, weil er durch keine nöthigende Ursache zur Sünde determinirt war; durch sein „liberum arbitrium" also sei er in die Sünde gefallen; aber nicht durch dieses Arbitrium, so ferne es liberum war, d. h. so ferne es die Macht war, nicht zu sündigen, sondern durch das Arbitrium, so ferne ihm jene Möglichkeit innewohnte, welche nicht zur eigentlichen Freiheit gehört, die Möglichkeit nämlich, zu sündigen ²).

Gehört nun aber die Macht zu sündigen nicht in den Begriff der Freiheit, so frägt es sich weiter, wie denn dann der Begriff der Freiheit eigentlich zu bestimmen sei. Hier unterscheidet denn nun Anselm zunächst zwischen einem doppelten Willen, zwischen dem Willen des Zuträglichen und zwischen dem Willen des Gerechten ³). Der Wille des Zuträglichen, welcher nichts Anderes ist, als das Streben nach Glückseligkeit, ist von uns untrennbar, weil wir die Glückseligkeit nothwendig wollen. Dagegen ist der Wille, oder vielmehr das Wollen des Gerechten oder sittlich Guten von uns trennbar; denn dieses können wir auch nicht wollen ⁴). Die Freiheit kann also nicht jenem Wollen eignen, welches sich auf das Zuträgliche bezieht; sie kann nur in das Gebiet desjenigen Willens fallen, welcher sich auf das Gerechte bezieht.

Dieses vorausgesetzt, sucht nun Anselm zunächst das Wesen jener Freiheit zu bestimmen, welche dem ersten Menschen vor dem Sündenfalle eigen war. Dem ersten Menschen wurde die Freiheit zu dem Zwecke gegeben, damit er dadurch wollte, was er wollen sollte. Darin aber, dass man will, was man wollen soll, besteht, wie wir schon früher gehört haben, die Rectitudo des Willens. Folglich ward dem ersten Menschen die Freiheit gegeben zum Zwecke der Rectitudo seines Willens. Die Rectitudo des Willens, oder die Gerechtigkeit, hat aber der erste Mensch ursprünglich von Gott empfangen. Deshalb bestimmt sich der Zweck, zu welchem der erste Mensch die Freiheit erhielt, des Nähern dahin, dass die Freiheit ihm gegeben wurde, um die Rectitudo des Willens, welche er von Gott empfangen hatte, zu *bewahren*. Er sollte sie aber

---

1) Ib. l. c. Potestas ergo peccandi, quae addita voluntati minuit ejus libertatem, et si dematur, auget, nec libertas est, nec pars libertatis.

2) Ib. c. 2. Peccavit autem (primus homo) per arbitrium suum, quod erat liberum; sed non per hoc, unde liberum erat, id est, per potestatem, qua poterat non peccare et peccato non servire; sed per potestatem, quam habebat, peccandi, qua nec ad non peccandi libertatem juvabatur, nec ad peccandi servitutem cogebatur.

3) De concord. praescient. c. lib. arb. qu. 3. c. 11. p. 536.

4) Ib. qu. 3. c. 12. cf. De lib. arb. c. 14.

bewahren nicht etwa um äusserer Vortheile, sondern um ihrer selbst willen; denn gerade darin besteht ja die Gerechtigkeit, dass man das Rechte um seiner selbst willen wolle¹). Die Rectitudo des Willens sollte also der erste Mensch um ihrer selbst willen bewahren: — dazu ward ihm die Freiheit gegeben²).

Und damit haben wir nun den Begriff der Freiheit gefunden. Die Freiheit ist nichts Anderes, als die Macht, durch eigene Selbstbestimmung die Rectitudo des Willens um ihrer selbst willen zu bewahren³). Aber wenn dieses der Begriff der Freiheit ist, folgt denn dann daraus nicht, dass der erste Mensch, indem er durch die Sünde jener Gerechtigkeit oder jener Rectitudo des Willens, welche er hätte bewahren sollen, verlustig ging, damit auch seine Freiheit verlor? Mit nichten, antwortet Anselm. Denn wenn der Mensch auch die Rectitudo des Willens nicht mehr besitzt, so bleibt ihm doch immer noch das Vermögen, die Rectitudo des Willens zu bewahren, obgleich dieses Vermögen in dem gedachten Zustande nicht mehr zur Wirksamkeit kommen kann, weil es eben die Gerechtigkeit, welche es wahren könnte und sollte, nicht mehr besitzt. So verliert derjenige, welcher einen Gegenstand nicht mehr sieht, weil er nicht mehr da ist, deshalb die Sehkraft nicht; er besitzt immer das Vermögen, den Gegenstand zu sehen; der Grund, warum er ihn nicht mehr wirklich sieht, liegt nicht in seiner Sehkraft, sondern in der Entfernung des Gegenstandes. Analog verhält es sich auch im gegebenen Falle. Die Freiheit als die Kraft, die Rectitudo des Willens um ihrer selbst willen zu bewahren, geht also durch die Sünde nicht verloren, sondern bleibt im Menschen bestehen; und darum tritt sie auch sogleich wieder in Wirksamkeit ein, wenn der Mensch durch die göttliche Gnade die Rectitudo des Willens wieder erhält⁴).

Es ist nun aber diese Macht des Willens, die Gerechtigkeit zu wahren, worin die Freiheit besteht, von der Art, dass sie durch Nichts besiegt werden kann. Nur durch eigene Selbstbestimmung kann der Wille jene Gerechtigkeit von sich abwerfen; keine andere Macht vermag sie ihm zu entreissen. Die Versuchung, so mächtig sie auch sein möge, kann das Wollen doch nie dahin bringen, die Gerechtigkeit zu verlassen, wenn der Wille sich nicht selbst dazu bestimmt. Nur durch seine eigene Macht kann der Wille besiegt, d. h. zum Bösen gewendet werden, niemals

---

1) De concept. virg. c. 3. De verit. c. 12. Justitia est rectitudo voluntatis propter se servata.
2) De lib. arb. c. 3.
3) Ib. l. c. p. 494. Ergo quoniam omnis libertas est potestas; illa libertas arbitrii est potestas servandi rectitudinem voluntatis propter ipsam rectitudinem.... Jam itaque clarum est, liberum arbitrium non esse aliud, quam arbitrium potens servare rectitudinem voluntatis propter ipsam rectitudinem. c. 13.
4) Ib. c. 3. 4. 12. Potestatem servandi rectitudinem voluntas semper habet, et cum rectitudinem habet, et cum non habet: et ideo semper est libera.

durch einen fremden Einfluss¹). Selbst Gott kann von dem Willen die Gerechtigkeit nicht lostrennen, wenn der Wille sie nicht freiwillig aufgibt. Denn die Gerechtigkeit des Willens besteht ja eben darin, dass der Wille dasjenige will, was Gott will, dass er wolle. Würde also Gott dem menschlichen Willen die Gerechtigkeit entziehen, so hiesse dieses nichts Anderes, als Gott wolle nicht, dass der menschliche Wille das wolle, was er will, dass er wolle. Das ist aber absurd und undenkbar; folglich kann selbst Gott dem Willen die Gerechtigkeit nicht entziehen; verliert er sie, so verliert er sie nur durch sich selbst²). Nichts ist also freier, als der Wille³).

Wie verhält es sich nun aber nach dem Gesagten mit jenem Ausspruche der heiligen Schrift, in welchem diese lehrt, der Mensch werde, wenn er Sünde thue, zum Sklaven der Sünde? Offenbar kann die heilige Schrift damit nicht behaupten wollen, dass der Mensch durch die Sünde seine Freiheit verliere; es muss also jener Ausspruch in der Weise erklärt werden, dass damit die Freiheit zusammenbestehen kann. Und diese Erklärung ergibt sich von selbst aus dem bisher entwickelten Begriff der Freiheit. Der Mensch ist auch nach der Sünde noch frei, weil er stets die Fähigkeit besitzt, die Rectitudo des Willens zu bewahren, *wenn* er letztere thatsächlich inne hat⁴); er ist aber Sklave der Sünde, weil und in so ferne er jene Rectitudo des Willens, nachdem er sie durch die Sünde verloren, durch eigene Kraft nicht mehr erringen, sondern vielmehr blos durch die freie göttliche Gnade wieder in den Besitz derselben gesetzt werden kann⁵). Dadurch also, dass der Mensch der Gerechtigkeit nicht beraubt werden kann, wenn er nicht selbst sie verlassen will, und dass diese Macht der Möglichkeit nach auch nach der Sünde in ihm bleibt, ist und bleibt er stets frei; dadurch aber, dass er die Gerechtigkeit, wenn er sie durch eigene Schuld verloren, nicht wieder aus eigener Kraft erringen kann, ist er Sklave der Sünde⁶). Und diese Knechtschaft der Sünde ist deshalb im Grunde nichts Anderes, als die „Impotentia non peccandi⁷)."

§. 52.

Die Tragweite dieser Principien geht aber noch weiter. Nicht blos ist nach Anselm der Mensch, *nachdem* er durch die Sünde die Rectitudo

---

1) Ib. c. 5. 6. 7.
2) Ib. c. 8. De conc. praesc. c. lib. arb. qu. 1. c. 6. — 3) De lib. arb. c. 9.
4) Ib. c. 11. Semper homo naturaliter liber est ad servandam rectitudinem, si eam habet: etiam quando, quam servet, non habet.
5) Ib. c. 10. — 6) Ib. c. 11.
7) Ib. c. 12. Ista servitus non est nisi impotentia non peccandi. Sive enim dicamus eam impotentiam esse redeundi ad rectitudinem sive impotentiam recuperandi aut iterum habendi rectitudinem: non ob aliud est homo servus peccati, nisi quoniam per hoc quia nequit redire ad rectitudinem, aut recuperare, aut habere illam, **non potest non peccare.**

des Willens verloren hat, nicht mehr im Stande, letztere durch eigene Kraft wieder zu gewinnen; sondern er ist überhaupt und an sich schon unfähig, die Rectitudo des Willens zu besitzen, ohne dass sie ihm zugetheilt würde durch die göttliche Gnade. Der Wille kann nämlich nur dadurch recht *wollen*, dass er recht *ist*. Er ist nicht recht und gut, weil er recht und gut will, sondern umgekehrt, *will* er recht und gut, weil er recht und gut *ist*. Wenn er nun aber die Rectitudo will, so will er offenbar recht und gut; er will also auch die Rectitudo nur, weil er recht und gut ist. Nun ist es aber ganz und gar dasselbe, dass der Wille recht sei und dass er die Rectitudo besitze. Und so folgt denn nothwendig, dass er die Rectitudo nur wollen könne dadurch, dass er sie besitzt. Es kann also der Wille durch sein Wollen die Rectitudo oder die Gerechtigkeit sich durchaus nicht eigen machen, weil er sie ja gar nicht wollen kann, wenn er sie nicht schon besitzt. Der Wille kann sie nur empfangen durch die Gnade¹); in seiner Macht liegt es nur, dieselbe zu bewahren, nachdem er sie durch die göttliche Gnade empfangen hat, obgleich auch hiezu wieder die göttliche Gnade nothwendig ist, um ihn zu stärken gegen die Versuchungen, durch welche er dazu verleitet werden könnte, die Gerechtigkeit zu verlassen²).

Und so sehen wir denn hieraus auch, dass und wie ein durchgreifender Unterschied obwalte zwischen dem doppelten Willen des Menschen, welchen wir oben unterschieden haben, nämlich zwischen dem Willen des Zuträglichen und zwischen dem Willen des Rechten. Beide sind nicht blos verschieden durch die Verschiedenheit des Objectes, worauf sie sich beziehen, sondern auch durch ihr Verhältniss zum Objecte. Beide sind zwar, so fern wir den Willen als Vermögen betrachten, Ein Wille; aber so fern wir den Willen als Thätigkeit nehmen, ist das Wollen des Zuträglichen nicht das Zuträgliche selbst, weil dieses erst durch das Wollen errungen werden soll; dagegen ist das Wollen der Rectitudo nichts Anderes, als diese Rectitudo selbst; denn Niemand will die Gerechtigkeit,

---

1) De concord. praesc. c. lib. arb. qu. 3. c. 3. Dubium non est, quia voluntas non vult recte, nisi quia recta est. Sicut namque non est acutus visus, quia videt acute, sed ideo videt acute, quia acutus est: ita voluntas non est recta, quia vult recte, se recte vult, quoniam est recta. Cum autem vult hanc rectitudinem, procul dubio recte vult; non ergo vult rectitudinem, nisi quia recta est: idem autem est voluntati, rectam esse, et rectitudinem habere. Palam igitur est, quia non vult rectitudinem, nisi quia rectitudinem habet . . . . . Consideremus nunc, utrum aliquis hanc rectitudinem non habens, eam aliquo modo a se habere possit. Utique a se illam habere nequit, nisi aut volendo, aut non volendo. Volendo quidem nullus valebit eam per se adipisci, quia nequit eam velle, nisi illam habeat. Quod autem aliquis non habens rectitudinem voluntatis, illam valeat per se non volendo assequi, mens nullius accipit. Nullo igitur modo potest eam creatura habere a se . . . . Sequitur itaque, quia nulla creatura rectitudinem habet, quam dixi, voluntatis, nisi per gratiam.

2) Ib. qu. 3. c. 4.

wenn er selbe nicht besitzt, und Niemand kann die Gerechtigkeit wollen als durch die Gerechtigkeit. Beide fallen mithin in Eins zusammen¹). Ein weiterer Unterschied zwischen diesem beiderseitigen Willen besteht ferner auch noch darin, dass mit dem Verluste des Willens der Gerechtigkeit nicht auch der Wille des Zuträglichen verloren geht. Auch im Stande der Ungerechtigkeit will der Mensch noch das Zuträgliche, nur dass in diesem Stande der Mensch das Zuträgliche nicht mehr sucht in Gott, sondern in den Lüsten und Begierden des Lebens. Der Wille des Zuträglichen ist nicht mehr untergeordnet dem Willen des Gerechten, weil letzterer nicht mehr da ist; und so artet auch er aus, und während er Nichts wollen sollte, was der Gerechtigkeit entgegengesetzt ist, verfällt er nun in die thierischen Lüste und Begierden, welche den Menschen entwürdigen²).

Das also ist die Art und Weise, wie Anselm den Begriff der Freiheit entwickelt und begründet. Wir können nicht läugnen, dass diese ganze Entwicklung vielfach, wenn wir uns so ausdrücken sollen, auf Schrauben gestellt ist. Wenn die ganze Freiheit des Menschen im gefallenen Zustande blos darin besteht, dass in ihm noch die Möglichkeit liegt, die Rectitudo des Willens zu wahren, falls er sie durch die göttliche Gnade wieder erhält: so ist diese Freiheit in der That auf ein Minimum reducirt, und es ist nicht abzusehen, wie eine Bethätigung der Freiheit im gefallenen Zustande selbst noch möglich sei. Und doch muss daran festgehalten werden, dass der Mensch auch im gefallenen Zustande noch die Freiheit nicht blos der Möglichkeit nach besitzt, sondern dass er selbe auch zu bethätigen vermöge, weil ja sonst alle Verantwortlichkeit desselben für sein Handeln sich aufhebt. Das eigentliche Wesen der Freiheit wird also doch stets in der Selbstbestimmungsmacht des Willens gefunden werden müssen; von dieser bildet dann „die Macht, die Rectitudo des Willens um ihrer selbst willen zu wahren," ein Moment; aber dieses Moment darf nicht für das Ganze substituirt werden. Und darum kommt denn auch Anselm in seiner Entwicklung der Freiheitsidee doch stets wieder auf diese Selbstbestimmungsmacht des Willens, auf die Freiheit des Willens vom Zwange und von der Nothwendigkeit zurück, und sucht gerade aus ihr die Unüberwindlichkeit des Wollens durch Versuchungen oder anderweitige Einflüsse zu erklären¹).

Die Freiheit, fährt Anselm fort, wird durch die Voraussehung Gottes in keiner Weise aufgehoben oder beeinträchtigt. Gott sieht zwar voraus, was der Mensch thun werde; aber er sieht auch voraus, dass er dasjenige, was er thut, frei und ohne Nothwendigkeit thun werde. Folglich übt die Voraussehung Gottes keineswegs einen necessitirenden Einfluss auf das menschliche Handeln aus, sondern lässt

---

1) Ib. qu. 3. c. 12. — 2) Ib. qu. 3. c. 13. — 3) Vgl. De lib. arb. c. 5. c. 2.

vielmehr dessen Freiheit unangetastet¹). Es hat zwar die göttliche Voraussehung eine gewisse Nothwendigkeit zur Folge, in so fern nämlich, als es nothwendig ist, dass dasjenige, was Gott voraussicht, auch wirklich geschehe, weil sonst die göttliche Erkenntniss eine irrthümliche sein würde. Aber diese Nothwendigkeit ist keine vorausgehende, sondern nur eine nachfolgende, und diese hebt die Freiheit nicht auf²). Wenn Gott Etwas voraussieht, so wird es gewiss geschehen, und wenn es gewiss geschehen wird, so wird es in so fern nothwendig geschehen, als es nicht zu gleicher Zeit geschehen und nicht geschehen kann. Das ist die nachfolgende Nothwendigkeit; und eine andere als diese gibt es hier nicht³). Würde die göttliche Voraussehung einen necessitirenden Einfluss ausüben auf die freien Handlungen der Menschen, dann müsste sie den gleichen Einfluss haben auch auf das göttliche Thun; denn Gott sieht ja ewig auch sein eigenes Thun. Da würde dann Gott selbst nicht mehr frei sein; all seine Wirksamkeit nach Aussen müsste eine nothwendige sein: — was nicht angenommen werden kann, noch darf⁴).

Wie aber durch die göttliche Voraussehung, so geschieht auch durch die göttliche Vorherbestimmung der menschlichen Freiheit kein Eintrag. Man kann, sagt Anselm, in einem gewissen Sinne eine doppelte Prädestination annehmen, eine solche, welche sich auf die Guten, und eine solche, welche sich auf die Bösen bezieht. Aber freilich unterscheiden sich beide dadurch wesentlich von einander, dass die erstere ein positiver Act ist. während letztere nur permissiver Natur

---

1) De conc. praesc. c. lib. arb. qu. 1. c. 1. Non debes dicere: Praescit me Deus peccaturum tantum vel non peccaturum: sed: Praescit me Deus peccaturum sine necessitate, vel non peccaturum: et ita sequitur, quia sive peccaveris, sive non peccaveris, utrumque sine necessitate erit: quia praescit Deus futurum esse sine necessitate hoc, quod erit. c. 3.

2) Cur Deus homo, l. 2. c. 18. p. 424. Est namque necessitas praecedens, quae causa est, ut sit res; et est necessitas consequens, quam res facit. Praecedens et efficiens necessitas est, cum dicitur coelum volvi, quia necesse est, ut volvatur; sequens vero, et quae nihil efficit, sed fit, est, cum dico, te ex necessitate loqui, quia loqueris. Nam violentia naturalis conditionis cogit coelum volvi te vero nulla necessitate facit loqui.

3) De conc. praesc. c. lib. arb. qu. 1. c. 2. Quare, cum dico, quia praescit Deus aliquid, necesse est illud esse futurum; idem est, ac si dicam: Si erit, ex necessitate erit; sed haec necessitas non cogit, nec prohibet aliquid esse, aut non esse. Ideo enim quia ponitur res esse, dicitur ex necessitate esse; aut quia ponitur non esse, affirmatur non esse ex necessitate; non quia necessitas cogat aut prohibeat rem esse aut non esse. Nam cum dico: Si erit, necessitate erit; hic sequitur necessitas rei positionem, non praecedit. Idem valet, si sic pronuntietur: Quod erit, ex necessitate erit. Non enim aliud significat haec necessitas, nisi quia quod erit non poterit simul non esse.

4) Ib. qu. 1. c. 4.

ist; denn nur in dem Sinne kann man sagen, dass es eine Prädestination des Bösen und der Bösen gebe, als Gott das Böse zulässt und die Bösen nicht zur Besserung bewegt, obgleich er es könnte [1]). Wie dem aber auch immer sei, mag man unter Prädestination die der Guten oder die der Bösen denken: in keinem Falle steht die Prädestination mit der menschlichen Freiheit im Widerspruch. Denn die Voraussehung und die Vorherbestimmung stehen in Gott vollkommen im Einklang mit einander; wie Gott vorhersieht, so prädestinirt er auch. Nun aber sieht er, wie wir gesehen haben, die freien Handlungen der Menschen als freie voraus: folglich prädestinirt er sie auch als freie Handlungen. Keinen Menschen bestimmt Gott zur Gerechtigkeit vorher in der Weise, dass derselbe mit Nothwendigkeit gerecht sei, sondern er prädestinirt ihn nur in der Weise dazu, dass er mit Freiheit gerecht sei; denn die Gerechtigkeit ist ja wesentlich durch die Freiheit des Willens bedingt. So sehen wir, dass, wie die Voraussehung, so auch die Vorherbestimmung keine vorangehende Nothwendigkeit inducirt, sondern nur eine nachfolgende, welche aber, wie wir schon wissen, die Freiheit in keiner Weise beeinträchtigt [2]).

§. 53.

Nachdem wir nun die Lehrbestimmungen Anselms über die menschliche Freiheit entwickelt haben, werden uns auch jene Lehrsätze verständlich sein, welche er über die Natur des Uebels und des Bösen aufstellt. Wie das Gute doppelter Art ist, nämlich das sittlich Gute und das Zuträgliche: so muss nach Anselm auch ein doppeltes Uebel unterschieden werden, nämlich das Uebel der Ungerechtigkeit (malum injustitiae) und das Uebel der Unseligkeit (malum incommodi) [3]).

---

1) Ib. qu. 2. c. 2. Praedestinatio non solum bonorum, sed et malorum potest dici: quemadmodum Deus mala, quae non facit, dicitur facere, quia permittit. Nam dicitur hominem inducere, cum non emollit, ac inducere in tentationem, cum non liberat. Non est ergo inconveniens, si hoc modo dicimus Deum praedestinare malos et eorum mala opera, quando eos et eorum mala opera non corrigit. Sed bona specialius praescire et praedestinare dicitur, quia in illis facit, quod sunt, et quod bona sunt, in malis autem nonnisi quod sunt essentialiter, non quod mala sunt. —

2) Ib. qu. 2. c. 3. Neque praescit Deus, neque praedestinat quemquam justum futurum ex necessitate. Non enim habet justitiam, quia eam non servat libera voluntate. Pariter igitur, quamvis necesse sit fieri, quae praesciuntur et quae praedestinantur, quaedam tamen praescita et praedestinata non eveniunt ea necessitate, quae praecedit rem et facit, sed ea, quae rem sequitur. Non enim ea Deus quamvis praedestinet, facit voluntatem cogendo aut voluntati resistendo, sed in sua illam potestate relinquendo..... Sicut praescientia, quae non fallitur, non praescit nisi verum, sicut erit, aut necessarium, aut spontaneum: ita praedestinatio, quae non mutatur, non praedestinat, nisi sicut est in praescientia.

3) De casu diaboli, c. 12. Duo bona, et duo his contraria mala usu dicun-

Was nun zuerst das Uebel der Ungerechtigkeit betrifft, so ist dieses dasjenige, was wir im eigentlichen Sinne des Wortes das Böse nennen. Der Begriff des Bösen fällt somit mit dem Begriffe der Ungerechtigkeit zusammen. Die Ungerechtigkeit ist aber keineswegs etwas Positives; sie ist vielmehr nur die Negation dessen, was sein sollte, nämlich der Gerechtigkiet. Die Gerechtigkeit aber ist das sittlich Gute, folglich läuft der ganze Begriff des Bösen darauf hinaus, dass es die Privation des Guten ist. Das Böse hat daher keine positive Wesenheit; es ist blose Negation, weshalb man es mit Recht als „Nichts" bezeichnen kann [1]).

Reflectiren wir dagegen auf die andere Art des Uebels, welche wir oben als das malum incommodi kennen gelernt haben, so läuft dasselbe im Grunde gleichfalls auf eine Negation hinaus, nämlich auf die Negation des Zuträglichen, dessen, was das Glück und Wohlsein des Menschen bedingt. So ist die Blindheit die Negation des Sehens, die Privation eines Gutes, welches der Mensch besitzen muss, wenn sein physisches Leben vollkommen sein soll. Im Wesen ist also auch dieses Uebel blose Privation, wiewohl es vielfach mit solchen Ausdrücken bezeichnet wird, welche scheinbar eine Position involviren [2]). Allein man darf doch, wenn man das malum incommodi in seiner ganzen Tragweite kennen lernen will, hiebei nicht stehen bleiben. Denn aus der Privation des Guten folgen gar häufig wieder andere Uebel, welche nicht mehr blose Negation sind, sondern etwas Positives involviren, wie z. B. Traurigkeit und Schmerz, Unglücksfälle u. dgl. Und gerade diese positiven Uebel sind es, an welche wir denken, und vor welchen wir zurückschrecken, wenn wir den Namen „Uebel" hören [3]). Daher liegt zwar die Privation des Guten auch hier jedem Uebel zu Grunde; aber diese Privation äussert sich auch wiederum in positiven Wirkungen, welche, weil ihnen die Privation des Guten zu Grunde liegt, gleichfalls als Uebel bezeichnet werden müssen [4]).

Kehren wir aber wieder zum eigentlich Bösen zurück, so fällt, wie

---

tur; unum bonum est, quod dicitur justitia, cui contrarium malum est injustitia; alterum bonum est, quod mihi videtur posse dici commodum, et huic malum opponitur incommodum.

1) Ib. c. 9. 11. 15. 26. De concept. virg. c. 5. De conc. praesc. c. lib. arb. qu. 1. c. 7. — 2) De casu diab. c. 11.

3) Ib. c. 26. Malum, quod est injustitia, semper nihil est; malum vero, quod est incommoditas, aliquando sine dubio est nihil, ut caecitas, aliquando est aliquid, ut tristitia et dolor. Et hanc incommoditatem, quae est aliquid, semper odio habemus. Cum itaque audimus nomen mali, non malum, quod nihil est, timemus, sed malum, quod aliquid est, quod absentiam boni sequitur. Nam injustitiam et caecitatem, quae malum et nihil sunt, sequuntur multa incommoda, quae malum et aliquid sunt: et haec sunt, quae horremus audito nomine mali.

4) De concept. virg. c. 5.

wir gehört haben, der Begriff desselben ebenso mit dem Begriff der Ungerechtigkeit zusammen, wie der Begriff des Guten mit dem der Gerechtigkeit¹). Es kann daher das Böse nur im freien Willen seinen Grund haben. Jedes vernünftige Wesen ist bestimmt zur ewigen Glückseligkeit in Gott²). Zu dieser soll es gelangen dadurch, dass es die Gerechtigkeit wahrt, d. h. seinen Willen dem Willen Gottes unterwirft, und so Gott die ihm gebührende Ehre erweist³). Entzieht es dagegen seinen Willen der Herrschaft des göttlichen Willens, und stellt es so diesen seinen Willen gewissermassen als autonom hin, so sucht es sich, weil nur der göttliche Wille wesentlich autonom ist, per rapinam Gott gleich zu machen, und raubt so Gott die Ehre, welche es ihm schuldet. Das ist das Böse⁴).

Die bösen Handlungen sind hienach nicht an sich Böse, sondern blos wegen und in Folge der Bosheit des Willens, welche ihnen zu Grunde liegt⁵). Ebenso sind auch die sinnlichen Begierden nicht an sich sündhaft, sondern sie werden erst sündhaft dadurch, dass der Wille in dieselben einwilligt; die Einwilligung des Willens allein schliesst den Charakter des Bösen in sich. Wären die sinnlichen Begierden an sich böse, dann müssten sie durch die Taufe vollständig getilgt werden: was nicht stattfindet⁶). Alle Sinne und Glieder sind dem Willen untergeordnet; er ist das beherrschende und bewegende Princip derselben; was also durch die Sinne und Glieder ausgeübt wird, das ist ausschliesslich dem Willen zu imputiren⁷). Man könnte

---

1) De cas. diab. c. 9. Justitiam credere debemus esse ipsum bonum, quo sunt boni, i. e. justi, et angeli et homines, et quo ipsa voluntas bona sive justa dicitur; injustitiam vero ipsum malum esse, quod nihil aliud dicimus esse, quam boni privationem, quod malos et malam voluntatem facit, et ideo eandem injustitiam non aliud esse asserimus, quam privationem justitiae .... etc. c. 3. 4.
2) Cur Deus homo, l. 1. c. 9. 10. — 3) Ib. l. 1. c. 11.
4) Ib. l. c. Omnis voluntas rationalis creaturae subjecta debet esse voluntati Dei. Hoc est debitum, quod debet angelus et homo Deo .... Hunc honorem debitum, qui Deo non reddit, aufert Deo, quod suum est, et Deum exhonorat: et hoc est peccare. De fid. Trin. c. 5. Solius Dei est, propriam habere voluntatem, i. e. quae nulli subdita est. Quicunque igitur propria voluntate utitur, ad similitudinem Dei per rapinam nititur, et Deum propria dignitate et singulari excellentia privare, quantum in ipso est, convincitur. cf. De cas. diab. c. 4. 9.
5) De conc. virg. c. 4.
6) Ib. c. 4. Nec ipsi appetitus, quos Apostolus carnem vocat, justi vel injusti sunt per se considerati. Non enim hominem justum faciunt vel injustum sentientem, sed injustum tantum voluntate, cum non debet, consentientem. Quare non eos sentire, sed eis consentire, peccatum est .... Si peccata essent, auferrentur in baptismo, cum omne peccatum abstergitur: quod nequaquam fieri palam est. Quare non est in eorum essentia ulla injustitia, sed in voluntate rationali, illos inordinate sequenti. cf. De conc. praesc. c. lib. arb. qu. 2. c. 8.
7) De conc. virg. c. 4.

gegen diesen Lehrsatz einwenden, dass ja, falls blos der Wille das Princip des Bösen wäre, die Strafe der Sünde auch nur ihn allein treffen müsste, während thatsächlich die Strafe auch die Sinne und Glieder trifft. Allein diese Schwierigkeit ist, näher betrachtet, nur eine scheinbare. Denn die Strafe trifft in der That nur den Willen. Nur in so fern kann ja Etwas Strafe genannt werden, als es dem Willen widerstreitet, seinem Streben entgegenläuft. Kein Wesen kann also eine Strafe fühlen, welches nicht einen Willen hat, welches nicht wollend sich verhält. Die Sinne und die Glieder sind aber für sich genommen in keiner Weise wollend thätig; was durch sie wirkt, ist der Wille, welcher in der Seele seinen Sitz und seinen Ursprung hat. Daher ist es auch, wenn die Strafe die Sinne und Glieder trifft, eigentlich dieser Wille, welcher in jenen Sinnen und Gliedern gestraft wird. Kann man ja überhaupt schon nicht sagen, dass die Sinne und Glieder für sich allein empfinden und thätig sind; vielmehr ist es immer die Seele mit ihrem Willen, welche in ihnen und durch sie empfindet und wirkt: folglich kann auch nur die Seele, in welcher der Wille ist, in den Sinnen und Gliedern die Strafe erleiden [1]).

So hat denn das Böse in der That nur im freien Willen seinen Ursprung. *Dass* der Wille die Gerechtigkeit verlässt und dadurch der Urheber des Bösen wird, dafür liegt der Grund in nichts Anderm, als in ihm selbst. Der Wille ist sich hier selbst zugleich Ursache und Wirkung. Der Wille *kann* die Gerechtigkeit verlassen, indem er will, was er nicht wollen soll; aber dieses Können ist noch nicht der Grund des Bösen; denn nicht deshalb verlässt der Wille die Gerechtigkeit, weil er sie verlassen *kann*, sondern er verlässt sie, weil er sie verlassen *will*. Nur deshalb handelt der Wille böse, weil er so handeln will. Hier gibt es keinen höhern positiven Grund mehr [2]). Am wenigsten kann das Böse seinen Ursprung in Gott haben. Von Gott kann nichts Böses, nichts Ungerechtes kommen [3]). Wenn gesagt wird, dass Gott dem Menschen einen bösen Willen gebe, so ist dieses nur in dem Sinne zu verstehen, dass Gott den Willen am Bösen nicht verhindert, obgleich er es könnte [4]). Ohne Einfluss ist zwar die göttliche Wirksamkeit auch auf die bösen Handlungen nicht. Denn es ist in diesen ein Doppeltes zu unterscheiden: die Handlung selbst nach ihrem physischen Sein und der Charakter der Ungerechtigkeit, welcher ihr anhaftet. In ersterer Be-

---

1) Ib. c. 4. Non punitur, nisi voluntas. Nam nihil est alicui poena, nisi quod est contra voluntatem, et nulla res poenam sentit, nisi quae habet voluntatem: membra autem et sensus per se nihil volunt. Sicut igitur voluntas in membris et sensibus operatur, ita in illis ipsa torquetur aut delectatur. Quod si quis non accipit, sciat in sensibus et membris nonnisi animam, in qua est voluntas, sentire et operari, et ideo in illis torqueri aut delectari.

2) De casu diab. c. 27. — 3) De concept. virg. c. 5. — 4) De casu diab. c. 20.

ziehung ist der Actus an und für sich gut; nur in letzterer Beziehung ist er böse. Gerade in jener erstern Beziehung nun, in welcher die Handlung gut ist, steht sie unter dem Einflusse der göttlichen Wirksamkeit oder der göttlichen Mitwirkung, nicht aber in der letztern Beziehung. Was also die guten Willensbestimmungen und die guten Werke betrifft, so bewirkt in ihnen Gott sowohl, dass sie sind, als auch, dass sie gut sind. Er bewirkt, dass sie sind, in so fern er die Macht des Wollens und durch seine Mitwirkung auch das Wollen selbst verleiht; er bewirkt, dass sie gut sind, weil die Rectitudo des Willens nur von ihm kommen kann. Was dagegen die bösen Entschlüsse und Werke betrifft, so bewirkt in ihnen Gott durch seine Mitwirkung blos den Actus selbst nach seinem physischen Sein, in welcher Beziehung er, wie schon gesagt, gut ist, nicht aber kann der Act, so fern er bös ist, auf Gott als auf seine Ursache reducirt werden. In dieser Richtung entstammt er ausschliesslich dem geschöpflichen Willen[1]).

§. 54.

Diese allgemeinen Grundsätze über das Wesen des Bösen wendet nun Anselm zunächst an auf die Theorie des Engelsturzes. Alles Sein und alles Gute ist von Gott, und *nur* von Gott. Daher haben auch die Engel, welche Gott schuf, alles Gute, was sie besassen, von Gott und nur von Gott empfangen[2]). Sie haben aber nicht Alle ausgeharrt im Guten, sondern Viele derselben sind von Gott abgefallen. Da nun aber auch die Beharrlichkeit ein Gut ist, und jedes Gut von Gott kommt, so entsteht hier die Frage, wie es denn komme, dass Gott den Einen von den Engeln die Beharrlichkeit im Guten gegeben habe, den andern aber nicht. Anselm beantwortet diese Frage damit, dass er sagt, der gefallene Engel habe die Beharrlichkeit nicht deshalb nicht empfangen, weil sie ihm Gott nicht gegeben habe, sondern Gott habe sie ihm vielmehr deshalb nicht gegeben, weil er sie nicht angenommen habe. Wenn ich Einem, sagt er, Etwas gebe, und dieser das Gegebene annimmt: so kann ich nicht sagen, dass ich es ihm deshalb gebe, weil er es annimmt; aber umgekehrt, muss ich sagen, dass er es empfange und annehme, weil ich es ihm gebe. Wenn ich dagegen Einem ein Geschenk darbiete, und dieser es nicht annimmt, so kann ich nicht sagen, dass dieser es nicht empfängt und nicht annimmt, weil ich es ihm nicht gebe; vielmehr muss ich umgekehrt sagen, dass ich es ihm deshalb nicht gebe, dass das Geben sich deshalb nicht verwirklicht, weil jener das Gegebene nicht annimmt.

---

1) Ib. c. 20. De concord. praesc. c. lib. arb. qu. 1. c. 7. Deus facit in omnibus voluntatibus et operibus bonis, et quod essentialiter sunt, et quod bona sunt; in malis vero, non quod mala sunt, sed tantum, quod per essentiam sunt. qu. 2. c. 2.

2) **De casu diab. c. 1.**

Gerade so verhält es sich auch in dem gegebenen Falle. Der gefallene Engel hat die Gabe der Beharrlichkeit von Gott deshalb nicht erhalten, weil er sie nicht angenommen hat. Die Schuld liegt also einzig in ihm. Gott hat ihm zwar dieses verliehen, dass er im Guten beharren konnte und wollte; aber er selbst ist in diesem Willen der Beharrlichkeit nicht beharrlich gewesen. Er hat das beharrliche Wollen des Guten verweigert und aufgegeben, indem er Etwas wollte, was er nicht hätte wollen sollen. Er wollte also selbst nicht beharrlich sein: das ist der Grund, warum er die Beharrlichkeit nicht erhielt; die Schuld liegt nicht in Gott, sondern einzig in ihm[1]).

Wenn nun aber der gefallene Engel dadurch die Beharrlichkeit im Guten zurückgewiesen hat, dass er Etwas wollte, was er nicht hätte wollen sollen, so fragt es sich nun zunächst, was denn jenes Etwas sei, was er nicht hätte wollen sollen und doch gewollt hat. Offenbar konnte es nicht Etwas sein, was der Engel schon besass; denn was er besass, hatte er von Gott, und es kann nicht böse sein, das zu wollen, was man von Gott hat. Er musste also Etwas wollen, was er noch nicht besass, und was er damals auch nicht hätte zu besitzen wünschen sollen. Alles aber, was ein vernünftiges Geschöpf nur immer wünschen und wollen kann, reducirt sich auf zwei Güter, auf das Gerechte und auf das Zuträgliche. Das Gerechte zu wollen, kann nicht böse sein; denn in diesem Wollen besteht ja eben das Gute. Wir müssen also schliessen, dass der gefallene Engel ein „Commodum," ein zuträgliches Gut gewollt hat, welches er noch nicht besass, und welches er damals auch nicht hätte wollen sollen, welches aber zu seiner Glückseligkeit beitragen konnte. Er hat mehr gewollt, als er empfangen hatte, und hat dieses „Mehr" gewollt auf eine ungeordnete Weise. Aber indem er das wollte, was er nach dem Willen Gottes nicht hätte wollen sollen, wollte er auf ungeordnete, unrechte Weise *Gott ähnlich sein*. Denn nur Gottes Wille ist von der Art, dass er keinem höhern Willen mehr unterworfen ist. Wenn also der gefallene Engel dem göttlichen Willen den Gehorsam verweigerte, so stellte er seinen Willen dem göttlichen Willen gleich, und wollte mithin auf eine ungeordnete Weise Gott ähnlich sein. Ja er wollte sogar sich über Gott erheben; denn indem er seinen Willen auf sich selbst setzte, und keinen höhern Willen als Norm seines Wollens über sich anerkennen wollte, setzte er seinen Willen sogar über den göttlichen Willen hinauf. Diese Gleichstellung mit Gott, ja diese Erhebung über Gott ist also jenes Etwas, welches der gefallene Engel nicht hätte wollen sollen, aber doch gewollt hat, und wodurch er den Willen der Beharrlichkeit im Guten verlassen hat. Das war die Sünde, durch welche er von Gott abfiel und sich in's Verderben stürzte[2]).

---

1) Ib. c. 3. — 2) Ib. c. 4.

Auch die guten Engel, d. h. jene, welche im Guten ausgeharrt haben, konnten möglicherweise diese Sünde begehen; aber sie haben die Versuchung überwunden und sind Gott treu geblieben; und gerade darin bestand ihr Verdienst, für welches sie den entsprechenden Lohn erhielten [1]). Sie haben vielmehr die Gerechtigkeit gewollt, welche sie bereits besassen, als das, was sie noch nicht besassen; sie haben also der Gerechtigkeit wegen jenes Gut, welches sie noch nicht hatten, so zu sagen freiwillig aufgegeben und verloren. Und darum erhielten sie es als Lohn von Gott und verblieben ewig mit Sicherheit im Besitze desselben. Sie haben folglich Alles erreicht, was sie wollen und wünschen konnten; sie sehen nichts mehr, was sie darüber noch wünschen könnten, und sind deshalb der Sünde unfähig. Jene Engel dagegen, welche auf ungeordnete Weise jenes Gut wollten, welches sie noch nicht besassen, und in diesem Wollen die Gerechtigkeit verliessen, haben zur Strafe hiefür nicht blos jenes Gut nicht erreicht, sondern auch das Gute, was sie schon besassen, verloren. Wie daher die guten Engel kein Gut mehr wollen können, das sie nicht schon inne hätten, so können die gefallenen Engel kein Gut wünschen, dessen sie nicht ermangelten. Sie haben alles und jedes Gut verloren [2]).

Sehen wir jedoch hievon ab, und betrachten wir den Engel vor dem Eintritte jener Catastrophe, welche die Scheidung der beiden Geisterreiche nach sich zog, so fragen wir hier billig nach dem Zustande, in welchem der Engel damals sich befunden hat; mit andern Worten: welche Gaben er in diesem seinem ursprünglichen Daseinsstadium von Gott erhalten habe. Der Engel war als vernünftiges Wesen von Gott zur Glückseligkeit bestimmt. Aber Niemand kann glücklich werden und glücklich sein, welcher nicht glücklich werden *will*. Der Engel musste also die Glückseligkeit, zu welcher er als vernünftiges Wesen bestimmt war, *wollen*. Aber da fragt es sich nun, ob er dieses Wollen, als Thätigkeit gefasst, rein aus sich selbst haben konnte. Dieses ist zu verneinen. In ihm lag die Möglichkeit dieses Wollens; aber das erste und ursprüngliche Wollen der Glückseligkeit, als That gefasst, konnte er nicht aus sich allein haben. Das Streben nach Glückseligkeit, welches wesentlich in der vernünftigen Natur liegt, kann dieselbe nur von Gott haben. Das erste Wollen der Glückseligkeit hat also auch der Engel von Gott erhalten [3]). Aber dieses Wollen ist an und für sich ein nothwendiges. Hätte also der Engel blos dieses Wollen allein von Gott erhalten, so könnte bei ihm weder von einer Gerechtigkeit noch von einer Ungerechtigkeit die Rede sein [4]). Und doch konnte und sollte der Engel zur Glückseligkeit nur dadurch gelangen, dass er sie auf die rechte, von Gott gewollte Weise anstrebte. Daher musste sich in ihm mit dem Willen der Glückseligkeit auch noch der Wille

---

1) Ib. c. 5. — 2) Ib. c. 6. — 3) Ib. c. 12. — 4) Ib. c. 13.

der Gerechtigkeit verbinden, damit der Wille der Glückseligkeit inner den rechten Gränzen erhalten würde. Aber auch diesen Willen der Gerechtigkeit, als Thätigkeit gefasst, konnte der Engel nicht aus sich selbst haben; denn die Gerechtigkeit ist, wie wir bereits wissen, vorausgesetzt, um gerecht wollen zu können; und die Gerechtigkeit konnte blos Gott dem Engel verleihen. Daher musste Gott dem Engel zugleich mit dem Willen der Glückseligkeit auch den Willen der Gerechtigkeit geben, und beide in ihm in ein solches Verhältniss zu einander setzen, dass durch den Willen der Gerechtigkeit der Wille der Glückseligkeit inner den rechten Schranken gehalten würde. Der Wille der Gerechtigkeit musste aber wiederum von der Art sein, dass in ihm auch die Möglichkeit lag, die Gerechtigkeit zu verlassen, mit andern Worten: die Glückseligkeit auch auf die unrechte Weise anzustreben; denn wäre der Wille der Gerechtigkeit ebenso in sich nothwendig, wie der Wille der Glückseligkeit, dann könnte hier ebenso wenig von einem gerechten oder ungerechten Wollen die Rede sein, wie beim Wollen der Glückseligkeit, wenn es für sich allein gefasst wird[1]). Und so hat denn Gott im Engel das Nothwendige und Freie in der Weise mit einander verbunden, dass derselbe des Verdienstes und der Schuld fähig ward. Der Engel war in der Weise innerlich disponirt, dass er die Prüfung bestehen oder nicht bestehen, für Gott sich entscheiden oder von ihm abfallen konnte[2]). Entschied er sich für Gott, so verlieh er sich in gewisser Weise auch selbst die Gerechtigkeit, welche er ursprünglich von Gott erhalten hatte. Denn man bewirkt Etwas nicht blos in dem Falle, wenn man als wirkende Ursache dieses Etwas setzt, sondern man bewirkt es in gewissem Sinne auch in dem Falle, wenn man im Stande ist zu bewirken, dass jenes Etwas nicht sei, aber dieser Macht, dieses Vermögens sich nicht bedient. Analog verhält es sich im gegebenen Falle. Der gute Engel hat sich selbst die Gerechtigkeit gegeben, nicht als hätte er selbe nicht ursprünglich von Gott erhalten, aber doch so, dass er sich selbe bewahrte, obgleich er sie auch nicht sich hätte be-

---

1) Ib. c. 14.
2) Ib. l. c. Quoniam ergo nec solummodo volendo beatitudinem, nec solummodo volendo quod convenit, cum ex necessitate sic velit, justus vel injustus (angelus) potest appellari; nec potest nec debet esse beatus, nisi velit, et nisi juste velit: necesse est, ut sic faciat Deus utramque voluntatem in illo convenire, ut et beatus esse velit, et juste velit: quatenus addita justitia sic temperet voluntatem beatitudinis, et resecet voluntatis excessum, et excedendi non amputet potestatem, ut, cum per hoc quia volet beatus esse, modum possit excedere; per hoc, quia juste volet, non velit excedere: et sic justam habens beatitudinis voluntatem, possit et debeat esse beatus: qui non volendo quod non debet velle, cum tamen possit, mereatur ut quod velle non debet, nunquam velle possit; et semper tenendo justitiam per moderatam voluntatem nullo modo indigeat: aut si deseruerit justitiam per immoderatam voluntatem, omni modo indigeat.

wahren können¹). Entschied sich dagegen der Engel gegen Gott, verliess er die Gerechtigkeit und fiel er von Gott ab, so konnte er nun die Gerechtigkeit, welche er verlassen hatte, unmöglich mehr erlangen. Denn konnte er sie schon vorher nicht aus sich haben, so kann er nun, nachdem er durch eigene Schuld selbe von sich gewiesen hat, dieselbe um so weniger mehr sich geben²). Deswegen ist er aber nicht von der Pflicht entbunden, Gott seinerseits die Ehre zu geben, welche er ihm schuldet, obgleich er aus eigener Schuld sie ihm nicht mehr geben kann; so wie er auch Gott nicht minder zum Dank für seine Güte verpflichtet ist, wie der gute Engel, weil er nur durch eigene Schuld die göttliche Güte von sich gewiesen hat³).

Was nun aber den wirklichen Abfall von Gott selbst betrifft, so konnte der gefallene Engel vor seinem Falle nicht voraussehen, dass er wirklich abfallen werde. Denn es kann ja Nichts, was nicht mit Nothwendigkeit geschieht, von einem geschöpflichen Wesen mit Bestimmtheit vorausgesehen werden. Und da der Abfall des Engels kein nothwendiges Ereigniss war, so kann also auch hier von einem Vorauswissen nicht die Rede sein. Aber selbst nur eine blose Vermuthung seines künftigen Abfalls in dem Engel anzunehmen, ist unstatthaft. Denn wenn er solches vermuthete, so wollte er entweder, dass es geschehe, oder er wollte es nicht. Wollte er es, dann war eben in und mit diesem Wollen der Abfall schon geschehen. Wollte er es nicht, dann war er schon vor dem Falle unglücklich, weil das, was er vermuthete, seinem Willen zuwiderlief. In keinem Falle lässt sich also ein Vermuthen dessen, was geschehen würde, in dem Engel vor seinem Falle annehmen. Noch weniger also ein bestimmtes Vorauswissen⁴). Der Engel musste zwar wissen, dass er das nicht thun dürfe, was den Abfall von Gott involvirte; aber den wirklichen Abfall konnte und durfte er nicht voraussehen⁵). Und eben so wenig konnte er mit Bestimmtheit vorauswissen, dass er, falls er sündigte, wirklich würde bestraft werden. Er musste zwar wissen, dass er, falls er sündigte, von Rechtswegen Strafe verdiene; aber nicht konnte er mit Bestimmtheit wissen, dass Gott diese Strafe wirklich würde eintreten lassen. Denn hätte er solches gewusst, dann hätte er unmöglich das thun können, wovon er mit Bestimmtheit wusste, dass es den Verlust der Glückseligkeit und die höchste Unglückseligkeit nach sich ziehen würde. Er wäre also nicht mehr gerecht gewesen, weil er nicht mit Freiheit, sondern mit Nothwendigkeit das Rechte gewollt hätte. Und hätte auch diese Nothwendigkeit blos in der Furcht vor der Strafe ihre Wurzel gehabt, so würde dieses an der Sache nichts ändern, denn wer blos aus Furcht vor der Strafe die Sünde meidet, ist nicht gerecht im vollen Sinne dieses Wortes⁶). Und darum kön-

---

1) Ib. c. 18. — 2) Ib. c. 17. — 3) Ib. c. 18. — 4) Ib. c. 21. — 5) Ib. c. 22. — 6) Ib. c. 22. 28.

nen wir auch demjenigen Engel, welcher im Gehorsam gegen Gott beharrte, dieses Vorauswissen, dass nämlich auf den Abfall von Gott die Strafe wirklich folgen werde, nicht zuschreiben. Denn würden wir in ihm dieses Wissen voraussetzen, dann hätte derselbe zwei Motive, vor der Sünde sich zu hüten, gehabt, die Liebe zur Gerechtigkeit nämlich und die Scheu vor der Strafe. Aber damit hätte sich offenbar der Glanz seines Verdienstes gemindert; denn besser und verdienstlicher ist es ja, einzig und allein aus Liebe zur Gerechtigkeit in der Gerechtigkeit zu verharren, als wenn man diese Liebe noch durch die Furcht vor der Strafe stützen muss. Erst durch die wirkliche Bestrafung des gefallenen Engels ist also der gute Engel zu diesem Wissen gelangt; und dieses Wissen ist nun ein weiterer Grund geworden dafür, dass er nun nicht mehr sündigen kann [1]). Wären alle Engel im Guten beharrlich geblieben, so hätte ihnen Gott, nachdem sie die Prüfung bestanden, es geoffenbart, dass sie, falls sie gesündigt hätten, der Strafe verfallen wären. Da aber der Eine Theil der Engel die Prüfung nicht bestanden hat, so sind sie auf andere Weise zur Erkenntniss dessen gekommen: der gefallene Engel nämlich durch das wirkliche Erleiden der Strafe, der gute dagegen durch das Beispiel des Gefallenen. Und da diese Erkenntniss dem guten Engel zur Verherrlichung gereicht, so hat auch hier Gott, wie überall, aus dem Bösen wieder das Gute gezogen, indem er das Böse zum Guten hinordnete, es zum Dienste des letztern heranzog [2]).

Ist dieses die Theorie Anselms vom Engelfalle, so schliesst sich an dieselbe unmittelbar seine Lehre von der Erbsünde an, indem diese auf denselben allgemeinen Lehrsätzen über die Natur des Bösen, wie sie oben entwickelt worden sind, sich aufbaut, wie die Lehre vom Engelfalle. Wir gehen daher ohne weitere Zwischenbemerkung zu dieser Lehre Anselms von der Erbsünde über.

§. 55.

Erbsünde, sagt Anselm, nennen wir jene Sünde, mit welcher jeglicher Mensch vermöge seines Ursprungs behaftet ist. Sie heisst Erbsünde oder Natursünde, weil wir sie zugleich mit und in unserer Natur ererben, im Unterschiede von der persönlichen Sünde, welche wir persönlich oder als Persone abegehen [3]). — Worin besteht nun das Wesen dieser Erbsünde.

Der erste Mensch hat von Gott, wie wir schon früher gehört haben, die Rectitudo des Willens oder die Gerechtigkeit als Gnade erhalten und mit ihr zugleich die Freiheit, d. i. die Macht, diese Gerechtigkeit um ihrer selbst willen zu bewahren. Hätte er nun die

---

1) Ib. c. 24. — 2) Ib. c. 24. 25. — 3) De concept. virg. c. 1.

Prüfung wirklich bestanden, d. h. hätte er in der Prüfung, welche ihm auferlegt worden, die Gerechtigkeit wirklich bewahrt, dann wäre er in derselben, gleichwie die guten Engel, befestigt worden, so dass er sie von nun an nicht mehr hätte verlieren können. Das wäre der Lohn für seine Treue gewesen [1]).

Aber der erste Mensch war nicht blos eine für sich seiende Persönlichkeit, sondern er war auch der Repräsentant des ganzen menschlichen Geschlechtes. Denn in ihm war die ganze menschliche Natur [2]); alle Menschen, welche das menschliche Geschlecht ausmachen, waren in ihm enthalten, zwar nicht der Person, aber doch dem Ursprunge, gleichsam dem Samen, der Materie nach [3]); er repräsentirte also in sich das ganze Geschlecht. Daraus folgt, dass, wenn Adam in der Gerechtigkeit beharrt hätte, auch alle seine Nachkommen im Stande der Gerechtigkeit in's Dasein eingetreten und in derselben befestigt gewesen wären, so dass sie gar nicht mehr hätten sündigen können. Denn er hätte nicht blos für sich persönlich die Versuchung besiegt, sondern in ihm als dem Repräsentanten des ganzen Menschengeschlechtes wäre auch die ganze menschliche Natur als Siegerin aus der Versuchung hervorgegangen, und hätte so in allen einzelnen Individuen, in welchen sie sich verwirklichen sollte, der gleichen Folgen sich zu erfreuen gehabt, wie in Adam selbst [4]).

Nun aber hat Adam die Versuchung nicht bestanden; er hat die Gerechtigkeit nicht gewahrt, sondern hat dieselbe verlassen, indem er Gottes Gebot übertrat und sündigte. Die Folge davon war, dass nun auch nicht er allein für seine Person die Gerechtigkeit verliess, sondern dass in ihm auch die ganze menschliche Natur dieser Gerechtigkeit, welche sie haben und wahren sollte, verlustig ging. So war die ganze menschliche Natur mit der Schuld Adams behaftet, und wenn daher aus Adam das menschliche Geschlecht fortgepflanzt wurde, so konnten die Individuen, in welchen die Natur sich verwirklichte, nur mit dieser Schuld Adams behaftet in das Dasein eintreten [5]). Und daraus ergibt sich nun von selbst der Begriff der Erbsünde.

In der Sünde und durch dieselbe hat Adam die Gerechtigkeit, welche er hätte bewahren können und sollen, verlassen, ist von derselben abgefallen. In Adam hat daher auch die ganze menschliche Natur jene Gerechtigkeit verlassen; sie sank daher herab in den Zustand des Beraubtseins jener Gerechtigkeit, welche sie hätte bewahren sollen. Wenn sie daher in den einzelnen Individuen von Adam aus sich fortpflanzt, so kann sie sich nur fortpflanzen in jenem Zustande des Beraubtseins;

---

1) Cur Deus homo, l. 1. c. 18. p. 387.
2) De concept. virg. c. 2. — 3) Ib. c. 23. p. 454.
4) Ib. c. 23. p. 456. c. 10. Cur Deus homo, l. 1. c. 18. p. 387.
5) De concept. virg. c. 2. c. 10. c. 23. c. 24. Cur Deus homo, l. 1. c. 18. p. 387.

jeder Mensch muss also derart in das Dasein eintreten, dass er schon von seinem Ursprunge an und gerade vermöge seines Ursprungs der Gerechtigkeit beraubt ist. Da aber die menschliche Natur diese Gerechtigkeit vermöge des göttlichen Willens haben sollte, und sie in Adam selbe aus eigener Schuld verlassen hatte, so involvirt jenes Beraubtsein in jedem einzelnen Individuum eine Schuld, und kann nicht ohne diese Schuld gedacht werden. Es tritt uns daher hierin eine ererbte Schuld entgegen, und das ist die „Erbschuld." Die Erbschuld oder Erbsünde besteht also ihrem Wesen nach darin, dass jeder Mensch vermöge seines Ursprungs aus Adam jener Gerechtigkeit beraubt ist, welche er, ebenso wie Adam, nach dem göttlichen Willen haben und bewahren sollte. Dadurch sind wir alle, wie die heilige Schrift sagt, von Natur aus Kinder des göttlichen Zornes [1]).

Mit diesem Begriffe verbindet dann Anselm auch noch ein anderes Moment, welches jedoch eine blose Folge des erstern ist. Die Sünde, welche Adam beging, war eine Beleidigung Gottes, und darum schuldete Adam, nachdem er gesündigt, Gott auch die Genugthuung für die ihm zugefügte Beleidigung, ohne jedoch für sich selbst im Stande zu sein, diese Genugthuung zu leisten. Da nun die ganze Schuld Adams auf seine Nachkommen überging, so schulden nun auch diese Gott jene Genugthuung für die auf ihnen lastende Sünde; und da sie, ebenso wie Adam, diese Genugthuung aus eigener Kraft nicht leisten können: so sind sie nun auch von diesem Gesichtspunkte aus betrachtet, Kinder des göttlichen Zornes. Die Menschen werden daher geboren mit einer doppelten Schuld, mit der Schuld, die Gerechtigkeit, welche Gott ursprünglich dem Adam gegeben, zu haben und zu bewahren, und mit der Schuld, Gott für die erste Sünde genugzuthun. Und diese beiden Momente zusammengenommen, constituiren den Begriff der Erbsünde [2]). Das letztere Moment ist jedoch, wie man leicht sieht, in dem erstern schon enthalten; es ist nur eine nothwendige Folge des erstern; und daher beschränkt Anselm in der weitern Entwicklung seiner Lehre von der Erbsünde den Begriff der Erbschuld stets nur auf das erstere Moment.

In Folge jenes Entblösstseins von der ursprünglichen Gerechtigkeit ist nun aber die ganze Natur des Menschen geschwächt und in gewissem Grade corrumpirt worden. Der Leib wurde geschwächt und corrumpirt,

---

1) De concept. virg. c. 27. Hoc peccatum, quod originale dico, aliud intelligere nequeo in infantibus, nisi factam per inobedientiam Adae justitiae debitae nuditatem, per quam omnes filii sunt irae. cf. c. 2.

2) Ib. c. 2. Videtur esse necesse, naturam in infantibus nasci cum debito satisfaciendi pro primo peccato, quod semper caveri potuit, et cum debito habendi originalem justitiam, quam semper servare valuit : . . . . . et hoc esse videri potest in infantibus originale peccatum. c. 10.

in so fern er in Folge der Sünde ähnlich wurde dem thierischen Leibe, d. h. der Verweslichkeit und den fleischlichen Begierden anheimgefallen; die Seele, in sofern sie in Folge des Verlustes der Gerechtigkeit und des daraus erfolgten corrupten Zustandes der Leiblichkeit gleichfalls mit fleischlichen Affecten angesteckt wurde. Das sind die traurigen Folgen der ererbten Sünde, welche als Strafen derselben betrachtet werden müssen [1]).

§. 56.

Ist hiemit das Wesen der Erbsünde in vollem Umfange bestimmt, so entsteht nun die Frage, wie wir uns denn die Art der Fortpflanzung der Erbsünde zu denken haben. Um hierüber in's Klare zu kommen, muss vorerst festgestellt werden, wo denn die Erbsünde ihren Sitz habe, ob im Leibe oder in der Seele. Die Lösung dieses Problems unterliegt keiner Schwierigkeit. Jede Sünde hat ihren Ursprung nicht blos, sondern auch ihren Sitz im vernünftigen Willen. Der Wille ist wie der Urheber, so auch das Subject der Sünde. Denn die Sünde ist ihrem Begriffe nach Ungerechtigkeit, und die Ungerechtigkeit kann nur da sich vorfinden, wo die Gerechtigkeit ihren Sitz hat. Die Gerechtigkeit hat aber ihren Sitz im Willen, weil sie ja im Wesen nichts Anderes ist als die Rectitudo des Willens, so fern diese um ihrer selbst willen gewahrt wird. Folglich kann auch nur der Wille das Subject der Ungerechtigkeit, der Sünde sein. Und da ein freier Wille nur in einem vernünftigen Wesen sein kann, so kann also, wenn wir beim Menschen stehen bleiben, der Sitz der Sünde nicht im Leibe, sondern nur in der Seele des Menschen angenommen werden. Nun ist aber die Erbsünde gleichfalls Sünde und Ungerechtigkeit im wahren und vollen Sinne dieses Wortes. Folglich kann auch sie nur der Seele, nicht dem Leibe anhaften [2]).

Dieses vorausgesetzt entsteht nun aber die Schwierigkeit, wie denn die Erbsünde dann in der Zeugung und durch dieselbe fortgepflanzt werden könne, da es doch feststeht, dass die Seele nicht aus dem Saamen erzeugt wird, und dass der Mensch nicht sogleich bei der Zeugung die Seele empfängt, sondern diese erst später von Gott geschaffen wird. Wie kann die heilige Schrift von einem unreinen Saamen, von einem Empfangenwerden in der Ungerechtigkeit sprechen? — Folgendes ist die Art und Weise, wie Anselm diese Schwierigkeit löst. Wenn der Mensch nach seiner Leiblichkeit erzeugt wird, so führt diese Erzeugung stets die Nothwendigkeit mit sich, dass der Erzeugte dann, wenn er die Seele von Gott empfängt, also vollkommener Mensch wird, mit der Sünde behaftet sei. So pflanzt sich demnach in der Erzeugung und durch dieselbe die Sünde fort, nicht als ob im Saamen selbst schon die Sünde

---

1) Ib. c. 2. — 2) Ib. c. 3.

gelegen wäre, sondern nur in so fern, als die Erzeugung jene Nothwendigkeit für den Erzeugten mit sich führt, in dem Augenblicke, wo er die Seele erhält, mit der Sünde belastet zu sein. Die Erbsünde tritt demnach in der Wirklichkeit erst dann ein, wenn die Seele geschaffen wird; aber weil und in so fern die Zeugung die Nothwendigkeit dieses wirklichen Eintretens mit sich führt, wird sie eben in der Zeugung und durch die Zeugung fortgepflanzt¹). In diesem Sinn sind also auch die oben angeführten Aussprüche der heiligen Schrift zu deuten.

Und hieraus ergibt sich nun von selbst das Verhältniss der Erbsünde zur Natur und Person des Erzeugten. Die Sünde Adams war zunächst eine persönliche, sie ging aber auch auf die Natur in ihm über, weil die Person in der Sünde nicht thätig war ohne die Natur, welche in ihr subsistirte. So ist in Adam die Natur durch die Person sündig geworden. Bei seinen Nachkommen dagegen ist das Verhältniss umgekehrt. Dass nämlich diese der ursprünglichen Gerechtigkeit beraubt sind, davon trägt nicht ihr persönlicher Wille die Schuld, vielmehr ist diese Beraubung Sache der von Adam ererbten Natur; die Schuld also, welche in jener Beraubung liegt, geht hier von der Natur erst auf die Person über. Hier wird also umgekehrt die Person durch die Natur sündig gemacht²). Und hieraus ergibt sich ein grosser Unterschied zwischen der Sünde Adams und der ererbten Sünde. In Adam war die Sünde eine freie That; bei seinen Nachkommen dagegen ist die Sünde, welche sie ererben, in so fern eine Nothwendigkeit, weil sie auf ihrer Natur lastet, und sie folglich ohne dieselbe, so lange sie nicht erlöst sind, gar nicht sein können³). Doch darf man deshalb nicht glauben, dass diese Nothwendigkeit eine Entschuldigung für sie sei, oder die Schuld aufhebe. Denn die menschliche Natur hat in Adam freiwillig die Gerechtigkeit verlassen, und folglich entstammt die Beraubung der Gerechtigkeit, obgleich sie nun in den Individuen eine nothwendige ist, in Bezug auf die Natur selbst, welche in den Individuen sich verwirklicht, dennoch einem freien Acte⁴). Aber *dieses* darf man

---

1) Ib. c. 7. Sicut in Adam omnes peccavimus, quando ille peccavit: non quia tunc peccavimus ipsi, qui nondum eramus, sed quia de illo futuri eramus: et tunc facta est illa necessitas, ut cum essemus, peccaremus: quoniam „per unius inobedientiam peccatores constituti sunt multi" (Rom. 8, 19.): — simili modo de immundo semine in iniquitatibus et in peccatis concipi potest homo intelligi; non quod in semine sit immunditia peccati, aut peccatum sive iniquitas: sed quia ab ipso semine et ipsa conceptione, ex qua incipit homo esse, accipit necessitatem, ut, cum habebit animam rationalem, habeat peccati immunditiam, quae non est aliud, quam peccatum et iniquitas.

2) Ib. l. c. — 3) Ib. c. 23. p. 456 sq.

4) Ib. c. 23. p. 457. Unde patet, magnam esse distantiam inter peccatum Adae et peccatum eorum, qui de illo naturaliter propagantur, quia ille peccavit propria voluntate, illi naturali peccant necessitate, quam propria et personalis meruit illius voluntas.

daraus schliessen, dass die Strafe der Erbsünde keine so schwere sein werde, als die Strafe, welche die persönliche Sünde trifft. Die Erbsünde ist, eben weil sie die erwähnte Nothwendigkeit involvirt, eine geringere Sünde, als jene, welche mit persönlicher Freiheit begangen wird; und darum kann dieselbe auch keine so schwere Strafe treffen, wie die letztere. Zwar schliesst sie ebenso, wie diese, für ewig von dem Reiche Gottes aus; und es ist eine Befreiung von derselben eben so wenig wie eine Befreiung von persönlichen Sünden denkbar ohne die Genugthuung Christi; aber die Strafe der Verdammung wird für die Erbsünde allein doch nicht so schwer sein, wie sie es ist für die persönlichen Sünden[1]).

An diese Lehre von der Erbsünde schliesst sich nun unmittelbar die Theorie der Erlösung an. Anselm hat diese seine soteriologische Theorie ausführlich entwickelt, und es ist unsere Aufgabe, auch diese Theorie, welche das ganze System Anselms krönt und zum Abschluss bringt, wenigstens in ihren Grundzügen darzustellen.

§. 57.

Der Mensch konnte, wie wir bereits gehört haben, die verlorene Gerechtigkeit aus eigener Kraft nicht wieder gewinnen; er konnte die Schuld, welche auf ihm lastete, von sich nicht wieder abwälzen. Nur Gott konnte ihn erlösen, nur Gott konnte ihm die verlorene Gerechtigkeit wieder erstatten und ihn in seine ursprüngliche Würde wieder einsetzen[2]).

Und dazu war denn Gott auch in gewisser Weise gehalten. Denn für Gott würde es nicht geziemend sein, die vortrefflichste Natur, welche er geschaffen hat, die menschliche nämlich, ganz und gar im Verderben untergehen zu lassen. Er konnte es nicht zugeben, dass der Plan, welchen er mit der Menschheit vorhatte, ganz und gar vereitelt würde: Er *musste* also den Menschen wieder erlösen[3]). Freilich könnte man dagegen einwenden, dass ja durch diese Annahme die Freiheit der Erlösungsthat aufgehoben werde. Aber es ist dem nicht so. Denn nur jene Nothwendigkeit hebt die Freiheit auf, welcher man wider seinen Willen unterliegt, nicht aber jene, welche man sich selbst auflegt. Eine solche Nothwendigkeit steigert zudem auch die Grösse der Gnade und Wohlthat, welche andern unter deren Einflusse erwiesen wird. Die Nothwendigkeit der Erlösung nun, welche dem eben Gesagten gemäss angenommen werden muss, ist wesentlich nur eine solche, welche Gott selbst sich auferlegt hat. Er wusste voraus, dass der Mensch sündigen werde; indem er ihn aber dessenungeachtet mit freiem Willen schuf, hat

---

1) Ib. c. 2. Nec impotentia excusat naturam in ipsis infantibus, quia in illis non solvit, quod debet, quoniam ipsa sibi facit eam, deserendo justitiam in primis parentibus, in quibus tota erat: et semper debitrix est habere potestatem, quam ad servandam semper justitiam accipit. c. 27.

2) Ib. c. 22, 23. — 3) Cur Deus homo, l. 1. c. 5.

er sich eben dadurch mit der gleichen Freiheit verpflichtet, ihn, nachdem er gesündigt, auch wieder zu erlösen, um so das angefangene Werk zu vollenden [1]). Wie also eine Handlung, zu welcher man sich durch ein Gelübde verbunden hat, deshalb nicht aufhört, eine freie zu sein, und ihr sittlicher Werth dadurch nicht geschmälert wird, so bleibt auch die Erlösungsthat, ungeachtet ihrer in Folge der Sünde eingetretenen Nothwendigkeit auf Seite Gottes, dennoch stets eine freie That [2]).

Wie aber musste sich nun diese Erlösung vollziehen? — Es ist eine absolute Forderung der göttlichen Gerechtigkeit, dass das Böse, welches die sittliche Weltordnung stört, der Ordnung wieder unterworfen, und so die Ordnung wiederhergestellt werde. Dies kann aber nur dadurch geschehen, dass die Sünde entweder nach Verdienst gestraft wird, oder dass für die Beleidigung Gottes, welche die Sünde in sich schliesst, eine adäquate Genugthuung geleistet wird. Es ist somit absolute Forderung der göttlichen Gerechtigkeit, dass die Sünde entweder gestraft, oder dass, wenn die Strafe abgewendet werden soll, ihm dafür eine adäquate Genugthuung geleistet werde [3]). Gott kann mithin die Sünde nicht einfach und ohne alles Weitere nachlassen; denn würde solches geschehen, dann würde die Sünde ohne Wiederordnung bleiben, weil jene Nachlassung im Grunde nichts Anderes sein würde, als die Nichtbestrafung der Sünde. Gott ist zwar wie absolut frei in seiner Thätigkeit, so auch unendlich gütig gegen seine Geschöpfe. Aber weder seine Freiheit noch seine Güte lässt eine solche Weise ihrer Bethätigung zu, welche für Gott ungeziemend wäre, d. h. mit seinen anderweitigen Eigenschaften im Widerspruch stände. Das würde aber stattfinden, wenn er die Sünde ohne Genugthuung nachliesse [4]). Gott muss vermöge seiner Gerechtigkeit vor Allem seine eigene Ehre wahren: das ist er sich selbst schuldig. Und diese seine Ehre kann er nur dadurch wahren, dass er die Sünde entweder straft, oder zum Zwecke der Nachlassung derselben adäquate Genugthuung als Bedingung fordert. Also ist keine Erlösung des Menschengeschlechtes möglich ohne Genugthuung [5]). Dies ergibt sich auch noch weiter aus dem Zwecke der Erlösung in Bezug auf das Engelreich. Die Menschen nämlich, welche der Erlösung theilhaftig werden, sollen die Lücken ausfüllen, welche der Abfall so vieler Engel in die Reihen dieser höhern Geister gemacht hat. Wie lässt es sich aber denken, dass ein Mensch, welcher gesündigt und für die Sünde gar keine Genugthuung geleistet hat, sondern blos ungestraft geblieben ist, zur Gleichheit mit den Engeln gelangen sollte, welche gar nicht gesündigt haben? Das würde mit der göttlichen Gerechtigkeit sich

---

1) Ib. l. 2. c. 5. Non enim Deum latuit, quid homo facturus erat, cum illum fecit: et tamen bonitate sua illum creando, sponte se, ut perficeret incoeptum bonum, quasi obligavit.

2) Ib. l. c. — 3) Ib. l. 1. c. 15. — 4) Ib. l. 1. c. 12. — 5) Ib. l. 1. c. 13.

keineswegs vereinbaren lassen. Und so muss auch von diesem Standpunkte aus die Nothwendigkeit einer Genugthuung zum Zwecke der Erlösung des menschlichen Geschlechtes festgehalten werden [1]). Von welcher Art muss nun aber diese Genugthuung sein?

Wenn die Sünde, wie früher gezeigt worden, gerade darin besteht, dass Gott die ihm gebührende Ehre verweigert wird: so bestimmt sich im Gegentheil der Begriff der Genugthuung dahin, dass in ihr und durch sie Gott die vorher verweigerte Ehre wieder erstattet wird [2]). Hieraus ist schon ersichtlich, dass die Genugthuung, wenn sie ihrem Begriffe entsprechen soll, stets mit dem Masse der Sünde im Verhältniss stehen, ja streng genommen über dieses Mass noch hinausgehen müsse, weil sie sonst die Gott in der Sünde zugefügte Beleidigung nicht aufwiegen würde. In der Genugthuung muss also an Gott noch mehr zurückerstattet werden, als in der Sünde ihm entzogen, verweigert worden ist [3]).

Nun ist aber die Sünde als Widerspruch gegen den göttlichen Willen ein grösseres Uebel, als der Untergang aller Geschöpfe und der ganzen Welt. Sie darf daher selbst um den Preis der ganzen Welt nicht begangen werden, d. h. wenn man die ganze Welt und alle Geschöpfe gewinnen oder retten könnte durch eine Sünde, wäre doch das Begehen dieser Sünde nicht gestattet. Daraus folgt, dass, wenn die Sünde dennoch begangen worden, und dieselbe nur durch die Genugthuung getilgt werden soll, diese Genugthuung nur dann eine adäquate sein könne, wenn die genugthuende Persönlichkeit Etwas an Gott hingibt, was den Werth alles Geschöpflichen übersteigt; mit andern Worten: was höhern Werth besitzt, als Alles, was ausser Gott da ist [4]).

Nicht genug. Dieses Etwas muss von der genugthuenden Persönlichkeit auch mit voller *Freiheit* hingegeben werden. Diese Freiheit muss nicht blos, wie sich von selbst versteht, alle physische, sondern auch alle sittliche Nothwendigkeit ausschliessen. Der Genugthuende muss nämlich dasjenige, was er an Gott zum Zwecke der Genugthuung hingibt, auch in der Weise frei an Gott hingeben, dass er es ihm nicht ohnedies schon aus sittlicher Nothwendigkeit, resp. aus sittlicher Verpflichtung schuldet; denn würde solches nicht stattfinden, so würde er eben nur nur das thun, wozu er ohnedies schon verpflichtet ist, nicht aber würde er für die Sünde Genugthuung leisten. Was also an Gott zum Zwecke der Genugthuung hingegeben wird, das muss dem Genugthuenden auch ganz allein und ausschliesslich angehören, so dass er es geben oder nicht geben kann, ohne in dem einen wie in dem andern Falle seiner Pflicht untreu zu werden [5]). — Das also sind die für eine wahre Genugthuung unerlässlichen Bedingungen.

---

1) Ib. l. 1. c. 19. — 2) Ib. l. 1. c. 11. — 3) Ib. l. 1. c. 11. — 4) Ib. l. 1. c. 21. l. 2, c. 14. — 5) Ib. l. 1. c. 20.

§. 58.

Betrachten wir nun aber diese Bedingungen näher, so sehen wir leicht, dass kein geschaffenes Wesen, und am wenigsten der Mensch selbst diese Genugthuung leisten könne. Denn das geschaffene Wesen schuldet als solches Alles, was es etwa zum Zwecke der Genugthuung hingeben möchte, Gott seinem Herrn ohnedies schon; Alles, was es ist und hat, muss es schon an sich an Gott hingeben; diese Pflicht liegt ihm an sich schon als geschaffenem Wesen auf, auch wenn es nicht sündigt; eine Freiheit von sittlicher Nothwendigkeit, wie sie zur Genugthuung erforderlich ist, gibt es mithin hier in keiner Beziehung [1]). Zudem ist kein geschaffenes Wesen im Stande, Gott Etwas zum Opfer zu geben, was den Werth alles Geschaffenen übersteigt. Würde es Gott auch die ganze Welt hingeben, so würde solches, wie wir gesehen haben, zur Genugthuung dennoch nicht hinreichen [2]). Ferner ist es eine unabweisbare Forderung der göttlichen Würde, dass Gott sich mit dem Menschen nur unter der Bedingung wieder versöhne, dass dieser vorher selbst Gott ehre durch Besiegung des Teufels, nachdem er ihn ehedem dadurch vermehrt hat, dass er sich vom Teufel besiegen liess. Der Mensch müsste also, nachdem er in Folge des ursprünglichen Sieges des Satans über ihn schwach und sterblich geworden, als schwacher und sterblicher Mensch durch die Schwierigkeit des Todes den Teufel in der Art besiegen, dass er gar nicht sündigte. Aber das vermag er nicht, so lange er in der Sünde empfangen und geboren wird [3]). Endlich müsste der Mensch, um wahre Genugthuung zu leisten, Alles wieder an Gott zurückerstatten, was ihm durch die erste Sünde entzogen worden ist. Nun aber ist durch die erste Sünde Gott die ganze menschliche Natur in allen Individuen, in welchen sie sich verwirklicht, entzogen und der Herrschaft des Satans überantwortet worden; Alles, was Gott mit der Menschheit für seine eigene Verherrlichung vorhatte, ist vereitelt worden. Daher müsste der Mensch, falls er zur Genugthuung befähigt wäre, den Satan in der Art besiegen, dass er die ganze menschliche Natur, also alle Individuen, in welchen sie sich verwirklicht, seiner Herrschaft wieder entrisse und sie Gott zurückerstattete. Aber das vermag der Mensch nicht; denn er ist selbst Sünder; und ein Sünder kann den anderen nicht rechtfertigen [4]). —

---

1) Ib. l. 1. c. 20. — 2) Ib. l. 1. c. 21. l. 2. c. 14.
3) Ib. l. 1. c. 22. Victoria vero talis esse debet, ut sicut fortis ac potestate immortalis consensit facile diabolo ut peccaret, unde juste incurrit poenam mortalitatis: ita infirmus et mortalis, qualem se fecit ipse, per mortis difficultatem vincat diabolum, ut nullo modo peccet; quod facere non potest, quamdiu ex vulnere primi peccati concipitur et nascitur in peccato.
4) Ib. l. 1. c. 23.

Wenn also kein geschöpfliches Wesen, und am wenigsten der Mensch selbst, im Stande ist, die zur Erlösung nothwendige Genugthuung zu leisten, so folgt daraus von selbst, dass, da jene Genugthuung doch bewerkstelligt werden musste, nothwendig eine göttliche Person dieselbe übernehmen musste. Nur ein Gott kann ja zur Erfüllung jener Bedingungen geeigenschaftet sein, welche die Genugthuung, soll sie eine wahre und wirksame sein, nothwendig erheischt. Der Erlöser musste also nothwendig Gott sein; nur der Sohn Gottes kann erlösend auftreten [1]. —

Allein Gott ist nicht selbst sich Genugthuung schuldig; der sie ihm schuldet, ist der Mensch, und dieser allein. Deshalb kann ein Gott nur unter der Bedingung Genugthuung für die Menschen leisten, dass er die menschliche Natur annimmt, mit anderen Worten, dass er Gott und Mensch zugleich — Gottmensch — ist. Der Erlöser musste mithin Gottheit und Menschheit in sich in Einer Person (der göttlichen) vereinigen [2]. Und dieser erlösende Gottmensch musste dann ferner aus dem Geschlechte Adams sein, indem er nur so an der Stelle und im Namen dieses Geschlechtes die Genugthuung vollziehen konnte [3]; er durfte selbst weder der Erbsünde noch einer persönlichen Sünde unterliegen, weil er sonst in der gleichen Unfähigkeit gewesen wäre, genug zu thun, wie wir anderen; er durfte deshalb auch nicht auf dem natürlichen Wege fleischlicher Zeugung in die Welt eintreten, weil er sonst auch die traurige Erbschaft des Stammvaters der Menschheit überkommen hätte, wenigstens nach dem natürlichen Laufe der Dinge [4]. Er musste von einer Jungfrau, welche von jenen abstammte, die schon vorher der Erlösung theilhaftig geworden waren, durch Umschattung des heiligen Geistes ohne Zuthun eines Mannes empfangen und geboren werden, damit er frei von der Sünde in's Leben eintrete [5]. Dies waren die Bedingungen der Genugthuung auf Seite des genugthuenden Subjectes.

Dieser gottmenschliche Erlöser also war allein geeigenschaftet dazu, Gott Etwas zum Opfer hinzugeben, was den Werth alles Geschöpflichen übersteigt, und es ihm so hinzugeben, dass die Hingabe eine vollkommen freie war, und er dasselbe nicht ohnedies schon von vorneherein vermöge sittlicher Nothwendigkeit Gott schuldete. Fragen wir nun aber, was dieses Etwas unter den gedachten Bedingungen sein konnte und sein musste, so finden wir nichts Anderes, als *sein eigenes Leben* [6]. Das Leben des Gottmenschen war von höherem Werthe, als alles Geschaffene insgesammt, weil es das Leben Gottes selbst war, so fern nämlich die

---

1) Ib. l. 1. c. 25. l. 2. c. 6. — 2) Ib. l. 2. c. 6. 7. — 3) Ib. l. 2. c. 8.
4) Ib. l. 2. c. 10. De concept. virg. c. 21.
5) Cur Deus homo, l. 2. c. 16. De concept. virg. c. 18.
6) Cur Deus homo, l. 2. c. 11.

menschliche Natur in ihm in der göttlichen Person subsistirte. Dies geht schon daraus hervor, dass die Verletzung und Destruction dieses Lebens von Seite derjenigen, welche ihn tödteten, eine grössere Sünde war, als alle denkbaren Sünden miteinander. Denn das Verbrechen der Sünde war hier direct und unmittelbar gegen die göttliche Person selbst gerichtet, während jedes andere sittliche Vergehen blos mit dem göttlichen Willen in Widerspruch tritt ¹). Andererseits war aber der Gottmensch auch durch keine sittliche Nothwendigkeit a priori verpflichtet, sein Leben zum Opfer hinzugeben. Als Mensch musste er dem göttlichen Gesetze Gehorsam leisten; aber sein Leben hinzugeben, gebot ihm das göttliche Gesetz an und für sich nicht. Sein Leben war sein eigenstes Eigenthum. Wenn er es also hingab, so war diese Hingabe eine vollkommen freie, durch keine sittliche Nothwendigkeit a priori gebotene ²). Und so vereinigen sich in der Hingabe des eigenen Lebens von Seite des Gottmenschen alle jene Bedingungen, welche zur Genugthuung für die Sünden der Menschen erforderlich waren.

Sollte also Christus wirklich strenge Genugthuung leisten für die Menschen, so musste er sein Leben zum Opfer hingeben für die Menschen. Es war billig, dass die menschliche Natur, welche sich Gott durch die Sünde so weit als nur immer möglich entzogen hatte, sich Gott dem Erlöser auch wieder hingab in einem Masse, über welchem kein höheres mehr möglich war ³). Und dies geschah eben in der Hingabe seines Lebens von Seite des Erlösers. Eben darum musste denn auch der Erlöser die menschliche Natur mit all jenen Bedingungen annehmen, welche zur Ermöglichung des Leidens und Sterbens nothwendig waren, während die anderweitigen Defecte, welche zu diesem Zwecke nicht nothwendig waren, oder mit seiner Würde im Widerspruch standen, von ihm ausgeschlossen bleiben mussten ⁴). Doch musste er nach seiner menschlichen Natur wiederum von der Art sein, dass er nicht der Nothwendigkeit des Leidens und Todes unterlag, sondern dass beides ganz durch seinen freien Willen bedingt war ⁵). Jener Tod aber, welchen der Erlöser zur Genugthuung für die Sünden der Menschen erlitt, musste, sollte er ein vollkommen freier sein, dadurch herbeigeführt werden, dass der Erlöser im Gehorsam gegen das göttliche Gesetz verharrte, und für diesen Gehorsam selbst sein Leben liess. Aus dem gleichen Grunde

---

1) lb. 1. 2. c. 14. 19. — 2) lb. 1. 2. c. 11.

3) lb. 1. 2. c. 11. An non est dignum, quatenus, qui se sic abstulit Deo peccando, ut se plus auferre non posset, sic se det Deo satisfaciendo, ut magis se non possit dare?

4) lb. 1. 2. c. 12. 13.

5) lb. 1. 1. c. 10. 1. 2. c. 11. Video hominem illum (redemtorem) talem esse oportere, qui nec ex necessitate moriatur, quoniam erit omnipotens, nec ex debito, quia nunquam peccator erit, sed mori possit ex libera voluntate, quia necessarium erit.

konnte auch Gott den Tod seines Sohnes nur in so ferne wollen, als er wollte, es sollte das Menschengeschlecht nicht anders erlöst werden, als dadurch, dass der Erlöser, um die Gerechtigkeit im Gehorsam gegen das göttliche Gesetz zu wahren, selbst den Tod zu erleiden sich nicht scheute [1]).

So sucht denn Anselm das ganze Geheimniss der Erlösung in allen seinen Momenten als nothwendig zu begründen. Wir haben schon früher gehört, was von dieser Nothwendigkeit zu halten sei. Nach kirchlicher Lehre kann hier objectiv nur von einer Necessitas congruentiae die Rede sein. Die Art und Weise nämlich, wie Gott die Menschheit thatsächlich erlöst hat, war unter allen möglichen Erlösungsweisen die am meisten congruenteste, sowohl im Verhältniss zu den göttlichen Eigenschaften, als auch im Verhältniss zu den Menschen, denen die Erlösung zu Gute kam. Und diese höchste Congruenz der durch Christus bewerkstelligten Erlösung ist es, welche eine gewisse speculative Betrachtung über dieselbe ermöglicht, indem daraus für die besonderen Momente derselben eine gewisse Necessitas congruentiae entspringt. Gewiss will auch Anselm die Nothwendigkeit, welche er in den besonderen Momenten des Erlösungsmysteriums nachweist, in keinem anderen Sinne verstanden wissen. Er will eben nur die Vernunftgemässheit der ganzen Erlösungslehre darlegen, und dieses konnte er nur durch Beweise, welche in sich den Charakter der Nothwendigkeit trugen, wenn auch diese Nothwendigkeit gerade keine absolute ist. Analog muss wohl die Nothwendigkeit aufgefasst werden, welche Anselm in Bezug auf die Erlösung des menschlichen Geschlechtes überhaupt behauptet. Die Erlösungsthat ist von Seite Gottes selbst eine absolut freie in jeglicher Beziehung; Gott hätte sie auch unterlassen können. Aber congruenter war es, dass er die Menschen vielmehr erlöste, als dass er sie nicht erlöste; und daher können wir von unserem Standpunkte aus auch hier eine Nothwendigkeit der Congruenz behaupten, aber auch nur eine solche. Wäre Anselm hierin weiter gegangen, so müsste er hierin verlassen werden.

Vermittelt wird nach Anselm die Erlösung für die Einzelnen durch die Gnade. Ohne die Gnade ist es dem Menschen unmöglich, die Gerechtigkeit wieder zu erlangen. Denn, wie schon früher gezeigt worden, muss der Mensch, um die Gerechtigkeit wollen zu können, dieselbe schon haben; er kann sie folglich nicht wollen und nicht nach ihr handeln, wenn sie ihm nicht gegeben wird. Und gegeben wird sie ihm eben in der Gnade und durch dieselbe. Um sie aber zu bewahren, muss sein eigener freier Wille mit der Gnade mitwirken; und geschieht dieses, so verdient er sich dadurch nicht blos die Vermehrung der Gerechtigkeit, sondern auch den Lohn derselben, so jedoch, dass alles dieses nur Frucht der ersten Gnade, und Gnade für Gnade ist [2]). In der ersten Schöpfung

---

1) Ib. l. 1. c. 9. — 2) De concord. praesc. c. lib. arb. qu. 3. c. 3. 4.

hat der Mensch den Willen der Gerechtigkeit, und damit die Gerechtigkeit selbst, sowie den Willen der Glückseligkeit und mit ihm die Glückseligkeit selbst erhalten. In der Gnade erlangt er wiederum den Willen der Gerechtigkeit und in ihm die Gerechtigkeit, nicht aber die Glückseligkeit. Diese soll er sich durch die Gerechtigkeit in Verbindung mit dem Willen der Glückseligkeit, den er durch die Sünde nicht verloren hat, erst erwerben [1]. Und sie wird ihm unter dieser Bedingung zu Theil werden im Jenseits. — Dies führt uns auf Anselms eschatologische Lehrbestimmungen.

§. 59.

Vermöge ihrer drei Grundkräfte, des Gedächtnisses, des Verstandes und des Willens, trägt die menschliche Seele in sich das Bild des dreieinigen Gottes, da sie sich Gottes erinnern, ihn denken und lieben kann [2]. Dieses Bild muss die Seele in sich darleben, indem sie dasjenige, was sie vermöge ihrer Grundkräfte vermag, auch stets wirklich bethätigt. Gott also zu erkennen und zu lieben, ist unsere Aufgabe; das Erkennen ist aber blos der Liebe wegen da; die Liebe Gottes ist also das höchste, sie ist unsere Bestimmung [3]. Und daraus erfolgt denn nun von selbst die Unsterblichkeit der Seele. Entweder nämlich ist die menschliche Seele dazu geschaffen, um Gott ohne Aufhören zu lieben, oder aber dazu, dass sie irgend einmal dieser Liebe durch eigene oder fremde That verlustig gehe. Aber es wäre eine Beleidigung Gottes, wollte man glauben, er habe die Seele dazu geschaffen, dass sie einmal ihr höchstes Gut, den Schöpfer selbst, verachte, oder damit sie, während sie an der Liebe Gottes festhalten will, dieselbe durch gewaltsame Beraubung einmal verliere. Es bleibt also nur das erste Glied der obigen Disjunction übrig: — die Seele muss dazu geschaffen sein, dass sie ohne Aufhören das höchste Gut liebe. Aber das vermag sie nur unter der Bedingung, dass sie ewig fortlebt. Die Seele muss mithin vermöge ihrer Bestimmung schon unsterblich sein. Ohnedies wäre es ja schlechthin inconvenient, wollte Gott ein Wesen, das er dazu geschaffen, damit es ihn liebe, vernichten, so lange es ihn wahrhaft liebt, oder wollte er ihm diese Liebe entziehen oder entziehen lassen, besonders, da Gott unzweifelhaft jedes ihn liebende Wesen entgegenliebt. Es ist daher offenbar, dass die Seele ihr Leben nicht verlieren kann, so lange sie ihr höchstes Gut liebt. Und da es hinwiederum absurd wäre, anzunehmen, dass

---

1) Ib. qu. 3. c. 13. — 2) Monol. c. 67.
3) Ib. c. 68. Nihil igitur apertius, quam rationalem creaturam ad hoc esse factam, ut summam essentiam amet super omnia bona, sicut ipsa est summum bonum: imo ut nihil amet nisi illam, aut propter illam; quia illa est bona per se, et nihil aliud bonum est, nisi per illam. Cur Deus homo, l. 2. c. 1.

die Seele, so lange sie in der Liebe des höchsten Gutes, in der Verwirklichung ihrer höchsten Bestimmung verharret, fortwährend unglücklich sei, so müssen wir aus den gegebenen Obersätzen auch dieses schliessen, dass die Seele, falls sie ohne Aufhören ihrer Bestimmung genügt, auch ohne Aufhören glückselig sein wird [1]). Gott muss ja vermöge seiner Gerechtigkeit die Liebe belohnen. Und der Lohn, welchen er derselben ertheilt, kann offenbar kein anderer sein, als der Genuss dessen, was in der Liebe angestrebt wird, nämlich des höchsten Gutes selbst. So muss Gott die Seele, welche ihn liebt, auch vermöge seiner Gerechtigkeit zur Glückseligkeit im Besitz und Genuss des höchsten Gutes emporführen [2]). Und diese Glückseligkeit ist dann nur unter der Bedingung das, was sie sein soll, wenn sie ewig ist. Könnte sie einmal wieder verloren werden, so würde sie eben dadurch aufhören, Glückseligkeit zu sein [3]).

Doch nicht blos jene Seelen, welche ihrer Bestimmung genügen, müssen unsterblich sein, sondern auch jene, welche ihr nicht genügen, d. i. auch jene, welche das höchste Gut nicht lieben, sondern es zu lieben verschmähen. Denn die göttliche Gerechtigkeit stellt auch hier die Forderung, dass diese Seelen für ihre Schuld gestraft werden. Diese Strafe kann aber gerechterweise nicht darin bestehen, dass sie ihr Sein und Leben verlieren; denn da würde ihnen nach einer so grossen Schuld, die sie auf sich geladen, das gleiche Loos zu Theil

---

1) Monol. c. 69. Dubium autem non est, animam esse rationalem creaturam: ergo necesse est eam factam esse ad hoc, ut amet summam essentiam. Necesse est igitur, eam esse factam aut ad hoc, ut sine fine amet, aut ad hoc, ut aliquando vel sponte vel violenter hunc amorem amittat. Sed nefas est aestimare, summam essentiam ad hoc eam fecisse, ut aliquando tantum bonum aut contemnat, aut volens tenere aliqua violentia perdat. Restat igitur eam esse ad hoc factam, ut sine fine amet summam essentiam. At hoc facere non potest, nisi semper vivat. Sic igitur facta est, ut semper vivat, si semper velit facere, ad quod facta est. Deinde inconveniens est nimis summo bono summeque sapienti et omnipotenti creatori, ut quod facit ad se amandum, id faciat non esse, quamdiu vere amaverit, et quod sponte dedit non amanti, ut semper amaret, id auferat vel auferri permittat amanti, ut ex necessitate non amet, praesertim, cum dubitari nullatenus debeat, quod ipse omnem naturam se vere amantem amet. Quare manifestum est, humanae animae nunquam auferri suam vitam, si semper studeat amare summam vitam..... Sed absurdissimum est, ut aliqua natura semper amando illum, qui est summe bonus et omnipotens, semper misere vivat. Liquet igitur, humanam animam hujusmodi esse, ut si servet id, ad quod est, aliquando vere secura ab ipsa morte et omni alia molestia beate vivat.

2) Ib. c. 70. Proslog. c. 25.

3) Monol. c. 70. Utrum autem ea (beatitudine) sine fine fruatur, dubitare stultissimum est; quoniam illa fruens nec timore torqueri poterit, nec fallaci securitate decipi, nec ejus indigentiam jam experta, illam poterit non amare; nec illa deseret amantem se, nec aliquid erit potentius, quod eas separet invitas. Quare quaecunque anima summa beatitudine semel frui coeperit, aeterne beata erit.

werden, wie es ihnen zukam vor aller Schuld, — das Nichtsein. Das wäre nicht gerecht. Die Strafe, welche ihnen gebührt, kann nur darin bestehen, dass sie ohne Aufhören in der Beraubung der Glückseligkeit, also in ewiger Unglückseligkeit leben. Und das ist nur möglich in der Voraussetzung ihrer Unsterblichkeit [1]).

Aber nicht blos die Seelen müssen unsterblich sein, sondern auch die Leiber müssen wieder auferstehen und mit den Seelen sich wieder vereinigen, wenn die göttliche Gerechtigkeit vollkommen ihre Wirkung haben soll. Denn soll die in Christo geschehene Restauration des Menschen eine vollständige sein, so muss sie Seele und Leib zugleich betreffen. Wäre es schon in der ersten Schöpfung des Menschen der göttlichen Weisheit und Gerechtigkeit nicht angemessen gewesen, den Menschen ohne seine Schuld sterblich zu schaffen, so kann auch nun, nachdem der Mensch durch die Erlösung wieder in seinen ursprünglichen Zustand erhoben ist, der Tod für ihn nur etwas Vorübergehendes sein; es muss ihm die Auferstehung folgen, damit der *ganze* Mensch des Lohnes oder der Strafe theilhaftig werde [2]). In dieser vollkommenen Wiederherstellung ihrer Natur werden dann die Menschen in dem Masse sich freuen, als sie Gott lieben, und sie werden ihn in dem Masse lieben, als sie ihn erkennen [3]).

Wenn wir oben den heiligen Anselm mit dem grossen Papste des eilften Jahrhunderts, Gregor VII., zusammenstellten, so wird die bisherige Darstellung seiner Lehre den Beweis geliefert haben, dass wir seine Verdienste nicht überschätzen. Mit klarer Einsicht in die Wahrheit und mit einer durchgreifenden Consequenz hat er auf der Grundlage der Väter, besonders des heiligen Augustin, die Grundlinien der

---

1) Ib. c. 71. Hinc utique consequenter colligitur, quod illa anima, quae summi boni amorem contemnit, aeternam miseriam incurret. Nam si dicitur, quod pro tali contemtu sic justius puniatur, ut ipsum esse vel vitam perdat, quia se non utitur ad id, ad quod est facta: nullatenus hoc admittit ratio, ut post tantam culpam pro poena recipiat esse, quod erat ante omnem culpam. Quippe antequam esset, nec culpam habere, nec poenam sentire poterat. Si ergo anima contemnens id, ad quod facta est, sic moritur, ut nihil sentiat, aut ut omnino nihil sit, similiter se habebit, et in maxima culpa, et sine omni culpa: nec discernet summe sapiens justitia inter id, quod nullum bonum potest et nullum malum vult, et id, quod maximum bonum potest, et maximum malum vult. At hoc satis patet, quam inconveniens sit. Nihil ergo potest videri consequentius, et nihil credi debet certius, quam hominis animam sic esse factam, ut si contemnat amare summam essentiam, aeternam patiatur miseriam..... etc.

2) Cur Deus homo, l. 2. c. 2. 3. Sapientiae et justitiae Dei repugnat, ut cogeret hominem mortem pati sine culpa, quem justum fecit ad aeternam beatitudinem. Sequitur ergo, quia si nunquam peccasset, nunquam moreretur. Unde aperte quandoque futura mortuorum resurrectio probatur. Quippe si homo perfecte restaurandus est, talis debet restitui, qualis futurus erat, si non peccasset.

3) Proslog. c. 25. 26.

christlichen Speculation entworfen und so den grossen Entwicklungsprocess eingeleitet, welchen nach ihm die christliche Wissenschaft mit so viel Glanz und Erfolg zurücklegte. Anselm wurde allerdings von seinen Nachfolgern noch übertroffen; aber ohne ihn würden diese wohl das nicht geworden sein, was sie waren. Er hat ihnen die Grundlage untergebreitet, auf welcher sie fortbauen konnten. Als leuchtende Grösse steht daher Anselm da an der Spitze der grossen Heroen der christlichen Wissenschaft im Mittelalter, gleich als der $\dot{\alpha}\rho\chi\eta\gamma o\varsigma$, welcher diese glänzende Schaar in die Geschichte eingeführt hat. —

V. Abweichungen von dieser Richtung.

1) Platoniker.
Adelard von Bath, Bernhard von Chartres, Wilhelm von Conches, Walter von Mortagne.

§. 60.

Hatte in Skotus Erigena die platonische Philosophie in der Form des Neuplatonismus in das Mittelalter sich herüberverpflanzt und war der excessive Realismus der gegenwärtigen Epoche im Grunde nichts Anderes, als die dialektische Formulirung des erigenistisch-neuplatonischen Gedankens: so dürfen wir uns nicht wundern, wenn uns im Laufe dieser Epoche noch mehrere Denker begegnen, welche dem Platonismus mehr als billig sich zuneigten, und so von jener Bahn abwichen, welche Anselm vorgezeichnet hatte. Vor Allem treffen wir in dieser Richtung begriffen den Engländer *Adelard von Bath*. Gebildet in den Schulen von Laon und Tours, machte Adelard, um seine Kenntnisse zu erweitern, weite Reisen, und kam nach Italien, Sicilien, Griechenland und Kleinasien. In Italien war seit der Mitte des eilften Jahrhunderts besonders durch den Einfluss des Mönches von Monte-Cassino, Constantins des Africaners, arabische Naturwissenschaft und Mathematik in Ehren. Diese Kenntnisse eignete sich Adelard an. Er wird für den Verfasser der arabisch-lateinischen Uebersetzung des Euklid gehalten. Seine schriftstellerische Thätigkeit fällt in die ersten Jahrzehnte des zwölften Jahrhunderts.

Von Adelard sind zwei philosophische Schriften („De eodem et diverso" und „quaestiones naturales") vorhanden, von welchen Jourdain Auszüge gibt [1]). Die erstere dieser Schriften ist in Form eines

---

[1]) *Jourdain*, Geschichte der aristotelischen Schriften im Mittelalter; übersetzt v. Stahr, S. 249 ff.

Briefes an einen Neffen abgefasst und ist eine geistreiche Allegorie, in welcher Philosophie und Philokosmie personificirt einander gegenübertreten, und ihre beiderseitigen Vorzüge dem Verfasser enthüllen, wobei dann zuletzt der Philosophie von letzterem der Sieg zugesprochen wird. Die letztere Schrift dagegen beschäftigt sich mit physischen Untersuchungen.

Das Wichtigste in diesen Erörterungen nun ist die Art und Weise, wie in der ersten Schrift die Philosophie ihr Wesen und ihre Vorzüge schildert, weil hierin die platonisirende Richtung Adelards offen hervortritt. Der erhabene Schöpfer aller Dinge, sagt die Philosophie, welcher, so weit es die Natur der Einzelnen verstattete, Alles nach seinem Bilde schuf, verlieh der Seele den Verstand, dessen sie sich, so lange sie selbst ruhig und rein bleibt, in seinem ganzen Umfange bedient. Durch ihn erschaut sie die wahre Gestalt der Dinge, ihre Ursachen und deren Urgrund; beurtheilt die Zukunft nach der Gegenwart; erkennt ihr eigenes Wesen, sowie das des Verstandes, welcher die forschende Vernunft begreift. Sobald sie aber eine irdische Hülle empfängt, verliert sie einen grossen Theil der Kenntniss ihrer selbst. Doch kann jene sie bindende Fessel der Materie den Adel ihrer Wesenheit nicht *ganz* vernichten. Sie ringt nach der Wiedererlangung des Verlorenen durch Einsicht, welche das Ganze, die Einheit aller Wissenschaften zu umfassen strebt [1]. Dazu trägt aber die sinnliche Erkenntniss nicht blos nichts bei, sondern ist sogar hinderlich. Die „Philosophie" fährt nämlich fort: Du (die Philokosmie) nanntest die Vernunft, zu Gunsten der Sinne, eine blinde Führerin. Ich gebe dies zurück, und behaupte, dass Nichts gewisser ist, als die Vernunft. Nichts falscher, als das Zeugniss der Sinne, denen so wenig in den geringsten wie in den wichtigsten Angelegenheiten irgend ein Einfluss gebührt. Den Sinnen gebührt gar kein Vertrauen; nur die blose Meinung (opinio), nicht das Wissen von den Dingen kann von ihnen ausgehen. Sie hindern nur den Geist am Auffinden des Wahren, statt ihn dabei zu unterstützen. Deshalb suchen wir stets für unsere erhabene Betrachtungen die Einsamkeit, wo uns die Sinne weniger abziehen [2].

Das klingt unstreitig alles ganz platonisch, und wir werden uns darum nicht mehr wundern, wenn wir den Verfasser selbst, da, wo er der „Philosophie" den Sieg zuspricht, in folgender Weise sich äussern hören: „Die wesentlich der Veränderung unterworfene Natur des Körpers ist des Höchsten, des Niedrigsten und des Mittleren fähig. Darum ward ohne Zweifel die Seele mit Zorn und Begehrungsvermögen begabt, um durch das eine die Ausschweifung der Leidenschaften nach den beiden Extremen *zu viel* und *zu wenig* verbessern, und vermöge des anderen die Mittelstrasse halten zu können. Die Seele, ihrer Wesenheit nach ein ganz Absolutes und sich selbst Gleiches, kennt weder Grösse noch Klein-

---

1) *Jourdain* a. a. O. S. 253 f. — 2) Ebds. S. 255 f.

heit. Aber ihre Leidenschaften, Zorn und Begierde, lassen sie oft von ihrer Gleichförmigkeit abirren, besonders bei Aufregung durch die körperlichen Leidenschaften. Darum bedurfte es, um sie im Zaume zu halten, der Vernunft. Die durchaus vollkommene Seele ist bestimmt, alle Theile ihres ganzen irdischen Wohnsitzes, des Körpers, zu lenken. Doch ist diese ihre Bestimmung nicht immer leicht zu erfüllen. Schon bei ihrem Eintritte in den Körper verliert sie einen grossen Theil ihrer Göttlichkeit, so dass sie zuletzt ihrem Schöpfer nicht mehr in ihrem früheren göttlichen Charakter erscheint, und ihres Ursprungs und Endzweckes vergisst. In diesem Zustande strebt sie dann nach Reichthum, Würden, Gunst und Ruf; sie verliert die Gabe, das Falsche von dem Wahren zu unterscheiden; und, was aller Irrthümer schlimmster ist, sie preist sich glücklich über ihr Elend, und ist von der Glückseligkeit ihres Zustandes überzeugt. Nur Ein Mittel gibt es für die mit dem Körper vereinte Seele, um sich aus diesen Banden zu befreien, es ist: Rückkehr zu sich selbst und zu ihrem Gebiete, d. h. Studium der Philosophie und der sogenannten freien Künste. Diese verleihen der getrübten Seele wieder ihren Glanz und erheben sie von ihrem Falle [1]).“ Hienach findet Adelard den Grund alles Bösen in der Körperlichkeit, ganz in platonischer Weise.

Von Interesse ist noch, wie Adelard die Universalien auffasste, und wie er in Bezug auf die Lehre von den Universalien den Plato und Aristoteles miteinander zu vereinbaren suchte. „Eigentlich,“ lehrt er, „existirt überall nur ein Individuelles; dieses ist aber immer zugleich das Allgemeine, so zwar, dass in dem Individuum immer zugleich seine Art, Gattung und das Allgemeinste gefunden wird, und es nur darauf ankommt, wie man das Individuum auffasst. Wird das erscheinende Ding in seiner ganzen Eigenthümlichkeit gefasst, so ist es Individuum, wie Sokrates, Plato u. s. w.; fasst man aber in dem Individuum nur das, was durch das Wort „Mensch“ bezeichnet wird, so gibt dieses die Art; betrachtet man in demselben das, was durch das Wort „animal“ bezeichnet wird, so gibt dieses die Gattung. Wird nun ein Ding als Art gefasst, so werden dadurch die invidiuellen Formen nicht aufgehoben oder geläugnet, sondern nur unberücksichtigt gelassen; ebenso werden die Formen der Art bei der Auffassung des Dinges als Gattung nicht beachtet. Der niedere Begriff enthält somit den ganzen höheren in sich; nur haben sich mit demselben noch determinirende Formen verbunden. Das einzige Wissen der Nichteingeweihten besteht in der Betrachtung und Auffassung der Dinge in ihrer Individualität; die Fassung derselben als Arten fällt nicht nur den gewöhnlichen Menschen, sondern selbst den Jüngern der Wissenschaft schwer. Die sinnliche Wahrnehmung schiebt dieser abstracten

---

1) *Jourdain*. S. 257 f.

Fassung immer wieder die sinnlichen Bilder in ihrer räumlichen Bestimmtheit und Begränztheit vor, so dass man sich nicht zur reinen Anschauung der Art zu erheben vermag, indem sie wie durch einen Nebelschleier getrübt ist. Diese Störung der Vernunftbetrachtung findet jedoch nur bei uns Sterblichen statt. Der göttliche Verstand dagegen erfasst das reine Wesen oder die Formen gesondert, oder Alles zugleich ohne Störung der Einbildungskraft; denn bevor alle Dinge in ihrer Zusammensetzung existirten, waren sie im göttlichen Verstande einfach¹)." So hat denn Aristoteles mit Recht behauptet, dass die Universalien nur in den sinnlichen Dingen existiren, weil sich eben das sinnlich wahrgenommene Ding zugleich als Individuum, als Art

---

1) *Hauréau*, De la phil. schol. T. I. p. 255. Genus et species, de his enim sermo, esse et rerum subjectarum nomina sunt. Nam si res consideres, eidem essentiae et generis et speciei et individui nomina imposita sunt, sed respectu diverso. Volentes enim philosophi de rebus agere, secundum hoc quod sensibus subjectae sunt, secundum quod a vocibus singularibus notantur, et numeraliter diversae sunt, individua vocaverunt, scilicet Platonem, Socratem, et caeteros. Eosdem autem, aliter intuentes, videlicet non secundum quod sensualiter diversi sunt, sed in eo, quod notantur ab hoc voce „homo," speciem vocaverunt. Eosdem item in hoc tantum quod ab hoc voce „animal" notantur considerantes, genus vocaverunt. Nec tamen in consideratione speciali, formas individuales tollunt, sed obliviscuntur, cum a speciali nomine non ponantur. Nec in generali species ablatas intelligunt, sed inesse non attendunt, vocis generalis significatione contenti. Vox enim haec „animal" jure illa notat subjecta cum animatione et sensibilitate; haec autem „homo" totum illud insuper cum rationalitate et mortalitate; Socrates vero illud idem addita insuper numerali accidentium discretione. De gen. et spec. p. 518. Nunc itaque illam, quae de indifferentia est, sententiam perquiramus. Cujus hoc est positio: Nihil omnino est praeter individuum; sed et illud aliter et aliter attentum species et genus et generalissimum est. Itaque Socrates in ea natura, in qua subjectus est sensibus, secundum illam naturam, quam significat adesse Socrati, individuum est ideo, quia tale est proprietas cujus numquam tota reperitur in alio. Est enim alter homo, sed Socratitate nullus homo praeter Socratem. De eodem Socrate quandoque habetur intellectus non concipiens quidquid notat haec vox Socrates; sed Socratitatis oblitus, id tantum perspicit in Socrate, quod notat idem homo, i. e. animal rationale mortale, et secundum hoc species est; est enim praedicabilis de pluribus in quid de eodem statu. Si intellectus postponat rationalitatem et mortalitatem, et id tantum sibi subjiciat, quod notat haec vox „animal," in hoc statu genus est. Quod si relictis omnibus formis, in hoc tantum consideremus Socratem, quod notat substantia, generalissimum est. Idem de Platone dicas per omnia. Quod si quis dicat proprietatem Socratis in eo quod est homo non magis esse in pluribus, quam ejusdem Socratis in quantum est Socrates; aeque enim homo qui est Socraticus in nullo alio est nisi in Socrate, sicut ipse Socrates; verum, quod concedunt; ita tamen determinandum putant. Socrates in quantum est Socrates, nullum prorsus indifferens habet, quod in alio inveniatur; sed in quantum est homo, plura habet indifferentia, quae in Platone et in aliis inveniuntur. Nam et Plato similiter homo est, ut Socrates, quamvis non sit idem homo essentialiter, qui est Socrates. Idem de animali et substantia.

und als Gattung darstellt. Da aber Niemand die allgemeinen Begriffe rein zu fassen vermag, so hatte auch Plato Recht, wenn er sie ausser den Bereich der sinnenfälligen Dinge, nämlich in den göttlichen Verstand setzte. Beide lehren somit im Grunde das nämliche, nur betrachten sie den Gegenstand von einem verschiedenen Gesichtspunkte aus [1]), sowie sie auch beide in der wissenschaftlichen Betrachtung einen verschiedenen Weg einschlugen. Plato geht nämlich von den ersten Gründen aller Dinge aus, um zum Sinnlichen herabzusteigen; Aristoteles dagegen hebt vom Sinnlichen an, um die Gründe desselben zu erforschen. Sie begegnen sich somit auch hier auf ihren Wegen, und ein Widerstreit zwischen beiden ist auch von diesem Standpunkte aus nicht vorhanden [2]). —

§. 61.

An Adelard schliesst sich in der gleichen Richtung an *Bernard von Chartres*, welcher von Johannes von Salisbury der vornehmste unter den Platonikern seiner Zeit genannt wird [3]). Er lehrte zu Chartres vom Anfange bis in die Mitte des zwölften Jahrhunderts, und bildete zahlreiche Schüler heran. Unter diesen dürften Gilbert de la Porrée und Wilhelm von Conches die bedeutendsten sein. Durch Cousin sind Auszüge seiner Hauptschrift, welche eine Cosmographie ist, und in die beiden Abtheilungen: Megacosmos und Microcosmos zerfällt, bekannt geworden. Damit verbindet sich dasjenige, was Johannes von Salisbury uns über seine Lehre berichtet.

Nach Johannes von Salisbury nun geht Bernard davon aus, dass er die Ewigkeit im vollsten Sinne dieses Wortes blos dem dreieinigen Gotte, — Gott nach seinem Wesen, und den drei göttlichen Personen, — vindicirt; alles Uebrige aber, die Ideen und die Materie, als von Gott beursacht und geschaffen betrachtet. Doch setzt er in so fern wieder einen Unterschied zwischen den Ideen und der Materie, dass er die Ideen für eine ewige Wirkung in dem göttlichen Verstande selbst betrachtet. Denn Gott habe von Ewigkeit her in seinem Verstande jene Dinge ideal präformirt, welche in der Zeit zur Erscheinung heraustreten sollten. Die Ideen seien daher zwar ewig; aber weil sie als Wirkungen doch der Natur nach ihrer Ursache nachfolgen, so können sie dennoch nicht als gleich ewig mit Gott (coaeternae) betrachtet werden. Die Coäternität eignet blos den drei göttlichen Personen; die Ideen sind ewig; aber nicht gleichewig mit Gott [4]).

---

1) *Hauréau*, De la phil. schol. T. l. p. 256.
2) *Jourdain*, Gesch. der arist. Schriften. S. 254 f.
3) *Joann. Saresb.* Metal. l. 4. c. 35.
4) Ib. l. 4. c. 35. Et licet Stoici materiam et ideam Deo crederent coaeternam, alii vero, cum Epicuro providentiam evacuante, ideam omnino tollerent:

Wir sehen hieraus, dass Bernard an der Schöpfungsidee festhält. Im Uebrigen aber ist seine Lehre ganz der platonischen nachgebildet. Er nimmt die drei Principien der Neuplatoniker an, Gott, den Nous, und die Weltseele, und damit verbindet sich dann zuletzt die an sich bestimmungslose Materie. Der Nous ist aus Gott geboren, ist der Substanz nach Eins mit ihm, und schliesst die Ideen, die ewigen Vorbilder aller Dinge, in sich. Das ist die intelligible Welt, in welcher Alles vorherbestimmt ist in seiner Art, in seiner Gattung und in der Besonderheit der einzelnen Dinge. Aus dieser göttlichen Vernunft nun geht die Weltseele hervor, indem sie aus derselben in einer gewissen Weise emanirt[1]). Denn Alles in der Welt ist vom Leben durchwaltet; die Welt selbst als Ganzes ist etwas Lebendiges; und da das Leben ohne Seele nicht möglich ist, so müssen wir also nothwendig eine Weltseele annehmen, welche ihren Ursprung in der göttlichen Vernunft hat[2]). Diese Weltseele nun bringt, indem sie der göttlichen Ideen theilhaftig ist, Alles im Verlaufe der Zeiten in der Welt hervor nach einer unverbrüchlichen Ordnung; in ihr finden sich die übersinnliche und materielle Natur, Seele und Körper, durch das Geheimniss der Zahl und des Einklanges miteinander vereinigt[3]). Wie sie selbst das Ganze belebt, so ist sie auch die Spenderin des Lebens gegenüber den einzelnen Dingen[4]). So ist die sinnliche Welt, erfüllt von absoluter Lebenskraft, der Vernichtung nicht unterworfen; sie ist wie ihre unmittelbare Voraussetzung, Gott und die intelligible Welt, selbst ein Ewiges, Vollkommenes und Schönes, und nur da-

iste (Bernardus Carnotensis) cum illis, qui philosophantur, Deo neutram dicebat coaeternam. Acquiescebat enim Patribus, qui sicut Augustinus testis est, probant, quia Deus est, qui fecit ex nihilo, omnium creavit materiam. Ideam vero aeternam esse consentiebat: admittens aeternitatem providentiae, in qua omnia semel et simul fecit, statuens apud se universa, quae futura erant in tempore, aut mansura in aeternitate. Coaeternitas autem esse non potest, nisi in his, quae se, nec natura majestatis, nec privilegio potestatis, nec auctoritate operis antecedunt. Itaque solas tres personas, quarum est una natura, potestas singularis, operatio inseparabilis, fatebatur esse coaequales et coaeternas: nam in illis omnimoda parilitas est. Ideam vero, quia in hanc parilitatem non consurgit, sed quodammodo natura posterior est, et velut quidam effectus, manens in arcano consilii, extrinseca causa non indigens, sicut aeternam audebat dicere, sic coaeternam esse negabat.

1) Oeuvres inéd. d'Abélard, Appendice. p. 628. Ea igitur Noys summi et exsuperantissimi Dei est intellectus et ex ejus divinitate nata natura, in qua vitae viventis imagines, notiones aeternae, mundus intelligibilis, rerum cognitio praefinita — idem natura cum Deo nec substantia est disparatum. Hujusce igitur sive luce sive lucis origine vita jubarque rerum Endelychia quadam velut emanatione defluxit.

2) Ib. p. 630. Vivit Noys, vivunt exemplaria, sine vita non vivit et rerum species aeviterna... Mundus quidem animal est, verum sine anima substantiam non invenies animalis.

3) Ib. p. 628. — 4) Ib. p. 629.

durch von ihrem Urbilde verschieden, dass in ihr dasselbe unter der Form der Zeit zur Erscheinung gelangt¹). Die Weltseele ist frei von den Störungen der Gegensätze, welche in der Verschiedenheit der körperlichen Elemente liegen, weil sie alle diese Gegensätze in Eintracht beherrscht, obwohl sie von der Natur der Materie verhindert wird, überall gleichmässig durchzudringen, und Alles im gleichen Grade zu beleben²). Die Materie ist also die Ursache der Unvollkommenheit und des Bösen, welches aber vom Geiste und der Vorsehung Gottes in seinen Gränzen erhalten wird³).

Das ganze All beschreibt einen Kreis, welcher von den höheren Graden des Seins zu den niederen, von den Gattungen zu den Arten, von den Arten zu den Individuen fortgeht, und von diesen zu den ersten Anfängen sich wieder zurückwendet⁴), oder welcher von Gott ausgeht, in welchem die Wissenschaft ist, darauf sich weiter erstreckt durch den Himmel, in welchem die Vernunft, durch die Gestirne, in welchen der Verstand, und durch das grosse belebte Wesen der sinnlichen Welt, in welcher Erkenntniss und Sinn lebt⁵), um zuletzt durch den Menschen, das letzte Erzeugniss der Schöpfung, den Mikrokosmus, in die Gottheit wieder zurückzukehren. Die Seele präexistirt dem Körper, und dieser dient jener nur zur Büssung der Schuld⁶). Aus der soeben geschilderten Zusammenordnung der weltlichen Dinge und der Unterordnung unserer Welt unter die Gestirne leitet sich auch der Einfluss dieser auf unser Leben und auf Alles, was zeitlich geschieht, — die Gewalt des Geschickes ab⁷). Doch ist damit nicht gesagt, dass es nicht doch ausser dem Gebiete des unvermeidlichen Schicksals ein Gebiet der Freiheit und des Zufalls gebe⁸); „denn die Tafel des Geschickes ist begränzt, der Spiegel der Vorsehung aber unendlich; jene umfasst nur das Zeitliche, diese das Ewige." —

Mit diesen Grundsätzen stehen die excessiv-realistischen Lehrsätze im Einklange, welche von Johannes von Salisbury dem Bernhard indirect zugeschrieben werden, und welche wir bereits früher bei der Erörterung des excessiven Realismus im Allgemeinen angeführt haben. Die sinnlichen Dinge sind hienach im beständigen Flusse des Werdens und

---

1) Ib. p. 629. Rerum porro universitas mundus nec invalida senectute decrepitus nec supremo est obitu dissolvendus; cum de opifice causaque operis, utrisque sempiternis, de materia formaque materiae, utrisque perpetuis, ratio cesserit permanendi. Usia namque primaria, aeviterna perseveratio, faecunda pluralitatis simplicitas. p. 631.

2) Ib. p. 629. — 3) Ib. p. 631.

4) Ib. p. 629. 631. Sic igitur providentia de generibus ad species, de speciebus ad individua, de individuis ad sua principia repetitis anfractibus rerum originem retorquebat.

5) Ib. p. 630. — 6) Ib. p. 632 sqq. — 7) Ib. p. 631 sqq.

8) Ib. p. 633. Vgl. *Ritter*, Gesch. d. Phil. Bd. 7. S. 388 ff.

Vergehens begriffen; weshalb ihnen kein Sein im strengen Sinne dieses Wortes, d. h. kein beharrliches Wesen zugeschrieben werden kann. Dies gilt von allen sinnlich wahrnehmbaren Individuen. Nur die ewigen Ideen, die Urbilder der sinnlichen Dinge, sind das wahre Sein, nicht ein wandelbarer Durchgang, sondern ein stehender Zustand. Dazu gehören die Gattungen und Arten, aber auch die Accidentien, so fern sie für sich gedacht werden. Daher ist der Körper nur ein Zusammenfluss von Accidentien, welcher für eine Zeit besteht, alsdann aber wieder verschwindet [1]). Alles löst sich also hier in letzter Instanz in das Unsinnliche und Allgemeine auf, und man kann nicht verkennen, dass der Platonismus des Bernhard von Chartres auf das Innigste an den erigenistischen Idealismus sich anschliesst. —

§. 62.

Ein Nachahmer des Bernard von Chartres war nach Johannes von Salisbury auch *Wilhelm von Conches*, welcher zu Paris bis über die Mitte des zwölften Jahrhunderts hinaus mit entschiedenem Erfolge lehrte [2]). Der Platonismus ist bei ihm vorwaltend; doch wusste er in seinen Vorträgen auch einige Lehrsätze des Aristoteles einzuflechten, und zog ausserdem auch noch die Atomistik in den Bereich seiner Grundsätze

---

1) *Joann. Saresb.* Metal. l. 2. c. 17. Johannes von Salisbury spricht nämlich an dieser Stelle von einem „Imitans Bernardum Carnotensem," und sagt von ihm: Ideas ponit, Platonem aemulans, et nihil praeter eas dicit genus esse vel speciem. Est autem idea eorum, quae natura fiunt, exemplar aeternum. Et quoniam universalia corruptioni non subjacent, nec motibus alterantur, quibus moventur singularia, et quasi ad momentum, aliis succedentibus, alia defluunt, proprie et vere dicuntur esse universalia. Siquidem res singulae verbi substantivi nuncupatione creduntur indignae, cum nequaquam stent, sed fugiant, nec exspectent appellationem; adeo namque variantur qualitatibus, temporibus, locis et multimodis proprietatibus, ut totum esse eorum non status stabilis, sed mutabilis quidam transitus videatur. Esse autem ea dicimus, quae neque intensione crescunt, neque retractione minuuntur, sed semper suae naturae subnixa subsidiis esse custodiunt. Haec autem sunt quantitates, qualitates, relationes, loca, tempora habitudines, et quidquid quodammodo adunatum corporibus invenitur. Quae quidem corporibus adjuncta mutari videntur, sed in natura sui immutabilia permanent. Sic et rerum species transeuntibus individuis permanent eaedem: quemadmodum praeterfluentibus undis „motus amnis manet in flumine;" nam et idem dicitur. Unde illud apud Senecam (alienum tamen): „bis in idem flumen descendimus et non descendimus." Hae autem ideae, i. e. exemplares formae, rerum primaevae omnium rationes sunt, quae nec diminutionem suscipiunt, nec augmentum; stabiles et perpetuae; ut etsi mundus totus corporalis pereat, nequeant interire. Rerum omnium corporalium numerus consistit in his; et sicut in libro „de lib. arbitrio" videtur astruere Augustinus, quia hae semper sunt, etiamsi temporalia perire contingat, rerum numerus nec minuitur, nec augetur.

2) *Joann. Saresb.* Metal. l. 1. c. 24.

hinein, indem er die Körper aus Atomen gebildet sein lässt¹). Von der Ewigkeit der Welt ist bei ihm keine Rede; er schliesst sich der Schöpfungslehre ohne Zweideutigkeit an; auch die Lehre, dass alle Seelen bei Beginn der Schöpfung zugleich geschaffen worden, verwirft er, und behauptet, die Seelen würden aus Nichts allein durch Gottes Willen geschaffen, wahrscheinlich nach der Bildung des Leibes²)." Wenn auch nach Plato die Seelen aus der Weltseele stammen, so habe Plato doch nicht die Präexistenz lehren wollen, und wenn auch Plato behaupte, Gott habe die Seelen über die Sterne gesetzt, so habe dieses nur den Sinn, dass der Mensch durch die Vernunft der Seele die Sterne überschreite und so Gott selbst finde³)." Aber wenn Wilhelm die Präexistenz der Seelen verwirft, so identificirt er dafür die platonische Weltseele mit der Person des heiligen Geistes, und lässt daraus alles Leben von der unvernünftigen Bewegung bis zum vernünftigen Denken seinen Ausgang nehmen⁴). Von Wilhelm von Thierry, dem Gegner Abälards, über diese Lehre zur Rede gestellt, trug er jedoch kein Bedenken, sie zu widerrufen, indem er lieber Christ, als Academiker sein wolle⁵).

Verbinden wir hiemit noch Einiges aus seinen Ansichten über den Begriff der Wissenschaft. Diese zerfällt in zwei Arten, in Weisheit und Beredsamkeit. Weisheit ist die richtige und sichere Kenntniss der Dinge; Beredsamkeit dagegen ist die Wissenschaft, das Gedachte mit dem Schmucke der Worte und der Sätze auszudrücken. Die Beredsamkeit enthält drei Theile: Grammatik, Rhetorik, Dialektik; Weisheit ist Eines mit der Philosophie⁶). Die Philosophie muss in theoretische und praktische unterschieden werden. Zur letzteren gehören Oeconomik, Politik und Ethik als Theile, wogegen die theoretische Philosophie Theologie, Mathematik und Physik umfasst. Um eine richtige philosophische Er-

---

1) Hist. litt. de la France, T. IX. p. 68. Bulaeus, hist. univ. T. II. p. 659. Willielmus de Conchis ex atomorum, i. e. minutissimorum corporum concretione fieri omnia (contendit).

2) *Cousin*, ocuvres inéd. d'Abél. p. 675. c. 31.

3) *Haur*, Notices et Extraits des Manuscr. T. XX. P. II. p. 77.

4) Ib. p. 75. Anima mundi est naturalis vigor, quo habent quaedam res tantum moveri, quaedam crescere, quaedam sentire, quaedam discernere; sed qui sit ille vigor, quaeritur. Sed ut mihi videtur, ille vigor naturalis est Spiritus sanctus, i. e. divina et benigna concordia, quae est id, a quo omnia habent esse, moveri, crescere, sentire, vivere, discernere. Qui bene dicitur naturalis vigor, quia divino amore omnia crescunt et vigent. Qui bene dicitur anima mundi, quia solo divino amore et caritate omnia, quae in mundo sunt, vivunt, et habent vivere .... quaedam vegetat et facit crescere, ut herbas et arbores, quaedam facit sentire, ut bruta animalia, quaedam facit discernere, ut homines, una et eadem manens anima, sed non in omnibus exercet eandem potentiam, et hoc tarditate et natura corporum faciente.

5) Hist. litt. de la France, p. 464 sq. Oeuvres inéd. d'Abél. p. 673.

6) Notices et Extraits etc. p. 72.

kenntniss zu erlangen, soll mit dem praktischen Theile begonnen und zum theoretischen fortgeschritten werden, und zwar in folgender Ordnung: Die Ethik soll zur Oeconomik und Politik führen, nach denen Mathematik und Physik an die Reihe kommt, so dass endlich mit der Theologie geschlossen werde¹). Das Ziel alles Wissens ist somit Theologie, und in dem Streben darnach hat die Philosophie vorzugsweise über drei Punkte ein Licht zu verbreiten; nämlich, wie Gottes Allmacht der Causalgrund, seine Weisheit der Formalgrund und seine Güte der Finalgrund der Welt sei²). Die volle Einsicht kann aber nur durch Liebe zu Gott, die sittlichen Lebenswandel in sich schliesst, gewonnen werden; denn nur Liebe zu Gott führt die Seele zu Gott zurück³), und das Ziel ist kein anderes, als Gott zu schauen⁴). Die Sinne sind eigentlich nur ein störendes Element für die eigentliche Thätigkeit der Seele, und sie sollen nie zur Herrschaft über den Menschen gelangen; auch wäre der Mensch glücklicher, wenn er, der Sinne nicht theilhaftig, nur Verstand und Intelligenz besässe⁵).

Endlich steht in dieser Reihe noch *Walter von Mortagne*, welcher in der ersten Hälfte des zwölften Jahrhunderts zu Paris lehrte, und 1174 als Bischof zu Laon starb. Von ihm ist besonders zu erwähnen sein eigenthümlicher Realismus, wie ihn uns Johannes von Salisbury, sein Schüler, beschreibt. Alles, lehrte er, was ist, muss ein jedes der Zahl nach eins sein. Das Allgemeine muss daher auch entweder eins, oder gar nicht sein. Nun lässt es sich aber nicht denken, dass es nicht wäre, da die allgemeinen Begriffe das Wesen der besonderen Dinge ausmachen; deswegen muss ein jedes von den allgemeinen Dingen eins sein, wie die besonderen Dinge. Dieses Allgemeine nun ist in den einzelnen Dingen ganz, und hienach sind in jedem einzelnen Dinge verschiedene beständige Zustände (status) vereinigt. Plato ist als Plato Individuum, als Mensch Art, als lebendiges Wesen Gattung, als Substanz höchste Gattung⁶). Wir sehen, der Hauptaccent liegt

---

1) Ib. p. 74. A practica ascendendum est ad theoricam, non de theorica descendendum ad practicam, nisi causa communis utilitatis. Qui vero sint illi gradus philosophiae, i. e. ordo ascendendi de practica ad theoricam, sic videndum est. Prius est homo instruendus in moribus per ethicam, deinde in dispensatione propriae familiae per oeconomicam, postea in gubernatione rerum per politicam. Deinde cum in istis perfecte exercitatus fuerit, debet transire ad contemplationem eorum, quae sunt circa corpora per mathematicam et physicam usque ad coelestia, deinde ad contemplationem incorporeorum usque ad creatorem per theologiam; et hic est ordo philosophiae.

2) Ib. p. 75. — 3) Ib. p. 78. — 4) Ib. p. 80.

5) Oeuvres inéd. d'Abél. p. 671. Vgl. *Kaulich*. Gesch. d. schol. Philosophie, S. 348 ff.

6) *Joann. Saresb.* Metal. l. 2. c. 17. Hic, ideo, quod omne quod unum est, numero est (andere lesen: omne quod est, unum numero est), (aut) rem universalem, aut unam numero esse, aut omnino non esse concludit. Sed quia impos-

hier darauf, dass das Allgemeine nicht als eine blosse Sammlung von Individuen betrachtet werden dürfe, sondern dass dasselbe in jedem einzelnen Individuum ganz ist, ohne dass doch das Individuum deshalb sein eigenes selbstständiges Sein verliert. Durch die letztere Bestimmung ist der excessive Realismus offenbar gemildert und ihm seine eigentliche Schärfe genommen; aber doch ist er noch nicht ganz überwunden. Das Platonische ist auch hier noch vorwiegend, wie denn Walter auch darin den Platonikern sich anschliesst, dass ihm der gebrechliche Körper als Grund unserer unvollkommenen Einsicht und als ein Hinderniss erscheint, dass wir das Geistige nicht rein, sondern nur unter körperlichen Bildern zu erkennen vermögen¹).

2. Peter Abälard.

§. 63.

Wir haben früher gehört, dass die nominalistischen Dialektiker dieser Epoche vielfach eine rationalistische Tendenz in Bezug auf die Mysterien des Glaubens verfolgten, sowie auch, dass diese rationalistische Tendenz ganz im Einklange stand mit ihren nominalistischen Erkenntnissprincipien. Wir können aber auch den excessiven Realismus dieser Zeit von einer solchen Tendenz nicht freisprechen. Hatte er ja schon in Skotus Erigena einen Vorläufer in dieser Tendenz gehabt; und der Idealismus, auf welchen der excessive Realismus zuletzt hinausläuft, ist ja ohnedies dem falschen Rationalismus nicht minder günstig, wie der Empirismus. So kam es, dass in den dialektischen Schulen dieser Epoche, mochten sie der einen oder der anderen Richtung angehören, hie und da ein rationalistisches Gebahren an die Stelle tiefer, gründlicher Forschung trat. In Folge dessen mussten nothwendig hin und wieder in der Theologie häretische Lehrsätze zum Vorschein kommen, sowie auch der wissenschaftliche Ernst hiebei verloren gehen, und ein gewisser Leichtsinn, welcher mit der Wahrheit nur spielte, an dessen Stelle treten musste.

Schon Anselm hatte dieses Gebahren der Dialektiker, wie wir gesehen haben, stark gerügt. Aber auch Abälard wirft denselben vor, dass sie nur dasjenige als wahr annehmen wollten, was sie selbst auf

---

sibile substantialia non esse, existentibus his, quorum sunt substantialia, denuo colligunt, universalia singularibus, quod ad essentiam, unienda. Partiuntur itaque status duce Gautero de Mauritania, et Platonem, in eo quod Plato est, individuum dicunt; in eo, quod homo, speciem; in eo, quod animal, genus, sed subalternum; in eo, quod substantia, generalissimum. (Vgl. *Cousin*, Oeuvres inédits d'Abélard. p. 513. Quidam enim dicunt singularia individua esse species et genera subalterna et generalissima, alio et alio modo attenta.

1) In einem Briefe an *Abaelard* bei Dachery, spicil. II. p. 477.

dem Wege der Sinnenempfindung oder der Vernunft zu erkennen und zu erforschen vermöchten; er beschuldigt sie, dass sie mit ihrer Dialektik an Alles, auch an die höchsten Geheimnisse des Christenthums, sich wagten, um sie nach ihrer schwachen Einsicht zu messen, und dass sie in ihrem Uebermuthe Alles und Jedes, sei es zu bekämpfen, oder sei es zu vertheidigen, sich herausnähmen [1]), wobei sie selbst die Geheimnisse des göttlichen Lebens nicht unangetastet liessen, indem sie mit der Trinitätslehre die Lehre von der Einheit Gottes, und umgekehrt mit der letzteren die erstere bekämpften [2]). Er führt selbst mehrere Beweisgründe auf, mit welchen sie die Lehre von der Dreipersönlichkeit Gottes angriffen, um deren Unmöglichkeit auf dialektischem Wege darzuthun [3]).

Es wäre zu wünschen gewesen, dass Abälard selbst von dem, was er an den Dialektikern seiner Zeit so bitter tadelt, sich frei gehalten hätte. Aber dem ist nicht so. Wir finden vielmehr bei ihm dieselben Fehler, wie er sie an seinen Zeitgenossen rügt, und die Folgen, welche hieraus für seine eigene Lehre erwuchsen, waren nicht minder verhängnissvoll, als er sie selbst bei Anderen beklagte. Wir werden uns davon bald überzeugen.

Peter Abälard wurde im Jahre 1079 unweit Nantes in dem Flecken Palais in der Bretagne (wovon er den Beinamen „Peripateticus Palatinus" erhielt) von adelichen Eltern geboren, welche ihm eine wissenschaftliche Erziehung gaben. Frühzeitig zeigte sich in ihm ein leidenschaftlicher Hang zur Wissenschaft, namentlich zur Dialektik, und nachdem er den Nominalisten Roscellin gehört hatte, machte er schon mit fünfzehn Jahren nach Art der fahrenden Ritter eine Irr- und Querfahrt durch sein Vaterland, um dialektische Lanzen zu brechen. Später begab er sich nach Paris in die Schule Wilhelms von Champeaux, mit welchem er sich jedoch bald entzweite, worauf er in der Nähe von Paris selbst einen Lehrstuhl der Philosophie errichtete, welcher bald so berühmt wurde, dass er die Schule Wilhelms verödete. Nach einigen Jahren ging er nach Laon, um dort unter dem berühmten Scholasticus Anselm die Theologie zu studiren. Doch bald missachtete er auch diesen Lehrer, setzte ihn vor den übrigen Schülern herab, und suchte sich selbst dem Lehrer gegenüber in Ruhm und Ansehen zu setzen. Er musste deshalb Laon verlassen und kehrte wiederum nach Paris zurück, wo er nun mit solchem Beifalle theologische Vorlesungen hielt, dass aus allen Theilen der Welt lernbegierige Jünglinge und Männer ihm zuströmten. Er erreichte ein Ansehen, wie sich dessen kein zweiter seiner Zeitgenossen erfreute. In Paris wurde er nun

---

1) *Abaelard*, Theol. christiana (ed. Migne) l. 3. p. 1212—1227. Vgl. *Joann. Saresb.* Polycr. l. 7. c. 12.
2) *Abael.* Theol. christ. l. 3. p. 1236. — 3) Ib. l. 3. p. 1287 sqq.

mit einer geistreichen und gelehrten Dame bekannt. Sie hies Heloise und war die achtzehnjährige Nichte eines Canonicus an der Domkirche von Paris, Namens Fulbert. Der Oheim nahm den Abälard als Lehrer seiner Nichte in sein Haus auf. Bald entspann sich zwischen beiden eine unreine Liebe, deren Frucht ein Sohn war, welchem der Name Astrolabius beigelegt wurde. Abälard, von Fulbert aus dem Hause gewiesen, entführte Heloise, und brachte sie in die Abtei Argenteuil. Da entbrannte der Zorn Fulberts gegen ihn, und er liess ihn durch gedungene Männer nächtlicher Weile überfallen und entmannen. Nach seiner Wiedergenesung ging Abälard in das Kloster St. Denis (1119), und auf seinen Wunsch nahm auch Heloise, welche er schon früher heimlich geehelicht hatte, den Schleier. In St. Denis eröffnete er seine theologischen Vorlesungen wieder, und zwar mit dem gleichen Erfolge, wie ehedem. Durch seinen rigoristischen Eifer für die Ordensregeln, welchen [man gerade ihm am wenigsten verzeihen mochte, machte er sich aber bald so verhasst, dass man auf seine Entfernung dachte. Dies um so mehr, als auf der Synode von Soissons (1121) seine in dieser Zeit verfasste Schrift „Introductio ad theologiam" verdammt und er gezwungen wurde, das Buch selbst ins Feuer zu werfen. Durch den Abt Suger endlich seines Ordensgelübdes entbunden, begab er sich in die Gegend von Nogent-sur-Seine, wo er ein Bethaus errichtete, welches er Paraklet nannte. Bald strömten auch hieher wieder zahlreiche Schüler, und er setzte sein Lehramt fort. Nach einiger Zeit (1126) ward er in seiner Heimath zum Abte von St. Gildes de Ruys erwählt. Er folgte dem Rufe und schenkte das verlassene Coenobium paracletense der weiblichen religiösen Genossenschaft, in welcher Heloise sich befand, die mit ihren Mitschwestern aus dem Kloster vertrieben worden war. Heloise ward die erste Aebtissin daselbst. Doch auch in seiner neuen Stellung hielt sich Abälard nicht lange. Er brachte auch da die Mönche gegen sich auf, so zwar, dass diese (nach seiner eigenen Aussage wenigstens) ihn zu vergiften suchten. Er verliess daher (1136) seine Abtei wieder und begab sich nach Paris zurück, wo er neuerdings als Lehrer auftrat. Die irrigen Lehrsätze aber, welche er auch hier wiederum vortrug, veranlassten endlich den heiligen Bernard, gegen ihn in die Schranken zu treten. Abälard wagte es, seinen Gegner zu einer Disputation herauszufordern, konnte jedoch auf der Synode von Sens (1140), wo seine Sache untersucht wurde, dem heiligen Bernhard gegenüber kein Wort hervorbringen, und appellirte deshalb auch einfach an den Papst, welch letzterer jedoch das von der Synode gefällte Verdammungsurtheil seiner Lehre bestätigte. Um sich zu vertheidigen, wollte Abälard nach Rom reisen, kam aber auf dem Wege dahin nach Clugny zu dem dortigen Abte Peter dem Ehrwürdigen, welcher ihn beredete, zu Clugny zu bleiben, und sich mit der Kirche, dem Papste und dem heiligen Bernhard zu versöhnen. Er folgte dem Rathe Peters, verfasste eine Apologie für sich, und verlebte nun die letzten Tage seines Lebens in Ruhe in der Abtei St. Marcel, welche ihm Peter zum Aufenthaltsorte angewiesen hatte. Er starb im Jahre 1142. drei und sechzig Jahre alt. Seinen Leichnam liess Heloise nach dem Paraklet bringen und dort beisetzen. —

§. 64.

Abälard hat uns in seiner „Historia calamitatum" die Geschichte seines Lebens, seinen Bildungsgang und die Art und Weise seines Gebahrens in seiner Lehrthätigkeit selbst geschildert. Es ist von Interesse, ihm in dieser seiner Schilderung zu folgen. Er thut sich auf seine dialektischen Kenntnisse, auf seine dialektische Gewandtheit nicht wenig zu Gute. Gerade durch seine ausgezeichnete dialektische Kunst sei sein Ruhm begründet worden [1]. Da gesteht er von sich, dass er sich für den grössten, ja einzigen Philosophen seiner Zeit gehalten habe [2]. Es ist ein arger Hochmuth, welcher in diesen Worten sich ausspricht. Kein Wunder, wenn er in diesem Uebermuthe zu Laon sich herausnahm, die heilige Schrift ohne Zuratheziehung der Väter auf eigene Faust und nach eigenem Sinne zu interpretiren, um dadurch seinen Lehrern und seinen Mitschülern zu imponiren [3]. Kein Wunder, wenn er überall, wohin er kam, Streit und Unordnung hinbrachte [4], und wenn er sich nicht entblödete, den Bischöfen, welche auf dem Concilium von Soissons sich gegen seine Lehre erklärten. Unwissenheit und gemeine Intrigue zur Last zu legen [5]. Bei einer solchen sittlichen Disposition darf man sich weder über seinen sittlichen Fall, noch über seine Irrthümer wundern. —

Die hauptsächlichsten Schriften Abälards sind seine „Introductio in theologiam" und seine „Theologia christiana," welche die Lehre von der göttlichen Trinität enthalten, und nicht blos denselben Gedankengang aufweisen, sondern oft auch bis aufs Wort übereinstimmen. Nur in einigen Punkten ist die letztere Schrift ausführlicher als die erste, und bringt auch einige neue Gesichtspunkte. Beiden Büchern fehlt der Schluss. An diese zwei Schriften schliesst sich dann sein Commentar zum Briefe Pauli an die Römer an, welcher besonders für die Kenntniss seiner Lehre von der Erbsünde, von der Erlösung und von der Gnade von Wichtigkeit ist. Hiemit verbindet sich die Ethik, welche auch die Aufschrift führt: „Scito te ipsum," ferner das „Sic et non," in welchem Buche er bei jedem dogmatischen Lehrsatze die Gründe und Auctoritäten für und wider aufführt, ohne selbst eine Entscheidung zu geben. Es folgen dann noch sein Briefwechsel mit Heloise, eine Dialektik, die „Hi-

---

1) Hist. calam. c. 2. Introd. ad theol. prolog. p. 974. (Opp. Paris. 1616.) Vgl. *Bernard*, de errorib. Abael. c. 1, 1.
2) Hist. calam. c. 5. — 3) Ib. c. 3. — 4) Ib. c. 8. p. 19. c. 10. p. 26. c. 13.
5) Ib. c. 9. c. 10.

storia calamitatum," seine Apologie und einige minder bedeutende Schriften. Die Untersuchungen, welche er in diesen Schriften anstellt, zeichnen sich keineswegs durch Tiefe des Gedankens aus; es ist nur die dialektische Gewandtheit, welche überall mit einer gewissen Ostentation hervortritt. Das konnte wohl seine Schüler blenden, und ihm so jene grosse Berühmtheit verschaffen, deren er sich erfreute; tiefer blickende Geister aber, wie einen heiligen Bernard, konnte er dadurch nicht fesseln. Sie durchschauten das Gefährliche seiner Lehrmeinungen ungeachtet des dialektischen Apparates, mit welchem sie aufgeputzt waren, und kündigten ihnen deshalb offen den Krieg an. —

In dem Streite über die Universalien, welcher damals alle Denker und Schulen beschäftigte, nahm Abälard, wie wir gesehen haben, Partei gegen den Realismus des Wilhelm von Champeaux. Man hat ihn deshalb unter die Categorie der Nominalisten gestellt. Allein es fehlt nicht an Andeutungen in seinen Schriften, welche ein realistisches Gepräge haben; jedoch so, dass er sich von der excessiv-realistischen Anschauungsweise ferne hält [1]. Gerade dieses legt er sich zum Ruhme bei, dass Wilhelm von Champeaux, sein Lehrer, im wissenschaftlichen Streite von ihm gezwungen worden sei, seine excessiv-realistische Anschauungsweise zu ändern, wenigstens zu modificiren [2]. Freilich scheint nach der Art und Weise, wie Johannes von Salisbury die hieher bezügliche Ansicht Abälards darstellt, letzterer dem Nominalismus sehr nahe gestanden zu sein. Johannes von Salisbury sagt nämlich, Abälard und seine Anhänger hätten die Universalien als „sermones" bezeichnet, während Roscellin und seine Schule sie für blosse „Voces" gehalten hätten [3]. Auf den ersten Blick scheint „sermones" mit „voces" gleichbedeutend zu sein, und ersteres wird im Referate des Johannes von Salisbury letzterem in der That auch sehr nahe gerückt. Indessen, da Johannes von Salisbury die beiden Ansichten dennoch unterscheidet, so muss doch ein Unterschied zwischen beiden stattgefunden haben. Und dieser Unterschied bestand darin, „dass Abälard und seine Anhänger sich auf den Satz beriefen, ein Ding könne nicht von einem andern prädicirt werden [4], oder mit anderen Worten: das, was logisch genommen ein Prädicat sei, könne in der Wirklichkeit nicht Substanz sein: also seien die allgemeinen zur Urtheilsbildung als Prädicate nöthigen Begriffe für sich allein genommen, d. h. abstrahirt von ihren Subjecten, eben Formen der Rede —

---

1) Cf. Histor. calam. c. 2. Introd. ad theol. l. 1. c. 9. p. 987. c. 20. p. 1025. l. 2. c. 6. p. 1095. c. 13. p. 1083 etc.

2) Hist. calam. c. 2.

3) *Joann. Saresb.* Metal. l. 2. c. 17. Alius sermones intuetur, et ad illos detorquet, quidquid alicubi de universalibus meminit scriptum. In hac autem opinione deprehensus est peripateticus palatinus Abaelardus noster, qui multos reliquit et adhuc quidem aliquos habet professionis hujus sectatores et testes.

4) Ib. l. c. Rem de re praedicari monstrum ducunt.

sermones." Damit ist nun nicht gesagt, dass das Universale seinem Inhalte nach gar nicht objectiv begründet wäre; es ist nur gesagt, dass es der Form nach, in welcher es im Denken auftritt, vom Denken selbst gebildet sei. Man dürfe, lehrt Abälard, den Universalien kein besonderes von den Individuen abgesondertes Sein zusprechen; denn ein solches könne actu nicht stattfinden. Das Allgemeine ist nur im Einzelnen, d. h. nur die Reihen der Individuen bilden miteinander das, was wir Gattung und Art nennen; das Allgemeine als solches ist von unserem Denken gebildet; es ist die Einheit der darunter fallenden Individuen, nicht so, dass es essentiel oder individualisirend ins Einzelne eingeht, sondern so, dass es durch die Verknüpfung des Aehnlichen miteinander im Denken besteht[1]). Die Gattungen existiren daher nur in den Arten, die Arten nur in den Individuen[2]). Die Verschiedenheit der Substanzen bedingt die Verschiedenheit der Arten und Gattungen, nicht umgekehrt[3]).

Das Alles lässt sich nun wohl im realistischen Sinne deuten; aber man kann auch nicht läugnen, dass die Ansicht, das Allgemeine bestehe nur durch die Verknüpfung des Aehnlichen miteinander im Denken, wenn sie streng gefasst wird, nur die conceptualistische Formel ausdrückt. Denn da ist dasjenige, was wir im allgemeinen Begriffe denken, nicht mehr das Wesen der Dinge, sondern das Allgemeine beruht nur darauf, dass der Verstand die Einzeldinge auffasst unter gewissen Gesichtspunkten, unter welchen sie einander ähnlich sind. Da ist nun zwar das Allgemeine dem rein subjectiven Denken entzogen, und ihm ein Grund in der Objectivität zugetheilt; aber es tritt doch noch nicht der ächte und wahre Realismus hervor; die rechte Mitte zwischen dem Nominalismus und dem excessiven Realismus ist noch nicht vollkommen gewonnen. Wenn man daher auch Denjenigen keineswegs Unrecht geben kann, welche der Ansicht sind, Abälard entferne sich von dem reinen Nominalismus und schlage die Bahn des Realismus ein: so sind ebenso gut auch Diejenigen in ihrem Rechte, welche, wie Cou-

---

1) Vgl. *Schaarschmidt*, Joann. Saresberiensis, nach Leben und Studien, Schriften und Philosophie. S. 320 ff. (Bonn 1862.)

2) Oeuvres inéd. d'Abél. Dialect. p. 204. — cum videlicet nec ipsae species habeant nisi per individua subsistere, nec in ea, quae informant, et ad invicem faciunt respicere, nisi per individua venire. Introd. ad theol. l. 2. p. 1083. Nam et species ex genere quasi gigni vel creari philosophi dicunt. — Cum autem species ex genere creari seu gigni dicantur non tamen ideo necesse est genus species suas tempore vel per existentiam praecedere ut videlicet ipsum prius esse contingeret quam illas. Nunquam etenim genus nisi per aliquam speciem suam esse contingit.... et ita quaedam species cum suis generibus simul naturaliter existunt, ut nullatenus genus sine illis sicut nec ipsae sine genere esse potuerint.

3) Oeuvres inéd. d'Abél. Dial. p. 418. Diversitas itaque substantiae diversitatem generum et specierum facit.

sin¹) und Remusat²), den Abälard als Conceptualisten bezeichnen.
Abälard befindet sich auf dem rechten Wege in dieser Sache; aber die
richtige Formel hat er noch nicht gefunden.

§. 65.

Dieses vorausgesetzt, muss nun zunächst die Frage sich ergeben,
welches denn die Art und Weise sei, wie Abälard sich das Verhältniss zwischen der Vernunft und dem christlichen Glauben gedacht
habe. Wir finden in dieser Beziehung bei ihm ebenso, wie bei Erigena, eine doppelte Richtung vertreten, die supernaturalistische und
die rationalistische. Was nun zuerst die supernaturalistische Richtung betrifft, so haben wir bereits erwähnt, wie bitter er sich gegen
die falschen Dialektiker ausspricht, deren Arroganz so gross sei, dass
sie meinen, es gebe Nichts, was nicht durch ihre winzigen Schlüsse
begriffen und erörtert werden könne, und welche daher mit Verachtung aller Auctoritäten sich rühmen, nur sich selbst zu glauben. Gegen solche gelte das Wort Augustins (sup. Psalm. 39.): Wirst du
nicht als stolz erfunden, wenn du sagst, zuerst will ich sehen und
dann glauben? Solchen wird, was wunderbar ist, aus der Wissenschaft Unwissenheit erzeugt. Der thierische Mensch fasst das nicht,
was des Geistes Gottes ist (1 Cor. 2. 14.), sondern nach dem Psalmisten wird richtige Einsicht nur denen zu Theil, welche sie vollbringen (Ps. 119, 10.) d. h. denen, welche, was sie richtig erkennen,
im Werke erfüllen, damit wir deutlich sehen, dass man an Erkenntniss bei Gott mehr fortschreite mittelst der Frömmigkeit des Lebens,
als mittelst der Schärfe des Geistes. Das haben schon die alten Philosophen erkannt, welche dafür hielten, die Regel Gottes (normam
Dei) könne man sich nicht durch Vernunftschlüsse, sondern mehr durch
ein gutes Leben erwerben, und man müsse mehr durch seine Sitten,
als durch Worte darnach streben. Es ist eine Anmassung, über das,
was alles Menschliche übersteigt, mit der Vernunft zu grübeln, und
sich nicht eher beruhigen zu wollen, als bis das, was gesagt wird,
entweder durch sinnliche Wahrnehmung oder durch menschliche Vernunft offenbar geworden ist; was so viel heisst, als den Glauben und

---

1) *Cousin*, Oeuvres inédits d'Abélard, Introduction CLXXXIII.
2) *Remusat*, Abélard, T. 2. p. 15. — p. 109. Abélard, sagt Remusat, décide,
que, bien que ces concepts ne donnent pas les choses comme discrètes, ainsi que
les donne la sensation, ils n'en sont pas moins justes et valables, et embrasent
les choses réels. De sorte, qu'il est vrai, que les genres et les espèces subsistent,
en ce sens qu'ils se rapportent à des choses subsistantes, car c'est par métaphore seulement que les philosophe sont pu dire, que ces universaux subsistent.
Au sens propre ce serait dire, qu'ils sont substances, et l'on veut exprimer seulement, que les objets, qui donnent lieu aux universaux, subsistent. Das ist
der conceptualistische Gedanke.

die Hoffnung ganz aufheben, da bekanntlich beide sich auf das Unsichtbare beziehen. Was müsste man in der That für eine grössere Entwürdigung für die Gläubigen halten, als zu bekennen, dass sie einen solchen Gott hätten, welchen die menschliche Vernunft begreifen oder die Zunge der Sterblichen aussprechen könnte? Hat ja schon Plato diese Unbegreiflichkeit Gottes unumwunden zugestanden. So lange mithin der Grund (ratio) verborgen ist, muss die Auctorität genügen, und jener bei allen Philosophen anerkannte Hauptgrundsatz festgehalten werden: Was allen oder mehreren oder gelehrten Männern so scheint, dem darf nicht widersprochen werden. Glauben also muss man zum Heile, was nicht erklärt werden kann, besonders da es weder für etwas Grosses zu halten ist, was die menschliche Schwachheit zu erörtern hinreicht, noch für Glauben zu nehmen ist, was wir, durch einen menschlichen Beweis bewogen, annehmen, und das bei Gott kein Verdienst hat, worin man nicht Gott glaubt, der in den Heiligen redet, sondern menschlichen Schlüssen, welche häufig täuschen [1]).

Wenn ich daher, fährt Abälard fort, diesen Dialektikern gegenüber das Geheimniss der göttlichen Trinität gleichfalls mit dialektischen Gründen zu stützen suche, so beabsichtige ich damit nur dieses, das besagte Geheimniss gegen die Angriffe jener Dialektiker mit congruenten Waffen zu vertheidigen. Ich verheisse nicht, die Wahrheit zu lehren, wozu auch ich Niemanden für befähigt halte; aber doch will ich wenigstens etwas Wahrscheinliches, der Vernunft näher kommendes und dem heiligen Glauben nicht Widersprechendes vorbringen, gegen die, welche den Glauben mit menschlichen Gründen bekämpfen [2]). Ich will nur noch erinnern, dass die Gegner, wenn in einer so grossen Dunkelheit, welche mehr durch Religion, als durch Vernunft durchschaut wird, die Vernunft allenfalls trübe wird und bei so vielen und grossen subtilen Untersuchungen unsere Schwachheit nicht ausreicht, dass sie, sage ich, deshalb sich nicht unterstehen sollen, unseren Glauben zu beschuldigen oder zu tadeln, welcher in sich nicht weniger stark ist, wenn Jemand bei Erörterung desselben einen Fehler begeht. Auch soll es mir Niemand als Anmassung auslegen, wenn ich nicht vollende, was ich unternommen habe, sondern Nachsicht haben mit dem guten Willen, welcher bei Gott hinreicht, wenn die Kraft fehlt. Was immer ich also von dieser überaus erhabenen Philosophie erörtern werde, das, bekenne ich, sei Schatten,

---

1) Theol. christ. l. 3. p. 1212 sqq. p. 1224 sqq.
2) Intr. ad theol. l. 2. c. 2. p. 1047. De quo (de diversitate personarum in una et individua penitus et simplici divina substantia, de generatione Verbi et processione Spiritus) quidem nos docere veritatem non promittimus, ad quam neque nos, neque mortalium aliquem sufficere credimus, sed saltem aliquid verisimile atque humanae rationi vicinum, nec sacrae fidei contrarium proponere libet, adversus eos, qui humanis rationibus fidem impugnare se gloriantur, nec nisi humanas curant rationes, quas noverunt.

nicht die Wahrheit, ein gewisses Gleichniss, nicht die Sache selbst. Was wahr ist, weiss Gott; was aber wahrscheinlich ist und mit den philosophischen Gründen, mit denen es bestritten wird, im höchsten Grade übereinstimmend, glaube ich sagen zu werden. Wenn ich nun hierin durch meine Schuld von der katholischen Ansicht und Redeweise, was Gott verhüte, abweichen sollte, so möge Jener es mir verzeihen, welcher nach der Gesinnung die Werke beurtheilt, da ich immer bereit bin zu jeder Genugthuung bezüglich der Verbesserung oder gänzlichen Tilgung des unrichtig Gesagten, wenn irgend einer der Gläubigen entweder durch die Kraft der Vernunft oder die Auctorität der Schrift es corrigirt [1]).

Offenbar spricht sich in diesen Aeusserungen Abälards eine ganz supernaturalistische Tendenz aus. Der Glaube wird der Vernunft und dem Wissen entschieden superordinirt; die Unbegreiflichkeit der göttlichen Geheimnisse wird stark betont, die Uebervernünftigkeit gewisser Wahrheiten wird principiel festgehalten, und dass das Glauben dem Wissen, nicht umgekehrt das Wissen dem Glauben voranzugehen habe, wird offen anerkannt.

Allein diesen supernaturalistischen Grundsätzen stehen bei Abälard wiederum andere zur Seite, welche ganz die entgegengesetzte Richtung haben, und ganz rationalistisch lauten. Indem nämlich Abälard in seiner Introductio ad theologiam sich anschickt, für die Trinitätslehre Zeugnisse aus den alten Philosophen und aus der Vernunft beizubringen, vertheidigt er dieses sein Verfahren in folgender Weise [2]): Man soll mehr durch Gründe, als durch Gewalt die Häretiker widerlegen; dadurch werden Jene besiegt und wir selbst geübt. Christus hat ja den Aposteln keinen nackten, der Vernunft entbehrenden Glauben hinterlassen. Wenn man Jemanden eine Ueberzeugung beibringen will, und man darf keine Gründe vorbringen, warum er so oder so glauben soll, so müssen wir Allen Glauben schenken, sie mögen Wahres oder Falsches verkünden [3]). Unsere Gegner berufen sich zum Troste ihrer Unwissenheit, wenn sie in Betreff des Glaubens um Dinge befragt werden, worauf sie Nichts antworten können, auf den heiligen Gregor, welcher, von der künftigen Auferstehung sprechend, sagt: „Wir müssen wissen, dass die göttliche Wirkung, wenn sie durch die Vernunft

---

1) Theol. christ. l. 3. p. 1227 sqq. l. 4. p. 1282 sqq. Introd. ad theol. l. 2. c. 2. p. 1047.

2) Introd. ad theol. l. 2. c. 3. p. 1058 sqq.

3) Ib. l. c. Quomodo ergo audiendi sunt, qui fidem rationibus vel astruendam vel defendendam esse denegant? praesertim, cum ipsi sancti quoque de his, quae ad fidem pertinent, ratiocinantes multis exemplorum vel similitudinum rationibus rebelles arguere vel reprimere soleant? Si enim cum persuadetur aliud, ut credatur, nil est ratione discutiendum, utrum ita scilicet credi oporteat vel non: quid restat, nisi ut aeque tam falsa, quam vera praedicantibus acquiescamus?

begriffen wird, nicht wunderbar ist, und der Glaube kein Verdienst hat, wenn ihm die menschliche Vernunft einen Beweis liefert." Darum, sagen sie, dürfe man über Nichts, was zu den Geheimnissen des Glaubens gehört, mit der Vernunft forschen, sondern müsse in Allem der Auctorität glauben, so weit es auch von der menschlichen Vernunft entfernt zu sein scheine. Allein so meint es Gregor sicher nicht, sonst würde er nicht blos allen Anderen, welche Gründe vorbrachten, sondern auch sich selbst widersprechen, da er ja an anderen Orten selbst auffordert, die Häretiker mit Gründen zu widerlegen. Dürfte man nicht untersuchen, so könnte man auch keinen falschen Glauben irgend eines Volkes widerlegen, weil Jeder sagen würde: Nach euren eigenen Grundsätzen ist es nicht gestattet, zu forschen und den Glauben durch die Vernunft zu prüfen. Gregor selbst führt, wo er von der künftigen Auferstehung redet, nicht so fast das Zeugniss der Auctorität, als vielmehr einen menschlichen Grund an. *Nicht weil es Gott gesagt hat, wird es geglaubt, sondern weil man überwiesen wird, dass es so sei, nimmt man es an* [1]). Ein solcher auf Vernunftgründe sich stützender Glaube ist freilich verschieden von dem Glauben Abrahams, welcher gegen Hoffnung auf Hoffnung glaubte, und nicht auf die Möglichkeit der Natur, sondern auf die Wahrhaftigkeit des Verheissenden achtete. Aber wenn auch die Anfänge unseres Glaubens noch kein Verdienst haben, so ist er darum doch nicht unnütz, weil die ihm folgende Liebe erlangt, was ihm fehlte [2]). Viele, welche dem nicht glaubten, was ihnen verkündet wurde, wurden nachgehends durch die Darstellung (exhibitio) der Dinge selbst und durch die Grösse der Wunder zu glauben bewogen, und wurden, wie Thomas und Paulus, im Glauben desto fester, je weniger leichtgläubig sie waren. Im Ecclesiasticus heisst es: „Wer schnell glaubt, ist leichtsinnigen Herzens." Schnell aber glaubt Derjenige, welcher ohne Unterscheidung und Vorsicht sich bei dem, was man ihm sagt, zufrieden gibt, bevor er das, was man ihm einredet, so viel als möglich untersucht hat, ob man ihm nämlich auch Glauben beimessen dürfe [3]). Hieronymus lobte die heilige Marcella, welche ohne Gründe auch *seine* Auctorität nicht annahm; aber jetzt suchen Viele Trost für ihre Unwissenheit darin, dass sie,

---

1) Ib. p. 1060. Nec quia Deus id dixerat, creditur, sed quia hoc sic esse convincitur, recipitur.

2) Ib. p. 1060. At nunquam, si fidei nostrae primordia statim meritum non habent, ideo ipsa prorsus inutilis est habenda, quam postmodum caritas subsecuta obtinet, quod illi defuerat.

3) Ib. p. 1060. Nec quod levitate geritur, stabilitate firmabitur. Unde et in Ecclesiastico scriptum est: „Qui cito credit, levis est corde, et minorabitur." Cito autem sive facile credit, qui indiscrete atque improvide his, quae dicunt, prius acquiescit, quam hoc ei quod persuadetur ignota ratione, quantum valet, discutiat, an scilicet adhiberi ei fidem conveniat.

wenn sie über den Glauben Etwas lehren wollen, was sie nicht auch verständlich machen können, vorzüglich jene Glaubensglut empfehlen, welche das, was gesagt wird, bevor man es einsieht, glaubt und es annimmt, bevor man sieht, was es denn sei, und ob es auch anzunehmen sei. Das thun sie besonders in Bezug auf die Trinität, welche in diesem Leben ganz und gar nicht eingesehen werden könne, sondern deren Erkenntniss eben das *ewige* Leben sei, nach dem Worte des Herrn: „Das ist das ewige Leben, dass sie dich erkennen u. s. w. [1]). Das sind blinde Führer der Blinden, nicht wissend, was sie sagen, und worüber sie Behauptungen aufstellen; sie haben immer noch den Schleier des Moses über ihrem Herzen. Ein solcher blinder Glaube in Betreff Gottes ist um so gefährlicher, je nothwendiger der Glaube an Gott ist, auf welchen alles Uebrige gebaut ist. Wie hätte man die Apostel verlacht, wenn sie gesagt hätten, sie verständen selbst nicht, was sie sagten. Hat nicht Christus ihnen verheissen: „Der heilige Geist wird euch Alles lehren und euch Alles eingeben, was ich euch gesagt habe; der Geist eures Vaters ist es, welcher in euch redet!" Wenn wir also Mysterien von Gott behandeln, so spricht vielmehr der heilige Geist in uns, als wir selber, welchem Alles zuzuschreiben ist, was wir heilsam bekennen; durch seine Belehrung verstehen wir, durch seine Eingebung besprechen wir, was wir selber nicht können: die Geheimnisse der Dreieinigkeit [2]).

§. 66.

Halten wir nun hier inne, und blicken wir zurück auf diese Lehrsätze Abälards, so ist es offenbar, dass diese das gerade Gegentheil von dem aussagen, was die oben angeführten Aeusserungen Abälards enthielten. Hier wird ausdrücklich das Wissen dem Glauben vorausgesetzt; es wird gesagt, dass wir nicht sogleich eine Wahrheit annehmen dürfen, sondern erst nach Untersuchung der Gründe, welche für sie sprechen, und dass von dieser rationellen Begründung der Wahrheit die Annahme derselben unsererseits bedingt sein müsse. „Nicht weil es Gott gesagt hat, wird es geglaubt, sagt Abälard, sondern weil man überwiesen wird, dass es so sei. nimmt man es an." Nicht

---

1) Ib. l. c. Nunc vero e contra plurimi solatium suae imperitiae quaerunt, ut cum ea de fide docere nituntur, quae ut etiam intelligi possint, disserere non sufficiunt, illum maxime fidei fervorem commendent, qui ea, quae dicantur, antequam intelligat, credit, et prius his assentit ac recipit, quam quae ipsa sint, videat, et an recipienda sint, agnoscat, seu pro captu suo discutiat. Maxime vero id profitentur, cum ea praedicantur, quae ad divinitatis naturam et ad sanctae Trinitatis pertinent discretionem, quae penitus in hac vita non posse intelligi asseverant, sed hoc ipsum intelligi vitam dicunt aeternam . . . . .

2) Ib. p. 1058—1065. Vgl. *Hayd*, Abälard und seine Lehre. S. 80 ff. S. 28 ff.

auf die vorläufige Untersuchung und Erörterung der sogenannten Motiva credibilitatis beschränkt also Abälard den dem Glauben vorangehenden Vernunftgebrauch, sondern er erweitert vielmehr den letzteren zur rationellen Untersuchung und Begründung des Glaubensinhaltes selbst. Er fordert eine Prüfung des *Inhaltes* der christlichen Glaubensgeheimnisse durch die Vernunft vor dem Glauben und als Bedingung des Glaubens. In seiner „Historia calamitatum" sagt er, er sei von seinen Schülern aufgefordert worden, mit Vernunftgründen die Lehre von der Dreipersönlichkeit Gottes zu begründen, *weil man das nicht glauben könne, was man nicht zuvor eingesehen hätte*. Und er tritt dann nicht etwa dieser Ansicht und diesem Ansinnen seiner Schüler entgegen, sondern er geht bereitwillig darauf ein und nimmt sich vor, in dem erwähnten Geiste dieses Dogma zu behandeln[1]). Wer diesen Gang nicht einhält und glaubt, bevor er das Geglaubte eingesehen und begründet hat, den beschuldigt er des Leichtsinns und der trägen Unwissenheit. Das Verdienst des Glaubens setzt er deshalb folgerichtig nicht in diesen selbst, sondern nur in die Liebe, welche ihm nachfolgt, und in welcher er sich thätig erweist. Eine Folge dieser Ansicht ist es, dass Abälard den übervernünftigen Charakter und die Unbegreiflichkeit der christlichen Mysterien, besonders des Geheimnisses der Trinität, nicht mehr festzuhalten vermochte, obgleich er vorher so sehr darauf gedrungen hatte. Darum erklärt er es jetzt für falsch, dass wir die Geheimnisse des Glaubens nicht einzusehen vermöchten. Wozu werden uns denn Geheimnisse geoffenbart, sagt er, wenn wir sie doch nicht verstehen sollen[2]). Was insbesondere das Geheimniss der Trinität betrifft, so wirft er die Frage auf, ob die göttliche Erhabenheit auch durch die Vernunft erforscht und Gott durch diese von der Creatur erkannt werden könne, oder ob vielmehr Gott selbst durch irgend ein sinnliches Zeichen zuerst eine Kenntniss von sich gegeben habe, indem er ursprünglich gleichsam in einem Engel oder in irgend einem Geiste erschien, wie man von den ersten Eltern liest, zu denen er im Paradiese redete? Diese Frage beantwortet er dann folgendermassen: Vielleicht ist es Anfangs so geschehen, dass in irgend einer sichtbaren Gestalt der unsichtbare Schöpfer den Menschen sich offenbarte. Wenn wir jedoch die Kraft der Vernunft selbst genauer beachten, deren Eigenheit es ist, alles Sinnliche zu übersteigen, und das zu erforschen, was die Sinne nicht zu erreichen vermögen, so muss gewiss, je höherer Natur eine Sache ist, und je entfernter von der sinnlichen Wahrnehmung, sie mit um so grösserem Rechte dem Urtheile der Vernunft anheimfallen, und um so mehr das Streben der Vernunft anregen. Daher musste auch der Mensch, da er ja vorzüglich durch die Auszeichnung der Vernunft dem Bilde Got-

---

1) Hist. calam. c. 9. — 2) Introd. ad theol. l. 2. c. 3. p. 1066.

tes ähnlich ist, dieselbe auf nichts Anderes mehr hinzurichten geneigt sein, als auf den, dessen Bild, d. h. ausgeprägte Aehnlichkeit er durch sie erlangte; und man muss annehmen, dass sie vielleicht zur Erfassung keiner Sache mehr sich hinneige, als derjenigen, mit welcher sie selbst die grösste Aehnlichkeit hat. Leicht ist es ja, aus Aehnlichem auf Aehnliches zu schliessen, und je mehr Einer einem Andern ähnlich ist, desto leichter vermag er aus sich selbst zur Erkenntniss dessen zu gelangen, dem er selbst durch seine Natur näher steht [1]. Man könnte vielleicht Bedenken tragen, anzunehmen, dass Abälard diese Lehrsätze auch auf die göttliche Trinität ausdehnen wollte; man könnte glauben, er verstehe das, was er damit ausspricht, nur vom Dasein und von der Einheit Gottes, wovon unmittelbar darauf die Rede ist. Aber anderwärts stellt Abälard geradezu den Satz auf, dass der Mensch durch seine natürlichen Erkenntnisskräfte auch zur Erkenntniss der göttlichen Trinität gelangen könne. Er bringt dabei den Lehrsatz der heiligen Schrift in Anwendung, dass Gott dasjenige, was an ihm unsichtbar war, den Heiden geoffenbart habe, und schliesst daraus, dass die Heiden aus der Offenbarung Gottes in der Welt nicht blos Gottes Dasein und seine Eigenschaften, sondern auch sein trinitarisches Leben hätten erschliessen können [2]. Wir sehen hienach, dass Abälard in der That die Möglichkeit zugesteht, das Geheimniss der Trinität durch die blose Vernunft zu erkennen. Wie er selbst diese Voraussetzung in seiner Trinitätslehre praktisch zur Anwendung brachte, werden wir bald sehen.

Wie lassen sich nun diese einander ganz widersprechenden Lehrsätze Abälards miteinander vereinbaren? Es ist schwer, darüber ein bestimmtes Urtheil zu bilden. Aber vielleicht bietet uns dasjenige, was wir ihm oben von dem Einflusse des heiligen Geistes auf unser Erkennen sagen hörten, einen Anhaltspunkt für die Lösung der beregten Frage dar. „Wenn wir Mysterien von Gott behandeln, sagt er, so spricht vielmehr der heilige Geist in uns, als wir selber, — der heilige Geist, welchem Alles zuzuschreiben ist, was wir heilsam bekennen; durch seine Belehrung verstehen wir, durch seine Eingebung besprechen wir, was wir selber nicht können: die Geheimnisse der Dreieinigkeit [3]." Damit hängt es zusammen, dass Abälard nicht blos die Kirchenväter, sondern auch die alten heidnischen Philosophen unter den Einfluss einer göttlichen Inspiration setzt, aus welcher sie ihre hohen Erkenntnisse geschöpft hätten [4]. Wenn das sich so verhält, dann liegt die Erklärung der sich widerstreitenden Behauptun-

---

1) Introd. ad theol. l. 3. c. 1.
2) Expos. in epist. ad Rom. l. 1. c. 1. p. 513 sqq. (ed. Paris 1616.) Theol. christ. l. 4. p. 1313 sqq.
3) Introd. ad theol. l. 2. c. 3. p. 1064 sq.
4) Ib. l. 1. p. 996. p. 1003. Theol. christ. l. 1. p. 1126. p. 1139 sqq.

gen Abälards nahe. Die menschliche Vernunft, für sich genommen, ist unfähig, die Geheimnisse Gottes zu ergründen; sie muss sich also dem Glauben unbedingt unterwerfen. Dagegen ist die Vernunft, so fern sie vom heil. Geiste erleuchtet und inspirirt ist, im Stande, zur Erkenntniss und zum inneren Verständniss jener Geheimnisse auch ohne den Glauben sich zu erheben, und sich so volle Rechenschaft zu geben über das, was geglaubt wird. Und gerade dieses muss dann die Aufgabe aller vernünftigen Forschung und Untersuchung sein.

Ist diese Erklärung richtig, dann steht Abälard auf demselben Standpunkte, wie Erigena. Er ist gleichfalls in der gnostisch-rationalistischen Richtung befangen. Nur unterscheidet er sich dadurch von Erigena, dass das pseudomystische Element bei ihm nicht in dem Grade hervortritt, wie bei Erigena. Der Mysticismus lag eben nicht in der geistigen Richtung Abälards. Er war, wie wir bereits wissen, vorwiegend Dialektiker. Alle seine Schriften charakterisiren sich daher durch ein trockenes, nüchternes, raisonnirendes Dialektisiren. Der mystische Zug war ihm fremd. Obgleich daher sein Standpunkt in einem pseudomystischen Princip seine Wurzel hatte, so konnte sich dieses Princip bei ihm doch nicht in dem Grade zur Geltung bringen, wie bei Erigena. Wir werden es daher erklärlich finden, wenn die Irrthümer, in welche Abälard auf der Basis jenes Princips sich verlor, ganz anderer Art waren, als bei Erigena. Das gnostisch-rationalistische Princip entfaltete sich bei ihm in einer mehr dialektischen Richtung, während es bei Erigena die mystische Richtung eingeschlagen hatte. Darin liegt der Unterschied zwischen beiden. —

Diese Fassung des Abälard'schen Standpunktes wird noch bestätigt durch die Art und Weise, wie Abälard den Begriff jenes Glaubens bestimmt, welchen er nach der supernaturalistischen Seite seiner Lehre hin dem Wissen vorangehen lässt. Er setzt denselben zu einer blosen Anticipation aus Verlangen, zu einer blosen Meinung herab. Der Glaube, sagt er, ist ein Fürwahrhalten von Dingen, welche nicht offenbar sind, nicht in die Sinne fallen: — „Existimatio rerum non apparentium, hoc est, sensibus corporis non subjacentium[1]).“ Ist der Glaube eine blose Meinung, dann kann er freilich erst durch wissenschaftliche Untersuchung und durch Auffindung genügender Beweisgründe zur Gewissheit erhoben werden; und dann ist der gnostische Rationalismus Abälards ganz in seinem Rechte. Dass der Glaube, als auf der göttlichen Auctorität beruhend, selbst schon die Gewissheit in sich schliesse, davon weiss Abälard nichts, weil er eben die Gewährleistung der Wahrheit durch die göttliche Auctorität von dem Begriffe des Glaubens ausschliesst. Es haben alle jene, welche der

---

1) lb. l. 1. c. 1. cf. l. 2. c. 3. p. 1061. Fides dicitur existimatio non apparentium, cognitio vero ipsarum rerum experientia per ipsam earum praesentiam.

gnostischen Richtung zugethan waren, den Glauben, sofern er dem Wissen vorangeht, als eine solche blose Anticipation der Wahrheit, die an sich eine blose Meinung ist, aufgefasst, und Abälard ist ihnen, wie wir sehen, hierin getreu nachgefolgt. Mit Recht tritt der heilige Bernard gegen eine solche Definition des Glaubens mit aller Entschiedenheit auf[1]). Es wird ja dadurch im Grunde aller Glaube aufgehoben; denn der Glaube, welcher nach Abälard dem Wissen nachfolgt und aus ihm hervorgeht, ist ja an sich gar kein Glaube mehr, sondern vielmehr ein Wissen. Ist also auch der Glaube, welcher dem Wissen vorangeht, in seinem Wesen negirt, so gibt es gar keinen Glauben im eigentlichen Sinne mehr: — ganz wie der rationalistische Gnosticismus es will. —

§. 67.

Wir haben oben gesehen, wie Abälard der menschlichen Vernunft, so fern sie vom heiligen Geiste erleuchtet und inspirirt ist, die Möglichkeit zuspricht, die göttlichen Geheimnisse aus sich zu erkennen, einzusehen und zu begründen. Damit ist offenbar jener wesentliche Unterschied zwischen übervernünftigen und Vernunftwahrheiten, wie er in Bezug auf unsere Erkenntniss festgehalten werden muss, aufgehoben. Mit Recht klagt daher der heilige Bernard, dass Abälard Nichts per speculum in aenigmate sehen, sondern Alles wissen wolle im Himmel und auf Erden, dass er Rechenschaft zu geben sich herausnehme von Allem, auch von dem, was die Fassungskraft der Vernunft übersteige, dass bei ihm Alles der menschliche Verstand in seinen Bereich ziehe, ohne dem Glauben Etwas zu reserviren, dass Abälard Nichts glauben wolle, was er nicht einsehe[2]). Aber eben weil Abälard den wesentlichen Unterschied zwischen übervernünftigen und Vernunftwahrheiten aufhob, musste er auch den alten Philosophen, in so fern er sie gleichfalls unter den Einfluss der göttlichen Inspiration setzte, die Erkenntniss der göttlichen Mysterien zuschreiben. Daher die grossen Lobeserhebungen, in welchen sich Abälard über die Lehren der alten Philosophen ergeht, daher die Behauptung, dass auch sie schon eine Erkenntniss der göttlichen Trinität gehabt hätten, wenn dieselbe auch noch nicht so vollkommen gewesen sei, wie wir sie jetzt haben; daher seine Behauptung, dass die Lehren der Philosophen in mancher Beziehung die mosaische Lehre und überhaupt die alttestamentliche Lehre an Vollkommenheit übertreffen[3]). Aber man sieht leicht, dass durch solche Lehrsätze der absolute Werth der christ-

---

1) *Bernard.* De errorib. Abael. c. 4, 9. — 2) Ib. c. 1, 1 Epist. 188, 1. ep. 192. 193.
3) Theol. christ. l. 1. c. 5. p. 1139 sqq. Introd. ad theol. l 1. c. 15. p. 1003 sqq.

lichen Offenbarung gänzlich beseitigt wird. Die christliche Offenbarung ist hienach nicht mehr absolut nothwendig, um uns zur Erkenntniss gewisser Wahrheiten zu bringen; es ist ja die Vernunft allein unter dem Einfluss der göttlichen Inspiration dazu geeigenschaftet, alle jene Wahrheiten zu erkennen, welche uns das Christenthum gebracht hat. Die christliche Offenbarung hat also höchstens noch den Werth eines Hilfsmittels zum Zwecke jener Vernunfterkenntniss. Sie kann nur dazu gegeben sein, um die letzterwähnte Vernunfterkenntniss von der Unvollkommenheit, welche ihr bei den heidnischen Philosophen noch anhaftete, zu befreien, und so als äusseres erleichterndes Medium die Erhebung der Menschen zur reinen und vollkommenen Vernunfterkenntniss in Bezug auf jene Wahrheiten, welche man gewöhnlich als übervernünftige betrachtet, zu bedingen und zu vermitteln. Und in der That legt Abälard dem Christenthume keine höhere Bedeutung, als diese, bei. Er erklärt ausdrücklich, dass das Christenthum nur eine Reformation des natürlichen Sittengesetzes sei, welches schon die alten Philosophen gekannt und befolgt hätten [1]). Es geht zwar dieser Ausspruch zunächst nur auf die sittlichen Wahrheiten, welche in dem Inhalte der christlichen Offenbarung eingeschlossen sind; aber der ganze Standpunkt Abälards bringt es, wie wir gesehen haben, nothwendig mit sich, dass die gedachte Annahme nicht auf die sittlichen Wahrheiten beschränkt bleiben könne, sondern dass sie auch auf die theoretischen Wahrheiten, welche der Inhalt der christlichen Offenbarung in sich schliesst, ausgedehnt werden müsse. Damit ist nun offenbar das tiefste Wesen des Christenthums aufgehoben; und der rationalistischen Verflachung der christlichen Mysterien ist damit Thür und Thor geöffnet. Wie weit hierin Abälard gegangen ist, werden wir sehen.

Doch es ist hiebei noch ein anderes Moment in Anschlag zu bringen. Wenn Abälard jene wesentliche Unterscheidung zwischen übervernünftigen und Vernunftwahrheiten, wie sie in Bezug auf unsere Erkenntniss festgehalten werden muss, aufhob, so konnte er hiebei nicht stehen bleiben. Hatte einmal das Christenthum seinen absoluten Werth für ihn verloren, so musste er folgerichtig auch im sittlichen Gebiete den wesentlichen Unterschied zwischen Natürlichem und Uebernatürlichem fallen lassen, und beide, die natürliche und übernatürliche Ordnung, auf Eine Linie stellen, sie miteinander identificiren. In der That ist er auch zu dieser Consequenz fortgeschritten. Wir werden sehen, dass seine Grundsätze in Bezug auf das sittliche Leben ganz pelagianisch sich ge-

---

[1]) Theol. christ. l. 2. p. 1179. Si enim diligenter moralia Evangelii praecepta consideremus, nihil ea aliud, quam reformationem legis naturalis inveniemus, quam secutos esse philosophos constat, cum lex (mosaica) magis figuralibus, quam moralibus nitatur mandatis, et exteriori potius justitia, quam interiori abundet.

stalten. So wird es uns erklärlich, wenn Abälard nicht müde wird, das sittliche Leben und die Tugenden der alten Philosophen zu lobpreisen, und ihre sittliche Vollkommenheit mit der christlichen auf gleiche Stufe zu stellen. Nicht blos die Lehre der alten Philosophen, sagt er, sondern auch ihr sittliches Leben drückt ganz die evangelische und apostolische Vollkommenheit aus. Das Leben der Philosophen war ein Leben beständiger Entsagung, gerade so, wie die christlichen Mönche diese Selbstentsagung geübt haben¹). Die Grundsätze, welche Plato in seiner Staatslehre entwickelt, sind im Grunde keine anderen, als diejenigen, auf welchen das gemeinsame Leben der ersten Christen beruhte²). Durch dieses ihr sittlich reines Leben haben eben die alten Philosophen jene hohe Erkenntniss sich verdient, welche wir an ihnen bewundern. Gott hat sie ihnen zur Belohnung ihres hohen sittlichen Strebens zugetheilt³). An ihrem ewigen Heile ist deshalb keineswegs zu verzweifeln⁴). Kurz, so wie ihre Lehre mit der alttestamentlichen Offenbarungslehre congruent ist, und selbe in mancher Beziehung noch überragt, so steht auch ihr sittliches Leben keineswegs zurück hinter demjenigen, welches unter dem Einflusse der göttlichen Offenbarungs- und Heilsanstalt ermöglicht ist; beide sind sich gegenseitig vollkommen entsprechend.

Es sind diese Behauptungen, wie gesagt, nur die natürlichen Folgesätze aus jener Verkennung des Wesens des Christenthums, wie selbe Abälard sich zu Schulden kommen lässt. Ist ja das Christenthum seiner Ansicht nach nur eine Reformation des natürlichen Sittengesetzes; was Wunder also, wenn Abälard den Unterschied zwischen dem Natürlichen und Uebernatürlichen nicht mehr aufrecht erhält, und deshalb das heidnisch-sittliche mit dem christlich-sittlichen Leben auf gleiche Linie stellt! Wie in der Erkenntniss Alles natürlich ist, so auch im sittlichen Leben. Der gnostisch-rationalistische Standpunkt hat auch in diesem Gebiete bei Abälard entschieden gesiegt und seinen vollständigen Ausdruck gefunden.

Nachdem wir so den Standpunkt und die Methode Abälards gekennzeichnet haben, müssen wir nun zur Untersuchung und Erörterung der Resultate übergehen, welche er auf diesem Standpunkte erzielt hat. Vor Allem haben wir seine Trinitätslehre, mit welcher er sich vorzugsweise beschäftigt hat, ins Auge zu fassen.

---

1) Ib. l. 2. p. 1179. Quod si philosophorum vitam inspiciamus, ... reperiemus, ipsorum tam vitam, quam doctrinam, maxime evangelicam seu apostolicam perfectionem exprimere, et a religione christiana eos nihil aut parum recedere. p. 1184 sqq. Quod si ad ipsorum philosophorum vitae perfectionem rationis nostrae examen sublevemus, summam in eis anachoretarum seu monachorum mirabimur abstinentiam et contemplativae vitae celsitudinem p. 1190 sqq.

2) Ib. l. 2. p. 1180.

3) Ib. l. 1. c. 5. p. 1139.

4) Ib. l. 2. p. 1174. Intr. ad theol. l. 1. c. 15. p 1006.

§. 68.

Abälard führt in seiner „Einleitung in die Theologie" zuerst die kirchliche Glaubenslehre in Bezug auf die göttliche Trinität in kurzem Umrisse aus. Es lehnt sich diese Ausführung an die kirchlichen Glaubenssymbole an, und schliesst keine Abweichung von der kirchlichen Lehre in sich [1]). Dann wirft er zwei Fragen auf, nämlich was denn „jene Unterscheidung der Personen in der Einen göttlichen Natur, nach welcher diese eine und dieselbe Natur sowohl Vater, als auch Sohn und heiliger Geist genannt werde." zu bedeuten habe; und, wie man denn unbeschadet der untheilbaren Einheit der Substanz eine Dreiheit von Personen aufzeigen, und das Dogma von der Dreieinigkeit gegen die Angriffe der Philosophen vertheidigen könne [2]). Die Beantwortung dieser beiden Fragen bildet den ganzen Inhalt seiner Trinitätslehre.

Was nun vorerst die erste Frage betrifft, so geht Abälard in der Beantwortung derselben von dem Begriffe des höchsten Gutes aus. Ein Wesen kann nämlich nur unter der Bedingung als das höchste und vollkommenste Gut bezeichnet werden, dass es fähig ist zu jedem Werke, dass es in Nichts sich täuschen oder getäuscht werden kann, dass es endlich Alles auf's Beste vollbringen oder anordnen will. Wo diese drei Momente gegeben sind, da ist jenes Wesen, welchem sie eignen, das höchste und vollkommenste Gut, weil kein Gut mehr vorhanden ist, welches seiner Fülle mangelte. Fehlt dagegen nur Eines jener Momente, dann inhärirt jenem Wesen ein Mangel, welcher den Begriff des höchsten und vollkommensten Gutes aufhebt. Drei Dinge gehören also zum Begriffe des vollkommensten Wesens, des höchsten Gutes: die Allmacht, vermöge welcher jenes Wesen zu jedem Werke fähig ist; die Allweisheit, vermöge deren es sich nicht täuschen und nicht getäuscht werden kann; und die Allgüte, vermöge welcher es Alles auf's Beste vollbringt und anordnet. Und gerade diese drei Momente nun sind es, welche nach Abälard durch die drei Ausdrücke: Vater, Sohn und heiliger Geist bezeichnet werden. Durch die Benennung „Vater" wird die Allmacht Gottes ausgedrückt, vermöge deren er Alles bewerkstelligen kann, was er will; durch die Benennung „Sohn" wird die göttliche Weisheit bezeichnet, vermöge welcher Gott Alles zu unterscheiden vermag und in Nichts getäuscht werden kann; durch das Wort „heiliger Geist" endlich wird Gottes Liebe und Güte ausgedrückt, vermöge deren er will, dass Alles auf's Beste geschehe und geordnet werde. Wenn wir also Gott als Vater, Sohn und heiligen Geist bekennen, so ist dieses ebenso viel, als ob wir ihn bekennen als das höchste, vollkommenste Gut, welchem, als der Fülle des Guten, Nichts mangelt, keine Vollkommenheit abgeht. In jenen drei Benennungen unterscheiden wir mithin nur dasjenige, was wir

---

1) Introd. ad theol. l. 1. c. 4—6. — 2) Ib. c. 7.

in dem Ausdrucke „höchstes, vollkommenstes Gut" in Einem Begriffe zusammenfassen [1]). Als Zeugnisse für die Richtigkeit dieser seiner Auffassung führt Abälard alle jene Stellen der heiligen Schrift an, in welchen dem Vater vorzugsweise die Werke der Macht, dem Sohne die der Weisheit und dem heiligen Geiste die der Liebe zugeschrieben werden [2]).

Das ist nun in der That eine eigenthümliche Ableitung des Inhaltes der christlichen Trinitätslehre. Die drei göttlichen Personen werden hier ausgeschieden nach drei grundwesentlichen Momenten der göttlichen Natur selbst, so dass Gott nach seiner Allmacht Vater, nach seiner Weisheit Sohn und nach seiner Güte heiliger Geist genannt wird. Das ist offenbar modalistisch. Der Grund dieser irrthümlichen Anschauung liegt aber bei Abälard darin, dass er, entsprechend dem von ihm aufgestellten Verhältnisse des Wissens zum Glauben, den Inhalt der Trinitätslehre aprioristisch aus dem Wesen Gottes abzuleiten sucht. Wer aus dem Wesen Gottes die Trinität ableiten will, der kommt aus dem Wesen Gottes mit all seinen Deduktionen nicht heraus; er muss deshalb nothwendig den trinitarischen Unterschied in dem göttlichen Wesen als solchem selbst suchen und finden, im Gegensatz zur Lehre der Kirche, welche jenen Unterschied blos in dem Bereiche der Personen gelten, und die Wesenheit als solche davon schlechterdings unberührt sein lässt. Ist aber der trinitarische Unterschied einmal in die göttliche Wesenheit selbst eingetreten, dann sind speculativ nur mehr zwei Auffassungsweisen der Trinität möglich, die tritheistische und die modalistische. Die Wesenheit Gottes muss entweder durch den trinitarischen Unterschied in drei reale göttliche Substanzen, Personen genannt, zer-

---

1) Ib. l. 1. c. 7 sqq. Videtur autem nobis supra positis trium personarum nominibus (Patris, Filii, et Spiritus sancti) summi boni perfectio diligenter esse descripta, ut cum videlicet praedicatur Deus esse Pater, et Filius, et Spiritus sanctus, eum summum bonum atque in omnibus perfectum hac distinctione Trinitatis intelligamus. Patris quippe nomine divinae majestatis potentia designatur, qua videlicet quidquid velit efficere possit..... Filii (vero) seu Verbi appellatione sapientia Dei significatur, quia scilicet cuncta discernere valeat, ut in nullo penitus decipi queat. At vero Spiritus sancti vocabulo ipsa ejus caritas seu benignitas exprimitur, qua videlicet optime cuncta vult fieri seu disponi, et eo modo singula provenire, quo melius possunt, in aliis quoque bene utens, et optime singula disponens, et ad optimum quoque finem perducens. Non est autem perfectus in omnibus, qui in aliquo impotens invenitur, nec perfecte beatus est, qui in aliquo decipi potest, nec penitus benignus, qui omnia optime fieri non velit ac disponi. Ubi vero haec tria conveniunt, ut tam videlicet potentia, quam sapientia, quam bona voluntate sit perfectus, nil boni est, quod ejus plenitudini desit. Tale est ergo Deum Patrem ac Filium et Spiritum sanctum nos profiteri, ac si ipsum, ut dictum est, summum bonum esse praedicemus, cui, inquam, bonorum omnium plenitudini nil desit, et cujus participatione bona esse caetera constet. Theol. christ. l. 1. c. 2.

2) Introd. ad Theol. l. 1. c. 9—14.

spalten, oder die Personen müssen, um die reale Einheit der göttlichen Wesenheit zu wahren, mit gewissen Eigenschaften der letzteren identificirt und so in modalistischer Weise als blose Momente der letzteren gedacht und nach der verschiedenen Offenbarungsweise der göttlichen Substanz in diesen Momenten unterschieden werden. Abälard neigt sich, wie wir sehen, der letzteren Auffassungsweise zu.

Abälard hat aber wohl das Missliche dieser seiner Lehre selbst gefühlt; der Widerspruch derselben gegen die kirchliche Lehre mochte sich seinem Bewusstsein unwillkührlich aufdrängen. Daraus erklärt es sich, dass er im Verlaufe seiner Entwicklung die Schärfe der aufgestellten Grundlehre wieder zu mildern, und die Identificirung der Allmacht, Weisheit und Güte mit den drei göttlichen Personen zu einer blosen Appropriation jener Attribute auf die Personen herabzustimmen suchte. Da erklärt er denn ausdrücklich, dass dieselbe ganz einfache und ungetheilte Substanz, welche Vater, Sohn und heiliger Geist ist, auch die ganze Trinität, d. h. alle drei Personen zumal sei. Die Trinität selbst ist nicht weniger ungetheilt, als die einzelnen Personen; die Wesenheit der ganzen Trinität, d. h. aller drei Personen zusammen, ist nicht grösser, als die jeder einzelnen für sich. Und wenn gesagt wird, die drei Personen seien Eine Wesenheit, so ist darunter keine solche Einheit gemeint, wie sie stattfindet zwischen der Gattung oder ihren Arten, oder zwischen der Art und ihren Individuen. In Gott gibt es keinen solchen realen Unterschied; was Gott hat, das ist er; alle drei göttlichen Personen sind also einer jeden einzelnen gleich [1]). Hienach gesteht Abälard zu, dass Allmacht, Weisheit und Güte, weil sie wesentliche Attribute der göttlichen Natur als solcher seien, jeder der drei göttlichen Personen in gleicher Weise und in gleichem Grade eigen sein müssen. Wenn er daher behaupte, dem Vater komme die Allmacht, dem Sohne die Weisheit, dem heiligen Geiste die Güte eigenthümlich zu, so müsse man dieses so verstehen, dass den einzelnen Personen je nach ihren besonderen personalen Eigenschaften auch gewisse wesentliche Attribute speciel, und gleich als wären sie ihnen mit Ausschluss der übrigen Personen eigenthümlich, beigelegt zu werden pflegen, ohne dass dadurch geläugnet würde, dass diese Atribute, weil wesentlich, den drei Personen zugleich und in gleicher Weise zukommen [2]). Wenn daher der Vater die göttliche All-

---

1) Ib. l. 2. c. 10. p. 1067—1102.
2) Ib. l. 1. c. 10. p. 988. Juxta proprietates trium personarum, quaedam specialiter et tanquam proprie de aliqua earum dici vel accipi solent, quae tamen juxta earum naturam, unionem singulis inesse non ambigimus, ut sapientia Filio, caritas Spiritui sancto specialiter attribuitur, cum tamen tam Pater, quam Spiritus sanctus seu etiam tota Trinitas sapientia sit, et similiter tam Pater ipse, tam Filius, caritas dici possit.

macht genannt werde, so werde ihm das Attribut der Allmacht speciel deshalb und in so fern beigelegt, als er als Person aus sich selbst und aus keinem anderen ist, während der Sohn und der heilige Geist aus ihm hervorgehen. Während also der Sohn und der heilige Geist gleich mächtig sind, wie der Vater, dem Wesen nach, so ist doch dem Vater als Person eine besondere Macht gleichsam reservirt, welche darin besteht, dass er aus sich allein zu sein vermag, und nicht von einem Anderen sein Sein zu erhalten braucht [1]. Er ist deshalb auch nicht die Allmacht schlechthin, sondern wenn ihm dieser Name beigelegt wird, so ist er näher zu bezeichnen als die erzeugende Allmacht (Potentia generans). In gleicher Weise ist dann ferner, wenn der Sohn die göttliche Weisheit, und der heilige Geist die göttliche Güte genannt werden, darunter nicht die Güte und die Weisheit schlechthin, sondern vielmehr die erzeugte Weisheit und hervorgehende Güte (Sapientia genita, Bonitas procedens) zu verstehen [2]. Und wie den göttlichen Personen gemäss ihren personalen Eigenschaften die erwähnten wesentlichen Attribute in besonderer Weise beigelegt werden, obgleich sie ihnen an und für sich gemeinschaftlich sind: so werden in derselben Weise den Personen auch gewisse jenen Attributen entsprechende Werke nach Aussen zugeschrieben: dem Vater die Werke der Allmacht, dem Sohne die Werke der Weisheit und dem heiligen Geiste die Werke der Liebe, obgleich an und für sich diese Werke Thaten der ganzen ungetheilten Dreieinigkeit sind [3].

Es lässt sich nicht läugnen, dass diese Bestimmungen, soweit dadurch das Appropriationsprincip constatirt wird, nicht abzuweisen sind. Denn es kann wirklich eine solche Appropriation gewisser wesentlicher Attribute auf die einzelnen göttlichen Personen stattfinden, je nachdem jene Attribute eine gewisse Analogie oder Aehnlichkeit haben mit den personellen Eigenschaften der einzelnen Personen, und somit diese letzteren durch Appropriation jener wesentlichen Attribute unserer Erkenntniss näher gerückt und gleichsam in einem Bilde oder Gleichnisse verdeutlicht werden [4]. Allein bei Abälard steht die Appropriationslehre vor Allem schon in Widerspruch mit seiner ganzen vorangehenden Deduction. Denn wenn aus der absoluten Vollkommen-

---

1) Ib. l. l. c. 10. p. 989. Quaedam Patri secundum substantiae modum propria manet potentia, ut cum videlicet ipse Pater omnia tacere possit, quae Filius et Spiritus sanctus, hoc insuper habeat, ut a se ipso solus ipse queat existere, nec necesse habeat ab alio esse.

2) Ib. l. l. c. 12. p. 996. Tale itaque est dicere Deum Filium, quasi diceremus divinam sapientiam ex divina genitam potentia. Tale est dicere Domini potestatem, ac si dicamus divinam potentiam, ex qua divina genita est sapientia. Spiritum vero sanctum cum dicimus, tale est, ac si commemoremus divinae potentiae caritatem, ex Patre et Filio pariter procedentem.

3) Ib. l. l. c. 10. p. 968 sqq. — 4) S. Thom. p. 1. qu. 39. art. 7.

heit der göttlichen Wesenheit auf die drei Attribute der Allmacht,
Weisheit und Güte geschlossen, und *diese* Dreiheit dann als die Dreiheit der göttlichen Personen gefasst wird: dann kann consequenterweise hiebei von keiner blosen Appropriation die Rede sein; denn wir haben hier eine Identität jener Attribute mit den Personen, nicht eine Appropriation. Wir können also in dem Rückzuge Abälards auf die Appropriationstheorie nur das Streben erkennen, seiner Theorie in der Appropriationslehre der Theologen einen Rückhalt zu geben, selbst auf die Gefahr hin, in einen Widerspruch mit sich selbst sich zu verwickeln. Doch wir könnten vielleicht auch zu strenge urtheilen; man könnte vielleicht eben so gut in dieser Appropriationslehre Abälards das Correctiv für seine vorangehende Deduction erblicken, und sich dadurch veranlasst sehen, jene Deduction nicht so streng zu fassen, wie wir es oben gethan haben. Allein wenn durch die Appropriation wesentlicher Attribute auf die göttlichen Personen der wahre Inhalt der Trinitätslehre nicht gefährdet werden soll, dann muss jene Appropriation *durchgehends* in der Weise gefasst werden, dass dadurch die andere Wahrheit nicht beeinträchtigt wird, nach welcher jene Attribute den drei Personen doch immer in gleicher Weise und in gleichem Grade zugleich zukommen. Es genügt nicht, dies blos im Princip vorauszusetzen; es muss diese Wahrheit auch durch den ganzen Verlauf der speculativen Entwicklung der Trinitätslehre durchgeführt werden. Und gerade dieses ist es, was Abälard nicht geleistet hat; die absolute Gemeinsamkeit jener Attribute geht ihm über seinen Appropriationsbestrebungen zuletzt doch verloren. Wir werden uns sogleich hievon überzeugen, wenn wir den weiteren Fortgang seiner Lehre ins Auge fassen.

§. 69.

Wir haben oben Abälard behaupten hören, der Grund, warum dem Vater vorzugsweise das Attribut der Allmacht eigne, liege darin, dass er nicht blos Alles, was er will, zu bewerkstelligen im Stande ist, sondern dass er auch, vermöge der Innascibilität, sein Sein aus sich selbst hat, aus sich selbst zu sein vermag. Diesen Satz erweitert nun aber Abälard im Verlaufe der Erörterung dahin, dass er sagt, dem Vater eigne auch deshalb vorzugsweise das Attribut der Allmacht, weil er vermöge seiner Innascibilität, wie das Sein, so auch das Können, die Macht aus sich selber habe, während die beiden anderen Personen, wie das Sein, so dieses Können, diese Macht, nicht aus sich, sondern aus dem Vater haben [1]). Schon diese Bestimmung leidet an einem grossen Mangel, denn, wie schon der heilige Bernard bemerkt, wenn dem Vater deshalb die Allmacht speciel zugetheilt wer-

---

1) Introd. ad Theol. l. 1. c. 10. p. 990 sq.

den muss, weil er sie aus sich selbst, und nicht von einem anderen hat, so muss ihm aus dem gleichen Grunde auch die Weisheit, die Güte u. s. w. speciel beigelegt werden, weil er ja auch diese aus sich selbst und aus sich allein hat, oder vielmehr ist [1]). Noch mehr aber tritt das Schiefe in dieser Behauptung ans Licht, wenn man das Verhältniss ins Auge fasst, in welches Abälard die wesenhafte Allmacht zur zweiten göttlichen Person setzt: „Vielleicht," meint er, „könnte man die Allmacht als bestimmende Eigenschaft des Vaters noch genauer in dem Sinne auffassen, als ob man sagte, der Vater erzeuge vermöge seiner Allmacht, welche ihm speciel zukommt, aus sich seine Weisheit als seinen Sohn, weil nämlich die göttliche Weisheit selbst etwas von der göttlichen Allmacht ist, da die Weisheit ihrem Begriffe nach gleichfalls als eine gewisse Macht (aliqua potentia) gedacht werden muss. Denn die Weisheit ist ihrem Begriffe nach die Macht zu unterscheiden, oder der Täuschung unfähig zu sein [2])." Wir sehen hieraus, wie dem Abälard die Allmacht als specielles Attribut des Vaters dennoch, gleichsam unter der Hand, wieder zur Allmacht schlechthin sich gestaltet. Und so kann er denn auch den weiteren Folgerungen nicht mehr entgehen. Die göttliche Weisheit ist nun nicht mehr die Allmacht schlechthin, sondern nur eine gewisse, „irgend eine" Macht, (aliqua potentia), nämlich die Macht der Unterscheidung, vermöge welcher Gott Nichts verborgen sein und er in Nichts getäuscht werden kann [3]). Der Vater ist somit die Allmacht schlechthin, der Sohn dagegen nur gewissermassen ein Theil jener Allmacht, so fern ihm nur jene Macht eignet, welche im Wesen der Weisheit gelegen ist; und als solche Theilmacht geht er eben aus dem Vater, als der absoluten Macht, hervor. Und eben weil er ein Theil, ein Moment jener absoluten Macht ist, welche Vater heisst, muss gesagt werden, dass er aus der *Substanz* des Vaters hervorgehe; denn Macht und Macht sind miteinander congruent; und wenn somit die Substanz des Vaters

---

1) De error. Abael. c. 3. u. 5.

2) Introd. ad theol. l. 1. c. 10. p. 991. Fortasse autem et in hoc diligentius accipi potest per omnipotentiam Pater, ac si dicamus, cum per omnipotentiam, quae ei, ut dictum est, specialiter tribuitur, de ipso Sapientiam suam tanquam Filium generare, cum ipsa scilicet divina Sapientia aliquid sit de divina Potentia, cum sit ipsa quoque aliqua potentia. Sapientiam namque dicimus potentiam discernendi, sive a deceptione sive a fallacia providendi, ne in aliquo decipi possit vel aliud eum latere queat. Theol. christ. l. 4. 1288 sqq.

3) Introd. ad theol. l. 1. c. 10. p. 991. Est itaque divina Sapientia quaedam divina potentia, per quam videlicet Deus cuncta perfecte discernere atque cognoscere habet, ne in aliquo errare per inscientiam possit. Theol. christ. l. 4. p. 1289. Est itaque Filium gigni a Patre divinam Sapientiam ex divina Potentia esse, cum ipsa, ut dictum est, Sapientia quaedam sit Potentia, atque ipsius Potentiae Dei, quae est omnipotentia, quasi portio quaedam ipsa sit Sapientia, quomodo et quilibet filius portio quaedam parentum quodammodo dicitur.

die absolute Macht, so kann jene beziehungsweise Macht, jene Theilmacht, welche Sohn heisst, nur aus der Substanz des Vaters sein¹).

Betrachten wir uns nun diese Theorie näher, so muss sich uns in derselben ein doppelter Irrthum bemerklich machen. Vor Allem ist durch diese Auffassung des Verhältnisses zwischen Vater und Sohn die absolute Gleichheit zwischen diesen beiden Personen unbedingt aufgehoben. Denn wenn der Sohn nur ein gewisses Moment der göttlichen Allmacht ist, jener Allmacht, welche in ihrer ursprünglichen Fülle dem Vater eignet: so ist die Inferiorität des Sohnes unter dem Vater die unabweisbare Folge hievon. Das ist es auch, was der heilige Bernard gegen Abälard ganz besonders hervorhebt. Jedoch das ist noch nicht Alles. Wenn nämlich in dem Sohne, als der Weisheit des Vaters, nur ein bestimmtes Moment der väterlichen Macht sich darstellt, dann ist der Sohn im Grunde nichts weiter, als eine bestimmte Offenbarungsweise jener absoluten Macht, welche im Vater und der Vater selbst ist. Die väterliche Macht erscheint und offenbart sich im Sohne als die Macht der Unterscheidung, d. i. als Weisheit, und diese Weisheit ist selbst der Sohn. Und das ist modalistisch. Die ganze Deduction Abälards läuft somit in einen subordinatianischen Modalismus aus, in welchem sich das Verhältniss zwischen Vater und Sohn und deren Persönlichkeiten selbst verflüchtigen. Wir wollen es dem Abälard wohl glauben, dass er von solchen Consequenzen Nichts wissen wollte²); aber sie liegen wesentlich in seiner Lehre, und wir dürfen es daher dem heiligen Bernard keineswegs verdenken, wenn er sich gegen diese Lehre mit aller Entschiedenheit erhob.

Demselben Princip bleibt Abälard treu in seinen Bestimmungen über die Person des heiligen Geistes; ja hier tritt jenes Princip noch viel klarer hervor. Der heilige Geist als die göttliche Güte involvirt nach Abälard das Moment der Macht gar nicht mehr; denn die Güte ist ihrem Begriffe nach nur der Wille Gottes, Alles zum Besten zu ordnen und die geschöpflichen Wesen zum guten Ziele zu führen: — eine Bestimmung, in welcher das Moment der Macht offenbar gar nicht vertreten ist. Während also der Sohn ein bestimmtes Moment der väterlichen Macht ist, schliesst der heilige Geist dieses Attribut der absoluten Macht gänzlich von sich aus³). Dafür aber wird von der göttlichen Güte die göttliche Macht als Allmacht sowohl, als auch als Weisheit vorausgesetzt; denn nur unter der Voraussetzung kann ja

---

1) Introd. ad theol. l. 1. c. 10. p. 991. — 2) Opp. Abael. p. 331. (ed. Par. 1616.)
3) Introd. ad theol. l. 2. c. 14. p. 1085. Benignitas, quae nomine Spiritus sancti designatur, non est aliqua in Deo potentia sive sapientia, cum videlicet ipsum benignum esse non sit in aliquo esse sapientem aut potentem, sed ejus bonitas magis secundum ipsum caritatis effectum sive effectus accipienda est. Theol. christ. l. 4. p. 1209.

Gott gütig sein in Wille und That, dass er die Intentionen seiner Güte ausführen *kann* und auszuführen *weiss*. Obgleich also der heilige Geist nichts mehr von dem einschliesst, wodurch Vater und Sohn in ihrer Persönlichkeit charakterisirt sind, so setzt er doch beide voraus, und ist ohne sie nicht möglich. Und das will es sagen, wenn gelehrt wird, der heilige Geist gehe aus Vater und Sohn zugleich hervor¹). Nur frägt es sich hiebei noch, warum denn dieses Ausgehen des heiligen Geistes aus Vater und Sohn vielmehr ein „Hervorgehen" (procedere), denn ein Erzeugtwerden genannt werden müsse. Die Antwort auf diese Frage ergibt sich aus dem Wesen der Liebe. Das Lieben involvirt nämlich ein gewisses Hervorgehen des Liebenden aus sich selbst zum Geliebten, um diesem die Wirkungen der Liebe und Güte mitzutheilen, ihn an sich zu ziehen, und mit sich zu einigen. Wer Jemanden liebt, der dehnt sich gewissermassen zu diesem hin aus, um ihn mit der Fülle des Guten, welches er ihm geben will, zu erfüllen. Und zwar bezieht sich dieses Hervorgehen des Liebenden aus sich selbst in der Liebe stets auf einen Anderen, als er selbst ist; denn im eigentlichen Sinne sagt man nicht, dass Jemand sich selbst liebe, dass er gegen sich selbst gütig sei, sondern die Liebe, die Güte im eigentlichen Sinne gilt vielmehr stets einem Anderen. Wendet man nun diese Bestimmungen auf den heiligen Geist an, so geht daraus von selbst hervor, dass, weil er im Grunde nichts Anderes ist, als die göttliche Güte oder Liebe, auch sein Ursprung aus Vater und Sohn nicht als ein Gezeugtwerden, sondern vielmehr als ein Hervorgehen (procedere) gedacht werden müsse²). Es erfolgt aber ausserdem auch noch ein Zweites, dieses nämlich, dass in dem Begriffe des heiligen Geistes wesentlich schon das Verhältniss zu den geschöpflichen Dingen involvirt ist, weil ja, wie gesagt, die Güte wesentlich auf ein Anderes sich bezieht, und dieses Andere für Gott nur die geschöpflichen Dinge sein können³). Der heilige Geist ist somit seinem Begriffe nach die göttliche Liebe oder Güte gegen die Geschöpfe⁴).

---

1) Introd. ad theol. l. 2. c. 14. p. 1086. Ex Patre autem simul et Filio Spiritus procedere habet, quia bonus ejus affectus sive effectus aliud faciendi vel disponendi ex potentia ipsius et sapientia provenit, cum ideo scilicet velit Deus aliud et faciat, quia et potest illud adimplere et solerter scit efficere: nisi enim posset aliud, frustra id vellet, quia efficacia careret, et nisi solerter sciret illud efficere, non haberet egregium effectum.

2) Ib. l. 2. c. 14. p. 1086. „Procedere" est Deum se per caritatem ad alterum extendere; quodammodo enim per amorem unusquisque a seipso ad alterum procedit, cum proprie nemo ad seipsum caritatem habere dicatur aut sibi benignus esse, sed alteri.

3) Ib. l. c. Maxime autem Deus, cum nullius indiget, erga ipsum benignitatis affectum commoveri non potest, ut sibi aliud ea benignitate impendat, sed erga creaturas tantum, quae divinae gratiae beneficiis indigent, non solum ut sint, sed ut bene sint. — 4) Theol. christ. l. 1. c. 1. p. 1126. Nomine Spiritus sancti designatur bonus effectus (affectus?) erga creaturas.

Aber eben weil der heilige Geist als die göttliche Güte das Moment der Macht gar nicht mehr in sich schliesst, darum kann und muss man zwar sagen, dass er aus Vater und Sohn hervorgehe, nicht aber kann man behaupten, dass er aus der *Substanz* des Vaters und des Sohnes ausgehe. Denn abgesehen davon, dass er in diesem Falle *erzeugt* sein müsste, wie der Sohn, müsste er auch, wenigstens einigermasen, das Moment der Macht in sich einschliessen, weil aus der Macht nur wieder eine Macht hervorgehen kann. Da er nun aber, wie gesagt, das Attribut der Macht gänzlich ausschliesst, so kann von einem Hervorgehen desselben aus der *Substanz* des Vaters und Sohnes nicht die Rede sein [1]).

Wir sehen, dass dasjenige, was wir oben aus der Lehre Abälards über die Person des göttlichen Sohnes erst eruiren mussten, hier in Bezug auf den heiligen Geist von ihm selbst fast formel ausgesprochen ist. Der heilige Geist ist nichts weiter, als die göttliche Güte gegen die geschöpflichen Dinge: — also, sagen wir, nur eine bestimmte Offenbarungsweise des göttlichen Wesens. Das ist offenbar der Grundgedanke, welcher aus der ganzen Lehre Abälards vom heiligen Geiste hervorblickt. Zwar führt Abälard auch die Ansicht derjenigen auf, welche dafür halten, die Liebe des Vaters zum Sohne und des Sohnes zum Vater sei der heilige Geist; und er weist diese Ansicht nicht geradezu zurück, hält aber doch an seiner eigenen Deutung fest [2]). So war es möglich, den Begriff des „Hervorgehens" des heiligen Geistes in der Weise zu verflachen, wie Abälard es gethan, indem er dieses „Hervorgehen" blos darin finden will, dass das Attribut der Güte die Attribute der Allmacht und Weisheit voraussetzt und durch sie bedingt ist. Der modalistische Gedanke ist hier unverkennbar. Dasselbe gilt aber auch von dem mit diesem Modalismus sich verschmelzenden Subordinationsprincip. Dem heiligen Geiste, als der göttlichen Güte, wird von Abälard das Moment der Macht gänzlich abgesprochen und daraus gefolgert, dass derselbe gar nicht aus der *Substanz* des Vaters und Sohnes hervorgehe. So steht der heilige Geist in jeder Beziehung hinter dem Sohne zurück, welcher doch noch „aliqua potentia" und aus der *Substanz* des Vaters erzeugt ist. Damit ist nun offenbar das Subordinationssystem in der Trinitäts-

---

1) Introd. ad theol. l. 2. c. 14. p. 1085 sq. Cum itaque tam Filius, quam Spiritus sanctus ex Patre sit, hic quidem genitus, ille procedens, differt in eo generatio ipsa a processione, quod is, qui generatur, ex ipsa Patris substantia est, cum ipsa, est dictum est, sapientia, hoc est ipsum esse habeat, ut sit quaedam potentia; ipse vero caritatis affectus magis ad benignitatem animi quam ad potentiam attinet, unde bene Filius ex Patre gigni dicitur, h. e. ex ipsa Patris substantia proprie dicitur esse..... Spiritus vero, quamvis ejusdem substantiae sit cum Patre et Filio..... minime tamen ex substantia Patris aut Filii, si proprie loquimur, esse dicendus est, quod oportet ipsum ex Patre vel Filio gigni, sed magis ex ipsis habet procedere.... etc.
2) Ib. l. 2. c. 17. p. 1100 sq.

lehre vollendet, nach der schon vom heiligen Bernard fixirten Reihe: „Omnipotentia, semipotentia, nulla potentia¹)."

§. 70.

Nachdem nun Abälard diese seine Ansicht, dass der ganze trinitarische Unterschied in Gott auf den Unterschied zwischen den drei Eigenschaften der Macht, Weisheit und Güte zu reduciren sei, entwickelt hat, geht er daran, die Wahrheit der christlichen Trinitätslehre sowohl gegen die Juden, als auch gegen die Heiden zu vertheidigen. Und dieses sucht er dadurch zu bewerkstelligen, dass er sowohl aus den heiligen Schriften der Juden, als auch aus den Schriften der heidnischen Philosophen Zeugnisse für die Dreieinigkeit Gottes aufzubringen sich bemüht²). Er geht hiebei von dem Grundsatze aus, dass Christus, indem er das Geheimniss der göttlichen Trinität enthüllte, nichts Neues in die Welt gebracht, sondern nur das bereits Vorhandene zur vollkommenen Erkenntniss gebracht habe. Das Geheimniss der göttlichen Trinität sei nämlich dem Wesentlichen nach, wenn auch nicht in gleicher Vollständigkeit, einerseits schon im alten Bunde von Gott geoffenbart worden durch die Propheten, welche aus göttlicher Inspiration redeten, und andererseits sei dasselbe in fast gleichem Masse auch schon den heidnischen Philosophen bekannt gewesen, welche gleichfalls unter dem Einflusse der göttlichen Inspiration standen, und vermöge dieser durch ihre natürliche Vernunft dazu hingeleitet wurden. Denn da der ganze trinitarische Unterschied auf den Unterschied zwischen Allmacht, Weisheit und Güte sich reducirt, aus den geschöpflichen Dingen aber auf diese Allmacht, Weisheit und Güte Gottes hinübergeschlossen werden kann, so lag hierin für die Philosophen, so fern sie durch göttliche Inspiration erleuchtet wurden, die Möglichkeit, zur Erkenntniss der göttlichen Trinität sich zu erheben. Wenn sie also auch nicht das Geheimniss der Incarnation aus den geschöpflichen Dingen zu erkennen vermochten, so doch die göttliche Trinität³). Und sie haben wirklich dieselbe erkannt. Beide Theile der vorchristlichen Menschheit, die Juden und die Heiden, sollten nach dem göttlichen Rathschlusse in einem gewissen Grade zur Erkenntniss dieses Geheimnisses erhoben werden, damit sie um so leichter und williger demselben zur Zeit der Gnade sich anschliessen möchten, wenn sie sähen, dass ihnen dasselbe im Wesentlichen schon von ihren alten Lehrern überliefert worden sei⁴). Daher die Offenbarung dieses Geheim-

---

1) De error. Abael. c. 3. u. 8. — 2) Introd. ad theol. l. 1. c. 13. c. 15. Theol. christ. l. 1. c. 3. p. 1126 sqq.

3) Expos. in ep. ad Rom. l. 1. c. 1. p. 513 sqq.

4) Theol. christ. l. 1. c. 2. p. 1126. Hanc divinae Trinitatis distinctionem, non a Christo inceptam, sed ab ipso apertius ac diligentius traditam esse ostendamus; quam quidam divina inspiratio et per prophetas Judaeis, et per philo-

nisses nicht auf die Propheten beschränkt blieb, sondern auch auf die Philosophen der Heiden sich ausdehnte. Zudem musste Gott schon in der vorchristlichen Zeit durch ein grösseres Gnadengeschenk, welches er den heidnischen Philosophen verlieh, zu erkennen geben, wie weit angenehmer ihm derjenige sei, welcher mässig lebt und von den Lüsten der Welt sich ferne hält, als derjenige, welcher in den Schlamm des Lasters sich stürzt¹).

Indem wir nun die Zeugnisse, welche Abälard aus den heiligen Schriften des alten Testamentes für die Trinitätslehre beibringt, übergehen, wenden wir uns sogleich zu denjenigen, welche er aus den heidnischen Philosophen entnimmt. Da wendet er sich ganz besonders dem Plato und den Platonikern zu. Diese haben, sagt er, nach den Propheten die ganze Trinität deutlich gelehrt, indem sie bezeugten, dass der νοῦς aus Gott geboren und mit ihm gleich ewig sei; sie scheinen auch die Person des heiligen Geistes nicht übergangen zu haben, indem sie behaupteten, die Weltseele sei die dritte Person nach Gott (a Deo), sie sei das Leben und das Heil der Welt²). In der Weltseele Plato's findet also Abälard die Person des heiligen Geistes. Merkwürdig sind die Deutungen, welche er hiebei den Worten Plato's gibt. Nach seiner Ansicht wird der heilige Geist deshalb von Plato Seele der Welt genannt, weil durch die göttliche Güte, die eben der heilige Geist selbst ist, Alles Leben hat vor Gott und Nichts todt, d. i. unnütz ist³). Daraus erklären sich dann die weiteren Lehrbestimmungen Plato's über die Weltseele. Wenn Plato sagt, dass die Weltseele zum Theil aus einer untheilbaren, unveränderlichen Substanz bestehe, zum Theil aus einer theilbaren und veränderlichen, und nach dieser letzteren in alle Körper sich ausbreite und gleichsam zertheile: so bedeutet dieses nach Abälard so viel, dass der heilige Geist zwar in sich selbst schlechterdings untheilbar sei, dass er aber, indem er an Verschiedene verschiedene Gaben vertheilt, sich so in seinen Wirkungen gleichsam zu theilen scheint. Sagt man ja doch auch, dass je nach dem verschiedenen Masse der Gnade der Eine diesen, der Andere jenen Geist

---

sophos gentibus dignata est revelare, ut utrumque populum ad cultum unius Dei ipsa summi Boni perfectio agnita invitaret, ex quo omnia, per quem omnia, et in quo omnia, et facilius haec fides Trinitatis tempore gratiae susciperetur ab utroque populo, cum eam a doctoribus quoque antiquis viderent esse traditam. Introd. ad theol. l. 1. c. 12. p. 996.

1) Theol. christ. l. 1. c. 5. p. 1139. — 2) Introd. ad theol. l. 1. c. 17. p. 1012 sqq.

3) Ib. l. 1. c. 17. p. 1014. Bene autem Spiritum sanctum animam mundi quasi vitam universitatis Plato posuit, cum in bonitate Dei omnia quodammodo vivere habeant, et universa tanquam viva sint apud Deum et nulla mortua, h. e. nulla inutilia, nec etiam ipsa mala, quae optime per bonitatem ipsius disponuntur. Theol. christ. l. 1. c. 5. p. 1145.

besitze. So ist in der That der heilige Geist, wenn man ihn in Beziehung auf seine Wirkungen fasst, eine Mischung des Untheilbaren und Theilbaren, wie solches Plato von der Weltseele behauptet, weil und in so fern nämlich seine Wirkungen vielfach und verschieden sind, und er dennoch in allen sich selbst gleich bleibt [1]. Auch die Lehre Plato's, dass die Weltseele die Mitte der Welt einnehme, weiss Abälard auf den heiligen Geist zu deuten. Wenn nämlich Plato lehre, dass die Weltseele von Gott in die Mitte der Welt gesetzt worden sei, und von dieser Mitte aus gleichmässig nach allen Punkten der Peripherie sich ausdehne, so bezeichne dieses in gar schöner Symbolik die Thatsache, dass die göttliche Gnade, die Allen gemeinsam angeboten wird, Alles, wie es billig und heilsam ist, in diesem grossen Hause oder Tempel der Welt mit Güte anordne [2].

Auf diese und ähnliche Weise also sucht Abälard die Lehre von der Trinität in die Systeme der heidnischen Philosophen, insbesonders des Plato, hinein zu demonstriren. Auf den Einwurf, dass diese ganze Erklärungsweise denn doch eine gezwungene sei, und dass die Philosophen die Sache doch nicht so gemeint haben können, wie es hier ihnen untergeschoben wird: erwiedert Abälard damit, dass er an den Kaiphas erinnert, durch welchen der heilige Geist gleichfalls eine Prophezie aussprach, indem er den Worten desselben einen ganz anderen Sinn beilegte, als Kaiphas selber dabei hatte. Müsse man ja annehmen, dass auch die Propheten nicht jedesmal den *ganzen* Sinn dessen gefasst hätten, was der heilige Geist durch sie gesprochen habe, sondern gar oft nur die Eine Seite des Sinnes eines Satzes erkannt hätten, während doch der heilige Geist einen mehrfachen Sinn darin intendirte [3]. In analoger Weise verhalte es sich denn auch mit den trinitarischen Lehren der heidnischen Philosophen, insbesonders Plato's. Sie erkannten und verstan-

---

1) Introd. ad Theol. l. 1. c. 17. p. 1015 sqq. Theol. christ. l. 1. c. 5. p. 1145 sqq.

2) Introd. ad theol. l. 1. c. 17. p. 1020. Illud quoque, quod ait Plato, animam locatam esse a Deo in medietate mundi, eamque per omnem globum totius orbis aequaliter porrigi, pulchre designat gratiam Dei omnibus communiter oblatam, cuncta prout salubre vel aequum est, benigne in hac magna domo sua seu templo disponere. Theol. christ. l. 1. c. 5. p. 1149.

3) Introd. ad theol. l. 1. c. 20. p. 1032. Si quis autem me quasi importunum ac violentum expositorem causetur, eo quod minus propria expositione ad fidem nostram verba philosophorum detorqueam, et hoc eis imponam, quod nequaquam ipsi senserunt, attendat illam Caiphae prophetiam, quam Spiritus sanctus per eum protulit, longe ad alium sensum eam accomodans, quam prolator ipse senserit. Nam et sancti prophetae, cum aliqua Spiritus sanctus per eos loquatur, non omnes sententias ad quas se habent verba sua intelligunt, sed saepe unam tantum in eis habent, cum Spiritus ipse, qui per eos loquitur, multas ibi provideat, quatenus postmodum alias aliis expositionibus et alias aliis inspirat.

den oft selbst nicht den ganzen Inhalt und die ganze Tragweite dessen, was sie in dieser Beziehung lehrten. Sagt ja doch Macrobius selbst, die Aussprüche über die Weltseele seien mystisch zu interpretiren¹). Es bleibt also dabei, dass die platonische Lehre mit dem Glauben an die heilige Trinität am meisten übereinstimme; und wenn Plato sagt, der νοῦς sei gemacht, die Weltseele sei geschaffen, so ist dieses blos eine uneigentliche Redeweise für „Erzeugung" und „Hervorgang²)." War es ja doch ganz in der Ordnung, dass für die höchste Sophia, welche Christus ist, das Wort und die Weisheit des Vaters, der grösste Philosoph und seine Anhänger vorzugsweise Zeugniss gaben. Wenn also die Bienen dem Knaben Plato, als er in der Wiege lag, Honig auf die Lippen legten, so war das ein Wunder, welches Gott wirkte, um anzuzeigen, dass er durch ihn die Geheimnisse seiner Gottheit genauer enthüllen werde³).

So legt denn Abälard, wie wir sehen, auf die Zeugnisse der heidnischen Philosophen, besonders des Plato, für die Trinität grosses Gewicht, und weiss durch allerlei Wendungen darzuthun, dass es gut sei, das Geheimniss der göttlichen Trinität aus den heidnischen Philosophen zu erweisen, besonders Denjenigen gegenüber, welche jenes durch philosophische Gründe zu bekämpfen suchten. Aber gerade diesen letztgenannten Gegnern gegenüber hält er dieses Verfahren zuletzt doch für unzureichend. Er glaubt vielmehr, dass jenen, welche durch dialektische Beweisgründe die Wahrheit bekämpfen, nicht blos mit Auctoritäten, sondern auch mit solchen Waffen begegnet werden müsse, welche den ihrigen congruent sind, nämlich gleichfalls mit dialektischen Gründen. Suchen jene mit menschlichen Vernunftgründen die Wahrheit zu stürzen, so müsse man von der anderen Seite die Wahrheit ebenfalls mit menschlichen Vernunftgründen stützen und vertheidigen. Sind ja auch die weltlichen Wissenschaften, insbesonders die Dialektik, eine Gabe Gottes, und liegt es deshalb ja auch in ihrer Bestimmung, zum Dienste der geoffenbarten Wahrheit herangezogen zu werden⁴).

Und so schreitet denn Abälard zur Beantwortung der zweiten der obengestellten Fragen fort, nämlich wie man denn unbeschadet der untheilbaren Einheit der Substanz eine Dreiheit der Personen aufzeigen, und das Dogma der Trinität gegen die Angriffe der Philosophen vertheidigen könne.

§. 71.

Abälard gesteht ein, dass es sehr schwer sei, dieser Aufgabe zu genügen. Denn je mehr die Erhabenheit der göttlichen Natur den übrigen

---

1) Ib. l. 1. c. 20. p. 1026. p. 1032. — 2) Ib. l. 1. c. 16. p. 1010 sqq.
3) Ib. l 1. c. 20. p. 1033 sq — 4) Ib. l. 2. c. 2. p. 1046 sqq. Theol. christ. l. 3. p. 1211 sq. p. 1227.

Naturen, welche sie schuf, ferne steht, desto weniger finden wir in diesen entsprechende Gleichnisse, welche in Betreff jener genügen. Daher wagten auch die Philosophen nicht, das göttliche Wesen zu definiren; man könne es, sagten sie, weder fassen noch aussprechen. Darum haben sie auch Gott aus der Zahl der Dinge ausgeschlossen, als wäre er Nichts von Allem. Denn da sie jede Sache zur Categorie der Substanz oder zu einer von den übrigen rechnen, so müssten sie Gott entweder jener, oder diesen zuzählen. Alles aber, was nicht Substanz ist, kann nicht durch sich selbst subsistiren. Da nun aber Gott der Anfang und Grund aller Dinge ist, so kann er unmöglich zur Zahl jener Dinge gehören, die keine Substanzen sind. Aber auch zu den Substanzen kann man ihn nicht rechnen, obwohl gerade er am meisten durch sich selbst existirt. Denn das Eigenthümliche der Substanz ist, dass sie, während sie der Zahl nach Eins und dasselbe bleibt, Entgegengesetztes in sich aufnehmen kann. Die göttliche Natur aber ist keiner Veränderung durch Accidentien und keiner Annahme von Formen fähig, und ist deshalb von den Philosophen auch nicht unter die Substanzen aufgenommen worden. Und doch ist er gewiss eine Substanz, in so fern er wahrhaft subsistirt. Nur in uneigentlichem Sinne also kann man Gott Substanz nennen; richtiger nennen wir ihn, und zwar ihn allein, Essenz, weil bei ihm allein das Sein und das Subsistiren dasselbe sind. Es ist also aus der Lehre der Philosophen, welche die Naturen aller Dinge in zehn Categorien eingetheilt haben, klar, dass jene höchste Majestät ganz davon ausgeschlossen sei, und dass ihre Regeln in keiner Weise bis zu jener unaussprechlichen Erhabenheit hinanreichen. Unsere Worte entsprechen den geschöpflichen Dingen, auf welche sie sich zunächst beziehen; wenn wir sie daher auf die besondere Natur der Gottheit übertragen, so müssen wir sie auch in eine besondere Bedeutung einschränken. Darum scheint bei Gott kein Wort seine eigentliche Bedeutung zu behalten, sondern Alles, was von Gott gesagt wird, ist in Metaphern und parabolische Räthsel eingehüllt, und wird durch Gleichnisse angedeutet, welche nur theilweise Geltung haben, so dass wir von einer so unaussprechlichen Majestät das Andere für jetzt mehr durch Glauben, als durch Erkennen kosten. Und weil wir keine erschöpfenden Gleichnisse finden für das, was einzig ist, so können wir auch durch Gleichnisse hierin nie genügen [1]).

Dennoch aber will Abälard solcher Gleichnisse sich bedienen, um den falschen Dialektikern gegenüber das Trinitätsgeheimniss zu vertheidigen, und das „Wie" desselben wenigstens einigermassen zugänglich für die Vernunft zu machen [2]).

Man kann, sagt er, leicht an einzelnen Dingen zeigen, dass eine Sache der Zahl und dem Wesen nach ein und dieselbe bleibt, und doch

---

1) Introd. ad theol. l. 2. c. 10. p. 1067—1076.
2) Introd. ad theol. l. 2. c. 2. p. 1047.

mehrere Proprietäten in ihr sind, welche einen Unterschied begründen, in Folge dessen die nämlichen Dinge auch verschiedene Namen annehmen. So kann in der Einen Substanz des Menschen als solchen Verschiedenes unterschieden werden, wie z. B. das animalische Leben, die Vernunft, die Sterblichkeit u. dgl., während es doch der Zahl und dem Wesen nach ein und derselbe Mensch ist. Wenn man nun auf diese Weise in vielen Dingen bei Einer Substanz Unzähliges angeben kann, was sich nach Proprietäten von einander unterscheidet, ist es da zu verwundern, wenn in der Einen göttlichen Substanz verschiedene Proprietäten sind, nach denen die drei Personen unterschieden werden können[1])?

Wenn ferner die Grammatiker, fährt Abälard fort, drei Personen unterscheiden, jene, welche spricht, dann jene, zu welcher die erstere spricht, und endlich jene, von welcher gesprochen wird: so gestehen sie, dass von einem und demselben Subjecte diese drei Persönlichkeiten zugleich ausgesagt werden können: die erste, je nachdem dieses Subject selbst sprechend ist; die zweite, je nachdem zu ihm von einer andern Persönlichkeit gesprochen wird, und die dritte, je nachdem zwischen Andern von ihm die Rede ist. Ferner ist die erste Persönlichkeit gewissermassen der Grund der beiden übrigen; denn wo keine Person vorhanden ist, welche spricht, da kann auch keine zweite gedacht werden, an welche die Rede gerichtet ist. Und Aehnliches gilt von der dritten Person im Verhältniss zu den beiden erstern; denn nur von zwei sprechenden Personen kann über eine dritte Person gesprochen werden. Letztere setzt also die beiden erstern voraus. — Dieses Gleichniss nun, meint Abälard, kann ganz passend auf die göttlichen Personen angewendet werden; denn wie grammatikalisch die zweite Person die erste und die dritte die beiden ersten voraussetzt, so setzt auch der Sohn den Vater und der heilige Geist beide voraus; und wie ein und derselbe Mensch sowohl die erste, als auch die zweite und dritte Person sein kann, ohne dass deshalb irgend ein Grammatiker sagen wird, die erste Person sei die zweite oder die dritte, so wird auch in Beziehung auf Gott, obwohl jede der göttlichen Personen dieselbe Wesenheit ist, Niemand sagen, eine Person sei die andere[2]).

§. 72.

Noch mehr. Nehmen wir, sagt Abälard, ein Erz, welches zu einem Siegel verarbeitet ist. Hier haben wir zuerst eine volle Einheit, nämlich das Siegel als solches. In dieser Einheit haben wir dann aber wiederum ein doppeltes zu unterscheiden, nämlich das Erz für sich, welches die Materie des Siegels bildet, und jene bestimmte Form, durch

---

1) Intr. ad theol. l. 2. c. 12. p. 1078 sqq.
2) Ib. l. 2. c. 12. p. 1080.

welche das Erz zum Siegel gebildet ist, das Bild nämlich, welches in dem Erz sich ausgeprägt findet. Fassen wir nun diese beiden Momente näher in's Auge, so sehen wir, dass sie beide mit einander zwar eine wesenhafte Einheit bilden, nämlich das Siegel als solches, dass sie aber dennoch von einander gegenseitig ganz verschieden sind, und das eine dem andern in keiner Weise substituirt werden kann. Ebenso sehen wir, dass das Siegel als solches aus dem Erze ist, nicht aber umgekehrt das Erz aus dem Siegel. Das Erz kann ferner nicht als die Materie seiner selbst betrachtet werden, sondern nur als die Materie des Siegels; denn nicht wird Erz aus Erz, sondern aus dem Erz wird und ist das Siegel. Ist aber das Siegel aus dem Erz geformt, dann ist es eben vermöge seiner Form auch geeignet zum Siegeln (sigillabile). Wenn nun mit demselben wirklich gesiegelt wird, so haben wir in der Einen Wesenheit des Siegels nicht mehr blos zwei, sondern drei Momente zu unterscheiden: das Erz selbst, die Form des Siegels, wodurch es geeignet ist zum Siegeln, und endlich das Siegel als wirklich siegelnd (aes ipsum, sigillabile et sigillans). Obgleich also die Wesenheit des Siegels nur Eine ist, da die erwähnten drei Momente miteinander eben das Siegel als solches bilden, so sind doch andererseits diese drei Momente wieder ganz von einander verschieden, und stehen zudem in einem solchen Verhältnisse zu einander, dass durch das Erz die Siegelform und in ihr das Sigillabile, durch beides zugleich aber, durch das Erz und durch die Siegelform, das wirkliche Siegeln bedingt ist [1]).

Dieses Gleichniss nun kann in seinem vollen Umfange auf die göttliche Trinität angewendet, und diese durch selbes verdeutlicht werden. Wie nämlich aus dem Erz das Siegel entsteht, aus demselben gleichsam erzeugt wird, so hat auch der Sohn aus dem Vater das Sein, und wird in so fern von ihm gesagt, dass er aus der Substanz des Vaters erzeugt sei. Und wie das Siegel aus dem Erz, nicht umgekehrt das Erz aus dem Siegel ist, so ist auch der Sohn aus dem Vater, nicht der Vater aus dem Sohn. Wie ferner das Siegel nicht das Erz schlechthin, sondern nur ein bestimmtes, von andern Erzen nur durch die eigenthümliche Form unterschiedenes Erz ist: so ist auch der Sohn nicht die Allmacht schlechthin, wie der Vater, sondern nur eine bestimmte, beziehungsweise Macht, die Weisheit nämlich, welche in der Macht der Unterscheidung besteht. Diese bestimmte, beziehungsweise Macht setzt aber die Macht schlechthin voraus, und kann nur aus dieser hervorgehen, wie das eherne Siegel das Erz im Allgemeinen voraussetzt, und nur aus diesem gebildet werden kann [2]). So ist das ge-

---

1) Ib. l. 2. c. 13. p. 1081 sqq.
2) Ib. l. 2. c. 13. p. 1082 sq. Sicut enim ex aere sigillum est aereum, et ex ipso quodammodo generatur, ita ex ipsa Patris substantia Filius habet esse,

gebene Gleichniss dem Verhältnisse zwischen Vater und Sohn ganz congruent. Und das Gleiche gilt vom heiligen Geiste, welcher als die göttliche Güte mit dem dritten Momente, der actuellen Siegelung nämlich, parallel gestellt werden muss¹) Wie nämlich das Siegel vermöge des Actes der Siegelung in jene Materie gewissermassen hervorgeht, in welche es eingedrückt wird, und zwar zu dem Zwecke, um in jener Materie dasjenige Bild auszuprägen, welches im Siegel sich befindet, so erneuert auch der heilige Geist, indem er in der Vertheilung seiner Gaben uns eingegossen wird, das zerstörte Bild Gottes in uns wieder, damit wir so nach dem Ausspruche des Apostels gleichförmig werden dem Bilde des Sohnes Gottes, d. i. Christo, und aus dem alten in den neuen Menschen übergehen²). Und wie das Erz, die Siegelform, und das Siegel im Acte des Siegelns (sigillans) zwar dem Wesen nach Eins, aber doch von einander andererseits wieder verschieden sind, so sind auch der Vater, der Sohn und der heilige Geist dem Wesen nach Eins; aber durch ihre personalen Eigenschaften zugleich auch wieder von einander verschieden, so dass die eine Person der andern keineswegs substituirt werden kann³). Das Erz als Materie ist nicht die Form des Siegels, und umgekehrt. So ist auch der Vater

et secundum hoc ex ipso dicitur genitus. Specialiter enim nomine Patris divina potentia declaratur, sicut nomine Filii divina sapientia significatur. Est autem divina Sapientia quaedam, ut ita dicam, ipsius Dei potentia, qua videlicet ab omni sibi fallacia vel errore providere potest .... Cum igitur Sapientia quaedam sit potentia, sicut aereum sigillum est quoddam aes, liquet profecto, divinam sapientiam ex divina potentia esse suum habere, ad eam scilicet similitudinem, qua sigillum aereum ex aere dicitur esse, quod est ejus materia. Sicut enim ex eo, quod est aereum sigillum, exigit necessario, ut aes sit, ita divina Sapientia, quae est potentia discernendi, exigit, quod sit divina potentia, non e contrario. Quippe sicut aereum sigillum de ipsa aeris substantia vel essentia esse dicitur, cum esse videlicet aereum sigillum sit esse aes quoddam: ita et divina sapientia de divinae potentiae dicitur esse substantia, cum videlicet esse sapientiam, i. e. potentiam discernendi, sit esse potentiam quandam, quod est Filium de Patris substantia esse vel ab ipso genitum esse.

1) Intr. ad theol. l. 2. c. 14. p. 1087. Sicut igitur ex aere sigillum aereum habet esse, et rursum ex aere simul et !sigillo, i. e. sigillabili, sigillans habet esse, sic ex Patre solo Filius habet esse, et ex Patre et Filio Spiritus sanctus.

2) Ib. l. 2. c. 14. p. 1087. Sicut ergo sigillans, eo ipso, quod sigillans est, in alterum quiddam mollius, cui imprimitur, procedit, ut videlicet ejus imaginis, quae in ipsa ejus substantia jam erat, formam illi tribuat, sic spiritus sanctus donorum suorum distributione nobis infusus imaginem Dei deletam in nobis reformat, ut juxta Apostolum conformes efficiamur imaginis Filii Dei, i. e. Christo .... et de veteri homine in novum transeamus.

3) Ib. l. 2. c. 14. p. 1087. Sicut autem aes et sigillum seu sigillans in suis proprietatibus diversa sunt secundum modos existentiae, quos ad invicem habent; ta scilicet, ut nullus ipsorum proprietatem alterius communicet, sic et Pater, et Filius, .et Spiritus sanctus.

nicht der Sohn, die göttliche Allmacht nicht die göttliche Weisheit, und umgekehrt. Wenn der Vater den Sohn erzeugt, so erzeugt er nicht sich selbst, so wenig, als im Siegel das Erz aus dem Erze wird, sondern vielmehr aus dem Erze die Form des Siegels herausgebildet wird. Und so im Uebrigen [1]).

Abälard ergänzt dieses Gleichniss noch durch zwei andere, welche jedoch im Wesen nicht verschieden sind von dem erstern, weshalb wir sie hier nur mehr kurz zu erwähnen brauchen. Das eine wird hergenommen von einem aus Wachs geformten Bilde. Auch hier verhält sich nämlich das Wachs, welchem die Figur des Bildes eingedrückt ist, als die Materie, und die eingeprägte Figur als die Form jenes Einen concreten Bildes, welches aus der Einheit beider, der Materie und Form, resultirt. Und deshalb kann dieses Gleichniss ebenso und in der gleichen Parallele auf das Verhältniss zwischen Vater und Sohn in der Gottheit angewendet werden, wie das Bild von dem ehernen Siegel [2]). — Das zweite Gleichniss nimmt Abälard her von dem Verhältnisse, in welchem Gattung und Art zu einander stehen. Die Gattung verhält sich nämlich zur Art ebenfalls wie die Materie zur Form, und ist somit die letztere durch die erstere bedingt und ermöglicht. Niemals existirt aber die Gattung ohne die Art, wie die Materie nicht ohne die Form, und wie die Materie durch die Form, so wird auch die Gattung durch die Art in ihrer Allgemeinheit beschränkt und auf einen engern Kreis von Wesen zusammengezogen. Und wie die Materie nicht aus der Form, sondern umgekehrt die Form aus der Materie ist, so werden auch die Arten so gedacht, dass sie aus der Gattung erzeugt werden. Dies das Gleichniss. Die Anwendung ist parallel mit der oben ausgeführten. Wie nämlich die Art nicht die Gattung schlechthin ist, sondern nur ein bestimmter Theil der Gattung, in welchem diese sich darlebt, so ist auch der Sohn als die Weisheit nicht die göttliche Macht schlechthin, sondern nur ein bestimmtes Moment dieser Macht; wie die Art aus der Gattung hervorwächst, nicht umgekehrt, so geht auch der Sohn vom Vater aus; mit andern Worten: es ist die göttliche Allmacht der göttlichen Weisheit vorausgesetzt, nicht umgekehrt; wie endlich die Gattung zwar dem Begriffe nach der Art vorausgeht, aber dennoch der Zeit nach keine Priorität der letztern vor der erstern stattfindet, sondern beide stets zugleich sind: so schliesst auch in der Gottheit die Priorität des Vaters vor dem Sohne durchaus keine zeitliche Posteriorität des Sohnes zum Vater in sich; beide sind schlechterdings zugleich [3]).

Diese Gleichnisse schliessen sich, wie wir sehen, überall genau an jene Auffassungsweise der göttlichen Trinität an, welche wir früher als

---

1) Ib. l. 2. c. 13, 1082 sqq. — 2) Theol. christ. l. 4. p. 1228 sqq.
3) Intr. ad theol. l. 2. c. 13. p. 1083 sq. Theol. christ. l. 4. p. 1228 sqq.

wesentlich modalistisch bezeichnen mussten. Nur dadurch, dass beständig statt des Vaters die Allmacht, statt des Sohnes die Weisheit, und statt des heiligen Geistes die Güte gesetzt wird, ist es dem Abälard möglich, eine Anwendung dieser Gleichnisse auf die göttliche Trinität zu Stande zu bringen. Es ist ja in der That nur dann, wenn man annimmt, dass die göttliche Natur nach dem einen ihrer Momente Vater, nach dem andern Sohn genannt wird, und dass das erstere zu dem letztern Momente wie das Allgemeine zum Besondern sich verhält, eine solche Vergleichung möglich, wie sie uns Abälard in den entwickelten Gleichnissen darbietet. Diese Gleichnisse bestätigen also neuerdings, dass Abälard in speculativer Beziehung auf modalistischem Boden sich bewegte, so wenig er solches auch sich selbst eingestehen mochte. Sein speculativer Standpunkt war nicht der richtige; er *musste* auf diesem Standpunkte zu irrthümlichen Anschauungen, besonders im Gebiete der Trinitätslehre kommen, und wir sehen, dass dieses wirklich geschehen ist. Das christliche Glaubensbewusstsein war aber in ihm doch zu lebendig, als dass er den wahren Inhalt der Trinitätslehre seiner speculativen Anschauung hätte opfern mögen. Daher tritt bei ihm ebenso wie bei Erigena ein beständiger Kampf, ein beständiger Widerstreit zwischen dem orthodoxen Glaubensbewusstsein und zwischen seiner speculativen Anschauung hervor. Nur so lassen sich die Widersprüche erklären, in welchen Abälard beständig sich bewegt. Zudem scheint es ihm selbst gar nicht klar geworden zu sein, in welchem Widerspruche seine speculative Trinitätslehre zur kirchlichen Lehre stand. Ein in die Tiefe gehender Geist war er ohnehin nicht; er ist blos Dialektiker, und diese seine Dialektik bewegt sich stets nur auf der Oberfläche und geht nicht in die Tiefe. Der heil. Bernard hat die angeführten Gleichnisse Abälards besonders nach der Seite hin bekämpft, nach welcher sie der subordinatianischen Ansicht zugekehrt sind. Die Art, sagt er, ist der Gattung untergeordnet. Wenn also der Vater parallel gesetzt wird mit der Gattung, der Sohn mit der Art, dann ist auch der Sohn dem Vater untergeordnet[1]. Dass diese Folge in dem erwähnten Gleichnisse angelegt sei, ist unzweifelhaft; wenn auch vielleicht Abälard selbst die Parallele nicht so weit treiben wollte. Aber das thut auch Nichts zur Sache; genug, dass solche irrthümliche Lehren in Abälards Lehrsystem sich vorfinden. Dies berechtigte den heil. Bernard vollkommen, mit aller Entschiedenheit, sowohl im Interesse des christlichen Glaubens, als auch im Interesse der christlichen Wissenschaft dagegen aufzutreten. Denn auch die letztere hätte durch Abälards Ansichten, falls sie nicht bekämpft worden wären, auf eine ganz schiefe Bahn gebracht und ihre ruhige Entwicklung vielfach und durchgreifend gestört werden können.

---

1) De error. Abael. c. 2. 4.

§. 73.

Nach Entwicklung der Trinitätslehre geht Abälard fort zur nähern Betrachtung und Erörterung jener drei göttlichen Eigenschaften, welche er mit den drei göttlichen Personen identificirt hatte. Und hier finden wir ihn wieder auf der Fährte neuer Irrthümer. Was zuerst die göttliche Allmacht betrifft, so behauptet er geradezu, dass Gott nicht Mehreres und nicht Besseres machen könne, als er wirklich thut, und dass er dasjenige, was er thut, gar nicht unterlassen könne. Denn wenn wir annehmen, sagt er, Gott könne mehr oder weniger thun, oder das, was er thut, unterlassen, so werden wir dadurch seiner höchsten Güte einen grossen Eintrag thun. Denn Gott kann nur Gutes thun; wenn er aber das Gute, obwohl er könnte, nicht thäte, so wäre er gleichsam neidisch oder ungerecht, zumal es ihm keine Mühe kostet. Daher behauptet Plato mit Recht, Gott habe keine bessere Welt machen können, als er gemacht hat [1]). Es kann nicht geläugnet werden, dass Gott Alles, was er macht, so vortrefflich macht, als er kann. Denn Alles thut und unterlässt er aus der besten Ursache, wenn sie auch *uns* verborgen ist. Nichts geschieht ohne Ursache oder aus Zufall. Gott thut nicht, was er will, sondern er will, was gut ist. Gott handelt nicht nach dem Satze: „Hoc volo, sic jubeo; sit pro ratione voluntas," sondern von ihm muss man eher sagen, er wolle, dass Alles geschehe, weil er sah, dass es gut sei, dass es geschehe[2]). Es ist also klar, dass Gott bei Allem, was er thut oder unterlässt, eine gerechte Ursache habe, so dass er nur das thut oder unterlässt, was geschehen oder unterbleiben muss und ihm geziemt. Alles also, was er thut, das muss er thun; denn wenn es recht ist, dass etwas geschehe, so ist es unrecht, dass es unterbleibe[3]). Man könnte vielleicht einwenden: Wie etwas anderes Gutes und Vernünftiges, was er jetzt thut, recht ist, so wäre es auch gut und ebenso gut, wenn er jenes thäte und dieses unterliesse. Allein wenn Jenes, was er nicht thut, ebenso gut wäre, wie das, was er thut, so wäre ja kein Grund, dieses zu thun und jenes zu unterlassen. Wenn also immer nur das gut ist, was er thut, so kann er auch nur das thun, was er thut[4]). Wo also bei Gott das Wollen nicht ist, da fehlt auch das Können; denn er ist unveränderlich in seiner Natur, und ebenso auch in seinem Willen[5]). Wenn dagegen gesagt wird, dass ja Gott einen Menschen, welcher verdammt wird, möglicherweise auch zur Seligkeit führen könne, so ist dieses

---

1) Intr. ad theol. l. 3. c. 5. p. 1112. Theol. christ. l. 5. p. 1324 sqq.
2) Theol. christ. l. 5. p. 1323.
3) Intr. ad theol. l. 3. c. 5. p. 1113 sq. Theol. christ. l. 5. p. 1324 sqq.
4) Intr. ad theol. l. 3. c. 5. p. 1114 sq. Theol. christ. l. 5. p. 1324. Si aeque illud bonum esset, quod dimisit facere, nulla profecto ratio fuit, cur illud dimitteret, atque istud eligeret.
5) Ib. l. 3. c. 5. p. 1115. Ergo ubi non est velle Dei, deest posse. Deus quippe sicut immutabilis naturae, ita immutabilis est voluntatis.

blos dahin zu verstehen, dass in der Natur des Geschöpfes die Möglichkeit liegt, selig oder verdammt zu werden, nicht aber darf man die Sache so fassen, als ob Gott denjenigen, welchen er verdammt, ebenso gut auch selig machen könnte¹). Es ist also unbedingt anzunehmen, dass Gott, weil er nur das thun kann, was sich ziemt, und ihm nichts ziemt, was er unterlässt, in der That nur das thun und unterlassen kann, was, wie und wann er es thut oder unterlässt. Macht und Wille gehen bei ihm so Hand in Hand, dass er allerdings kann, was er will, aber auch nicht kann, wenn er nicht will²).

Diese Lehren Abälards involviren, wie man leicht sieht, sowohl die Nothwendigkeit der Weltschöpfung, als auch den Optimismus im Gebiete der geschöpflichen Welt. Gott konnte keine bessere Welt schaffen, als er wirklich geschaffen hat, die Welt, welche er schuf, hat er nothwendig geschaffen; er konnte es nicht unterlassen, sie zu schaffen. Letzteres wird von Abälard ausdrücklich behauptet. Bevor die Welt existirte, war es noch nicht gut, dass sie existirte; da es aber doch gut war, dass sie einmal in's Dasein trat, so hat sie Gott auf diesen Grund hin nothwendig schaffen müssen³). Freilich scheint durch diese Annahme die Zufälligkeit der geschöpflichen Dinge aufgehoben zu werden; aber es *scheint* auch nur so. Denn daraus, dass Gott ohne das, was er von Ewigkeit her in sich hat, nicht sein kann, weil es nicht ziemlich ist, folgt nicht, dass die Dinge, von denen er will, dass sie seien, deswegen nicht sein können, d. h. dass sie mit Nothwendigkeit seien. Nehmen wir auch an, dass Gott ohne den Willen, die Welt zu schaffen, nie habe sein können, so sind wir dadurch noch nicht gezwungen, zu sagen, die Welt habe nicht ungeschaffen bleiben können. Denn das eine Mal wird das „Können" in Bezug auf die Natur Gottes, das andere Mal in Bezug auf die Natur der Geschöpfe genommen. Wenn es also auch aus der Natur Gottes folgt, dass der Wille, die Welt zu schaffen, in ihm ein nothwendiger und ewiger ist, so folgt es doch nicht aus der Natur der Geschöpfe, dass sie seien, da sie ganz und gar auch nicht sein können. Und das reicht hin, um die Contingenz der geschöpflichen Dinge zu wahren⁴).

---

1) Intr. ad theol. l. 3. c. 5. p. 1115 sq. p. 1119 sq.
2) Ib. l. 3. c. 5. p. 1117 sqq. p. 1121. Praedictis itaque rationibus liquere omnibus reor, eo solummodo Deum posse facere, vel dimittere, quae quandoque facit vel dimittit, et eo modo tantum vel eo tempore, quo facit, non alio.
3) Theol. christ. l. 5. p. 1330. Necessario itaque Deus mundum esse voluit ac fecit, nec otiosus extitit, qui cum, priusquam fecit, facere non potuit, quia priusquam fecit, fieri eum non oportuit. p. 1325. Unde eam, quam habet, bonam voluntatem, Deus deponere non potest, quam et Deum esse concedi convenit. Quamcunque itaque habet bonam voluntatem, carere non potest; necesse est igitur, ut omnia, quae vult, ipse velit. Sed nec inefficax ejus voluntas esse potest; necesse est ergo, ut quaecunque vult, ipse perficiat. p. 1329 sqq.
4) Intr. ad theol. l. 3. c. 5. p. 1120 sq.

So ist denn nach Abälard das Verhalten Gottes, sei es nun, dass es ein Thun oder ein Unterlassen involvirt, überall ein nothwendiges. Einige, sagt Abälard, meinen zwar, Gott könne Manches auch auf andere Weise thun; aber er wähle immer die passendere. Allein Gott kann doch offenbar nicht eine weniger passende Weise wählen [1]. Vielleicht, fährt er fort, könnte man auch einwenden, wenn Gott etwas zu Einer Zeit thun könnte und zu einer andern nicht, so wäre er nicht jederzeit gleich allmächtig. Aber wenn wir genau Acht geben, so ist Gott immer gleich allmächtig, wenn er auch zu einer Zeit Etwas thun kann, was er zu einer andern nicht thun kann. Man darf nur die Beschränkung der Zeit nicht auf das „Können," sondern auf das „Thun" beziehen. Denn etwas Anderes ist es, zu sagen: Ich kann jetzt das thun; und etwas Anderes: Ich kann das jetzt thun. Ebenso ist es auch bei der räumlichen Beschränkung; ein Mensch z. B. kann immer gehen, d. h. er hat die Fähigkeit dazu immer, auch wenn er im Wasser ist; aber im Wasser kann er diese Fähigkeit nicht ausüben. Und so hat auch Gott die Macht, z. B. sich zu incarniren, immer, obwohl er sie jetzt nicht mehr ausüben kann. Und so im Uebrigen. Wie er, was er je weiss, immer weiss, und was er je will, immer will, und nie seine Wissenschaft verliert oder seinen Willen ändert, so kann er auch, was er je kann, immer, obgleich er es nicht stets auszuführen vermag, weil es sich eben nicht ziemt [2].

Allein wenn das Verhalten Gottes nach Aussen stets ein nothwendiges ist, wird denn dadurch die göttliche Freiheit nicht aufgehoben? Mit Nichten, erwiedert Abälard. Denn jene Nothwendigkeit seiner Natur oder Güte ist ja nicht getrennt von seinem Willen, ist kein Zwang, als wenn er auch wider Willen es thun müsste. Das Wesen der Freiheit im Allgemeinen besteht ja nicht darin, dass man die Wahl habe, sich für dieses oder jenes zu bestimmen, sondern vielmehr darin, dass man dasjenige, wozu man sich mit Bewusstsein und Vernunft entschlossen hat, mit unabhängiger Selbstbestimmung und ohne allen Zwang auszuführen vermag. Diese Freiheit kommt Gott auch in der gedachten Voraussetzung nach ihrem vollem Begriffe zu; denn Alles, was er thut, thut er ohne allen Zwang, blos durch seinen Willen, und würde er es nicht thun wollen, so könnte er keineswegs dazu durch einen Zwang necessitirt werden [3].

Aber eben deshalb, weil Gott stets nur dasjenige thun kann, was sich geziemt und was das Bessere ist, darum kann er auch das Böse nicht verhindern; er muss dasselbe zulassen; denn es ist nicht angemessen, es zu verhindern. „Es müssen Aergernisse kommen," sagt der Heiland. Dahin spricht sich auch der heil. Augustin aus, wenn er sagt,

---

1) Ib. l. 3. c. 5. p. 1121 sq. — 2) Ib. l. 3. c. 5. p. 1122 sqq. — 3) Ib. l. 3. c. 5. p. 1121.

es sei gut, dass auch das Böse geschehe, weil Gott auch dieses zum Besten ordnet. Es ist uns die Macht, zu sündigen, nicht ohne Ursache von Gott verliehen, damit nämlich im Vergleich mit unserer Schwäche Er um so herrlicher erscheine, der gar nicht sündigen kann; und damit, wenn wir die Sünde meiden, wir dies nicht unserer Natur, sondern seiner helfenden Gnade zuschreiben, der nicht blos das Gute, sondern auch das Böse zu seiner Ehre lenkt [1]).

§. 74.

Zur göttlichen Macht gehört endlich auch noch die Unveränderlichkeit. Weil Gott allmächtig ist, ist er auch unveränderlich. Dieser Unveränderlichkeit scheint es zu widersprechen, wenn von ihm gesagt wird, dass er bald handelt, bald ruht, wie geschrieben steht, dass er nach der Schöpfung am siebenten Tage ruhte. Ebenso scheint es mit seiner Unveränderlichkeit nicht vereinbart werden zu können, wenn er bald als herabsteigend, bald als vorüberwandelnd, oder als ein- und ausgehend geschildert wird. Allein es ist dieser Widerspruch in Wahrheit doch nicht vorhanden. Denn wenn wir sagen, Gott thue Etwas, so deuten wir damit nicht eine Bewegung, oder ein Leiden in ihm an, wie bei uns, sondern nur eine neue Wirkung seines ewigen Willens; es geschieht eben etwas Neues, so wie es in seinem Willen ewig bestimmt ist; aber in seinem Willen geht nichts Neues vor, so wenig, als in der Sonne eine Veränderung vorgeht, wenn sie Etwas erwärmt. Was aber die örtliche Bewegung betrifft, so kann ihm, als dem absolut Unkörperlichen, eine solche keineswegs zukommen. Wenn man also von ihm sagt, er steige herab, so muss man das nicht als ein räumliches Herzukommen, sondern als eine Bethätigung seiner Wirksamkeit verstehen; er kommt und geht, je nachdem er seine Gnaden verleiht oder zurückzieht [2]). Wenn ferner gesagt wird, er sei seiner Substanz nach überall, so ist dieses nach seiner Macht und Wirksamkeit zu nehmen, als wenn man nämlich sagen würde, ihm seien alle Dinge räumlich so gegenwärtig, dass er in ihnen nie zu wirken aufhört, und seine Macht nirgends müssig ist [3]). Wie die Seele vielmehr substantiel als räumlich im Leibe ist, weil sie ihn kraft ihrer Substanz belebt

---

1) lb. l. 3. c. 5. p. 1118. Quod tamen malefaciendi vel peccandi potestatem haberemus, non absque ratione haec a Deo nobis potestas concessa est, ut scilicet comparatione nostrae infirmitatis ille gloriosior appareat, qui omnino peccare non potest; et cum a peccato cessamus, non hoc naturae nostrae, sed ejus adjutrici gratiae tribuamus, qui ad gloriam sui non solum bona, sed etiam mala disponit.

2) lb. l. 3. c. 6. p. 1124 sqq.

3) lb. l. 3. c. 6. p. 1126. Quod tamen ubique per substantiam esse dicitur, juxta ejus potentiam vel operationem dici arbitror, ac si videlicet diceretur, ita ei cuncta loca esse praesentia, ut in eis aliquid operari nunquam cesset, nec ejus potentia sit alicubi otiosa.

und bewegt, und in allen Gliedern ganz gegenwärtig ist, so ist Gott nicht blos an allen Orten, sondern auch in allen einzelnen Dingen immer zugegen durch eine Wirkung seiner Macht, und obwohl er Alles bewegt, wird er doch selbst nicht bewegt, so wenig, als die Seele, während sie die einzelnen Glieder bewegt¹). Auch als Gott Mensch wurde, hat Gott sich nicht verändert, als wäre er etwas Anderes geworden, als er früher war. Denn Gott wird Mensch, heisst nichts Anderes, als: die göttliche Substanz, welche geistig ist, vereinigt die menschliche, welche körperlich ist, mit sich zu Einer Person²).

Von der göttlichen Allmacht geht Abälard zur Erörterung der anderen göttlichen Eigenschaft, nämlich der Weisheit über. Die göttliche Erkenntniss, sagt er, umfasst auf gleiche Weise das Künftige, wie das Gegenwärtige und Vergangene, und ist immer gewiss; denn auch das, was noch unbekannt und zufällig genannt wird, ist für sie schon ganz gewiss und bestimmt, weil Nichts ohne die göttliche Anordnung geschehen kann. Wie also Gott, was er in Bezug auf das Künftige vorher anordnet, nicht nichtwissen kann, so kann er auch das Eintreffen desselben nicht nichtvoraus wissen. Es gibt daher in Bezug auf Gott keinen Zufall; was wir zufällig nennen, ist nur zufällig in Bezug auf uns oder die Natur der Geschöpfe, nicht aber in Bezug auf die Anordnung der göttlichen Vorsehung³). Dessenungeachtet wird aber durch diese göttliche Vorsehung die Freiheit der menschlichen Handlungen nicht aufgehoben. Denn aus einer wahren Behauptung mit einer falschen Beschränkung folgt keine einfache Behauptung. Wenn es daher auch wahr ist, dass dieses oder jenes von Gott Vorhergesehene nothwendig geschehen wird, so kann man daraus doch nicht folgern, dass es (überhaupt und unbedingt) nothwendig geschehen werde. Auch bei uns ist es offenbar falsch, zu sagen: Wenn ich einen Wagen ziehen sehe, so wird der Wagen nothwendig gezogen. Das folgt noch nicht, wenn auch allerdings Beides nicht zugleich sein kann, dass ich nämlich den Wagen ziehen sehe und derselbe nicht gezogen werde. Die Vorsehung legt mithin den Ereignissen keine Nothwendigkeit auf, sondern wie die Dinge sich verhalten, so oder so, so werden sie vorhergesehen⁴).

Von der Vorsehung ist jedoch verschieden die Vorherbestimmung. Während sich nämlich jene sowohl auf das Gute, als auch auf das Böse bezieht, bezieht sich dagegen die Vorherbestimmung blos auf das Gute. Es ist nämlich die Prädestination die Vorbereitung der Gnade; sie beginnt mit der Bereitung der Gaben im Allgemeinen, und schreitet durch die Aufeinanderfolge der alsdann wirklich mitgetheilten göttlichen Wohlthaten fort bis zum Ende des gegenwärtigen Lebens. So wird also jene Vorbereitung zeitlich⁵). Aber wie die Vorsehung, so kann auch die

---

1) Ib. l. 3. c. 6. p. 1127. — 2) Ib. l. 3. c. 6. p. 1127 sqq. — 3) Ib. l. 3. c. 7. p. 1130 sqq. — 4) Ib. l. 3. c. 7. p. 1134 sqq. — 5) Epitom. c. 21.

Prädestination nicht ohne Wirkung bleiben, sie erreicht ihre Wirkung
stets unfehlbar. Wenn man fragt, wie es denn gerecht sein könne, dass
Gott die einen zum Heile prädestinirt, die anderen aber nicht, so ist
darauf mit dem Apostel zu erwiedern: O Mensch, wer bist du, dass du
mit Gott rechtest. Gott hat nach den Worten des Apostels noch mehr
Recht, mit seinem Geschöpfe zu verfahren, wie er will, als der Töpfer
mit dem Lehm, weil er nicht blos Bildner, sondern auch Schöpfer des
Stoffes ist. Gott steht es frei, sein Geschöpf zu behandeln, wie er will,
weil er ihm Nichts schuldig ist, bevor es Etwas verdient hat. Er entzieht mit Recht Einigen seine Gnade und befreit sie nicht von der Ungerechtigkeit, da es keine Ungerechtigkeit gibt, welche Gott nicht auf's
Beste verwendet, und er Nichts ohne Ursache geschehen lässt. Denn
welcher Gläubige wüsste nicht, wie gut sich Gott jener höchsten Bosheit des Judas bediente, durch dessen abscheulichen Verrath er die
Erlösung des ganzen Menschengeschlechtes bewirkte? Denn in der
That, viel nützlicher hat er gewirkt in der Schlechtigkeit des Judas,
als in der Gerechtigkeit des Petrus, und viel besser bediente er sich
der bösen That des ersteren, als der guten des letzteren, freilich nicht
in Bezug auf den Judas, aber in Bezug auf das gemeinsame Wohl
Aller, welches dem besonderen immer vorgezogen werden muss. So
werden auch alle Schlechtigkeiten, die immer geschehen mögen, durch
die göttliche Verfügung auf's Beste geordnet, und bei Allem, was Gott
thut und unterlässt, weiss er selbst die Gründe, wenn sie auch uns
verborgen und unerforschlich sind, weil es ihm zukommt, es zu thun
oder zu unterlassen [1]).

Auf die dritte Eigenschaft, auf die göttliche Güte, endlich über-
gehend, lehrt Abälard, dass Gott gütig und barmherzig sei, dass er
aber die Wirkung dieser Güte, weil er selbst nichts bedürfe, und sich
selbst in jeder Beziehung genug sei, an seinen Geschöpfen übe. Während
er also in sich selbst gütig ist dem Affecte nach, bewirkt er in den
Creaturen dem Effekte nach dasjenige, dessen Vollzug eben durch
diese Güte feststeht. So wird Gott auch barmherzig genannt, ein Erbarmer in seinem Thun. Wenn also Niemand wäre, dessen er sich
erbarmte, so wäre er kein Erbarmer. Hier pflegt man die Frage auf-
zuwerfen, ob Gott gütiger oder gnädiger sein könnte, als er wirklich
ist. Denn er könnte Mehreren seine Gaben zuwenden und sie selig
machen; er könnte auch Mehrere begnadigen und verschonen. So
könnte er also mehr oder weniger, oder auch gar nicht gütig oder
gnädig sein, da möglicher Weise auch gar Niemand da sein könnte,
dessen er sich erbarmen könnte. Aber was man hierauf zu antworten
habe, ist aus dem Obigen ersichtlich. Denn aus den oben angegebe-

---

1) Comm. in ep. ad Rom. p. 649—652.

nen Gründen kann Gott nicht Mehreren seine Güter verleihen, oder Mehrerer sich erbarmen, oder anders thun, als er thut[1]).

Es ist kein Zweifel, dass die bisher entwickelten Lehrsätze Abälards über das Verhältniss Gottes zur Welt in den meisten Beziehungen ebenso irrthümlich sind, wie seine Lehrmeinungen über die göttliche Trinität. Wir finden hier die Behauptung, dass Gott die Welt nothwendig geschaffen habe, dass er nicht Mehreres und nicht Besseres thun könne, als was er thut, dass er nur das thun und unterlassen könne, was er wirklich thut und unterlässt, dass die Freiheit Gottes blos in der Freiheit vom Zwange bestehe, dass er das Böse nothwendig zulassen musste, und es nicht verhindern kann; wir finden eine Prädestinationslehre, welche grosse Aehnlichkeit mit der Gottschalk'schen hat: — lauter Dinge, welche vom Standpunkte des Glaubens sowohl, als auch der Wissenschaft entschieden verwerflich sind. Abälard steht dem Pantheismus so nahe als möglich. Denn wo einmal eine Nothwendigkeit der Schöpfung angenommen, und der Optimismus in der Weise urgirt wird, wie solches bei Abälard geschieht, da folgt nothwendig, dass die Schöpfung schlechterdings erforderlich sei dazu, dass Gott seine ganze Vollkommenheit, die volle Entwicklung und Bethätigung seiner Eigenschaften gewinne. Und ist dieses einmal festgestellt, dann ist der Pantheismus im Princip schon angebahnt, und wer folgerichtig zu Werke geht, wird zuletzt nicht umhin können, sich demselben in die Arme zu werfen. Auch hier müssen wir also dem Abälard eine eingehendere Tiefe des Gedankens absprechen; denn hätte er diese gehabt, dann hätte er nothwendig die Consequenzen bemerken müssen, welche in seiner Lehre liegen, und hätte sich dann entweder offen zu denselben bekennen, oder aber seine Behauptungen corrigiren müssen.

§. 75.

Wir schreiten nunmehr zu den psychologischen und ethischen Lehrmeinungen Abälards fort. Mit dem psychologischen System hat sich Abälard nicht eigens beschäftigt, seine psychologischen Ansichten erkennen wir nur aus einzelnen zerstreuten Bemerkungen, die er gelegenheitlich macht. Die Seele ist nach seiner Ansicht eine einfache und geistige Wesenheit, als solche wesentlich verschieden vom Leibe, und kann deshalb nie zur körperlichen Substanz degeneriren[2]). Man kann zwar die intellectuellen Naturen überhaupt, und folglich auch die Seele in einem gewissen Sinne körperlich nennen, so fern sie nämlich nicht allgegenwärtig sind; aber das ist dann eben nur eine uneigentliche Auffassung des Begriffes der Körperlichkeit[3]). Die Seele ist ganz in

---

1) Epit. c. 22. Vgl. *Hayd*, Abälard und seine Lehre, S. 172 ff.
2) Introd. ad theol. 3. c. 6. p. 1127. — 3) Ib. l. 1. c. 20. p. 1030. Creatura

allen Theilen des Körpers gegenwärtig, und das Princip des leiblichen Lebens. Sie ist es, welche im Körper und durch denselben fühlt, und Lust und Schmerz empfindet. Der Leib ist nur durch die Seele das, was er ist¹). Als geistige Natur trägt die Seele das Bild des dreieinigen Gottes in sich. Was nämlich in der Seele Substanz ist, das ist in Gott die Person des Vaters; dasjenige ferner, was in der Seele Kraft, besonders Erkenntnisskraft ist, ist in Gott die Person des Sohnes; die belebende Thätigkeit endlich, welche die Seele auf den Körper ausübt, entspricht der Person des heiligen Geistes²).

Das Liberum arbitrium definiren die Philosophen als ein freies, vom Willen ausgehendes Urtheil, welches nur da vorhanden ist, wenn man zu dem, was man sich vornimmt, durch keine Gewalt der Natur getrieben wird, sondern gleichmässig in seiner Macht hat, es zu thun oder zu unterlassen³). Die Thiere haben daher keinen freien Willen, weil sie kein Urtheil haben. Und auch wir haben, wenn wir Etwas wollen oder beschliessen, was nicht in unserer Macht steht, oder auch ohne unseren Beschluss geschehen würde, hierin keinen freien Willen. Doch passt diese Definition der Freiheit keineswegs auf Gott, sondern nur auf die, welche ihren Willen ändern, und was sie wählen, ebenso gut auch unterlassen können. Einige schreiben auch freien Willen nur denjenigen Wesen zu, welche sowohl gut, als bös handeln können. Allein genauer betrachtet, kann man den freien Willen keinem gut Handelnden absprechen, am allerwenigsten Gott und allen denen, welche in solcher Seligkeit befestigt sind, dass sie nie mehr in die Sünde fallen können. Denn je ferner Einer von der Sünde ist, und je geneigter er ist zum Guten, ein desto freieres Urtheil hat er in der Wahl des Guten, da er um so mehr von der Knechtschaft der Sünde entfernt ist⁴). Im Allgemeinen also und am

---

omnis corporea, angeli, et omnes coelestes corporeae, licet non carne subsistant. Ex eo autem corporeas esse credimus esse intellectuales naturas, quod localiter circumscribuntur, sicut et anima humana, quae corpore clauditur.

1) Ib. l. 3. c. 6. p. 1127. Comm. in ep. ad Rom. l. 1. c. 2. p. 812. (ed. Migne). Ethic. c. 6.

2) Introd. ad theol. l. 1. c. 5. p. 1154. Quod ergo est in anima substantia, hoc intelligitur in Trinitate persona Patris; quod autem in anima est virtus et sapientia; hoc intelligitur Filius, qui est Dei virtus et sapientia; et quod est in anima vivificandi proprietas, hoc intelligitur Spiritus sanctus, per quem vivificandi opus impletur.

3) Ib. l. 3. c. 7. p. 1131. Liberum autem arbitrium diffinientes Philosophi dixerunt liberum de voluntate judicium. Arbitrium quippe est ipsa deliberatio sive dijudicatio animi, qua se aliquid facere vel dimittere quilibet proponit. Quae tunc quidem dijudicatio libera est, cum ad hoc, quod proposuerit exequendum nulla vi naturae compellitur, sed aeque in sua potestate habet, tam illud facere, quam dimittere. Comm. in ep. ad Rom. l. 2. c. 5. p. 867. Liberum arbitrium nihil aliud est, nisi ipsa facultas animae deliberandi et dijudicandi id, quod velit facere, an scilicet sit faciendum, an non, quod elegerit sequendum.

4) Introd. ad theol. l. 3. c. 7. p. 1131 sqq.

richtigsten heisst man freien Willen das, wenn Jemand, was er mit Ueberlegung beschlossen hat, freiwillig und ohne Zwang auszuführen vermag¹). *Diese* Freiheit des Willens kommt ohne Zweifel sowohl Gott als allen Menschen zu, und vorzüglich, wie gesagt, denen, welche gar nicht mehr sündigen können. Denn obwohl sie nicht sündigen und vom Guten nicht ablassen können, weil es nicht recht ist, so thun sie doch das nicht aus Zwang, wozu sie, falls sie nicht wollten, keineswegs gezwungen würden²).

Auf diese Voraussetzungen gründet sich nun die ethische Lehre Abälards. Er unterscheidet hier zwischen Vitium, Peccatum und Actio mala³). Unter Vitium versteht Abälard dasjenige im Menschen, wodurch dieser zur Sünde geneigt gemacht wird, also den bösen Willen, oder die Begierlichkeit⁴). Solches sittliches Gebrechen ist an sich noch nicht Sünde; es involvirt nur eine gewisse Schwäche zum Guten, welche ohne Zuthun des Menschen da ist⁵). Dadurch wird vielmehr dem Menschen Anlass gegeben zu desto herrlicherem Siege, wenn er die Einwilligung zum Bösen, wozu ihn der böse Wille hinzieht, verweigert⁶). Erst diese Einwilligung ist das eigentliche peccatum, wodurch wir vor Gott schuldig werden, weil sie eine Verachtung, eine Beleidigung Gottes ist⁷). Sünde ist also, wenn man nicht thut oder lässt, was man thun oder lassen sollte; daher besteht sie mehr im Nichtsein, als im Sein, wie die Finsterniss eine Abwesenheit des Lichtes ist⁸). Dann aber willigen wir in die Begierde ein, wenn wir bereit sind, das Böse zu thun, falls wir dazu

---

1) Ib. p. 1132. Generaliter itaque ac verissime liberum arbitrium dicitur, cum quilibet, quod ex ratione decreverit, voluntarie ac sine coactione adimplere valebit.

2) Ib. l. c. Quae quidem libertas tam Deo, quam hominibus aeque indubitanter inest, quicunque tunc voluntatis facultate privati non sunt, atque his praecipue, qui jam omnino non possunt peccare. Quamvis enim peccare nequeant, aut a bono, quod facere debeant, minime se retrahere queant, quia non oportet, non ideo tamen id alicujus coactionis necessitate agunt, quod utique, si non vellent, nequaquam facere cogerentur.

3) Ethica c. 2.

4) Ib. c. 3. p. 36. (ed. Migne). Vitium est, quo ad peccandum proni efficimur, h. e. inclinamur ad consentiendum ei, quod non convenit, ut illud scilicet faciamus aut dimittamus.

5) Ib. l. c. Mala voluntas non tam ipsa peccatum, quam infirmitas quaedam jam necessaria dici debet.

6) Ib. c. 3. p. 638. Quid enim magnum pro Deo facimus, si nihil nostrae voluntati adversum toleramus, sed magis, quod volumus, implemus?

7) Ib. c. 3. p. 636. Hunc vero consensum proprie peccatum nominamus, h. e. culpam animae, qua damnationem meretur, vel apud Deum rea statuitur. Quid est enim iste consensus, nisi Dei contemtus et offensa ipsius?

8) Ib. c. 3. p. 636. Peccatum itaque nostrum contemtus creatoris est, et peccare est creatorem contemnere, h. e. id nequaquam facere, quod credimus propter ipsum a nobis esse faciendum, vel non dimittere propter ipsum, quod credimus esse dimittendum.

Macht und Gelegenheit haben ¹). Diese Zustimmung nun ist schon Sünde, wenn auch keine Gelegenheit da ist, sie im Werke auszuführen. Die wirkliche Vollführung der Sünde vergrössert die Schuld derselben nicht. Man sagt zwar, die sündhafte That sei von einer gewissen Lust begleitet, welche die Sünde vergrössere. Allein man kann nicht beweisen, dass dieses fleischliche Vergnügen an sich Sünde sei; denn wenn das wäre, dann wäre auch die Ehe und das Essen verwerflich, weil weder der eheliche Beischlaf, noch das Essen ohne eine gewisse Lust geschehen können. Die Lust ist es also nicht, welche die Sünde ausmacht, und darum vergrössert auch, wie gesagt, die äussere That (actio mala) die Sünde nicht, weil die Befleckung des Körpers die Seele nicht befleckt ²). Die Einwilligung in den bösen Willen oder in das Böse ist die Sünde, auch ohne böse Lust, während der böse Wille und die Lust an sich ohne die Einwilligung nicht Sünde ist. Und, wer in die Begierde einwilligt, sündigt, wenn er auch die That selbst nicht begeht ³).

Alle Handlungen sind ferner, was ihren sittlichen Character betrifft, ganz indifferent. Dieser sittliche Charakter hängt ganz und gar von der subjectiven Intention des Handelnden ab. Ist diese gut, so ist auch die Handlung gut, und ist jene bös, so ist auch diese bös, mag nun die Handlung sonst beschaffen sein, wie sie will. Die nämlichen Werke können daher von Guten und von Bösen geschehen; was sie von einander unterscheidet, ist nur die Gesinnung ⁴). Es kann ein und dieselbe Handlung bei verschiedenen Menschen auch verschiedenen sittlichen Charakter haben, je nach der Verschiedenheit der Absicht, in welcher sie dieselbe vollführen ⁵). Bei demselben Acte, durch welchen Christus ist überliefert worden, sehen wir Gott den Vater, Christum selbst, und Judas, den Verräther, zusammenwirken. Der Vater hat seinen Sohn, Christus sich selbst, Judas seinen Herrn überliefert; das ist Eine Handlung; der Unterschied liegt nur in der Absicht. Deshalb gefallen oder missfallen wir auch Gott nicht durch

---

1) Ib. c. 3. p. 639. Tunc consentimus ei, quod non licet, cum nos ab ejus perpetratione nequaquam retrahimus, parati penitus, si daretur facultas, illud perficere.

2) Ib. c. 3. p. 638—642. c. 10.

3) Ib. c. 3. p. 639 sqq. p. 645. Non est idem peccare, et peccatum perficere c. 5. Opus peccati non proprie peccatum dicitur.

4) Ib. c. 7. p. 650. Opera omnia in se indifferentia, nec nisi pro intentione agentis bona vel mala dicenda sunt, non videlicet, quia bonum vel malum sit, ea fieri, sed quia bene vel male fiunt, h. e. ea intentione, qua convenit fieri, aut minime. Comm. in ep. ad Rom. l. 1. c. 2. p. 810. Opera sunt indifferentia in se, scilicet nec bona, nec mala, nisi secundum radicem intentionis, quae est arbor bonum vel malum proferens fructum.

5) Eth. c. 3. p. 644. Per diversitatem intentionis idem a diversis fit, ab uno male, ab altero bene.

unsere Werke, sondern nur durch den Willen, aus welchem jene hervorgehen[1]). Der menschliche Richter beurtheilt, weil er nur das öffentliche Wohl im Auge hat, blos die äussere Handlung als solche, ohne sich um die innere Intention zu kümmern, und bestimmt auch die Schwere der Strafe nach jenem äusseren Charakter der Handlung[2]). Gott dagegen sieht in der Beurtheilung des sittlichen Werthes der menschlichen Handlungen nur auf die Intention, welche ihnen unterliegt[3]). Das gute Werk heisst nicht gut, weil es an sich gut ist, sondern vermöge der guten Gesinnung; denn die Güte ist in der Gesinnung und im Werke die nämliche. Das gute Werk macht also den Menschen auch nicht besser, ebenso wenig, als das böse Werk als solches ihn schlechter macht[4]).

Daraus folgt, dass dasjenige, was in Unwissenheit und sogar im Unglauben geschicht, keine Sünde sei, obgleich der letztere die schon zum Gebrauche der Vernunft Gelangten nothwendig vom ewigen Leben ausschliesst. Denn wo nicht gegen das Gewissen gesündigt wird, da kann von Sünde nur im uneigentlichen Sinne gesprochen werden. Und die Sünden, welche in Unwissenheit und im Unglauben geschehen, sind eben keine solchen Handlungen, welche dem Gewissen zuwiderlaufen[5]). Es ist aber auch noch zu bemerken, dass nur die schweren Sünden eigentliche Sünden sind, die läslichen Sünden sind nur Sünden im uneigentlichen Sinne. Daher kann Gott wohl alle Sünden verbieten, ohne dass man deshalb sagen könnte, sein Joch sei schwer; denn die eigentlichen Sünden, die schweren nämlich, können wir wohl, obgleich mit Mühe und Anstrengung, während unseres ganzen Lebens vermeiden[6]).

Man sieht leicht, dass mit einer Theorie, welche das ganze Wesen der Sünde in die Einwilligung und Gesinnung verlegt, die Annahme eines in sich nothwendigen und unveränderlichen göttlichen Gesetzes für das menschliche Handeln sich nicht mehr vereinbaren lässt. Das Gute und Böse unterscheiden sich ja hier keineswegs nach der Uebereinstimmung oder dem Gegensatze des Wollens und Thuns mit einem objectiven sittlichen Gesetze, sondern der Unterschied ist einzig und allein in der subjectiven Intention des Wollenden oder Handelnden begründet. Es kann also keine wesentlich guten oder wesentlich bösen Handlungen mehr geben, welche nie einen anderen als diesen Charakter haben können. In der That stellt Abälard geradezu den Satz auf, dass der Unterschied zwischen dem Guten und Bösen einzig und allein von dem freien Willen Gottes abhänge, in der Art, dass

---

1) Comm. in ep. ad Rom. l. 1. c. 2. p. 814. — 2) Eth. c. 5. 7.
3) Eth. c. 3. p. 644. Non enim quae fiunt, sed quo animo fiant, pensat Deus, nec in opere, sed in intentione meritum operantis vel laus consistit. c. 7. p. 650. Comm. in ep. ad Rom. l. 1. c. 2. p. 815.
4) Eth. c. 3. p. 638—642. c. 8—11. — 5) Ib. c. 14. — 6) Ib. c. 15.

selbst dasjenige, was an und für sich als durchaus und schlechterdings böse erscheint, den Charakter des sittlich Guten annehme, wenn Gott es befehle [1]). Hiedurch tritt Abälard in geraden Gegensatz mit Anselm, welcher zwar gleichfalls auf die Intention des Willens in Bezug auf den sittlichen Charakter der menschlichen Handlungen grosses Gewicht legt, aber ausdrücklich darauf aufmerksam gemacht hatte, dass es auch solche böse Handlungen gebe, welche nie und nimmermehr den Charakter des Guten annehmen können, weil sie Gott nothwendig verbieten müsse [2]). Doch auch hievon abgesehen ist schon die Annahme, dass die Lust eine Sünde sei, dass die äussere Handlung das Verdienst des Guten und die Schuld des Bösen gar nicht steigere, dass Alles und Jedes, was in Unwissenheit und Unglaube geschieht, keine Sünde sei, dass die lässliche Sünde nur im uneigentlichen Sinne als Sünde betrachtet werden könne, durchaus unhaltbar, und zeugt von dem geringen Einblicke, welchen Abälard in das psychologische Gebiet und in das Wesen des sittlichen Handelns besass. Auch hier zeigt sich wieder die Oberflächlichkeit, mit welcher Abälard die wichtigsten und tiefgehendsten Fragen behandelt, und wie er über dieselben dreist abspricht, ohne ihnen eine tiefere Untersuchung zu widmen [3]).

§. 76.

Wir haben nun noch einen Blick zu werfen auf Abälards Lehre von der Erbsünde, von der Erlösung und von der Gnade. Was vorerst die Erbsünde betrifft, so negirt er in derselben das Moment der Schuld, und beschränkt ihren Begriff blos auf das Moment der Strafe. Das Wort „Sünde" nämlich, sagt Abälard, wird in der heiligen Schrift in verschiedenem Sinne genommen: einmal buchstäblich für die Schuld der Seele und Verachtung Gottes, d. h. für den bösen Willen, welcher uns vor Gott schuldig macht; sodann aber wird Sünde auch genannt die Strafe der Sünde, welche wir durch sie uns zuziehen. Wenn wir also sagen, die Menschen werden mit der Erbsünde geboren und erben dieselbe von ihrem Stammvater, so scheint das mehr auf die Strafe der Sünde, unter welcher sie noch stehen, als auf die Schuld der Seele und Verachtung Gottes zu beziehen zu sein. Denn wer noch nicht des freien Willens sich bedienen kann und noch gar keinen Gebrauch der Vernunft hat, dem kann auch keine Uebertretung oder Unterlassung,

---

1) Comm. in ep. ad Rom. l. 2. c. 5. p, 869. Non enim aliter bonum a malo discernere possumus, nisi quod ejus consentaneum est voluntati, et in *placito* ejus consistit. Unde et ea, quae per se videntur pessima, et ideo culpanda, cum jussione fiunt dominica, nullus culpare praesumit.... Constat itaque, totam boni vel mali discretionem in divinae dispensationis placito consistere.
2) *Anselm*, Cur Deus homo, l. 1. c. 12.
3) Vgl. *Bernard*, Capp. haer. Abael. XIII.

noch irgend ein Verdienst, wodurch er Lohn oder Strafe verdiente, angerechnet werden, so wenig als den Thieren, wenn sie auch in irgend Etwas zu schaden oder zu nützen scheinen. Von einer Schuld kann bei einem solchen, welcher noch nicht weiss, was er zu thun hat, nicht die Rede sein; daher können die Kinder nicht mit der Schuld, sondern nur mit der Strafe Adams belastet sein[1]. Wenn mithin gesagt wird, dass wir Alle in Adam gesündigt haben, oder dass Adam die Sünde in die Welt gebracht habe, so will dieses nur so viel sagen, dass wir Alle in Adam die Strafe der Sünde incurrirt, und dass Adam durch seine Sünde jene Strafe in die Welt gebracht habe[2]. So ist denn die Erbsünde nichts Anderes, als die Verdammungswürdigkeit, welche auf uns lastet, da wir durch die Schuld unserer Stammeltern der ewigen Strafe schuldig werden[3].

Aber ist denn das keine Ungerechtigkeit, dass Gott die Kinder so strenge straft, ohne dass sie irgend welche Schuld auf sich hätten? Nein, erwiedert Abälard, vielmehr offenbart sich hierin gerade sogar die Güte Gottes. Wir wissen ja, dass diese Strafe der Kinder, welche keine andere, als die Erbsünde haben, die mildeste sei, weil sie nur die Finsterniss zu ertragen haben, d. h. der Anschauung Gottes entbehren, ohne irgend eine Hoffnung, sie je zu erlangen[4]. Auch glauben

---

1) Ethic. c. 3. p. 641. Culpam quippe non habet ex contemtu Dei, qui quidem, quid agere debeat, nondum ratione percipit; a sorde tamen peccati primorum parentum immunis non est, a qua jam poenam contrahit, etsi non culpam, et sustinet in poena, quod illi commiserunt in culpa. Comm. in ep. ad Rom. l. 2. c. 5. p. 866. Pluribus modis peccati nomen scriptura sacra accipit, uno quidem modo et proprie pro ipsa animae culpa et contemtu Dei, i. e. prava voluntate nostra, qua rei apud Deum statuimur. Altero autem modo peccatum dicitur ipsa peccati poena, quam per ipsum incurrimus, vel cui propter ipsum obnoxii tenemur.... Cum itaque dicimus homines cum originali peccato procreari et nasci, atque hoc ipsum originale peccatum ex primo parente contrahere, magis hoc ad poenam peccati, cui videlicet poenae obnoxii tenentur, quam ad culpam animi et contemtum Dei referendum videtur. Qui enim nondum libero arbitrio uti potest, nec ullum adhuc rationis exercitium habet, qua eum recognoscat auctorem, vel obedientiae mereatur praeceptum, nulla est ei transgressio, nulla negligentia imputanda, nec ullum omnino meritum, quo praemio vel poena dignus sit, non magis, quam bestiis ipsis, quando in aliquo vel juvare, vel nocere videntur.

2) Ib. l. 2. c. 5. p. 861 sqq... 864. In Adam omnes peccaverunt, i. e. poenam peccati incurrerunt.... Adam peccatum mundo intulit, i. e. peccati, scilicet originalis, poenam.

3) Ib. l. 2. c. 5. p. 871. Est ergo originale peccatum, cum quo nascimur, ipsum damnationis debitum, quo obligamur, cum obnoxii aeternae poenae efficimur propter culpam nostrae originis, i. e. primorum parentum, a quibus nostra incipit origo.

4) Ib. l. 2. c. 5. p. 870. Quam quidem poenam non aliam arbitror, quam pati tenebras, i. e. carere visione divinae majestatis sine omni spe recuperationis.

wir, dass selbst dieser mildesten Strafe Keiner, der schon in der Kindheit stirbt, übergeben werde, als von welchem Gott vorhersah, dass er, wenn er am Leben bliebe, ganz schlecht werden und darum noch ärger zu bestrafen sein würde¹). Daher scheint es, dass die Kinder in dieser Erleichterung der Strafe noch eine Gnade erfahren²). Auch bedient sich Gott dieser mildesten Strafe der Kinder zu unserer Zurechtweisung, damit wir nämlich um so vorsichtiger werden zur Vermeidung eigener Sünden, wenn wir glauben, dass so unschuldige Kinder alle Tage verdammt werden wegen fremder Sünden, und damit wir Gott um so mehr Dank sagen, wenn er uns nach so vielen Vergehungen durch seine Gnade von jenem ewigen Feuer befreit, von welchem er jene nicht rettet. Auch wollte er sogleich bei jener ersten und vielleicht geringen Uebertretung der Stammeltern, die er noch an ihren unschuldigen Nachkommen so rächt, zeigen, wie sehr er jede Missethat verabscheue, und welche Strafe er für grössere und häufigere Vergehen aufbewahre, wenn er das nur einmal bei dem Genusse eines Apfels Begangene ohne Verzug an den Nachkommen also straft³). Ferner geschieht es ja oft, dass die göttliche Gnade den Tod solcher Kinder zum Leben der Eltern wendet, wenn nämlich diese im höchsten Schmerze über deren Verdammung das, was sie den durch ihre eigene Begierlichkeit Erzeugten angethan haben, ganz und gar sich selber zuschreiben, und dadurch sowohl sie als Andere, die es sehen, gottesfürchtiger und zerknirschter werden. Dadurch werden auch wir um so mehr zur Enthaltsamkeit angespornt, wenn wir einer so gefährlichen Begier fröhnen, durch welche unaufhörlich so viele Seelen zur Hölle geschickt werden⁴).

Wir sehen leicht, dass diese Art und Weise, wie Abälard den Begriff der Erbsünde fasst, der pelagianischen Lehre so nahe als möglich steht. Läugneten die Pelagianer die Erbsünde völlig, so reducirt Abälard dieselbe auf ein Minimum, indem er in derselben blos eine Strafe erblicken will. Freilich kommt er dann mit dem Nachweis der Gerechtigkeit dieser Strafe, welcher gar keine Schuld zu Grunde liegt, nicht mehr zurecht, und muss sich zu ganz abenteuerlichen Auskunftsmitteln verstehen, sogar zur semipelagianischen Ansicht, nach welcher Gott nur jene Kinder ohne Taufe sterben lässt, von welchen er voraussieht, dass sie, falls sie am Leben blieben, noch schwerere Sünden begehen und deshalb eine noch strengere Strafe verdienen würden. Wie weit steht auch hier wiederum Abälards Lehre zurück hinter der tiefen und genialen Auffassungsweise des Wesens der Erbsünde, wie wir sie bei Anselm getroffen haben!

---

1) lb. l. 2. c. 5. p. 870. Credimus, etiam huic mitissimae poenae neminem deputari morte in infantia praeventum, nisi quem Deus pessime futurum, si viveret, praevidebat, et ob hoc majoribus poenis cruciandum.
2) lb. l. 2. c. 5. p. 870—872. — 3) lb. l. 2. c. 5. p. 870. — 4) lb. l. 2. c. 5. p. 850.

§. 77.

Nach solchen Prämissen musste offenbar auch der Erlösungstod Christi bei Abälard seine tiefere Bedeutung verlieren. Man behauptet, sagt Abälard, dass Christus uns aus der Gewalt des Teufels erlöste, welcher durch die Uebertretung des ersten Menschen, der sich ihm freiwillig unterworfen hatte, mit gewissem Rechte auch eine vollständige Gewalt über ihn erlangte, und sie immerfort haben würde, wenn nicht ein Erlöser kam. Allein welches Recht konnte der Teufel auf den Besitz des Menschen haben, wenn nicht etwa, weil er ihn durch Gottes Zulassung oder Auslieferung zum Quälen erhalten hatte? Könnte denn, wenn ein Knecht seinen Herrn verlassen und sich unter die Gewalt eines Andern begeben würde, der Herr ihn nicht mit Recht, wenn er wollte, wieder zurückfordern und haben? Auch würde ohne Zweifel, wenn ein Sclave seinen Mitsclaven verführen und seinem Herrn abtrünnig machen würde, vielmehr der Verführer als der Verführte von seinem Herrn als der Schuldige betrachtet werden; und sicher wäre es ungerecht, dass der, welcher einen Andern verführte, dadurch ein Vorrecht oder eine Macht über den Verführten erwürbe, da er vielmehr, wenn er vorher ein Recht auf ihn hatte, gerade um der Bosheit seiner Verführung willen dieses Recht zu verlieren verdiente. Es kann also durchaus nicht angenommen werden, dass der Teufel durch die Sünde ein Recht über den Menschen gewonnen habe. Und darum hätte die göttliche Erbarmung den Menschen durch einen blosen Blick vom Teufel befreien können [1]).

Daraus folgt, dass das Leiden und der Tod Christi nicht nothwendig war zum Zweck der Genugthuung, ja dass das Leiden und der Tod Christi gar keinen satisfactorischen Charakter hatten. Weit entfernt, dass der Tod Christi genugthuend sein konnte für die Sünden der Menschen, musste ja Gott den Menschen im Gegentheil um so mehr zürnen, als die Menschen in der Kreuzigung seines Sohnes sich schwerer versündigten, denn in der Uebertretung seines ersten Gebotes im Paradiese. Wenn nun jene Sünde Adams so gross war, dass sie nur durch den Tod Christi gesühnt werden konnte, welche Sühne wird jener an Christus begangene Mord selbst, so viele und so grosse gegen ihn und die Seinigen begangenen Frevel haben? Hat etwa der Tod des unschuldigen Sohnes Gott dem Vater so gefallen, dass er durch ihn sich mit uns versöhnen liess, die durch die Sünde an seinem Tode schuld waren? Konnte er jene leichtere Sünde nicht vergeben, wenn nicht die grössere geschah, und nur durch Vermehrung des Bösen ein so grosses Gut bewirken? Wie hat er endlich die Gefangenen ohne Lösegeld freigelassen, wenn er selbst für ihre Entlassung dieses Lösegeld beitrieb und leistete? Wie grausam und unbillig scheint es zu sein, dass Jemand

---

1) Comm. in ep. ad Rom. l. 2. c. 3. p. 834 sqq. Epit. c. 23.

das Blut eines Unschuldigen verlange oder irgendwie Gefallen habe an seiner Ermordung, geschweige denn, dass Gott der Tod seines Sohnes so angenehm gewesen wäre, dass er durch ihn mit der ganzen Welt versöhnt wurde [1])?

Welche Bedeutung hat denn nun aber dann der Erlösungstod Christi nach Abälard? Hören wir seine Antwort. Uns scheint es, sagt er, wir seien in so fern im Blute Christi gerechtfertigt und mit Gott versöhnt worden, als er durch diese ausserordentliche Gnade, welche er uns dadurch erwies, dass sein Sohn unsere Natur annahm und in unserer Unterrichtung sowohl durch Wort als durch Beispiel bis zum Tode verharrte, uns noch inniger durch die Liebe an sich zog, damit durch eine so grosse Wohlthat der göttlichen Gnade entflammt, die wahre Liebe nun nichts mehr um seinetwillen zu ertragen sich scheute. Unsere Erlösung ist also jene höchste, durch das Leiden Christi in uns erzeugte Liebe, welche nicht blos von der Knechtschaft der Sünde befreit, sondern uns auch die wahre Freiheit der Kinder Gottes erwirbt, dass wir Alles erfüllen nicht so fast aus Furcht, als vielmehr aus Liebe zu ihm, welcher uns eine so grosse Gnade erwies, grösser als welche keine gefunden werden kann [2]). — Also blos deshalb ist der Sohn Gottes in die Welt gekommen und hat den Tod erlitten, damit er uns durch Lehre und Beispiel zur Tugend und zu guten Werken aufmuntere, damit er ferner einen Beweis seiner grossen Liebe zu uns Menschen gebe, und so auch in uns die Liebe zu ihm mehr und mehr entzünde [3]). Mit dieser Behauptung hat sich Abälard offenbar den innersten Kern der pelagianischen Lehre angeeignet, und wir dürfen uns also nicht wundern, wenn wir ihn auch in seiner Lehre von der Gnade und Rechtfertigung die gleiche Bahn einschlagen sehen.

§. 78.

Abälard stellt hier vor Allem den Satz auf, es sei nicht nothwendig, dass uns bei jedem einzelnen Werke eine neue Gnade von Gott gespen-

---

1) Comm. in ep. ad Rom. l. 2. c. 3. p. 835. Epit. c. 23.
2) Comm. in ep. ad Rom. l. 2. c. 3. p. 836. Nobis autem videtur, quod in hoc justificati sumus in sanguine Christi et Deo reconciliati, quod per hanc singularem gratiam nobis exhibitam, quod filius suus nostram susceperit naturam, et in ipsa nos tam verbo quam exemplo instituendo usque ad mortem perstitit, nos sibi amplius per mortem astrinxit, ut tanto divinae gratiae accensi beneficio, nil jam tolerare propter ipsum vera reformidet caritas. Redemtio itaque nostra est illa summa in nobis per passionem Christi dilectio, quae non solum a servitute peccati liberat, sed veram nobis filiorum Dei libertatem acquirit, ut amore ejus potius quam timore cuncta impleamus, qui nobis tantam exhibuit gratiam, qua major inveniri ipso attestante non potest ... Ad hanc itaque veram caritatis libertatem in hominibus propagandam se venisse testatur.
3) Epit. c. 23. Theol. christ. l. 4. p. 1278 sqq.

det werde, als könnten wir keineswegs das Gute wollen und wirken, ohne dass ein neues Geschenk der göttlichen Gnade vorausginge; sondern häufig geschehe es, dass, während Gott Mehreren das gleiche Gnadengeschenk mittheilt, sie doch nicht gleichmässig wirken, ja dass sogar oft derjenige weniger wirkt, welcher mehr Gnade erhalten hat [1]. Ist damit schon eine Behauptung ausgesprochen, welche der pelagianischen Anschauung sich zuneigt, so noch mehr in dem, was Abälard weiter hinzufügt. Gott bietet uns, sagt er, täglich das Himmelreich an, und der Eine, von Verlangen nach seinem Reiche entzündet, verharrt in guten Werken, der andere erschlafft in seiner Trägheit. Gott jedoch bietet es auf gleiche Weise Beiden an und thut, was an ihm ist, und wirkt durch Vorlegung und Verheissung der Seligkeit seines Reiches auf Beide so viel ein, als zur Entzündung des Verlangens Beider nothwendig ist, ohne dass noch eine andere, neue Gnade hinzu käme. Denn einen je grössern Lohn man vor Augen sieht, um so mehr wird man schon von Natur aus durch sein eigenes Verlangen dazu angelockt, zumal, da dieses allein hinreicht, es zu erlangen, und Alle mit um viel weniger Schweiss und Gefahr dazu gelangen können als zur Erwerbung irdischer Reiche. Um also unser Verlangen nach Gott und dem himmlischen Reiche zu entzünden, welche Gnade muss da noch vorausgehen, als dass jene Seligkeit, zu welcher er uns einladet, und der Weg, auf welchem wir hingelangen können, uns vorgelegt und gegeben werde [2]? Diese aber verleiht Gott den Verworfenen wie den Auserwählten auf gleiche Weise, indem er nämlich Beide auf gleiche Weise darüber belehrt, so dass auf Grund der nämlichen Gnade des Glaubens, den sie empfangen haben, der Eine zu guten Werken angeregt, der andere durch seine Nachlässigkeit unentschuldbar gemacht wird [3]. Dieser Glaube also, welcher in dem Einen durch die Liebe thätig ist, in dem Andern aber träge und müssig bleibt, ist die Gnade Gottes, welche jedem Auserwählten zuvorkommt, damit er gut zu wollen anfange, und die wieder dem Anfange des guten Willens nach-

---

1) Comm. in ep. ad Rom. l. 4. c. 9. p. 918 sqq. Dicimus itaque, non esse necesse, in singulis bonis operibus novam nobis gratiam a Deo impertiri, ut nequaquam scilicet bona operari vel velle possimus sine novo divinae gratiae praeeunte dono, sed saepe Deo aequale gratiae suae donum aliquibus distribuente, non eos tamen aequaliter operari contingit, imo saepe eum minus operari, qui plus gratiae ad operandum susceperit.

2) Ib. l. c. p. 918. Ad desiderium itaque nostrum in Deum accendendum et ad regnum coeleste concupiscendum, quam praeire gratiam necesse est, nisi ut beatitudo illa, ad quam nos invitat, et via, qua pervenire possimus ad eam, exponatur atque tradatur?

3) Ib. l. c. p. 918 sq. Hanc autem gratiam tam electis quam reprobis pariter impertit, utrosque videlicet de hoc instruendo aequaliter, ut ex eadem fidei gratia, quam perceperunt, alius ad bona opera incitetur, alius per torporis sui negligentiam inexcusabilis reddatur.

folgt, damit der Wille selbst ausharre; und es ist nicht nothwendig, dass für alle einzelnen Werke, welche täglich neu nachfolgen, Gott eine andere Gnade vorlege, als eben den Glauben selber, wodurch wir nämlich glauben, dass wir für das, was wir thun, einen so grossen Lohn erlangen werden. Denn auch die Kaufleute der Welt, wenn sie so viele und grosse Mühen ertragen, dulden Alles in der Einen Hoffnung auf irdischen Gewinn, welche sie von Anfang gefasst haben, und wenn sie Verschiedenes wirken, so werden sie dazu nicht durch eine verschiedene Hoffnung bewogen, sondern durch ein und dieselbe angezogen [1]).

Hieraus ist ersichtlich, dass nach Abälards Ansicht die Gnade kein innerlich wirkendes Princip sei, welches zu jedem einzelnen guten Werke erforderlich wäre, sondern dass Alles, was wir Gnade nennen, sich blos auf die Verkündung des Reiches Gottes, auf das Vorhalten der ewigen Seligkeit reducirt, also blos äussere Gnade ist: — gerade so, wie solches die Pelagianer gelehrt hatten [2]). Hienach ist es nur consequent, wenn Abälard auch von einer heiligenden und rechtfertigenden Gnade im Sinne einer übernatürlichen, durch den heiligen Geist in uns hervorgebrachten Wirkung nichts mehr wissen will. Die ganze Rechtfertigung des Menschen reducirt sich bei ihm auf die blose Nachlassung der Sündenstrafen, welche uns durch Christum zu Theil wird [3]). Sündenvergebung ist einzig und allein Straferlassung — nichts weiter [4]). Der Mensch wird im Acte der Sündenvergebung nicht innerlich neu geschaffen; erhält kein höheres, übernatürliches Lebensprincip in der heiligenden Gnade; er bleibt auf dem Niveau des natürlichen Lebens stehen. Der Pelagianismus kommt auch hier zu seiner vollen Geltung. Wie Abälard nichts Uebernatürliches im Erkennen, so erkennt er auch nichts Uebernatürliches im sittlichen Leben. Er ist Naturalist in beiderseitiger Beziehung.

Und dennoch fordert Abälard wieder von dem Menschen eine Liebe zu Gott, zu welcher selbst der durch die übernatürliche Gnade erhobene

---

[1] lb. 1. c. p. 919. Haec itaque fides, quae in isto per dilectionem operatur, in illo iners et segnis atque otiosa vacat, gratia Dei est, quae unumquemque electum praevenit, ut bene velle incipiat, ac rursus bonae voluntatis exordium subsequitur, ut voluntas ipsa perseveret; nec necesse est, ut per singula, quae quotidie nova succedunt opera, aliam Deus gratiam praeter ipsam fidem exponat, qua videlicet credimus, pro hoc, quod facimus, tantum nos praemium adepturos .... etc.

[2] Vgl. *Bernard*, Capp. haer. Abael. VI.

[3] Comm. in ep. ad Rom. l. 2. c. 5. p. 863 sqq. Gratia Dei, i. e. gratuitum remissionis donum ex multis delictis, tam originali scilicet, quam propriis per Christum condonatis est nobis in justificationem, i. e. ad poenarum absolutionem .... Per Christum assequimur justificationem, i. e. remissionem.

[4] Comm. in Ep. ad Rom. l. 2. c. 5. p. 873. Non est enim aliud, Deum condonare peccatum, quam aeternam ejus relaxare poenam. c. 4. p. 840. Remittitur iniquitas, quando poena ejus condonatur per gratiam. c. 5. p. 866. Eth. c. 13.

Wille kaum auf Augenblicke sich zu erheben vermag. Er fordert nämlich eine ganz uneigennützige Liebe. Nach seiner Ansicht ist nämlich nur jene Liebe die wahre, welche Gott rein um seiner selbst willen liebt, mit Ausschluss aller Hoffnung und alles Verlangens nach Belohnung: — eine Liebe, welche auch dann noch in voller Kraft bliebe, wenn der Mensch wüsste, dass er von Gott nur Strafe zu gewärtigen hätte [1]. Nur eine solche verdiene das ewige Leben [2]. So lange der Mensch mit der Liebe zu Gott noch die Hoffnung auf Belohnung verbinde, sich also auch noch durch dieses Motiv zur Liebe bestimmen lasse, sei diese Liebe noch keine wahre und vollkommene, sondern erst die Vorbereitung zur letztern [3]. Es ist diese Lehre gewiss höchst eigenthümlich; aber sie liegt ganz in dem Charakter der pelagianisch-naturalistischen Anschauung. Denn indem diese das übernatürliche Element im sittlichen Leben des Menschen beseitigt, sucht sie stets das natürliche Element zu einer schwindelnden Höhe emporzuschrauben. Die Pelagianer hatten behauptet, der Mensch könne zu voller Sündelosigkeit in diesem Leben gelangen; Abälard setzt an die Stelle dieses Lehrsatzes die Lehre von einer schlechthin uneigennützigen Liebe, zu welcher der Mensch sich erheben müsse. Es ist immer die eine Richtung, welche sich hier unter verschiedenen Formen kund gibt, und welche, wie man leicht sieht, die grösste Aehnlichkeit mit dem antiken, selbststolzen Stoicismus hat. Es war ein Glück, dass Abälard an dem heil. Bernard einen Gegner fand, welcher ihm mehr als gewachsen war. Denn sonst hätte seine Lehre bei dem grossen Ruhme, welchen er genoss, für die Zukunft der christlichen Wissenschaft gefährlicher werden können, als es wirklich der Fall war. So aber blieb Abälards Lehre vereinzelt stehen und übte auf die nachfolgende Gestaltung der christlichen Speculation keinen Einfluss aus. Der „neue Apostel," wie Abälard seinen Gegner zu nennen beliebte [4], genoss damals ein zu grosses Ansehen, als dass seine Warnungen gegen die gefährlichen Lehren Abälards hätten ohne Erfolg bleiben können. Auch die kirchliche Auctorität hat zudem das ihrige damals gethan, um die weitere Verbreitung der Abälard'schen Lehre zu verhindern und die christliche Wissenschaft vor solchen Abwegen zu bewahren, wie sie im Abälard'schen Lehrsystem hervortreten.

3. Gilbert de la Porrée.

§. 79.

War Abälard von der rechten Bahn der christlichen Speculation abgewichen und so dem Irrthume in mehr als einer Beziehung verfallen, so

---

1) Comm. in ep. ad Rom. l. 3. c. 7. p. 892 sqq. l. 5. c. 13. p. 949. — 2) Ib. l. 3. c. 8. p. 903. — 3) Ib. l. 3. c. 7. p. 891. c. 8. p. 907. — 4) Hist. calam. c. 13.

müssen wir auch Gilbert in diese Reihe setzen. Seine Irrthümer sind freilich anderer Art, als die Abälards; ja sie bilden in gewisser Weise den geraden Gegensatz zu den Ansichten Abälards; aber sie waren doch nicht minder gefährlich als die Lehren, welche Abälard verfochten hatte. Und deshalb wurden sie auch von dem heil. Bernard mit gleicher Entschiedenheit bekämpft, wie die des letztern.

„Gilbert war geboren zu Poitiers und hatte in seiner Heimath zunächst einen gewissen Hilarius zu seinem Lehrer [1]). Von da ging er nach Chartres und nahm regen Antheil an den philosophischen Vorträgen des Bernhard von Chartres. Unbefriedigt durch die Philosophie wandte er sich der Theologie zu, und wählte Anselm und Rudolf von Laon zu seinen Lehrern. Nach Beendigung seiner Studien verblieb er zunächst bei der Kirche zu Chartres und trat bald öffentlich als Lehrer auf. Er erfreute sich des Rufes besonderer Gelehrsamkeit und einer bedeutenden Schülerzahl. Nach kurzer Zeit schloss er jedoch seine Vorträge zu Chartres und trat zu Paris als Lehrer der Dialektik und Theologie auf." Zum Bischof von Poitiers erhoben (1142), setzte er daselbst sein Lehramt fort. Bald jedoch kam er in Folge irriger Lehren, welche er über die göttliche Trinität vortrug, in Conflict mit andern Theologen und mit der kirchlichen Auctorität selbst. Auf einer Synode zu Rheims (1148) fassten die Bischöfe unter Mitwirkung des heil. Bernard ein Symbolum ab in vier den Propositionen Gilberts entgegengesetzten Artikeln, welches der Papst Eugen III. approbirte. Gilberts Schriften, in welchen seine Irrthümer enthalten waren, wurden in so lange verboten, als sie nicht von der römischen Kirche emendirt worden seien. Gilbert unterwarf sich diesem Urtheilsspruche, unterzeichnete das Symbolum und kehrte unangefochten in seinen Sprengel zurück. Er verblieb in freundschaftlichen Beziehungen zu seinen frühern Gegnern bis zu seinem Tode (1159).

Seine Schriften sind zum Theil sehr dunkel geschrieben und erinnern an die Weise seines Lehrers Bernard von Chartres. Doch finden wir bei ihm eine grosse Vertrautheit mit den dialektischen Untersuchungen seiner Zeit und eine Beherrschung des philosophischen Gedankens, wie sie kein anderer Platoniker des zwölften Jahrhunderts in demselben Grade verräth. Er beschäftigte sich vorzugsweise mit der Erläuterung der Lehren des Boethius. Seine Hauptschriften sind deshalb Commentare zu der dem Boethius zugeschriebenen Schrift über die Trinität, über die Prädication der drei Personen, über die Schrift „quod substantiae bonae sint," und über das Buch „de duabus naturis et una persona in Christo." Sie sind den bezüglichen Schriften des Boethius in Migne's Patrologie beigedruckt. Dazu kommt dann endlich noch

---
1) Hist. litt. de France, T. 7. p. 51. T. 12. p. 466 sqq.

das Buch „De sex principiis," welches gleichfalls für die Kenntniss seiner Lehre von einiger Bedeutung ist.

Untersuchen wir zuerst den Standpunkt, welchen Gilbert in seinen speculativen Untersuchungen dem Glauben gegenüber einnimmt, so fasst er zunächst den Begriff des Glaubens ganz allgemein, indem er ihn als die Perception einer Wahrheit mit der Zustimmung unserer Seele erklärt[1]). Er unterscheidet aber wiederum zwischen dem theologischen Glauben und dem Glauben in weltlichen Dingen. Hinsichtlich der natürlichen Dinge nun, sagt er, gehen die Gründe der Vernunft dem Glauben voraus, in theologischen Dingen dagegen ist der Glaube das erste, und auf ihn erst folgt die wissenschaftliche Untersuchung. Diese Ordnung ist auch noch zu beobachten, wenn wir den Glaubensinhalt durch Vernunftgründe stützen und zur Einsicht bringen können. „Da aber alles Zeitliche veränderlich ist, und die Qualität massgebend ist für die Qualität des Gedankens selbst, so ist auch das dem natürlichen Sein zugewendete Denken selbst nicht ein solches, welches absolute Sicherheit und Einsicht zu gewähren im Stande wäre." Die Nothwendigkeit, welche den Vernunftgründen in der Richtung auf die natürlichen Dinge innewohnt, beruht mehr auf Gewöhnung, und ist nicht unbedingte Nothwendigkeit. Eine solche herrscht nur da, wo sich das Denken in das theologische Gebiet erhebt. Daraus folgt, dass, wenn auch zunächst und auf erster Linie nur in der Religion der Glaube das erste ist, doch in weiterer Folge der katholische Glaube auch für das natürliche Wissen die feste und sichere Grundlage bildet, dass also dieser Glaube nicht blos für die wissenschaftliche Erkenntniss des Ewigen und Unveränderlichen, sondern auch für die des Zeitlichen und dem Wechsel Unterworfenen den festen Rückhalt bildet[2]).

---

1) *Gilbert*. In libr. Boethii de praedicatione trium personarum (in der Migne'schen Ausgabe des Boethius) pag. 1304. 1310. In religione prima est fides, quae est veritatis cujuslibet rei cum assensione perceptio. Comm. in libr. de trin. pag. 1226 sq.

2) In libr. B. de praed. trium pers. pag. 1303 sqq. In caeteris facultatibus, in quibus semper consuetudini regulae generalitas atque necessitas accomodatur, non ratio fidem, sed fides sequitur rationem. Et quoniam in temporalibus nihil est, quod mutabilitati non sit obnoxium, tota illorum consuetudini accomodata necessitas mutat. Nam in eis quidquid praedicatur necessarium vel esse vel non esse, quodammodo nec esse, nec non esse necesse est; non enim absolute necessarium est, cui nomen necessitatis sola consuetudo accomodat. In theologicis autem, ubi est veri nominis atque absoluta necessitas, non ratio fidem, sed fides praevenit rationem. In his enim non cognoscentes credimus, sed credentes cognoscimus. Nam absque rationum principiis fides concipit non modo illa, quibus intelligendis humanae rationes suppeditari non possunt, verum etiam illa, quibus ipsae possunt esse principia. Ac per hoc non modo theologicarum, sed etiam omnium rerum intelligendarum, catholica fides recte dicitur exordium, sive nulla

Doch soll durch diese Stellung des Glaubens in unserer Erkenntniss der Werth des Wissens nicht beeinträchtigt werden. Das eine muss das andere fördern. Glaube und Vernunft müssen sich daher auf's innigste mit einander verbinden; aus dem Glauben soll die Vernunft Würde und Ansehen, aus der Vernunft der Glaube feste Zustimmung erhalten¹).

Dieses vorausgesetzt, glaubt Gilbert diejenigen tadeln zu müssen, welche das Uebernatürliche und Göttliche nach den gewöhnlichen Begriffen des Verstandes beurtheilen, und so die in Bezug auf die natürlichen Dinge geltenden Grundsätze schlechterdings und ohne eine dem Objecte entsprechende Modification auf Gott und auf das Uebernatürliche anwenden, nicht bedenkend, dass in solchen theologischen Dingen, weil sie die Fassungskraft unserer Vernunft übersteigen, vielfach andere von den natürlichen Principien verschiedene, wenn auch diesen nicht widersprechende Grundsätze gelten müssen²). Er bemerkt, dass gerade dieses Verfahren es war, welches die Irrlehren eines Sabellius und Arius in's Leben rief, und auch die tritheistische, sowie die modalistische Anschauungsweise Abälards veranlasste³). Wir werden weiter unten sehen, welche Gesichtspunkte für Gilbert in der Aufstellung dieser Lehrsätze massgebend waren; für jetzt möge vorläufig nur bemerkt sein, dass Gilbert selbst diesen seinen Lehrsätzen nicht überall treu geblieben ist.

Gehen wir hienach auf die erkenntnisstheoretischen Lehrmeinungen Gilberts über, so betrachtet derselbe die allgemeinen Begriffe nicht als rein subjective Producte des Denkens, sondern er weist ihnen ihren Grund in der Objectivität der Dinge an, ohne doch die Universalien *als solche* in die Objectivität hinauszusetzen. Nach Johannes von Salisbury lässt er die Universalien in der Conformität der wesentlichen Formen gewisser Dinge, welche Formen in der göttlichen Idee ihr Vorbild haben, begründet sein, so fern nämlich die Gesammtheit dieser Dinge, deren (intelligible) Formen sich gegenseitig ähnlich, conform sind, vom Denken unter Einem Begriff zusammengefasst werden⁴). Dies stimmt mit den eigenen Aeusserungen Gilberts über diese Sache überein. Die

---

incertitudine nutans, sed etiam de rebus naturalibus certissimum atque firmissimum fundamentum. p. 1310.

1) Ib. p. 1310. Fidem rationemque conjunge, ut scilicet primum ex fide auctoritas rationi, deinde ex ratione assensio fidei comparetur.

2) In libr. Boeth. de trin. p. 1262. p. 1265. p. 1268. — 3) Ib. p. 1256 sqq.

4) Joann. Saresb. Metal. l. 2. c. 17. Porro alius, ut Aristotelem exprimat, cum Gilberto episcopo Pictaviensi, universalitatem formis nativis attribuit, et in earum conformitate laborat. Est autem forma nativa, originalis exemplum, et quae non in mente Dei consistit, sed rebus creatis inhaeret. Haec graeco eloquio dicitur εἶδος, habens se ad ideam ut exemplar ad exemplar; sensibilis quidem in re sensibili, sed mente concipitur insensibilis, singularis quoque in singulis, sed in omnibus universalis.

Universalien, sagt er, abstrahirt das menschliche Denken von den Einzeldingen, um dadurch die Natur der letztern und ihre Eigenschaften sich zur Erkenntniss zu bringen ¹). Daher werden viele subsistente Dinge im allgemeinen Begriffe als Eins gefasst, nicht als ob sie etwa alle eine und dieselbe singuläre Natur hätten, sondern in so ferne, als sie auf den Grund ihrer Aehnlichkeit hin mit einander vereinigt und unter Einem Begriffe gedacht werden ²). Die Subsistenzen oder Wesenheiten sind in der Objectivität vielfach nach den Individuen, und constituiren selbst diese Vielheit; die Verschiedenheit der Accidentien bewirkt diese Vielheit nicht, sondern sie ist nur die Folge und das Kennzeichen der Vielheit und Verschiedenheit der Subsistenzen oder Individuen ³). Durch die Verschiedenheit der Accidentien unterscheiden sich die Dinge äusserlich von einander ⁴); durch ihre singulären Subsistenzen oder Wesenheiten sind sie einander ähnlich ⁵). Und vermöge dieser Aehnlichkeit bilden sie dann miteinander eine Species; mehrere einander ähnliche Species eine Gattung. Diese Eine Species oder Gattung wird dann im Begriffe als Einheit gedacht; und so entsteht das Universale ⁶). So haben wir drei Dinge zu unterscheiden: die Sache selbst, den Begriff derselben und das Wort, womit der Begriff ausgedrückt wird. Doch ist dabei zu bemerken, dass weder der Begriff der Sache vollkommen adäquat ist, noch das Wort dem Begriffe ⁷). Darin besteht das Mangelhafte der Erkenntniss.

---

1) *Gilb.* In libr. Boeth. de duab. nat. etc. p. 1374. Non solum enim rationalium sed etiam non rationalium substantiarum individuarum universalia quaedam sunt, quae ab ipsis individuis humana ratio quodammodo abstrahit, ut eorum naturam perspicere et proprietatem comprehendere possit.

2) In libr. Boeth. de trin. p. 1263. Dicuntur multa subsistentia unum et idem, non naturae unius singularitate, sed multarum, quae ratione similitudinis fit, unione.

3) Ib. p. 1264. Non similiter esset homo Cato, sicut Cicero, nisi substantiae, quibus uterque aliquid est, essent etiam numero diversae, earumque numeralis diversitas eos numero facit esse diversos. Hanc autem in naturalibus numeralem non modo subsistentium, verum etiam subsistentiarum diversitatem, eorum, quae adsunt subsistentiis illis in eisdem subsistentibus accidentium dissimilitudo non quidem facit, sed probat. — 4) Ib. p. 1264.

5) Ib. p. 1263. Diversae subsistentiae, ex quarum aliis homines, et ex aliis equi, sunt animalia, non imitationis vel imaginaria, sed substantiali similitudine ipsos, qui secundum eas subsistunt, faciunt esse conformes.... Diversae subsistentiae, quae una sunt species, quarum alia Cato, alia Cicero homo est, eosdem substantialiter faciunt similes.

6) In libr. de duab. nat. etc. p. 1374. 1369. Genus nihil aliud putandum est, nisi subsistentiarum secundum totam earum proprietatem, ex rebus secundum species suas differentibus similitudine comparata collectio. Qua similitudinis comparatione omnes illae subsistentiae dicuntur unum universale, unum dividuum, unum commune, unum genus, una eademque natura.

7) Comm. in Boeth. de trin. p. 1260. Tria quippe sunt: res, intellectus et

Unstreitig gilt von dieser Theorie des Allgemeinen dasselbe, wie von der des Abälard. Sie ist richtig angelegt und entfernt sich entschieden vom Nominalismus. Sie hat durchaus ein realistisches Gepräge. Allein der vorwiegende Accent, welcher hier ebenso, wie bei Abälard, stets nur auf die Aehnlichkeit der Dinge gelegt wird, so dass das Universale seine Existenz immer nur ausschliesslich dieser Aehnlichkeit verdankt, gibt dieser Theorie doch zugleich auch eine conceptualistische Färbung. Die Aehnlichkeit der Dinge bietet uns zwar zunächst den Anhaltspunkt dar für die Bildung des allgemeinen Begriffes; allein derselbe bleibt dann nicht bei der blosen Aehnlichkeit stehen, sondern dringt zum Wesen der Dinge vor. Und dieses Moment ist bei Gilbert nicht gehörig, wenigstens nicht in gebührender Weise berücksichtigt. Es musste noch ein weiterer Schritt geschehen, um die richtige Formel vollständig zu gewinnen.

§. 80.

Die metaphysischen Begriffe, in deren Rahmen die Lehre Gilberts eingefügt wird, sind zunächst die Begriffe von Wesenheit, Subsistenz, Substanz und Person [1]). Die Wesenheit (οὐσία) ist nach Gilbert das bestimmte unveränderliche Sein des Einzelnen. Wir sagen: „des Einzelnen," weil, wie wir so eben gehört haben, nach Gilberts Ansicht die Wesenheiten nur im Einzelnen sind, und das Universelle als solches blos durch Abstraction aus den Einzeldingen resultirt. Die Subsistenz (οὐσίωσις) dagegen ist an sich zwar nicht verschieden von der Wesenheit (οὐσία); aber die Wesenheit wird nur in so fern Subsistenz genannt, als sie Nichts voraussetzt, worin sie als in ihrem Subjecte wäre. Wenn also eine Wesenheit von der Art ist, dass sie keines Andern bedarf, dem sie inhärire, um existiren zu können, so ist sie Subsistenz. An sich ist die Subsistenz, weil identisch mit der Wesenheit, gleichfalls zu definiren als dasjenige, wodurch Etwas dasjenige ist, was es ist; nur ist dieses Etwas, so weit es durch eine Subsistenz bestimmt ist, stets als ein in sich bestehendes Einzelwesen zu denken [2]). Und dieses Einzelwesen, welches durch eine solche Subsistenz in seinem Sein bestimmt ist, heisst dann ein subsistirendes Wesen [3]). Es verhält sich zu seiner Subsistenz, wie das quod est zu dem quo est; d. h. als dasjenige, was ist, zu dem, wodurch es formell das ist, was es ist. Ebenso sind dann auch die Momente, aus welchen die Sub-

---

sermo.... sed neque sermonis nota, quidquid res sit, potest ostendere, neque intelligentiae actus in omnia, quaecunque sunt ejusdem rei, potest offendere; ideo nec conceptus omnia tenere. Circa conceptum etiam remanet sermo. Non enim tantum rei significatione prodit sermo, quantum intelligentia concipit.
1) In libr. de duab. nat. etc. p. 1376 sqq. — 2) In libr. Boeth. de trin. p. 1290. — 3) In libr. Boeth. de duab. nat. etc. p. 1375.

sistenzen selbst wiederum bestehen, als das „quo est" der letzern zu denken¹).

Das also subsistirende Einzelwesen ist nun aber als solches der Träger verschiedener Accidentien, und in so fern es dieses ist, heisst es Substanz (ὑπόστασις)²). Es wird zwar der Ausdruck „Substanz" auch manchmal für „Subsistenz" gesetzt; aber im strengen Sinne genommen, unterscheidet sich der Begriff der Substanz wesentlich von dem der Subsistenz³). Subsistent ist Alles, was keiner Accidentien bedarf, um sein zu können. Subsistent sind daher auch die Gattungen und Arten, weil sie zu ihrem Sein keiner Accidentien bedürfen. Subsistent sind ferner die Individuen, weil sie gleichfalls der Accidentien nicht bedürfen zu ihrem Sein, sondern durch das ihnen eigenthümliche specifische Sein subsistiren. Aber die Individuen sind zugleich auch Substanzen, weil sie zugleich Träger von Accidentien sind, und die Wirklichkeit der letztern ermöglichen, welche ohne sie nicht sein könnten⁴). In der Wirklichkeit gibt es zwar nur Einzelsubsistenzen, weil das Allgemeine nur im Einzelnen ist⁵); desungeachtet sind aber nicht die Subsistenzen, sondern vielmehr die Substanzen oder subsistirenden Dinge die unmittelbaren Träger der Accidentien; die Subsistenzen sind es nur mittelbar durch diese. Dafür aber bestimmen sie die Art der Accidentien, welche in und an dem respectiven Einzelwesen möglicherweise sein können, weil sie eben im Grunde nichts Anderes sind, als die Wesenheiten dieser Substanzen⁶).

Kommt endlich einem solchen subsistenten Einzelwesen auch die Eigenschaft der Vernünftigkeit zu, so ist es nicht mehr einfach subsistent, sondern est ist Person (πρόσωπον)⁷).

An diese Grundbegriffe lehnt sich nun bei Gilbert wiederum der Unterschied von Form und Materie an. Die Form ist dasjenige,

---

1) In libr. Boeth. de trin. p. 1279. — 2) In libr. Boeth. de duab. nat. etc. p. 1375. — 3) In libr. Boeth. de trin. p. 1279.

4) In libr. Boeth. de duab. nat. et una persona p. 1375. Subsistit, quod ipsum accidentibus, ut possit esse, non indiget. Itaque genera et species, i. e. generales et speciales subsistentiae subsistunt tantum, non substant vero; neque enim accidentia generibus speciebusve contingunt, ut, quod sunt, accidentibus debeant. Non enim ipsa genera vel species indigent accidentibus, ut sint. Individua vero subsistunt quidem vere. Nam neque individua sicut neque genera neque species indigent accidentibus, ut sint. — Informata enim sunt jam propriis et specificis differentiis, per quas subsistunt. Non modo autem subsistunt, verum etiam substant individua, quoniam accidentibus ut esse possint ministrant, dum sunt scilicet subjecta eis accidentibus tanquam illorum secundum rationabilem rerum creatarum ordinem causae atque principia.

5) In libr. B. de duab. nat. etc. p. 1378. — 6) In libr. B. de trin. p. 1274.

7) Ueber das Ganze dieser Bestimmungen vgl. In libr. Boeth. de duab. nat. etc. p. 1376 sqq.

wodurch das specifische Sein eines Dinges bestimmt wird; die Materie dagegen ist die bestimmbare Unterlage dieser Form. Bei den subsistirenden Einzelwesen fällt mithin die Form mit der Subsistenz zusammen, und rechnet man dazu dann auch noch die mit dem Dinge verbundenen qualitativen und quantitativen Bestimmungen, so bilden diese in Einheit mit der Form als der specifischen Differenz die Natur des Dinges [1]. Die Formen haben ihren höchsten und letzten Grund in der Urform, welche Gott ist [2]. Sie sind der Ausdruck der göttlichen Idee in den Dingen, das Abbild jenes ewigen Urbildes in dem göttlichen Geiste. Sie sind die in und an den einzelnen Dingen zur Erscheinung gelangenden Begriffe, welche eben das Sein der Einzeldinge bewirken, oder es ihnen verleihen [3]. Was aber die Materie betrifft, so ist sie das Substrat, an welchem und in welchem die Form zum Ausdruck kommt; sie ist das Subject aller Generation und Corruption [4]. Doch ist die Materie, welche allen Körpern gemeinsam ist, nicht als ein singulär Seiendes zu fassen, sondern sie ist nur Eine durch die Conformität der der Zahl nach geschiedenen Substanzen, durch die Gemeinschaft der substanzialen Aehnlichkeit [5]. Aus der Verbindung von Materie und Form resultirt das Individuum. Im Individuum sind alle Bestimmtheiten derartig vereinigt, dass dasselbe in der Totalität seines Seins keinem andern conform oder ähnlich ist, und gerade in dieser Unähnlichkeit ist die Individualität begründet. Alles Nichtindividuelle dagegen oder alles Allgemeine beruht, wie wir schon wissen, auf Aehnlichkeit; und man kann es daher, eben weil es in mehreren einzelnen Dingen wirklich ist, im Gegensatze zum Individuum das Dividuum nennen [6].

---

1) In libr. Boeth. de duab. nat. etc. p. 1367. Natura est unamquamque rem informans specifica differentia. p. 1393. Natura enim subsistentis est, qua ipsum subsistens aliquid est; hae vero sunt substantiales formae et quae illis in ipso subsistente adsunt qualitates et mensurae intervallares.
2) In libr. Boeth. de Trin. p. 1266. Nam essentia Dei, quo opifice est, quidquid est aliquid et quidquid est esse, unde illud aliquid est, et omne quod sic inest ei, quod est aliquid ut ei, quod est esse, adsit, prima forma dicitur.
3) In libr. Boeth. de trin. p. 1269. In naturalibus omne esse subsistentium ex forma est, i. e. de quocunque subsistente dicitur „est," formae, quam in se habet, participatione dicitur.
4) Lib. sex princ. Tract. 3. c. 2. (Lips. 1507.)
5) In libr. Boeth. de duab. nat. etc. p. 1399. Sed si haec materia communis et eadem omnium corporum dicitur, non est intelligendum ipsius singularitate, sed una potius diversarum numero substantiarum conformitate, ut quod auctor dicit „communis et eadem," intelligatur communitate substantialis similitudinis cadem.
6) In libr. Boeth. de Trin. p. 1294. Si enim dividuum facit similitudo, consequens est, ut individuum dissimilitudo ..... Restat igitur, ut illa tantum sint individua, quae ex omnibus composita nullis aliis in toto possunt esse conformia, ut ex omnibus, quae et actu et natura fuerunt vel sunt vel futura sunt, Platonis

Die Verbindung von Form und Materie wird bewerkstelligt von Gott, dem Schöpfer der Materie und der Form. Die Materie kann sich die Form nicht selbst geben; sie muss dieselbe erhalten von einem actuellen Sein, und das ist eben Gott[1]). Denn Gott ist die erste Form, und darum auch der erste Act[2]). Die Schöpfung ist es also, durch welche jedes Ding seine Subsistenz erhält[3]). Gott ist das reine Sein, das Sein schlechthin, und Alles, was sonst noch ist, hat ein Sein nur durch Participation an dem Ursein, d. h. dadurch, dass es ein Sein von jenem Ursein erhält; und es erhält eben dieses Sein in der Schöpfung[4]). Und wie das höchste Sein ein Gutes, so ist auch alles von ihr Gesetzte ein Gutes, wenn es auch dem Setzenden nicht gleich gedacht werden kann. Gott ist das Gute aus und durch sich selbst; das Uebrige aber ist ein Gutes, weil es von ihm ausgegangen ist; es ist also nicht mehr das Gute aus sich, sondern es ist gut nur durch Gott[5]).

§. 81.

Sind dieses die allgemeinen Grundsätze der Gilbert'schen Lehre, so müssen wir nun zunächst sehen, wie er seine metaphysischen Begriffe auf die Psychologie anwendet. Fragen wir nun hier zuerst, wie Gilbert den Menschen als Ganzes auffasst, so ist der Mensch als solcher nach seiner Ansicht die Einheit von Seele und Leib. Seine Subsistenz wird daher constituirt durch die Subsistenzen der Seele und des Leibes, sowie durch jene, welche aus der Einheit beider miteinander entspringen[6]). Der Mensch als solcher ist also ein einheitliches Wesen; das Sein der Seele und das Sein des Leibes, beide in Einheit miteinander,

---

collecta Platonitas. In libr. de duab. nat. etc. p. 1372. Homo et sol grammaticis appellativa nomina, a dialecticis vero dividua vocantur, Plato vero et ejus singularis albedo ab eisdem grammaticis propria, a dialecticis vero individua: sed horum homo tam actu quam natura appellativum et dividuum est, sol vero natura tantum, non actu, multi namque non modo natura, verum etiam actu et fuerunt et sunt et futuri sunt substantiali similitudine similes homines.

1) Lib. sex princ. Tr. 1. c. 2. — 2) Ib. Tr. 2. c. 1.

3) In libr. Boeth. de Trin. p. 1267. Creatio namque subsistentiam inesse facit, ut id cui inest ab ea aliquid sit. — 4) Ib. p. 1267 sqq.

5) In libr. Boeth. quod subst. bonae sint, p. 1328 sqq. Sicut enim a genuino nativum, ab aeterno temporale, ab uno alterum, sic a simplice auctore quodlibet compositum esse oportet. — Quo praedicandi modo ethici creatum bonum esse enuntiant, denominatione videlicet; quae ideo fit, quoniam id, quod ita dicitur bonum, et ut esset, et ut aliquid esset, fluxit ex eo vere auctore et causa, cujus ipsum esse bonum est, i. e. cujus ipsa bonitas essentia est. Non potest esse ipsorum rerum quodlibet esse nisi defluxerit a primo esse, i. e. primo bono. Vgl. *Kaulich*, Gesch. d. schol. Phil. Th. 1. S. 450 ff.

6) In libr. Boeth. de duab. nat. etc. p. 1380. Homini, qui ex corpore et spiritu sibi conjunctis unus est, sunt esse omnes corporis atque spiritus subsistentiae, et aliae quaedam, quae in ipso ex eorum fiunt concursu.

sind das Sein des Menschen. Deshalb werden alle Momente, welche in dem Sein des Menschen liegen, sei es nun, dass sie dem Leibe oder der Seele unmittelbar angehören, von dem Menschen als einheitlichem Wesen prädicirt¹). Die Subsistenzen der Seele und des Leibes und ihrer beiderseitigen Einheit sind das „quo est" des Menschen, während er selbst als Ganzes sich als das „quod est" verhält²). Der Mensch als solcher ist etwas Anderes, als Seele und Leib, beide für sich genommen. Im Tode hört folglich der Mensch als solcher gänzlich auf, obgleich seine Bestandtheile ihr Dasein nicht verlieren³).

Was nun aber die Seele im Besondern betrifft, so ist sie nicht eine leere, substanzlose Form oder Entelechie; sie muss vielmehr als eine für sich seiende Substanz, oder mit andern Worten, als ein subsistirendes Wesen gedacht werden. Person aber ist sie für sich nicht; die Eigenschaft der Persönlichkeit kommt blos dem Menschen als solchem zu⁴).

Als für sich seiende Substanz ist ferner die Seele ein unkörperliches, einfaches und geistiges Wesen. Jedoch steht ihre Einfachheit der Einfachheit des göttlichen Wesens nicht gleich. Die göttliche Wesenheit ist nämlich in der Weise einfach, dass sie nicht blos nicht aus mehreren subsistirenden Theilen besteht, sondern auch nicht aus mehreren Subsistenzen zusammengesetzt ist. Die Seele dagegen ist nur in ersterer, nicht auch in letzterer Beziehung einfach, weil sie durch mehrere Sondersubsistenzen in ihrem Sein constituirt wird⁵). Ebenso ist sie auch in so fern nicht einfach, als in ihr dasjenige, was ist, von dem, wodurch es ist, verschieden gedacht werden muss. Von Natur aus ist die Seele vergänglich; durch die göttliche Gnade aber wird ihr Sein in der Weise gefestigt, dass sie dadurch unvergänglich und unsterblich ist⁶). Zur körperlichen Natur aber kann die Seele ebenso wenig degeneriren, wie umgekehrt eine Potenzirung der körperlichen Natur zur Seele unmöglich ist, weil zwischen beiden Naturen ein wesent-

---

1) Ib. p. 1381. In libr. Boeth. de trin. (ed. Migne) p. 1272.
2) Ib. p. 1272.
3) Ib. p. 1295. Homo est, quidquid sunt corpus et anima, et aliud, quam sunt corpus et anima. In libr. Boeth. de duab. nat. etc. p. 1393.
4) Ib. p. 1371—1373.
5) In libr. Boeth. de trin. p. 1273. In libr. Boeth. de praed. trium pers. p. 1306. Anima simplex est, multis tamen subsistentiis aliquid est. In libr. Boeth Quom. subst. bonae sint, p. 1321.
6) In libr. Boeth. de duab. nat. etc. p 1370. Coelestes spiritus non sunt stabiles, sed naturaliter corruptibiles, et similiter animae humanae. Quidquid enim cum non esset, per divinam potentiam esse poterat, idem etiam per eandem potentiam, dum est, non esse potest ... Sed aliqua mutabilia in eo, quod per creationem facta sunt, ita divina gratia firmat, ut deinceps nequaquam mutentur, ac per hoc incorruptibilia immortaliaque dicuntur.

§. 82.

Wie nun Gilbert auf der Grundlage der oben entwickelten metaphysischen Begriffe die Psychologie construirte, so setzt er dieselben auch in seiner theologischen Lehre voraus. Er vergisst aber nicht zu bemerken, dass eine speculative Denkbewegung nach der Eigenthümlichkeit des Gegenstandes auch selbst eine eigenthümliche sei und somit nicht Alles auf gleiche Weise der denkenden Betrachtung unterliege[2]. Wenn daher auch alle Objecte der Speculation in mancher Hinsicht eine gleichartige Behandlung gestatten und auf gleiche Grundsätze zurückführen, so ist es doch nöthig, auf die durch die Objecte gebotenen Eigenthümlichkeiten des Denkens zu achten und namentlich die eigenthümlichen Grundsätze in jedem Gebiete des menschlichen Wissens festzuhalten[3]. Es besitzen auch in der That alle Wissenschaften eigene Grundsätze, und so wird Theologie und Physik oder Mathematik, jede auf andere Fundamente zurückführen müssen, und nicht Alles, was von natürlichen oder mathematischen Objecten gilt, wird in gleicher Weise in der Theologie Anwendung finden[4]. Am meisten sondert sich die Theologie von allen andern Wissenschaften ab; denn in ihr haben wir es nicht blos mit abstrakten Lehren, sondern mit solchen Dingen, welche der Sache selbst nach abstrakt sind, zu thun. Hier müssen daher die der Theologie eigenen Grundsätze in Anwendung kommen, um ein Verständniss zu ermöglichen, und man darf über das Göttliche nicht nach den Eigenthümlichkeiten des natürlich Concreten oder des begrifflich Abstrakten urtheilen[5]. Die für das Natürliche geltenden Gesetze kann die Theologie nicht zulassen;

---

1) Ib. p. 1398.
2) In libr. Boeth. de trin. p. 1265. Eruditi est hominis, unumquodque ut ipsum est, i. e. sicut rei proprietas exigit, ita de eo fidem capere tentare, i. e. ea speculatione illud considerare, cui ipsum, quod considerandum proponitur, certae differentia rationis addicatur. Non enim indiscrete speculationi quaelibet pertinent.
3) Ib. p. 1268. Quamvis igitur rerum speculationibus subjectarum sint aliquae rationes communes, plurimas tamen proprias esse necesse est.
4) Ib. p. 1264 sq. Ex quibus theologiae atque physicae aliquas rationes manifestum est esse diversas. In lib. de duab. nat. etc. p. 1361. Non enim omnia neque nulla, quae in naturalibus aut mathematicis intelliguntur, in theologicis accipiemus sentimus.
5) In libr. Boeth. de trin. p. 1268. In divinis quoque, quae non modo disciplina, verum etiam re ipsa abstracta sunt, intellectualiter versari oportebit, i. e. ex propriis rationibus theologicorum illa concipere et non ex naturaliter concretorum aut disciplinaliter abstractorum proprietatibus judicare.

denn das Natürliche besteht aus Materie und ist nicht ohne Bewegung, während in Gott weder Materie noch Bewegung ist¹). Deshalb sind auch die aristotelischen Categorien auf Gott nicht anwendbar; denn er ist nie das, was durch diese Begriffe ausgedrückt wird, sondern er wird nur nach einem gewissen Verhältnisse oder einer Aehnlichkeit so benannt²). Selbst der Ausdruck Substanz findet auf Gott keine Anwendung im eigentlichen Sinne, weil in Gott keine Accidentien sind. Nur in Ermanglung vollkommen entsprechender Begriffe werden die aus dem Natürlichen gewonnenen Begriffe auf Gott übergetragen³). Doch ist dann zu bemerken, dass jeder dieser Begriffe, wodurch wir Gott denken, oder jede Eigenschaft, die wir ihm beilegen, ganz und gar dasselbe ist mit seiner einfachen Wesenheit. In Gott ist Nichts, was nicht seine Gottheit, seine Wesenheit wäre⁴). In Gott ist z. B. nicht etwas anders das Sein und das Gerechtsein, sondern durch eben das, wodurch er ist, ist er auch gerecht, und durch das Ganze, wodurch er ist, ist er auch gerecht. Und ebenso verhält es sich mit den übrigen Eigenschaften⁵). Daher ist Gott zwar denkbar, aber nicht vollkommen begreifbar⁶).

Bisher lassen die theologischen Bestimmungen Gilberts offenbar nichts zu wünschen übrig. Anders verhält es sich aber, wenn wir nun,

---

1) In libr. Boeth. de praed. trium pers. p. 1303. Naturalium leges theologica speculatio non omnino admittit. In libr. Boeth. de trin. p. 1268. Nam Dei substantia, i. e. Deus vel divinitas et materia caret, et motu.

2) In libr. Boeth. de Trin. p. 1282 sqq.

3) Ib. p. 1283. Id vero, quo est Deus quod est, non modo in se simplex est, sed etiam ab his, quae adesse subsistentiis solent, ita solitarium est, ut praeter id unum proprietate singulare, dissimilitudine individuum, quo est, aliud aliquid, quo esse intelligatur, prorsus non habeat. Ideoque nec ipsum, nec quo deus est, subjectionis ratione aliquibus substat. Quapropter nequaquam rationis proprietate vocatur substantia, sed quoniam eo Deus proprie est, recte nominatur essentia. Quia tamen non est tanta dictionum copia, ut quaeque suis possint nominibus designari — —, humanae locutionis usus ab aliis et maxime a naturalibus ad alias facultates ex aliqua rationis proportione nomina transfert.

4) Ib. p. 1284. Ille vero, de quo dicitur Deus, est perfecte hoc ipsum, quod dicitur esse, scilicet Deus, i. e. nihil prorsus quo ipse sit, de ipso adhuc dicendum relinquit. Ipse enim nihil aliud prorsus est, nisi id solum singulare et simplex, quod ipse est. Nihil scilicet, quo ipse sit, habet, nisi singularem simplicemque essentiam. p. 1273. Non enim est a divinitate aliud, quo Deus sit, nec est, unde divinitas ipsa est nisi quod ea Deus est.

5) Ib. p. 1285. Nam vere, ut novis loquamur verbis, alter homo, alter est justus homo, i. e. aliud est id, quo est homo, aliud id, quo est justus. Cum vero dicitur: Deus est justus, toto eo, quo ipse est, dicitur esse justus. Nec aliquid prorsus, quo ipse sit, dictio haec dimittit. Nam Deus id ipsum, quod est justum, i. e. eodem, quo est Deus, est justus.

6) In libr. Boeth. de duab. nat. etc. p. 1361. Nam intelligibilis quidem est, non vero comprehensibilis. Vgl. *Kaulich* a. a. O. S. 466 ff.

wie es der Fortgang unserer Darstellung erheischt, auf seine Lehre von der göttlichen Trinität übergehen.

In diesem Bereiche bewegen sich die Irrthümer, wegen welcher Gilbert mit dem christlichen Bewusstsein seiner Zeit in Conflict gerieth. Wir haben Gilbert soeben versichern hören, dass die natürlichen Begriffe und Gesetze nicht so ganz ohne Weiters auf theologische Dinge angewendet werden dürften, weil da vielfach andere Gesetze gelten: — aber er hat diese Regel in seiner speculativen Trinitätslehre selbst nicht eingehalten; wie Abälard die aus den geschöpflichen Dingen abgezogenen Verhältnissbegriffe ohne Weiters auf die göttliche Trinität übertrug, und diese nach jenen zu bestimmen suchte, so that auch Gilbert: — und so war der Irrthum unvermeidlich. Während aber Abälard mit dieser seiner Methode dahin gelangte, dass er den Unterschied zwischen der göttlichen Natur und den göttlichen Personen ganz verwischte und die letzteren zu blosen Momenten der göttlichen Natur herabsetzte, urgirte dagegen Gilbert jene Unterscheidung zu sehr und musste in Folge dessen nach der anderen Seite hin ausschreiten. Statt an seinem unstreitig richtig angelegten Realismus festzuhalten, verwickelte er sich in seiner Trinitätslehre in excessiv-realistische Grundsätze, und wurde dadurch zu Resultaten geführt, welche sich vor dem Richterstuhl des kirchlichen Dogmas nicht mehr rechtfertigen lassen. Doch haben die Theologen von jeher geklagt, dass es bei seiner schwankenden und nichts weniger als folgerechten Darstellungsweise sehr schwer ist, den Inhalt seiner Lehre mit voller Genauigkeit zu bestimmen. Wir unsererseits glauben denselben in folgenden Sätzen zusammenfassen zu können.

Die göttliche Wesenheit kann als solche nicht Gott genannt werden; sie ist nur dasjenige, wodurch Gott ist. Wie nämlich jedes Wesen durch seine Form das ist, was es ist, ohne dass diese Form mit dem Wesen selbst, dessen Form sie ist, zusammenfiele, wie z. B. die Menschheit (humanitas) die Form des Menschen, und als solche nicht der Mensch selbst ist, sondern dasjenige, wodurch der Mensch Mensch ist: — so muss auch in Gott eine solche Form angenommen werden, durch welche Gott Gott ist, welche aber ebenfalls nicht selbst Gott ist: — und diese Form ist die göttliche Natur. Der Unterschied ist nur der, dass die geschöpflichen Dinge immer durch mehrere Formen das sind, was sie sind, Gott aber nur durch Eine untheilbare Form, obgleich diese Eine Form mit verschiedenen Namen bezeichnet werden kann, wie „Gottheit, Grösse, Güte, Wahrheit, Weisheit, Allmacht" u. s. w. Daher sind Ausdrücke, wie: „Die Gottheit ist Gott, die Weisheit, Güte, Allmacht Gottes ist Gott selbst" — ganz falsch, und sagt man umgekehrt: „Gott ist die Wahrheit, die Weisheit" u. s. w., so sind solche Sätze blos im emphatischen Sinne zu nehmen [1]). Wir sehen, so

---
1) In libr. Boeth. de trin. p. 1269. — Gaufridi libellus contra capp.

sehr auch Gilbert oben die Einfachheit des göttlichen Seins urgirt hat, so hat er dieselbe doch nicht in ihrem vollen Begriffe erfasst, indem er die metaphysische Zusammensetzung aus dem „quo est" und „quod est" doch noch stehen lässt.

Dieser erste Lehrsatz nun bildet für Gilbert die Grundlage zu seiner Trinitätslehre. Dasjenige, wodurch Gott Gott ist, die göttliche Natur (essentia divina), ist dem Obengesagten zufolge Eins in Gott; dasjenige dagegen, *was* durch diese Natur oder Wesenheit ist (das essens), ist nicht Eines, sondern es sind drei Einzelheiten, drei zählbare Dinge, in drei Einheiten bestehend, wovon die erste Vater, die zweite Sohn, die dritte heiliger Geist genannt wird. Das ist somit das Wunderbare in der göttlichen Trinität, dasjenige, wodurch das Verdienst des Glaubens bedingt ist, dass eine numerisch-einheitliche Form in drei Dingen zugleich wirklich ist. Diese Einheit der Form ist allein der Grund davon, dass die drei göttlichen Personen nicht mehrere Götter sind. Wäre z. B. in drei Menschen Eine numerisch-einheitliche Form, dann würden sie auch nicht mehr als drei Menschen, sondern nur als Ein Mensch gelten können [1]).

Wir sehen leicht, dass diese Fassung der Trinitätslehre mit dem kirchlichen Dogma sich nicht mehr vereinbaren lässt. Denn nach diesem ist der Vater der ganze Gott, und sind es auch der Sohn und der heilige Geist: und doch sind die drei nur Ein Gott. Hier aber kann nicht mehr jede einzelne göttliche Person *für sich* der *ganze* Gott genannt werden; sondern nur die drei göttlichen Personen miteinander, so fern in ihnen die Eine göttliche Natur wirklich ist, bilden den ganzen Gott. Die drei Personen sind nicht mehr Eins, Eine Substanz, Ein Gott; sie sind vielmehr unter sich ganz getrennt, und hängen miteinander nur mehr durch die Eine göttliche Natur zusammen, *durch* welche sie sind, *nicht welche sie selbst sind*. „Es ist eine Wesenheit," sagt Gilbert, „aber *durch* welche die drei Personen sind, *nicht welche sie selbst sind* [2])."

Gilberti (in append. ad opp. S. Bernardi ed. Martene. Venet. 1781. tom. 6.) de cap. primo, p. 1177 sqq.

1) In libr. Boeth. de trin p. 1275. Igitur tam multorum, quam unius unitas essentiae, i. e. una essentia tantum, qua vel Pater vel Filius vel amborum spiritus et est, et unum est, et est id quod est, qua etiam simul et aequaliter ipsi et sunt et sunt unum et sunt id quod sunt. Essentia namque illorum, quae graece οὐσία dicitur, et essentia est, et singularis est et simplex est. Ideoque et horum quilibet per se et omnes simul dicuntur esse et esse unum et esse id quod sunt. p. 1280. Et hoc igitur manifestum est, non in omni re esse inter eos indifferentiam. Quamvis enim in eo, quo sunt, i. e. essentia, quae de illis praedicatur, sit eorum indifferentia, est tamen ipsorum per quaedam, quae de uno dici non possunt, ideoque quae de diversis dici necesse est, differentia. *Gaufrid.* op. cit. de cap. secund. pag. 1181 sqq. *Bernard.* Serm. 89. in cant. 6 sqq.

2) Vgl. das vorhergehende Citat.

Würde letzteres stattfinden, dann würde der Sohn der Vater und dieser der Sohn, und beide der heilige Geist sein; es wäre keine Unterscheidung mehr möglich, und der Sabellianismus unvermeidlich. Deshalb läugnete Gilbert auch die Formel: „Gott ist der Vater, der Sohn und der heilige Geist," so fern man unter diesen Benennungen die Personen verstehe [1]).

§. 83.

Aus dieser irrthümlichen Fassung der Trinitätslehre ergaben sich nun aber noch weitere Verstösse gegen das kirchliche Dogma. Vor Allem musste der Unterschied zwischen der Gottheit einerseits und den drei göttlichen Personen andererseits als ein *realer* aufgefasst werden, wenn die vorausgehenden Lehrsätze in strenger Bedeutung aufrecht erhalten werden sollten. Dies war denn auch wirklich Gilberts Lehre. Die göttliche Substanz unterscheidet sich nach ihm real von den drei Personen, welche *durch* sie sind [2]). Wir haben somit in Gott eigentlich nicht mehr eine Trinität, sondern eine Quaternität: — eine Bemerkung, welche schon Gilberts Gegner zu machen sich veranlasst sahen [3]). Da nun aber die Eigenthümlichkeiten der drei Personen, wodurch sie sich gegenseitig von einander unterscheiden, zu diesen Personen selbst wiederum wie das „quo est" zu dem „quod est" sich verhalten, so muss aus dem gleichen Grunde zwischen ihnen und den Personen selbst ein realer Unterschied statuirt werden; und da diese Eigenthümlichkeiten in den Relationen der drei Personen zu einander bestehen, so kann man hier ebenso wenig sagen, dass diese Relationen die Personen selbst seien, wie, dass die Gottheit Gott sei. Die drei Personen sind somit drei als drei Einheiten, unterschieden durch eigenthümliche Relationen, welche Relationen nicht die Personen selbst sind [4]). So geht die reale Unterscheidung in Gott hier noch über die Quaternität hinaus. Es ist ein realer Unterschied zwischen der göttlichen Wesenheit und den persönlichen Relationen, und ein realer Unterschied zwischen den persönlichen Relationen und den Personen selbst. Dass hiemit die kirchliche Trinitätslehre gänzlich verunstaltet sei, liegt auf der Hand. So entschieden die kirchliche Lehre an der realen Unterscheidung zwischen den göttlichen Personen selbst festhält, so entschieden muss sie jede anderweitige reale Unterscheidung in Gott zurückweisen. Die Personen sind selbst die subsistirenden persönlichen Relationen, und diese sind selbst wiederum die göttliche Wesenheit, so fern diese in ihnen subsistirt, und zwar ist jede derselben, und sind alle

---

1) *Gaufrid.* ll. cc.
2) In libr. Boeth. de trin. p. 1296. In libr. de praed. trium person. p. 1303. Diversae sunt (divinae personae) et a se invicem, et ab essentia.
3) *Bernard.* De consid. l. 5. c. 7. 15. *Gaufrid.* op. cit. De cap. tertio, p. 1184.
4) *Gaufrid.* op. cit. De cap. tert. p. 1184 sqq.

drei zugleich die ganze göttliche Wesenheit. Von diesem Dogma ist Gilbert durch Anwendung eines excessiven Realismus auf die Trinitätslehre abgewichen, und darin besteht sein Irrthum.

Gilbert brauchte auf diesem Standpunkte nur auch noch die göttlichen Eigenschaften von der Wesenheit real zu unterscheiden: dann war das Mass voll, und er war wieder beim Gnosticismus angelangt. Ob er dieses wirklich gethan, lässt sich nicht mit Bestimmtheit sagen; manche Theologen haben ihn auch dieses Irrthums bezüchtigt [1]). Aber nach den oben angeführten Citaten scheint dies denn doch unrichtig zu sein.

Wir haben nun noch einen Blick zu werfen auf die christologischen Lehrsätze Gilberts, weil seine Irrthümer in der Trinitätslehre auch in dieser Lehre eine irrthümliche Auffassung zur Folge gehabt haben, welche von der Kirche zurückgewiesen werden musste. Er deutete nämlich den Satz, die göttliche Person habe die menschliche Natur angenommen, so, als habe *in* der göttlichen Person nicht zugleich auch die göttliche Natur mit der menschlichen sich verbunden, sondern es habe nur die göttliche Person ohne die göttliche Natur die menschliche Natur angenommen [2]). Es ist dieses offenbar eine natürliche Folge seiner Lehre von der realen Distinction zwischen den göttlichen Personen einerseits und zwischen der Gottheit andererseits. Wollte er folgerichtig zu Werke gehen, so *musste* er offenbar zu dieser Folgerung fortschreiten und so das Mysterium der Menschwerdung in seinem eigenthümlichen Inhalte zerstören. Dagegen musste sich dann aber das christliche Bewusstsein seiner Zeit in eben dem Grade auflehnen, wie gegen seine Trinitätslehre. *Dass* solches geschehen sei, haben wir gesehen.

Im Uebrigen sind seine christologischen und soteriologischen Lehrsätze untadelhaft. Er unterscheidet, um die Eigenschaften der menschlichen Natur des Erlösers zu erklären, mit Boethius drei Zustände des Menschen, nämlich den ursprünglichen Zustand, welchem das posse non mori und das posse non peccare eignet; den Zustand der gefallenen Natur, welche sich durch das non posse non mori und durch das non posse non peccare charakterisirt, und den endlichen Zustand der Vollendung, welchem das non posse mori und non posse peccare eigenthümlich ist [3]). Indem nun der Sohn Gottes die menschliche Natur annahm, nahm er sie mit solchen Eigenschaften an, welche theils dem einen, theils dem andern dieser Zustände der menschlichen Natur entsprechen. Dem ursprünglichen Zustande der menschlichen Natur entsprach die Fähigkeit des Erlösers zu rein menschlichen Verrichtungen, ohne dass mit dieser Fähigkeit zugleich auch eine Nothwendigkeit oder

---

1) Vgl. *Perrone*, Inst. theol. Tract. de deo, p. 2. cap. 1. pag. 354. not. 1. (ed. Paris 1842.)
2) In libr. de duab. nat. etc. p. 1388. *Gaufrid.* loc. sup. cit. de cap. 4. p. 1186 sqq. — 3) In libr. de duab. nat. etc. p. 1409.

ein Bedürfniss wäre verbunden gewesen; dem Zustande der gefallenen Natur entsprach die Leidensfähigkeit und Sterblichkeit seines Leibes, wobei jedoch wiederum alle Nothwendigkeit und Unvermeidlichkeit ausgeschlossen war; dem Zustande der Vollendung der menschlichen Natur endlich entsprach seine Impeccabilität, welche nicht blos darin bestand, dass er, weil nicht durch die Begierlichkeit des Fleisches erzeugt, frei von der Erbsünde war, sondern dass in ihm auch kein sündhafter Wille sich weder vorfand, noch vorfinden konnte [1]). So war vermöge dieser Eigenschaften seiner menschlichen Natur der Erlöser befähigt, Alles zu thun und zu leiden, was er that und litt, ohne doch irgend welcher Nothwendigkeit des Leidens oder Todes zu unterliegen [2]). Die Erlösung ist daher als ein ganz freiwilliges Opfer zu denken; denn, wie gesagt, der Erlöser konnte wohl, aber er musste nicht sterben, weil er eben nicht unter dem Gesetze der Sünde stand, und daher auch der Tod keine Gewalt über ihn hatte. Nur als freiwillige Hingabe des Lebens zur Sühnung der Schuld können und müssen wir uns daher die Uebernahme des Todes von Seite des Erlösers denken [3]).

Wir sehen an Gilberts Beispiele, wie nothwendig es sei, gerade in den höchsten Gebieten der Speculation, wo es sich nämlich um ein Eindringen des Denkens in die christlichen Mysterien handelt, entschieden auf die Basis des positiven Dogmas sich zu stellen, und Alles zu vermeiden, was mit der von der Kirche gewährleisteten Form des Dogmas in Conflict kommen könnte. Geschieht solches nicht, so kann selbst dann, wenn der Glaube in theologischen Dingen als Basis des Wissens festgehalten wird, die Gefahr des Irrthums sich einschleichen. Gilbert urgirt, wie wir gesehen haben, die Präcedenz des Glaubens vor dem Wissen in der Art, dass er selbe nicht blos in der Theologie festgehalten wissen will, sondern dass er auch den Glauben als die letzte und unabänderliche Grundlage des Vernunftwissens hinstellt, weil er die Nothwendigkeit des Vernunftwissens nicht als eine absolute gelten lassen will. Und doch ist er in seiner Trinitätslehre auf Abwege gekommen, weil er sich nicht an die positive Formulirung des Dogmas fest genug anlehnte. Ein deutlicher Fingerzeig auf das Verfahren, welches der denkende Geist in solchen Dingen einzuhalten hat!

4. Joachim von Floris, Amalrich von Chartres und David von Dinanto.

§. 84.

Rationalistische Tendenzen lebten in den dialektischen Schulen dieser Epoche auch im Laufe des zwölften Jahrhunderts fort. Und

---

1) Ib. p. 1394. 1410 sqq 1408. 1394.   2) Ib. p 1411.

3) In libr. Boeth. de duab. nat etc. p. 1394. Voluntate passus est et resurrexit, et sine passione deinceps permanebit.

zwar scheinen sie stets dasselbe Gepräge an sich getragen zu haben, wie sie Abälard geschildert hatte. So wird von einem berühmten Lehrer zu Paris, Simon von Tournay, erzählt, dass er sich rühmte, wenn er seine dialektische Kunst übel gebrauchen wollte, so würde er wohl noch stärkere Gründe gegen die Trinität vorbringen können, als er für dieselbe gebraucht hätte ¹). Doch traten solche Tendenzen in den Hintergrund gegenüber gefährlicheren Irrthümern, welche gleichfalls im Laufe des zwölften Jahrhunderts hervortraten. Dazu gehört besonders jene Lehre, deren Urheberschaft dem *Joachim von Floris* zugeschrieben wird. Er griff die Lehre des Petrus Lombardus über die Trinität an, und nach Albert dem Grossen und Thomas von Aquin ²) soll er dabei unter Anderem den Satz ausgesprochen haben, dass man wie die Formel „Deus genuit Deum," ebenso gut auch die Formel „Essentia genuit essentiam" gebrauchen könne. Was er damit wollte, ist nicht recht klar; jedenfalls aber ist so viel sicher, dass diese Formel nothwendig den Tritheismus nach sich ziehen müsste, wenn sie streng urgirt würde. Er befasste sich aber auch viel mit prophetischen Studien und Deutungen, weshalb er von seinen Zeitgenossen für einen Propheten gehalten wurde. In diesen seinen prophetischen Studien gelangte er denn zu der Ansicht, dass die Welt in drei Zeitalter zerfalle: das Zeitalter des Vaters, das Zeitalter des Sohnes und das Zeitalter des heiligen Geistes. Das Zeitalter des Vaters umfasst das alte Testament, das des Sohnes reicht von Christus bis ins dreizehnte Jahrhundert (1260), wo das Zeitalter des heiligen Geistes beginnen soll. Die Gottesverehrung der beiden ersten Zeitalter war sehr unvollkommen, die vollkommene aber sollte erst in dem dritten Zeitalter, dem Zeitalter des heiligen Geistes eintreten; in ihm werde das Evangelium des Geistes verkündet werden. Die Ansichten des Joachim wurden in einem besonderen Buche: „Introductorius in Evangelium aeternum" zusammengestellt vorgetragen ³).

An Joachim von Floris schliesst sich *Amalrich von Bene* an, welcher gleichfalls mit häretischen Lehren hervortrat. Nach Gerson hat er seine Irrthümer aus Skotus Erigena entlehnt ⁴), wie denn die Lehrsätze, welche Gerson von ihm anführt, in der That unbestreitbar auf diese Quelle hinweisen. Skotus Erigena's Lehre musste im zwölften Jahrhunderte überhaupt noch in grossem Ansehen gestanden und viele Anhänger gehabt haben, wie sich aus den wiederholten Verurtheilungen seiner Werke von Seiten der kirchlichen Auctorität ergibt. Man wird

---
1) *Bulaei*, hist. un. Par. III. p. 8.
2) *Albert. magn.* Summ. theol. p. 1. tract. 7. qu. 30. m. 3. art. 1. *S. Thom.* S. Theol. 1. qu. 39. art. 5.
3) So *Ritter*, Kirchengesch. Aufl. 3. Bd. 2. S. 109 f. vgl. dag. *Denzinger*, Rel. Erk. Bd. 1. S. 325 f.
4) *Gerson*, Concord. metaph. cum logica, O.

aber wohl nicht irre gehen, wenn man annimmt, dass Amalrich auch von der arabischen Philosophie, besonders von der des Averroes schon beeinflusst war. — Von Amalrichs Leben wissen wir wenig. Im Jahre 1204 ward er von der Universität zu Paris, wo er lehrte, angeklagt, dass er behaupte, jeder Christ müsse glauben, er sei ein Glied Christi, und ohne diesen Glauben könne Niemand selig werden. Er suchte seine Lehre zu vertheidigen und rief die Entscheidung des Papstes an; als aber auch diese gegen ihn ausfiel und er widerrufen musste, starb er aus Gram [1]).

Was nun seine Lehre betrifft, so eignete er sich, wie uns Gerson berichtet, die erigenistische Ansicht an, dass die Ideen in Gott geschaffen werden und wieder schaffen. Aus diesen Ideen gehen nämlich die Dinge in die Verschiedenheit hervor. Aber sie kehren auch wieder in dieselben zurück. Gott ist nämlich das Ziel aller Dinge, und weil er dieses ist, darum kehren alle Dinge in denselben wieder zurück, um in ihm unveränderlich zu ruhen, und in dieser Rückkehr werden sie in ihm wieder Ein ungetheiltes Sein, wie sie es vordem gewesen, ehe sie aus Gott hervorgegangen [2]). Dies ist die pantheistische Formel. Aber Amalrich spricht seine pantheistische Ueberzeugung noch klarer und prägnanter aus. Wie Abraham und Isaak, sagt er, nicht verschiedener, sondern einer und derselben Natur sind, so ist auch Alles Eins, und dieses Eins ist Gott. Gott ist die Wesenheit aller Creaturen, das Sein aller Dinge [3]).

Diese pantheistische Lehre wendet dann Amalrich auch auf den Menschen an. Wie alle Dinge zu Gott zurückkehren, so auch der Mensch. Und das Medium der endlichen Vereinigung des Menschen mit Gott ist die vollkommene Liebe. In dieser Liebe hört die menschliche Natur auf, Creatur zu sein, sie identificirt sich mit Gott und wird von ihm absorbirt [4]). Der letzte Folgesatz des erigenistischen Systems in der anthropologischen Lehre ist hier unumwunden ausgesprochen.

---

1) *Bulaei*, hist. un. Pars III. p. 24 sq. p. 48 sq.

2) *Gerson*, Concord. met. c. log. N. Asseruit Amalricus, ideas, quae sunt in mente divina, et creare et creari.... Dixit etiam, quod deus ideo dicitur finis omnium, quia omnia reversura sunt in ipsum, ut in Deo incommutabiliter conquiescant, et unum individuum atque incommutabile in eo permanebunt.

3) Ib. l. c. Et sicut alterius naturae non est Abraham, alterius Isaac, sed unius atque ejusdem: sic dixit (Amalricus) omnia unum, et omnia esse Deum. Dixit enim: Deum esse essentiam omnium creaturarum et esse omnium.... Dicit Amalricus: Votum deo dare non possum. Et sequitur: cum in ipso sint omnia, imo cum ipse sit omnia. Et sequitur: non facile posse negari, creatorem et creaturam idem esse.

4) *Gerson*, De mystic. theol. spec. consid. 41. Fuerunt enim, qui dicerent, spiritum rationalem, dum perfecto amore fertur in Deum, deficere penitus a se, ac reverti in ideam, quam habuit immutabiliter ac aeternaliter in Deo.... Dicunt

§. 85.

So viel wissen wir über Amalrichs Lehre aus Gerson. Mehr sind wir unterrichtet über die Lehren seiner Schüler, von denen der bedeutendste der Goldschmid Wilhelm von Paris war. Wir dürfen diese Lehren seiner Schüler wohl auf Amalrich selbst zurückführen. Sie behaupteten, der Leib Christi sei nicht anders in der Eucharistie, als in jedem andern Dinge, und in jedem Menschen; sie selbst könne man nicht verbrennen oder martern; denn so weit ihnen Sein zukomme, so weit sei in ihnen Gott; alles sei Eins, weil Alles Gott sei; Gott habe im Ovidius nicht weniger, als im Augustinus gesprochen. Die drei Personen der Gottheit bezeichnen nur drei verschiedene Formen, in welchen Gott gewirkt hat, noch wirkt und wirken wird, drei verschiedene Perioden seiner Herrschaft und der Geschichte. Als Vater hat er gewirkt im alten Testamente unter dem Gesetze, als Sohn im neuen Testamente und durch die Sacramente desselben; jetzt aber wird eine neue Zeit anbrechen, in welcher er wirksam sein wird als heiliger Geist im Innern des Menschen; sie wird dauern bis zur Vollendung der Welt. In Abraham ist der Vater, in Christo der Sohn Fleisch geworden; der heilige Geist wird täglich Fleisch in uns. Wie aber die Herrschaft des Vaters und seines Gesetzes aufgehört hat, als die Herrschaft des Sohnes und seiner Sacramente begann, so werden jetzt unter der Herrschaft des heiligen Geistes die Sacramente und mit ihnen alles Priesterthum aufhören. Denn der Papst ist der Antichrist, die Prälaten seine Glieder, Rom Babylon. Die Erleuchtung des heiligen Geistes wird nun Alles vollbringen und alle innerlich beseligen, ohne dass es einer äussern Handlung bedürfte. Die vom heiligen Geiste Erleuchteten besitzen die Wissenschaft und brauchen sich daher nicht an Glaube und Hoffnung zu halten. Für sie gibt es keine Sünde; denn was sonst Sünde, ist keine Sünde, wenn es in der Tugend der Liebe geschicht. Die Hölle und der Himmel sind nur im Innern des Menschen. In diesen Ueberzeugungen sollen die Anhänger des Amalrich auch fleischliche Lüste sich erlaubt haben [1]).

Unter den Schülern Amalrichs findet sich auch *David von Dinanto*, welcher zu Anfang des dreizehnten Jahrhunderts zu Paris als Lehrer gewirkt zu haben scheint. Er huldigt derselben pantheistischen Anschauung, wie sein Lehrer, nur in einer mehr materialistischen Färbung. Er behauptet in seinem Buche „De tomis, h. e. de divisionibus," welches

---

ergo, quod talis anima perdit se et suum esse, et accipit verum esse divinum, sic, quod jam non est creatura, nec per creaturam videt aut amat Deum, sed est ipse Deus, qui videtur et amatur.... Hanc insaniam nisus fuit ponere Amalricus haereticus ab ecclesia condemnatus.

1) *Caesarius Heisterbacen.* l. 5. Dial. c. 22. Vgl. *Ritter*, Gesch. d. Phil. Bd. 7. S. 625 ff.

Albert der Grosse citirt, dass Gott die erste Materie sei, welche allen Dingen, körperlichen und geistigen, als deren einheitliche Substanz zu Grunde liege. Er unterscheidet nämlich drei Arten von Dingen, Körper, Seelen und getrennte Substanzen, und legt jeder dieser Arten von Dingen ein untheilbares Princip zu Grunde, den Körpern die erste Materie, den Seelen den Geist oder *νους*, den getrennten Substanzen endlich Gott [1]). Dann aber sucht er zu beweisen, dass diese drei einfachen Principien von einander gar nicht verschieden seien, sondern in Eins zusammenfallen. Denn wären sie verschieden, so müssten sie durch einen Unterschied ihrer Form von einander verschieden sein und ein Allgemeines für sie angenommen werden, welches zu diesen drei Gattungen des Seins geformt werden könnte. Eine solche höhere Gattung anzunehmen, wäre aber ungereimt, weil da eine Materie vor der ersten Materie gedacht werden müsste, und in weiterer Folge vor jener Materie wieder eine andere, und so in's Unendliche. Daher bleibt nichts anderes übrig, als die erste Materie, Geist und Gott für Eins und dasselbe zu erklären [2]). Daraus folgt, wie man leicht sieht, von selbst, dass auch Körper und Seele nicht mehr wesentlich verschieden sind: — kurz, wir haben den Materialismus, oder, wenn man lieber will, die Parmenideische Alleinslehre. Wenigstens lässt sich dieses System in der einen und in der andern Weise auffassen.

---

1) *S. Thom.* ln Sent. 2. dist. 17. qu. 1. art. 1. Divisit enim res in partes tres, in corpora, animas, et substantias aeternas separatas, et primum indivisibile, ex quo constituuntur corpora, dixit yle, primum autem indivisibile, ex quo constituuntur animae, dixit noym vel mentem, primum autem indivisibile in substantiis aeternis dixit Deum.

2) *Albert. magn.* S. Theol. p. 1. tract. 4. qu. 20. m. 2. qu. incid. David de Dinanto.... dicit Deum esse principium materiale omnium. Quod probat sic: quia nois, h. e. substantia mentalis primum formabile est in omnem substantiam incorpoream. Primum autem formabile in res alicujus generis primum materiale est ad illa: nois ergo primum principium est ad omnes incorporeas substantias. Materia autem possibilis ad tres dimensiones primum formabile est in omnes corporales substantias; ergo est primum materiale ad illas. Quaero ergo: si nois et materia prima differunt, aut non. Si differunt, sub aliquo communi, a quo illa differentia egreditur, differunt, et illud commune per differentias formabile est in utrumque. Quod autem unum formabile est in plura, materia est, vel ad minus principium materiale.... Si ergo dicatur una materia esse materiae primae et nois, erit primae materiae materia, et hoc ibit in infinitum. Relinquitur ergo, quod nois et prima materia sunt idem. Similiter Deus et materia prima et nois differunt aut non. Si differunt, oportet, quod sub aliquo communi, a quo differentiae illac exeunt, differant; et sequitur hoc, quod illud commune genus sit ad illa: et quod hoc genus materialis principii sit notitia ad illa, et quod primorum materialium sit materia: quod inconveniens est, sicut prius habitum est. Et ex hoc videtur relinqui, quod deus et nois et prima materia idem sunt, secundum id quod sunt.... et sic videtur, quod deus sit materia omnium. Summ. de creat. p. 2. tr. 1. qu. 5. art. 2. pag. 38, a seqq. *S. Thom.* Contr. gent. l. 1. c. 17.

Wir sehen, es hat auch in dieser Zeit nicht an mannigfachen Irrthümern gefehlt, und die christliche Speculation des Mittelalters entwickelte sich nicht ohne Kampf mit den Gegensätzen. Aber sie war stark genug, um dieselben zu überwinden. Auch die Kirche waltete stets ihres Amtes, indem sie solche gefährliche Irrthümer nicht ungeahndet liess, sondern stets, wo sie sich an's Tageslicht hervorwagten, das Verwerfungsurtheil über sie aussprach. So konnten sie den glücklichen Fortgang der christlichen Wissenschaft im Mittelalter nicht hindern, sondern mussten selbst indirect zur Förderung desselben beitragen, indem sie die christliche Wissenschaft zur Widerlegung ihrer Grundsätze und zur tiefern Untersuchung der höchsten Wahrheiten herausforderten.

VI. Begründung der mittelalterlichen Mystik.

1. Bernard von Clairvaux.

§. 86.

Nicht blos die Begründung der Scholastik, sondern auch die Begründung der mittelalterlichen Mystik fällt in unsere Epoche. Wie Anselm der Scholastik die Bahn gebrochen und das System der christlichen Wissenschaft in einer Weise entworfen hatte, dass alle Ausschreitungen nach den Gegensätzen des Irrthums hin es nicht mehr beeinträchtigen konnten: so geschah solches auch im Verlaufe unserer Epoche im Gebiete der Mystik. Die Mystik dieser Zeit verfolgte nämlich nicht blos die ascetisch contemplative Richtung allein, sondern sie verband damit auch die wissenschaftliche Untersuchung, freilich stets nur mit Beziehung auf das mystisch contemplative Leben. Indem aber die Mystiker auf solche Weise in ihre wissenschaftlichen Speculationen den mystischen Charakter ihrer gesammten Geistesrichtung eintrugen, zeichnen sich ihre Schriften durch eine eigenthümliche Salbung aus, welche ihnen so zu sagen eine höhere Weihe gibt. Das Element des abstracten Gedankens wird dadurch in der Weise temperirt, dass jene Schriften ebenso gut dem Zwecke der Erbauung, wie dem der wissenschaftlichen Belehrung dienen.

Der erste Vertreter der mystischen Richtung ist in unserer Periode Bernard von Clairvaux. Er ist der eigentliche Schöpfer der mittelalterlichen Mystik. Wahr ist es, dass der Ruhm dieses grossen Mannes vorzugsweise auf dem Gebiete des Lebens erwachsen ist. Aber obgleich er auf diesem Gebiete nach allen Seiten hin thätig war, und in alle kirchlichen und politischen Ereignisse der damaligen Zeit eingriff: fand er doch noch Musse genug, wissenschaftliche und mystisch-contemplative Untersuchungen in Rede und Schrift auszuführen. Und so legte er den

Grund zum Emporblühen der mittelalterlichen Mystik, indem er die Grundzüge derselben entwarf und deren Elemente darlegte. Unter seinen zahlreichen Schriften sind für unsern Zweck die wichtigsten seine Abhandlung über die Gnade und den freien Willen, sein Buch über die Betrachtung (De consideratione), seine Schrift über die Liebe Gottes (De diligendo Deo), und endlich seine Abhandlung über die Stufen der Demuth. Aber auch seine Predigten enthalten hin und wieder werthvolles Material für die Beurtheilung seiner Grundsätze und seiner geistigen Richtung überhaupt.

Bernard von Clairvaux (doctor mellifluus) wurde zu Fontaine in Burgund im Jahre 1091 geboren. Von seiner frommen Mutter Aletha in Gottesfurcht erzogen, zeigte er schon in seiner Jugend einen lebendigen, feurigen Geist und grosse Liebe zur Einsamkeit. Der Entschluss, Mönch zu werden, reifte in ihm allmählig heran; und im drei und zwanzigsten Jahre seines Lebens zog er sich mit mehreren Gefährten in das arme Kloster Cisteaux zurück. Nachdem er hier drei Jahre verweilt und durch sein musterhaftes Verhalten die Achtung und Liebe Aller sich erworben hatte, wurde er zum Abte des neugegründeten Klosters Clairvaux erwählt. Auch als Abt lag er den Uebungen der Frömmigkeit mit solchem Eifer ob, dass seine Gesundheit zu erliegen drohte. Bald jedoch rief ihn Gottes Stimme aus der Verborgenheit in das öffentliche Leben hervor. Dem Papste Innocenz II. war (1130) ein Gegenpapst unter dem Namen Anaclet II. entgegengetreten. Bernard ward berufen, das drohende Schisma abzuwenden. Vielfach waren die Verwicklungen, welche das Auftreten Anaclets verursachte: Bernard aber brachte es dennoch durch seine rastlosen Bemühungen dahin, dass Innocenz endlich allgemein als Papst anerkannt wurde, und Anaclet freiwillig seinen Ansprüchen entsagte. Bald darauf nöthigte ihn das tollkühne Auftreten Abälards, gegen dessen Irrlehren sich zu erheben. Auf dem Concil zu Sens (1140), wo, wie wir bereits wissen, Abälards Irrlehren verworfen wurden, war er vorzugsweise thätig. Als in der Folge Arnold von Brescia die Römer zur Empörung gegen die Herrschaft des Papstes aufstachelte, gelang es Bernard allein, den Sturm zu bewältigen und den Frieden wieder herzustellen. Der zweite Kreuzzug, welcher 1147 unternommen wurde, war sein Werk. Die Irrlehren Gilberts fanden an ihm einen entschiedenen Gegner. Ebenso energisch trat er gegen die gefährlichen Irrthümer der Katharer auf, suchte jedoch die Irrenden selbst durch Liebe und Schonung wieder in den Schooss der Kirche zurückzuführen und missbilligte alles gewaltthätige Verfahren. Freimüthig sprach er sich über obwaltende Misstände im kirchlichen Leben selbst dem Papste gegenüber aus, und drang auf Abstellung derselben. So wirkte er fort, bis endlich sein schwacher Leib, dessen innere Lebenskraft schon in früher Jugend gebrochen war, den aber die Gewalt des von Gott geweihten und durchdrungenen Geistes bisher aufrecht gehalten hatte, unter der Last der geistigen Anstrengungen zusammenbrach. Er starb zu Clairvaux im Jahre 1153 ¹).

Untersuchen wir nun zunächst die psychologischen Lehrsätze, welche der mystisch-contemplativen Lehre Bernards zu Grunde liegen: so beschäftigt er sich in seinen Schriften nicht ex professo mit der wissenschaftlichen Entwicklung des Wesens der menschlichen Seele und ihres Verhältnisses zum Leibe, sondern erwähnt nur gelegenheitlich die hieher einschlägigen Grundsätze. Die Seele, lehrt er, ist ein immaterielles, geistiges Wesen; sie ist nach dem Bilde Gottes geschaffen, indem sie als vernünftige Seele in ihrer Einen und einfachen Wesenheit drei Grundkräfte aufweist: Gedächtniss, Verstand und Wille ²). Sie ist unmittelbar das Princip des leiblichen Lebens, sowie der sinnlichen Empfindung und Bewegung, und ist daher auch überall im Leibe ganz gegenwärtig ³). Als einer einfachen geistigen Substanz ist ihr das Leben wesentlich; sie kann selbes so wenig verlieren, wie sich selbst; sie ist also von Natur aus unsterblich ⁴).

Eingehender entwickelt Bernard den Begriff der menschlichen Freiheit. Er unterscheidet eine dreifache Freiheit: die Freiheit von der Nothwendigkeit, die Freiheit von der Sünde, und die Freiheit von der Unseligkeit ⁵).

§. 87.

Was nun zuerst die Freiheit von der Nothwendigkeit oder das liberum arbitrium betrifft: so unterscheidet Bernard zwischen dem sinnlichen Begehren, welches wir mit dem Thiere gemein haben, und zwischen dem eigentlichen Willen, welcher dem Menschen ausschliesslich eigen ist ⁶). Das natürliche Begehren nun ist an sich kein freies; dagegen ist die Freiheit eine wesentliche Eigenschaft des Willens, so zwar, dass dieser ohne Freiheit sich gar nicht denken lässt ⁷). Und diese Freiheit des Willens besteht ihrem Begriffe nach darin, dass die Willensbestimmung aller äussern oder innern Nothwendigkeit ledig ist, dass der Wille durch keine Gewalt zu einer Handlung determinirt werden kann, wenn er sich nicht selbst dazu bestimmt, dass also jede

---

1) *Ratisbonne*, Histoire de S. Bernard, ed. 2. 1843.
2) *Bernard*, Serm. de divers. 45, 1. (ed. Venet. 1781.)
3) Serm. de divers. 84, 1. — De nat. dom. serm. 2, 2.
4) Serm. 81. in cant. 5.
5) De grat. et lib. arbitr. c. 3, 6. 7. Triplex libertas: a peccato, a miseria, et a necessitate. c. 4, 11. Liberum consilium, liberum complacitum, liberum arbitrium.
6) Ib. c. 1, 2. Aliud est voluntarius consensus, aliud naturalis appetitus; posterior quippe nobis communis est cum irrationalibus.
7) Ib. c. 8, 24. Liberum arbitrium ita ubique sequitur voluntatem, ut nisi illa penitus esse desinat, isto non careat.

Willensthat aus der eigenen Selbstbewegung des Willens hervorgeht und durch dieselbe bedingt ist [1]). Zwar muss der Wille vom Verstande geleitet werden, weil wir nichts erstreben können, was wir nicht erkennen; aber diese Leitung führt keine Nöthigung des Willens zum Handeln mit sich [2]). Durch diese Freiheit ist alles Recht und Unrecht, alles Verdienst und alle Schuld, alle Belohnung und Bestrafung bedingt [3]). Sie ist als wesentliche Eigenschaft des Willens unverlierbar, und kommt dem Gerechten wie dem Sünder, dem Menschen wie dem Engel in gleichem Masse zu [4]). Und wie der Wille wesentlich frei ist, so ist er es auch allein; alle übrigen Kräfte im Menschen nehmen an der Freiheit nur in so fern und in so weit Theil, als sie unter der Herrschaft des Willens stehen und von ihm geleitet werden [5]).

Es ist jedoch zu bemerken, dass es nicht gestattet sei, das Wesen der Freiheit in das Vermögen zu setzen, zwischen Gutem und Bösem zu wählen. Die Wahl ist zwar das Charakteristische der Freiheit; aber wir dürfen nicht annehmen, dass eine Freiheit nicht mehr vorhanden wäre, wenn diese Wahl sich nicht zwischen Gutem und Bösem bewegen könnte. Ist ja doch Gott gleichfalls frei in seinem Thun, obgleich er zum Bösen sich nicht bestimmen kann. Und ebenso verhält es sich bei den Seligen. Ja selbst die Verworfenen sind noch frei, obgleich sie im Bösen verhärtet sind, und ihre Wahl nicht mehr auf das Gute geht [6]). Die Möglichkeit, das Böse zu wählen, ist folglich nicht ein wesentliches Moment der Freiheit überhaupt; sie ist vielmehr eine Unvollkommenheit, welche der geschöpflichen Freiheit anhängt [7]), und welche blos den Zweck hat, dass das freie Geschöpf, in specie der Mensch, durch Vermeidung des Bösen, welches er thun könnte, ruhmvoller erscheine, als es im entgegengesetzten Falle möglich wäre [8]).

---

1) Ib. c. 1, 2. Consensus voluntarius est habitus animi liber sui. Siquidem non cogitur, non extorquetur. Est quippe voluntatis, non necessitatis; nec negat se, nec praebet cuiquam, nisi ex voluntate. Alioquin si compelli valet invitus, violentus est, non voluntarius. Ubi autem voluntas non est, nec consensus.... Porro ubi voluntas, ibi libertas. Et hoc est, quod dici puto liberum arbitrium.

2) Ib. c. 2, 3 sqq. — 3) Ib. c. 2, 5.

4) Ib. c. 1, 2. c. 2, 3—5. c. 4, 9. Libertas a necessitate nec peccato, nec miseria amittitur; nec major in justo est, quam in peccatore, nec plenior in angelo, quam in homine.

5) Ib. c. 2, 5. Vita, sensus, appetitus, memoria, ingenium, et si qua talia sunt, eo ipso subjacent necessitati, qua non plene subdita sunt voluntati.

6) Ib. c. 10, 35. Nemo proinde putet, ideo dictum liberum arbitrium, quod aeque inter malum et bonum potestate aut facilitate versetur.... alioquin nec Deus, nec angeli sancti, cum ita sint boni, ut non possint esse mali, nec praevaricatores item angeli, cum ita sint mali, ut jam non valeant esse boni, liberi arbitrii esse dicentur. Sed et nos illud post resurrectionem amissuri sumus, quando utique inseparabiliter alii bonis, alii malis admixti fuerimus.

7) Ib. c. 6, 18. — 8) Ib. c. 7, 22.

Das eigentliche Wesen der Freiheit besteht vielmehr, wie schon gesagt, darin, dass der Wille überall, sei es im Guten oder im Bösen, ohne Zwang und Nothwendigkeit handelt [1]).
Anders verhält es sich dagegen mit der Freiheit von der Sünde. Dieselbe lässt eine doppelte Abstufung zu. Sie kann nämlich von der Art sein, dass sie die Möglichkeit der Sünde ganz ausschliesst; aber sie kann auch einem geschöpflichen Wesen in der Art eigen sein, dass sie mit der Möglichkeit der Sünde verbunden ist. In diesem Falle kann dann jenes Geschöpf diese Freiheit auch verlieren. Der Mensch nun ist ursprünglich frei von der Sünde geschaffen worden; aber die Möglichkeit des Bösen war bei ihm nicht ausgeschlossen; er konnte sündigen [2]). Er sündigte wirklich, und ging eben dadurch jener Freiheit von der Sünde verlustig [3]). So wurde er zum Sclaven der Sünde. In diesem Zustande behielt er zwar seine natürliche Freiheit bei [4]), aber er kann aus dem Stande der Sünde nun nicht mehr kraft dieser seiner natürlichen Freiheit sich erheben. Denn er kann nun, wenn er auch will, die Sünde nicht mehr vermeiden [5]). Er unterliegt einer gewissen Nothwendigkeit der Sünde. Doch stammt diese Nothwendigkeit nicht aus seiner Natur, sie ist nicht von der Art, dass sie dem Menschen jede Bethätigung seiner natürlichen Freiheit, jede Wahl, unmöglich macht; sondern sie ist vielmehr im Willen selbst begründet [6]). Der Wille ist nämlich in Folge der Sünde in die sinnliche Liebe, in die sinnliche Begierde derart verstrickt, dass er zur Liebe der Gerechtigkeit sich nicht mehr aufschwingen kann. Den süssen und schmeichelnden Banden der Sinnlichkeit hat er sich gefangen gegeben, und so ist er selbst der Urheber jener Nothwendigkeit des Bösen, unter welcher er schmachtet. Er ist in diesem Zustande zugleich Sclave und zugleich frei: Sclave wegen der Nothwendigkeit, welche er sich zugezogen; frei, weil er dieser Nothwendigkeit frei sich unterworfen hat, und unter dem Joche derselben frei das Böse thut. Und eben deshalb entschuldigt ihn denn auch die Nothwendigkeit nicht von der Sünde, weil sie ja eine frei gewollte ist. In so fern ist der Wille schuldig, als er frei ist; in so fern ist er in Knechtschaft, als er schuldig ist;

---

1) Ib. c. 10, 35. Nunc igitur ex eo potius liberum arbitrium dicitur, quod sive in bono, sive in malo, aeque liberam faciat voluntatem, cum nec bonus quispiam, nec item malus dici debeat, nisi volens.
2) Ib. c. 7, 21. — 3) Ib. c. 7, 21. 22.
4) Ib. c. 7, 21. c. 8, 24. Manet etiam post peccatum liberum arbitrium, etsi miserum, tamen integrum.
5) Ib. c. 7, 23. Cecidit sola voluntate homo in foveam peccati; sed non ex voluntate sufficit et posse resurgere, cum jam, etsi velit, non possit non peccare.
6) Serm. 81. in cant. 7. Interveniente peccato patitur quandam vim et homo, sed a voluntate, non a natura, ut ne sic quidem ingenita libertate privetur. Quod enim voluntarium, et liberum.

und darum ist er auch gerade in so fern in Knechtschaft, als er frei ist[1]).

Wir sehen, es sind die nämlichen Grundsätze, wie sie ehedem von Augustinus gelehrt worden sind; wir werden sie deshalb auch hier in der nämlichen Weise zu erklären haben, wie sie bei Augustinus zu erklären sind[2]). Diese freiwillige Nothwendigkeit des Bösen, von welcher Bernard spricht, ist offenbar ganz analog mit der Nothwendigkeit der Gewohnheit; denn wie durch die Gewohnheit im Bösen die Kraft des Willens in der Art geschwächt wird, dass dadurch ein Aufschwung zum Guten moralisch fast unmöglich werden kann: ohne dass man deshalb doch sagen darf, dass die Freiheit zum Guten gänzlich aufgehoben sei: so verhält es sich auch hier. Bernard will also, wenn er die Nothwendigkeit des Bösen in dem gefallenen Menschen lehrt, gewiss nicht behaupten, dass der Mensch in jeder Handlung nothwendig sündige, dass jede Handlung, welche er vollbringt, eo ipso, dass er sie vollbringt, schon Sünde sei: sondern er will nur sagen, dass der gefallene Wille, wenn er auch wolle, die Sünde nicht gänzlich vermeiden könne, weil er für sich allein zu schwach sei, um den schwereren Versuchungen zu widerstehen und die Gefahren des Bösen zu überwinden.

Von dieser Knechtschaft des Bösen nun kann der Wille nur befreit werden durch die Gnade. Durch die Gnade wird in uns die Freiheit von der Sünde wieder hergestellt. Freilich ist diese Wiederherstellung im gegenwärtigen Leben noch nicht eine ganz vollkommene, weil der Wille, noch immer in die Mitte gestellt zwischen den göttlichen Geist und die Sinnlichkeit, von der Möglichkeit des Bösen hienieden nie völlig frei wird[3]), ja sogar thatsächlich hienieden nicht ohne alle,

---

[1]) Serm. 81. in Cant. 7. Et quidem peccato factum est, ut corpus, quod corrumpitur, aggravet animam, sed amore, non mole. Nam quod surgere anima per se jam non potest, quae per se cadere potuit, voluntas in causa est, quae corrupti corporis vitiato et vitioso amore languescens et jacens amorem pariter justitiae non admittit. Ita nescio quo pravo et miro modo ipsa sibi voluntas, peccato quidem in deterius mutata, necessitatem facit: ut nec necessitas, cum voluntaria sit, excusare valeat voluntatem, nec voluntas, cum sit illecta, excludere necessitatem. Est enim necessitas haec quodammodo voluntaria. Est favorabilis vis quaedam, premendo blandiens, et blandiendo premens, unde sese rea voluntas, ubi semel peccato consenserit, nec excutere jam per se, nec excusare tamen ullatenus de ratione queat.... 9. Ita anima miro quodam et malo modo sub hac voluntaria quadam ac male libera necessitate et ancilla tenetur, et libera: ancilla propter necessitatem, libera propter voluntatem: et quod magis mirum, magisque miserum est, eo rea, quo libera, eoque ancilla, quo rea, ac per hoc eo ancilla, quo libera.... 10. Serm. 82, 5.

[2]) Vgl. meine Geschichte der Philos. der patrist. Zeit S. 451 ff.

[3]) De grat. et lib. arb. c. 12, 41.

wenigstens lässliche Sünde leben kann¹); aber dem Wesen nach besitzen wir die Freiheit von der Sünde dennoch in der Gnade und durch dieselbe; und die vollkommene Freiheit vom Bösen, welche auch die Möglichkeit der Sünde ausschliesst, haben wir wenigstens im Jenseits zu gewärtigen²). In der Freiheit vom Bösen aber erlangen wir auch wiederum die Kraft zum Guten; denn gerade dadurch werden wir ja von der Knechtschaft und von der Nothwendigkeit des Bösen frei, dass wir wieder mächtig werden, Gutes zu thun³). Wie also die Freiheit vom Bösen Werk der göttlichen Gnade ist, so auch die Kraft zum Guten. Von Gott kommt ohne uns der Anfang des Heils⁴). Ohne die erregende Gnade ist kein Aufschwung des Willens zum Guten möglich; und ohne die helfende Gnade sind die Versuche des Willens vergeblich⁵). Doch soll die Gnade ihre Wirkung haben, dann müssen auch wir unsererseits in dieselbe einwilligen, mit derselben mitwirken. Nur durch diese beiden Factoren, die göttliche Gnade und die menschliche Freiheit kann das Werk des Heiles vollbracht werden⁶). Nicht als würde es zum Theil durch die Gnade, zum Theil durch den freien Willen vollbracht; ganz vielmehr wird es vollbracht von der Gnade und ganz von dem Willen. Die Gnade ist das Princip, aus welchem das ganze Werk des Heiles stammt; der Wille ist so zu sagen das Gefäss, in welchem jenes ganz vollbracht wird⁷); denn auch die Einwilligung des Willens stammt aus der Gnade, wiewohl sie nicht ohne unsern Willen sich vollzieht⁸). Daher sind auch alle unsere Verdienste, welchen der ewige Lohn verheissen ist, sowohl ganz Gottes, als auch ganz unser⁹).

Gehen wir endlich zu der dritten Art der Freiheit, zur Freiheit von der Unseligkeit über: so hat auch diese zwei Stufen, indem sie nämlich auf der niedern Stufe die Möglichkeit der Unseligkeit noch einschliesst, während sie dagegen auf der höheren Stufe diese Möglichkeit ganz ausschliesst. Die niedere Stufe dieser Freiheit war dem ersten Menschen zugleich mit der natürlichen Freiheit und mit der Freiheit vom Bösen

---

1) Ib. c. 9, 29. — 2) Ib. c. 4, 12. c. 8, 26. — 3) Ib. c. 3, 7. c. 7, 23.
4) Ib. c. 14, 46.
5) Ib. c. 13, 42. Hominis conatus ad bonum et cassi sunt, si a gratia non adjuvantur, et nulli si non excitentur.
6) Ib. c. 1, 2. Tolle liberum arbitrium, et non erit, quod salvetur; tolle gratiam: non erit unde salvetur. Opus hoc sine duobus effici nequit: uno, a quo fit, altero, cui et in quo fit.... Quod ergo a solo Deo et soli datur libero arbitrio, tam absque consensu esse non potest accipientis, quam absque gratia dantis. c. 14, 46.
7) Ib. c. 14, 47. Non partim gratia, partim liberum arbitrium, sed totum singula opere individuo peragunt. Totum quidem hoc, et totum illa; sed ut totum in illo, sic totum ex illa.
8) Ib. c. 14, 46. Consensus et opus, etsi non ex nobis, tamen non sine nobis.
9) Ib. c. 14, 50.

zugetheilt; die höhere Stufe sollte er sich selbst frei erringen. Er hat aber auch jene niedere Stufe durch die Sünde verloren¹). Während dagegen der Mensch in die Freiheit von der Sünde schon hienieden durch die Gnade wieder hergestellt wird, wird ihm dagegen die Freiheit von der Unseligkeit erst im jenseitigen Leben wieder zurückgegeben werden. Sie muss daher auch im Gegensatze zur natürlichen Freiheit und zur Freiheit der Gnade als die Freiheit der ewigen Herrlichkeit bezeichnet werden²). Nur im Augenblicke mystischer Ekstase wird der Mensch schon hienieden in einem gewissen Grade in den Stand jener Freiheit der ewigen Herrlichkeit erhoben. Allein das geschieht nur selten und nur vorübergehend. Es ist eigentlich nur ein Vorgeschmack jener ewigen seligen Freiheit, welche wir einst in jenem Leben in ihrer ganzen Fülle geniessen werden³).

§. 88.

Ist dieses die Lehre Bernards von der menschlichen Freiheit, so schliesst sich an dieselbe unmittelbar an seine Lehre von der Liebe, in welcher er eigentlich den ganzen Reichthum seines mystischen Lebens niedergelegt hat. Der Grundsatz, welchen wir an der Spitze dieser Lehre treffen, ist in folgenden Worten zusammengefasst: Der Grund, warum wir Gott lieben müssen, ist Gott selbst; das Mass dieser Liebe aber besteht darin, dass wir ihn über alles Mass lieben⁴). Es kann aber auch nichts gerechter sein, als dieses, dass wir Gott in solcher Weise lieben. Schon die blosse Vernunft verpflichtet uns dazu; das natürliche Gesetz, welches unserm Innern eingeprägt ist, ruft uns laut zu, dass wir Gott lieben sollen. Ihm verdanken wir ja Alles, was wir sind; alle Güter des Leibes und der Seele, welche wir geniessen, sind sein Werk; wie sollten wir also nicht verpflichtet sein, ihn um seiner selbst willen zu lieben. Daher liegt diese Verpflichtung auch dem Ungläubigen ob; denn obgleich er Christum nicht erkennt, so erkennt er doch sich selbst, und kann und muss daher auch wissen, dass er Alles, was in ihm ist, Gott verdankt⁵). In noch weit höherem Masse ist aber

---

1) Ib. c. 7, 21. 22.

2) Ib. c. 3, 7. Cum triplex sit nobis proposita libertas, a peccato, a miseria et a necessitate: hanc ultimo positam contulit nobis in conditione natura; in primam restauramur a gratia; media nobis reservatur in patria. Dicatur igitur prima libertas naturae, secunda gratiae, tertia vitae vel gloriae. c. 5, 1. c. 8, 26.

3) Ib. c. 5, 15. Attamen fatendum est, eos, qui per excessum contemplationis rapti quandoque in spiritu quantumcunque de supernae felicitatis dulcedine degustare sufficiunt, toties esse liberos a miseria, quoties sic excedunt. Hi plane etiam in carne, raro licet raptimque complaciti libertate fruuntur.

4) De diligend. Deo, c. 1, 1. Causa diligendi Deum Deus est, modus, sine modo diligere.

5) Ib. c. 2, 6. Meretur ergo propter seipsum amari Deus et ab infideli, qui

der Christ zur Liebe Gottes verpflichtet, weil er nicht blos die Güter der Schöpfung, sondern auch die Güter der Erlösung geniesst [1]).

Diese Liebe Gottes muss nun aber von der Art sein, dass sie Gott nicht liebt um eines Lohnes willen, welchen sie dadurch erreichen will. Eine solche Liebe wäre eine Miethlingsliebe. Die wahre Liebe genügt sich selbst. Zwar ist unsere Liebe nicht ohne Belohnung; aber dieser Lohn ist derjenige selbst, welcher geliebt wird: Gott nämlich, der Gegenstand unserer Liebe. Ausser ihm einen andern Lohn durch die Liebe zu suchen, widerstreitet dem Wesen der letztern. Zwar theilt uns Gott für die Liebe auch solchen Lohn zu; aber wir dürfen ihn nicht suchen [2]).

Nicht mit Einem Male aber ist diese Liebe vollendet. Sie durchläuft vielmehr vier Stufen. Auf der ersten Stufe lieben wir uns um unser selbst willen. Diess ist noch nicht Gottesliebe; aber sie ist die Vorbereitung dazu. Auf der zweiten Stufe lieben wir Gott um unsertwillen. Das ist der erste Schritt zur eigentlichen Gottesliebe. Auf dritter Stufe lieben wir dann Gott um seiner selbst willen. Damit treten wir in das eigentliche Wesen der Gottesliebe ein. Auf vierter Stufe endlich lieben wir nicht blos Gott um seiner selbst willen, sondern wir lieben auch uns selbst und alles Andere nur um Gottes willen. Das ist die höchste Vollendung der Gottesliebe [3]).

Dieser höchste Grad der Liebe wird jedoch in seiner ganzen Fülle erst im jenseitigen Leben erreicht. Nur im Augenblicke mystischer Ekstase erheben wir uns schon hienieden vorübergehend zu dieser Stufe [4]). Aber was ist nun diese Ekstase?

Die Grundlage aller tiefern Erkenntniss der Wahrheit ist nach Bernards Lehre vor Allem die Demuth, jene Tugend, vermöge welcher der Mensch bei Betrachtung seiner selbst sich selbst als niedrig

---

etsi nesciat Christum, scit tamen seipsum. Proinde inexcusabilis est omnis etiam infidelis, si non diligit Dominum Deum suum ex toto corde, tota anima, tota virtute sua. Clamat enim intus ei innata et non ignorata justitia, quia ex toto se illum diligere debeat, cui se totum debere non ignorat.... Satis (igitur) per legem naturalem ex perceptis bonis animae corporisque monentur, quatenus Deum propter Deum et ipsi diligere debeant.

1) Ib. c. 3—5.
2) Ib. c. 7, 17. Non sine praemio diligitur Deus, etsi absque praemii intuitu diligendus sit. Vacua enim vera caritas esse non potest, nec tamen mercenaria est; quippe non quaerit, quae sua sunt. Verus amor seipso contentus est. Habet praemium, sed id, quod amatur. Nam quidquid propter aliud amare videaris, id plane amas, quo amoris finis pertendit, non per quod tendit..... Verus amor praemium non quaerit, sed meretur..... Deum amans anima aliud praeter Deum sui amoris praemium non requirit. Aut si aliud requirit, illud pro certo, non Deum diligit.
3) Ib. c. 8—10. c. 15, 39. — 4) Ib. c. 10, 27. 29.

und gering erscheint¹). Sie ist der Weg, auf welchem wir zur Erkenntniss der Wahrheit gelangen²). Zwölf Stufen der Demuth unterscheidet der heil. Bernard³). Diese Stufen muss der Mensch durchschreiten, und ist er auf der höchsten Stufe angelangt, dann geht ihm das Licht der Wahrheit helle und leuchtend auf⁴). Aber nicht die Demuth allein ist die Grundlage der höhern Erkenntniss; auf dem Grunde der Demuth muss auch noch die Liebe aufblühen, wenn der Mensch zum Höchsten sich erheben soll⁵). Hat er aber in Demuth und Liebe das höhere Leben des Geistes errungen, dann tritt er in das mystische Gebiet ein. Die erste Stufe der Erkenntnissthätigkeit, welche er in diesem Gebiete vollbringt, ist dann die *Betrachtung* der Wahrheit. Sie ist eine mit aller Energie des Geistes sich vollziehende Untersuchung der Wahrheit, hat aber noch den Charakter des discursiven Denkens⁶). Die zweite Stufe ist dann die *Contemplation*, d. h. die Anschauung der Wahrheit ohne das Medium der discursiven Untersuchung⁷). Diese Contemplation führt mit sich die staunende Bewunderung der Wahrheit, und gerade in Folge dieser staunenden Bewunderung ihrer Majestät kann es geschehen, dass der Geist auf Augenblicke ausser sich kommt, und in diesem Zustande des Aussersichseins ganz in den Ocean der unendlichen Wahrheit sich versenkt. Das ist die Ekstase⁸).

Gerade dieser Zustand der Ekstase ist es nun aber, welchen wir als Vorspiel jenes Zustandes, in welchen wir in's Jenseits eintreten werden, zu betrachten haben. Im jenseitigen Leben wird nämlich gleichsam das Starre unsers Willens flüssig werden, und unser ganzes Wollen wird in dem göttlichen Wollen aufgehen, in dieses sich ergiessen. Wie der Wassertropfen, in den Wein fallend, ganz in diesen übergeht, und

---

1) De gradibus humilitatis, c. 1, 2. Humilitas est virtus, qua homo verissima sui cognitione sibi ipsi vilescit.

2) Ib. c. 1, 1. Viam dicit Christus humilitatem, quae ducit ad veritatem. De considerat. l. 2. c. 6, 13.

3) De grad. hum. c. 2, 3. c. 9, 27. c. 10 sqq.

4) Ib. c. 1, 2. Haec autem (humilitas) convenit his, qui ascensionibus in corde suo dispositis, de virtute in virtutem, i. e. de gradu in gradum proficiunt, donec ad culmen humilitatis perveniant, in quo, velut in Sion, i. e. in speculatione positi, veritatem prospiciunt. c. 2, 3. In culmine humilitatis constituitur cognitio veritatis. — 5) Ib. c. 2, 5.

6) De consideratione, l. 2. c. 2. Consideratio est intensa ad investigandum cogitatio, vel intentio animi investigantis verum.

7) Ib. l. 2. c. 2. Contemplatio est verus certusque intuitus animi de quacunque re, sive apprehensio rei non dubia.

8) Ib. l. 5. c. 14, 32. Prima et maxima contemplatio est admiratio majestatis. Haec requirit cor purgatum, ut a vitiis liberum atque exoneratum peccatis facile ad superna levet, interdum quoque vel per aliquas morulas stupore et ecstasi suspensum teneat admirantem. De grad. humilit. c. 8, 22 sqq.

den Geschmack und die Farbe desselben annimmt; wie das glühende Eisen ganz in die Form des Feuers übergeht; wie die Luft, durch das Licht erleuchtet, ganz die Klarheit des Lichtes annimmt, und nicht mehr Luft, sondern Licht zu sein scheint, so wird auch die Seele im Jenseits nichts von sich selbst zurückbehalten, sondern ganz in Gott übergehen. Nicht als ob ihr Wesen, ihre Substanz unterginge; nein; diese wird ewig bleiben; aber sie wird ganz in die göttliche Form sich verwandeln. Das ist die Vergöttlichung. So wird Gott Alles in Allem sein, wenn der Mensch nichts mehr von sich zurückbehält [1]. Freilich kann diese Vergöttlichung erst dann eintreten, wenn auch der Leib auferstanden sein wird. Denn bis dahin denkt die Seele noch an ihren Leib, nach welchem sie verlangt; sie hat sich selbst noch nicht ganz vergessen. Dann aber, wenn dieser auferstanden sein wird, wird die Seele ihrer selbst ganz vergessen, ganz von sich ausgehen, ganz sich selbst verlassen und ganz in Gott übergehen, um von nun an, Gott allein anhängend, nur Ein Geist mit ihm zu sein und die vollkommene Aehnlichkeit mit Gott anzuziehen, nachdem sie sich selbst ganz unähnlich geworden [2].

Wir sehen, diese Schilderungen des ewigen Lebens sind ganz gleichlautend mit denjenigen, welche wir bei Erigena getroffen haben. Aber sie haben doch nicht denselben Sinn. Bei Erigena ist ein gänzliches Aufgehen der Seele in Gott durch die idealistisch-pantheistischen Obersätze des Systems gefordert, und wenn er daher annimmt, dass das Wesen und die Substanz der Seele bei aller Transformation der letztern in Gott unangetastet bleibe, so müssen wir diese Annahme als eine blosse Concession an die Forderungen des christlichen Bewusstseins betrachten, eine Concession, welche den Obersätzen des Systems selbst widerstreitet. Bei Bernard dagegen ist die Lehre, dass bei aller Transformation der Seele in Gott deren Wesen doch bleibt,

---

1) De dilig. Deo, c. 10, 28. Quomodo stilla aquae modica multo infusa vino, deficere a se tota videtur, dum et saporem vini induit et colorem: et quomodo ferrum ignitum et candens igni simillimum fit, pristina propriaque forma exutum: et quomodo solis luce perfusus aer in eandem transformatur luminis claritatem, adeo ut non tam illuminatus, quam ipsum lumen esse videatur: sic omnem tunc in sanctis humanam affectionem quodam ineffabili modo necesse erit a semetipsa liquescere, atque in Dei penitus transfundi voluntatem. Alioquin quomodo omnia in omnibus erit Deus, si in homine de homine quicquam supererit? Manebit quidem substantia, sed in alia forma, alia gloria, alia potentia.... Sic affici est deificari.

2) Ib. c. 11, 30—32. At non ex toto sui oblita est anima, quae adhuc de proprio corpore cogitat suscitando. Caeterum hoc adepto, quod solum utique deerat, quid jam impedit a seipsa quodammodo abire, et ire totam in Deum, eoque sibi penitus dissimillimam fieri, quo Deo simillimam effici donatur? c. 15, 39. Quasi miro quodam modo oblita sui, et a se penitus velut deficiens, tota perget (anima) in Deum, et deinceps adhaerens ei, unus cum eo spiritus erit.

durch seinen Standpunkt selbst gefordert und kann nicht umgangen werden, ohne diesen Standpunkt selbst zu erschüttern. Das ist der wesentliche Unterschied zwischen beiden. Die Tiefen des mystischen Lebens, in welches Bernard sich versenkt hatte, liessen ihn die Glückseligkeit des ewigen Lebens mit überschwenglichen Farben schildern, so zwar, dass die Ausdrücke, deren er sich bedient, selbst ein Missverständniss nahe legen könnten, wenn er nicht selbst durch den Satz, dass das Wesen, die Substanz der Seele in der ewigen Vergöttlichung unangetastet bleibe, dem Missverständniss vorgebeugt hätte. Aber gerade dadurch scheidet er sich von dem Kreise der falschen Mystik aus und wird seine mystische Lehre auf dem reinen Boden der christlichen Mystik festgehalten. Das individuelle Selbstbewusstsein der Seele muss hienach im Jenseits bestehen bleiben, weil ihre Substanz fortbesteht, und jenes Selbstvergessen der Seele, von welchem Bernard spricht, kann nur die Bedeutung haben, dass die Erkenntnisskraft der Seele ganz von der göttlichen Anschauung in Anspruch genommen, ganz in diese Anschauung versenkt ist.

2. Hugo von St. Victor.

§. 89.

Bernard hatte die mystische Lehrrichtung nur im Allgemeinen angebahnt; ihre eigentliche Ausbildung erhielt sie erst durch die sogenannten Victoriner, deren erster Hugo von St. Victor war. Hugo ward um das Jahr 1097 nach Einigen zu Ypern in Flandern, nach Andern in Niedersachsen geboren. Er soll aus gräflichem Geschlechte gewesen sein. Im Kloster Hammersleben bei Halberstadt erhielt er seine erste Bildung, welche er dann von 1115 an im Kloster von St. Victor bei Paris vollendete. Bald stand er der Schule dieses Klosters vor. Er lebte bis zu seinem Tode nur der Wissenschaft und Contemplation, verkehrte vielfältig mit dem heil. Bernard, seinem Freunde, und starb, erst vier und vierzig Jahre alt, im Jahre 1141.

Hugo reiht sich ebenbürtig an Anselm von Canterbury an, indem er mit gleicher Tiefe wie dieser die höchsten Probleme der Metaphysik erörterte, und den innern Zusammenhang der höchsten Wahrheiten unter sich zu erforschen suchte. Seine speculativen Resultate sind daher vielfach auch die nämlichen, wie wir sie schon bei Anselm getroffen haben. Dennoch aber lässt sich ein durchgreifender Unterschied zwischen der Geistesrichtung dieser beiden Männer nicht verkennen. In Anselm findet die reine Speculation ihren Vertreter; das mystische Element tritt, — wenigstens was dessen wissenschaftliche Schriften betrifft, mehr in den Hintergrund. Dagegen geht bei Hugo der mystische Zug durch alle seine speculativen Ausführungen hindurch; es ist das mystische Element so zu sagen die Tinctur, in welche seine gesammte Geistesarbeit getaucht ist, die Atmosphäre, in welcher sein ganzes Denken sich bewegt. Und wie all seine wissenschaftliche Speculation durch das mystische Leben getragen wird, und dadurch eine höhere Weihe erhält, so schliesst sie sich zuletzt auch ab mit einer sorgfältig ausgeführten Theorie des mystischen Lebens und der mystischen Contemplation. Diese bildet, wenn wir uns so ausdrücken sollen, die Krone seines ganzen Systems. So bewährte in Hugo der lebenskräftige christliche Geist dieser Zeit auch auf dem Boden der Mystik seine innere Fruchtbarkeit und Fortschrittsfähigkeit. Und eben weil die gesammte Geistesarbeit Hugo's von dem mystischen Lebenselemente durchdrungen und belebt ist, darum liegt auch in den Schriften dieses Mannes etwas so Anziehendes und Hinreissendes, dass durch die Lectüre derselben Verstand und Gemüth wahrhaft bezaubert werden. Hugo's Schriften gehören, sowohl was den Inhalt, als auch was die Form und den Styl betrifft, zu dem Schönsten und Herrlichsten, was der christliche Geist des Mittelalters hervorgebracht hat. Das Geist- und Gemüthvolle, was in denselben liegt, lässt sich nicht leicht wiedergeben; man muss diese Schriften selbst lesen, um den vollen Genuss davon zu haben. Wir müssen uns hier damit begnügen, nur ein allgemeines Bild des erhabenen und lebensvollen Geistes, welcher in diesen Schriften waltet, zu entwerfen.

Das Hauptwerk Hugo's ist seine Abhandlung „De sacramentis," in welcher er in systematischer Ordnung die Glaubenswahrheiten speculativ entwickelt und begründet. Daran reihen sich dann seine kleinern Schriften an: „De arca Noe mystica," „De arca Noe morali," „De arrha animae," „De vanitate mundi" u. s. w., welche zu seinem Hauptwerke in so fern in der innigsten Beziehung stehen, als sie nur besondere Momente des Inhalts des letztern zur weitern Ausführung und Entwicklung bringen, und hiebei ganz besonders das mystisch-contemplative Element hervortreten lassen. Eine Art Leitfaden für den Unterricht bietet endlich die „Eruditio didascalorum," in welcher Hugo eine Encyclopädie der Wissenschaften entwirft und Gegenstand und Aufgabe der einzelnen Wissenschaften festzustellen sucht. — Wenden wir uns nun zur Darstellung des in diesen Schriften uns gebotenen Lehrinhaltes.

Den Glauben definirt Hugo mit dem Apostel dahin, dass derselbe die substantia rerum sperandarum, das argumentum non apparentium sei. Versteht man, sagt Hugo, unter Glaube dasjenige, was geglaubt wird, so ist diese Definition ganz convenient; denn in diesem Sinne ist der Glaube wirklich eine Substanz, weil die zu hoffenden Güter, welche wir im Glauben festhalten, wahrhaft subsistiren. Er ist auch wirklich argumentum non apparentium, weil wir über dasjenige, was wir mit unserer Vernunft nicht begreifen, blos durch den Glauben allein unterrichtet und vergewissert werden. Aber man kann den Begriff des Glaubens nicht blos objectiv, sondern auch subjectiv nehmen, d. i. den Glauben als Act auffassen, mit welchem wir die Wahrheit aufnehmen und festhalten. Und auch in diesem Sinne ist die Definition des Apostels ganz congruent. Der Glaube ist nämlich in diesem Sinne die Substanz der zu hoffenden Güter, in so fern diese Güter, obgleich sie uns noch nicht präsent sind, dennoch durch den Glauben schon in unserm Herzen subsistiren; er ist auch argumentum non apparentium, in so fern der Glaube allein der Grund ist, auf welchen hin wir über die Wahrheit dessen, was wir noch nicht sehen, und was wir mit unserer Vernunft nicht begreifen können, gewiss sind [1]).

Es ist jedoch zu bemerken, dass diese Bestimmung des Begriffes des Glaubens nicht so fast das Wesen des Glaubens bezeichnet, sondern vielmehr an dasjenige sich anlehnt, was der Glaube in uns bewirkt. Wollen wir nun aber den Glauben nach seinem Wesen definiren, so werden wir ihn bestimmen müssen als eine Gewissheit der Seele über solche Dinge, welche ihr noch nicht präsent sind; wornach also der Glaube seinem Wesen nach in der Mitte steht zwischen Meinung und Wissenschaft. Die Meinung ist eine tiefere, die Wissenschaft eine höhere Stufe der Erkenntniss, als der Glaube; dieser hält, wie gesagt, die Mitte zwischen beiden [2]). Die Meinung schliesst die Möglichkeit des contradictorischen Gegensatzes noch nicht aus; der Glaube dagegen schliesst diese Möglichkeit aus, erkennt aber das Geglaubte noch nicht als ein Gegenwärtiges, sondern stützt sich blos auf die Auctorität eines Andern, durch dessen Lehre ihm das Geglaubte mittelst des Hörens zugeführt wird. Die Wissenschaft endlich erkennt den Erkenntnissgegenstand als ein Gegenwärtiges, d. h. der Erkenntnissgegenstand ist hier dem Auge des Geistes gegenwärtig, und dieser erkennt ihn eben vermöge dieser seiner Gegenwart. Daher bezeichnet die Wissenschaft eine höhere Stufe der Erkenntniss, als der Glaube, weil es vollkommener ist, einen Gegenstand in sich selbst vermöge seiner unmittelbaren Gegenwart zu erkennen, als blos durch das Hören der Lehre eines Andern zur Erkenntniss desselben zu gelangen [3]).

Was nun aber die Seelenkräfte betrifft, welche bei dem Acte des Glaubens in Anspruch genommen werden, so ist der Glaube Sache der Erkenntniss sowohl, als auch des Willens. Seiner Materie nach gehört er der Erkenntniss an, weil und in so fern in der Erkenntniss dasjenige aufgenommen werden muss, was geglaubt wird. Seiner Substanz nach dagegen ist der Glaube ein Affect des Willens, weil durch den Affect des Willens dasjenige als wahr festgehalten wird, was in der Erkenntniss als Gegenstand des Glaubens vorgestellt ist [4]). Es ist jedoch diese

---

1) *Hugo de St. Vict.* (ed. Migne) De sacram. l. 1. p. 10. c. 2. p. 327 sqq.

2) Ib. l. 1. p. 10. c. 2. p. 330. Fidem esse certitudinem quandam animi de rebus absentibus, supra opinionem, et infra scientiam constitutam.

3) Ib. p. 330 sq.

4) Ib. l. 1. p. 10. c. 3. In affectu substantia fidei invenitur, in cognitione **materia.**

Erkenntniss, welche der Glaube zu seiner Ermöglichung erheischt, nicht zu verwechseln mit der eigentlich wissenschaftlichen Erkenntniss; diese schliesst der Glaube seinem Wesen nach nicht ein; es ist zum Glauben vielmehr nur eine solche Erkenntniss erforderlich, welche aus dem Hören der Worte eines Andern und aus dem Verständniss der Bedeutung dieser Worte gewonnen wird¹). Damit ist aber wiederum nicht gesagt, dass die wissenschaftliche Erkenntniss mit dem Glauben ganz unvereinbar sei. Es kann vielmehr dasjenige, was gewusst wird, zugleich auch geglaubt werden; aber eine Forderung des Glaubens ist dieses Wissen nicht; um glauben zu können, reicht es hin, dass man nur allein eine solche Erkenntniss des Gegenstandes habe, welche es ermöglicht, der Intention des Willens im Glauben eine bestimmte Richtung zu geben, damit diese sich nicht in's Unbestimmte verliere, vielmehr einen Gegenstand habe, auf welchen sie sich beziehen könne²). So ist es denn auch erklärlich, dass und in wieferne der Glaube wachsen und sich vervollkommnen könne. Der Glaube kann zunehmen in doppelter Beziehung, in Bezug nämlich auf die Erkenntniss und in Bezug auf den Affect des Willens. In Bezug auf die Erkenntniss wächst der Glaube in dem Masse, als die Erkenntniss des Glaubensobjectes zunimmt; in Bezug auf den Willensaffect dagegen nimmt der Glaube um so mehr zu, je inniger, standhafter und stärker der Glaube wird. Es kann daher in dem Einen der Glaube der Erkenntniss nach gross, dem Affect nach gering sein, und umgekehrt. Im Allgemeinen aber kommt es in der Beurtheilung der Grösse und Vollkommenheit des Glaubens mehr auf den Affect des Willens, als auf die Erkenntniss an³). Denn jener Glaube gilt vor Gott als ein grosser, welcher, obgleich die Erkenntniss, das Wissen, gering ist, doch durch Innigkeit und Standhaftigkeit sich auszeichnet und in solcher Weise zur Offenbarung gelangt⁴). Und gerade darin liegt denn auch das Verdienst des Glaubens. Wenn der Glaube an Erkenntniss wächst, so gereicht dieses Wachsthum des Erkennens und Wissens dem Glauben selbst zur Unterstützung; wenn er dagegen dem Affecte nach zunimmt, so wird er dadurch verdienstlich; und je stärker und beharrlicher der Glaube dem Affecte nach ist, desto mehr ist er auch verdienstlich⁵). Und so ist denn die unterste Stufe des Glaubens da gegeben, wo der einfache Gläubige aus blosser Pietät das Geglaubte hinnimmt, ohne mit seiner Vernunft noch einzusehen, dass und warum

---

1) Ib. l. c. Cognitionem autem hic intelligimus scientiam rerum non illam, quae ex praesentia ipsarum comprehenditur, sed illam, quae auditu solo percipitur, et ex verborum significatione manifestatur.

2) Ib. l. 1. p. 10. c. 3. — 3) Ib. l. 1. p. 10. c. 4.

4) Ib. l. c. Illa namque apud Deum fides magna reputatur, quae etsi minus vigeat scientia, per constantiam tamen foris ostenditur.

5) Ib. l. c. Cum ergo fides cognitione crescit, adjuvatur, cum vero affectu crescit, promeretur.

das also Aufgenommene geglaubt werden müsse. Auf zweiter Stufe steht dann derjenige Glaube, mit welchem sich bereits die Vernunfteinsicht verbindet, vermöge deren auch die Vernunft dasjenige billigt, was der Glaube als wahr annimmt. Auf dieser Stufe verbindet sich also der Glaube bereits mit der wissenschaftlichen Erkenntniss. Die dritte und höchste Stufe endlich nimmt jener Glaube ein, welcher auf der Grundlage eines reinen Herzens und eines unbefleckten Gewissens dasjenige bereits innerlich zu kosten anfängt, was im Glauben festgehalten und umfangen wird. Hier vollendet sich der Glaube in der höhern, mystischen Contemplation[1]).

§. 90.

Wenn nun die bisher ausgeführten Bestimmungen massgebend sind für das Wesen des Glaubens, so frägt es sich nun weiter, worauf denn die Nothwendigkeit des Glaubens beruhe. Diese Nothwendigkeit basirt Hugo zunächst auf den Sündenfall. Drei Gegenstände waren es, welche dem ersten Menschen zur Erkenntniss sich darboten, das Körperliche, das Geistige und das Göttliche. Demgemäss hatte der erste Mensch in seiner Schöpfung ein dreifaches Auge erhalten, das Auge des Fleisches, das Auge der Vernunft und das Auge der Contemplation. Vermöge des fleischlichen Auges erkannte er die äussere Welt und was in dieser sich vorfindet; durch das Auge der Vernunft erblickte er das Geistige, das Ideale; er erkannte sich selbst nach seinem geistigen Sein, so wie auch Alles, was in seiner Seele dem Vermögen oder der Wirklichkeit nach gelegen war. Durch das Auge der Contemplation endlich erblickte er in seinem Innern das Göttliche; er schaute das göttliche Wesen und die Geheimnisse Gottes innerlich an; das Auge der Contemplation war also das Organ für die Erkenntniss dessen, was über ihm war, des göttlichen Wesens. So war der erste Mensch ausgerüstet mit allen Mitteln zur klaren und vollkommenen Erkenntniss alles Erkennbaren[2]). Aber die Sünde zerstörte dieses normale Verhältniss. Durch die Finsterniss, welche im Gefolge der Sünde über den Geist des Menschen hereinbrach, erlosch in ihm das Auge der Contemplation gänzlich; das Auge der Vernunft dagegen wurde getrübt in dem Grade, dass es nun nicht mehr klar sehen und deutlich unterscheiden kann. Nur das Auge des Fleisches blieb bestehen

---

1) Ib. l. 1. p. 10. c. 4.
2) Ib. l. 1. p. 10. c. 1. p. 329. Anima, quasi in medio quodam erat, habens extra se mundum, intra se Deum, et acceperat oculum, quo extra se mundum videret, et ea, quae in mundo erant: et hic erat oculus carnis. Alium oculum acceperat, quo seipsam videret, et ea, quae in ipsa erant: hic est oculus rationis. Alium rursus oculum acceperat, quo intra se Deum videret et ea, quae in Deo erant: et hic est oculus contemplationis. Hos igitur oculos quamdiu anima apertos et revelatos habebat, clare videbat et recte discernebat. cf. p. 6. c. 12. 14.

in seiner ursprünglichen Klarheit¹). Daher kann der Mensch nach der Sünde wohl noch die äussere Welt sehen und das, was in ihr ist; aber seine eigene Seele, und was in dieser ist, kann er nur mehr theilweise und mit einer gewissen Unbestimmtheit erkennen, eben weil das Auge der Vernunft eines sichern Blickes und eines bestimmten Urtheils nicht mehr fähig ist. Gott aber, und was in Gott ist, kann er gar nicht mehr sehen, weil das Auge der Contemplation, wie schon gesagt, gänzlich in ihm erloschen ist. Und darum muss nun durch den Glauben diesem Mangel abgeholfen werden: — durch den Glauben, vermöge dessen dasjenige geglaubt wird, was wir nun nicht mehr sehen können, — durch den Glauben, vermöge dessen dasjenige in uns subsistirt, was uns jetzt nicht gegenwärtig ist per speciem²). Das ist also der nächste Grund der Nothwendigkeit des Glaubens; derselbe ist für uns schlechterdings unentbehrlich, wenn jene Unwissenheit, jene Finsterniss des Geistes beseitigt werden soll, in welche wir in Folge der Sünde gerathen sind.

Aber das ist doch nicht der einzige Grund, auf welchen die Nothwendigkeit des Glaubens sich gründet. Hugo versäumt nicht, auf jenes Moment aufmerksam zu machen, welches nicht blos eine relative, sondern eine absolute Nothwendigkeit des Glaubens begründet. Er unterscheidet in Bezug auf unsere Erkenntniss ein Vierfaches. Einiges nämlich, sagt er, ist aus der Vernunft, Anderes nach der Vernunft, wieder Anderes über der Vernunft und Einiges endlich gegen die Vernunft. Was aus der Vernunft ist, ist nothwendig, was nach der Vernunft ist, ist wahrscheinlich, was über der Vernunft ist, ist wunderbar, was endlich gegen die Vernunft ist, ist unglaubbar. Gegenstand des Glaubens nun kann möglicherweise nur dasjenige sein, was nach der Vernunft und was über der Vernunft ist; denn was aus der Vernunft ist, ist Gegenstand des Wissens, nicht des Glaubens, und was gegen die Vernunft ist, das kann auf keine Weise als wahr angenommen werden. Wenn aber nur dasjenige, was nach der Vernunft und was über der Vernunft ist, Gegenstand des Glaubens sein kann, so ist doch zwischen beiden wiederum ein Unterschied zu setzen. In demjenigen nämlich, was nach der Vernunft ist, wird der Glaube durch die Vernunft unterstützt und die Vernunft durch den Glauben vervollkommnet, eben weil dasjenige,

---

1) Ib. l. 1. p. 10. c. 1. p. 329. Postquam tenebrae peccati in animam intraverunt, oculus quidem contemplationis exstinctus est, ut nihil videret, oculus autem rationis lippus factus est, ut dubie videret. Solus ille oculus (carnis), qui exstinctus non est, in sua claritate permansit. cf. p. G. c. 18.

2) Ib. l. 1. p. 10. c. 1. p. 330. Homo, quia oculum rationis ex parte habet, animum similiter ex parte videt, et ea, quae in anima sunt. Quia vero oculum contemplationis non habet, Deum, et quae in Deo sunt, videre non valet. Fides ergo necessaria est, qua credantur, quae non videntur, et subsistant in nobis per fidem, quae nondum praesentia nobis sunt per speciem. De arc. Noe mor. l. 4. c. 3.

was geglaubt wird, der Vernunft gemäss ist, d. h. mit den Vernunftwahrheiten im erkennbaren Zusammenhange steht, weshalb die Vernunft, wenn sie auch das Geglaubte nicht begreift, demselben doch auch nicht widerspricht. In demjenigen dagegen, was über der Vernunft ist, wird der Glaube durch keinen Vernunftgrund unterstützt, weil die Vernunft hier dasjenige nicht fasst, was der Glaube annimmt; obgleich andererseits doch wiederum Etwas gegeben ist, wodurch die Vernunft aufgefordert wird, das Geglaubte zu ehren und zu respectiren, wenn sie es auch nicht begreift [1]). Das also, was über der Vernunft ist, kann blos durch die göttliche Offenbarung unserer Erkenntniss zugetheilt werden, eben weil die Vernunft aus sich selbst dasselbe nicht zu fassen vermag [2]). Und in dieser Beziehung ist mithin der Glaube nicht blos relativ, sondern absolut nothwendig. Er ist in dieser Richtung nicht ein blosses Heilmittel der Unwissenheit und Finsterniss des Geistes, in welche wir durch die Sünde verfallen sind, sondern er gibt uns solche Wahrheiten, welche wir ohne den Glauben auch im normalen Zustande unserer Erkenntnisskräfte nicht zu erkennen vermöchten [3]).

Hieraus ergeben sich nun von selbst die leitenden Grundsätze über das Verhältniss zwischen Vernunft und Offenbarung. Von Anfang an, sagt Hugo, hat Gott Alles so angeordnet, dass der Mensch zwar nie Gott gänzlich, d. i. nach seiner ganzen Vollkommenheit begreifen, aber doch auch nie gänzlich in Unwissenheit über Gottes Existenz sein konnte. Hätte Gott sich dem Menschen nach der ganzen Vollkommenheit seiner Natur zur Erkenntniss dargeboten, dann hätte der Glaube kein Verdienst mehr gehabt, und der Unglaube wäre unmöglich gewesen. Hätte Gott sich aber dem Menschen gänzlich verborgen, dann wäre der Glaube in dem Streben nach Wissenschaft ohne Unterstützung geblieben, und der Unglaube hätte in dieser gänzlichen Unwissenheit eine Entschuldigung gefunden. Das eine lässt sich mit Gottes Weisheit und

---

1) De sacram. l. 1. p. 3. c. 30. Alia sunt ex ratione, alia secundum rationem, alia supra rationem: et praeter haec quae sunt contra rationem. Ex ratione sunt necessaria, secundum rationem sunt probabilia, supra rationem mirabilia, contra rationem incredibilia. Et duo quidem extrema omnino fidem non capiunt. Quae enim sunt ex ratione, omnino nota sunt, et credi non possunt, quoniam sciuntur. Quae vero contra rationem sunt, nulla similiter ratione credi possunt, quoniam non suscipiunt ullam rationem, nec acquiescit his ratio aliquando. Ergo quae secundum rationem sunt, et quae sunt supra rationem, tantummodo suscipiunt fidem. Et in primo quidem genere fides ratione adjuvatur et ratio fide perficitur, quoniam secundum rationem sunt, quae creduntur. Quorum veritatem si ratio non comprehendit, fidei tamen illorum non contradicit. In iis, quae supra rationem sunt, non adjuvatur fides ratione ulla, quoniam non capit ea ratio, quae fides credit; et tamen est aliquid, quo ratio admonetur venerari fidem, quam non comprehendit.
2) Ib. l. 1. p. 3. c. 30. p. 232. — 3) Cf. Ib. l. 1. p. 3. c. 3.

Güte ebenso wenig vereinbaren, wie das andere; und darum musste Gott, wie schon gesagt, in ein solches Verhältniss zur menschlichen Erkenntniss treten, dass sein Dasein dieser nicht verborgen bleiben konnte, aber die Natur Gottes ihr nicht vollständig aufgeschlossen wurde [1]).

Es kann jetzt nur die Frage sein, auf welche Weise denn Gott den Menschen sein Dasein kund gegeben habe, oder mit andern Worten: welches denn die Wege seien, auf welchen der Mensch zur Erkenntniss Gottes gelangen könne. Hugo beantwortet diese Frage in folgender Weise: Zweifach ist der Weg, auf welchem wir zur Erkenntniss Gottes gelangen; einerseits nämlich erkennen wir Gott durch unsere Vernunft, andererseits durch die göttliche Offenbarung. Was nun zuerst die menschliche Vernunft betrifft, so hat diese wiederum eine doppelte Grundlage, auf welcher sie zur Erkenntniss Gottes sich erhebt. Theils nämlich erschliesst der Mensch aus der Betrachtung seines eigenen Innern Gottes Dasein, theils erschliesst er selbes aus der Betrachtung der äussern, sichtbaren Dinge. Ebenso ist aber auch die göttliche Offenbarung eine doppelte. Entweder nämlich vermittelt sie sich dem Menschen auf dem Wege göttlicher Inspiration, oder das Geoffenbarte kommt von Aussen her an ihn auf dem Wege äusserer Belehrung, welche durch göttliche Wundererweisungen in ihrer Wahrheit bekräftigt wird [2]). Beides aber, die Vernunft und die Offenbarung, müssen zusammenwirken, um eine vollkommene Erkenntniss Gottes dem Menschen zu vermitteln. Ohne die Offenbarung wäre die Vernunft für sich allein nicht im Stande, zur Erkenntniss der erhabenen Wahrheiten zu gelangen, welche die Offenbarung über die Geheimnisse des göttlichen Seins und Lebens uns mittheilt. Ebenso darf aber auch die menschliche Vernunft der Offenbarung gegenüber nicht zu sehr in Schatten gesetzt werden; denn wenn der Apostel sagt, dass dasjenige, was an Gott unsichtbar ist, in ihnen (in den Heiden nämlich) offenbar sei, so spricht er damit deutlich aus, dass auch die Vernunft für die Menschen eine Erkenntnissquelle sei für die Erkenntniss des Göttlichen [3]).

---

1) Ib. l. 1. p. 3. c. 2. De arca Noe moral. l. 4. c. 3.

2) De sacram. l. 1. p. 3. c. 3. Modi sunt duo et viae duae, quibus a principio cordi humano latens proditus est et judicatus occultus Deus, partim scilicet ratione humana, partim revelatione divina. Et ratio quidem humana duplici investigatione Deum deprehendit, partim videlicet in se, partim in iis, quae sunt extra se. Similiter et revelatio duplici insinuatione cum, qui nesciebatur vel dubie credebatur, et non cognitum indicavit, et partim creditum asseruit. Nam humanam ignorantiam nunc intus per aspirationem illuminans edocuit, tunc vero foris vel per doctrinae eruditionem instruxit, vel per miraculorum ostensionem confirmavit. c. 31. p. 234. Quatuor modis invisibilis Deus ad notitiam hominis egreditur, duobus intus, duobus foris. Intus per rationem et aspirationem, foris per creaturam et doctrinam. Ex his duo ad naturam pertinent, duo ad gratiam: ratio et creatura ad naturam pertinent, aspiratio et doctrina ad gratiam.

3) Ib. l. 1. p. 3. c. 3.

Wir sehen, Hugo ist überall bemüht, Glaube und Wissen, Offenbarung und Vernunft in ein solches Verhältniss zu einander zu setzen, dass das eine durch das andere nicht beeinträchtigt, der Werth des einen durch Ueberschätzung des andern nicht geschmälert werde. Hiemit stimmt es überein, wenn er der Philosophie als den ihr eigenthümlichen Gegenstand der Untersuchung die Werke der Schöpfung zutheilt, während die Offenbarung, resp. die heilige Schrift, nicht auf die Werke der Schöpfung sich beschränke, sondern auch die Werke der Erlösung in sich begreife. Der Glaubensinhalt ist also nach Hugo viel grösser als der Vernunftinhalt, und daher steht auch in dieser Richtung der Glaube über der Vernunft, obgleich letztere deshalb nicht aufhört, eine eigene für sich seiende Erkenntnissquelle zu sein [1]).

§. 91.

Auf diesen Grundlagen nun baut Hugo sein ganzes Lehrsystem auf. Untersuchen wir zunächst seine speculative Gotteslehre, so sucht er hier vor Allem das Dasein Gottes durch Vernunftbeweise zu begründen. Von dem Grundsatze ausgehend, dass die menschliche Seele sowohl durch die Betrachtung ihres eigenen Seins, als auch durch den Hinblick auf die äussere Körperwelt zur Erkenntniss Gottes gelangen könne, legt er diese beiden Gesichtspunkte auch seinen Beweisen für Gottes Dasein zu Grunde. Der Geist erkennt sich selbst als ein Sciendes, und unterscheidet sich in dieser seiner Selbsterkenntniss genau von dem Körper und von Allem, was ihn sonst umgibt. Indem er sich aber als ein wahrhaft Seiendes erkennt, sieht er auch, dass er nicht immer gewesen sei, dass er also einen Anfang des Seins genommen habe, und dass der Grund dieses Anfangs seines Seins nicht wiederum er selbst gewesen sein könne. So wird der Geist nothwendig dazu hingeleitet, eine schöpferische Ursache anzuerkennen, welche als solche der Grund seines Daseins ist. Diese nun kann er nicht wiederum in der Weise denken, dass sie, ebenso, wie er selbst, einen Anfang ihres Daseins gehabt hätte, weil sonst die gleiche Schlussfolgerung wieder eintreten und so in's Unendliche sich fortspinnen würde. Er muss vielmehr jene schöpferische Ursache also denken, dass sie durch sich und aus sich ist, also keinen Anfang ihres Daseins gehabt hat, sondern ewig wirklich ist [2]). — Dieser Schluss auf Gottes Dasein erhält eine weitere Bekräftigung dadurch, dass auch die Betrachtung der äussern Dinge uns zu der gleichen Schlussfolgerung nöthigt. Die äussere Welt muss gleichfalls einmal einen Anfang gehabt haben. Denn nach ihren Bestandtheilen ist sie fortwährend im Werden und Vergehen begriffen. Was aber in solcher Weise veränderlich ist, das muss einmal nicht gewesen sein; weil, was in seinem gegenwärtigen Sein nicht beständig ist, durch eben diese

---

1) Ib. prolog. c. 2. — l. 1. p. 1. c. 28. p. 10. c. 5.
2) Ib. l. 1. p. 3. c. 6—9.

seine Unbeständigkeit anzeigt, dass es einmal nicht gewesen sei, bevor es war. Hat aber die äussere Welt einen Anfang gehabt, so setzt sie gleichfalls eine ewige schöpferische Ursache voraus, durch welche der Anfang ihres Seins bedingt war. Und diese ewige schöpferische Ursache nennen wir Gott¹).

Wie das Dasein, so ist aber auch die Einheit Gottes durch unsere Vernunft und durch die äussern Dinge bezeugt und gewährleistet. Die Vernunft erheischt ein einheitliches Princip und ein einheitliches Endziel aller Dinge; denn ohne ein solches würde das All der Dinge ohne Ordnung und ohne höhere Leitung sein: — ein Gedanke, welcher den Gesetzen der Vernunft widerstreitet²). Und diese Schlussfolgerung der Vernunft wird wiederum bestätigt durch die harmonische Zusammenstimmung der äussern Dinge unter sich, weil und in so fern eine solche durchgreifende Harmonie ohne einen einheitlichen Ordner aller Dinge nicht möglich wäre. Und in der That, setzen wir mehrere höchste Principien voraus, welche als solche unter sich ähnlich sind, dann haben wir zwar eine Einheit zwischen ihnen, eine Einheit der Aehnlichkeit nämlich oder der Gleichartigkeit; aber eine solche Einheit ist nicht eine vollkommene Einheit, sie ist nur eine solche, welche der höchsten und vollkommensten Einheit sich nähert. Gott aber ist das höchste und vollkommenste Wesen, und als solchem muss ihm überall das Vollkommenste zugetheilt werden. Er ist mithin vollkommene Einheit, und diese ist er nur unter der Bedingung, dass er kein Gleichartiges neben sich hat, sondern dass er einzig ist. Die Einheit, resp. Einzigkeit Gottes ist also schon durch die Gottesidee selbst gefordert, so fern Gott als das höchste Wesen, als das höchste und vollkommenste Gut gedacht werden muss³).

In seiner absoluten Einheit ist ferner Gott auch die absolute Unveränderlichkeit. Er ist keiner Vergrösserung fähig, weil er unermesslich ist; er kann nicht vermindert werden, weil er Einer ist. Er unterliegt keiner örtlichen Veränderung, weil er überall ist, und keiner zeitlichen, weil er ewig ist. Er erleidet keine Veränderung in der Erkenntniss, weil er der höchst weise, und keine Veränderung im Willen, weil er der höchst gute ist⁴). Welche Arten

---

1) Ib. l. 1. p. 3. c. 10. Hoc autem ratio inventum in se probat et in his, quae videt extra se; quia ortum et occasum habentia cuncta, sine auctore nec originem habere possunt, nec reparationem. Quae in toto aliquando coepisse idcirco dubium esse non potest, quia et in partibus suis sine cessatione quotidie et oriri videtur quod non est et praeterire quod est. Omne autem quod mutabile est, aliquando non fuisse necesse est; quia quod stare non potuit cum praesens fuit, indicat, se aliquando non fuisse, priusquam fuit. Sic respondent quae foris sunt iis, quae intus videntur ad veritatem comprobandam, et auctorem suum natura clamat, quae se ab illo factam ostendit.
2) Ib. l. 1. p. 3. c. 11. — 3) Ib. l. 1. p. 3. c. 11. 12. — 4) Ib. l. 1. p. 3. c. 13.

von Veränderlichkeit auch immer in den körperlichen und geistigen Dingen sichtbar sind: — keine derselben kann auf das göttliche Sein und Leben Anwendung finden [1]). Die körperlichen Dinge sind räumlich, daher einer localen Veränderung fähig; die geistigen Wesen dagegen sind unräumlich, daher nur einer Veränderung in der Zeit zugänglich. Der schöpferische Geist dagegen ist überräumlich und überzeitlich, daher weder einer Veränderung dem Orte, noch einer solchen der Zeit nach fähig; Gott ist immer, ohne Zeit; er ist die lautere Gegenwart; er ist überall ohne örtliche Bestimmtheit oder Umgränzung; er ist daher Allem, was in der Zeit und im Raume sich bewegt, schlechterdings gegenwärtig, ohne selbst räumlich oder zeitlich zu sein. Und zwar ist Gott überall nach seinem ganzen Wesen; nach seinem ganzen Wesen erfüllt und durchdringt er Alles, und nichts kann ohne diese unmittelbare Gegenwart Gottes Bestand haben [2]).

§. 92.

Wie wir aber mit unserer Vernunft aus den geschöpflichen Dingen das Dasein und die Einheit Gottes, so wie die anderweitigen Eigenschaften seines Wesens erschliessen können, so geben uns diese geschöpflichen Dinge auch Anhaltspunkte an die Hand, um auf der Grundlage derselben einen Blick zu thun in das dreipersönliche Leben Gottes. Wie wir nämlich in uns selbst, wenn wir denken, ein inneres Wort wahrnehmen, welches dann im äussern Worte zur Offenbarung tritt, so müssen wir auch in Gott ein inneres Wort annehmen, welches nichts Anderes ist, als seine ewige Weisheit, und welches dann im äussern Worte, d. h. in den geschaffenen Wesen sich offenbart. Und eben weil in den Creaturen Gott in solcher Weise sich offenbart, darum verkünden diese überall die Herrlichkeit ihres Schöpfers, indem sie in sich ein Nachbild dessen aufweisen, welcher sie nach seinem eigenen Bilde geschaffen hat [3]). Es finden sich daher in allen Dingen Spuren der göttlichen Trinität; am vorzüglichsten aber weist das Bild der letztern auf die vernünftige Creatur, und daher kann sie aus der Betrachtung ihrer selbst zu einer gewissen Erkenntniss des trinitarischen Lebens Gottes sich erheben. Es sieht nämlich der Geist, wenn er sich selbst betrachtet, dass aus ihm die Weisheit, welche in ihm ist, geboren wird; und indem er diese seine Weisheit liebt, geht aus ihm die Liebe hervor, ohne dass jedoch durch diesen geistigen Process eine Scheidung oder Trennung in den Geist selbst hineingetragen würde. Wir haben also hier drei Dinge, den Geist, die Weisheit, welche aus dem Geiste oder aus der Vernunft geboren wird, und die Liebe, welche aus beiden hervorgeht; und diese drei sind in Einem. Von diesem Bilde steigt nun der Geist empor zu dem, dessen Bild es ist, und sieht, dass Gott weise

---

1) Ib. l. c. c. 14. — 2) Ib. l. 1. p. 3. c. 15—17. — 3) Ib. l. 1. p. 3. c. 20.

ist, und dass diese seine Weisheit ewig aus ihm geboren werde, weil er nie ohne Weisheit sein kann. Er sieht ferner, dass Gott diese seine Weisheit liebe, und dass er sie ewig liebe, dass er also ewig coexistire mit seiner ewigen Weisheit und mit seiner ewigen Liebe. Er sieht endlich, dass in Gott nichts sein könne, was von ihm selbst verschieden wäre, dass Alles, was in Gott ist, er selbst ist nach der vollen Ganzheit seiner Natur. Und so kommt er zur Erkenntniss einer Dreiheit in der Einheit; er erkennt in der Einen göttlichen Natur Etwas, was aus keinem Andern ist, Etwas, was aus dem erstern ist, und endlich Etwas, was aus beiden, dem ersten und zweiten hervorgeht; — mit einem Worte: er erkennt die göttliche Trinität¹). Der Glaube bietet dann bestimmte Benennungen dar, durch welche dasjenige bezeichnet wird, was wir glauben. Denjenigen, aus welchem die Weisheit geboren wird, nennt er Vater, die Weisheit selbst nennt er Sohn, und die aus beiden hervorgehende Liebe nennt er Geist²). Aber obgleich wir in dem geschöpflichen Geiste das Bild dieser göttlichen Trinität erkennen, so ist doch wiederum ein grosser Unterschied zwischen diesem Bilde und demjenigen, dessen Bild es ist. In unserm Geiste sind nämlich die Weisheit und die Liebe keine Persönlichkeiten; denn sie sind blos Accidentien, Affectionen unsers Geistes; sie sind nicht dem Sein nach ganz das nämliche, was unser Geist ist, sondern sie kommen dem letztern als Ausserwesentliches blos zu. In Gott dagegen ist Alles, was ihm zukommt, er selbst; darum sind auch seine Weisheit und Liebe dem Sein nach dasselbe, was Gott ist; und daraus folgt, dass wir diese seine Weisheit und Liebe gleichfalls als Persönlichkeiten auffassen müssen. So steht in der That das Abbild weit hinter dem Urbilde zurück; denn hier haben wir drei Personen in Einer Natur; dort dagegen haben wir nur Eine Person, welche zwar durch die Beschaffenheit ihres innern Lebens auf die Dreipersönlichkeit Gottes hinweist, aber doch weit davon entfernt ist, ein adäquates Gleichniss der letztern zu sein³).

Diesen drei Personen in der Gottheit nun werden gewisse Eigenschaften in ganz besonderer Weise zugetheilt, dem Vater die Macht, dem Sohne die Weisheit und dem heiligen Geiste die Güte. Nicht als ob diese Eigenschaften nicht den drei Personen gemeinsam wären; denn weil sie wesentliche Eigenschaften sind, so kommen sie als solche den drei Personen in gleicher Weise zu. Aber doch pflegt man sie in der gedachten Weise den einzelnen Personen auch im Besondern zuzutheilen, und zwar aus einem doppelten Grunde. Vor Allem deshalb, damit die Benennungen Vater, Sohn und Geist, welche der Glaube den drei göttlichen Personen zutheilt, nicht zu Missverständnissen Veranlassung geben können. Weil nämlich der Name „Vater" in uns die Vorstellung des Alters und der damit sich verbindenden Abnahme der Kräfte nach sich zieht,

---

1) Ib. l. 1. p. 3. c. 21. 22. — 2) Ib. l. 1. p. 3. c. 23. — 3) Ib. l. 1. p. 3. c. 25.

so legt man dem Vater die Macht bei, damit in uns diese Vorstellung nicht Raum gewinnen könne, wenn wir den göttlichen Vater denken. Weil ferner der Name „Sohn" sich in uns mit der Vorstellung der Jugend und der der Jugend eigenthümlichen Unerfahrenheit und Unkenntniss verbindet: so legt man dem göttlichen Sohne die Weisheit bei, um damit auszudrücken, dass eine solche Unvollkommenheit mit dem Begriffe des göttlichen Sohnes nicht zusammengedacht werden dürfe. Weil endlich der Name „Geist" die Vorstellung eines gewissen Hochmuthes und einer gewissen Impetuosität in uns erregt; legt man dem heiligen Geiste das Attribut der Güte bei, um diese Vorstellung, da wo es sich um die Person des göttlichen Geistes handelt, ferne zu halten. Das also ist der eine Grund der fraglichen Appropriation[1]. Aber auch die Art und Weise, wie das Bild der göttlichen Trinität in unserer Seele wiederstrahlt, hat Veranlassung gegeben zu jener Verbindung der drei erwähnten Eigenschaften mit den drei Personen der göttlichen Trinität. Denn es ist in uns der Weisheit und Liebe das Vermögen oder die Macht, weise zu sein und zu lieben, vorausgesetzt, und erst aus diesem Vermögen oder aus dieser Macht kann die wirkliche Weisheit und Liebe hervorgehen. Und zwar ist die Weisheit durch die Macht allein, die Liebe aber durch die Macht und Weisheit zugleich bedingt. Indem sich also die menschliche Erkenntniss von dem Abbilde zum Urbilde erhebt, denkt sie naturgemäss die göttlichen Personen in der analogen Weise, d. h. sie theilt dem Vater die Macht, dem Sohne die Weisheit und dem Geiste die Liebe zu, ohne doch deshalb die absolute Gemeinsamkeit dieser Eigenschaften zwischen den göttlichen Personen in Abrede zu stellen[2].

Wenn nun aber der menschliche Geist in sich selbst, so fern er das Bild Gottes ist, eine Grundlage findet, um auf derselben seinen Blick zum Geheimnisse der göttlichen Trinität zu erheben, so wird er, wie überall, so auch hierin, von der äussern Creatur unterstützt. Denn auch die äussere Creatur lässt ihn jene Eigenschaften der Macht, Weisheit und Güte Gottes erkennen, welche ihm die Erkenntniss der drei göttlichen Personen nach ihren besondern Eigenthümlichkeiten nahe legen. Durch ihre unermessliche Grösse weist nämlich die Welt hin auf Gottes Macht, durch ihre Schönheit auf Gottes Weisheit, durch ihre allseitige Zweckmässigkeit zur Befriedigung der Bedürfnisse des Menschen auf Gottes Güte. Und so bestätigt auch hier die äussere Creatur dasjenige, was der Geist aus der Betrachtung seiner selbst erschlossen hat, — die göttliche Trinität[3].

Wenn aber die Attribute der Macht, Weisheit und Güte den drei göttlichen Personen in besonderer Weise appropriirt werden, so ist hiebei wiederum zu bemerken, dass in diesen drei Attributen die ganze

---

1) Ib. l. 1. p. 3. c. 26. — 2) Ib. l. 1. p. 3. c. 27. — 3) Ib. l. 1. p. 3. c. 28.

Vollkommenheit Gottes ausgedrückt ist. Alle übrigen Attribute der göttlichen Natur lassen sich auf diese drei Grundattribute zurückführen; sie drücken überall nur bestimmte Beziehungen dieser letztern aus. Aber von diesen dreien kann Gott keines fehlen, ohne dass er damit aufhörte, das höchste, vollkommenste Wesen zu sein¹).

Wir sehen, Hugo's speculative Trinitätslehre lässt in mannigfacher Beziehung einen Anklang an die Abälard'schen Gedanken erkennen; aber die ganze Fassung des Gedankens ist hier doch eine andere, als wir sie bei Abälard getroffen haben. Hugo hütet sich sorgfältig, die Appropriation der Attribute der Macht, Weisheit und Güte auf die drei göttlichen Personen in eine Identification der erstern mit den letztern übergehen zu lassen. Und gerade dadurch, dass er entschieden an dieser Unterscheidung zwischen Appropriation und Identification, wenn auch nicht dem Namen, so doch der Sache nach festhält, ist er von vorneherein sicher gestellt gegen jene misslichen Folgen, welche aus der Abälard'schen Fassung der Trinitätsidee sich ergeben.

§. 93.

Der Fortgang unserer Darstellung führt uns nun auf die Lehre Hugo's von der Weltschöpfung und von dem Verhältnisse Gottes zur geschöpflichen Welt. Hugo stellt hier den Satz an die Spitze, dass Gott die Welt geschaffen habe nach sich und wegen sich; nach sich (secundum se), weil er die Form oder das Vorbild der zu schaffenden Dinge nicht anderswoher, sondern von sich selbst genommen habe; wegen sich (propter se), weil eine ihm fremde Zweckursache ihn nicht zum Handeln bestimmt habe, sondern der Zweck aller Dinge Gott selbst sei²). Er unterscheidet ferner zwischen solchen Dingen, welche blos Ursache und nicht Wirkung sind, dann zwischen solchen, welche blos Wirkung und nicht Ursache, und endlich zwischen solchen, welche Wirkung und Ursache zugleich sind. Jenes Wesen, welches blos Ursache, nicht Wirkung ist, ist Gott, als die höchste Ursache; als das andere Extrem stehen ihm gegenüber die auf der untersten Stufe der Stufenleiter der geschöpflichen Dinge stehenden Wesen, welche als solche blos Wirkung, nicht Ursache sind; und zwischen diesen beiden Extremen endlich bewegen sich diejenigen Wesen, welche als Wirkung und Ursache zugleich sich verhalten, so zwar, dass in der Reihe dieser die erste und oberste Stufe einnehmen die Primordialursachen der geschöpflichen Dinge im göttlichen Geiste. So zieht

---

1) Ib. l. 1. p. 3. c. 29. cf. p. 2. c. 6 sqq.
2) Ib. l. 1. p. 2. c. 3. Haec prima causa rerum omnium secundum se et propter se operata est opus suum; secundum se, quoniam extrinsecus operis sui formam non accepit; propter se, quoniam aliunde causam operandi non habuit. c. 4.

sich ein durchgreifender Causalnexus durch alle Dinge hindurch, indem alle miteinander als Ursachen und Wirkungen zusammenhängen, und nichts in der ganzen Welt sich vorfindet, was in diese allgemeine Ordnung nicht eingefügt wäre [1]).

Zwei Reiche aber sind es, welche in dieser einheitlichen Gesammtheit der geschöpflichen Welt zu unterscheiden sind: das Reich der unsichtbaren Geister und das Reich der sichtbaren Welt. Beide Reiche jedoch, das Reich des Unsichtbaren und das Reich des Sichtbaren, hat Gott zu gleicher Zeit geschaffen, nach dem Worte der heiligen Schrift: „Qui vivit in aeternum, creavit omnia simul" (Eccl. 8.)[2]). Was nun zuerst die sichtbare Welt betrifft, so behaupten zwar viele Auctoritäten, dass Gott dieselbe nach Materie und Form zugleich geschaffen habe[3]); es steht jedoch nichts im Wege, anzunehmen, dass Gott zuerst die Materie der sichtbaren Dinge geschaffen, und dann erst in einer bestimmten Zeitfolge diese Materie zur Vollendung der Form heraufgebildet habe[4]). Hienach hat man sich die Materie im ersten Beginne ihres Daseins als einen ordnungs- und unterschiedslosen Stoff zu denken, welcher dann durch die göttliche Einwirkung allmählig zur Ordnung gebracht und zu den verschiedenen Arten der körperlichen Dinge ausgestaltet wurde[5]). Dies steht mit dem Grundsatze, dass die Materie nie ohne alle und jede Form sein könne, nicht im Widerspruche; denn wenn gesagt wird, dass die Materie anfänglich ohne Form geschaffen wurde, so ist darunter nur jene Formbildung zu verstehen, welche die Erscheinungswelt uns gegenwärtig in der Verschiedenheit der körperlichen Dinge darbietet; eine gewisse Form hatte aber die Materie auch in ihrer anfänglichen Entstehung; nämlich die Form eines ordnungs- und unterschiedslosen Stoffes, welcher als solcher die Grundlage bildete für die Bildung und Gestaltung der körperlichen Dinge in ihrer specifischen und individuellen Verschiedenheit[6]). Die Materie war somit anfänglich „in forma confusionis," und durch die fortschreitende göttliche Thätigkeit, wie sie in dem Sechstage-Werk sich vollzog, erhielt sie die „forma dispositionis[7])."

Analog verhielt es sich nun aber auch mit den geistigen Wesen. Die geistige Natur konnte zwar, eben weil sie einfach ist, und in ihr das Sein und das, was sie ist, schlechterdings zusammenfällt, nicht zuerst blos der

---

1) Ib. l. 1. p. 2. c. 2. — 2) Ib. l. 1. p. 1. c. 5. — 3) Ib. l. 1. p. 1. c. 2. — 4) Ib. l. 1. p. 1. c. 3. — 5) Ib. l. c.

6) Ib. l. 1. p. 1. c. 4. Non puto, primam illam rerum omnium materiam taliter informem fuisse, ut nullam omnino formam habuerit, quia nec aliquid tale existere posse omnino quod aliquid esse habeat et non aliquam formam crediderim. Ita tamen non absurde informem eam appellari posse, quod in confusione et permistione quadam subsistens, nondum hanc in qua nunc cernitur, pulchram aptamque dispositionem et formam ceperit.

7) Ib. l. c.

Materie nach geschaffen werden, und dann erst zum persönlichen Dasein in den einzelnen geistigen Wesen sich erheben; vielmehr mussten die geistigen Wesen gleich anfangs als individuelle und persönliche Wesen in's Dasein treten[1]). Aber eine gewisse Formlosigkeit muss doch auch bei ihnen im Anfange vorausgesetzt werden. Die Engelnatur ward nämlich zwar gleich im Anfange mit Weisheit und Unterscheidungskraft ausgerüstet, und so zur vollendeten Wirklichkeit erhoben, indem jene Weisheit und Unterscheidungskraft zur Natur selbst gleichsam als die Form sich verhielt; aber da der Engelnatur nicht gleich von Anfang an jenes höchste Gut, wodurch ihre Seligkeit bedingt war, in der Liebe so zu sagen eingedrückt war, sondern dieselbe erst durch eigene Selbstbestimmung zu diesem höchsten Gute gelangen sollte, so war sie in dieser Beziehung anfänglich noch im Stande einer gewissen Formlosigkeit, und erwartete in analoger Weise, wie die körperliche Materie, erst noch ihre volle Form, ihre volle Wirklichkeit[2]). Und so standen in dieser Beziehung die beiden Reiche der Schöpfung, das Reich des Unsichtbaren und des Sichtbaren, anfänglich auf gleicher Stufe des Daseins[3]).

Fragen wir nun aber nach den göttlichen Attributen, welche in der Schöpfung und Ausgestaltung der sichtbaren und unsichtbaren Dinge zur Offenbarung kommen, so sind dieses keine andern, als jene, welche wir bereits als die Grundattribute des göttlichen Wesens kennen gelernt haben, nämlich die Macht, die Weisheit und die Güte. Bevor wir daher auf die nähere Betrachtung der geschöpflichen Dinge selbst eingehen, haben wir zuerst noch diese Attribute in ihrem Verhältnisse zu den geschöpflichen Dingen genauer zu erörtern.

§. 94.

Was nun vorerst die göttliche Macht betrifft, so haben wir im Allgemeinen zwischen einer doppelten Macht zu unterscheiden, zwischen

---

1) Ib. l. 1. p. 1. c. 6. p. 192. Nam spiritualis natura, cum simplex sit, eique idem omnino sit esse et quod est, materialiter prius, quam personaliter fieri non habet, sicut corporea natura; et propterea illa dum crearetur, prius quidem per materiam, ex qua facta est, ad esse prodiit: haec vero statim in ipsa, qua subsistit, vita simplici et essentia immortali indissolubilique primum esse accepit. p. 5. c. 7.

2) Ib. l. 1. p. 1. c. 6. p. 192. Nam quemadmodum illa formandorum corporum materia quando primum creata est, et quandam formam habuit, in qua subsistere coepit, et tamen informis erat, quia necdum disposita et ordinata fuit: ita prorsus illa rationalis natura quando primum in spiritibus angelicis creata est, mox quidem per sapientiam et discretionem formata est; sed quia illi summo et vero bono (in quo beatificanda erat) nondum se per conversionem amoris impresserat, quodammodo adhuc informis permanebat.

3) Ib. l. 1. p. 5. c. 4—7.

der Macht des Thuns, und der Macht, keinem Leiden zugänglich zu sein[1]). In beiderseitiger Beziehung nun müssen wir Gott als allmächtig anerkennen. Denn einerseits kann er Alles thun, was er will, und andererseits ist Nichts, was auf ihn einen corrumpirenden Einfluss ausüben könnte. Freilich kann Gott solches nicht thun, was mit seinem Wesen im Widerspruch stünde und letzteres zu destruiren geeigenschaftet wäre; aber das ist kein Zeichen von Unmacht, sondern beweist vielmehr seine Allmacht; denn könnte er solches thun, dann würde er eben dadurch aufhören, allmächtig zu sein. Alles kann Gott thun, dessen Vollbringung eine wirkliche und wahrhafte Macht voraussetzt[2]). Mit Unrecht also behaupten einige, Gott könne nichts Anderes thun, als was er thut, oder dasjenige, was er thut, nicht besser machen, als er es wirklich macht. Denn das heisst die unendliche und unermessliche Macht Gottes in gewisse Grenzen einschliessen, was nicht geschehen kann, ohne sie selbst als unendliche und unermessliche Macht zu negiren. Man sagt zwar, Gott könne nur dasjenige vollbringen, was er voraussieht, und da er nur dasjenige voraussehen kann, was er wirklich thut, so würde man in der Voraussetzung, dass Gott auch Anderes thun könne, als er wirklich thut, annehmen müssen, dass er hiebei ohne Erkenntniss, also unbewusst thätig sei. Alles also, was Gott voraussieht, müsse wirklich geschehen, und was er nicht voraussehe, das könne auch gar nicht geschehen. Allein diese Schlussfolgerung ist ganz unrichtig. Denn wenn es auch wahr ist, dass Alles, was Gott voraussieht, wirklich geschehen werde, weil die Voraussicht Gottes keiner Täuschung unterliegen kann: so folgt daraus doch nicht, dass gar nichts Anderes geschehen könne, als wirklich geschieht. Geschähe nämlich etwas Anderes, als was wirklich geschieht, so würde eben Gott nicht dasjenige, was wirklich geschieht, als zukünftig vorausgesehen haben, sondern vielmehr jenes Andere, was im gegebenen Falle geschehen würde[3]). Man sagt ferner, die einzelnen geschöpflichen Dinge für sich genommen seien zwar nicht ganz vollkommen; aber die Gesammtheit aller Dinge, als Ganzes betrachtet, sei in solcher Fülle der Vollkommenheit geschaffen worden, dass sie gar nicht besser und vollkommener sein könnte. Und deshalb sei es unmöglich, dass Gott eine bessere und vorzüglichere Welt schaffe, als jene ist, welche er wirklich geschaffen hat. Allein auch hier sind die Prämissen falsch. Denn entweder kann Gott deshalb keine bessere Welt, als die gegenwärtige schaffen, weil dieser gar keine mögliche Vollkommenheit abgeht, oder aber deshalb, weil dieselbe an sich unfähig ist, eine höhere Vollkommenheit, als sie gegenwärtig besitzt,

---

1) Ib. l. 1. p. 2. c. 22. Potestas duplex est, altera ad aliquid faciendum, altera ad nihil patiendum.
2) Ib. l. c. — 3) Ib. l. c. p. 224 sq.

anzunehmen. Wenn ersteres, dann setzt man damit die Welt dem Schöpfer gleich, und muss folglich entweder den Schöpfer in die Grenzen der Endlichkeit hereinziehen, oder aber die Welt über die Grenzen der Endlichkeit hinaussetzen: was beides unstatthaft ist. Nimmt man dagegen das andere Glied der gestellten Alternative an, dann ist eben diese Unfähigkeit der Welt, eine höhere Vollkommenheit anzunehmen, der Beweis dafür, dass sie nicht die beste und vollkommenste ist, weil jene Unfähigkeit offenbar einen Defect, eine Unvollkommenheit involvirt. Denn sie wäre jedenfalls vollkommener, wenn ihr jene Unfähigkeit, eine höhere Vollkommenheit anzunehmen, nicht eigen wäre. Nur Gott ist so vollkommen, dass er nicht vollkommener sein kann; die geschöpfliche Welt kann diesen Begriff höchster Vollkommenheit nicht theilen; und darum kann Gott auch Besseres und Vorzüglicheres schaffen, als er wirklich schafft. Nur was in sich selbst unmöglich ist, kann er nicht thun; denn: „Impossibilia posse non est posse, sed non posse [1]."

Hat also Gott vermöge seiner Allmacht die Welt geschaffen, so war dasjenige, was ihn zur Weltschöpfung bestimmte, nichts Anderes, als seine unendliche Güte. Vermöge dieser seiner unendlichen Güte wollte er seine eigene Glückseligkeit auch Andern mittheilen, wollte dieselben Theil nehmen lassen an dem Genusse der göttlichen Güter, um so seine Glückseligkeit, wenn wir uns so ausdrücken sollen, nicht blos für sich allein zu haben, sondern sie auch Andern zu spenden. Nicht mit Nothwendigkeit also, sondern aus freier Güte hat er die Welt geschaffen [2]. Der Entschluss und Wille, die Welt zu schaffen, war von Ewigkeit her in Gott; aber das Geschaffene ist deshalb nicht ewig. Immer wollte Gott, dass die Welt sei, aber nicht wollte er, dass sie immer sei; er wollte nur, dass sie einmal in's Dasein trete, dann nämlich, wenn sie nach seiner Vorherbestimmung in's Dasein treten sollte. Der Schöpferwille Gottes ist ewig; das Geschaffene dagegen ist zeitlich [3].

Aber nicht blos die Macht, nicht blos die Güte, sondern auch die Weisheit Gottes ist bei der Schöpfung der Welt betheiligt. Die göttliche Weisheit stellt sich vermöge ihrer verschiedenfachen Beziehung zur geschöpflichen Welt unter verschiedenfachen Gesichtspunkten dar.

---

1) Ib. l. c. p. 215. 216.
2) Ib. l. 1. p. 2. c. 4. Hinc ergo primam causam sumsit creaturae rationalis conditio, quod voluit Deus aeterna bonitate suae beatitudinis participes fieri, quam vidit et communicari posse, et minui omnino non posse. Illud itaque bonum, quod ipse erat, et quo ipse beatus erat, bonitate sola, non necessitate trahebatur ad communicandum.
3) Ib. l. 1. p. 2. c. 10... Semper enim voluit (Deus), ut faceret, et non voluit, ut semper faceret; sed ut aliquando faceret, quod semper voluit, ut aliquando faceret. Sic voluntas aeterna fuit de opere temporali, quoniam et ipsum tempus in aeterna voluntate fuit, quando fieret, quod futurum fuit.

Sie ist Erkenntniss, Voraussehung, Anordnung, Vorherbestimmung und Vorsehung. Sie ist Erkenntniss des Wirklichen, Voraussehung des Zukünftigen, Anordnung dessen, was Gott thun will und was in der Welt geschehen soll, Vorherbestimmung derjenigen, welche gerettet werden sollen, Vorsehung über Alles, was dem göttlichen Willen unterworfen ist [1]). Von Ewigkeit her waren alle Dinge ungeschaffen in der göttlichen Erkenntniss; Gott dachte sie, und dachte sie so, wie sie einst werden sollten, und dieser Gedanke war das Vorbild, nach welchem die Dinge geschaffen wurden. Nicht deshalb wurden die Dinge von Gott gedacht, weil sie einst in die Wirklichkeit eintreten sollten, sondern umgekehrt, deshalb konnten sie möglicherweise zur Wirklichkeit kommen, weil sie Gott ewig dachte. Doch ist wiederum kein nothwendiger Nexus zwischen ihrer idealen und geschöpflichen Wirklichkeit anzunehmen, gleich als ob die Dinge nothwendig in's Dasein hätten treten müssen, weil sie von Gott gedacht waren; vielmehr wären die Dinge ebenso von Gott gedacht gewesen, wenn sie auch nicht wirklich geworden wären, nur wären die göttlichen Ideen in diesem Falle nicht zugleich Ursachen der Dinge gewesen [2]); mit andern Worten, es wäre im göttlichen Verstande bei der blossen Erkenntniss des Seienden geblieben; zur Erkenntniss dessen, was einmal wirklich geschehen würde, wäre es aber nicht gekommen, d. h. die göttliche Erkenntniss hätte sich nicht zur Voraussehung gestaltet [3]). Nun aber, nachdem der göttliche Wille das ideal Wirkliche in die geschöpfliche Wirklichkeit hereingeführt hat, ist die göttliche Erkenntniss zugleich auch Voraussehung des Künftigen. Diese Voraussehung hebt jedoch die Zufälligkeit des Geschehenden nicht auf; denn immer kann dasjenige, was geschieht, auch nicht geschehen, oder anders geschehen, als es wirklich geschieht; nur wäre es, wenn es anders geschähe, auch anders von Gott vorausgesehen [4]). In dieser Voraussehung ist nun aber wiederum der Möglichkeitsgrund gelegen für die Herstellung und Durchführung der Weltordnung, sowie für die Vorherbestimmung derer, welche gerettet werden sollen. Weil Gott Alles voraussieht, darum ordnet er auch Alles. Das Gute fördert er zum Sein sowohl, als auch zum Sosein; das Böse dagegen fördert er nicht zum Sein; denn des Bösen Urheber ist er nicht; aber er fördert es doch zum Sosein, d. h. er ordnet es; er macht es dienstbar dem Guten [5]). Ferner weil Gott Alles voraussieht,

---

1) Ib. l. 1. p. 2. c. 9. Divina autem sapientia et scientia vocatur, et praescientia, et dispositio, et praedestinatio, et providentia. Scientia existentium, praescientia futurorum, dispositio faciendorum, praedestinatio salvandorum, providentia subjectorum.
2) Ib. l. 1. p. 2. c. 15. — 3) Ib. l. 1. p. 2. c. 16. — 4) Ib. l. 1. p. 2. c. 17. 18.
5) Ib. l. 1. p. 2. c. 20. Bona quippe dispositionem desuper habent, et ut sint, quia bona sunt, et ut sic sint, quia ordinata sunt. Mala vero ex dispositione superna non habent quod sunt, quia mala sunt; et tamen habent quod sic

darum kann er auch vorherbestimmen alle Jene, welche zum Heile gelangen sollen. Die Vorherbestimmung ist die Vorbereitung der Gnade; d. i. jener Entschluss, welchen Gott fasst, seinen Auserwählten jene Gnade zu Theil werden zu lassen, durch welche sie zum Heile gelangen [1]). Im weitern Sinne kann zwar der Begriff der Prädestination mit dem der Disposition oder Weltordnung als zusammenfallend gedacht werden; aber weil die Letztere sich auch auf das Böse bezieht, zu welchem der göttliche Wille sich blos zulassend verhält, so muss der Begriff der Prädestination im engern Sinne auf die Auserwählten beschränkt werden. Und daraus ergibt sich denn von selbst, dass auch die Voraussehung Gottes weiter sich erstreckt, als die Prädestination, und dass daher beide sowohl ihrem Begriffe, als auch ihrem Umfange nach streng auseinander gehalten werden müssen [2]). — Endlich offenbart sich die göttliche Weisheit auch noch als Vorsehung, welche darin besteht, dass Gott allen Dingen dasjenige zutheilt, was ihnen gebührt. Er sorgt für alle seine Geschöpfe, verlässt keines derselben, und theilt jedem derselben dasjenige zu, was ihm angemessen ist. Aus diesem Grunde belohnt er auch das Gute, und bestraft das Böse; denn Lohn und Strafe sind es, welche von Rechtswegen dem Guten und dem Bösen gebühren, und die Vorsehung Gottes entspricht daher ihrem Begriffe nur unter der Bedingung vollständig, dass mit der Leitung und Führung der gesammten Creatur auch die gerechte Vertheilung von Lohn und Strafe an die Guten und Bösen sich verbindet [3]).

§. 95.

Wir können diesen Gegenstand nicht verlassen, ohne zuerst noch einen Blick geworfen zu haben auf die nähern Bestimmungen, welche Hugo in Bezug auf das Verhältniss des göttlichen Willens zum Bösen gibt. Der höchste Grund und die höchste Norm alles Rechten und Guten ist nach Hugo der göttliche Wille. Nicht deshalb will Gott etwas, weil es recht und gut ist, sondern Alles ist recht und gut nur deshalb, weil Gott es will. Denn das Gerechtsein ist wesentliche Eigenschaft des göttlichen Willens. Frägt man also, warum etwas gut und recht sei, so lautet die Antwort: weil es dem Willen Gottes gemäss ist; frägt man dagegen, warum der göttliche Wille gerecht sei, so kann man darauf keine andere Antwort geben, als diese: der göttliche Wille hat keine

---

sunt, quia ordinata sunt. Deus enim malum non facit; sed cum factum est, inordinatum esse non permittit, quia malorum auctor non est, sed ordinator.
1) lb. l. 1. p. 2. c. 21. Praedestinatio est gratiae praeparatio. Propositum ergo Dei, in quo gratiam electis suis dare disposuit, ipsum est praedestinatio, quae idcirco praedestinatio vocatur, quoniam in ea, quod faciendum fuit, dispositum est, priusquam fuit.
2) lb. l. c. — 3) lb. l. 1. p. 2. c. 19.

bestimmende Ursache über sich; er ist aus sich und durch sich Alles, was er ist¹).

Es ist nun aber zu unterscheiden zwischen dem göttlichen Willen in seinem Ansichsein und in seiner Offenbarung nach Aussen; mit anderen Worten: man muss den göttlichen Willen in seinem Ansichsein von den Zeichen unterscheiden, in welchen er sich kundgibt. Es wird zwar auch das Zeichen des göttlichen Willens in der heiligen Schrift Wille genannt; aber dem Begriffe nach ist es dennoch verschieden von dem Willen an sich²), welcher, wenn es sich um genaue Begriffsbestimmung handelt, als Wille des Wohlgefallens (voluntas beneplaciti) bezeichnet werden muss³). Der Wille in seiner Offenbarung, oder als signum voluntatis gefasst, lässt aber je nach seiner verschiedenfachen Beziehung auch wieder verschiedene Unterscheidungen zu; er ist nämlich entweder wirkender oder zulassender, gebietender oder verbietender Wille, je nachdem er sich entweder wirkend oder zulassend, oder gebietend oder verbietend bethätigt. Wirkend verhält er sich in Bezug auf das Gute im Allgemeinen, zulassend dagegen in Bezug auf das Uebel oder das Böse; gebietend tritt er auf, indem er den vernünftigen Creaturen das Gesetz ihres Handelns vorschreibt, verbietend dagegen, indem er ihnen die Uebertretung seines Gebotes, d. h. das Böse untersagt⁴). Die Beziehung des wirkenden und zulassenden Willens ist also eine allgemeine und geht auf alles Creatürliche ohne Ausnahme; der gebietende und verbietende Wille dagegen bezieht sich blos auf die vernünftigen Creaturen⁵).

Es kann nun aber der ewige an sich seiende Wille Gottes nur auf das Gute gehen; denn das Wesen des göttlichen Willens ist, wie schon gesagt, Güte und Gerechtigkeit. Soll also der zulassende Wille Gottes ebenso wie der wirkende eine wahrhaftige Offenbarung des an sich seienden göttlichen Willens, des Willens des Wohlgefallens sein: so muss auch diese Zulassung, obgleich sie das Böse zum Gegenstande hat, doch zugleich auch wieder das Gute erzwecken. Und das findet in der That statt. Denn wenn auch das Böse als solches nicht gut ist, so ist es dennoch gut, dass das Böse sei. Es ist gut, dass das Gute sei;

---

1) Ib. l. 1. p. 4. c. 1. (Voluntas creatoris) ex semetipsa justa est. Neque enim idcirco juste voluit, quia futurum justum fuit, quod voluit, sed quod voluit, idcirco justum fuit, quia ipse voluit. Suum enim ac proprium voluntatis ejus est, esse justum, quod est; et ex eo, quod in ea justum est, quod ex ea justum est, quod utique justum non esset, si secundum eam non esset. Cum ergo quaeritur, quare justum est, quod justum est, convenientissime respondetur: quoniam secundum voluntatem Dei est, quae justa est. Cum vero quaeritur, quare voluntas Dei justa est, hoc sanius respondetur: quoniam primae causae causa nulla est, cui ex se est esse, quod est.

2) Ib. l. 1. p. 4. c. 2. — 3) Ib. l. 1. p. 4. c. 3. — 4) Ib. l. 1. p. 4. c. 4. 9. — 5) Ib. l. 1. p. 4. c. 10.

es ist aber auch gut, dass das Böse sei. Und darum ist beides gut, sowohl die Bewirkung des Guten, als auch die Zulassung des Bösen, und Gott handelt gut, indem er das eine und indem er das andere thut; beides ist in gleicherweise eine Offenbarung seines ewigen Willens nach seiner wesenhaften Güte und Gerechtigkeit [1]).

Und warum ist es gut, dass auch das Böse sei? Deshalb, weil es besser ist, dass nicht blos aus Gutem Gutes, sondern auch aus Bösem Gutes entspringe. Aus dem Bösen geht durch die Anordnungen der göttlichen Weisheit wieder Gutes hervor; d. h. das Böse muss dem Guten dienen, was schon daraus ersichtlich ist, dass durch den Gegensatz des Bösen das Gute in seiner Schönheit und Herrlichkeit noch glänzender hervortritt, als dieses ohne jenen Gegensatz der Fall wäre, und so durch das Böse die Schönheit der ganzen Weltordnung noch mehr erhöht wird. Darum also ist es gut, dass auch das Böse sei; und darin liegt auch der Grund, warum Gott das Böse überhaupt zulassen konnte [2]).

Obgleich nun aber Gott vermöge seines zulassenden Willens will dass das Böse sei, so kann man deshalb doch nicht sagen, dass er das Böse als solches wolle. Das Böse als solches ist seinem heiligen Willen entgegen; er hasst und verabscheut dasselbe als den Gegensatz dessen, was er wirkt und was er gebietet [3]). Wenn er also das Böse zulässt, so will er nicht das Böse, sondern vielmehr nur das Gute, welches durch das Dasein des Bösen bedingt ist [4]). Ein Widerspruch des göttlichen Willens mit sich selbst findet daher hier keineswegs statt. Der zulassende und verbietende Wille Gottes sind einander nicht entgegengesetzt.

Aber, wendet man ein, wenn das Gute, welches Gott gebietet, nicht geschieht, und das Böse, welches er verbietet, geschieht; so geschieht ja dasjenige, was Gott nicht will, und was Gott will, das geschieht nicht. Wie kann man also noch sagen, dass der göttliche Wille in Allem seine Wirkung hat und nie vereitelt werden kann? — Allein, wer so spricht, der bedenkt nicht, dass auch in dem Falle, dass Etwas gegen den gebietenden oder verbietenden Willen Gottes geschieht, doch

---

1) lb. l. 1. p. 4. c. 5. Bona enim fecit Deus, et benefecit, et mala permisit, et non fecit. Et benefecit, quia utrumque bonum fuit. Et idcirco utrumque voluit, quia utrumque bonum fuit. Et fuerunt bona bona, et mala mala, nec bona fuerunt mala, nec mala bona; sed bonum fuit, esse bona et mala.
2) lb. l. 1. p. 4. c. 6. c. 23. — 3) lb. l. 1. p. 4. c. 23.
4) lb. l. 1. p. 4. c. 13. Deus vult esse malum, et in eo nonnisi bonum vult, quia bonum est, malum esse, et non vult ipsum malum, quia bonum non est ipsum malum. c. 11. Quod factum est, voluntate Dei factum est, etiamsi propter voluntatem ejus factum non est, quoniam alia factum est voluntate, quae voluntati ejus amica non est. Tamen omnino voluit, quod factum est, quoniam bonum est, sic esse factum, ut factum est, et sic esse, ut est.

dasjenige geschieht, was Gott vermöge seines zulassenden Willens will. Der Wille Gottes wird also in jedem Falle erfüllt, auch in dem Falle, dass Etwas Böses vollbracht wird. Ohne den göttlichen Willen kann nichts geschehen, und was Gott will, das geschieht immer [1]). Die Bösen sind nicht dadurch böse, dass sie den Willen Gottes vereiteln, indem sie bewirken, dass das nicht geschehe, was Gott will: — denn das ist unmöglich; sie sind nur dadurch böse, dass sie dasjenige wollen, was Gott missbilligt und verabscheut, und so ihren Willen dem gebietenden und verbietenden Willen Gottes entgegensetzen [2]). Indem sie sündigen, thun sie nicht etwas, was dem Willen Gottes überhaupt entgegen ist, sondern sie lieben und wollen nur Etwas, was der göttlichen Liebe widerstreitet [3]). Auch in der Sünde wird also in gewisser Weise der Wille Gottes vollbracht, obgleich deshalb die Bösen nicht entschuldbar sind; denn nicht sie sind es, welche mit freier Selbstbestimmung Gottes Willen thun, sondern Gott ist es, welcher durch sie vermöge des geheimnissvollen Willens seiner Weisheit dasjenige vollbringt, was er vollbringen will, indem er sie, resp. ihre böse That, wider ihren Willen zum Dienste des Guten heranzieht [4]).

Weiter wendet man ein: Wenn Gott will, dass Alles so geschehe, wie es geschieht, weil es gut ist, dass es so geschehe, und nicht anders: warum hat er denn solches geboten, was factisch nicht geschieht, und warum hat er solches verboten, was thatsächlich geschieht? Warum hat er nicht vielmehr geboten, dass blos dasjenige geschehe, was geschieht, und dass blos dasjenige nicht geschehe, was wirklich nicht geschieht [5])?

Um diesen Einwurf zu lösen, haben wir vor Allem an dem Grundsatze festzuhalten, dass Alles, was von Gott geboten oder verboten wird, zum Nutzen und zum Wohle desjenigen geboten oder verboten wird, *für* welchen das Gebot oder Verbot gegeben wird. Wenn aber Gott Etwas gebietet oder verbietet, so gebietet oder verbietet er dasselbe nicht *für* sich oder seinetwegen; denn als der unendlich Vollkommene bedarf er keines anderweitigen Gutes mehr, um dadurch vervollkommnet zu werden. Was also Gott gebietet und verbietet, gebietet und verbietet er nur zum Wohle und zum Besten desjenigen, an welchen das Gebot oder Verbot ergeht. Durch den Gehorsam gegen das göttliche Gebot oder Verbot ist also das Heil der vernünftigen Creatur bedingt, und es kann daher Gott vermöge seiner unendlichen Liebe, welche er zu jeder vernünftigen Creatur trägt, dieses Gebot oder Verbot im Interesse dieser Creatur selbst nicht unterlas-

---

1) Ib. l. 1. p. 4. c. 14. — 2) Ib. l. 1. p. 4. c. 15.
3) Ib. l. c. Mali sunt homines, non efficiendo contrarium Dei voluntati, sed amando contrarium ejus dilectioni.
4) Ib. l. 1. p. 4. c. 15. p. 5. c. 29. — 5) Ib. l. 1. p. 4. c. 15.

sen ¹). Nun kann es aber geschehen, dass dasjenige, was gut ist für eine einzelne Creatur, nicht gut ist für die Gesammtheit der Creaturen, und dass hinwiederum dasjenige, was ein Uebel ist für ein einzelnes Geschöpf, ein Gut ist für die Gesammtheit der Geschöpfe. Und dabei ist wohl zu bemerken, dass dasjenige, was für ein einzelnes Wesen ein Uebel, für die Gesammtheit aber ein Gut ist, an und für sich als ein höheres Gut betrachtet werden müsse, als dasjenige Gute, welches blos für ein einzelnes Wesen ein Gut ist, nicht aber für die Gesammtheit. Denn das Allgemeine steht über dem Einzelnen. Daraus folgt, dass Gott, als der unendlich Gute, nicht gehalten sein kann, im Interesse des Einzelnen oder des minder Guten dasjenige zu verhindern, was an sich das höhere Gut ist, weil es das Gut der Gesammtheit ist. Es ist nun aber schon oben erwähnt worden, dass es ein höheres Gut sei, wenn nicht blos aus Gutem Gutes, sondern wenn auch aus Bösem Gutes sich erzeugt. Obgleich also Gott im Interesse des Einzelnen das Gute gebieten und das Böse verbieten musste, so musste er doch andererseits auch wiederum das Böse zulassen, weil aus dieser Zulassung ein höheres Gut für die Gesammtheit sich ableitet. Darum hat Gott dasjenige geboten, was und in so fern es für die Einzelnen gut ist, und hat dasjenige zugelassen, was zum Besten der Gesammtheit ausschlägt. Da aber jedem Einzelnen aus uns nur an demjenigen gelegen sein muss, was für uns gut ist, so haben wir in unserm Thun und Lassen nur nach dem gebietenden und verbietenden Willen Gottes uns zu richten. Diesem haben wir in Allem nachzukommen, damit wir Gott ähnlich werden, indem wir nur das Gute lieben und thun, wie er nur das Gute liebt und thut. Was aber Gott betrifft, so gilt es, wenn es sich um die Erfüllung seines Willens handelt, für ihn gleich, ob wir das Gute thun oder nicht. Thun wir das Gute, so will dieses Gott und billigt es, indem es geschieht. Und thun wir das Böse, so will Gott dieses nicht, weil es böse ist; aber er will es, in so ferne es geschieht, weil er es zulässt, und er lässt es zu, weil es gut ist, dass es geschehe wegen des höhern Gutes, welches daraus hervorgeht. Gottes Wille wird überall erfüllt ²).

1) Ib. l. 1. p. 4. c. 16. 21.
2) Ib. l. 1. p. 4. c. 23. Contingit autem, quod bonum est alicujus, bonum esse illius, et non esse bonum ad omnia; et iterum quod malum est alicujus, malum esse illius, et bonum omnium esse, quoniam ex eo bonum est omnium. Et quod bonum est et alicui bonum est, minus esse bonum, quam quod malum est et alicui malum est, quoniam ex eo ipso majus bonum est, ex quo omnium bonum est. Et majus bonum est esse illud a quo majus bonum est, etiam cum illud alicui bonum non est, quoniam in toto bonum est. Non debet autem in compensatione minoris boni impediri quod majus est bonum ab illo, qui optimus est. Et diximus, quod majus bonum est, esse bonum ex malo et bono, quam ex solo bono. Permitti itaque mala debuerunt, ut essent, quoniam ut essent id bonum erat ex quibus bonum futurum erat. Praecepit itaque Deus quod bonum erat

Von der Erörterung des Verhältnisses Gottes zur Welt schreitet nun Hugo fort zur wissenschaftlichen Betrachtung der geschöpflichen Dinge selbst. Wir haben schon oben gesehen, wie Hugo, anknüpfend an die christliche Lehre, zwei Reiche der geschöpflichen Dinge aus einander scheidet, das Reich der unsichtbaren Geister, der Engel, und das Reich der sichtbaren Welt. Sehen wir nun zuerst in Kürze, was Hugo über die Engel lehrt.

§. 96.

Die unsichtbare Creatur, von der heiligen Schrift die geschöpfliche Weisheit genannt[1]), wurde von Gott zwar der Zeit nach zugleich mit der körperlichen Natur geschaffen; aber der Natur und Würde nach ist sie früher als diese. Denn die Schöpfung der körperlichen Natur ist bezogen auf die geistige Creatur, und ihre Vollkommenheit und Vollendung ist durch diese bedingt; die geistige Creatur dagegen hat einen unmittelbaren Bezug auf Gott, weil sie allein nach dem Bilde und nach der Aehnlichkeit Gottes geschaffen ist[2]). Zwar hat jede Creatur in der göttlichen Weisheit ihr Vorbild; aber etwas anderes ist es, in Gott, resp. in dem göttlichen Geiste ein Vorbild zu haben, und Gott selbst zum Vorbilde zu haben, Gottes Bild und Aehnlichkeit selbst in sich darzustellen. Und gerade dieser Unterschied findet statt zwischen den

singulis, et permisit quod bonum erat universis. Quoniam et majus bonum erat universitatis quod impedire non debuit, et non bonum erat quod malum erat alicui, cujus auctor esse non potuit. Et ideo praecepit unicuique quod bonum erat, et quod illi bonum erat; et praecipiendo illud significavit se velle illud; et sunt signa voluntatis ejus praecepta ejus, et vocantur voluntates ejus, quia signa sunt voluntatis ejus. Quoniam vult et approbat et diligit et amica sibi judicat bona quae praecipit, et mala quae prohibet odit et detestatur; et non invenit concordiam et amicitiam in illis, et vult tamen ipsa esse mala quae non vult, propter majus bonum quod ex illis est, quod magis vult. Sed non pertinet ad nos neque exigitur a nobis nisi quod nostrum est et quod bonum nostrum est, tantum ut faciamus et approbemus et diligamus in nobis, sicut et Deus diligit et approbat bonum nostrum in nobis; ut ei similes simus, diligendo et faciendo bona, sicut et ipse bona tantum diligit et facit. Et cum praecipitur nobis, quod bonum nostrum est, significatur nobis quod Deus hoc vult: et pertinet ad nos ita sentire et ita credere, quod Deus hoc vult quod praecipit nobis ut faciamus. Et non fit tamen nisi tantum quod ipse vult fieri, sive faciamus sive non faciamus quod praecepit nobis. Et si facimus bonum, voluit hoc Deus; et voluit quia factum est hic, et approbat quod factum est, et quod factum est vult, quod factum est et bonum est. Et si facimus malum, vult quod non facimus, bonum, et approbat illud, quoniam bonum est, et non approbat malum, quod facimus, quoniam malum est; et tamen vult, quod factum est, quia factum est, quoniam id bonum est, quod factum est, et vult ipse quod bonum est. Et constat omnipotens voluntas ejus certa et firma in beneplacito suo, approbans bona, et permittens mala propter bona, quae nec potest impediri ut non fiat quod in ipsa est, neque infirmari aliquando, ut fiat, quod in ipsa non est.

1) lb. l. 1. p. 5. c. 2. — 2) Ib. l. 1. p. 5. c. 3.

geistigen Wesen und den körperlichen Dingen. Letztere reflectiren immer nur in einer besondern Beziehung das göttliche Wesen im Bilde; erstere dagegen stellen in sich das Bild Gottes nach seiner vollen Ganzheit dar. Und darum stehen sie weit über den körperlichen Dingen und überragen dieselben in jeder Beziehung [1]).

Fragen wir nun, wie beschaffen die geistige Natur anfänglich aus der Schöpferhand Gottes hervorgegangen sei, so lautet die Antwort dahin, dass die geistige Natur geschaffen worden sei als eine immaterielle einfache Substanz, dass diese Substanz nicht als eine allgemeine geistige Materie zu fassen sei, sondern dass vielmehr jedes einzelne geistige Wesen von Anfang an eine für sich seiende Persönlichkeit sei, dass ferner jede dieser einzelnen geistigen Persönlichkeiten mit Intelligenz und Weisheit ausgerüstet worden sei, und dass endlich jede derselben jene Selbstbestimmungsmacht erhalten habe, vermöge deren sie mit eigener Wahl sich zu all ihrem Thun und Lassen entscheiden kann. Diese Bestimmungen ergeben sich von selbst aus dem, was früher über den Unterschied zwischen der geistigen und körperlichen Natur im Allgemeinen ausgeführt worden ist. In diesen grundwesentlichen Eigenschaften waren sich also ursprünglich alle Engel gleich [2]). Aber nicht gleich waren sie untereinander hinsichtlich des Grades der Vollkommenheit, in welchem die erwähnten grundwesentlichen Eigenschaften ihnen ursprünglich zukamen [3]). Es entsteht somit die weitere Frage, von welcher Art die Verschiedenheit der Engel in der gedachten Beziehung ursprünglich gewesen sei.

In Bezug auf ihre Subsistenz unterscheiden sich die Engel von einander dadurch, dass dieselbe in den einen eine grössere, in den andern eine geringere Subtilität und Feinheit offenbart [4]). Ebenso ist auch die Erkenntniss in den einen eine vollkommnere, in den andern ist sie minder vollkommen; die einen übertreffen die andern an Tiefe und Umfang des Wissens und der Weisheit [5]). Dem entsprechend ist denn auch die Selbstbestimmung oder das liberum arbitrium in den einen mit einer grössern Fertigkeit zum Handeln ausgestattet, als in den andern, so wie endlich auch die Kraft oder Macht zur Thätigkeit überhaupt in den einen energischer und extensiver, als in den andern sich gestaltet [6]). Auf diesen Momenten also beruht die Verschiedenheit der Engel untereinander und zugleich das Verhältniss der Ueber- und Unterordnung, in welchem sie zu einander stehen [7]).

Dieses vorausgesetzt müssen wir nun aber eine dreifache Macht und eine dreifache Erkenntniss der Engel unterscheiden. Was zuerst die Macht betrifft, so kommt ihnen eine Macht zu in Bezug auf sich

---

1) Ib. l. 1. p. 5. c. 3. — 2) Ib. l. 1. p. 5. c. 8. — 3) Ib. l. 1. p. 5. c. 9 sqq. — 4) Ib. l. 1. p. 5. c. 9. — 5) Ib. l. 1. p. 5. c. 10. — 6) Ib. l. 1. p. 5. c. 11. — 7) Ib. l. 1. p. 5. c. 12.

selbst, dann haben sie eine Macht gegenseitig in Bezug auf einander, und endlich eine Macht über die untergeordneten Wesen. Die erste ist die Macht der Tugend, die zweite die Macht der Herrschaft, die dritte die Macht der Leitung. Hinsichtlich der Macht der Tugend sind sie alle unter einander verschieden; hinsichtlich der Macht der Herrschaft zeichnen sich die einen vor den andern aus, und hinsichtlich der Macht der Leitung endlich concurrirt bei ihnen beides, die Verschiedenheit und die Auszeichnung der einen vor den andern[1]). Hiemit verbindet sich dann die dreifache Erkenntniss. Die Engel erkennen sich selbst als geschaffene Wesen; sie erkennen ferner denjenigen, von welchem sie geschaffen worden, und sie erkennen endlich jene Wesen, *mit* welchen sie geschaffen wurden. In der Selbsterkenntniss besassen sie ursprünglich auch die Erkenntniss des Guten und Bösen, und zwar zu dem Zwecke, damit sie wussten, was sie mit ihrem Willen anzustreben und was sie zu vermeiden hätten. Die Erkenntniss desjenigen ferner, von dem sie geschaffen worden, ward ihnen zu dem Zwecke gegeben, damit sie wüssten den Grund und das Ziel ihres Daseins, um zu demselben das ganze Streben ihres Willens hinrichten zu können. Die Erkenntniss derjenigen Wesen endlich, mit welchen sie geschaffen wurden, ward ihnen zu dem Zwecke verliehen, damit sie wüssten, einmal, was sie sich selbst gegenseitig nach göttlicher Anordnung schuldeten, und dann, was und wie viel sie vermöge der ihnen gewordenen Macht der Leitung über die ihnen untergeordneten Wesen vermöchten[2]).

§. 97.

Gilt dieses im Allgemeinen, so fragt es sich nun, ob die Engel gleich bei ihrer Schöpfung im Stande der Vollkommenheit in's Dasein hereintraten. Um diese Frage beantworten zu können, muss vorerst zwischen einer dreifachen Vollkommenheit unterschieden werden. Es ist nämlich Etwas entweder der Zeit, oder der Natur nach, oder endlich schlechthin (universaliter) vollkommen. Der Zeit nach vollkommen ist dasjenige, was alles dasjenige besitzt, was es gerade in einer bestimmten Zeit besitzen muss, um für diese Zeit vollkommen zu sein. Der Natur nach vollkommen ist dasjenige, was alles dasjenige besitzt, was seiner Natur zukommt oder gebührt. Schlechthin vollkommen endlich ist dasjenige, welchem gar keine Vollkommenheit mangelt. Die erstgenannte Art der Vollkommenheit eignet der geschaffenen Natur vermöge und in Folge ihrer Schöpfung; die zweite eignet der glorificirten Natur als solcher; die dritte endlich der ungeschaffenen Natur[3]).

Hieraus ist leicht ersichtlich, wie und in wie ferne die Engel in ihrer ursprünglichen Schöpfung vollkommen und unvollkommen geschaffen wurden. Vollkommen wurden sie geschaffen der Zeit nach;

---

1) Ib. l. 1. p. 5. c. 13. — 2) Ib. l. 1. p. 5. c. 14. — 3) Ib. l. 1. p. 5. c. 16.

unvollkommen aber der Natur nach. Es war daher ihre Aufgabe, durch eigene Thätigkeit aus dem ersten zum zweiten Stadium der Vollkommenheit sich zu erheben, und so der ungeschaffenen Vollkommenheit, welche als das Ziel und als das Vorbild ihres Strebens ihnen vorleuchtete, möglichst ähnlich zu werden [1]). Deshalb ward ihnen auch die Erkenntniss dessen, was sie erwarten sollte, im Falle sie Gott treu blieben oder von Gott abfielen, nicht zu Theil, damit sie ohne den bestimmenden Einfluss der Hoffnung oder Furcht in ganz freier Selbstbestimmung die Aehnlichkeit mit der ungeschaffenen Vollkommenheit erstrebten. Es wurde ihnen gezeigt, was sie thun sollten, nicht aber, was mit ihnen im Falle der Erfüllung oder Nichterfüllung ihrer Aufgabe geschehen sollte, damit sie ganz frei für das eine oder für das andere sich entscheiden könnten [2]).

Wie nun aber die Engel in einem gewissen Grade vollkommen, so wurden sie auch gut, gerecht und glückselig geschaffen. Denn was sie im Augenblicke ihrer Schöpfung waren, das waren sie alles durch Gott; und Gott kann nicht Urheber des Bösen, der Ungerechtigkeit und Unseligkeit sein. Aber wenn wir sagen, dass sie in ihrer ursprünglichen Schöpfung gut, gerecht und glückselig waren, so bedeutet dieses nur so viel, dass sie nicht böse, nicht ungerecht, nicht unselig waren; im positiven und vollendeten Sinne gut, gerecht und selig konnten und sollten sie erst werden durch freie Selbstbestimmung; und wenn man den Begriff der Güte, Gerechtigkeit und Seligkeit in diesem letztgenannten, prägnanten Sinne nimmt, so kann man auch sagen, dass sie ursprünglich weder gut noch bös, weder gerecht noch ungerecht, weder selig noch unselig waren [3]).

Um nun aber zur eigentlichen sittlichen Güte und Gerechtigkeit und zur vollendeten Glückseligkeit zu gelangen, ward ihnen die freie Selbstbestimmung verliehen [4]). Denn durch die Freiheit des Willens ist alles Verdienst und alle Schuld bedingt. Die Freiheit ist dem Willen wesentlich; wo also immer ein Wille sich findet, wie solches bei den Engeln der Fall ist, da findet sich auch die Freiheit. Und diese Freiheit besteht eben darin, dass der Wille ohne Nothwendigkeit und Zwang sich für dieses oder jenes entscheiden und bestimmen kann [5]).

---

1) Ib. l. 1. p. 5. c. 17. — 2) Ib. l. 1. p. 5. c. 18. — 3) Ib. l. 1. p. 5. c. 19. — 4) Ib. l. 1. p. 5. c. 20. 21.

5) Ib. l. 1. p. 5. c. 21. Quoniam spontaneus motus vel voluntarius appetitus liberum arbitrium est: liberum quidem in eo, quod est voluntarius; arbitrium vero in eo, quod est appetitus. Sed et ipsa potestas et habilitas voluntatis est libertas qua movetur ad utrumque, et liberum arbitrium dicitur voluntatis. Voluntarie autem moveri et ferri spontaneo appetitu, hoc est potestate eligere et libertate judicare, in quo constat liberum arbitrium. Et propter hoc facti sunt (angeli) liberi arbitrii, ut voluntario appetitu moverentur; sed secundum electionem voluntatis et inclinationem desiderii sui sine coactione. c. 20. Propter hoc erat

Die freie Selbstbestimmung bezieht sich stets auf Zukünftiges, nicht auf Gegenwärtiges. Die Engel hatten daher vermöge ihrer freien Selbstbestimmung nicht die Macht, ursprünglich anders zu sein, als sie von Gott waren geschaffen worden; aber sie hatten die Macht, anders zu werden, als sie waren, in einen andern Zustand sich überzusetzen, entweder in den Stand des Verdienstes und der daraus erfolgenden Glückseligkeit, oder aber in den Stand der Schuld und der daraus erfolgenden Unglückseligkeit[1]).

Diese Möglichkeit nun wurde zur Wirklichkeit, indem die einen mit Freiheit sich Gott zuwendeten, die andern dagegen mit Freiheit sich von Gott abwendeten. So trat eine Scheidung ein in dem Reiche der Geister. Die einen wurden, weil sie sich Gott zuwendeten, selig, die andern dagegen wurden, weil sie sich von Gott abwendeten, verworfen. Diejenigen nun, welche zum Guten sich wendeten, wendeten sich demselben zu unter Mitwirkung der Gnade, ohne dass jedoch diese Gnade einen zwingenden Einfluss auf sie ausgeübt hätte. Die aber vom Guten sich abwendeten, wendeten sich davon ab, indem die Gnade sie verliess, ohne dass jedoch auch hier wiederum der Verlust der Gnade die Ursache ihres Falles gewesen wäre; denn nicht deshalb fielen sie, weil sie die Gnade verloren, sondern deshalb verloren sie die Gnade, weil sie sich von Gott abwendeten; in dem Acte der Abwendung wurden sie auch von der Gnade verlassen[2]).

Jener Act des Willens nun, in welchem die gefallenen Engel von Gott sich abwendeten, war nicht böse als Act des Willens überhaupt genommen; denn weder der Wille selbst, noch der Act des Willens als solcher ist etwas böses; der Grund der Bosheit jenes Actes lag auch nicht in dem Objecte; denn auch der Gegenstand, auf welchen der böse Wille hingerichtet ist, ist an sich gut[3]). Jener Willensact war also nur deshalb böse, weil und in so fern er nicht auf dasjenige hingerichtet war, worauf er hätte hingerichtet werden sollen. Der vernünftige Wille ist nämlich nicht ohne eine bestimmte Richtschnur geblieben, nach welcher er thätig sein sollte; Gott hat ihm diese Richtschnur gegeben, und er will, dass er in seiner Thätigkeit sich an dieselbe halte. Wenn er also nach dieser Richtschnur sich bestimmt, d. h. wenn er auf solche Objecte sich bezieht, die er jener Richtschnur gemäss anstreben soll, so handelt er gut und gerecht; wendet er sich dagegen solchen Gegenständen zu, welche er in Kraft jener Richtschnur erlaubter Weise nicht anstreben kann; dann tritt er in seiner Thätigkeit über jene Richtschnur hinaus und handelt böse. Das Böse besteht

---

arbitrium liberum in illis (angelis), quoniam in illis erat voluntas potens moveri et ferri suo appetitu in utrumque.

1) Ib. l. 1. p. 5. c. 22. — 2) Ib. l. 1. p. 5. c. 23. 24. — 3) Ib. l. 1. p. 5. c. 25.

also seinem Wesen nach darin, dass der Wille sich bewegt und thätig ist im Widerspruch mit der Richtschnur des göttlichen Willens, und also seine Bewegung und Thätigkeit über diese Richtschnur hinausgehen lässt. Und das war denn auch die Sünde der gefallenen Engel, in welcher sie von Gott abfielen und in's Verderben stürzten [1]).

Obgleich aber das Böse aus dem freien Willen hervorgeht, und es ganz in der Gewalt der vernünftigen Creatur steht, dasselbe zu thun oder zu unterlassen, so steht dasselbe dennoch wiederum unter der Macht des göttlichen Willens. Gott kann dasselbe nicht blos auf verschiedenen Wegen verhindern, damit es nicht zur Wirklichkeit gelange, sondern er vermag auch den bösen Willen, wenn er dem Bösen sich schon hingegeben hat, durch seine auf ihn wirkende Macht wieder zur Verwirklichung seines eigenen Willens zu bestimmen und heranzuziehen. Mit Einem Worte: er vermag das Böse wieder zu ordnen, d. h. es auf ein Ziel hinzurichten, welches der Böse in seinem Wollen nicht intendirt, welches er aber doch vermöge des göttlichen Rathschlusses wider sein Wissen und Willen realisiren muss [2]). So verhält es sich denn auch mit den gefallenen Engeln. Gottes Rathschluss ward durch deren Abfall nicht vereitelt; auch in ihrem Abfalle mussten und müssen sie demselben dienen [3]). — Die Lücken aber, welche durch den Abfall so vieler Engel im Geisterreiche entstanden sind, sollen nach dem Plane Gottes wieder ausgefüllt werden durch die Menschen [4]). Von den reinen Geistern müssen wir also nun in unserer Darstellung zum Menschen herabsteigen, um das Lehrsystem Hugo's auch nach dieser Seite hin kennen zu lernen.

---

1) Ib. l. 1. p. 5. c. 26. Quid ergo illic malum erat nisi quia motus voluntatis non erat ad quod esse debuerat? et ideo non erat, quia ad aliud erat, ad quod esse non debuerat, nec tamen ad hoc esse sed ad illud non esse peccatum erat, quia si illud non esset, etiamsi hoc esset, peccatum non esset. Mens itaque rationalis sicut voluntatem acceperat, et moveri voluntate acceperat; sic et ad quae licite voluntate moveri posset acceperat, et ad illa moveri secundum mensuram erat moveri secundum justitiam. Et si ad illa tantum mota fuisset, secundum justitiam mota fuisset, et fuisset justa voluntas, quoniam secundum justitiam mota fuisset. Quando autem ad ea mota est, quae concessa non fuerant, extra mensuram mota est, et in eo secundum mensuram mota non est. Et ibi malum illi erat, secundum mensuram non moveri.

2) Ib. l. 1. p. 5. c. 29. In quibus omnibus manifeste ostenditur Deus ad judicia sua justa complenda, malas voluntates hominum sive daemonum quibus ipse vult modis et occasionibus sive intus sive foris et excitare ad volendum, et dirigere ad perficiendum, et ordinare ad subsistendum; in quibus quod sint malae, Dei non est, sed quod sint ordinatae. Haec autem dispositio interna invisibiliter praesidentis tam occulta est, ut etiam ipsas voluntates malas, in quibus sit, lateat, quae putant suo se solum arbitrio dirigi, quia se sentiunt praeter coactionem proprio appetitu moveri.

3) Ib. l. 1. p. 5. c. 27—29. — 4) Ib. l. 1. p. 5. c. 30.

§. 98.

Der Mensch ist als solcher das Haupt der sichtbaren Welt. Die heilige Schrift lehrt zwar, dass der Mensch unter allen sichtbaren Dingen der Zeit nach zuletzt geschaffen wurde; aber der Ursache nach ist er früher als alle sichtbaren Creaturen, weil die ganze sichtbare Welt des Menschen wegen geschaffen wurde. Der Mensch ward Gottes wegen geschaffen, damit er ihm diene; die sichtbare Welt dagegen ward des Menschen wegen geschaffen, damit sie diesem diene. Der Mensch ist als solcher ein beschränktes, endliches Wesen; er bedarf einer fremden Hilfe, einerseits um sich als das zu erhalten, was er ist, und andererseits um dasjenige zu erlangen, was er noch nicht besitzt. Darum ward er so zu sagen in die Mitte der sichtbaren Schöpfung gesetzt, und wurde ihm einerseits die sichtbare Welt zum Dienste gegeben, damit er durch sie die nothwendige Hilfe zu seiner Erhaltung gewänne; und andererseits wurde er selbst zum Dienste Gottes bestimmt, damit er durch diesen Dienst zu jener Vollkommenheit und Glückseligkeit gelangen möchte, welche er noch nicht besass. Für ihn gibt es mithin ein doppeltes Gut, ein Gut der Nothwendigkeit und ein Gut der Glückseligkeit. Ersteres sind die geschöpflichen Dinge der sichtbaren Welt, letzteres ist der Schöpfer selbst. Das eine ward des Menschen wegen geschaffen, damit er durch dasselbe unterstützt würde; das andere dagegen ist jenes, für welches der Mensch selbst geschaffen wurde, damit er dasselbe besitzen und geniessen möchte [1]).

Ist dieses die Stellung des Menschen in der sichtbaren Welt, so haben wir in der Natur desselben ein Doppeltes zu unterscheiden, den Leib und die Seele [2]). Die Seele ist im Gegensatz zum Leibe eine einfache, geistige Substanz [3]). In dieser Beziehung steht sie mit den rein geistigen Wesen auf gleicher Linie. Dennoch aber muss zwischen beiden jener Unterschied festgehalten werden, welcher von Boethius mit den Begriffen „Intellectibile" und „Intelligibile" bezeichnet wird. Intellectibel ist nämlich dasjenige, was nicht blos mit keinem Sinne wahrgenommen wird, sondern auch keine Aehnlichkeit, keine Verwandtschaft mit dem Sinnlichen hat. Das gilt offenbar in vollem Sinne nur von den reinen Geistern. Die menschliche Seele dagegen kann zwar gleichfalls mit körperlichen Sinnen nicht wahrgenommen werden; — und in dieser Beziehung ist sie intellectibel; aber sie hat doch eine gewisse Aehnlichkeit oder Verwandtschaft mit dem Sinnlichen, weil und in so fern sie nicht blos mit dem Verstande erkennt, sondern auch durch die Sinne und die Imagination die körperlichen Gegenstände wahrnimmt. Und deshalb ist sie im eigentlichen Sinne nicht eine intellectible, sondern nur eine intelligible Natur [4]).

---

1) Ib. l. 1. p. 2. c. 1. — 2) Ib. l. 1. p. 6. c. 1. — 3) Ib. l. 1. p. 7. c. 30.
4) Erud. didasc. l. 2. c. 3. 4. Intellectibilis est (anima humana), eo, quod

Der Wesenheit oder Substanz nach ist die Seele im Menschen nur Eine, und alle Unterschiede, welche in ihr gemacht werden, berühren nur die Kräfte, in welchen und durch welche sie sich thätig erweist¹). Und diese Kräfte lassen sich sämmtlich auf drei Grundkräfte reduciren, nämlich auf die belebende Kraft, vermöge deren die Seele den Leib belebt und ernährt, dann auf das sinnliche Vermögen, und endlich auf die Vernunft. Das Verhältniss dieser drei Grundkräfte zu einander besteht darin, dass immer die niedere der nächst höhern dient und in gewisser Weise deren Thätigkeit bedingt²). Das Erkenntnissvermögen im Besondern hat eine doppelte Beziehung, eine Beziehung auf das Sinnliche, und eine Beziehung auf das Uebersinnliche. Die Beziehung auf das Sinnliche gründet in dem sinnlichen Wahrnehmungsvermögen; die Beziehung auf das Uebersinnliche in der Intelligenz. Zwischen beiden, nämlich zwischen dem sinnlichen Wahrnehmungsvermögen und der Intelligenz steht in der Mitte die Vernunft als discursives Vermögen³). Analog verhält es sich auch mit dem Begehrungsvermögen. Wir haben nämlich zu unterscheiden das fleischliche und das geistige Begehren, wovon das erstere auf das Sinnliche, das letztere auf das Uebersinnliche oder Geistige geht. Zwischen beiden steht wiederum in der Mitte der eigentliche Wille, welchem die Freiheit eignet⁴).

Als einfache Wesenheit kann die Seele nicht auf dem Wege der Zeugung sich fortpflanzen. Denn aus einer schlechterdings einfachen und untheilbaren Substanz kann kein Theil emaniren, um die Seele eines Andern zu werden; es müsste die ganze Substanz der Seele des Zeugenden in den Gezeugten übergehen; die Seele des Zeugenden müsste also in der Zeugung sich selbst verlieren: was absurd ist⁵). Man müsste denn annehmen, dass alle Seelen der Substanz nach nur Eine Seele seien, und dass mithin in der Fortpflanzung nur eine Vermehrung der Persönlichkeiten, in welcher die Eine Seelensubstanz zur Offenbarung

---

incorporea sit natura, et nullo sensu comprehendi possit. Intelligibilis vero ideo, quod similitudo quidem est sensibilium, nec tamen sensibilis. Intellectibile est enim, quod nec sensibile est, nec similitudo sensibilis. Intelligibile autem, quod ipsum quidem solo percipitur intellectu, sed non solo intellectu percipit, quia imaginationem vel sensum habet, quo ea, quae sensibus subjacent, comprehendit. c. 5. 6.

1) De sacr. l. 2. p. 1. c. 4. p. 378. Erud. didasc. l. 2. c. 5. — 2) Erud. didasc. l. 1. c. 4. — 3) De sacram. l. 1. p. 1. c. 19. — 4) De arca Noe moral. l. 1. c. 4. p. 633 sqq.

5) De sacr. l. 1. p. 7. c. 30. Simplex enim natura propagationem non facit, ubi ad illud, quod propagandum est ex eo, a quo propagandum est, pars sumi non potest, nisi totum transierit. Quod ergo unum est, inter duo si totum transierit, nihil ex eo remanet illi, a quo est. Si autem totum permanet, nihil confertur illi ad quod est. Si igitur anima ex anima gignitur sicut caro ex carne, dicant, quomodo simplex illa substantia aut tota in gignente remaneat, si in genitum transierit, aut tota in genitum transeat, si in gignente remanserit.

kommt, sich vollziehe, die Substanz selbst aber ungetheilt bleibe. Aber diese Annahme widerstreitet nicht blos der in der geistigen Natur begründeter wesenhaften Individualität der menschlichen Seele, sondern es würde in dieser Hypothese auch ein und dieselbe Seelensubstanz den widersprechendsten Modificationen unterliegen, nämlich sie würde zu gleicher Zeit selig und verdammt sein, Belohnung und Bestrafung erleiden: — was gegen alle Vernunft ist [1]). Die Entstehung der einzelnen menschlichen Seelen kann also nur durch unmittelbare göttliche Schöpfung erklärt werden. Wie ursprünglich zuerst der Leib des ersten Menschen von Gott gebildet und dann ihm die belebende Seele eingehaucht wurde, so wird auch in der Fortpflanzung des menschlichen Geschlechtes zuerst der Körper erzeugt, und dann wird dem Körper durch unmittelbare schöpferische Thätigkeit Gottes die belebende Seele eingeschaffen [2]).

§. 99.

Das sind die Grundlehren Hugo's über die Natur und Beschaffenheit der menschlichen Seele. Was nun aber die menschliche Natur als solche betrifft, so weicht Hugo hier von der in der christlichen Philosophie allgemein vertretenen Ansicht ab. Er erklärt sich nämlich gegen die Annahme, dass die menschliche Natur als solche Etwas anderes sei, als ihre beiden Bestandtheile für sich genommen. Es sei nicht wahr, wenn man sage, der Mensch als Ganzes sei weder Seele noch Leib, oder er sei nicht Leib und Seele, sondern ein Drittes, welches aus der Einheit beider Bestandtheile resultire. Es sei deshalb auch unwahr, dass der Mensch als solcher im Tode gänzlich aufhöre. Nichts ist ja thörichter, meint Hugo, als zu glauben, der Mensch höre da auf, wo er eigentlich wahrhaft zu sein anfängt, nämlich im Tode. Wie konnten denn die Heiligen so sehr nach dem Tode sich sehnen, wenn sie im Tode doch zu sein aufhörten? Und wie könnte in der gedachten Hypothese von den gottlosen Menschen mit Wahrheit gesagt werden, dass sie Nichts zu sein wünschen und doch nicht Nichts sein können [3])? — Die Wahrheit ist also nach der Lehre Hugo's diese, dass der eigentliche Mensch die Seele sei [4]). Die Seele nämlich hat, in so fern sie vernünftiger Geist ist, aus sich und durch sich den Charakter der Persönlichkeit, und wenn also der Leib mit ihr verbunden wird, so entsteht aus dieser Verbindung nicht eine neue Person, welche vorher nicht da war, sondern der Leib wird vielmehr der schon existirenden Person, welche die Seele ist, nur angefügt oder beigegeben. Weil aber der Leib in seiner Verbindung

---

1) Ib. l. 1. p. 7. c. 30. p. 299. — 2) Ib. l. 1. p. 7. c. 30. p. 300. — 3) Ib. l. 2. p. 1. c. 11. p. 406 sqq.
4) Ib. l. 2. p. 1. c. 11. p. 407. Quid enim magis est homo, quam anima? Erud. didasc. l. 1. c. 6

mit der Seele gewissermassen Eins mit dieser wird, so wird er in einem gewissen Sinne auch Eine Person mit dieser. So lange er also mit der Seele verbunden ist. ist er Eine Person mit dieser; aber das Personsein kommt der Seele nicht erst zu in Folge der Vereinigung mit dem Leibe, sondern sie hat, wie schon gesagt, den Charakter der Persönlichkeit aus und durch sich selbst¹). Daraus folgt, dass die Seele auch nach der Trennung von dem Leibe dieselbe Person bleibt, welche sie vorher in Verbindung mit dem Leibe gewesen, und dass folglich der Mensch als solcher mit dem Tode des Leibes nicht aufhört, weil die Seele nur dasjenige ablegt, was vorher ihrer Persönlichkeit blos zugegeben war. Im gemeinen Sprachgebrauche nennt man zwar die Seele in ihrer Trennung vom Leibe nicht mehr Mensch, weil das, was aus der Erde genommen ist, mit ihr nicht mehr sich vereinigt findet; aber deshalb hört sie doch nicht auf, dieselbe Person zu sein, welche sie vorher in Verbindung mit dem Leibe war²).

Wir können hier gleich bemerken, dass Hugo diese seine Ansicht über die menschliche Natur als solche auch auf die Person Christi übertrug, und demzufolge auch die Behauptung aufstellte, dass Christus, auch während sein Leib von seiner Seele getrennt war, nicht aufhörte, wahrer und eigentlicher Mensch zu sein, weil eben die Seele der wahre und eigentliche Mensch ist³). Es ist selbstverständlich, dass diese irrthümliche Auffassung der menschlichen Natur in der christlichen Wissenschaft keine Anerkennung finden konnte. Thomas von Aquin erklärte sich später ausdrücklich gegen dieselbe, und so hoch er auch die Lehrauctorität Hugo's schätzte, so trug er doch kein Bedenken, seine hieher bezügliche Ansicht im Interesse sowohl der philosophischen, als auch der theologischen Wahrheit zurückzuweisen⁴).

Aber gerade diese irrthümliche Ansicht, welche sich Hugo von der menschlichen Natur als solcher gebildet hatte, erklärt es uns, wie er für die ursprüngliche Verbindung der Seele mit dem Leibe überall nur äussere Gründe aufzubringen vermag. Zwar hält er entschieden daran fest, dass in der ersten Schöpfung die Seele nicht vor dem Leibe ge-

---

1) De sacram. l. 2. p. 1. c. 11. p. 409. Anima, in quantum est spiritus rationalis, ex se et per se habet esse personam, et quando corpus ei sociatur, non tantum ad personam componitur, quantum in personam apponitur. Ut in eo, quod per unionem quodammodo unum sit cum illa, eadem, quae ipsa est, persona esse incipiat cum illa. In quantum ergo corpus cum anima unitum est, una persona cum anima est, sed tamen personam esse anima ex se habet, in quantum est rationalis spiritus. Corpus vero ex anima habet, in quantum unitum est rationali spiritui. Quia vero sensus hominis in homine vivente corpus et animam simul percipit: non animam per se, aut corpus per se, sed animam simul et corpus personam dicere humanus sermo consuevit.

2) Ib. l. 2. p. 1. c. 11. p. 410 sq. — 3) Ib. l. 2. p. 1. c. 11. p. 411. cf. p. 399 sqq. — 4) S. Thom. S. Theol. p. 3. qu. 50. art. 4, c.

schaffen, sondern dass sie vielmehr im Augenblicke ihrer Schöpfung auch mit dem Leibe verbunden wurde [1]; aber der Grund, warum Gott die Seele, welche doch ihrer Natur nach mit den reinen Geistern auf gleicher Linie stand, mit dem Leibe vereinigte, besteht nach Hugo darin, dass Gott dem Menschen zeigen wollte, wie er ihn auch zur Theilnahme an seiner eigenen Herrlichkeit emporzuheben vermöge, nachdem er im Stande gewesen, zwei so ungleiche Naturen, wie Leib und Seele, mit einander zu einer so innigen Einheit zu verbinden. Ausserdem sollte der Mensch aus der so grossen Annehmlichkeit dieses irdischen Lebens, welches durch die Gegenwart der Seele in dem Leibe bedingt ist, auf die noch weit höhere Glückseligkeit des ewigen Lebens in der Vereinigung mit Gott schliessen, und so das Verlangen nach demselben in ihm entzündet und gesteigert werden [2].

Was endlich noch die Bestimmungen Hugo's über die menschliche Freiheit betrifft, so sind dieselben ganz analog mit denjenigen, welche oben schon über die Freiheit der Engel festgestellt worden sind. Die Freiheit ist das Vermögen der Wahl und bringt es als solches mit sich, dass der Mensch sich für dieses oder jenes bestimmen kann, also nicht durch irgend welche Nothwendigkeit zu Einem determinirt ist [3]. Diese Freiheit nun bildet die subjective Grundlage für das ethische Leben des Menschen, so fern ohne Wahlfreiheit das letztere unmöglich wäre. Die objective Grundlage dagegen bildet das Gesetz Gottes. Das Gute ist dasjenige, was dem Gesetze gemäss geschehen sollte, das Böse dagegen ist die Negation dessen, was das Gesetz erheischt [4]. Das Böse hat also ebenso seinen Grund in dem freien Willen, wie das Gute, und ist nichts Positives, sondern etwas Negatives — Nichts [5]. Vollbracht wird es in dem Acte der Einwilligung des Willens in dasjenige, was der Gerechtigkeit widerstreitet. Die äussere That erschwert die Sünde, welche in der Einwilligung des Willens schon begangen worden, in dem Grade, als sie die Intensität des Willens in der Richtung zum Bösen spannt und erhöht. Ist aber die Ausführung irgendwie verhindert, so gilt der Wille für die That, und die Sünde ist ebenso gross, als wenn sie wirklich wäre begangen worden [6].

---

1) De sacram. l. 1. p. 6. c. 3.
2) Ib. l. 1. p. 6. c. 1. Ut sciret homo, quod, si potuit Deus tam disparem naturam corporis et animae ad unam foederationem et amicitiam conjungere, nequaquam ei impossibile futurum, rationalis creaturae humilitatem ad suae gloriae participationem sublimare. Rursus si tantum gaudium est, et tanta jucunditas vita ista mortalis, quae constat ex praesentia spiritus in corpore corruptibili: quanta jucunditas foret et quantum gaudium vita illa immortalis ex praesentia divinitatis in spiritu rationali. De vanit. mund. l. 3. p. 721 sqq.
3) De sacram. l. 1. p. 5. c. 21. p. 6. c. 4.
4) Ib. l. 1. p. 5. c. 26. p. 6. c. 4. — 5) Ib. l. 1. p. 7. c. 16. — 6) Ib. l. 2. p. 13. c. 1.

Nach Entwicklung dieser allgemeinen psychologischen Grundsätze haben wir nun überzugehen zu der Lehre Hugo's vom Sündenfalle und von der Erlösung. Um uns aber die Darstellung dieser Lehre zu ermöglichen, haben wir zuerst einen Blick zu werfen auf den Zustand, in welchem nach Hugo's Auffassung der erste Mensch geschaffen worden.

§. 100.

Was zuerst die Erkenntniss des ersten Menschen betrifft, so lehrt Hugo, der Mensch habe sich einer dem Anfange seines Daseins entsprechenden vollkommenen Erkenntniss erfreut. Denn wie er der Ausbildung seines Leibes nach vollkommen geschaffen wurde, so habe er auch der Seele nach gleich in seiner Schöpfung eine seinem damaligen Stande entsprechende vollkommene Erkenntniss und Wissenschaft vom Schöpfer erhalten, und brauchte dieselbe nicht erst durch eigenes Nachdenken sich zu erringen. Es war die göttliche Erleuchtung, die göttliche Aspiration, welche jene Erkenntniss in ihm bewirkte [1]). Dreifach aber war diese ursprüngliche Erkenntniss. Der Mensch erhielt nämlich die Erkenntniss des Schöpfers, damit er wüsste, von wem er geschaffen worden, die Erkenntniss seiner selbst, damit er wüsste, als was er geschaffen worden und was ihm selbst zu thun obliege, und endlich die Erkenntniss dessen, was mit ihm geschaffen worden, und was er in Bezug auf dasselbe und in demselben zu wirken hätte [2]). Das Hauptsächlichste hiebei aber war die Erkenntniss des Schöpfers. Diese Erkenntniss war nicht eine solche, wie sie durch die äussere Lehre oder durch den Glauben vermittelt ist, sondern eine solche, wie sie durch den Blick der Contemplation bedingt ist, und die unmittelbare Gegenwart des Gegenstandes voraussetzt. Doch ist zu bemerken, dass diese anschauliche Erkenntniss Gottes im ersten Menschen noch nicht so vollkommen war, wie sie ihm zu Theil geworden wäre, falls er im Guten ausgeharrt hätte. Sie war zwar vollkommener als die Glaubenserkenntniss, aber doch auch wiederum nicht so vollkommen, wie die Anschauung, welche unser im Jenseits als Lohn des Guten wartet [3]).

---

1) Ib. l. 1. p. 6. c. 12. Primum hominem credimus cognitionem veritatis et scientiam perfectam mox conditum accepisse, et ad illam non studio aut disciplina aliqua per intervalla temporum profecisse, sed simul et semel ab ipso sui conditionis exordio uno ac simplici divinae aspirationis illuminatione illam percepisse.

2) Ib. l. c.

3) Ib. l. 1. p. 6. c. 14. Cognovit ergo homo creatorem suum, non ea cognitione, quae foris ex auditu solo percipitur, sed ea, quae potius intus per inspirationem ministratur. Non ea quidem, qua Deus modo a credentibus absens fide quaeritur, sed ea, quae tunc per praesentiam contemplationis scienti manifestius cernebatur. Sciendum tamen est, quod illam primam cognitionem hominis, quam de creatore suo habuit, sicut majorem et certiorem illa cognitione, quae nunc in sola fide constat, veraciter dicimus, ita etiam illa, quae postmodum in

Gehen wir hienach vom Erkennen zum Wollen über, so war die Willensfreiheit im ersten Menschen von der Art, dass er von der Sünde sich enthalten, aber auch sündigen konnte; ersteres mit Hilfe der Gnade, letzteres dagegen unter Voraussetzung der göttlichen Zulassung. Das Charakteristische der Freiheit vor dem Sündenfalle war also das „posse peccare et non peccare," während die endliche Vollendung der Freiheit im jenseitigen Leben das „non posse peccare" sein wird. Zwischen diesen beiden Extremen steht dann in der Mitte die Freiheit, wie sie sich in Folge des Sündenfalles gestaltet hat. Nach der Sünde nämlich und vor der Erlösung war das Charakteristische der Willensfreiheit das „posse peccare und non posse non peccare." Nach der Erlösung und in Folge derselben aber wird sie durch die Gnade wieder erhoben zu jener Stufe, welche durch das „posse peccare" und „posse non peccare" signalisirt wird, und so dem Wesen nach wieder auf ihren ursprünglichen Zustand zurückgeführt; nur dass die Schwäche des Fleisches, welche durch die Erlösung nicht gänzlich aufgehoben wird, eine gewisse Geneigtheit des Menschen zum Bösen mit sich führt, welche im ursprünglichen Zustande des Menschen noch nicht vorhanden war [1]).

Fragen wir aber weiter, ob der erste Mensch auch mit Tugenden ausgestattet war, so haben wir zu unterscheiden zwischen solchen Tugenden, welche ihren Grund in der Natur haben, und zwischen solchen, welche aus der göttlichen Gnade hervorflossen. Die natürlichen Tugenden können für sich kein Verdienst in Anspruch nehmen, welches

---

excellentia contemplationis divinae manifeste revelabitur, minorem necesse est confiteamur. c. 15. De arca Noe moral. l. 3. c. 6.

1) De sacram. l. 1. p. 6. c. 16. Liberum arbitrium hominem habuisse ante peccatum nullatenus ambigendum est, ea sane libertate, qua potuit sive ad bonum sive ad malum voluntatis suae appetitum inclinare. Ad bonum quidem adjuvante gratia, ad malum vero solum Deo permittente, non cogente. Prima ergo libertas arbitrii fuit posse peccare et posse non peccare, sicut ultima libertas erit posse non peccare et non posse peccare.... Media libertas post peccatum quidem ante reparationem gratiam non habet in bono, sed infirmitatem in malo, et idcirco in ea est posse peccare, non posse non peccare. Posse peccare, quia libertatem habet sine gratia confirmante; non posse non peccare, quia infirmitatem habet sine gratia adjuvante. Media libertas post reparationem ante confirmationem habet gratiam in bono, infirmitatem in malo: gratiam in bono adjuvantem propter libertatem, et gratiam contra malum adjuvantem propter infirmitatem, ut sit in ea posse peccare propter libertatem et infirmitatem, et posse non peccare propter libertatem et gratiam adjuvantem, nondum tamen non posse peccare propter infirmitatem adhuc perfecte non ablatam; et propter gratiam confirmantem adhuc perfecte non consummatam. Cum autem infirmitas tota e medio sublata fuerit, et gratia confirmans fuerit consummata, erit non posse peccare. Non quia vel tunc aut arbitrii libertas aut naturae humilitas destruatur, sed quod gratia confirmans, (qua praesente peccatum nequaquam inesse potest) amplius non auferatur.

über die natürlichen Güter hinausragt: während dagegen diejenigen Tugenden, welche in der Gnade gründen, ein übernatürliches Verdienst haben, und daher auch eine übernatürliche Belohnung erheischen [1]. Diese Unterscheidung vorausgesetzt, kann es nun keinem Zweifel unterliegen, dass der erste Mensch mit natürlichen Tugenden ausgestattet war; ob ihm aber auch übernatürliche Tugenden, welche in der Liebe Gottes gründen, zugetheilt worden seien, darüber lässt sich nichts mit Gewissheit bestimmen, weil uns über die Bethätigung der Gottesliebe von Seite des ersten Menschen nichts Gewisses bekannt ist. Denn obgleich derselbe seinen Schöpfer zu lieben wenigstens anfing, so waren diese Anfänge der Liebe an sich nicht lobenswerth, weil der Mensch in der Liebe nicht ausharrte, und die anfängliche Liebe bald durch die nachfolgende Sünde ausgelöscht wurde [2].

Was ferner die Sinnlichkeit betrifft, so ist im Menschen eine dreifache Bewegung zu unterscheiden, die Bewegung der Vernunft oder das eigentliche Wollen, dann die Bewegung der Sinnlichkeit, und endlich die leibliche Bewegung. Im ursprünglichen Zustande waren nicht blos die körperlichen Bewegungen, sondern auch die Bewegungen der Sinnlichkeit ganz und gar dem Willen untergeordnet und gehorchten ihm in jeder Beziehung. Dadurch unterscheidet sich der ursprüngliche Stand des Menschen ganz und gar von demjenigen Zustande, welcher in Folge der Sünde eingetreten ist; denn hier steht blos mehr die körperliche Bewegung unbedingt unter der Herrschaft des Willens, die Bewegungen der Sinnlichkeit dagegen haben sich in so ferne der unbedingten Herrschaft des Willens entzogen, als sie ihm nicht mehr gehorchen, sich zu ihm in Widerstreit setzen, und nur durch angestrengte Thätigkeit des Willens, unterstützt von der göttlichen Gnade, im Zaume gehalten werden können [3].

Der Leib des ersten Menschen endlich war leidensunfähig und unsterblich, jedoch nicht schlechthin, sondern nur in einer gewissen Beziehung. Er war sterblich seiner Natur nach; aber er war unsterblich, so fern es in der Macht des Menschen stand, dem Tode zu entgehen, falls er nämlich das göttliche Gebot erfüllte. Die Unsterblichkeit des ersten Menschen charakterisirte sich also als ein „posse non mori,"

---

[1] Ib. l. 1. p. 6. c. 17.
[2] Ib. l. c. p. 274 sq. Naturalibus virtutibus a principio natura humana formata est et instructa. De illis autem virtutibus, quae voluntate bona ex amore divino mota proficiscuntur, nihil temere circa hominem (quantum ad primum statum pertinet) definire volumus, praecipue cum de opere caritatis illius nullum sive ex auctoritate, sive ex ratione argumentum certum habeamus. Etsi quidem amare suum creatorem coepit, hoc tamen omnino laudabile non fuit, quia non perseveravit, quia motus incipientis virtutis exstinctus est et abolitus per teporem culpae subsequentis.
[3] Ib. l. 1. p. 6. c. 4. p. 8. c. 13. pag. 316.

wodurch das „posse mori" nicht ausgeschlossen war. Und in analoger Weise verhält es sich auch mit der Impassibilität des menschlichen Leibes im ursprünglichen Zustande[1]).

Das war also der Zustand des ersten Menschen. Indem er aber von Gott in's Dasein gesetzt wurde, wurden ihm durch göttliche Anordnung auch zwei Arten von Gütern zugetheilt, die sichtbaren Güter für sein leibliches Leben, die unsichtbaren Güter für sein geistiges Leben. Erstere wurden ihm sogleich in seiner Schöpfung thatsächlich zugetheilt, damit er sie ohne sein Verdienst besässe; die letztern dagegen erhielt er blos in der Verheissung; durch das Verdienst des Gehorsams sollte er dieselben sich erwerben[2]). So offenbarte sich hierin die hohe Würde der menschlichen Natur, da ihr zu ihrer höchsten Vervollkommnung und Beseligung nur das höchste Gut genügte, und zugleich auch die hohe Bedeutung der menschlichen Freiheit, da der Mensch nicht mit Nothwendigkeit zu jenem höchsten Gute determinirt war, sondern dasselbe mit Freiheit anstreben konnte und sollte[3]).

Es wären nun aber sowohl die verliehenen, als auch die verheissenen Güter dem Menschen zu Nichts nütze gewesen, wenn nicht den verliehenen Gütern eine Wache beigefügt worden wäre, damit sie nicht verloren gingen, und wenn zu den verheissenen Gütern nicht der Weg eröffnet worden wäre, damit der Mensch auf diesem Wege sie suchen und finden könnte. Darum wurde denn von Gott vor die verliehenen Güter das Gesetz der Natur als Wache gesetzt, und wurde zu den verheissenen Gütern der Weg eröffnet durch das Gesetz der Disciplin. Das Gesetz der Natur ward dem Menschen innerlich eingeprägt in seiner Natur; das Gesetz der Disciplin dagegen kam ihm zu durch das offenbarende Wort Gottes[4]). Von welcher Art nun musste dieses Gesetz der Disciplin sein?

§. 101.

Es ist ein dreifaches Verhältniss der Dinge zum natürlichen Leben des Menschen möglich. Die einen sind für die Erhaltung dieses Lebens nothwendig, die andern sind demselben schädlich, und wieder andere endlich sind in beiderseitiger Beziehung gleichgiltig. Und da das natürliche Leben das Nachbild des höhern geistigen Lebens ist, so findet sich auch hier das erwähnte dreifache Verhältniss vor, indem Manches für die Erhaltung und Förderung des geistigen Lebens nothwendig ist, wie die Tugend, während Anderes, wie das Laster, dem-

---

1) Ib. l. 1. p. G. c. 18.
2) Ib. l. 1. p. G. c. 6. Duo bona homini conditor a principio praeparabat, unum visibile, alterum invisibile... Ex his bonis unum dedit, alterum promisit. Unum ut gratis possideretur, alterum, ut per meritum quaereretur.
3) Ib. l. 1. p. G. c. 6. — 4) Ib. l. 1. p. G. c. 7. c. 28.

selben schädlich, und wieder Anderes indifferent ist. Daher müssen auch die göttlichen Gebote theils gebietend, theils verbietend, theils erlaubend sein¹). Verhält es sich aber also, dann musste das Gesetz der Disciplin im Bereiche desjenigen sich bewegen, was vermöge des natürlichen Gesetzes erlaubt war; denn da hier allein die menschliche Freiheit ganz nach eigenem Belieben sich bethätigen konnte, ohne dem göttlichen Willen zu widerstreiten, so war auch in diesem Gebiete allein ein wahres Verdienst möglich, falls die Freiheit hier ihre Berechtigung aufgab und dem göttlichen Gesetze sich unterwarf²). Und wie das Gesetz der Disciplin auf solches sich beziehen musste, was vermöge des natürlichen Gesetzes erlaubt war, so musste es auch vielmehr verbietend, als gebietend auftreten; denn hätte es etwas an sich Erlaubtes geboten, so hätte der Teufel dem Menschen leicht das Motiv eigenen Vortheils vorhalten und so den Werth seines Gehorsams herabsetzen können. Und ebenso musste das Gesetz der Disciplin sich nur auf Einen Gegenstand, nicht auf mehrere beziehen, damit der Mensch in dem natürlichen Bedürfnisse keinen Entschuldigungsgrund für die Uebertretung desselben finden konnte³).

Das also sind die Eigenschaften, welche das Gesetz der Disciplin haben musste; und wenn daher die heilige Schrift sagt, dass Gott dem ersten Menschen geboten habe, von der Frucht des Baumes der Erkenntniss des Guten und Bösen nicht zu essen: so war dieses Verbot den Forderungen des Gesetzes der Disciplin, welches der erste Mensch im Interesse seiner ewigen Vollendung erhalten musste, vollkommen angemessen.

Es ist nun aber von Anfang ein doppeltes Streben von Gott in die Natur des Menschen gelegt worden, damit dadurch sein ganzes Leben geleitet und zur Vollendung hingeführt werde: das Streben nach dem Gerechten und das Streben nach dem Zuträglichen. Das Streben nach dem

---

1) Ib. l. 1. p. G. c. 8. Nam quia ista vita inferior superioris vitae imago est, congruum erat, ut in illis, quae ad hanc vitam facta sunt, eorum quae ad superiorem vitam spectant, documentum homini proponeretur. Sunt autem, quae per ista foris demonstrari debuerunt, quaedam intus noxia vitae spirituali, quibus ipsa uti sine laesione non potest, ut sunt vitia omnia, quae animae corruptionem adducunt. Sunt item intus quaedam salubria et necessaria, quibus sine laesione carere non potest, qualis est cognitio Dei et cognitio sui et virtutes omnes, quae ad sanitatem animae operantur, et nutrimentum praestant. Sunt item alia, quae adesse et abesse sine laesione possunt, et haec ad utrumlibet se habent, quia salutem non impediunt quasi noxia, nec velut necessaria operantur, qualis est cognitio rerum extrinsecarum et alia quaedam hujusmodi. Ad necessaria ergo et salubria pertinet praeceptio; ad noxia prohibitio, ad media concessio. c. 28.

2) Ib. l. 1. p. G. c. 29. Oportuit ergo, ut de concessione naturali praeceptum disciplinae sumeretur, quia solummodo meritum esse potuit, ubi liberum arbitrium fuit, et ubi homo ad utrumlibet se pro voto inclinare potuit.

3) Ib. l. 1. p. G. c. 29.

Gerechten unterscheidet sich aber dadurch von dem Streben nach dem Zuträglichen, dass das erstere Sache des freien Willens ist, während das letztere als ein nothwendiges dem Menschen innewohnt. Der Grund, warum das erstgenannte Streben dem göttlichen Willen gemäss ein freies sein sollte, liegt darin, dass der Mensch durch dasselbe in Stand gesetzt werden sollte, ein Verdienst sich zu erwerben, im Falle er freiwillig die Gerechtigkeit wahrte, sowie im gegentheiligen Falle auch die Möglichkeit der Schuld dadurch bedingt sein sollte. Das Streben nach dem Zuträglichen dagegen sollte deshalb ein nothwendiges sein, damit der Mensch in demselben für das Gute belohnt und für das Böse gestraft werden könnte [1]. Dasjenige nun, was aus dem Streben nach dem Gerechten entspringt, oder die Wirkung dieses Strebens ist die Gerechtigkeit; die Wirkung des Strebens nach dem Zuträglichen dagegen ist die Glückseligkeit. Während aber die entsprechende Wirkung von dem Streben nach dem Rechten untrennbar ist, weil derjenige, welcher das Rechte will, eben dadurch schon gerecht ist, ist dagegen die wirkliche Glückseligkeit von dem Streben nach dem Zuträglichen in so fern trennbar, als derjenige, welcher sie anstrebt, sie deswegen noch nicht besitzt. Umgekehrt dagegen ist das Streben nach dem Rechten von dem Willen, in welchem es gründet, trennbar, weil es eben ganz der Freiheit des Menschen anheimgegeben ist, während das Streben nach dem Zuträglichen von dem Willen untrennbar ist, weil es ihm als ein nothwendiges innewohnt, und sich daher der Freiheit vollständig entzieht [2].

So sollte denn der erste Mensch mit Freiheit das Rechte wollen, und wenn er diese seine Aufgabe erfüllt hätte, so hätte Gott zum Lohne hiefür auch seinem Streben nach dem Zuträglichen, dessen Erfüllung und Befriedigung nicht in seiner eigenen Gewalt lag, zur Verwirklichung gebracht, d. h. er hätte ihm die Glückseligkeit verliehen, welche er nothwendig anstrebte. Verwirklichte dagegen der erste Mensch das Streben nach dem Rechten nicht; verliess er die Gerechtigkeit, deren Verwirklichung ihm zur Aufgabe geworden, so musste Gott ihm zur Strafe hiefür auch die Realisirung seines Strebens nach Glückseligkeit

---

1) Ib. l. 1. p. 7. c. 11.
2) Ib. l. 1. p. 7. c. 11. Post hos duos appetitus duo effectus illorum subsequebantur, justum et commodum, dissimiliter tamen et ordine contrario. Appetitus quippe justi sive affectus separabilis est, quia secundum voluntatem inest; sed effectus illius, i. e. justum sive justitia inseparabilis est ab illo, quia appetitus justi sine justitia esse non potest. Ipsam enim justitiam appetere, secundum aliquid justitiam habere est. Affectus ergo justi a voluntate separari potest, sed effectus ejus, i. e. justitia, ab affectu ipso separari non potest. Rursum appetitus commodi inseparabilis est, quia secundum necessitatem inest, et a voluntate rationali nunquam separari potest. Effectus autem ejus, i. e. commodum, ab eo separabilis est, quia desiderari commodum, dum non habetur, potest.

versagen; das Streben nach dem Zuträglichen blieb im Menschen; aber da es sein Ziel nicht mehr erreichen konnte, so wohnte es dem Menschen von nun an nur mehr zu seiner eigenen Qual inne, und darin bestand eben die Strafe des Bösen [1]).

Der erste Mensch hat das Gesetz der Disciplin wirklich übertreten und so die Gerechtigkeit verlassen. Er ging in seinem Streben über das Mass des Rechten hinaus, und dadurch verliess er das Rechte. Das Mass des Rechten forderte von ihm, dass er zwar die Aehnlichkeit mit Gott anstrebte, aber nicht vor der Zeit sie zu gewinnen versuchte, bevor er nämlich durch den Gehorsam sich bewährt und so dieselbe verdient hätte. Das Mass des Rechten forderte ferner von ihm, dass er sich mit jener Aehnlichkeit begnügen und die angestrebte Aehnlichkeit nicht zur Gleichheit mit Gott hinaufsetzen sollte. In beiderseitiger Beziehung nun hat der erste Mensch das Mass des Rechten überschritten; er hat vor und ohne Bewährung des Gehorsams gegen Gott das Ziel seines Strebens zu erreichen versucht und er hat ferner in diesem Streben nicht Gott ähnlich, sondern Gott gleich werden wollen. So hat er die Gerechtigkeit verlassen, des Strebens nach dem Rechten sich entschlagen: — und nun musste die Strafe in dem Streben nach dem Zuträglichen der Schuld auf dem Fusse folgen [2]). Und diese Strafe war doppelter Art. Sie besteht nämlich einerseits darin, dass der Mensch von dem, was er ordnungsgemäss anstrebt, zurückgehalten wird, es nicht erreicht; und andererseits darin, dass der Begierde nach demjenigen, was ordnungsgemäss gar nicht angestrebt werden soll und kann, in Folge der Sünde in ihm der Zügel gelassen ist [3]).

§. 102.

Dieses vorausgesetzt wird es nun nicht mehr schwer sein, das Wesen der Erbsünde zu bestimmen. Versteht man nämlich unter Erbsünde jenes Vitium, mit welchem Alle vermöge ihrer Abstammung von den ersten Eltern behaftet sind: so wird in diesem Vitium ein doppeltes Moment gelegen sein müssen. Die Folge der Sünde des ersten Menschen war nämlich Unwissenheit im Geiste und Begierlichkeit im Fleische. Es ging nämlich der Mensch einerseits jener hohen Erkenntniss, deren er sich vor dem Sündenfalle erfreut hatte, verlustig, und andererseits verfiel er der Begierlichkeit, indem die Unterordnung des Sinnlichen unter das Geistige sich löste [4]). Der erste Mensch verweigerte in seinem

---

1) Ib. l. 1. p. 7. c. 11. 17. — 2) Ib. l. 1. p. 7. c. 15.
3) Ib. l. 1. p. 7. c. 17. Quia ergo homo appetitum justi deserens peccavit, in retento appetitu commodi punitus est.... In quo quidem dupliciter punitur, sive cum ab iis, quae ordinate appetit, restringitur, sive cum ad alia commoda, quae ordinate appeti non possunt, appetenda relaxatur. In altero est poena, in altero poena et culpa.
4) Ib. l. 1. p. 7. c. 26. De arca Noe moral. l. 4. c. 5.

Hochmuthe Gott den schuldigen Gehorsam, und zur Strafe dafür verhängte Gott über seinen Geist die Unwissenheit, indem er ihm das Licht der Wahrheit entzog, und sein Fleisch bestrafte er mit der Begierlichkeit, indem er es seiner Schwäche und Sterblichkeit überliess¹).

Diese doppelte Corruption der menschlichen Natur pflanzte sich nun von den Stammeltern auf die Nachkommen über. Alle werden geboren mit der Unwissenheit im Geiste und mit der Begierlichkeit im Fleische²). Während aber diese Unwissenheit und Begierlichkeit im ersten Menschen actuelle Schuld und zugleich Strafe für diese actuelle Schuld waren, sind sie in uns ererbte Schuld und Strafe, und als ererbte Schuld zugleich auch wieder der Grund für jene Strafe, welche auf diese ererbte Schuld selbst gelegt ist³). Und hieraus ergibt sich nun der Begriff der Erbsünde. Es ist nämlich die Erbsünde nichts Anderes, als jene Corruption oder jenes Vitium, mit welchem wir vermöge unserer Abstammung aus Adam behaftet sind durch die Unwissenheit im Geiste und durch die Begierlichkeit im Fleische⁴).

Es kann jetzt nur mehr die Frage sein, wie und in wie fern denn Unwissenheit und Begierlichkeit in uns, die wir doch persönlich die erste Sünde nicht begangen haben, ein Vitium sein und den Charakter der Schuld haben können. Hugo versäumt nicht, hierüber Aufschluss zu geben. Die Unwissenheit, in welcher wir geboren werden, sagt er, ist nicht deshalb ein Vitium, weil wir die Wahrheit während der Zeit noch nicht erkennen, wo wir sie noch nicht erkennen sollen, sondern weil sie von der Art ist, dass wir durch dieselbe verhindert werden, auch dann die Wahrheit zu erkennen, wenn wir sie erkennen sollen. Und gerade deshalb involvirt sie auch das Moment der Schuld. Ohne Erkenntniss geboren werden, ist Natur, nicht Schuld. Aber mit einem solchen Gebrechen geboren zu werden, durch welches wir auch später, wenn wir zum Bewusstsein herangereift sind, an der Erkenntniss der Wahrheit verhindert werden, ist nicht Natur, sondern Schuld. Der Grund dieser schuldbaren Unwissenheit aber liegt in der Corruption des Fleisches und des fleischlichen Sinnes, vermöge deren wir ausser Stand sind, die Wahrheit ohne den verwirrenden Einfluss des Irrthums rein zu erkennen⁵).

---

1) De sacram. l. 1. p. 7. c. 27. — 2) Ib. l. 1. p. 7. c. 27. — 3) Ib. l. 1. p. 7. c. 26.

4) Ib. l. 1. p. 7. c. 28. Si quaeritur, quid sit originale peccatum in nobis, intelligitur corruptio sive vitium, quod nascendo trahimus per ignorantiam in mente et per concupiscentiam in carne. c. 31.

5) Ib. l. 1. p. 7. c. 32. Ignorantia non propterea vitium est in eis, quia cum nascuntur, veritatem non agnoscunt, quando non debent, sed quia tunc cum nascuntur, vitium est in eis, quo postea impediuntur, ne veritatem agnoscant, quando debent. Nasci quippe sine cognitione natura est, non culpa. Sed in eo vitio nasci, quo postea a cognitione veritatis impediantur, culpa est, non natura. Hoc autem vitium in corruptione carnis est et in corruptione sensus carnalis, qui sen-

Analog verhält es sich mit der Begierlichkeit. Weil der Geist im ersten Menschen das Mass des Rechten überschritt, so überschreitet nun auch die niedere Begierde das Mass, welches ihr von der Vernunft gesteckt ist, und empört sich gegen den Geist¹). Es hat sich die ursprüngliche Integrität der menschlichen Natur aufgelöst; die Schwäche des Fleisches ist an die Stelle jener Integrität getreten, und diese Schwäche des Fleisches führt die Begierlichkeit als natürliche Folge mit sich²). So ist die Begierlichkeit zunächst Strafe; aber sie ist zugleich auch Schuld, weil sie etwas in sittlicher Beziehung nicht sein sollendes ist³). Freilich ist es wahr, dass der Mensch nun vermöge seiner Geburt sowohl der Unwissenheit als auch der Begierlichkeit nothwendig unterliegt; aber diese Nothwendigkeit hebt die Schuld nicht auf, weil sie ja selbst wiederum durch den freien Willen herbeigeführt worden ist⁴).

Was nun aber die Art und Weise betrifft, wie die Sünde fortgepflanzt wird: so kann die Sünde nicht unmittelbar von der Seele der Eltern auf die Seele des Kindes übergehen, weil letztere nicht aus den erstern erzeugt, sondern unmittelbar von Gott geschaffen wird. Die Fortpflanzung der Sünde kann also blos sich vollziehen durch das Fleisch⁵). Wenn nämlich die Erbsünde in der Unwissenheit und Begierlichkeit besteht, mit welcher der Mensch in's Dasein eintritt, so hat, wie gesagt, die Unwissenheit in der Corruption des fleischlichen Sinnes, die Begierlichkeit dagegen in der Schwäche des sterblichen Fleisches ihren Grund. Es kann nun aber das Fleisch nicht anders als in diesem Zustande der Schwäche und Sterblichkeit erzeugt werden; und daraus folgt, dass wie in der Erzeugung die Corruption und Sterblichkeit des Fleisches mit Nothwendigkeit sich fortpflanzt, so auch die Folge davon, nämlich die Unwissenheit und Begierlichkeit, d. i. die Erbsünde, mit gleicher Nothwendigkeit durch das Fleisch sich fortpflanzen muss. Das Fleisch wird gesäet durch das Medium der Begierlichkeit, und durch diese geht dann auch im Fleische die Schuld auf das Erzeugte über⁶). In den Getauften hat freilich die Begierlichkeit aufgehört, mit der Schuld behaftet zu sein; aber als Strafe ist sie denn doch in ihnen noch geblieben, und darum pflanzt sich auch aus Getauften die Sünde noch fort⁷). Obgleich mithin die Seele

---

sus carnalis si integritatem suam haberet, provectus et exercitatus judicium veritatis per ea, quae foris viderentur, admonitus, sine labore conciperet. Quia vero ex carne corrupta integritate sua privatus est, puram sine confusione erroris veritatem haurire non potest.

1) Ib. l. 1. p. 7. c. 19. c. 23.
2) Ib. l. 1. p. 7. c. 31. Ipsa mortalitatis infirmitas causa est, quam consequitur concupiscendi necessitas. c. 34.
3) Ib. l. 1. p. 7. c. 31. c. 23. — 4) Ib. l. 1. p. 7. c. 23. — 5) Ib. l. 1. p. 7. c. 30. c. 24. — 6) Ib. l. 1. p. 7. c. 31. c. 24. — 7) Ib. l. 1. p. 7. c. 24. c. 37.

rein aus Gottes Hand hervorgeht, so wird sie dennoch durch die Berührung mit dem Fleische, welchem sie eingeschaffen wird, von dem ersten Augenblicke ihres Daseins an mit der Erbschuld befleckt. Nicht als ob sie durch ihre Verbindung mit dem Fleische einen actuell bösen Willen empfinge: sondern das Uebel, welches ihr in Folge ihrer Verbindung mit dem Fleische anhaftet, besteht nur darin, dass sie ohne göttliche Gnadenhilfe nicht im Stande ist, weder die Erkenntniss der Wahrheit zu gewinnen, noch der fleischlichen Begierlichkeit zu widerstehen [1]).

Wir sehen, Hugo weicht in dieser seiner Lehre von der Erbsünde von der Anselmianischen Auffassung ab, und schliesst sich wieder mehr der augustinischen Anschauung an. Und so finden wir von den zwei Hauptrepräsentanten der christlichen Wissenschaft dieser Epoche zwei Theorien über das Wesen der Erbsünde vertreten, welche zwar einander nicht entgegengesetzt sind, von denen aber dennoch jede die Erbsünde vorwiegend nur je nach dem Einen ihrer beiden Momente auffasst, Anselm nach dem formalen, Hugo nach dem materiellen Momente. Wir werden diese beiden Auffassungen auch im weitern Verlaufe des Mittelalters immer wiederkehren sehen; wir werden aber auch finden, dass man nicht unterlassen hat, beide miteinander in der Weise zu verbinden, dass sie in dieser Verbindung einander gegenseitig ergänzen, und so in Einheit miteinander den vollen Begriff der Erbsünde erschöpfen [2]).

§. 103.

Durch die Sünde war der Mensch unter die Herrschaft des Teufels gekommen und hatte den Zorn Gottes auf sich geladen. Sollte nun aber die Wiederversöhnung mit Gott sich bewerkstelligen, und in Folge dessen der Mensch von der Herrschaft des Teufels wieder befreit werden, dann konnte solches nur unter der Bedingung geschehen, dass der Mensch einerseits den Schaden wieder gut machte, welchen er Gott zugefügt hatte, und dass er andererseits für die in der Sünde involvirte Verachtung Gottes Genugthuung leistete. Aber der Mensch vermochte aus sich selbst weder das eine noch das andere. Er konnte den Gott zugefügten Schaden nicht wieder gut machen; denn er hatte Gott einen gerechten Menschen entrissen, und konnte ihm nur einen

---

1) Ib. l. 1. p. 7. c. 35. Constat igitur, quod anima rationalis corpori humano infusa nec voluntate corrumpitur, ne peccatum sit actuale, nec necessitate corrumpitur, ne vitium sit non imputabile. Non itaque malum illi est aut mala voluntas, quia nondum velle accepit, aut opus malum, quia nondum adhuc bene vel male agere potuit: sed malum illi est, quia talis est, quae nisi per gratiam adjuvetur, neque cognitionem veritatis accipere, neque concupiscentiae carnis suae resistere possit. Hoc autem illi inest non de integritate conditionis, sed de societate carnis corruptibilis.

2) Cf. *Albert. magn.* Summ. theol. p. 2. tr. 17. qu. 107. m. 3.

Sünder wiedergeben. Er vermochte aber auch nicht Genugthuung zu leisten; denn da hätte er die der Sünde gebührende Strafe freiwillig auf sich nehmen müssen, während er doch schon an und für sich derselben schuldig war. Sollte also der Mensch gerettet werden, dann musste die Initiative hiezu nothwendig von Gott ausgehen. Und Gott hat sich auch wirklich des Menschen erbarmt; indem er selbst Mensch wurde, hat er der Menschheit jenen Menschen gegeben, welchen sie Gott zum Zwecke der Ersetzung des ihm zugefügten Schadens wiedererstatten konnte; und indem er nach seiner menschlichen Natur freiwillig dem Leiden und dem Tode sich hingab, hat er jene Genugthuung geleistet, zu welcher die Menschen Gott verpflichtet waren [1]. Nicht als ob Gott den Menschen nicht auch auf eine andere Weise hätte erlösen können; aber die geeignetste und unserer Schwäche angemessenste Weise der Erlösung war die Erlösung, wie sie sich vollzog durch die Menschwerdung und durch den Tod des Erlösers [2].

Was nun aber die Person des Erlösers betrifft, so hat der Sohn Gottes sein Fleisch aus Adam angenommen, so jedoch, dass dieses im Augenblicke seiner Einigung mit der göttlichen Person von der Makel der Sünde befreit und gereinigt wurde [3]. So war Christus frei von der Erbsünde, und von aller Schwäche, von allem Hange zur Sünde; er war des Bösen unfähig [4]. Ausserdem empfing die menschliche Natur Christi in Folge ihrer Vereinigung mit der göttlichen Person als Gnadengeschenk Alles, was die Gottheit von Natur aus besitzt. Daher erhielt die menschliche Seele Christi vom ersten Augenblicke seiner Empfängniss an, in Folge ihrer unaussprechlichen Union mit der Gottheit, die ganze Fülle und Vollkommenheit der göttlichen Weisheit, Macht und Güte [5]. Ungeachtet dieser Vorzüge aber war die menschliche Natur Christi dennoch von der Art, dass er leiden und sterben konnte; denn in einem solchen leidensfähigen Zustande musste der Erlöser die menschliche Natur nothwendig annehmen, wenn anders eine Erlösung in der von Gott beschlossenen Weise möglich sein sollte [6].

---

1) Ib. l. 1. p. 8. c. 4. — 2) Ib. l. 1. p. 8. c. 10. — 3) Ib. l. 2. p. 1. c. 5.
4) Ib. l. 2. p. 1. c. 6. p. 383. Naturae humanae Christi et hoc ex societate divinitatis collatum est, ut spontanea quidem libertate bonum faceret, sed ad malum faciendum nulla prorsus necessitate vel infirmitate declinare potuisset.
5) Ib. l. 2. p. 1. c. 6. Ex quo humanitati divinitas conjuncta est, ex ipsa divinitate humanitas accepit per gratiam totum, quod divinitas habuit per naturam, ita ut secundum illam ineffabilem unionem et Dei esset in humanitate sua totum, quod humanitatis erat, et hominis esset in divinitate sua totum, quod divinitatis erat. Sic ergo humanitatem Verbi in anima rationali a prima conceptione sua ex ineffabili unione divinitatis plenam et perfectam sapientiam et potentiam et virtutem et bonitatem accepisse credimus. De sapient. animae Christi. p. 853 sqq.
6) De sacram. l. 2. p. 1. c. 7. c. 11.

Die von Christus gewirkte Erlösung nun wird uns subjectiv angeeignet durch die Gnade. Die Gnade der Erlösung heilt unsere kranke und verderbte Natur, und theilt ihr darüber noch solches zu, was sie aus sich allein gar nicht vermag [1]). Sie wirkt in uns nicht blos den guten Willen, sondern sie wirkt auch mit diesem mit zur guten That [2]). Der heilige Geist ist der Werkmeister, der Wille das Instrument zur guten That; doch wirkt nicht blos jener, sondern auch dieser, der Wille nämlich, selbstthätig zum Guten mit [3]). Durch die Gnade werden uns die übernatürlichen Tugenden eingepflanzt, welche uns fähig machen des übernatürlichen Lohnes, der uns verheissen ist, weil sie allein verdienstlich sind [4]). Seine Gnade aber gibt Gott, wem und wie er will. Die einen erwählt, die andern verlässt er; und in beiden Fällen handelt er gerecht [5]). Indem er Einige erwählt, handelt er gerecht in so fern, als es in seinem Rechte steht, seine Gnade zu geben, wann und wem er will; indem er Andere verlässt, handelt er wiederum gerecht, in so fern, als er sie nicht ohne ihr Verdienst verlässt [6]).

Ist die Gnade dasjenige, wodurch die Erlösung in uns gewirkt wird, so fliesst uns diese Gnade selbst zu in den Sacramenten. Der Mensch war ursprünglich mit Gott unmittelbar verbunden; jetzt aber, nachdem er gefallen, sollte er nur mehr mittelst sinnlich wahrnehmbarer Medien zu Gott erhoben werden: — und das sind eben die Sacramente. Durch die Sacramente sollte also der Mensch gedemüthigt, belehrt und zum Guten geübt werden [7]). Die Sacramente sind aber zweifacher Art. Die einen bedeuten die Gnade blos; die andern ertheilen sie auch. Die erstern sind die Sacramente des alten, die letztern die des neuen Bundes [8]).

---

1) Ib. l. 1. p. 6. c. 17. Gratia creatrix primum naturae conditae quaedam bona inseruit; gratia salvatrix et bona, quae natura primum corrupta perdidit, restaurat, et quae imperfecta nondum accepit, aspirat.

2) Ib. l. 1. p. 6. c. 17. p. 274. De arca Noe mor. l. 4. c. 3.

3) De sacr. l. 1. p. 6. c. 17. p. 274.

4) Ib. l. 1. p. 6. c. 17. p. 274. Virtutes, quas gratia reparatrix naturae superaddita format, quia in merito aliquid supra naturam accipiunt, in praemio et supra naturam remunerari dignae sunt, ut quibus amor Dei causa est in opere, praesentia Dei praemium sit in retributione.... Virtutes vero naturales, etsi laudabiles sunt, quia bonae sunt et a natura sunt, non sunt tamen dignae merito illo, quod est supra naturam, quia nihil in se habent praeter naturam.

5) Ib. l. 1. p. 8. c. 7.

6) Ib. l. 1. p. 8. c. 8. 9. Sic igitur Deus de massa generis humani quosdam ad salvationem assumens, justitia utitur debitae potestatis, quosdam vero ad perditionem descrens, justitia utitur licitae aequitatis. Illic de debito suo, hic de merito nostro.... Cum Deus justificat peccatorem, juste agit, et justus est justitia potestatis, qua ei hoc licet. Cum punit peccatorem, juste facit, quia ejus potestati debetur, ut hoc possit, si velit, et juste punitur, qui patitur, quia secundum meritum suum ei retribuitur, quod ejus merito debetur.

7) Ib. l. 1. p. 9. c. 3. — 8) Ib. l. 1. p. 11. c. 2. c. 3. c. 5. p. 12. c. 10.

Wenn aber durch die Gnade und durch die die Gnade vermittelnden Sacramente das christliche Leben in seiner Möglichkeit und Wirklichkeit bedingt ist: so vollzieht sich dieses christliche Leben nach seiner wirklichen Gestaltung in der Liebe und in den daraus hervorgehenden Werken [1]). Die bewegenden Elemente in dem gesammten christlichen Leben sind Furcht und Liebe [2]). Es gibt eine weltliche und eine knechtische Furcht. Erstere vermeidet das Gute, letztere das Böse, blos um der Strafe zu entgehen: — und beide sind nicht gut. Es gibt aber auch eine anfängliche und eine kindliche Furcht: und beide sind gut. Erstere bezieht sich nämlich zwar auch noch auf die Strafe; aber sie schliesst im Hinblick auf diese Strafe nicht blos das böse Werk, sondern auch den Willen und den Gedanken des Bösen aus. Die kindliche Furcht dagegen vermeidet das Böse nicht mehr wegen der Strafe, sondern blos deshalb, um das geliebte Gut nicht zu verlieren. Diese beiden Arten der Furcht nun, die anfängliche und die kindliche, stehen mit der Liebe in engster Verbindung. Die anfängliche Furcht leitet die Liebe ein, die kindliche Furcht erwächst aus ihr [3]). In der Liebe aber muss das christliche Leben sich bewegen, wenn es das sein soll, was sein Name ausdrückt. Gott müssen wir lieben rein um seiner selbst willen; einen Lohn ausser ihm dürfen wir in der Liebe nicht suchen; die Liebe muss in dieser Beziehung rein und uneigennützig sein; nur Gott selbst dürfen und müssen wir in der Liebe als unsern höchsten Lohn anstreben; das liegt schon in dem Wesen der Liebe ausgesprochen; denn Gott lieben heisst ja im Grunde nichts anders, als ihn besitzen wollen [4]). Für Alles, was uns Gott gegeben hat, können wir ihm nichts Anderes geben, als unsere Liebe [5]); und diese müssen wir ihm denn auch ganz geben; sie ist unsere höchste und in gewissem Sinne unsere einzige Pflicht gegen ihn. Nur was aus dieser Liebe hervorgeht, ist verdienstlich für das ewige Leben [6]).

Mit der Liebe Gottes ist aber zugleich auch die Liebe zu uns selbst gegeben. Wer Gott liebt, will sich selbst sein höchstes Gut, und weil die Liebe darin besteht, dass man dem Gegenstande seiner Liebe Gutes will, so liebt derjenige, welcher Gott liebt, eben durch diese Liebe auch sich selbst, und je mehr er Gott liebt, desto mehr liebt er auch sich selbst [7]). Das Analoge gilt auch von der Liebe des Nächsten. Der Mensch liebt nur dann den Nächsten wahrhaft, wenn er ihm sein wahr-

---

1) Ib. l. 1. p. 8. c. 1. 7. p. 9. c. 8.
2) Ib. l. 2. p. 13. c. 3. Duo sunt motus cordis, quibus anima rationalis ad omne, quod facit, agendum impellitur. Unus est timor, alter amor.
3) Ib. l. 2. p. 13. c. 4. c. 5.
4) Ib. l. 2. p. 13. c. 6. Quid est Deum diligere? Habere velle. Quid est Deum diligere propter se ipsum? Ideo diligere, ut habeas ipsum. c. 8.
5) De arrha animae, p. 961. — 6) De sacram. l. 2. p. 13. c. 11. p. 539. —
7) Ib. l. 2. p. 13. c. 7. c. 8.

haftes Gut, Gott nämlich, will. Die wahre Nächstenliebe erfordert es deshalb, dass man den Nächsten liebe entweder darum, weil er Gott besitzt, oder weil er ihn besitzen wird, oder damit er ihn besitze. Wie also in uns selbst, so lieben wir auch in unserm Nächsten nur Gott; denn wie wir uns selbst wegen Gott lieben, so lieben wir auch den Nächsten nur wegen Gott¹).

Durch die Tugend werden die Affecte geordnet, das innere Gleichgewicht hergestellt, und so die innere Gesundheit und Kraft des geistigen Lebens erzielt²). Die Tugend schliesst in sich den Willen des Guten ein; aber wenn das gute Werk möglicherweise vollbracht werden kann, so hat der Wille ohne Werk keinen Werth. Durch das Werk wird der Wille erhöht und gespannt; daher auch das Verdienst vergrössert. Der Wille wird belohnt wegen des Werkes, das Werk wegen des Willens³).

Verhält es sich also mit der Gestaltung des christlichen Lebens, so ist es begreiflich, dass auf der Grundlage dieses christlichen Lebens auch die Erkenntniss des Menschen vermöge der göttlichen Gnadenerleuchtung zu einer höhern Stufe der Entfaltung emporgehoben und zu einer gewissen Conformität mit derjenigen gebracht werden könne, deren sich der Mensch vor dem Sündenfalle erfreut hatte. Geschieht dieses, dann erhebt sich das christliche Leben in die lichten Höhen der Mystik.

Hugo ist reich an Allegorien und Bildern, mit welchen er das mystisch-ascetische Leben, die Bedingungen und den Fortgang der Gestaltung desselben beschreibt und anschaulich zu machen sucht. Wir können ihm auf dieses Gebiet nicht folgen. Wir haben uns auf die Grundzüge seiner mystischen Lehre zu beschränken.

§. 104.

Hugo unterscheidet zwischen einer dreifachen Erkenntnissthätigkeit des Menschen. Die erste ist das einfache Denken (cogitatio), die zweite ist das Nachdenken, Meditiren (meditatio), die dritte endlich ist die Anschauung (contemplatio)⁴). Das Denken nimmt Hugo im Sinne von „Vorstellen," und versteht deshalb darunter das blose vorübergehende Erfassen eines Erkenntnissgegenstandes nach seiner Erscheinung, sei es nun, dass dieser Gegenstand auf die Sinne wirkt, oder dass die Vorstellung desselben aus dem Schoosse des Gedächtnisses in's Bewusstsein hervortritt⁵). Meditation dagegen ist nach Hugo das anhaltende und in die

---

1) Ib. l. 2. p. 13. c. 6.
2) Ib. l. 1. p. 6. c. 17. Virtus nihil aliud est, quam affectus mentis secundum rationem ordinatus.
3) Ib. l. 2. p. 14. c. 6. p. 561 sqq.
4) De mod. dicend. et meditand. c. 8. Tres sunt animae rationalis visiones: cogitatio, meditatio, et contemplatio.
5) Ib. l. c. Cogitatio est, cum mens notione rerum transitorie tangitur, cum

die Tiefe gehende Erforschen des Inhaltes und der Beziehungen der Erkenntnissobjecte, um das Was, das Warum und das Wie derselben zur Erkenntniss zu bringen¹). Das Nachdenken ist die discursive Thätigkeit des Geistes, ihm gehört alle Unterscheidung und Ordnung des Gedankeninhaltes an²). Es hat wiederum drei Arten; die eine geht auf die Werke Gottes in der Schöpfung, die andere auf die Schrift und die Gebote Gottes, die dritte endlich auf die Sitten der Menschen³). Die Contemplation endlich ist der lichte und freie Blick des Geistes, mit welchem er ohne weitere discursive Thätigkeit auf das ideale Object sich heftet und dasselbe unverrückt festhält⁴). Die Contemplation bezieht sich entweder auf die Creaturen oder aber auf den Schöpfer selbst. In ersterer Richtung ist sie Speculation, in letzterer dagegen ist sie Contemplation im engsten und strengsten Sinne dieses Wortes⁵).

Dieses vorausgesetzt, lehrt nun Hugo, dass der Mensch durch die Erleuchtung der göttlichen Gnade befähigt werden könne, zur eigentlichen Contemplation sich zu erheben und so schon im diesseitigen Leben eine unmittelbare Anschauung Gottes, freilich nur in vorübergehender Weise, zu erringen, — ein Vorgeschmack der jenseitigen Anschauung⁶). Die Grundbedingung dieser Erhebung ist sittliche Vollkommenheit in der christlichen Liebe, und auf zweiter Linie die Rückkehr der Seele in sich selbst. Die Seele muss sich über alles Weltliche erheben und sich gleichsam in sich selbst zusammenziehen und vereinfachen. So disponirt sie sich zur mystischen Contemplation. Dann

---

ipsa res sua imagine animo subito praesentatur, vel per sensum ingrediens, vel a memoria exurgens.

1) Ib. l. c. Meditatio est assidua ac sagax retractatio cogitationis, aliquid obscurum explicare nitens, vel scrutans penetrare occultum. De medit. p. 993 sqq.

2) Ib. l. c. Meditatio itaque est vis quaedam mentis curiosa ac sagax obscura investigare et perplexa evolvere.

3) Erud. didasc. l. 3. c. 11. Tria sunt genera meditationis. Unum constat in circumspectione morum, aliud in scrutatione mandatorum, tertium in investigatione divinorum operum. De meditand. p. 993 sqq.

4) De mod. dic. et med. n. 8. Contemplatio est perspicax et liber animi intuitus in res perspiciendas usquequaque diffusus. Inter meditationem et contemplationem hoc interesse videtur, quod meditatio semper est de rebus a nostra intelligentia occultis; contemplatio vero de rebus vel secundum suam naturam, vel secundum capacitatem nostram manifestis; et quod meditatio semper circa unum aliquid rimandum occupatur, contemplatio autem ad multa vel etiam ad universa comprehendenda diffunditur..... Contemplatio est vivacitas illa intelligentiae, quae cuncta in palam habens manifesta visione comprehendit, et ita quodammodo id, quod meditatio quaerit, contemplatio possidet.

5) Ib. n. 9. Contemplationis autem duo genera sunt, unum quod et primum est et incipientium in creaturarum consideratione, aliud quod ultimum et perfectorum est in contemplatione creatoris.

6) De arca Noe mor. l. 3. c. 1—15.

aber, wenn sie in sich selbst eingekehrt ist, muss sie auch noch über sich selbst sich erheben, das eigene Selbst überschreiten; und thut sie dieses, dann versenkt sie sich in Gott und erreicht jene Stufe des Lebens, welche als die höchste zu preisen ist, die Stufe der mystischen Contemplation¹).

Das also sind die Früchte, welche die Erlösung für den Menschen getragen hat. Freilich konnte die Erlösung nicht sogleich nach dem Sündenfalle eintreten. Gott musste den Menschen zuerst ganz und gar sich selbst überlassen, damit er vor Allem seine Unwissenheit in göttlichen Dingen erkannte; dann musste er ihm das Gesetz geben, welches seine Unwissenheit zwar in Etwas aufklärte, aber doch auch den Zweck hatte, ihn jener Schwäche zur Erfüllung des göttlichen Willens, welche ihm vermöge der Begierlichkeit anhaftete, zu überführen. Erst dann, als der Mensch vollkommen überführt war, dass er sich selbst nicht zu retten vermöge, konnte die Erlösung wirklich zum Eintritt kommen. Daher die drei Zeitalter, die Zeit des natürlichen, die Zeit des geschriebenen Gesetzes und die Zeit der Gnade²). Das natürliche Gesetz gebot das wesentlich Gute und verbot das wesentlich Böse; das geschriebene Gesetz fügte dazu noch weitere Gebote und Verbote, welche sich auf an sich indifferente Gegenstände bezogen; das Gesetz der Gnade endlich vollendete beide³). Ebenso wurden die Sacramente im Laufe der beiden ersten Zeitalter immer vollkommener, bis sie endlich zur Zeit der Gnade zu ihrer Vollendung gelangten⁴).

Nach diesen drei Zeitaltern müssen auch die Menschen unterschieden werden in solche, welche dem natürlichen, in solche, welche dem geschriebenen Gesetze zufallen, und endlich in solche, welche der Gnade der Erlösung theilhaftig sind. Und das gilt nicht blos in der Weise, dass unter die erstere Categorie die Heiden, unter die zweite die Juden und unter die dritte die Christen fallen, sondern auch in so fern, als unter den erstern auch die offenkundig Bösen, unter den zweiten die nur dem äussern Scheine nach Guten, unter den letzten endlich die wahrhaft Guten zu verstehen sind. In diesem letztern Sinne haben die erwähnten drei Menschengattungen immer existirt und werden immer existiren⁵). Denn da die Erlösung auch rückwärts wirkte, so hat es auch vor Christus nie an solchen Menschen gefehlt, welche in der Liebe lebten, und denen Gott die Geheimnisse der Erlösung innerlich offenbarte, so dass sie dasjenige explicite glaubten, was die übri-

---

1) Ib. l. 4. c. 2. De vanitat. mund. l. 2. p. 715. Ascendere ergo ad Deum, hoc est intrare ad semetipsum, et non solum ad se intrare, sed ineffabili quodam modo in intimis etiam seipsum transire. Qui ergo seipsum, ut ita dicam, interius intrans, et intrinsecus penetrans transcendit, ille veraciter ad Deum ascendit.
2) De sacram. l. 1. p. 8. c. 3. l. 2. p. 2. c. 1. — 3) Ib. l. 1. p. 11. c. 7. — 4) Ib. l. 1. p. 11. c. 6. — 5) Ib. l. 1. p. 8. c. 11. De arca Noe mystic. c. 5.

gen Menschen nur implicite glauben konnten, weil die äussere Offenbarung Gottes erst allmählig im Laufe der Zeit ihrem Inhalte nach sich immer mehr vervollständigte¹). Und so ist die Erlösung in Christus wahrhaft der Mittelpunkt, um welchen das ganze Leben der Menschheit sich bewegt.

Von den eschatologischen Lehrsätzen Hugo's heben wir nur dieses hervor, dass nach seiner Ansicht die Auferstehung des Fleisches schon durch die Natur gefordert ist. Denn da Alles in der Natur stirbt und wieder auflebt, so kann der Mensch allein von diesem allgemeinen Gesetze nicht ausgenommen sein. Da er also stirbt, so muss er einmal auch wieder zu neuem Leben auferstehen²). Die auferstandenen Leiber werden ihre eigenthümliche Natur beibehalten, in den Seligen aber werden sie verklärt sein³). In diesem Stande der Verklärung werden die Auserwählten der Anschauung der göttlichen Herrlichkeit theilhaftig sein und in dieser Anschauung einer ewigen und vollkommenen Glückseligkeit sich erfreuen⁴).

Wir haben Hugo's Lehrsystem nicht ohne Grund mit möglichster Ausführlichkeit dargestellt. Denn abgesehen davon, dass der innere Werth und die innere Vortrefflichkeit dieses Lehrsystems schon an und für sich eine eingehendere Entwicklung und Erörterung desselben erheischt: ist auch der Einfluss, welchen Hugo auf die weitere Entwicklung der mittelalterlichen Speculation, besonders was die mystische Seite der letztern betrifft, ausgeübt hat, so ausgebreitet und durchgreifend, dass der weitere Gang der Entwicklung der mittelalterlichen Mystik gar nicht gehörig verstanden und gewürdigt werden kann, ohne eine tiefere und umfassendere Kenntniss des Hugo'schen Lehrsystems. Hier sind die Keime enthalten, welche später zur Blüte gediehen sind, hier die Grundzüge von dem entworfen, was im Laufe der Zeit immer mehr sich entwickelt und ausgestaltet hat. Wir scheiden daher von diesem Lehrsystem mit der erfreulichen Aussicht, dass wir im Verfolge unserer Darstellung den herrlichen Geist, welcher in diesem Lehrsystem waltet, werden fortwirken und auf dem von Hugo geebneten Boden weitere Blüten und Früchte werden hervorbringen sehen.

3. Richard von St. Victor.

§. 105.

Das Trifolium der drei grossen Mystiker dieser Epoche vollendet Richard von St. Victor. Er war ein Skote von Geburt, verliess aber später sein Vaterland und ging nach Paris, wo er in das Kloster der Regular-Kanoniker zu St. Victor eintrat. Hier bildete er sich unter

---

1) De sacram. l. 1. p. 10. c. 6. — 2) Ib. l. 2. p. 17. c. 13. — 3) Ib. l. 2. p. 17. c. 17. — 4) Ib. l. 2. p. 18. c. 16. c. 20. c. 21.

der Leitung Hugo's, seines Lehrers, in den Wissenschaften aus und folgte später dem Hugo im Amte eines Lehrers und Priors nach († 1173).

Hienach war die geistige Richtung Richard's im Wesen die nämliche, wie die seines Lehrers Hugo. Seine allgemeinen Grundsätze, besonders so weit sie im mystischen Gebiete sich bewegen, weichen von denen Hugo's im Ganzen nicht ab. Nur hat er das mystisch-contemplative Moment auf der Grundlage der von Hugo hierüber aufgestellten Grundsätze weiter und eingehender behandelt und ausgeführt als Hugo. In ihm beginnen bereits die in Hugo's Lehre niedergelegten Keime sich auszubreiten und zu entwickeln. Seine Schriften bewegen sich zum grössten Theile auf dem Gebiete der Mystik, und es ist nicht zu läugnen, dass in denselben eine tiefe Kenntniss des innern mystisch-contemplativen Lebens, wie solches durch das christliche Prinzip bedingt und gebildet wird, sich kundgibt. Die Allegorien, welche für Richard so zu sagen den Rahmen bilden, in welche er das Bild des christlich-mystischen Lebens einfügt, sind zwar zum grossen Theil bei Hugo schon angedeutet; aber Richard hat sie dennoch in einer Weise ausgeführt, dass sie bei ihm wieder als in einem gewissen Grade originell erscheinen. So ist er, wie im Amte, so auch in der Wissenschaft und im geistigen Leben der würdige Nachfolger Hugo's. Die hauptsächlichsten Schriften, in welchen Richard seine mystischen Erörterungen niedergelegt hat, sind die Schrift „De praeparatione ad contemplationem," und das Buch „De contemplatione" (Benjamin minor und Benjamin major). Dazu kommen noch das Buch „De statu interioris hominis" und die Schrift „De exterminatione mali."

Wir dürfen jedoch nicht glauben, dass Richard's Thätigkeit sich ausschliesslich auf die wissenschaftliche Erörterung und Untersuchung des mystisch-ascetischen Lebens beschränkt habe. Das findet bei ihm so wenig Statt, wie bei Hugo. Er hat sich vielmehr auch mit rein speculativen Untersuchungen beschäftigt. Und unter diesen nehmen die erste Stelle ein seine speculativen Erörterungen über die göttliche Trinität. Diese Schrift Richard's über die Trinität ist denn auch von solcher Bedeutung und Wichtigkeit, dass wir uns auf die Darstellung seiner Mystik nicht einlassen dürfen, bevor wir nicht seiner in jener Schrift niedergelegten Trinitätslehre wenigstens eine kurze Aufmerksamkeit geschenkt haben.

Richard unterscheidet hier vor Allem zwischen Erfahrungs-, Vernunft- und Auctoritäts- (Glaubens-) Wahrheiten. Das Zeitliche, das Vergängliche erkennen wir durch die Erfahrung; das Ewige dagegen theils durch die Vernunft, theils durch den Glauben. Wir sagen: „theils durch den Glauben;" denn Einiges von dem, was uns zu glauben vorgestellt wird, steht nicht blos über der Vernunft, sondern scheint sogar gegen die Vernunft zu sein, wenn es nicht genau erforscht oder vielmehr durch die göttliche Offenbarung enthüllt und erklärt wird. In diesen Dingen also stützen wir uns vielmehr auf die Auctorität und den Glauben, als auf unsere Vernunft und auf unsere Vernunftschlüsse, nach dem Worte des Propheten: „Nisi credideritis, non intelligetis¹)." Allein obgleich der Glaube hier die Voraussetzung und Grundlage alles Wissens bilden muss²), so dürfen wir deshalb an dem Wissen selbst doch auch in diesem Gebiete nicht verzweifeln. Durch den Glauben muss man zwar hier eingehen in das Heiligthum; man braucht aber dann nicht ohne Weiteres am Eingange stehen zu bleiben, sondern man soll immer weiter und tiefer in das Innere des Geheimnisses mit der Erkenntniss eindringen und mit allem Eifer dahin streben, mehr und mehr zur wissenden Erkenntniss desjenigen zu gelangen, was wir im Glauben festhalten. Die ganze und vollkommene Erkenntniss ist uns jedoch für das ewige Leben vorbehalten³).

Diesen Grundsätzen entsprechend will denn nun Richard zur wissenschaftlichen Erkenntniss nicht nur des Einen, sondern auch des dreipersönlichen Gottes sich erheben. Er will für diese Wahrheit aus der Vernunft nicht blos Wahrscheinlichkeitsgründe, sondern auch nöthigende Beweise (*rationes necessarias*) aufbringen; denn er glaubt, dass für Alles, was in sich nothwendig, nicht zufällig ist, solche nöthigende Beweise vorhanden seien, wenn auch *wir* sie manchmal nicht zu entdecken vermögen⁴). Wir müssen diese auf den ersten Blick frappanten Aeusserungen Richards wohl in demselben Sinne nehmen, wie die analogen Aeusserungen Anselms. Hätte er wirklich ganz apodiktische Beweise für das trinitarische Leben Gottes für möglich gehalten, dann hätte er nicht stets das Unbegreifliche, alle Einsicht Uebersteigende dieses Mysteriums so sehr betonen können, wie er es wirklich thut⁵); er hätte nicht den Glauben als die eigentliche Erkenntnissquelle für dieses Geheimniss bezeichnen können; denn sind apodiktische Vernunftbeweise für die göttliche Trinität möglich, dann kann der Mensch auch ohne den Glauben zu deren Erkenntniss gelangen. Richard wollte hienach, wie Anselm, durch jene Aeusserungen wohl nur die tiefe Uebereinstimmung jenes Geheimnisses mit den Grundsätzen der Vernunft betonen und zeigen, dass die Vernunft nicht blos nichts gegen dieses Geheimniss vorbringen könne, sondern dass viel-

---

1) *Richard. a St. Victor* (ed. Migne) De Trinit. l. 1. c. 1.
2) Ib. l. 1. c. 1. 2. — 3) Ib. l. 1. c. 3.
4) Ib. l. 1. c. 4. Erit itaque intentionis nostrae in hoc opere, ad ea, quae credimus, in quantum Dominus dederit, non modo probabiles, verum etiam necessarias rationes adducere, et fidei nostrae documenta, veritatis enodatione et explanatione condire. Credo namque sine dubio, quoniam ad quorumlibet explanationem, quae necesse est esse, non modo probabilia, imo etiam necessaria argumenta non deesse, quamvis illa interim contingat nostram industriam latere.
5) Ib. l. 3. c. 10. 24. l. 4. c. 1 sqq.

mehr Alles, was sie vorzubringen weiss, mit demselben in Einklang stehe.

§. 106.

In seiner Schrift über die göttliche Trinität nun handelt Richard zuerst von dem Wesen und den wesentlichen Eigenschaften Gottes, um sich dadurch den Grund unterzubreiten für die speculative Erörterung des dreipersönlichen Lebens Gottes. Er geht da von dem Grundsatze aus, dass Alles, was ist oder sein kann, entweder von Ewigkeit ist, oder erst in der Zeit angefangen hat, entweder sein Sein aus sich selbst, oder aus einem andern Princip besitzt. Hienach ist ein dreifaches Sein zu unterscheiden: ein solches, welches ewig und aus sich ist, ein solches, welches weder ewig, noch aus sich ist, und endlich ein solches, welches zwar ewig, aber nicht aus sich ist [1]).

Nun lehrt uns die Erfahrung, dass es solche Dinge gibt, welche ihr Sein nicht aus sich haben, und darum auch nicht ewig sind. Diese Thatsache lässt sich von Niemanden in Abrede stellen, der nicht die Wahrheit der Erfahrung selbst läugnet [2]). Gibt es aber solche Dinge, dann muss es nothwendig auch ein Wesen geben, welches sein Sein aus sich hat und ewig ist; denn ohne die Voraussetzung dieses Seins wären die ersterwähnten Dinge nicht möglich. Das ist der Beweis für die Existenz Gottes [3]).

Ist dieser Beweis ein vollkommen apodiktischer, so lässt sich aber

---

1) Ib. l. 1. c. 6. Omne, quod est vel esse potest, aut ab aeterno habet esse, aut esse coepit ex tempore. Omne, quod est aut esse potest, aut habet esse a semetipso, aut habet esse ab alio, quam a semetipso. Universaliter itaque omne esse triplici distinguitur ratione. Erit enim esse cuilibet existenti aut ab aeterno et a semetipso, aut e contrario, nec ab aeterno, nec a semetipso, aut mediate inter haec duo ab aeterno quidem, nec tamen a semetipso. Nam illud quartum, quod huic tertio membro videtur e contrario respondere, nullo modo ipsa natura patitur esse. Nihil enim omnino potest esse a semetipso, quod non sit ab aeterno. Quidquid enim ex tempore esse coepit, fuit quando nihil fuit: sed quamdiu nihil fuit, omnino nihil habuit, et omnino nihil potuit; nec sibi ergo, nec alteri dedit, ut esset, vel aliquid posset. Alioqui dedit quod non habuit, et fecit quod non potuit: hinc ergo collige, quam sit impossibile, ut aliquid omnino sit a semetipso, quod non sit ab aeterno. Ecce ergo quod superius jam diximus manifesta ratione colligimus, quia omne esse triplici distinguitur ratione.

2) Ib. l. 1. c. 7.

3) Ib. l. 1. c. 8. Sed ex illo esse, quod non est ab aeterno, nec a semetipso, ratiocinando colligitur, et illud esse, quod est a semetipso, et eo quidem etiam ab aeterno: nam si nihil a semetipso fuisset, non esset omnino unde ea existere potuissent, quae suum esse a semetipsis non habent, nec habere valent. Convincitur itaque aliquid esse a semetipso, et eo ipso, ut jam dictum est, et ab aeterno; alioquin fuit, quando nihil fuit, et tunc quidem futurorum nihil futurum fuit, quia qui sibi vel aliis initium existendi daret vel potuisset dare, tunc omnino non fuit, quod quam falsum sit, ipsa evidentia ostendit... etc.

auch, wenigstens mit Wahrscheinlichkeit, das Dasein eines solchen Seins erweisen, welches zwar ewig, aber nicht aus sich selbst, sondern aus einem Andern ist. Nicht überall und immer ist es nämlich nothwendig, dass die Ursache der Wirkung der Zeit nach vorangehe; sind ja auch die Sonne und ihr Strahl gleichzeitig, obgleich der letztere als Wirkung der erstern sich verhält. Wie sollte also nicht das unnahbare göttliche Licht einen Strahl haben, welcher mit ihm gleich ewig ist? Wenn schon in der geschaffenen Natur allenthalben Alles fruchtbar ist, indem ein Wesen aus dem andern entspringt: sollen wir da annehmen, dass die ungeschaffene Natur allein ganz steril, ganz unfruchtbar sei; dass sie, welche allen geschöpflichen Dingen die Zeugungskraft verliehen hat, selbst ausser Stande sei, zu erzeugen. — Wir werden also gewiss nicht umhin können, anzunehmen, dass in jener unveränderlichen Natur ein Sein sei, welches nicht aus sich, aber doch ewig ist¹). Und damit ist uns denn von selbst schon das trinitarische Leben Gottes angedeutet.

Nach Unterscheidung und Begründung der genannten drei Seinsweisen geht nun Richard über auf die Entwicklung der Gottesidee; er will blos von den zwei letzterwähnten Seinsweisen sprechen, d. h. er will nur von Gott handeln, nicht von den geschöpflichen Dingen; und Gott will er betrachten zuerst nach seinem Wesen, nach welchem er aus sich ist, und dann nach seinem dreipersönlichen Leben, in dessen Bereich eben jene Seinsweise einschlägt, welcher zwar das Prädicat der Ewigkeit, aber nicht des „a se seins" eignet²). Alles, sagt er, was nicht aus sich ist, hat sein Sein von der Macht des Seins (ab essendi potentia). Diese Macht das Seins muss also Alles in sich schliessen, was in den geschöpflichen Dingen sich vorfindet, weil sie nichts verleihen kann, was sie nicht selbst hat. Und all dieses muss sie aus sich selbst

---

1) Ib. l. 1. c. 9. Fuisse autem aliquod esse ab aeterno, quod tamen non sit a semetipso nemini videatur impossibile, quasi sit necessarium, causam semper effectum praecedere, et omne, quae est de alio, suo principio semper succedere oportere. Certe radius solis de sole procedit, et de illo originem trahit, et tamen soli coaevus existit. Ex quo enim fuit, de se radium produxit, et sine radio nullo tempore fuit. Si igitur lux ista corporalis habet radium sibi coaevum, cur non habeat lux illa spiritualis et inaccessibilis radium sibi coaeternum? In natura creata legimus, quid de natura increata pensare vel aestimare debeamus: videmus quotidie, quomodo naturae ipsius operatione existentiam producit, et existentia de existentia procedit, quid ergo? Numquid in illa superexcellenti natura operatio naturae nulla erit, aut omnino nil poterit? Numquid natura illa, quae hunc naturae nostrae fructum fecunditatis donavit, in se omnino sterilis permanebit, et quae aliis generationem tribuit numquid sine generatione et sterilis erit? Ex his itaque videtur probabile, quod in illa superessentiali incommutabilitate sit aliquid esse, quod non sit a semetipso, et fuerit ab aeterno; sed super hoc ampliori et efficaciori ratione suo disputabitur loco.

2) Ib. l. 1. c. 10.

haben. Sie ist also das aus sich selbst seiende Sein. Und weil Alles Sein aus ihr ist, so muss sie auch das Höchste von Allem sein. Somit haben wir jene Macht des Seins zu denken als die aus sich seiende, höchste Substanz[1]). Als solche ist sie denn auch höchst mächtig und höchst weise. Da nun aber Etwas nur durch die Macht mächtig und durch die Weisheit weise ist, die höchste Substanz aber alles aus sich und durch sich ist: so sind auch die genannten Eigenschaften im Grunde nichts anders, als die höchste Substanz selbst. Gott *ist* die absolute Macht, die absolute Weisheit, und eben deshalb sind auch beide Eigenschaften in Gott unter sich identisch. Und das Gleiche gilt von den übrigen göttlichen Eigenschaften[2]).

Die höchste Substanz kann als solche sowie keine höhere über sich, so auch keine gleiche neben sich haben. Würde sie eine gleiche Substanz neben sich haben, dann wäre die Gottheit communikabel. Das ist sie aber nicht. Denn da Alles, was in Gott ist, nur er selbst, die göttliche Substanz ist, so müsste Gott, falls er seine Gottheit mittheilte, seine eigene Substanz mittheilen. Dann wäre aber ein und dieselbe Substanz gemeinsam mehreren Substanzen: was ganz und gar undenkbar ist. So gewiss es also ist, dass Gott als die aus sich seiende Substanz existirt, so gewiss ist es auch, dass Gott nur Einer sein könne[3]).

---

1) Ib. l. 1. c. 12. Illud autem certissimum est, quod in tota rerum universitate nihil esse potest, nisi possibilitatem essendi vel de se ipso habuerit, vel aliunde acceperit. Quod enim esse non potest, omnino non est: ut igitur aliquid existat, oportet ut ab essendi potentia posse esse accipiat. Ex essendi itaque potentia esse accipit omne, quod in rerum universitate subsistit. Sed si ex ipsa sunt omnia, nec ipsa quidem est nisi a semetipsa, nec aliquid habet nisi a semetipsa. Si ex ipsa sunt omnia, nec ipsa quidem est nisi a semetipsa, nec aliquid habet nisi a semetipsa. Si ex ipsa sunt omnia, ergo omnis essentia, omnis potentia, omnis sapientia. Si omne esse ab illa est, ipsa summa essentia est.

2) Ib. l. 1. c. 13. Illud certissimum est, quoniam hoc ipsum quod potens est, illi est de ipsa potentia. Hoc ipsum, quod sapiens est, de ipsa sapientia. Probatum est autem, quia totum, quod habet, nonnisi a semetipsa habet. Ut igitur habeat nonnisi a semetipsa, quod habet de ipsa potentia, quod habet de ipsa sapientia, necesse est, ut illae omnino non sint aliquid aliud quam ipsa. Alioqui sine potentia et sapientia potens vel sapiens esse non valet; quod ab ipsis habet, non tam a se quam aliunde habet. Consequens autem est, quoniam si utraque illarum est idem quod summa substantia, quaelibet illarum est idem quod altera. c. 18.

3) Ib. l. 1. c. 16. 17. Audi nunc, quam de facili possumus probare, quod non sit Deus nisi unus. Ex eo quod nihil habet nisi a se, constat, quia divinitas ipsa non est aliquid aliud quam ipse, ne convincatur habere aliunde quam a se ipso quod habet ex divinitate. Divinitas itaque ipsa, aut erit incommunicabilis, aut aliquibus communis. Sed si est incommunicabilis, eo quod consequens non est, non est Deus nisi unus. Si autem aliquibus communis fuerit, communis itaque erit et substantia illa, quae non est aliud, quam divinitas ipsa. Sed substantia una non

Wenn nun aber Gott das höchste Sein, die höchste Substanz ist, über welcher keine höhere, vollkommenere mehr sein oder gedacht werden kann¹): so ist es klar, dass wir Gott in unserm Denken Alles zutheilen müssen, was das Höchste und Vorzüglichste ist²). Wir dürfen daher die höchste Macht, welche wir ihm beilegen, nicht als die blos relativ höchste Macht denken, wornach sie blos grösser wäre als die Macht aller übrigen Dinge; wir müssen sie vielmehr als wahre Allmacht denken; widrigenfalls wäre ein höheres, mächtigeres Wesen denkbar, als Gott ist³). Das Gleiche gilt von der göttlichen Weisheit. Ohnedies könnte Gott nicht gedacht werden als allmächtig, wenn er nicht auch als unendlich weise gedacht würde⁴).

§. 107.

Daran knüpfen sich nun die weiteren göttlichen Eigenschaften. Vor Allem die Ewigkeit. Als der absolut Weise kann Gott weder irren, noch in Irrthum führen; er ist absolut wahrhaft; und diese Wahrhaftigkeit hat er aus sich selbst, weil er die Wahrheit selbst, die absolute Wahrheit ist. Die Wahrheit an sich aber ist ewig. Denn ewig war es wahr, und ewig wird es wahr sein, dass dieses Universum wirklich werden konnte. Wahr aber kann dieser Satz nur sein durch die Wahrheit. Folglich ist die Wahrheit ewig, und weil die Wahrheit an sich Gott ist, so erfolgt hieraus unwiderleglich die Ewigkeit Gottes⁵). — Gott ist ferner unveränderlich; denn jede Veränderung hat zum Terminus entweder einen bessern, oder einen schlechtern, oder einen gleichen Zustand. Keine dieser Veränderungen kann Gott zugeschrieben werden. Die Veränderung in einen schlechtern Zustand widerstreitet der göttlichen Allmacht, weil jene Veränderung wesentlich Corruption ist, und die Allmacht ihrem Begriffe nach jede Corruption ausschliesst; die Veränderung in einen bessern oder vorzüglicheren Zustand widerstreitet der Eigenschaft des Aussichseins; denn woher sollte Gott jenes Plus der Vollkommenheit gewinnen können; er, der Alles, was er hat, aus sich hat und nur aus sich haben kann! Die Veränderung in einen gleichen Zustand endlich involvirt in ihrem Begriffe die beiden oben erwähnten Arten der Veränderung zugleich, weil die göttliche Substanz aus dem einen in den andern dieser Zustände nur dadurch übergehen kann, dass sie zuerst etwas verliert und dann zu dessen Recompensation Etwas gewinnt, was sie vorher nicht hatte. Sind also die beiden erst-

---

potest esse communis pluribus substantiis; alioquin una eademque esset plures; et plures una: quod quam falsum sit ratio latere non sinit.

1) Ib. l. 1. c. 18. 19. — 2) Ib. l. 1. c. 20. — 3) Ib. l. 1. c. 21.
4) Ib. l. 1. c. 22. Ubi omnipotentia est, plenitudo sapientiae deesse non potest. Nam si ei de sapientiae plenitudine aliquid perfectionis deesset, quod habere non posset, absque ulla a ambiguitate omnipotens non esset.
5) Ib. l. 2. c. 2.

genannten Veränderungen in Gott undenkbar, so noch mehr die letztere [1]).

Gott ist unendlich und unermesslich. Wie nämlich alle Eigenschaften Gottes sein Sein selbst sind, weil er ja alle aus sich hat, so ist auch seine Grösse nichts anders als sein Sein, seine Substanz selbst. Nun ist aber, wie so eben gezeigt worden, dieses göttliche Sein unendlich der Dauer nach, weil es ewig, d. i. ohne Anfang und ohne Ende ist: folglich muss es auch der Grösse nach unendlich sein, denn sonst wäre es der Grösse nach kleiner, als der Ewigkeit nach, während doch beide, Grösse und Ewigkeit, an sich in Gott dasselbe sind, weil beide nichts Anderes sind, als Gott selbst [2]). Gottes Grösse ist mithin unendlich, und folglich ist er unermesslich [3]). — Gott ist ferner das höchste Gut, eben weil er allmächtig ist. Denn würde ihm irgend Etwas an der Fülle der Vollkommenheit mangeln und folglich für ihn unerreichbar sein, so könnte er nicht mehr mit Recht allmächtig genannt werden. Gott ist also die Fülle der Güte, die Fülle der Vollkommenheit; er hat mithin Alles aus sich, wodurch die höchste Glückseligkeit bedingt ist, woraus folgt, dass er sich selbst genügt, dass er durch sich und aus sich unendlich glückselig ist [4]). — Gott ist die wahre und höchste Einheit und Einfachheit. Ist er nämlich die Fülle aller Vollkommenheiten, so ist diese Bestimmung nicht in der Weise zu fassen, als sei er aus einer Vielheit von Vollkommenheiten zusammengesetzt. Denn was aus mehreren Bestandtheilen zusammengesetzt ist, das ist auch auflöslich, und was auflöslich ist, das ist auch verän-

---

1) Ib. l. 2. c. 3.
2) Ib. l. 2. c. 5. Alioquin manifesta ratione fateri convincimur, quod una eademque substantia est et seipsa major, et seipsa minor. Nam si aeternitas ejus est infinita, magnitudo autem finita, erit una eademque substantia secundum aeternitatem major magnitudine sua, hoc est semetipsa (eo, quod magnitudo unde est magna non est aliud, quam ipsa), et erit secundum magnitudinem minor sua aeternitate, hoc est semetipsa.
3) Ib. l. c.
4) Ib. l. 2. c. 16. Ei autem, qui vere omnipotens est, expetendorum nihil deesse potest. Ubi enim omnipotentia est, nulla plenitudo, nulla perfectio deesse potest. Alioquin si vel aliquid de qualicunque perfectione summe potenti deesset, quam habere non posset, veraciter omnipotens omnino non esset. Universaliter autem perfectum est, cui in nullo nulla perfectio deest, sed nec deesse potest. Nihil autem melius, nihil potest esse majus eo quod est plenum et perfectum in omnibus. Constat itaque de omnipotente, quod ipse sit summum bonum, et quod consequens est, quod ipse sit suum bonum. Sicut enim superiorem habere non valet qui supremum locum tenet, sic omnium summus de suo inferiori bonus fieri vel beari non valet. Quomodo autem aliunde bonus vel beatus fieri posset, qui a semetipso habet totum quod habet? Est itaque de semetipso bonus, est de semetipso beatus. Ipse ergo sua ipse summa bonitas, ipse sua, ipse summa felicitas.

derlich. Wir wissen aber bereits, dass Gott als der absolut Unveränderliche gedacht werden müsse [1]. So findet sich denn in Gott keine Zusammensetzung; Alles, was in ihm ist, ist sein Eines, einfaches, unendliches Sein, weshalb auch keine reale Unterscheidung der Vollkommenheiten in ihm zulässig ist [2]).

Kommen also alle die bisher entwickelten Bestimmtheiten dem göttlichen Sein zu, so kommen sie ihm auch ausschliesslich zu. Gott allein ist ewig, er allein unermesslich, er allein die absolute Ewigkeit und Einfachheit. Wie die Gottheit nicht mittheilbar ist an andere Substanzen, so auch nicht die Eigenschaften der Gottheit, weil sie mit dieser im Grunde identisch sind [3]). Alles, was ausser Gott ist, ist zeitlich, beschränkt, vielfach. Und daraus geht hervor, dass alles Aussergöttliche seine Existenz nur durch Schöpfung aus Nichts gewinnen konnte. Aus der göttlichen Natur können die Dinge nicht in der Art entspringen, dass ihr Hervorgang aus Gott auf einem natürlichen Processe des göttlichen Lebens beruhte. Denn was aus der Natur Gottes durch einen natürlichen Process hervorgeht, kann nur wiederum Gott sein. Sie müssen also aus Gott hervorgehen nicht secundum operationem naturae, sondern secundum operationem gratiae. Dann aber beruht ihr Dasein auf dem freien Willen Gottes, der sie hervorbringen und nicht hervorbringen konnte. Und wenn dieses, dann können sie nur aus Nichts geschaffen worden sein.

Denn eine ewige Materie lässt sich vernünftigerweise nicht annehmen. Sie müsste entweder das Aussichsein mit Gott theilen, oder sie müsste gar ihrem Wesen nach mit der göttlichen Substanz zusammenfallen. Das eine ist so undenkbar wie das andere. Zudem schliesst die ursprüngliche Materie schon vermöge ihres Begriffes jede andere Materie aus, aus welcher sie etwa gebildet worden wäre; denn in der gedachten Voraussetzung wäre sie die ursprüngliche Materie, und wäre es zugleich wieder nicht: — was offenbar einen Widerspruch involvirt [4]).

---

1) Ib. l. 2. c. 17. — 2) Ib. l. 2. c. 18 sqq. — 3) Ib. l. 2. c. 6. 7. 9. 10. 11. 12. 19.

4) Ib. l 2. c. 8. Quidquid a divina substantia est, seu etiam esse potest, aut est secundum operationem naturae, aut est secundum impartitionem gratiae. Quam vero certum est, quod divina natura degenerare vel omnipotentia corrumpi non valet, tam certum fore oportet, quod de divina substantia naturae ipsius operatione esse non posset, quod Deus non esset; sed satis superius probavimus, quod non possit esse Deus nisi substantialiter unus... Constat itaque, ab illo esse secundum operationem gratiae, quidquid est aliud quam ipse. Sed quidquid ab illo est, non tam exigente natura quam operante gratia pro arbitrio beneplaciti potuit ab illo fieri, potuit aeque ab illo non fieri. Quae igitur ab illo fiunt, divinam illam et incorruptibilem et incommutabilem substantiam materiam habere non possunt. Constat itaque (sola divina substantia excepta) caetera omnia vel ex nihilo facta, vel mutabile habere aliquid pro materia. Sed primordialis mate-

Ist also an dem wesentlichen, substantiellen Unterschiede zwischen Gott und den geschöpflichen Dingen mit Entschiedenheit festzuhalten, so ist aber Gott ungeachtet seiner absoluten Transcendenz dennoch in jedem Orte und in jeglicher Zeit, ohne jedoch den Bedingungen der Oertlichkeit und Zeitlichkeit zu unterliegen. Diese seine Allgegenwart in Ort und Zeit erfolgt unmittelbar aus seiner Allmacht. Denn ist er allmächtig, so ist er der Potenz nach überall. Ist er es aber der Potenz nach, so ist er es auch dem Wesen nach; denn seine Potenz fällt zusammen mit seinem Wesen [1]).

Der menschliche Verstand kann auf der Grundlage der geschöpflichen Dinge zwar zur Erkenntniss Gottes sich erheben; aber begreifen kann er das göttliche Wesen nie. Diese Unbegreiflichkeit gründet ganz besonders darin, dass Gott die höchste Einfachheit und zu gleicher Zeit auch wieder die Fülle aller Vollkommenheiten ist. Diese Einheit in der höchsten Fülle und diese Fülle in der höchsten Einheit kann zwar dem menschlichen Verstande durch Analogien, welche aus den geschöpflichen Dingen entnommen sind, nahe gelegt [2]); aber zur vollkommenen Begreiflichkeit kann sie ihm nimmermehr gebracht werden. Gott ist Einheit und Vielheit in absoluter Identität: — wer ist im Stande, dieses Geheimniss zu durchforschen [3])!

§. 108.

So viel aus der Lehre Richards über das Wesen Gottes. Nach Feststellung der hieher bezüglichen Grundsätze geht nun Richard über zur Erörterung der dritten der oben ausgeschiedenen Seinsweisen, welcher das Prädicat der Ewigkeit, nicht aber das des Aus- oder Vonsichseins eignet: mit andern Worten: — er geht über zur speculativen Erörterung des trinitarischen Lebens Gottes. Unsere Aufgabe erheischt es, dass wir uns hier auch mit dieser beschäftigen; aber es würde uns

---

ria, quaeso, unde fuit, quae a semetipsa esse, vel divinam substantiam pro materia habere omnino non potuit? Et si primordialis materia materiam habere dicitur, et primordialis asseritur simul, et primordialis esse negatur. Hinc ergo manifeste colligitur, quod primordialis materia et materialia omnia mediante materia, quod immaterialia aeque, et universaliter omnia, sunt ex nihilo creata.

1) Ib. l. 2. c. 23. Si Deus vere omnipotens est, consequenter ubique potest. Si ubique potest, potentialiter ubique est. Si ubique potentialiter est, et ubique essentialiter. Neque enim est aliud ejus potentia, atque aliud ejus essentia. Si autem essentialiter ubique est, ergo et ubi locus est, et ubi locus non est. Erit itaque et intra omnem locum, erit et extra omnem locum; erit supra omnia, erit infra omnia. Sed quoniam simplicis naturae est Deus, non erit hic et ibi per partes divisus, sed ubique totus... Et sicut in omni loco est praesentialiter, in nullo localiter, sic in omni tempore est aeternaliter, in nullo temporaliter. Sicut enim per loca non distenditur qui summe simplex et incompositus est, sic nec per tempora variatur, qui aeternus et incommutabilis est.

2) Ib. l. 2. c. 21. — 3) Ib. l. 2. c. 20. 22.

zu weit führen, wollten wir die speculative Entwicklung der Trinitätsidee, wie sie Richard gibt, im Detail zur Darstellung bringen. Wir müssen uns darauf beschränken, nur die allgemeinen Gesichtspunkte zu signalisiren, um so ein allgemeines Bild zu entwerfen von der Art und Weise, wie Richard hier in seinen speculativen Erörterungen zu Werke geht.

Richard sucht vor Allem zu beweisen, dass in der göttlichen Natur überhaupt eine Mehrheit von Personen sein müsse. Da beruft er sich zuerst auf die Fülle der Güte, welche der wahren Gottheit eignet. Wo nämlich die Fülle der Güte ist, da kann auch die Fülle der Liebe nicht fehlen; denn nichts ist besser, nichts vollkommener als die Liebe. Die Liebe bezieht sich aber wesentlich auf einen Andern. Wo also eine Mehrheit (zum Wenigsten eine Zweiheit) von Personen mangelt, da ist die Liebe unmöglich. Hier können nun aber geschaffene Persönlichkeiten nicht in Anschlag gebracht werden; denn wie in Gott überhaupt Alles als das höchste zu denken ist, so muss auch die göttliche Liebe die höchste, die vollkommenste, — eine unendliche sein. Diese höchste, vollkommenste Liebe erfordert deshalb auch eine Persönlichkeit, welche ihrer würdig ist; die geschöpflichen Persönlichkeiten sind aber wegen ihrer Endlichkeit derselben nicht würdig; nur eine ungeschaffene, selbst unendliche Persönlichkeit kann ein würdiger Gegenstand jener Liebe sein. Und da die göttliche Natur wesentlich doch nur eine einheitliche und einzige ist, so muss also in der Einen göttlichen Natur selbst eine Mehrheit von Personen angenommen werden [1]).

Einen weitern Beweis entnimmt Richard aus der Fülle der göttlichen Glückseligkeit. Unser Bewusstsein sagt uns, dass nichts wonnevoller und seliger ist als die Liebe. In der Fülle der Glückseligkeit kann somit dasjenige nicht fehlen, was das wonnevollste und seligste ist, die Liebe. Der Liebe aber ist es eigenthümlich, von demjenigen wieder geliebt werden zu wollen, welchen man liebt. Eine wonnevolle Liebe ist somit nicht möglich, wenn sie nicht gegenseitig ist. Dies gilt, wie überall, so auch von der höchsten Liebe, von der göttlichen. Eine gegenseitige Liebe aber setzt zwei Personen voraus, wovon die eine die Liebe gibt, die andere sie zurückgibt. Und so bringt es auch hier die Fülle der Glückseligkeit, welche der göttlichen Natur eigen, ja diese selbst ist, mit sich, dass in der Gottheit eine Mehrheit (wenigstens eine Zweiheit) von Personen sei [2]).

Endlich beruft sich Richard für seine Thesis auch noch auf die Fülle der göttlichen Herrlichkeit. Es ist klar, dass in Gott die Macht liegt, seine unendliche Herrlichkeit mitzutheilen, da ja seine Macht eine unbeschränkte ist. Es kommt also nur darauf an, dass er sie auch wirklich mittheilen *wolle*. Dies lässt sich nun nicht bezweifeln. Denn

---

1) lb. l. 3. c. 2. — 2) lb. l. 3. c. 3.

in Gott ist auch die Fülle des Wohlwollens (benevolentiae). Es wäre aber dieses Wohlwollen gewiss sehr mangelhaft, wenn Gott seine Herrlichkeit nicht auch mittheilen *wollte*. Und wie würde Gott einen wahren, vollen Genuss von seiner Herrlichkeit haben, wenn er einsam auf dem Throne seiner Majestät verbleiben, seine Herrlichkeit eifersüchtig zurückhalten und sie nicht mit einem Andern theilen würde? Und was ist endlich selbst herrlicher, was majestätischer, als nichts zu haben, was man nicht mittheilen wollte? So bringt es denn auch die Fülle der göttlichen Herrlichkeit mit sich, dass in Gott eine Mehrheit von Personen sei, damit eine Mittheilung dieser Herrlichkeit stattfinden könne [1]).

Von der Begründung der Mehrpersönlichkeit Gottes überhaupt geht dann Richard speciell zur Begründung der *Dreipersönlichkeit* Gottes fort. Die Ausgangspunkte seiner Beweisführung sind jedoch hier dieselben, auf welche wir ihn bisher sich haben stützen gesehen. Die göttliche Liebe muss in jeder Beziehung die vollkommenste, die grösste und vortrefflichste sein. Das Vorzüglichste in der wahren Liebe aber liegt darin, dass der Liebende wünscht, es möchte von demjenigen, welchen er liebt und von dem er geliebt wird, ein Dritter ebenso und in dem nämlichen Masse geliebt werden, wie er selbst. Gerade dieses ist also der Prüfstein der vollkommenen Liebe, dass beide Liebenden wünschen, es möchte ein Dritter an ihrer gegenseitigen Liebe der Art Theil

---

[1]) Ib. l. 3. c. 4. Certe, si dixerimus, in illa vera divinitate esse solam personam unam, quemadmodum solam unam substantiam, juxta hoc procul dubio non habebit, cui communicare possit infinitam illam plenitudinis suae abundantiam. Sed, quaeso, ut quid hoc? An quia communicantem habere non possit cum velit? An quia habere nolit cum possit? Sed qui absque dubio omnipotens est, per impossibilitatem excusari non potest. Sed quod constat non esse ex defectu potentiae, numquid non erit ex solo defectu benevolentiae? Sed si communicantem habere omnino nollet, cum veraciter habere posset si vellet, iste in divina persona benevolentiae defectus attende, quaeso, qualis esset vel quantus. Certe, ut dictum est, nihil charitate dulcius, nihil charitate jucundius, charitatis deliciis rationalis vita nihil dulcius experitur. Nulla unquam delectatione delectabilius fruitur; his deliciis in aeternum carebit, si consortio carens in majestatis solio solitaria permanserit. Ex his itaque animadvertere possumus, qualis quantusve esset iste benevolentiae defectus, si plenitudinis suae abundantiam mallet sibi soli avare retinere, quam posset, si vellet, cum tanto gaudiorum cumulo, cum tanto deliciorum incremento alteri communicare.... Sed absit, absit, ut supremae majestati illi aliquid insit, unde gloriari nequeat, unde glorificari non debeat. Alioquin ubi erit plenitudo gloriae. Nam ibi, ut superius probatum est, nulla poterit plenitudo deesse. Quid autem gloriosius, quid vero magnificentius, quam nihil habere quod nolit communicare? Constat utique, quod in illo indeficienti bono summeque sapienti consilio, tam non potest esse avara reservatio, quam non potest esse inordinata effusio. Ecce palam habes, sicut videre potes, quod in illa summa et suprema celsitudine ipsa plenitudo gloriae compellit gloriae consortem non deesse.

nehmen, dass derselbe von Beiden in gleichem Masse geliebt werde, wie
sie sich gegenseitig untereinander lieben. Wie also die höchste Vollkommenheit der Liebe in Gott eine Zweiheit von Personen in der göttlichen Natur erheischt, zwischen welchen diese Liebe stattfinden könne,
so erheischt sie ausser diesen zweien zuletzt auch noch eine dritte Person, als mittheilnehmend an der beiderseitigen Liebe der erstgenannten
Personen. Mit und ausser dem Geliebten erfordert sie auch noch einen
Mitgeliebten (condilectum). Folglich muss in Gott eine Dreiheit von
Personen angenommen werden, d. h. Gott ist dreipersönlich[1]).

Diese Folge wird noch weiter bestätigt, wenn man Rücksicht nimmt
auf die Fülle der göttlichen Glückseligkeit und Herrlichkeit. Es wäre
offenbar ein Defect der göttlichen Liebe, wenn die beiden sich liebenden
Personen eines Theilnehmers an ihrer beiderseitigen Liebe entbehren,
oder vielmehr einen solchen nicht zulassen würden; denn eine solche
Liebe könnte nicht mehr die vollkommenste sein. Wäre aber ein solcher
Defect vorhanden, so könnte jede der beiden Personen diesen Defect in
der andern nur mit einem gewissen schmerzlichen Gefühle anschauen,

---

1) Ib. l. 3. c. 11. Oportet autem charitatem summam universaliter esse perfectam. Ut autem summe perfecta sit, sicut oportet esse tantam quod non possit esse major, sic necesse est, talem fore quod non possit esse melior. Nam
sicut in charitate summa non potest deesse, quod est maximum, sic nec deesse
poterit quod constat esse praecipuum. Praecipuum vero videtur in vera charitate
alterum velle diligi ut se: in mutuo siquidem amore, multumque fervente nihil rarius,
nihil praeclarius quam ut ab eo, quem summe diligis, et a quo summe diligeris,
alium aeque diligi velis. Probatio itaque consummatae caritatis est votiva com-
munio exhibitae sibi dilectionis. Sane summe diligenti summeque diligi desideranti
praecipuum gaudium solet esse in desiderii sui adimpletione, optatae videlicet dilectionis adeptione. Probat itaque se in charitate perfectum non esse, cui necdum potest in praecipui sui gaudii communione complacere. Est itaque indicium
magnae infirmitatis, non posse pati consortium amoris. Posse vero pati, signum
magnae perfectionis; si magnum est pati posse, majus erit gratanter suscipere.
Maximum autem, ex desiderio requirere. Bonum magnum illud primum, melius
secundum, sed tertium optimum. Demus ergo summo, quod praecipuum est; op-
timo, quod optimum est. In illis itaque mutuo dilectis, quos disputatio superior
invenit, utriusque perfectio ut consummata sit, exhibitae sibi dilectionis consortem aequa ratione requirit. Si enim nolit quod perfecta bonitas exigit, ubi erit
plenitudo bonitatis? Si autem velit, quod fieri nequit, ubi erit plenitudo potestatis?
Hinc ergo manifesta ratione colligitur, quod praecipuus gradus charitatis, et eo
ipso plenitudo bonitatis esse non possit, ubi voluntatis vel facultatis defectus dilectionis consortem praecipuique gaudii communionem excludit. Summe ergo di-
lectorum summeque diligendorum uterque oportet ut pari voto condilectum requi-
rat, pari concordia pro voto possideat. Vides ergo, quomodo charitatis consum-
matio personarum Trinitatem requirit, sine qua omnino in plenitudinis suae integritate subsistere nequit. Ubi ergo totum quod est, universaliter perfectum est,
sicut nec integra charitas, sic nec vera trinitas abesse potest. Est igitur non solum pluralitas, sed etiam vera Trinitas in vera unitate, et vera unitas in vera
Trinitate.

und zwar müsste dieses schmerzliche Gefühl um so grösser sein, je grösser ihre gegenseitige Liebe ist. Wo wäre nun aber unter solchen Verhältnissen die Fülle der Glückseligkeit, welche als solche nichts mehr zu wünschen übrig lässt?! — Ebenso würden die beiden Personen, weil mit jenem Defecte behaftet, nicht mehr die Fülle der Herrlichkeit besitzen, welche ihnen doch als göttlichen Persönlichkeiten nothwendig zukommen muss. Alle diese Gesichtspunkte müssen uns also bestimmen, nicht bei einer Zweiheit von Personen in Gott stehen zu bleiben, sondern eine wahre Dreipersönlichkeit anzunehmen[1]).

In analoger Weise nun, wie in diesen allgemeinen Ausführungen, geht Richard auch zu Werke in der Ableitung der besondern Momente der Trinitätslehre. Die Fülle der göttlichen Güte, Seligkeit und Herrlichkeit bringt es mit sich, dass Gott sich mittheile, und darum muss er dies auch wollen. Was er aber will, das will er ewig; denn sein Wille ist unveränderlich wie sein Wesen. Deshalb können die göttlichen Personen nicht zeitlich, nicht nach einander entstanden sein; sie sind *gleich ewig*[2]). Ferner stehen sie zu einander im Verhältnisse vollkommenster Gleichheit. Denn die höchste Liebe kann nach dem Gesetze ewiger Weisheit nur demjenigen gespendet werden, welcher der höchsten Liebe würdig ist. Ebenso liegt es im Wesen der Liebe, dass der höchsten Liebe nicht genügt ist, wenn der Geliebte nicht ebenfalls wieder die höchste Gegenliebe zurückgibt. Folglich muss auch derjenige, welchem diese Gegenliebe gilt, der höchsten Liebe würdig sein. Wo aber beide gleicher Liebe würdig sind, da sind sie auch beide gleich vollkommen. Es muss somit zwischen den göttlichen Personen vollkommene Gleichheit aller Vollkommenheiten stattfinden[3]). In allen ist gleiche Fülle der Macht, gleiche Fülle der Weisheit, gleiche Fülle der Güte, gleiche Fülle der Gottheit. Ist also eine dieser Personen allmächtig, so sind es auch die andern, ist eine unermesslich, so sind es auch die andern, ist eine Gott, so sind es auch die andern. Da aber doch nur Ein Gott ist, so sind die drei Personen in der Weise allmächtig, dass sie doch wiederum nur Ein Allmächtiger sind, sind sie in der Weise jede Gott, dass sie doch wiederum nur Ein Gott sind[4]). Und daraus geht hervor, dass diese Personen Eine und dieselbe göttliche Substanz gemeinsam haben, oder dass sie vielmehr ein und dieselbe göttliche Substanz sind[5]). So findet in gewisser Weise zwischen Gott und den Menschen ein Gegensatz statt. Im Menschen sind mehrere Substanzen (Leib und Seele), aber nur Eine Person; in Gott dagegen ist Eine Substanz und mehrere Personen. Und gerade diese Bemerkung kann nur dazu dienen, den Stolz des menschlichen Denkens zu demüthigen. Der Mensch begreift schon nicht, wie in seiner eigenen Natur so verschiedene

---

1) Ib. l. 3. c. 12 sqq. — 2) Ib. l. 3. c. 6. — 3) Ib. l. 3. c. 7. 21. 23. — 4) Ib. l. 3. c. 8. — 5) Ib. l. 3. c. 9.

Substanzen zu Einer Person verbunden sind. Wenn er also zugestehen muss, dass schon in seiner eigenen Natur Etwas sich finde, was über sein Begreifen geht: kann er es da noch befremdend finden, dass auch in Gott Etwas sei, was über sein Begreifen geht¹)?!

Richard geht dann über auf die Bestimmung des Begriffes der Person in seiner Anwendung auf die göttlichen Hypostasen, auf die Erörteru der Verhältnisse zwischen diesen Personen, auf die Bestimmung ihrer personalen Eigenthümlichkeiten, auf die Entwicklung der Appropriationslehre u. s. w. ²). Wir können ihm hierin nicht folgen. Für unsern Zweck reicht es hin, im Bisherigen die Grundlinien seiner speculativen Trinitätslehre entworfen zu haben. Haben auch seine speculativen Beweise keineswegs eine apodiktische Beweiskraft, so zeigen sie doch, dass Richard dieses Mysterium mit aller Energie des Denkens so weit zu erforschen gesucht hat, als es eben dem menschlichen Verstande überhaupt möglich ist.

§. 109.

In seinen psychologischen Lehrbestimmungen geht Richard von dem Grundsatze aus, dass die Seele ein einfaches, geistiges Wesen ist, welches dem Körper unmittelbar Leben und Sinnlichkeit zutheilt ³). Man kann zwar im Menschen Seele und Geist unterscheiden; aber diese Unterscheidung ist dann nicht so zu fassen, als wären Seele und Geist zwei von einander real verschiedene Substanzen, sondern es ist dieser Unterschied nur als ein beziehungsweiser zu denken, so nämlich, dass ein und dieselbe Seele nach ihrer höhern intellectiven Kraft Geist, und nach ihren niedern Vermögen, nach welchen sie der Grund des leiblichen Lebens und der sinnlichen Empfindung, sowie des sinnlichen Begehrens ist, Seele genannt wird ⁴).

Jeder vernünftige Geist nun ist mit zwei wesentlichen Kräften begabt, mit der Vernunft, durch welche er erkennt, und mit dem affectiven Vermögen, durch welches er liebt. Die Vernunft ist ihm gegeben, um die Wahrheit sich anzueignen, das affective Vermögen dagegen, um die Tugend sich zu erwerben ⁵). Und da nun die Seele gleichfalls ein vernünftiger Geist ist, so müssen auch in ihr diese beiden wesentlichen Kräfte unterschieden werden.

---

1) Ib. l. 3. c. 10. — 2) Ib. l. 4. 5. 6. — 3) De contemplatione, l. 3. c. 20.

4) De exterminat. mali, tr. 3. c. 18. Neque enim in homine uno alia essentia est ejus spiritus, atque alia ejus anima, sed prorsus una eademque, simplicisque naturae substantia. Non enim in hoc gemino vocabulo gemina substantia intelligitur, sed cum ad distinctionem ponitur gemina vis ejusdem essentiae, una superior per spiritum, alia inferior per animam designatur.

5) De praep. ad contempl. c. 3. Omni spiritui rationali gemina quaedam vis data est a patre luminum: una est ratio, altera affectio, ratio, qua discernamus, affectio, qua diligamus; ratio ad veritatem, affectio ad virtutem.

Im Menschen hat jedoch jede dieser beiden Kräfte ihre Dienerin erhalten; die Vernunft nämlich die Einbildungskraft und das affective Vermögen oder der Wille die Sensualität. Die Einbildungskraft steht im Dienste der Vernunft, die Sensualität im Dienste des Willens. Und dieses Dienstverhältniss ist beiderseits ein nothwendiges, weil ohne dasselbe Vernunft und Wille sich nicht auf die Dinge der sichtbaren Welt beziehen könnten [1]).

Sehen wir aber von diesem Verhältnisse ab und betrachten wir das menschliche Erkenntnissvermögen nach seiner Beziehung zum Objecte, dann erhalten wir im Bereiche dieses Erkenntnissvermögens einen dreifachen Unterschied. Wie nämlich alles Erkennbare ein dreifaches ist, nämlich das Sinnliche, das Intelligible und das Intellectible, so ist auch unser Erkenntnissvermögen ein dreifaches, nämlich Einbildungskraft, Vernunft (im engern Sinne) und Intelligenz. Die Einbildungskraft nimmt die unterste Stufe ein, die Intelligenz die oberste, und die Vernunft steht zwischen beiden mitten inne [2]). Die Function der Einbildungskraft besteht darin, dass sie das sinnlich Wahrnehmbare als solches aufnimmt und festhält; die Vernunft ist das Vermögen des discursiven Denkens, durch welches wir auf dem Wege des Vernunftschlusses von einer Wahrheit zur andern fortschreiten. Die Intelligenz endlich ist ein höherer Sinn des Geistes, durch welchen wir das Uebersinnliche in ähnlicher Weise, wie durch den Sinn das Sinnliche wahrnehmen, so nämlich, dass wir es nicht durch ein anderes, sondern durch sich und in sich selbst als uns gegenwärtig wahrnehmen [3]). Wir nennen daher die Intelligenz einerseits *einfache* Intelligenz, so fern sie nämlich zur Erkenntniss nicht des Discursus der Vernunft bedarf, und wir nennen sie andererseits *reine* Intelligenz, weil auch die Einbildungskraft dabei nicht betheiligt ist [4]).

Dieser dreifachen Erkenntnisskraft entsprechend haben wir denn nun auch drei verschiedene Erkenntnissweisen zu unterscheiden, nämlich die Vorstellung, die Meditation und die Contemplation — cogi-

---

1) Ib. c. 5. Accepit ergo utraque illarum ancillam suam. Affectio sensualitatem, ratio imaginationem. Obsequitur sensualitas affectioni; imaginatio famulatur rationi. In tantum unaquaeque ancillarum dominae suae necessaria esse cognoscitur, ut sine illis totus mundus nil eis posse conferre videretur.... etc.

2) De contempl. l. 1. c. 3. c. 7.

3) Ib. l. 3. c. 9. Intelligentiae oculus est sensus ille, quo invisibilia videmus, non sicut oculo rationis, quo occulta et absentia per investigationem quaerimus et invenimus, sicut saepe causas per effectus, vel effectus per causas, et alia atque alia quocumque ratiocinandi modo comprehendimus. Sed sicut corporalia corporeo sensu videre solemus visibiliter, praesentialiter et corporaliter, sic utique intellectualis ille sensus invisibilia capit, invisibiliter quidem, sed praesentialiter, sed essentialiter.

4) Ib. l. 1. c. 9. Simplicem intelligentiam dico, quae est sine officio rationis, puram vero, quae est sine occasione imaginationis.

tatio, meditatio und contemplatio. Die Vorstellung gehört der Einbildungskraft, die Meditation der Vernunft und die Contemplation der Intelligenz an¹). Die Vorstellung schweift planlos und langsam im Bereiche jener Gegenstände herum, welche ihr angehören. Die Meditation involvirt ein sich selbst Abmühen, eine Anstrengung des Geistes, um zu jenem Ziele zu gelangen, welches die Meditation zu erreichen strebt. Die Contemplation erhebt sich in freiem und leichtem Schwunge zu dem ihr entsprechenden Gegenstande²). In der Contemplation erfassen wir die Wahrheit in ihrer vollen Reinheit ohne irgend welche sinnliche Umhüllung³).

Gehen wir hienach von dem Erkenntniss- zum Willensvermögen über, so ist es hier von Interesse, wie Richard das Wesen der Freiheit und die Stellung derselben im Gebiete des geistigen Lebens auffasst. Der menschliche Wille, sagt Richard, ist nicht deshalb frei, weil er fähig ist, das Gute und das Böse zu thun, sondern vielmehr deshalb, weil es in seiner Gewalt steht, in das Gute und in das Böse nicht einzuwilligen⁴). Dass also der Mensch das Böse thun könne, das liegt nicht an seiner Freiheit, und ebenso wenig, dass er das Gute zu thun vermöge. Ersteres ist eine Schwäche des Willens, letzteres dagegen stammt aus der Kraft und Stärke des Willens. Die Freiheit des Willens besteht nur darin, dass der Consens des Willens zum Guten und zum Bösen durch eine nöthigende Ursache weder extorquirt noch zurückgehalten werden kann⁵). Aber unter allen geschöpflichen Gütern gibt es kein höheres und vorzüglicheres, als dieses Gut der Freiheit, womit der Wille begabt ist. Das liberum arbitrium ist der höchste Gebieter im ganzen Haushalte des vernünftigen Lebens des Menschen; es ist das Haupt, unter welches die übrigen Kräfte und Thätigkeiten des Menschen sich beugen müssen⁶).

---

1) Ib. l. 1. c. 3. Ex imaginatione cogitatio, ex ratione meditatio, ex intelligentia contemplatio.

2) Ib. l. c. Cogitatio per devia quaeque lento pede, sine respectu perventionis, passim huc illucque vagatur. Meditatio per ardua saepe et aspera ad directionis finem cum magna animi industria nititur. Contemplatio libero volatu, quocunque eam fert impetus, mira agilitate circumfertur. c. 4.

3) Ib. l. 5. c. 14. Contemplationem dicimus, quando veritatem sine aliquo involucro umbrarumque velamine in sui puritate videmus. De exterm. mali, tr. 2. c. 15.

4) De statu int. hom. tr. 1. c. 3. c. 13. Nos autem arbitrium hominis idcirco liberum dicimus, non quia promtum habet, bonum et malum facere, sed quia liberum habet, bono vel malo non consentire. c. 33.

5) Ib. tr. 1. c. 13. Posse quidem facere malum, est infirmitatis; posse facere bonum, est potestatis: neutrum autem libertatis. Libertatis vero est, quod consensus ejus extorqueri vel cohiberi non potest.

6) Ib. tr. 1. c. 2. 3. Inter omnia creationis bona nihil in homine sublimius, nil dignius libero arbitrio. Caput liberum arbitrium, cor consilium, **spes carnale**

Aber eben weil die Freiheit dem menschlichen Willen wesentlich ist, so kann sie auch durch nichts zerstört oder vermindert werden [1]. Durch die Sünde hat also der Mensch nicht die Freiheit verloren, sondern nur die Kraft des freien Willens zum Guten; die Freiheit selbst ist ungeschmälert geblieben [2]. Die Knechtschaft des freien Willens unter der Sünde, von welcher die heilige Schrift redet, besteht blos darin, dass der Wille schwach geworden ist zum Guten und geneigt zum Bösen [3].

Daraus folgt, dass auch die Erlösung in dieser Beziehung nicht den Zweck hat, dem Menschen die Freiheit zu restituiren, sondern vielmehr nur dahin zielt, den Willen von seiner Schwäche zu heilen und ihm die Kraft zum Guten wieder zu geben. Und das geschieht durch die Gnade. Wie der freie Wille schon vor der Sünde der Gnade Gottes bedurfte, um die volle Kraft zum Guten zu haben [4], so kann er auch nach der Sünde von der Schwäche zum Guten nur geheilt werden durch die Gnade [5]. Ohne die Gnade gelangen wir also weder zur Erkenntniss der Wahrheit, noch zur Liebe der Tugend; in ihr und mit ihr dagegen sind wir stark zu allem Guten [6]. Die Gnade gibt uns den guten Willen, und indem dann auch wir selbst mit dieser Gnade mitwirken, sind unsere Verdienste sowohl Gottes Geschenk, als auch unser Werk [7].

Das sind die allgemeinen psychologischen Grundlagen, auf welchen Richard seine ascetisch contemplative Lehre aufbaut. Zu dieser haben wir nun überzugehen.

§. 110.

Vor Allem besteht nach der Lehre Richards die Grundbedingung aller Erhebung des Geistes zur Contemplation in einem tugendhaften Leben. Das Herz muss rein sein; die Seele muss zuerst reich sein an Tugenden, bevor sie Höheres wagen kann [8]. Richard vergleicht die Vernunft und den Willen mit den zwei Frauen Jacobs, der Rachel und der Lia. Wie Jacob zuerst mit der Lia sich vermählte und aus ihr sieben Söhne und sieben Töchter erzeugte, und dann erst die Rachel von ihm empfing und gebar: so muss auch zuerst der Wille von dem

---

desiderium. Caput toti corpori supereminet, et liberum arbitrium omni actioni, imo et appetitui praesidet. c. 6. Liberum arbitrium omnium, quae in homine sunt, regimen et moderamen conditionis jure suscepit.

1) lb. l. 1. c. 3. 23. — 2) lb. tr. 1. c. 13. — 3) lb. tr. 1. c. 22. — 4) lb. tr. 1. c. 21. — 5) lb. tr. 1. c. 15. 16. De contempl. l. 3. c. 16.

6) De contempl. l. 3. c. 24. Sine cooperante gratia omnino non sufficimus vel ad cognitionem veritatis, vel ad amorem virtutis.

7) lb. l. 3. c. 24

8) lb. l. 4. c. 6. Studeat ergo cordis munditiae, qui cupit Deum videre, qui in divinorum contemplationem festinat assurgere.

göttlichen Geiste gleichsam befruchtet werden, damit er aus sich und in sich die Tugenden gebäre; und dann erst kann auch die Vernunft des Menschen durch die göttliche Gnade einer höhern Erhebung, einer höhern Erkenntniss gewürdigt werden [1]).

Darum entwickelt denn auch Richard in seiner mystischen Lehre zuerst den Begriff der Tugend im Allgemeinen und der einzelnen Tugenden im Besondern, und er sucht hiebei stets das so eben angedeutete Gleichniss festzuhalten und im Einzelnen zur Anwendung zu bringen. Die Tugend ist hiernach ihrem Wesen nach nichts Anderes, als der geordnete und in rechtem Mass gehaltene Affect. Der Affect muss auf das rechte Ziel hingerichtet, d. h. geordnet; er muss aber auch, was den Grad seiner Bethätigung betrifft, immer den rechten Grenzen gehalten, d. h. er muss gemässigt sein. Wo beides stattfindet, da ist Tugend [2]).

Was aber die einzelnen Tugenden betrifft, so unterscheidet Richard sieben Haupttugenden, analog den sieben Kindern Lia's. Er scheidet dieselben aus nach den sieben Hauptaffecten, welche sind: Hoffnung, Furcht, Freude, Schmerz, Hass, Liebe und Scham. In so fern nämlich diese Affecte nach den Regeln der Vernunft geordnet sind, bekommen wir eben so viele besondere Tugenden, welche unter den allgemeinen Begriff der Tugend sich subsumiren [3]). Er ist sehr weitläufig in der Schilderung dieser Tugenden, so wie in der Aufzählung der Analogien, welche zwischen ihnen und zwischen den Kindern Lia's stattfinden [4]). Wir folgen ihm nicht in dieses Gebiet, weil die nähere Kenntniss der hier entwickelten Anschauungen für das Verständniss des Ganzen seiner Lehre nicht nothwendig ist.

Die zweite Grundlage und Voraussetzung der mystischen Erhebung ist nach Richard die Selbstkenntniss, oder vielmehr die Versenkung der Seele in sich selbst. Der vornehmste Spiegel, in welchem das Bild der göttlichen Herrlichkeit am glänzendsten widerstrahlt, und in welchem wir daher zumeist Gott erkennen und schauen können, ist unsere Seele selbst. Denn die Seele ist nach dem Bilde Gottes geschaffen, und wenn daher schon die äussern Dinge uns zur Erkenntniss Gottes führen, um wie viel mehr und um wie viel vollkommener wird uns das Bild Gottes, welches in unserer Seele ausgeprägt ist, die Erkenntniss des Schöpfers vermitteln! Daher muss die Seele, wenn sie zur Schauung Gottes sich erheben will, diesen Spiegel vorerst reinigen durch Streben nach Tugend und sittlicher Vollkommenheit; dann aber muss sie auch dem-

---

1) De praepar. ad contempl. c. 4.
2) Ib. c. 7. Nihil aliud est virtus, quam animi affectus ordinatus et moderatus. Ordinatus quidem, quando ad illud est, ad quod esse debet; moderatus, quando tantus est, quantus esse debet. De contempl. l. 3. c. 23.
3) De praep. ad cont. c. 7,
4) De praep. ad cont. c. 7 — c. 66. De exterm. mal. tr. 3. c. 6.

selben ihren Blick zuwenden und ihn auf demselben haften lassen; d. h. die Seele muss von dem Sinnlichen sich abwenden und anhaltend in sich selbst sich versenken; dann wird ihr in diesem Zurückgezogensein in sich selbst das göttliche Licht mit einer unaussprechlichen Klarheit aufleuchten, und sie wird so das Ziel der mystischen Erhebung erreichen ¹). Durch sich selbst also muss die Seele zu Gott emporsteigen; durch die Kenntniss ihrer selbst muss sie zur Kenntniss Gottes gelangen ²). Ohne jene ist diese nicht möglich ³). Wie Jacob nach der Erzeugung der sieben Kinder Lia's aus der Rachel zuerst den Joseph erzeugte, und dann als der letzte Sprössling aus seinen Lenden Benjamin entsprang: so muss auch im Menschen auf die innere Geburt der sieben Tugenden die Selbsterkenntniss, dieser „Joseph" des höhern mystischen Lebens, als das erste Kind der Vernunft im Menschen folgen; damit dann zuletzt auf der Grundlage dieser Selbsterkenntniss der Geist zur Contemplation, diesem „Benjamin" seines höhern Lebens ⁴), sich erheben könne ⁵).

Das also sind die wesentlichen Voraussetzungen des eigentlichen mystisch-contemplativen Lebens. Nachdem nun Richard dieselben nach ihrem Wesen und nach ihrer Bedeutung für die höhere Mystik geschildert hat, geht er auf die Entwicklung des Wesens, der Stufen und der Grade der Contemplation über. Wir haben bereits gehört, dass er die Contemplation der Intelligenz zutheilt und sie als ein unmittelbares Schauen des Uebersinnlichen in seiner Realität und Wirklichkeit auffasst. Das erste und vornehmste Object dieser Contemplation nun ist Gott selbst. Zu ihm ist ihre Beziehung eine ganz directe, und sie wird deshalb auch, so fern sie sich unmittelbar auf Gott bezieht, als Contemplation im engern Sinne dieses Wortes bezeichnet.

Allein obgleich dem also ist, so verbreitet sich die Contemplation von diesem Mittelpunkte aus doch auch auf alle übrigen Gebiete

---

1) De praep. ad contempl. c. 72. Praecipuum et principale speculum ad videndum Deum animus rationalis absque dubio invenit seipsum. Si enim invisibilia Dei per ea, quae facta sunt, intellecta conspiciuntur: ubi, quaeso, quam in ejus imagine cognitionis vestigia expressius impressa reperiuntur?.... Tergat ergo speculum suum, mundet spiritum suum, quisquis sitit videre Deum suum.... Exterso autem speculo et diu diligenter inspecto, incipit homini quaedam divini luminis claritas interlucere, et immensus quidam insolitae visionis radius oculis ejus apparere....

2) Ib. c. 83. Ascendat ergo mens per semetipsum supra semetipsum. Per cognitionem sui ad cognitionem Dei. De exterm. mal. tr. 1. c. 5. 6.

3) De praep. ad contempl. c. 7. Animus, qui in sui cognitione diu exercitatus plenoque eruditus non est, ad Dei cognitionem non sustollitur. Frustra cordis oculum erigit ad videndum Deum, qui nondum idoneus est ad videndum se ipsum. Prius discat homo cognoscere invisibilia sua, quam praesumat posse apprehendere invisibilia divina. Si non potes cognoscere te, qua fronte praesumis apprehendere ea, quae sunt supra te? c. 75 sqq.

4) Ib. c. 67. 71. — 5) Ib. c. 83.

des menschlichen Erkennens und zieht dieselben in ihren Bereich herein. Und so ergeben sich gewisse Contemplationsstufen, welche sich von einander unterscheiden zunächst nach den Objecten, auf welche sie sich beziehen. Und zwar sind es sechs Hauptstufen der Contemplation [1]).

Die erste Stufe ist „in der Einbildungskraft und nach derselben" (in imaginatione et secundum imaginationem). Sie bezieht sich auf die sinnlich wahrnehmbare Welt als solche, so fern wir die Fülle und Schönheit, welche in ihr waltet, betrachten, und dadurch zur Erkenntniss, Bewunderung und Verehrung der Macht, Weisheit und Güte Gottes hingeleitet werden. Die zweite Stufe ist „in der Einbildungskraft, aber nach der Vernunft" (in imaginatione et secundum rationem). Sie vollzieht sich darin, dass wir die Gründe der Erscheinungen in der Sinnenwelt betrachten und bewundern. Sie heisst deshalb „nach der Vernunft," weil wir, um die Gründe der Erscheinungen zu erforschen und unserer Betrachtung unterzustellen, schon des Vernunftschlusses bedürfen. Die dritte Stufe ist „in der Vernunft, aber nach der Einbildungskraft" (in ratione et secundum imaginationem), und besteht darin, dass wir von dem Sinnlichen zum Uebersinnlichen aufsteigen und die Ideen der Dinge dem Auge unserer Intelligenz vorführen. Es vollzieht sich hier die Betrachtung „in der Vernunft," weil eben nur die Vernunft zum Uebersinnlichen sich zu erheben vermag; aber es ist dabei auch noch die Einbildungskraft in Mitthätigkeit gezogen, weil wir dabei noch der Bilder der Imagination nöthig haben, um dadurch in der Erfassung und Betrachtung des Uebersinnlichen unterstützt zu werden. Die vierte Stufe der Contemplation ist „in der Vernunft und nach der Vernunft" (in ratione et secundum rationem). Auf dieser Stufe wenden wir den Blick unsers Geistes den unsichtbaren geistigen Wesen zu und betrachten deren Natur und Eigenschaften. Den Gegenstand der Contemplation auf dieser Stufe bilden also die Seele und die reinen Geister, die Engel. Es vollzieht sich hier die Betrachtung „in der Vernunft und zugleich nach der Vernunft," weil wir hier die Bilder der Einbildungskraft fallen lassen, und das Geistige in seiner vollen Reinheit zu fassen suchen [2]). Die fünfte Stufe der Contemplation ist „über der Vernunft, aber nicht ausser der Vernunft" (supra rationem, non praeter rationem). Sie bezieht sich unmittelbar auf Gott, jedoch nur in so weit, als Gott auch durch unsere Vernunft erkennbar ist. Die sechste und höchste Stufe der Contemplation endlich ist „über der Vernunft und ausser der Vernunft" (supra rationem et praeter rationem). Sie hat zum Gegenstand jene undurchdringlichen Geheimnisse Gottes, welche alle Fassungskraft unserer

---

1) De contempl. l. 1. c. 3. De praep. ad cont. c. 86.
2) De contempl. l. 1. c. 6.

Vernunft übersteigen. Die vorletzte Stufe der Contemplation geht also auf solche göttliche Wahrheiten, die wir auch durch unsere Vernunft erkennen, wenn auch nicht begreifen können; sie ist eben deshalb zwar supra rationem, weil ihr Gegenstand unbegreiflich ist, sie ist aber nicht praeter rationem, weil ihr Gegenstand doch noch der Erkenntniss der Vernunft zugänglich ist. Auf der letzten und höchsten Stufe dagegen ist die Contemplation sowohl supra, als auch praeter rationem, weil hier ihr Gegenstand von der Art ist, dass wir ihn nicht blos nicht zu begreifen vermögen, sondern unsere Vernunft ihn aus sich auch gar nicht zu erkennen im Stande ist¹). Es sind aber diese zwei letzten Stufen der Contemplation in so fern der Mittelpunkt aller übrigen, als diese sich zuletzt sämmtlich auf jene beiden beziehen und in ihnen ihre Vollendung finden²).

Richard verweilt lange in der weitern Entwicklung der Aehnlichkeiten, der Unterschiede und der Beziehungen dieser Contemplationsstufen zu einander, so wie in der nähern Feststellung ihrer respectiven Grenzgebiete³). Es sind aber die Schilderungen, in welchen er sich hiebei ergeht, für unsern Zweck von geringerer Wichtigkeit. Wir erwähnen daher nur, dass er diese Contemplationsstufen mit der alttestamentlichen Bundeslade vergleicht. Die erste Stufe wird symbolisirt durch die Structur der Lade, die zweite durch die Vergoldung derselben, die dritte durch den goldenen Kranz, mit welchem sie umgürtet war, die vierte durch das Propitiatorium über der Lade, und die beiden letzten endlich durch die beiden Cherubim, welche über der Lade zu beiden Seiten schwebten⁴).

---

1) Ib. l. c. Quintum contemplationis genus est, quod est supra rationem, non tamen praeter rationem. In hanc autem contemplationis speculam mentis sublevatione ascendimus, quando ea ex divina revelatione cognoscimus, quae nulla humana ratione plene comprehendere, quae nulla nostra ratiocinatione integre investigare sufficimus. Talia sunt illa, quae de Divinitatis natura et illa simplici essentia credimus, et Scripturarum divinarum auctoritate probamus. Contemplatio ergo nostra tunc veraciter supra rationem ascendit, quando id animus per mentis sublevationem cernit, quod humanae capacitatis metas transcendit. Sed supra rationem, nec tamen praeter rationem censenda est, quando ei quod per intelligentiae aciem cernitur, humana ratio contraire non potest, quin potius facile acquiescit et sua attestatione alludit. Sextum contemplationis genus est, quod in his versatur, quae sunt supra rationem, et videntur esse praeter, seu etiam contra rationem. In hac utique suprema omniumque dignissima contemplationum specula tunc animus veraciter exultat atque tripudiat, quando illa ex divini luminis irradiatione cognoscit atque considerat, quibus omnis humana ratio reclamat. Talia sunt paene omnia, quae de personarum Trinitate credere jubemur. De quibus cum ratio humana consulitur, nihil aliud quam contraire videtur.

2) De praep. ad cont. c. 86.
3) De contempl. l. 2. c. 1 sqq. l. 3. c. 1 sqq. l. 4. c. 1 sqq.
4) Ib. l. 1. c. 11.

Es ist nun aber die Contemplation in allen ihren Stufen etwas Uebernatürliches; es ist nämlich die Erleuchtung durch die Gnade nothwendig, wenn der Mensch zur Contemplation sich erheben soll. Am meisten aber gilt solches von den zwei höchsten Stufen der Contemplation. Hier hängt Alles von der Gnade ab; sie entziehen sich aller menschlichen Bemühung. Gottes Geheimnisse zu schauen ist keinem Sterblichen gegönnt, wenn ihn nicht Gott selbst zu dieser Schauung erhebt[1]. Dies um so mehr, als durch die Sünde über unsere Intelligenz ein dichter Schleier gezogen ist, welcher nur durch die Einwirkung der göttlichen Gnade weggehoben werden kann[2]. Darum sinkt hier die menschliche Kraft zusammen und waltet nur die göttliche Gnade.

§. 111.

Unterscheiden sich die bisher entwickelten Stufen der Contemplation vorzugsweise nach den Objecten, worauf sie sich beziehen, so lässt aber die Contemplation auch in Bezug auf ihre Intensität verschiedene Grade zu. Der erste Grad besteht darin, dass in der Contemplation der Geist sich *erweitert*, der zweite darin, dass er sich über das gewöhnliche Mass der Erkenntniss *erhebt*, und der dritte endlich darin, dass der Geist *ausser sich kommt:* — die Ekstase. Der Geist erweitert sich, wenn die Schärfe seines Blickes sich weiter ausdehnt und höher potenzirt; er erhebt sich, wenn in Folge des Hereinfallens des göttlichen Lichtes die Thätigkeit der Intelligenz die Grenzen, bis zu welchen rein menschliche Bemühung reicht, übersteigt, ohne doch noch demjenigen entfremdet zu werden, womit der Geist in seiner empirischen Erkenntniss zusammenhängt. Der Geist wird endlich entrückt, er erhebt sich zur Ekstase, wenn er durch die Einwirkung der göttlichen Gnade in einen solchen Zustand versetzt wird, in welchem alle Erinnerung an das Gegenwärtige, alles Bewusstsein des empirisch Gegebenen verschwindet, und der Geist ganz in der Schauung des Göttlichen so zu sagen absorbirt ist[3]. Es gehen diese drei Grade der mystischen

---

1) Ib. l. 1. c. 12. In ultimis duobus generibus totum pendet ex gratia, et omnino longinqua sunt et valde remota ab omni humana industria, nisi in quantum unusquisque coelitus accipit et angelicae sibi similitudinis habitum divinitus superducit. — 2) Ib. l. 3. c. 9.
3) Ib. l. 5. c. 2. Tribus modis contemplationis qualitas variatur. Modo enim agitur mentis dilatatione, modo mentis sublevatione, aliquando mentis alienatione. Mentis dilatatio est, quando animi acies latius expanditur, et vehementius acuitur, modum tamen humanae industriae nullatenus supergreditur. Mentis sublevatio est, quando intelligentiae vivacitas divinitus irradiata humanae metas industriae transcendit, nec tamen in mentis alienationem transit, ita ut et supra se sit, quod videat, et tamen ab assuetis penitus non recedat. Mentis alienatio est, quando praesentium memoria menti excidit, et in peregrinum quendam et humanae industriae invium animi statum divinae operationis transfiguratione transit.

Contemplation in so fern in einander über, als immer der zunächst vorausgehende Grad die Ueberleitung zum folgenden ist, und je mehr in diesem Fortgange die menschliche Kraft sich unmächtig zeigt, um so mehr tritt die Kraft der Gnade hervor[1]). Die „Erweiterung" des Geistes kann noch durch rein menschliche Bemühung errungen werden; zur „Erhebung" des Geistes müssen die Gnade und die menschliche Bemühung zusammenwirken; die Ekstase oder „Entrückung" des Geistes aber ist allein Sache der göttlichen Gnade; dazu kann menschliche Bemühung gar nichts beitragen[2]). Dreifach aber kann die Ursache sein, aus welcher zunächst die Entrückung des Geistes entspringt; der Geist kann nämlich in die Ekstase entrückt werden entweder in Folge ausserordentlicher Andacht, oder in Folge ausserordentlicher Bewunderung, oder endlich in Folge eines Uebermasses inneren Jubels oder innerer Freude. Es kann nämlich die Flamme innerer Andacht, innerer Liebe und himmlischer Begierde derart sich im Menschen steigern, dass die Seele unter dem Einflusse dieser himmlischen Wärme so zu sagen wie Wachs schmilzt, und indem sie so ihren natürlichen Zustand verlässt, gleich dem Rauche der Flamme in eine höhere Region emporsteigt. Es kann aber auch die Bewunderung der göttlichen Schönheit in der Seele der Art sich steigern, dass sie durch die Grösse des Erstaunens ganz erschüttert und gewissermassen aus ihren Fugen gerissen wird, und in Folge dessen gleich einem Blitzstrahl ihr das Licht der göttlichen Schauung aufleuchtet. Endlich kann die Seele durch den innern Jubel, durch die innere Wonne, welche sie im Genusse der göttlichen Güter geniesst, in der Art gleichsam berauscht werden, dass sie ihrer selbst gänzlich vergisst und so in den Stand der Ekstase entrückt wird[3]).

---

1) Ib. l. 5. c. 3 sqq.
2) Ib. l. 5. c. 2. Primus gradus surgit ex industria humana, tertius ex sola gratia divina, medius ex utriusque permistione, humanae videlicet industriae et gratiae divinae.
3) Ib. l. 5. c. 5. Tribus autem de causis, ut mihi videtur, in mentis alienationem abducimur. Nam modo prae magnitudine devotionis, modo prae magnitudine admirationis, modo vero prae magnitudine exultationis fit, ut semetipsam mens omnino non capiat, et supra semetipsam elevata in abalienationem transeat. Magnitudine devotionis mens humana supra semetipsam elevatur, quando tanto coelestis desiderii igne succenditur, ut amoris intimi flamma ultra humanum modum excrescat, quae animam humanam ad cerae similitudinem liquefactam, a pristino statu penitus resolvat, et ad instar fumi attenuatam, in superna elevet, et ad summa emittat. Magnitudine admirationis anima humana supra semetipsam ducitur, quando divino lumine irradiata, et in summae pulchritudinis admiratione suspensa, tam vehementi stupore concutitur, ut a suo statu funditus excutiatur, et in modum fulguris coruscantis, quanto profundius per despectum sui invisae pulchritudinis respectu in imma dejicitur, tanto sublimius, tanto celerius per summorum desiderium reverberata, et super semetipsam rapta, in sublimia eleva-

Aus welcher Ursache aber immer die Entrückung des Geistes zunächst entspringen möge, — immer hat die Seele dabei Alles der göttlichen Gnade zu danken. Daher ist es zwar Sache des Menschen, sich durch die Mittel der Ascese vorzubereiten und zu disponiren, um den erleuchtenden Strahl der göttlichen Gnade in sich aufnehmen zu können. Der Mensch soll aus ganzer Seele nach diesem göttlichen Gnadengeschenke verlangen und Alles thun, was in seinen Kräften steht, um desselben theilhaftig zu werden [1]. Wie die Braut sich schmückt, um den Bräutigam würdig empfangen zu können, so soll auch die Seele ihr Inneres reinigen und ausschmücken, damit ihr mystischer Bräutigam sie bereitet finde, wenn er sie heimsucht [2]. Aber all diese ascetische Vorbereitung hat eben nur den Zweck der Disposition, nicht aber ist sie darauf hingerichtet, die Ekstase selbst herbeizuführen. Das ist nicht möglich [3]. Die Stunde der Erleuchtung müssen wir abwarten. Die Flügel der Ekstase auszuspannen, ist unsere Sache; aber sie in Bewegung zu setzen, ist Sache der göttlichen Gnade [4]. Doch ist es immerhin möglich, dass ein Mensch zu einer solchen Stufe der Vollkommenheit sich erhebe, dass das Eintreten in den Stand der Ekstase in gewissem Grade von seinem Willen abhängt. Aber diese Abhängigkeit ist doch auch hier nie eine durchgängige, sondern nur eine theilweise, und schliesst deshalb die göttliche Gnade als wirkende Ursache der Entrückung nicht aus; es ist vielmehr auch diese theilweise Abhängigkeit der Entrückung vom Willen als eine Gnadengabe zu bezeichnen, mit welcher Gott solche Menschen auszeichnet, welche im sittlichen Leben eine hohe Stufe der Vollkommenheit errungen haben [5].

Die Entrückung des Geistes kann eintreten auf allen Contemplationsstufen; auf jeder derselben kann der Geist ausser sich geführt werden. Am häufigsten aber tritt die Ekstase ein auf den beiden höchsten Stufen der Contemplation. Hier ist so recht das Gebiet, auf welchem sie sich entfaltet, weil hier die Contemplation unmittelbar auf das Göttliche geht [6]. Und tritt eine solche Entrückung ein, dann schaut der Geist, über sich selbst erhoben, das Licht der göttlichen Weisheit, ohne Bild und Gleichniss, ohne Vermittlung der geschöpflichen Dinge, in seiner vollen Reinheit und in seiner einfachen Wahr-

---

tur. Magnitudine jucunditatis et exultationis mens hominis a seipsa alienatur, quando intima illa internae suavitatis abundantia potata, imo plene inebriata, quid sit, quid fuerit, penitus obliviscitur, et in abalienationis excessum, tripudii sui nimietate traducitur, et in supermundanum quendam affectum, sub quodam mirae felicitatis statu raptim transformatur.
1) Ib. l. 4. c. 10. — 2) Ib. l. 4. c. 13.
3) Ib. l. 5. c. 15. Nemo autem tantam cordis exultationem vel sublevationem de suis viribus praesumat, vel suis meritis adscribat. Constat hoc sane non meriti humani, sed muneris esse divini.
4) Ib. l. 4. c. 10. — 5) Ib. l. 4. c. 23. — 6) Ib. l. 4. c. 22.

heit unmittelbar an ¹). Und dieses Anschauen ist von der Art, dass der Geist ganz und gar in ihm aufgeht und die Thätigkeit aller niedern Kräfte aufhört. Es tritt hier jene Scheidung des Geistes von der Seele ein, von welcher der Apostel spricht, d. h. es treten die niedern Verrichtungen im Haushalte des menschlichen Lebens zurück, sie werden so zu sagen zur Ruhe gebracht, damit der Geist in seiner Schauung durch das Leibliche nicht gestört werde. Der Leib wird daher unempfindlich; der Mensch fühlt nicht mehr die leiblichen Eindrücke; die Belästigungen durch die leibliche Passibilität hören für ihn auf ²). Aber noch mehr. Auch die höhern Seelenkräfte, nämlich Sinn, Einbildungskraft, Gedächtniss und Vernunft hören in der Ekstase auf thätig zu sein; denn der Geist hat sich in der Schauung über alle diese Kräfte emporgehoben ³). Deshalb verschwindet in der Ekstase alles Bewusstsein der Aussenwelt sowohl, als auch der Innenwelt, das individuelle Selbstbewusstsein weicht der schauenden Erkenntniss; in welcher die Seele versenkt ist; die Erinnerung an uns selbst und an den Gesammtkreis unserer Vorstellungen hört auf, und die Vernunft mit ihrer discursiven Thätigkeit geht gleichsam unter in der Unmittelbarkeit der Contemplation ⁴). So stirbt, indem in der Ekstase das natürliche Licht der Vernunft von dem höhern Lichte der Contemplation absorbirt wird, die Rachel bei und in der Geburt Benjamins; ihr Leben wird geopfert, um das Leben Benjamins zu ermöglichen; denn der Benjamin, diese letzte und höchste Geburt der Seele, ist nichts anders, als die Contemplation auf der Stufe der Ekstase ⁵).

Aber eben deshalb, weil der Geist in der Ekstase allem Irdischen entrückt ist, darum ist dieser Stand der Entrückung für ihn auch der Stand höchsten Friedens und höchster Ruhe. Nichts stört ja hier den

---

1) Ib. l. 4. c. 11. Per mentis excessum extra semetipsum ductus homo summae sapientiae lumen sine aliquo involucro figurarumve adumbratione, denique non per speculum in aenigmate, sed in simplici, ut ita dicam, veritate contemplatur.

2) De extermin. mali tr. 3. c. 18. cf. De contempl. l. 4. c. 22.

3) De praep. ad contempl. c. 82. Ibi sensus corporeus, ibi exteriorum memoria, ibi ratio humana intercipitur, ubi mens supra semetipsam rapta in superna elevatur.

4) De contempl. l. 4. c. 23. Cum per mentis excessum supra sive intra nosmetipsos in divinorum contemplationem rapimur, exteriorum omnium statim, imo non solum eorum, quae extra nos, verum etiam eorum, quae in nobis sunt, omnium obliviscimur. c. 9. l. 5. c. 7. Sui penitus oblitus.

5) De praep. ad contempl. c. 73. In tanta namque quotidiani conatus anxietate, in hujusmodi doloris immensitate, et Benjamin nascitur, et Rachel moritur, quia cum mens hominis supra semetipsam rapitur, omnes humanae ratiocinationis angustias supergreditur. Ad illud enim, quod supra se elevata, et in extasin rapta, de divinitatis lumine conspicit, omnis humana ratio succumbit. Quid est enim Rachelis interitus, nisi rationis defectus?

Genuss, welcher ihm aus der Schauung der göttlichen Geheimnisse erwächst. Von diesem Zustande gilt ganz das Wort des Psalmisten: „In pace in idipsum, dormiam et requiescam;" denn wie wir im Schlafe die Beschwerden des Lebens nicht fühlen, so ist auch der Geist in der Ekstase derselben enthoben, und geniesst somit wahren Frieden und wahre Ruhe [1]. Aber wie alle höhere Erkenntniss des Geistes, folglich auch die Ekstase, durch die Gottesliebe bedingt ist, so hat jene auch wiederum den Zweck, diese Liebe zu steigern und so den Menschen immer inniger mit Gott zu vereinigen [2].

§. 112.

Das sind die allgemeinen Lehrsätze Richards über die Contemplation. Er fügt zuletzt auch noch eine weitere Unterscheidung in Bezug auf die Ekstase selbst an, welche er mit Augustin an das Wort des Apostels, dass er „in den dritten Himmel entzückt worden sei," anlehnt. Die Ekstase soll nämlich wiederum drei Grade haben; auf der untersten Stufe steigt nämlich der Mensch über den körperlichen Sinn, auf der zweiten über die Imagination, auf der dritten über die Vernunft empor: — „erster, zweiter und dritter Himmel [3]." Richard führt diese Unterscheidung nicht weiter aus; es ist aber leicht ersichtlich, dass er in der bisher dargestellten Schilderung der Ekstase immer zunächst die dritte Stufe, — den „dritten Himmel" im Auge hat, weshalb wir denn auch diese als die eigentliche Ekstase im engern Sinne zu betrachten haben [4].

Richard versäumt jedoch nicht, darauf aufmerksam zu machen, dass nirgends mehr als in dieser höchsten Region des geistigen Lebens eine Täuschung möglich ist. Er gibt daher auch das Regulativ an, nach welchem alle höhere Erkenntniss, welche die Seele angeblich im Stande der Entrückung gewonnen hat, beurtheilt werden müsse. Es ist dieses der christliche Glaube, die heilige Schrift [5]. Diese muss auch für die schauende Erkenntniss die unmittelbare Norm bilden, so zwar, dass Alles als suspect erscheinen muss, was nicht durch die heilige Schrift bestätigt wird [6]. Die dämonische Täuschung schleicht sich hier

---

1) De exterm. mali tr. 3. c. 18. — 2) De contempl. l. 4. c. 10. — 3) De contempl. l. 5. c. 19.

4) An einer andern Stelle erklärt er den „dreifachen Himmel" in anderer Weise. De praep. ad cont. c. 74. sagt er nämlich: Aliter videtur Deus per fidem, aliter cognoscitur per rationem, atque aliter cernitur per contemplationem. Prima ergo visio ad primum coelum, secunda ad secundum, tertia pertinet ad tertium. Prima est infra rationem, tertia supra rationem. Ad primum itaque et secundum contemplationis coelum homines sane ascendere possunt; sed ad illud, quod est supra rationem, nisi per mentis excessum supra seipsos rapti nunquam pertingunt.

5) De praep. ad contempl. c. 81.

6) Ib. l. c. Suspecta est mihi omnis veritas, quam non confirmat Scripturae auctoritas.

gar leicht ein, und darum ist es von der höchsten Wichtigkeit, in diesem Gebiete Alles an dem Prüfstein der göttlichen Offenbarung zu erproben. Wie bei der Verklärung Christi Moses und Elias als Zeugen erschienen, so muss auch die Verklärung der Seele in der Ekstase ein Zeugniss zur Seite haben, welches für die thatsächliche Wahrheit göttlicher Erleuchtung Zeugschaft leistet: und das ist eben die Offenbarung, die heilige Schrift [1]).

Wir sehen, diese Lehre dringt in die höchsten Gebiete der Mystik vor und sucht das geheimnissvolle Dunkel, welches über diesem Gebiete schwebt, wissenschaftlich aufzuklären. Wir sind diesem Streben zwar schon früher, zunächst bei Skotus Erigena begegnet, aber während dieser in seiner Mystik in die unfassbare Ueberschwenglichkeit des neuplatonischen Mysticismus sich verliert, hält Richard mit Entschiedenheit den christlichen Standpunkt fest und bewahrt sich so vor jenen Verirrungen, denen der Geist in diesem Bereiche so sehr ausgesetzt ist. Richard ist weit entfernt, den mystischen Weg als die Via ordinaria zur Erkenntniss des Göttlichen zu betrachten; der ordentliche Weg, auf welchem der Mensch zur Erkenntniss Gottes sich erhebt, ist nach seiner Lehre der Vernunftschluss; das Organ dieser Erkenntnis also das discursive, rein speculative Denken. Diesem wahrt er seine volle Berechtigung [2]). Die mystische Erhebung dagegen fasst er stets als etwas Ausserordentliches auf, dessen Eintritt von der göttlichen Gnade abhängt, welche Gott zutheilt, wem er will. Sie ist ihm daher etwas schlechterdings Uebernatürliches. Die Gnade mystischer Erleuchtung ist nicht gefordert durch die natürlichen Bedingungen des menschlichen Erkennens selbst, gleich als wäre der Mensch aus natürlicher Kraft allein nicht erkenntnissfähig; sie ist vielmehr Gnade im strengsten Sinne des Wortes, d. h. eine übernatürliche Gnade, durch welche die natürlichen Erkenntnisskräfte nicht ergänzt, sondern vielmehr über sich selbst erhoben werden. Das ist unstreitig der allein richtige Standpunkt in diesem Gebiete, und eben weil Richard denselben mit aller Entschiedenheit festhielt, konnte er der Gefahr des idealistischen Pantheismus entgehen, welcher in der heidnischen Mystik und in dem daran sich anschliessenden Systeme des Skotus Erigena eine so bedeutende Rolle spielt. Freilich, wenn der mystische Weg als die Via ordinaria der Erkenntniss des Göttlichen aufgefasst und so die reine Uebernatürlichkeit der mystischen Erhebung geläugnet wird: dann liegt nichts näher, als das Sinnliche, welches der Erhebung des Geistes zur schauenden Erkenntniss so vielfach hinderlich ist, als einen feindlichen Gegensatz zum Idealen und Göttlichen zu betrachten. Und will man dann nicht beim Dualismus stehen bleiben, so wird man es wohl noth-

---

1) Ib. l. c. — 2) Vgl. De praep. ad contempl. c. 74.

wendig darauf anlegen müssen, das Sinnliche in seiner Eigenschaft als Sinnliches als eine blose Depotenzirung des Idealen zu denken, welche eigentlich nicht sein soll, und welche also nur als Folge eines Abfalles der Ideen von Gott gedacht werden kann. Damit ist dann der idealistische Pantheismus entschieden, und zwar gerade in der Form, in welcher er uns bei Skotus Erigena begegnet. Hält man dagegen das discursive Denken, den Vernunftschluss, als die Via ordinaria zur Erkenntniss des Göttlichen fest, und betrachtet die mystische Schauung als etwas Ausserordentliches, rein Uebernatürliches: — dann behält das sinnlich Reale von vorne herein seine Berechtigung als eine in sich selbst bestehende Wirklichkeit, und der idealistische Pantheismus kann in keiner Weise mehr Platz greifen. Und damit ist dann auch die für sich seiende Substantialität und Wirklichkeit der menschlichen Seele gewahrt, und es kann sohin hier die mystische Erhebung nicht mehr den Zweck eines völligen Aufgehens des Geistes in dem göttlichen Sein haben. So ist hier das Wahre vom Falschen geschieden, das Berechtigte von dem Unberechtigten getrennt. Wenn das mystische Leben offenbar in dem Wesen des Christenthums begründet ist, ja eine hervorragende Rolle in demselben spielt, wie die Geschichte der Heiligen zur Genüge beweist, so war es gewiss Aufgabe der christlichen Wissenschaft, auch auf dieses mystische Leben ihr Augenmerk zu richten, in die Tiefen desselben einzudringen und die Theorie desselben also aufzubauen, wie sie mit den Fundamentalgrundsätzen der Vernunft und des Christenthums in Einklang steht und von ihnen gefordert wird. Und dies um mehr, als es galt, die grossen und schweren Irrthümer zu überwinden, in welche die Mystik im Schoose des Heidenthums und der Häresie versunken war. Diese Aufgabe hat die Mystik des Mittelalters gelöst, und Richard ist im Anschlusse an Hugo der erste, welcher ein vollständiges System der christlichen Mystik entworfen hat. Die rein wissenschaftliche Speculation war längst von dem heidnischen Geiste emancipirt; die Väter hatten in dieser Beziehung das ihrige gethan, und die Scholastik konnte auf der von den Vätern gelegten Grundlage getrost weiter bauen. Von der theoretischen Mystik gilt dies nicht in gleichem Masse. Augustinus hatte ihr zwar den Weg gebahnt, aber eine eigentlich wissenschaftliche Entwicklung des mystischen Lebens, eine eigentliche Theorie der Mystik finden wir bei ihm noch nicht. Und was den Areopagiten betrifft, so hat sich seine mystische Theorie, obgleich sie im Wesen christlich ist, doch nicht von allen neuplatonischen Elementen ganz frei erhalten, weshalb wir es sehr erklärlich finden, wenn Skotus Erigena sich überall mit Vorliebe auf ihn beruft. Die eigentliche Theorie der christlichen Mystik tritt erst im Mittelalter in formaler Gestalt und in vollkommener Ausbildung hervor, und zwar sind es zuerst die Victoriner, vorzugsweise Richard von St. Victor, welche das geleistet haben, was der christlichen Wissenschaft in dieser Beziehung noch zu leisten übrig blieb.

Und deshalb hat auch die Mystik der folgenden Jahrhunderte des Mittelalters stets an die einschlägigen Grundsätze Richards sich angelehnt.

4. Isaak von Stella und Alcherus.

§. 113.

Ausser Richard haben wir hier noch einen andern Mann zu erwähnen, welcher zwar nicht der gleichen Schule wie jener angehörte, aber doch in seinen psychologischen Lehrsätzen viele Aehnlichkeit mit den Victorinern hat. Es ist Isaak von Stella. „Wir wissen von seinem Leben nur wenig, in der letzten Zeit desselben (1147—1169) war er in Frankreich Abt eines Cistercienser-Klosters Stella in dem Sprengel von Poitiers, von welchem er auch den Beinamen Stellensis führt[1]“. Wir besitzen von ihm mehrere Schriften, meist erbaulichen Inhaltes; einen eigentlich wissenschaftlichen Charakter hat aber ein Brief von ihm, wahrscheinlich an den Mönch von Clairvaux Alcher gerichtet, welcher sich über die Natur und über die Eigenschaften und Kräfte der Seele verbreitet, und welcher, wie schon gesagt, in manchen Punkten an die Victoriner erinnert. Wir wollen das Hauptsächlichste aus demselben ausheben.

Drei Wesen haben wir zu unterscheiden, das Körperliche, die Seele und Gott. Obgleich wir nun bei keinem dieser Wesen sagen können, dass wir dessen Wesenheit durchschauen, so erkennen wir doch noch weniger das Wesen des Körpers, als das der Seele, weniger das Wesen der Seele, als das Wesen Gottes. Denn der Körper verdunkelt unsern Geist; was wir daher durch ihn sehen, können wir nur dunkel sehen; je höher wir uns aber erheben, um so lichter wird unser Geist, um so klarer und sicherer erblicken wir die Wahrheit[2].

Wie aber in Bezug auf die Klarheit der Erkenntniss die Seele so zu sagen die Mitte hält zwischen Gott und der Körperwelt, so steht sie auch in Bezug auf die Beschaffenheit ihrer Natur in der Mitte zwischen beiden. Der Körper ist nämlich zusammengesetzt, Gott dagegen ist lautere Einfachheit; die Seele ist einfach und zusammengesetzt zugleich[3]. Das heisst: — Gott *ist* alles, was er besitzt; alles, was von ihm prädicirt wird, ist sein Wesen. Der Körper dagegen ist nichts von dem, was von ihm ausgesagt wird; was ihm eigen ist, das besitzt er, ist es aber nicht. Die Seele endlich *ist* einiges von dem, was ihr zukommt, aber sie ist nicht Alles, was ihr eigen ist. In so fern also ist sie einfach und zusammengesetzt zugleich[4]. Sie besitzt nämlich

---

1) Hist. litt. de France. XII, 678.
2) *Isaac Stellensis*, De anima, pag. 1875. (ed. Migne. Patrolog. T. 194.)
3) Ib. p. 1876.
4) Ib. p. 1876. Hinc est ergo, quod Deus omnia, quae habet, haec est, quia omnia sua est. Corpus vero nihil eorum, quae habet, esse potest, quod nihil

bestimmte Kräfte, und diese Kräfte sind Eins und dasselbe mit ihr; sie bezeichnen zwar verschiedene Eigenschaften, aber es ist doch ein und dasselbe Wesen, ein und dieselbe Natur, welcher sie eigen sind. Die Seele besitzt also nicht blos ihre Kräfte, sondern *ist* selbst das, was durch diese Kräfte bezeichnet wird; und in so fern ist sie einfach. Der Seele eignen aber auch gewisse Qualitäten oder Accidentien, wie z. B. die Tugend der Gerechtigkeit, der Klugheit, der Mässigkeit u. s. w. Diese Accidentien *ist* sie selbst nicht; sie kommen zu ihr hinzu, und eben, weil solches stattfindet, ist sie in dieser Beziehung einer Zusammensetzung unterworfen, ist ein zusammengesetztes Wesen¹).

Demselben Gedanken gibt Isaak auch noch eine andere Wendung. Gott, sagt er, besitzt weder Qualität noch Quantität; denn was er hat, das ist er; er ist daher lautere Einfachheit. Der Körper dagegen besitzt beides, Quantität und Qualität; er ist daher in beiderseitiger Beziehung zusammengesetzt; die Seele endlich ist ohne Quantität, und darum ist sie einfach; sie ist aber nicht ohne Qualität, und in so fern ist sie zusammengesetzt, — zusammengesetzt nämlich aus Substanz und Qualität. *Dass* sie aber ohne Quantität, leuchtet ein. Wir können zwar von Theilen der Seele sprechen, so fern wir darunter ihre natürlichen Kräfte verstehen; aber das sind nur Theile im uneigentlichen Sinne; wollten wir sie als eigentliche quantitative Theile der Seele fassen, dann müssten wir, weil der Theil stets der gleichen Natur ist, wie das Ganze, ebenso viele besondere Seelen im Menschen annehmen, als wir solche Theile ausscheiden: was widersinnig ist²).

Steht nun die Seele in Bezug auf ihre Natur mitten inne zwischen der Körperwelt und Gott, so schliesst sie auch wiederum in ihrer Natur selbst ein Niederstes, ein Höchstes und ein Mittleres ein. Das Niederste ist die Begierlichkeit, das Höchste die Vernünftigkeit und das Mittlere zwischen beiden die Irascibilität³). Das sind die Grundkräfte der Seele, in diesen besteht ihre volle Wesenheit⁴). Vermöge der Vernünftigkeit ist die Seele fähig, dasjenige zu erkennen, was über ihr, was in ihr, was neben ihr und was unter ihr ist; vermöge der Concupiscibilität und Irascibilität dagegen ist sie fähig, Etwas von

---

omnino suorum est. Anima autem tanquam inter has naturas media medie temperata est, ut et quaedam suorum sit, et inde simplex, et quaedam omnino non sit, et inde non vere simplex inveniatur.

1) Ib. p. 1877. Habet igitur anima naturalia, et ipsa omnia est: et ob hoc simplex est. Habet accidentia, et ipsa non est, propter quod omnino simplex non est. Non enim est anima sua prudentia, sua temperantia, sua fortitudo, sua justitia. Suae igitur vires est, et suae virtutes non est.

2) Ib. p. 1876 sq. — 3) Ib. p. 1878.

4) Ib. p. 1877. Est igitur anima rationalis, concupiscibilis, irascibilis, quasi quaedam sua trinitas; et hoc totum, et nihil amplius aut minus: et tota haec trinitas, quaedam animae unitas, et ipsa anima.

den genannten Dingen zu begehren oder zu fliehen, zu lieben oder zu hassen¹). Aus der Vernünftigkeit entspringt also alle Erkenntnissfähigkeit der Seele, aus der Concupiscibilität und Irascibilität aller Affect²).

Was nun zuerst die Affecte betrifft, so sind die Grundaffecte der Concupiscibilität die Freude und die Hoffnung, die der Irascibilität dagegen der Schmerz und die Furcht. Diese Affecte sind so zu sagen die Elemente oder die gemeinsame Materie aller Tugenden und Laster. Denn die Tugend besteht gerade darin, dass die Affecte nach den Gesetzen der Vernunft geordnet und geregelt werden; während die Affecte zum Laster degeneriren, wenn diese Unterordnung unter die Gesetze der Vernunft nicht stattfindet³).

§. 114.

Was dagegen die Erkenntnisskräfte betrifft, so unterscheidet Isaak hier fünf Erkenntnisskräfte, wobei er jedoch neuerdings nicht zu bemerken unterlässt, dass sie an sich nur Ein und dieselbe Seele sind, welche sich aber auf verschiedene Weise bethätigt. Diese fünf Erkenntnisskräfte sind: der Sinn, die Einbildungskraft, die Vernunft, der Verstand und die Intelligenz⁴). Wie also in der äussern Welt eine in fünf Graden aufsteigende Stufenfolge der körperlichen Elemente sich vorfindet, indem zu unterst die Erde steht, dann das Wasser, dann die Luft, dann der Aether und endlich der Feuerhimmel folgt, so finden wir in Analogie hiemit auch in den Erkenntnisskräften des Menschen eine fünffache Abstufung⁵). Der Sinn nimmt die Körper wahr, die Einbildungskraft behält und reproducirt die sinnlichen Bilder auch in Abwesenheit der Körper, auf welche sie sich beziehen⁶); die Vernunft erfasst die unkörperlichen Formen der körperlichen Dinge, sie abstrahirt von den Dingen dasjenige, was in der Wirklichkeit nicht ausser den Dingen existirt; mit Einem Worte, sie erfasst die Wesenheiten der Dinge (die zweiten Substanzen) und bildet so die Begriffe⁷). Der Verstand ferner

---

1) Ib. p. 1878. — 2) Ib. l. c.
3) Ib. p. 1878 sq. Affectus vero quadripertitus esse dignoscitur, dum de eo, quod diligimus, aut in praesentiarum gaudemus, aut futurum speramus, aut de eo quod odimus, jam dolemus, aut dolendum timemus, ac per hoc de concupiscibilitate gaudium et spes, de irascibilitate vero dolor et metus oriuntur. Qui quidem quatuor affectus animae omnium sunt vitiorum aut virtutum quasi quaedam elementa et communis materies. Affectus enim omni operi nomen imponit. Et quoniam virtus est habitus animi bene instituti, instituendi et componendi ordinandique sunt apposita ratione ad id, quod debent et quomodo debent animi affectus, ut in virtutes proficere possint: alioquin in vitia facile deficient.
4) Ib. p. 1879 sq. — 5) Ib. p. 1880. — 6) Ib. p. 1880. 1881.
7) Ib. p. 1880. 1884. Ratio itaque est ea vis animae, quae rerum corporearum incorporeas percipit formas. Abstrahit enim a corpore, quae fundantur in

ist die Erkenntnissquelle für die rein unkörperlichen Wesen, jedoch nur für solche, welche geschaffen sind. Er ist somit jene Kraft der Seele, vermöge welcher diese die Formen der unkörperlichen geistigen Wesen, so weit dieselben geschöpflicher Natur sind, erfasst¹). Die Intelligenz endlich ist das Organ der Seele für die Erkenntniss des ungeschaffenen, absoluten Geistes, das Organ für die Erkenntniss Gottes²). Der Sinn und die Einbildungskraft in Verbindung mit der Vernunft ermöglichen und bedingen also die physischen Wissenschaften; der Vernunft gehört als die ihr eigenthümliche Disciplin die Mathematik an; die Intelligenz nimmt für sich die Theologie in Anspruch; dem Verstande aber entspricht keine besondere Wissenschaft, weil sein Gegenstand, die geistige, aber zeitliche Natur, in der Mitte zwischen dem Göttlichen und Körperlichen steht und deswegen, an beiden theilnehmend, theils der Physik, theils der Theologie sich zuwendet³). So trägt die Seele, welche alle diese Stufen der Erkenntniss durchlaufen kann, die Aehnlichkeit aller Dinge in sich, was nur daraus erklärt werden kann, dass sie nach der Aehnlichkeit der allumfassenden Weisheit gebildet ist⁴).

Bei Gelegenheit der Entwicklung des Begriffes der Einbildungskraft verbreitet sich Isaak auch über den Möglichkeitsgrund der Vereinigung der unkörperlichen Seele mit dem Leibe. Er findet diesen Grund darin, dass das Unterste der Seele mit dem Höchsten des Fleisches eine gewisse Aehnlichkeit oder Conformität hat. Das Unterste der Seele ist nämlich das „Phantasticum animae," jenes Vermögen nämlich, vermöge dessen sie körperliche Bilder in sich aufnehmen kann. Dies nähert sich dem Körperlichen am meisten an, und ist „fast körperlich." Das

---

corpore, non actione, sed consideratione, et cum videat ea actu non subsistere, nisi in corpore, percipit tamen ea corpus non esse. Nempe natura ipsa corporis, secundum quam omne corpus corpus est, utique nullus corpus est. Nusquam tamen subsistit extra corpus, nec invenitur natura corporis nisi in corpore, quae tamen invenitur corpus non esse, nec corporis similitudo. Unde nec sensu nec imaginatione percipitur. Percipit itaque ratio quod nec sensus, nec imaginatio, rerum videlicet corporearum naturas, formas, differentias, propria, accidentia; omnia incorporea, sed non extra corpora, nisi ratione, subsistentia. Non enim inveniuntur secundae substantiae subsistere, nisi in primis, quanto minus, quorum est esse: in subjecto aliquo esse.

1) Ib. p. 1880. Intellectu quidem fertur (anima) super omne, quod corpus est, vel corporis, vel ullo modo corporeum; percipitque spiritum creatum, qui ad subsistendum non eget corpore, ac per hoc nec loco, licet sine tempore esse minime possit, cum naturae mutabilis sit. p. 1885. Intellectus igitur ea vis animae est, quae rerum vere incorporearum percipit formas.

2) Ib. p. 1880. Intelligentia denique utcunque, et quantum naturae fas est, cernit ipsum solum summe et pure incorporeum; quod nec corpore ut sit, nec loco ut alicubi, nec tempore ut aliquando, eget. p. 1885.

3) Ib. p. 1886 sq. — 4) Ib. p. 1886.

Oberste des Fleisches dagegen ist die Sensualität, die Sinnlichkeit, und vermöge dieser Sinnlichkeit nähert sich der Körper am meisten dem Geiste, so zwar, dass diese Sinnlichkeit etwas „fast Geistiges" ist. So haben wir hier eine gewisse Aehnlichkeit zwischen beiden, dem Geistigen und dem Körperlichen, und gerade diese Aehnlichkeit, diese Analogie zwischen beiden in der gedachten Beziehung ist der Möglichkeitsgrund dafür, dass sie sich zu einer persönlichen Einheit vereinigen können [1]).

Sehen wir jedoch hievon ab, und wenden wir uns wieder der Lehre Isaaks von den menschlichen Erkenntnisskräften zu, so zieht derselbe in diese seine Lehre zuletzt auch das mystische Element herein. Er nimmt an, dass wir vermöge unserer Natur die Organe des Erkennens und Liebens haben, so fern in derselben nämlich die Erkenntniss- und Willenskraft gelegen ist; die wirkliche Erkenntniss der Wahrheit aber und die geordnete Liebe kommt uns nur zu durch die Gnade. Wie nämlich das Auge von Natur aus die Kraft hat zu sehen, ein wirkliches Sehen aber nicht möglich ist ohne das Licht, so hat auch der vernünftige Geist von Natur aus das Vermögen, Gott zu erkennen und zu lieben; aber wenn er nicht durch den Strahl des innern Gnadenlichtes erleuchtet und erwärmt wird, so gelangt er nie zu wirklicher Weisheit, zu wirklicher Liebe. Das Auge sieht die Sonne nur im Lichte der Sonne; so kann auch die Intelligenz das göttliche Licht nicht sehen ausser in diesem Lichte selbst. Von Gott strömt das Licht der Erleuchtung in die Intelligenz ein, damit diese das Licht selbst und in diesem Lichte alles Uebrige sehe, und endlich in demselben und durch dasselbe auch zum Urheber des Lichtes sich emporschwinge [2]). Wie also in die Imagination von unten

---

1) Ib. p. 1881 sqq. Itaque, quod vere spiritus est, et non corpus, et caro, quae vere corpus est, et non spiritus, facile et convenienter uniuntur in suis extremitatibus, i. e. in phantastico animae, quod fere corpus est, et sensualitate carnis, quae fere spiritus est.

2) Ib. p. 1887 sq. Verumtamen facultates et quasi instrumenta cognoscendi ac diligendi habet (anima) ex natura; cognitionem tamen veritatis ac dilectionis ordinem nequaquam habet nisi ex gratia. Facta enim a Deo mens rationalis, sicut prima ac sola ejus suscipit imaginem, ita potest cognitionem et amorem. Vasa ergo, quae creatrix gratia format, ut sint, adjutrix gratia replet, ne vacua sint. Nempe sicut oculus carnis cum ex natura habeat facultatem videndi, et auris audiendi, nunquam consequitur per se visionem oculus, vel auditum auris, nisi beneficio externi lucis et soni; sic et spiritus rationalis ex dono creationis habilis ad cognoscendum verum ac diligendum bonum, nisi radio interioris lucis perfusus et calore succensus, nunquam consequitur sapientiae seu charitatis effectum. Sicut enim solem non videt oculus, nisi in lumine solis, sic verum et divinum lumen videre non poterit intelligentia, nisi in ipsius lumine. „In lumine," inquit Prophetes, „tuo videbimus lumen." (Ps. 35.) Quare sicut de sole exit, unde videri possit, nec tamen solem deserit, sed in illo manet, quod de illo exiens illum ostendit, ita manens in Deo lux, quae exit ab eo, mentem irradiat, ut primum ipsam coruscationem lucis, sine qua nihil videtur, videat, et in ipsa caetera videat: hinc-

herauf die sinnlichen Bilder kommen, so strömen von oben herab in die Intelligenz die Theophanien ein¹). Durch diese Theophanien wird die Intelligenz zu Gott emporgeführt. Vom Vater des Lichtes geht durch den Sohn im heiligen Geiste die erleuchtende Gnade, die Theophanie, aus; und umgekehrt werden wir in jener Theophanie durch den heiligen Geist zum Sohne, und durch den Sohn zum Vater hinaufgeführt²).

Wir dürfen vielleicht annehmen, dass Isaak diese Aeusserungen in der gleichen Weise verstanden habe, wie Richard. Wenn er von der Nothwendigkeit der Gnade zur Erkenntniss und Liebe Gottes spricht, so will er darunter wohl nur die übernatürliche Erkenntniss und Liebe Gottes verstanden wissen. Dürften wir seine Ansicht nicht in dieser Weise fassen, dann müssten wir freilich annehmen, dass er sich in diesem Bereiche seiner Lehre mehr, als recht ist, der origenistischen Anschauung angeschlossen habe. Denn wenn auf natürlichem Wege gar keine Erkenntniss Gottes möglich ist, wenn die natürliche Erkenntnisskraft des Menschen als solche stets pures Vermögen ohne Thätigkeit bleiben muss, falls sie nicht durch die göttliche Gnade in den Act übergesetzt wird; dann verhält sich die Gnade der Erleuchtung als ergänzendes Moment der Vernunft; ihr rein übernatürlicher Charakter hebt sich auf, und die Mystik ist dann wieder ganz auf den neuplatonisch-origenistischen Standpunkt zurückgeworfen. Ein bestimmtes Urtheil lässt sich aber hier nicht leicht bilden, weil Isaak seine Ansichten über diesen Punkt nur in allgemeinen Zügen hingeworfen, nicht aber weiter entwickelt hat.

Der Brief Isaaks ist, wie erwähnt, an den Cisterzienser-Mönch *Alcher* gerichtet, welcher zu Clairvaux unter dem heil. Bernard und dessen Nachfolgern lebte. Dies setzt voraus, dass auch Alcher mit psychologischen Studien sich beschäftigt habe. Dies um so mehr, als Alcher selbst von Isaak Belehrung über diese Sache sich erbat³). In der That haben wir auch von Alcher ein Buch, welches über Psychologie handelt. Es hat die Aufschrift: „De spiritu et anima." Es wurde früher dem heil. Augustin zugeschrieben und findet sich daher in den älteren Ausgaben der Werke des heil. Augustin unter diese aufgenommen. Es besteht jedoch diese Schrift fast nur aus einer Sammlung verschiedener Stellen, welche aus ältern und neuern Kirchenschriftstellern zusammengetragen und nicht auf's Beste geordnet sind. Seiner Richtung nach schliesst sich Alcher an Hugo von St. Victor und Isaak von Stella an, von welchen er ihre

---

que ad ipsum lucis fontem intelligentia ascendens, ipsam per ipsius lumen inveniat et cernat.
1) Ib. p. 1868. Itaque sicut in imaginationem de subtus phantasiae surgunt, ita in intelligentiam desuper theophaniae descendunt.
2) Ib. p. 1878 sq. — 3) Ib. p. 1875.

Eintheilung und grosse Stücke seines Werkes entnimmt. Mit Isaak stimmt er oft sogar dem Wortlaute nach überein. Er urgirt mit derselben Entschiedenheit, wie dieser, die Einheit der Seele in allen ihren Kräften in einer Weise, dass diese zuletzt mit der Wesenheit, mit der Substanz der Seele selbst zusammenfallen, was wir offenbar bei ihm ebenso, wie bei Isaak, als einen Irrthum bezeichnen müssen [1]. Ebenso scheidet er auch die gleichen Erkenntnisskräfte aus, wie dieser, den Sinn, die Einbildungskraft, die Vernunft, den Verstand und die Intelligenz [2]. Kurz, wir finden in seinem Werke nichts wesentlich Neues, weshalb wir auch nicht näher auf dasselbe eingehen wollen. Merkwürdig ist nach Ritter [3] nur dieses allein, dass er in den Untersuchungen über die Seele eine grössere Sorgfalt auf die Frage über den Zusammenhang der Seele mit dem Leibe verwendet, so dass einzelnen Thätigkeiten der Seele ihre Wirksamkeit in einzelnen Gliedern des Leibes nachgewiesen werden soll. Natürlich spielt hiebei das Gehirn eine wichtige Rolle. Es werden die drei Kammern des Gehirns unterschieden; in der vordern soll der Sinn oder die Einbildungskraft, in der hintern die bewegende Kraft oder auch das Gedächtniss, in der mittlern die Vernunft wohnen [4]. Doch sind auch hierüber die Bestimmungen schwankend. Obgleich aber hienach seine Schrift der eigentlichen Originalität entbehrt, so legt sie doch Zeugniss ab von dem Eifer, mit welchem damals ganz besonders die psychologischen Untersuchungen gepflegt wurden, und indem sie die Resultate zusammenstellt, behält sie immerhin den Werth eines für die Geschichte der damaligen Zeit keineswegs unbedeutenden Sammelwerkes.

VII. Resultate der wissenschaftlichen Bewegung dieser Epoche.

1. Peter der Lombarde.

§. 115.

Wir haben im Bisherigen gesehen, wie die christliche Speculation sich allmählig ausgestaltete und durch Ueberwindung der falschen Gegensätze sich mehr und mehr festigte. Je weiter wir im Verlaufe des eilften und zwölften Jahrhunderts fortschreiten, desto reicher breitet sich der Inhalt der christlichen Speculation vor unsern Augen aus, desto mehr gliedert er sich in seine besonderen Momente und begründet sich in dieser seiner Gliederung. Und was vom Inhalte gilt, das gilt

---

[1] *Alcher*, De spiritu et anima, c. 4. — [2] Ib. c. 4. c. 6. — [3] **Gesch. d. Phil.** Bd. 7. S. 591. — [4] De spir. et anima, c. 22.

auch von der Form. Die christliche Speculation crystallisirt sich mehr und mehr zum eigentlichen System; oder vielmehr, die Systembildung schreitet stetig vorwärts und strebt immer umfassender zu werden. Noch aber war in dieser Richtung nicht Alles geschehen. Eine *vollständige* systematische Zusammenstellung der Lehrsätze der christlichen Wahrheit war noch nicht vorhanden, oder wenigstens war dasjenige, was bisher in dieser Richtung geleistet worden, noch nicht von der Art, dass es dem gelehrten Unterrichte zu Grunde gelegt werden konnte. Und doch erheischte die fortschreitende Ausbildung der christlichen Schulen gebieterisch einen solchen systematischen Aufbau der Wahrheiten des Christenthums. Dieser Forderung nun ward vorläufig genügt in den theologischen Sammlungen, welche im Laufe des zwölften Jahrhunderts allmählig entstanden und welche man „Libri sententiarum" nannte.

Gewöhnlich sieht man den Hildebert von Lavardin, Erzbischof von Tours, als den ersten an, welcher im Anfange des zwöften Jahrhunderts die Kirchenlehren zu einer systematischen Uebersicht zusammengestellt hätte. Allein es ist nicht gewiss, ob die Schrift, welche man als seine Sammlung bezeichnet hat (Tractatus theologicus), ihm angehöre, und ob sie nicht vielmehr zu den Schriften des Hugo von St. Victor zu zählen sei. Die neuere Kritik hat sich entschieden der letztern Ansicht zugeneigt[1]), und es herrscht auch in der That zwischen dieser Schrift und dem Werke Hugo's „De sacramentis" eine durchgängige Uebereinstimmung, so zwar, dass diese Uebereinstimmung nicht blos den Lehrinhalt, sondern oft sogar die Worte betrifft, in welchen jener in den beiden Werken ausgesprochen wird. Hienach wäre also Hugo von St. Victor der erste, welcher der Aufgabe sich unterzog, die Kirchenlehren in eine systematische Zusammenstellung zu vereinigen; und wenn wir das systematische Streben berücksichtigen, welches allenthalben in den Schriften Hugo's, besonders in dem Werke „De sacramentis" sich kundgibt, so werden wir daran um so weniger zu zweifeln berechtigt sein.

Nicht lange nachher scheinen dann auch Robert Pulleyn, ein Engländer und berühmter Lehrer zuerst zu Paris, nachher zu Oxford († 1150), ferner Robert von Melun und Hugo von Rouen († 1164) ihre Sentenzen verfasst zu haben, welchen sich alsdann noch Peter von Poitiers, Kanzler der Universität zu Paris, mit einem Werke derselben Art anschloss († 1205). Das bedeutendste Werk dieser Kategorie ist aber das des Petrus Lombardus, dessen Schüler Peter von Poitiers war. Die vier Bücher der Sentenzen Peters des Lombarden nehmen den ersten Rang unter den theologischen Sammlungen dieser Zeit ein.

Peter der Lombarde ward im Gebiete der lombardischen Stadt Novara aus einer armen und unbekannten Familie geboren. Ein Wohl-

---

1) Vgl. *Liebner*, Theolog. Studien und Kritiken. Jahrg. 4. I. S. 254 ff.

thäter gab ihm die Mittel, um in Bologna seine Studien zu beginnen. Von da begab er sich nach Frankreich mit Empfehlungsschreiben an den heil. Bernard, welcher ihn in die Schule von Rheims sendete. Der Ruf der Lehrer von Paris an der Schule von St. Victor zog ihn in diese Stadt, welche ihn so sehr fesselte, dass er dieselbe gegen seine anfängliche Absicht nicht mehr verliess. Seine Gelehrsamkeit verschaffte ihm bald eine theologische Lehrkanzel, welche er mehrere Jahre hindurch mit grösster Auszeichnung inne hatte. Im Jahre 1159 ward er zum Bischof von Paris erwählt, starb aber schon im Jahre 1164.

Die „Libri sententiarum" Peters des Lombarden sind nichts anders, als eine compendiöse, systematisch geordnete Zusammenstellung der christlichen Dogmen und ihrer Folgesätze, so wie der speculativen Lehrsätze, welche die bisherige christliche Wissenschaft über die Dogmen aufgestellt und vertheidigt hatte; — also ein auf Grund der bisherigen christlichen Wissenschaft aufgebautes System der christlichen Theologie. Bei jedem Dogma, oder überhaupt bei jedem Lehrsatze, welchen er aufstellt, führt der Lombarde die Gründe und Auctoritäten aus der Bibel und den Vätern dafür und dawider auf, und sucht dann dieselben mit einander zu vereinigen und auszugleichen. In dieser Richtung erscheinen uns die Sentenzen des Lombarden als eine systematische Zusammenstellung der Resultate der bisherigen Entwicklung der christlichen Wissenschaft, und sind in so fern von grosser Bedeutung für die Würdigung und für das Verständniss dieser Entwicklung nach Form und Inhalt. Die Sentenzen des Lombarden waren hienach ganz geeignet dazu, als Leitfaden dem theologischen Unterrichte in den Schulen zu Grunde gelegt zu werden. Und dies waren und blieben sie denn auch während des ganzen Mittelalters. Jeder hervorragende Lehrer erachtete es während dieser Zeit für eine ehrende Aufgabe, einen Commentar zu den Sentenzen des Lombarden zu schreiben. Daher die vielen Commentare, welche wir hierüber besitzen. Wenn nun darin der Werth und die hohe Bedeutung dieses Buches gelegen ist, so ist jedoch andererseits nicht zu läugnen, dass die systematische Ordnung des Stoffes in demselben noch Manches zu wünschen übrig lässt. Sie ist mehr eine ordnungsgemässe Aneinanderreihung der Elemente des Lehrstoffes, denn eine wirklich organische Gliederung desselben zu einem einheitlichen Ganzen. In dieser Beziehung sind die Sentenzen erst als die Einleitung und nächste Vorbereitung zu jener vollkommenen Systembildung zu betrachten, welche uns in der nächsten Periode begegnen wird.

Indem wir die Darstellung des Lehrsystems Peters des Lombarden in Angriff nehmen, können wir uns weniger auf das positiv dogmatische Moment in demselben einlassen; wir müssen uns damit begnügen, dass wir ein übersichtliches Bild von dem Ganzen entwerfen, um darin die Art und Weise zu zeigen, wie er die Resultate der bisherigen christlichen Speculation für sein theologisches System verwerthete.

§. 116.

Der Inhalt des alten und neuen Gesetzes, sagt Peter, reducirt sich, wenn man ihn näher untersucht, auf Dinge und auf Zeichen; d. h. die ganze heilige Schrift handelt entweder von Dingen oder von Zeichen. Unter einem „Dinge" aber ist ein Etwas zu verstehen, welches nicht dazu angewendet wird, um Etwas zu bezeichnen, zu symbolisiren; unter „Zeichen" dagegen dasjenige, was wesentlich zu dieser Bezeichnung oder Symbolisirung bestimmt ist: — und das sind eben die Sacramente. Es sind zwar auch die Sacramente Dinge; denn was nicht ein Ding, ein Etwas ist, das ist überhaupt nichts; — aber weil ihre wesentliche Bestimmung dahin geht, zugleich Zeichen, Symbole zu sein, so werden sie nach dieser ihrer Bestimmung von den Dingen, welche dazu nicht bestimmt sind, unterschieden. Aber eben weil der ganze Inhalt der heiligen Schrift sich auf diese beiden Momente reducirt, so wolle auch er, sagt Peter, von diesen zwei Momenten handeln, und zwar zunächst von den Dingen und dann von den Zeichen. So also theilt der Lombarde selbst seine ganze Schrift ab [1]).

Indem er nun zunächst auf die Lehre von den Dingen eingeht, unterscheidet er vor Allem solche Wesen, welche Gegenstände des Genusses, und solche, welche Gegenstand des Gebrauches sind, so wie endlich solche, welche *Subject* des Genusses und Gebrauches sind, oder mit andern Worten, welchen die Aufgabe und die Bestimmung zufällt, jene Gegenstände zu gebrauchen und zu geniessen. Letztere sind die Engel, die Heiligen und zunächst wir Menschen selbst [2]). Für uns also gibt es Gegenstände des Genusses und des Gebrauches. Erstere bedingen unsere Glückseligkeit, in so fern deren Besitz uns beseligt; letztere sind Mittel, deren wir uns bedienen müssen, um zum Genusse zu gelangen [3]). Gegenstand des Genusses nun ist die allerheiligste Dreieinigkeit, Gegenstände des Gebrauches dagegen sind alle geschaffenen Dinge. Doch gibt es auch solche Dinge, welche an sich Gegenstand des Gebrauches, in gewisser Weise aber auch Gegenstand des Genusses sind. Das sind die Tugenden. Denn die Tugend ist zwar an sich nur Mittel zum Zwecke der Glückseligkeit; aber sie bereitet uns doch schon auch durch sich allein eine gewisse geistige Freude und Glückseligkeit, und deshalb dürfen und sollen wir sie auch um ihrer selbst willen lieben und verlangen; nur ist das Glück, welches uns die Tugend bringt, nicht das höchste, und wenn wir daher auch die Tugend um ihrer selbst willen lieben und verlangen dürfen und sollen, so dürfen wir dabei doch nicht

---

1) *Petrus Lombard.* Libri sent. l. 1. dist. 1. n. 1. (der Migne'schen Ausg. der Summa Theologiae S. Thomae vorgedruckt).

2) Ib. l. 1. dist. 1, 2.

3) Ib. l. c. Frui est amore alicui rei inhaerere propter seipsam. Uti vero, id quod in usum venerit, referre ad obtinendum illud, quo fruendum est.

stehen bleiben, sondern wir müssen diese Liebe und dieses Verlangen doch wieder beziehen auf das höchste Gut, welches allein im wahren Sinne um seiner selbst willen zu lieben ist, und welches allein uns auch wahrhaft glücklich macht[1]).

Und so scheiden wir denn die „Dinge" aus in solche, welche Gegenstand des Genusses, in solche, welche Gegenstände des Gebrauches, in solche, welche Gegenstände des Genusses und Gebrauches zugleich sind, und endlich in solche, welche selbst gebrauchen und geniessen. Wenn also vorerst von den „Dingen" und dann von den „Zeichen" gehandelt werden muss: so ist hieraus ersichtlich, welches die verschiedenen „Dinge" sind, mit welchen der erste Theil der Untersuchung sich zu beschäftigen hat. Es sind die göttliche Dreieinigkeit, die geschöpflichen Dinge im Allgemeinen, die Engel und Menschen im Besondern, und endlich die Tugenden[2]). Und das sind denn auch die Gegenstände, welche der Lombarde in den drei ersten Büchern der Sentenzen behandelt. Wir sehen also, wie derselbe ganz systematisch zu Werke geht, indem er von der einen Eintheilung zur andern fortschreitet.

Suchen wir nun ein allgemeines Bild zu entwerfen von der Art und Weise, wie der Lombarde diese verschiedenen Gegenstände behandelt, und von den Lehrsätzen, welche er hiebei entwickelt.

An erster Stelle wird von dem Lombarden die Lehre von der göttlichen Trinität abgehandelt. Er geht hier von dem Grundsatze aus, dass die menschliche Vernunft mittelst der geschöpflichen Dinge zur Erkenntniss des Einen Gottes sich erheben könne[3]), und führt selbst die verschiedenen Wege auf, welche die Menschen zu diesem Zwecke einschlagen können und eingeschlagen haben. Das Dasein der geschöpflichen Welt zeigt uns, dass über allen Geschöpfen ein ungeschaffenes Wesen existiren müsse, welches allem Geschöpflichen das Dasein gegeben hat, weil kein geschöpfliches Wesen ein solches Werk, wie es uns in der sichtbaren Welt entgegentritt, hervorzubringen im Stande ist[4]). Ausserdem ist Alles, was wir um uns sehen, veränderlich; alles Veränderliche kann aber nur aus einem unveränderlichen Wesen seinen Ursprung haben. So erhebt sich der Geist von dem Veränderlichen zu dem Unveränderlichen, und gelangt so zur Erkenntniss Gottes, welcher als der Unveränderliche über Leib und Geist steht, weil beide erfahrungsmässig der Veränderung unterworfen sind[5]). Alles, was wir in der geschöpflichen Welt wahrnehmen, ist entweder Körper oder Geist, und wenn der Geist höher steht als der Körper, so muss derjenige, welcher Geist und Körper erschaffen hat, noch höher stehen, als diese beiden[6]). Wenn endlich Alles, Körper und Geist, seine bestimmte Form oder Species hat, so muss nothwendig eine unveränderliche Urform

---

1) lb. l. 1. dist. 1, 8. — 2) lb. l. 1. dist. 1, 9. — 3) lb. l. 1. dist. 3, 1. — 4) lb. l. 1. dist. 3, 2. — 5) lb. l. c. n. 3. — 6) lb. n. 4.

oder erste Species über ihnen gedacht werden, aus welcher Geist und Körper ihre Form oder Species haben. Und das ist Gott¹).

Dabei bleibt jedoch der Lombarde nicht stehen. Wie Gott als den Einen in den Dingen der Welt sich offenbart und durch diese Offenbarung dem Menschen die Erkenntniss seines Daseins und Wesens ermöglicht: so offenbart er sich in gewissem Grade in der geschöpflichen Welt auch als den dreieinigen. In allen Dingen findet sich eine gewisse Spur der Dreinigkeit, so fern überall Einheit, Form und Ordnung ist²). Besonders aber ist in der menschlichen Seele das Bild der Dreieinigkeit ausgeprägt. Die Grundkräfte der menschlichen Seele sind nämlich Gedächtniss, Intelligenz und Wille: und diese drei sind in so ferne Eins, als sie in Einer Wesenheit, in Einer Substanz wurzeln. Sie sind einander auch gleich, weil und in so fern sie einander gegenseitig ganz fassen, ganz decken. Es ist nun freilich einleuchtend, dass hiebei desungeachtet noch viele Unähnlichkeit mit der Dreipersönlichkeit Gottes im Sinne der Offenbarung übrig bleibt; aber ein Bild der letztern, wenn auch ein inadäquates, ist hierin dennoch gegeben³). Das Gleiche findet statt, wenn wir in der menschlichen Seele unterscheiden zwischen Geist, Erkenntniss und Liebe (mens, notitia, amor). Auch hier lassen sich nämlich analoge Vergleichungspunkte mit der göttlichen Trinität aufführen, wie sie so eben berührt worden sind⁴).

Allein so wahr auch dieses ist, so kann hieraus doch keine vollständige Erkenntniss der Trinität geschöpft werden ohne die positive Offenbarung⁵). Ueberhaupt muss unterschieden werden zwischen solchen Wahrheiten, welche wir nicht erkennen können, bevor wir sie glauben, und solchen, welche wir auch zu erkennen und einzusehen vermögen, bevor wir sie glauben, und bei welchen dann der Glaube blos eine noch höhere und gründlichere Einsicht ermöglicht und bedingt⁶). Zu der erstern Gattung von Wahrheiten gehört denn nun auch die göttliche Trinität. Der Glaube allein kann uns folglich eine wahre und volle Erkenntniss der Trinität gewähren; ohne ihn ist unsere Vernunft zu schwach zur Erkenntniss derselben. Doch kann dann nachträglich dieser unser Glaube wieder unterstützt werden durch die Wahrnehmung und Erforschung jener Analogien zu der göttlichen Trinität, welche in

---

1) Ib. n. 5. — 2) Ib. l. 1. d. 3. n. 6. — 3) Ib. l. 1. d. 3. n. 7 sqq. — 4) Ib. l. 1. d. 3. n. 18 sqq.

5) Ib. l. 1. d. 3, 6. Non enim per creaturarum contemplationem sufficiens notitia Trinitatis potest haberi vel potuit, sine doctrinae vel interioris inspirationis revelatione.

6) Ib. l. 3. d. 24, 3. Ex his apparet, aliqua credi, quae non intelliguntur vel sciuntur, nisi prius credantur, quaedam vero aliquando intelligi, etiam antequam credantur.... Unde colligitur, non posse sciri et intelligi credenda quaedam nisi prius credantur; et quaedam non credi, nisi prius intelliguntur, et ipsa per fidem amplius intelligi.

den geschöpflichen Dingen, besonders in der menschlichen Seele, gegeben sind [1]).

Hienach bestimmt sich denn auch das Verfahren, welches Peter in seiner Trinitätslehre einhält. Er führt zuerst die positiven Beweise aus der heiligen Schrift für das dreipersönliche Leben Gottes auf, und sucht dann gegen die sophistischen Gegner der kirchlichen Trinitätslehre diese durch die in den christlichen Schulen gebrauchten Gründe und durch entsprechende Gleichnisse zu vertheidigen, um so den Glauben zu bekräftigen und die Widersacher zu beschämen [2]). Hiebei sucht er seine Lehre immer durch die einschlägigen Aussprüche der Väter zu bestätigen, und wo dieselben im Widerspruche zu stehen scheinen mit den kirchlich festgestellten Grundsätzen, da wird gezeigt, dass dieser Widerspruch nur ein scheinbarer sei, und dass man die einschlägigen Stellen nur im Zusammenhange mit der ganzen Anschauung der bezüglichen Väter erklären dürfe, um klar zu erkennen, dass ein solcher Widerspruch in der That nicht vorhanden sei. Wir wollen einige der wichtigern Punkte seiner Trinitätslehre ausheben.

§. 117.

Die erste Frage, welche der Lombarde aufwirft, ist diese, ob man sagen könne, Gott habe, indem er den Sohn zeugte, sich selbst erzeugt [3]). Dies wird natürlich in Abrede gestellt. Der Vater erzeugt zwar, indem er den Sohn erzeugt, keinen „andern Gott," welcher als Gott verschieden wäre von ihm; aber daraus kann nicht geschlossen werden, dass er sich selbst erzeuge; der Vater erzeugt eben einen Gott, den Sohn, welcher von ihm *als Vater* verschieden ist, nicht aber von ihm, so fern er Gott ist [4]). Ebenso kann auch nicht gesagt werden, dass der Vater die göttliche Wesenheit gezeugt habe, oder diese den Sohn, oder endlich die Wesenheit die Wesenheit (essentia essentiam). Denn für's erste, würde der Vater die göttliche Wesenheit gezeugt haben, so müsste diese relativ zum Vater prädicirt werden, und würde eben dadurch aufhören, die allen drei Personen gemeinsame einheitliche Wesenheit zu sein. Für's zweite würde man sagen, dass die göttliche Wesenheit den Sohn gezeugt habe, so müsste man annehmen, dass ein und dieselbe Sache sich selbst erzeugt habe, da der Sohn ja selbst die göttliche Wesenheit *ist*, nur als eine von der des Vaters verschiedene Persönlichkeit. Das gleiche Absurdum würde sich endlich ergeben, wenn man annähme, es habe in der Erzeugung des Sohnes die Wesenheit die Wesenheit (essentia essentiam) erzeugt [5]). Wenn also gesagt wird, dass der Sohn aus der Substanz des Vaters sei, wenn er die Substanz aus der Substanz, die Weisheit aus der Weisheit genannt wird: so will

---

1) Ib. l. 1. d. 3, 6. cf. dist. 2, 1. — 2) Ib. l. 1. dist. 2, 3. — 3) Ib. l. 1. dist. 4, 1. — 4) Ib. l. c. n. 2. — 5) Ib. l. 1. d. 5, 1 sqq.

damit nur so viel gesagt werden, der Sohn sei in der Weise aus dem Vater erzeugt, dass er ein und derselben Substanz mit dem letztern sei; der Sohn, welcher ist die göttliche Substanz, die göttliche Weisheit, sei vom oder aus dem Vater, welcher ist ein und dieselbe göttliche Substanz und Weisheit[1]). Das Analoge gilt auch vom heiligen Geiste[2]).

Eine weitere Frage ist diese, ob der Vater den Sohn gezeugt habe durch seinen Willen oder mit Nothwendigkeit. Hierauf erwiedert der Lombarde, übereinstimmend mit den Vätern, dass man eigentlich keines von beiden sagen könne, sondern vielmehr sagen müsse: das Wort Gottes sei Gottes Sohn von *Natur* aus, also weder durch den blossen Willen des Vaters, noch durch eine Nothwendigkeit, welche etwa diesen Willen auch im Widerspruch mit seinem Wollen beherrschte[3]). Dabei ist jedoch zu bemerken, dass der Wille nur in so ferne von der Zeugung des Sohnes ausgeschlossen ist, als etwa ein bestimmter Willensact von Seite des Vaters hätte vorausgehen oder hinzukommen müssen, um dem Sohne das Dasein zu geben, so dass der letztere sein Dasein *nur* aus jenem besondern Willensacte des Vaters hätte: — nicht aber in so ferne, als der Wille zur Natur Gottes selbst gehört, ja diese selbst ist; denn in so fern ist der Sohn ebenso aus dem Willen des Vaters, wie er von Natur aus dessen Sohn ist. Gilt ja das Gleiche auch in Hinsicht auf die Frage, ob Gott durch seinen Willen Gott sei oder nicht. Wird nämlich der Wille als zur Natur Gottes gehörend oder vielmehr als diese selbst seiend gedacht, so ist Gott ebenso und eben deshalb durch seinen Willen Gott, wie und weil er es von Natur aus ist. Wird dagegen der Wille als ein besonderer Willensact Gottes aufgefasst, durch welchen Gottes Dasein bedingt wäre: dann ist Gott nicht durch seinen Willen Gott, weil er ja in diesem Falle selbst sich das Dasein gegeben hätte: was absurd ist[4]).

Was ferner den heiligen Geist betrifft, so ist dieser die Liebe des Vaters und des Sohnes. Zwar ist die Liebe an und für sich die göttliche Wesenheit selbst, und in dieser Hinsicht ist der Vater, der Sohn und der heilige Geist in gleicher Weise die Liebe, und zwar die *ganze* göttliche Liebe. Desungeachtet wird doch der heilige Geist die göttliche Liebe genannt. Er ist nämlich jene Liebe, in welcher Vater und Sohn sich gegenseitig lieben, jenes „Band des Friedens," in welchem beide ewig mit einander verbunden sind. Und gerade deshalb, weil beide, der Vater und der Sohn, in ihm in unaussprechlicher Vereinigung stehen, wird ihm dasjenige, was an und für sich auch dem Vater und Sohne zukommt, speciell beigelegt, nämlich die Liebe[5]).

Der heilige Geist geht aus Vater und Sohn zugleich und in glei-

---

1) Ib. l. c. n. 6. — 2) Ib. n. 10. — 3) Ib. l. 1. d. 6, 1. — 4) Ib. l. 1. d 6. n. 2. 3. d. 7. n. 1. — 5) Ib. l. 1. d. 10, 1 sqq.

cher Weise hervor¹); aber sein Hervorgehen ist kein Erzeugtwerden, wie das Hervorgehen des Sohnes aus dem Vater ²). Zudem ist ein doppeltes Hervorgehen des heiligen Geistes zu unterscheiden, nämlich ein ewiges und ein zeitliches. Letzteres besteht darin, dass der heilige Geist aus Vater und Sohn zur Heiligung der vernünftigen Creatur hervorgeht. Dieses zeitliche Hervorgehen wird auch die „Sendung" des heiligen Geistes genannt ³). Wenn also einer vernünftigen Creatur die göttliche Gnade zugetheilt wird, welche sie heiligt, und so die Liebe in ihr lebendig wird, so ist diese Liebe nichts Anderes, als der heilige Geist selbst nach seinem zeitlichen Hervorgange aus Vater und Sohn, gemäss dem Worte der heiligen Schrift: „Charitas Dei diffusa est in cordibus vestris per Spiritum sanctum, qui datus est nobis⁴)." Dem steht nicht entgegen, dass die Liebe in uns vermehrt und vermindert werden kann; denn diese Vermehrung und Verminderung betrifft hier nicht die Person des heiligen Geistes, sondern blos uns, die wir in der Liebe fortschreiten oder abnehmen. Wenn man also sagt, dass die Liebe in uns fortschreite oder abnehme, so trägt man nur im uneigentlichen Sinne das auf die Liebe selbst über, was eigentlich doch nur uns betrifft. Der heilige Geist theilt sich uns mehr oder minder zu, je nachdem wir eben innerlich beschaffen sind ⁵).

Wir können dem Lombarden in seiner Entwicklung der Trinitätslehre nicht weiter in's Detail folgen; denn dieses Detail ist so reichhaltig, dass ein näheres Eingehen darauf uns weiter führen würde, als der Zweck unserer Darstellung solches gestattet.

Nach Entwicklung der Trinitätslehre verbreitet sich der Lombarde über das Verhältniss Gottes zu den geschöpflichen Dingen, und handelt hier von der göttlichen Erkenntniss, Voraussehung und Providenz, von der Prädestination, der Macht und dem Willen Gottes. Die Lehrsätze, welche er hier entwickelt, sind im Ganzen die gleichen, wie wir sie schon bei Hugo von St. Victor getroffen haben, nur mit einigen Abweichungen.

§. 118.

Der Lombarde wirft hier zunächst die Frage auf, ob in Gott auch in dem Falle eine Voraussehung, Prädestination und Vorsehung angenommen werden müsste, wenn nichts Geschöpfliches je in Wirklichkeit träte. Darauf erwiedert er, dass die Erkenntniss Gottes, so

---

1) Ib. l. 1. dist. 11, 1 sqq. — 2) Ib. l. 1. d. 13, 1. — 3) Ib. l. 1. d. 14, 1 sqq.
4) Ib. l. 1. d. 14, 3. dist. 17, 2. Ipse Spiritus sanctus est amor sive caritas, qua nos diligimus Deum et proximum; quae caritas cum ita est in nobis, ut nos faciat diligere Deum et proximum, tunc Spiritus sanctus dicitur mitti vel dari nobis; et qui diligit ipsam dilectionem qua diligit proximum, in eo ipso Deum diligit, quia ipsa dilectio Deus est, i. e. Spiritus sanctus.
5) Ib. l. 1. d. 17, 8. 10. (Hic magister non tenetur.)

fern sie etwas ihm Wesentliches ist, in diesem Falle an sich ganz dieselbe wäre, dass sie aber nicht Voraussehung genannt werden könnte, weil das Object fehlen würde, in Bezug auf welches sie Vorausehung wäre. Und das Analoge gelte von der Prädestination und Vorsehung¹). Ferner fragt der Lombarde, in wie ferne man sagen könne, dass Alles in Gott von Ewigkeit her gewesen sei. Man dürfe, antwortet er, diesen Ausspruch nicht in dem Sinne fassen, als sei Alles von Ewigkeit her in der göttlichen Wesenheit gewesen; denn da würde man das Geschöpf dem Sein nach mit dem Schöpfer identificiren. Alles war vielmehr ewig in Gott der Erkenntniss nach, in so ferne nämlich Gott Alles von Ewigkeit her erkennt und gedacht hat²). Und das gilt von dem Guten sowohl, als auch von dem Bösen; aber freilich nicht in gleicher Weise. Das Böse wird von Gott blos einfach erkannt; das Gute jedoch erkennt er nicht blos, sondern er will und billigt es zugleich³).

Wenn nun aber in der also bezeichneten Weise Alles in Gott ist, so ist umgekehrt auch Gott in allen Dingen; aber freilich gleichfalls nicht in der Weise, als ob sein Sein zugleich die Substanz der Dinge wäre. Gott verharrt vielmehr stets unveränderlich in sich selbst; desungeachtet aber ist er der Präsenz, der Potenz und der Wesenheit nach in allen Dingen, ohne doch örtlich oder zeitlich umschrieben zu sein⁴). Alles, was geschaffen ist, das Körperliche wie das Geistige, hat den Charakter der Zeitlichkeit; beides ist auch örtlich umschrieben, obgleich freilich nicht in der nämlichen Weise. Das Körperliche nämlich ist einerseits auf einen bestimmten Ort beschränkt, und füllt andererseits diesen Ort derart aus, dass es eine Distanz zwischen andern Körpern, welche neben ihm sind, veranlasst. Die geistige Substanz dagegen ist nicht in dieser Weise raumerfüllend; aber sie ist dennoch in so ferne örtlich umschrieben, als sie, wenn sie an einem bestimmten Orte sich befindet, sich der Substanz nach nicht auch zu gleicher Zeit an einem andern Orte befinden kann⁵). Gott dagegen ist weder zeitlich noch

---

1) Ib. l. 1. d. 35. n. 2. 3. 4.
2) Ib. l. 1. d. 35. n. 5. Ex hoc ergo sensu omnia dicuntur esse in Deo, et omne quod factum est dicitur vita esse in ipso; non ideo, quod creatura sit Creator, vel quia ista temporalia essentialiter sint in Deo, sed quia in ejus scientia semper sint, quae vita est. dist. 36, 1.
3) Ib. l. 1. dist. 36, 2. 3. Deus bona et mala cognoscit, mala tamen non cognoscit nisi per notitiam, bona vero non solum per scientiam, sed per approbationem et beneplacitum.
4) Ib. l. 1. d. 37, 1.
5) Ib. l. 1. d. 37, 9. 12. Corporalis creatura ita est localis vel circumscriptibilis, quod determinatur definitione loci; et quod dimensionem recipiens distantiam facit; spiritualis vero tantum definitione loci concluditur, cum ita sit alicubi, quod non alibi, sed nec dimensionem recipit, nec distantiam in loco facit, quia si multi essent spiritus hic, non eo coangustarent locum quominus de corporibus contineret.

räumlich umschrieben; er ist nach seiner vollen Wesenheit gegenwärtig in jeder Zeit und in jedem Theile des Raumes, ohne doch den Bedingungen der Zeitlichkeit und Räumlichkeit unterworfen zu sein¹). Das „Wie" dieser wesenhaften Allgegenwart Gottes können wir freilich nie vollständig begreifen; aber es ist deshalb nicht minder wahr²). Auf besondere Weise aber ist Gott gegenwärtig in den heiligen Geistern und Seelen; denn in diesen ist er nicht blos nach seiner Wesenheit, sondern in ihnen wohnt er auch durch seine Gnade³).

Nachdem der Lombarde diese Theorie der göttlichen Allgegenwart entworfen, kehrt er wieder zurück zur Betrachtung der göttlichen Erkenntniss oder Wissenschaft, nach welcher, wie wir gehört haben, Alles in Gott ist. Er wirft hier zunächst die Frage auf, ob die Voraussehung Gottes die Ursache des Geschehenden sei oder nicht. Er verneint diese Frage, weil aus der Bejahung derselben folgen würde, dass es in der Welt keine Freiheit gebe, und dass Gott auch als der Urheber des Bösen betrachtet werden müsse⁴). Er will aber auch umgekehrt nicht zugeben, dass das zukünftig Geschehende die Ursache der göttlichen Vorausehung sei; denn da wäre ja Gott in seiner Erkenntniss von dem Geschöpflichen abhängig; das Geschaffene wäre die Ursache des Ungeschaffenen⁵). Es muss also eine andere Formel gefunden werden, welche keine dieser Folgerungen zulässt. Und diese findet sich dann, wenn man an die Stelle des Begriffs der Ursache den Begriff der Conditio sine qua non setzt. Hienach sieht Gott das Zukünftige voraus, bevor es geschieht, und er würde es nicht voraussehen, wenn es nicht zukünftig geschehen würde; so aber, dass dieses zukünftige Geschehen nicht als die Ursache, sondern nur als die Bedingung seines Vorauswissens sich verhält. Ebenso ist denn auch umgekehrt das Vorauswissen Gottes nicht die Ursache des Zukünftigen, sondern sie verhält sich zu diesem nur so, dass selbes ohne göttliche Voraussehung nicht geschieht⁶). Dies letztere ist freilich nur in dem Falle richtig, wenn man einzig und allein auf die göttliche Erkenntniss des Geschehenden sieht. Wo sich aber mit der Erkenntniss auch der Wille des Wohlgefallens und die göttliche Anordnung verbindet, wie solches bei dem Guten der Fall ist; da sieht Gott das Geschehende nicht blos einfach voraus, sondern er sieht es voraus als Etwas, was er selbst (durch seine Gnade) wirken will⁷). Und hienach ist von diesem Standpunkte aus ein wesentlicher Unterschied festzuhalten zwischen dem Vorauswissen des Bösen und des Guten in Gott. Das Böse

---

1) Ib. l. 1. d. 37, 9. — 2) Ib. l. c. n. 6. — 3) Ib. l. c. n. 2. — 4) Ib. l. 1. d. 38, 1. 2. — 5) Ib. l. c. n. 3. — 6) Ib. l. c. n. 4.

7) L. c. Dicimus, scientiam vel praescientiam Dei non esse causam eorum, quae fiunt, nisi talem, sine qua non fiunt, si tamen scientiam ad notitiam tantum referamus. Si vero nomine scientiae includitur etiam beneplacitum atque dispositio, tunc recte potest dici causa eorum, quae Deus facit.

sieht Gott voraus einzig als die That derjenigen, welche es thun; das Gute aber sieht er voraus nicht als ein blos Fremdes, sondern auch als sein eigenes Werk, dessen Urheber er selbst (durch seine Gnade) sein will¹). Die gesammte göttliche Erkenntniss und Voraussehung ist aber unveränderlich und unwandelbar, und kann weder vermehrt noch vermindert werden²).

Verschieden von der Voraussehung ist die Vorherbestimmung. Die Voraussehung bezieht sich auf Alles, auf das Gute und Böse; die Vorherbestimmung betrifft nur die Guten³). Die Vorherbestimmung definirt der Lombarde mit Augustinus als „Praescientia et praeparatio beneficiorum, quibus certissime liberantur, quicunque liberantur." Die Wirkung der Vorherbestimmung ist also die Gnade, durch welche die Auserwählten gerettet werden. Diese Gnade setzt kein Verdienst im Menschen voraus; sie wird ihm ertheilt von Gott aus reiner Erbarmung. Der Gegensatz der Vorherbestimmung dagegen ist die Verwerfung, die Reprobation. Diese ist aber nicht in gleicher Weise zu fassen, wie die Prädestination. Sie ist nämlich zu definiren als „Praescientia iniquitatis quorundam et praeparatio damnationis eorundem." Die Verwerfung setzt also die Voraussehung des sündigen Verhaltens der Verworfenen voraus, und erst auf diese Voraussehung hin tritt das Urtheil der Verwerfung ein⁴). Wenn daher die Vorherbestimmung nicht unter das menschliche Verdienst fällt, so ist dagegen die Verwerfung nicht denkbar ohne vorausgehende Schuld, welche Schuld keineswegs prädestinirt ist, sondern rein aus dem freien Willen des Menschen hervorgeht. Die Verdammung der Verworfenen sieht Gott voraus, und bereitet sie vor; deren Ungerechtigkeit dagegen sieht er voraus, bereitet sie aber nicht vor. Die Wirkung der Verwerfung ist die Verstockung. Diese ist jedoch nicht als ein positiver Act Gottes aufzufassen, sondern sie besteht nur darin, dass Gott sich des Menschen nicht erbarmt, die rettende Gnade ihm nicht ertheilt, und dies zwar nicht aus blosser Willkür, sondern weil der Mensch durch die Sünde solches verdient hat⁵).

---

1) Ib. l. c. Praescientia Dei non est causa malorum, quae praescit, quia non ea praescit tanquam facturus, nec tanquam sua, sed illorum, qui sunt ea facturi vel habituri; praescivit ergo illa sola notitia, sed non beneplacito auctoritatis. Unde datur intelligi, quod Deus, e converso, praescit bona tanquam sua, tanquam ea, quae facturus est, ut illa praesciendo simul fuerit ipsius notitia et auctoritatis beneplacitum.
2) Ib. l. 1. d. 39, 1 sq. — 3) Ib. l. 1. d. 40, 1. — 4) Ib. l. 1. d. 40, 4.
5) Ib. l. 1. d. 41, 1. Si autem quaerimus meritum obdurationis et misericordiae, obdurationis meritum invenimus, misericordiae autem meritum non invenimus, quia nullum est misericordiae meritum, ne gratia evacuetur si non gratis donetur, sed meritis redditur. Miseretur itaque secundum gratiam, quae gratis datur. Obdurat autem secundum judicium, quod meritis redditur. Unde datur

§. 119.

Von der Prädestination geht der Lombarde über zur Entwicklung des Begriffes der göttlichen Allmacht. Wie seine Vorgänger, so findet auch er in diesem Begriffe zwei Momente; das eine besteht darin, dass Gott Nichts von einem Andern leiden kann, das Andere darin, dass er Alles thun kann, was er will, so weit solches seiner Würde keinen Eintrag und seiner Erhabenheit keinen Abbruch thut [1]). Es sind daher diejenigen ganz im Unrecht, welche behaupten, Gott könne nicht mehr und nichts Anderes thun, als er wirklich thut. Sie sagen zwar, Gott könne nichts Anderes thun, als was zu thun gut und gerecht ist; und das sei eben blos auf das beschränkt, was er wirklich thut; denn wenn es für ihn gut und gerecht wäre, auch etwas Anderes zu thun, als er wirklich thut, dann thue er nicht Alles, was zu thun gut und gerecht ist; was man nicht sagen dürfe [2]). Allein der Satz, Gott könne nichts Anderes thun, als was zu thun gut und gerecht ist, hat nur dann einen wahren Sinn, wenn man ihn also fasst: Gott kann nur das thun, was, *wenn er es thut*, gut und gerecht ist. Da kann es aber nun weit Mehreres geben, was zu thun gut und gerecht ist, als was Gott wirklich thut, und eben weil solches der Fall ist, kann die göttliche Allmacht keineswegs auf das beschränkt sein, was Gott wirklich thut [3]). Ebenso wenig kann man aber auch sagen, dass Gott Etwas nicht besser machen könnte, als es wirklich ist. Freilich, wenn man das „besser" auf das göttliche Thun selbst bezieht, so ist es allerdings wahr, dass Gott Nichts auf bessere Weise thun könne, als wie er es wirklich thut; denn er kann nicht mit grösserer Weisheit handeln, als er wirklich handelt. Aber wenn man das „besser" auf die Werke bezieht, welche durch das göttliche Thun gesetzt werden, so ist der Satz, dass Gott nichts Besseres thun könne, als er wirklich thut, ganz unrichtig. Denn wäre die von Gott geschaffene Welt die beste, über welcher keine bessere mehr möglich wäre, so müsste sie solches sein entweder deshalb, weil kein Gut und keine Vollkommenheit ihr mangelt, oder deshalb, weil sie nicht fähig ist, eine höhere Vollkommenheit in sich aufzunehmen. Aber im erstern Falle müsste sie Gott gleich sein; im letzteren Falle wäre gerade dieses, dass sie einer höhern Vollkommenheit nicht mehr fähig ist, eine Unvollkommenheit, mit welcher sie behaftet wäre, und damit würde sie ja gerade aufhören, die beste Welt zu sein [4]). — Eine andere Frage ist endlich diese, ob Gott immer all dasjenige könne, was er einmal gekonnt hat. Darauf ist zu erwidern, dass seine Macht an sich immer dieselbe bleibt, ebenso, wie seine Erkenntniss und sein

---

intelligi, ut sicut reprobatio Dei est nolle misereri, ita obduratio Dei sit non misereri; ut non ab illo irrogetur aliquid, quo sit homo deterior, sed tantum quo sit melior non erogetur. n. 3.

1) lb. l. 1. d. 42, 5. — 2) lb. l. 1. d. 43, 1. — 3) lb. l. 1. d. 43, 3. — 4) lb. l. 1. d. 44, 2. 3.

Wille, und dass alle Veränderung nur auf dasjenige sich beschränkt, was als Werk der göttlichen Macht sich darstellt. Wenn also Gott jetzt Etwas nicht mehr vermag, was er früher vermocht hat, wie z. B. Mensch zu werden, so liegt der Grund hievon nicht etwa in einer Aenderung oder Verminderung seiner Macht, sondern darin, dass das, was geschehen ist, eben nur einmal geschehen sollte. Die Macht, Mensch zu werden, kommt Gott stets unverändert zu; aber diese Macht hat jetzt, nachdem die Menschwerdung einmal geschehen ist, nicht mehr ein Zukünftiges, sondern ein Vergangenes zum Gegenstande, und ist daher jetzt nicht mehr ein posse incarnari, sondern vielmehr ein posse incarnatum esse. Die Macht ist dieselbe; aber der Gegenstand ist dabei ein vergangener oder zukünftiger [1]).

Reflectiren wir nun auch noch kurz auf die Lehre des Lombarden von dem göttlichen Willen, so ist der Wille und das Wollen Gottes an sich identisch mit seinem Wesen; aber daraus folgt nicht, dass auch Alles, *was* Gott will, mit seiner Wesenheit zusammenfalle [2]). Der göttliche Wille verhält sich als Ursache zu Allem, was im Bereiche der Welt ist und geschieht. Und zwar ist er die *höchste* Ursache alles Vergangenen, Gegenwärtigen und Zukünftigen, und hängt von keiner höhern Ursache mehr ab [3]).

Es ist jedoch zu unterscheiden zwischen dem göttlichen Willen, so ferne er in Gott ist und mit der göttlichen Wesenheit zusammenfällt, und zwischen den Zeichen des göttlichen Willens. Ersterer wird die Voluntas beneplaciti genannt, und ist in sich Eins und untheilbar; handelt es sich dagegen um den göttlichen Willen, so fern darunter die Zeichen des göttlichen Willens verstanden werden, so muss hienach ein mehrfacher göttlicher Wille unterschieden werden, nämlich gebietender, verbietender, rathender, wirkender und zulassender Wille [4]). Und hieraus ist schon ersichtlich, dass die Beziehung des göttlichen Willens zum Gewollten nicht überall dieselbe ist. Alles nämlich, was Gott voluntate beneplaciti will, das geschieht auch, und was Gott nicht voluntate beneplaciti will, das geschieht auch nicht. So verhält es sich jedoch nicht mit den Zeichen des göttlichen Willens; denn es geschieht z. B. nicht Alles, was er befiehlt, und es unterbleibt nicht Alles, was er verbietet [5]).

Was nun aber das Verhältniss des göttlichen Willens zum Bösen betrifft, so führt hier vorerst der Lombarde eine zweifache Meinung über diesen Gegenstand auf. Die eine Meinung, sagt er, geht dahin,

---

1) Ib. l. 1. d. 44, 4. Non est ergo Deus privatus potentia incarnandi vel resurgendi, licet non possit modo incarnari vel resurgere. Sicut enim potuit olim incarnari, ita et potest modo incarnatus esse: in quo ejusdem rei potentia monstratur.

2) Ib. l. 1. d. 45, 1. 2. — 3) Ib. l. c. n. 4. 5. — 4) Ib. l. 1. d. 45, 6. 7. — 5) Ib. l. 1. d. 45, 12.

dass Gott wolle, dass das Böse geschehe, ohne doch das Böse selbst als solches zu wollen; die andere Meinung dagegen spreche sich dafür aus, Gott wolle weder das Böse als solches, noch auch, dass das Böse geschehe[1]). Der erstern dieser beiden Meinungen sind wir bereits bei Hugo von St. Victor begegnet, und die Gründe, welche der Lombarde den Vertretern jener Meinung in den Mund legt[2]), sind keine andern, als wir sie bei Hugo gefunden haben. Der Lombarde entscheidet sich aber zuletzt für die andere Ansicht, welche der Meinung Hugo's entgegengesetzt ist. Das Richtige nämlich, sagt er, dürfte dieses sein: Gott will nicht, dass das Böse geschehe; er will aber auch nicht, dass es nicht geschehe; es bleibt also hier bei dem einfachen Nichtwollen, als Negation des Wollens gedacht (non velle, im Gegensatz zum nolle)[3]).

Dieses vorausgesetzt lässt sich nun unschwer einsehen, dass und in wiefern der göttliche Wille überall seine Wirkung hat. Das Böse ist zwar als solches dem göttlichen Willen entgegen; und wer daher böse handelt, erfüllt den göttlichen Willen nicht. Aber abgesehen davon, dass das Böse gar nicht geschehen könnte, wenn es Gott nicht zuliesse, dass es also zwar contra, aber nicht praeter Dei voluntatem ist, erfüllt sich auch an dem Bösen der ewige Wille Gottes, vermöge dessen Gott ihn selbst der ewigen Strafe anheimgibt, seine böse Thaten aber selbst wiederum gebraucht, um durch sie das Gute zu fördern, indem er aus ihnen Gutes zieht[4]).

§. 120.

Von der wissenschaftlichen Betrachtung Gottes und seines Verhältnisses zur Welt steigt nun der Lombarde herab zu den geschöpflichen Dingen. Er beginnt damit, dass er den Begriff der Schöpfung aus Nichts entwickelt, und die Entstehung alles Geschöpflichen auf die Creation reducirt[5]). Er fasst den Schöpfungsact als einen schlechthin freien auf, und lässt ihn allein durch die göttliche Güte und Liebe motivirt sein. Gott wollte an seiner unendlichen Güte und Glückseligkeit auch andere Wesen Theil nehmen lassen; und gerade durch diese Güte, welche frei von aller Nothwendigkeit ist, ward er bestimmt, die Welt zu schaffen[6]). Da aber eine Theilnahme an der göttlichen Glückseligkeit nur

---

1) Ib. l. 1. d. 46, 4. — 2) Ib. l. c. n. 5.

3) Ib. n. 15. Dicamus, Deum non velle mala fieri, nec tamen velle non fieri, neque nolle fieri. Omne ergo, quod vult fieri, fit, et omne quod vult non fieri, non fit. Fiunt autem multa, quae non vult fieri, ut omnia mala.

4) Ib. l. 1. d. 47, 1—3. — 5) Ib. l. 2. d. 1, 1.

6) Ib. l. 2. d. 1, 3. Credamus ergo rerum creaturarum coelestium, terrestrium, visibilium vel invisibilium causam non esse, nisi bonitatem Creatoris, qui est Deus unus et verus. Cujus tanta est bonitas, ut summe bonus beatitudinis suae, qua aeternaliter beatus est, velit esse participes, quam videt et communicari posse, et

möglich ist durch Intelligenz, weil sie eben durch die Erkenntniss Gottes bedingt ist: so schuf Gott vernünftige Wesen, welche als solche dazu geeigenschaftet wären, ihn selbst zu erkennen, zu lieben, zu besitzen und zu geniessen¹). Und diese vernünftigen Wesen sollten wiederum von zweifacher Art sein, solche nämlich, welche rein unkörperlich sind — die Engel, und solche, in welchen das Unkörperliche mit dem Körperlichen vereinigt wäre, — die Menschen²).

Hieraus ergibt sich nun von selbst die wesentliche Endbestimmung der vernünftigen Creatur im Allgemeinen und des Menschen im Besondern. Die vernünftige Creatur ist dazu geschaffen, um Gott zu verherrlichen, ihm zu dienen und ihn zu geniessen³). Gott wollte in ihr und an ihr seine unendliche Güte offenbaren, und zwar nicht zu seinem, sondern zu ihrem eigenen Nutzen. Das gilt ebenso gut von dem Menschen, wie von dem Engel⁴). Was aber den Menschen noch im Besondern betrifft, so wurde, wie er selbst zum Dienste Gottes, so hinwiederum zu seinem Dienste die Welt geschaffen. Und so ward der Mensch gleichsam in die Mitte gesetzt, damit er nach der Einen Seite hin selbst dienen, und damit ihm nach der andern Seite hin gedient werde von der zu seinem Dienste geschaffenen Welt, d. h. damit er von dieser unterstützt werde in dem Streben nach seiner höhern Bestimmung⁵). Der Grund aber, warum Gott im Menschen das geistige Wesen mit dem körperlichen vereinigte, liegt darin, dass Gott in dieser Vereinigung ein Sinnbild bieten wollte von jener Vereinigung, in welche der geschöpfliche Geist einst zu ihm selbst im jenseitigen Leben treten sollte⁶).

Nach Vorausschickung dieser allgemeinen Grundsätze lässt der Lombarde dann die Lehre von den creatürlichen Dingen im Besondern folgen, und handelt deshalb zuerst von der Natur, den Eigenschaften, der Freiheitsprobe und dem Falle der Engel, worauf er dann zu der körperlichen Natur und zuletzt zur Betrachtung des Menschen nach seiner Natur, seinem Falle und der Erlösung von dem Sündenfalle übergeht⁷).

Wir glauben von einem nähern Eingehen in die Lehre des Lombarden von den Engeln hier um so mehr abstehen zu können, als seine Lehrsätze hier im Allgemeinen ganz dieselben sind mit jenen, welche wir

---

minui omnino non posse. Illud ergo bonum, quod ipse erat, et quo beatus erat, sola bonitate, non necessitate, aliis communicari voluit, quia summi boni erat prodesse velle, et omnipotentissimi, nocere non posse.

1) lb. l. 2. d. 1, 4. Et quia non valet ejus beatitudinis particeps existere aliquis nisi per intelligentiam, quae quanto magis intelligitur, tanto plenius habetur, fecit Deus rationalem creaturam, quae summum bonum intelligeret, et intelligendo amaret, et amando possideret, ac possidendo frueretur.

2) Ib. l. c.

3) Ib. n. 6. Ad laudandum Deum, ad serviendum ei, ad fruendum eo.

4) Ib. n. 6. 7. — 5) Ib. n. 8. — 6) Ib. n. 10. — 7) Ib. n. 11.

bereits bei Anselm und Hugo von St. Victor getroffen haben. Es sei daher nur erwähnt, dass er die Schöpfung der geistigen und körperlichen Natur als ganz gleichzeitig fasst[1]), dass er auch der geistigen Natur des Engels ursprünglich eine gewisse Formlosigkeit zuschreibt, in Bezug auf jene Formation nämlich, welche sie erhielt durch die Liebe und durch die Hinwendung zu Gott[2]), und dass er vier Grundattribute der rein geistigen Natur aufführt, die Einfachheit, Untheilbarkeit und Immaterialität der Wesenheit, die Persönlichkeit, die Intelligenz und den freien Willen[3]), in welch letzterm denn auch die Möglichkeit begründet war, dass die einen der Engel sich frei Gott zuwendeten, die andern dagegen von ihm abfielen[4]).

Wir gehen zu der anthropologischen Lehre des Lombarden über. Er wirft hier vor Allem die Frage auf, in wie fern der Mensch nach dem Bilde und Gleichnisse Gottes geschaffen worden sei, und führt die verschiedenen Meinungen auf, welche hierüber aufgestellt worden waren. Der Mensch, sagt er, ist nach dem Bilde und Gleichnisse Gottes geschaffen worden nach seinem geistigen, nicht nach seinem körperlichen Sein, und zwar ist er nach dem „Bilde" Gottes geschaffen worden, sofern er Gedächtniss, Intelligenz und Liebe erhielt, und nach dem „Gleichnisse" Gottes, so fern er jene Unschuld und Gerechtigkeit besass, welche dem vernünftigen Geiste von Natur aus zukam. Oder man kann auch den Begriff des „Bildes" auf die Erkenntniss der Wahrheit, und den des „Gleichnisses" auf die Liebe zur Tugend beziehen[5]).

Die Seele des ersten Menschen ward nicht aus einer körperlichen oder geistigen Materie, sondern unmittelbar aus Nichts geschaffen[6]). Sie ist daher auch nicht aus der Substanz Gottes emanirt, wie einige Häretiker angenommen haben[7]). Was aber den Zeitpunkt der Schöpfung der ersten Seele anbetrifft, so mag es dahin gestellt bleiben, ob sie vor dem Körper schon existirt habe, oder ob sie demselben unmittelbar eingeschaffen worden sei. Nicht so kann aber diese Frage unentschieden bleiben in Bezug auf die Seelen der Nachkommen des ersten Menschen[8]). Es können diese nämlich nicht durch Zeugung entstehen: — eine solche Annahme würde mit der katholischen Wahrheit im Widerspruch stehen; — sie müssen vielmehr gleichfalls unmittelbar von Gott geschaffen sein[9]). Und wenn es sich nun in Bezug auf diese Seelen um den Zeitpunkt handelt, wann sie geschaffen werden, so kann kein Zweifel darüber sein, dass sie im Augenblicke ihrer Schöpfung sogleich mit dem Leibe vereinigt werden[10]).

---

1) Ib. l. 2. d. 2, 5. — 2) Ib. n. 7. — 3) Ib. l. 2. d. 2, 1. — 4) Ib. l. 2. d. 5, 1 sqq. — 5) Ib. l. 2. d. 16, 4. — 6) Ib. l. 2. p. 17, 1. — 7) Ib. l. c. n. 2. — 8) Ib. n. 3. — 9) Ib. l. 2. d. 18, 8. d. 31, 2.

10) Ib. l. 2. d. 17, 3. Sed quidquid de anima primi hominis aestimetur, de aliis certissime sentiendum est, quod in corpore creentur; creando enim infundit eas Deus, et infundendo creat.

Es ist im Menschen zu unterscheiden die Sensualität, die Vernunft und der freie Wille. Die Sensualität ist jene niedere Kraft der Seele, welche an die Sinne gebunden ist und sich in dieser ihrer Verbindung mit den Sinnenorganen receptiv und appetitiv bethätigt. Die Vernunft dagegen ist die höhere Erkenntnisskraft der Seele, welche jedoch wiederum eine doppelte Richtung hat, eine Richtung auf das Ewige und eine Richtung auf das Zeitliche, wornach sie in höhere und niedere Vernunft unterschieden werden muss¹). Die Freiheit oder das liberum arbitrium endlich ist jenes Vermögen der Vernunft und des Willens, vermöge dessen der Mensch das Gute wählt, wenn ihm die Gnade beisteht, oder das Böse, wenn die Gnade ihn verlässt. Bei dem freien Acte sind somit Vernunft und Wille betheiligt; die Vernunft, in so fern sie zwischen Gut und Bös unterscheidet; — der Wille, in so fern er zwischen beiden wählt²). Doch ist das Vermögen der Wahl zwischen Gut und Bös nicht ein wesentliches Element der Freiheit im Allgemeinen; denn freier ist ja wohl ein solcher Wille, welcher der Sünde gar nicht dienstbar werden kann. Das Wesentliche der Freiheit liegt vielmehr darin, dass der Wille *ohne Zwang und Nothwendigkeit* dasjenige anstreben oder wählen kann, wozu er sich mit seiner Vernunft entschlossen hat³).

Das Uebel ferner, welches dem Menschen anhaften kann, ist ein doppeltes, das Uebel der Schuld und das Uebel der Strafe. Beide aber sind nicht etwas Positives, sondern sie sind nur die Privation oder Corruption des Guten; jedoch in verschiedener Weise. Das Uebel der Schuld, das eigentlich Böse ist es nämlich in activer, das Uebel der Strafe dagegen in passiver Weise. Ersteres ist Privation des Guten, weil und in so fern die böse That das Gute activ corrumpirt; letzteres ist Privation des Guten, in so fern sie den Zustand der Corruption des Guten bezeichnet, welcher als Wirkung auf die böse That folgt⁴).

---

1) Ib. l. 2. d. 24, 6.
2) Ib. l. 2. d. 24, 5. Liberum vero arbitrium est facultas rationis et voluntatis, qua bonum eligitur gratia assistente, vel malum eadem desistente. Et dicitur liberum quantum ad voluntatem, quae ad utrumque flecti potest. Arbitrium vero, quantum ad rationem, cujus est facultas vel potentia illa, cujus etiam est discernere inter bonum et malum, et aliquando quidem habens discretionem boni et mali, quod malum est, eligit, aliquando vero, quod bonum est.... Illa ergo rationalis animae potentia, qua bonum vel malum velle potest, utrumque discernens, liberum arbitrium nuncupatur, quod bruta animalia non habent, quia ratione carent.
3) Ib. l. 2. d. 25, 5. Unde si diligenter inspiciatur, liberum videtur dici arbitrium, quia sine coactione et necessitate valet appetere vel eligere, quod ex ratione decreverit. n. 13.
4) Ib. l. 2. d. 35, 14. Privatio vel corruptio boni dicitur peccatum et poena; sed peccatum secundum efficientiam, quia privat vel corrumpit bonum; poena autem secundum effectum, i. e. secundum passionem, quae est effectus peccati.

Was nun das eigentlich Böse, dessen Folge die Strafe ist, im Besondern betrifft, so ist die Sünde ihrem Begriffe nach eine Uebertretung des göttlichen Gesetzes im Worte, in der That oder in der Begierde [1]. Es ist nicht richtig, wenn man die Sünde blos auf den Willen beschränkt und die äussere That davon ausschliesst. Ihre Wurzel hat die Sünde freilich im Willen; aber aus diesem gehen dann, wie schlimme Früchte von einem schlimmen Baume, die bösen Werke hervor [2]. Der Act der Sünde ist zwar als Act etwas Gutes; aber in so fern er dem göttlichen Gesetze widerstreitet, ist er böse; und wenn er daher in ersterer Beziehung etwas Positives ist, ist er in letzterer Beziehung etwas Negatives — „Nichts [3]." Und wie die Sünde nicht einzig auf den Willen mit Ausschluss der That beschränkt ist, so hängt auch der moralische Charakter der Handlungen nicht einzig von der Intention des Willens ab. Letzteres gilt nur von solchen Handlungen, welche an sich indifferent sind; es gibt aber auch solche Handlungen, welche an sich und ohne alle Rücksicht auf die Intention des Willens böse sind, und welche folglich den Charakter der Immoralität durch keine wie immer beschaffene Intention des Willens verlieren können [4].

Fragen wir nun aber, in wie ferne die Sünde in activer Weise eine Corruption der Seele ist, so werden wir eine dreifache Corruption zu unterscheiden haben. Die Sünde beraubt nämlich den Menschen der übernatürlichen Güter und Tugenden, sie verwundet ihn ferner in seinen natürlichen Kräften, welche durch sie verdunkelt und geschwächt werden, und sie beraubt ihn endlich desjenigen Gutes, durch welches seine höchste Glückseligkeit bedingt ist [5]. Und gerade hierin besteht die Strafe der Sünde. Die Strafe ist daher wesentlich ein Uebel für denjenigen, über welchen sie verhängt wird; aber in so fern sie von Gott verhängt wird als Strafe der Sünde, ist sie gut, weil sie Wirkung der göttlichen Gerechtigkeit und also gerecht ist [6].

Fassen wir nun dieses alles zusammen, so werden wir auch zwischen einer dreifachen Freiheit zu unterscheiden haben, der Freiheit nämlich von der Nothwendigkeit, der Freiheit von der Sünde und der Freiheit von der Unseligkeit. Die erstere ist die natürliche Freiheit des Menschen, und kann auf keine Weise, auch nicht durch die Sünde verloren gehen. Die Freiheit von der Sünde dagegen geht durch die Sünde verloren, und ebenso auch die Freiheit von der Unseligkeit oder von der Strafe. Beide können blos durch die Gnade der Erlösung wieder errungen werden, und wenn dieses geschieht, so verhält sich die Freiheit von der Useligkeit als Belohnung für die Freiheit vom Bösen [7].

---

1) Ib. 1. 2. d. 35, 1. — 2) Ib. l. c. n. 3. — 3) Ib. n. 4. — 4) Ib. 1. 2. d. 40, 3. cf. d. 36, 10. — 5) Ib. 1. 2. d. 85, 12. — 6) Ib. 1. 2. d. 87, 5. — 7) Ib. 1. 2. d. 25, 9 sqq.

§. 121.

Gehen wir nun nach diesen allgemeinen anthropologischen Lehrbestimmungen auf die Lehre des Lombarden von dem Urstande und dem Sündenfalle des Menschen über, so sind die Schilderungen, welche er von der Erkenntniss des ersten Menschen macht, ganz gleichlautend mit denen des Hugo von St. Victor[1]). Was aber den ethischen Zustand des ersten Menschen betrifft, so unterscheidet der Lombarde die Gnade der Schöpfung von derjenigen Gnade, durch welche das höhere übernatürliche Leben bedingt ist. In der Schöpfung nämlich, lehrt er, wurde dem Menschen eine solche Gnade zugetheilt, vermöge welcher er in Stand gesetzt war, beständig zu bleiben und das Böse zu meiden. Diese Gnade war aber noch nicht von der Art, dass der Mensch durch dieselbe auch im Guten hätte fortschreiten und das ewige Heil sich hätte verdienen können. Er konnte vermöge der Gnade der Schöpfung dem Bösen widerstehen, aber das Gute nicht vollbringen[2]). Es war daher diese Gnade der Schöpfung im Grunde nichts Anderes, als die Rectitudo des Willens, die volle und ungeschwächte Kraft der Freiheit, und die erhöhte Lebendigkeit und Lauterkeit aller seiner geistigen Kräfte[3]). Wie aber die Engel, welche von Gott nicht abfielen, nachträglich auch jene Gnade von Gott erhielten, durch welche sie zu Gott sich hinwendeten und zur Liebe desselben sich erhoben[4]): so erhielt auch der Mensch nachträglich diese Gnade, verlor sie aber wieder, da er der Versuchung nicht widerstand und in die Sünde einwilligte[5]). Und durch diese Sünde wurden dann auch seine natürlichen Kräfte in einem gewissen Grade corrumpirt, ohne doch gänzlich zerstört zu werden[6]).

Das Wesen der Erbsünde setzt der Lombarde in die Begierlichkeit, in so fern diese mit dem Reat der Schuld behaftet ist[7]). Die Fortpflan-

---

1) Ib. l. 2. d. 23, 2—6.
2) Ib. l. 2. d. 24, 1. Sciendum est ergo, quod homini in creatione datum est per gratiam auxilium, et collata est potentia, per quam poterat stare, i. e. non declinare ab eo, quod acceperat; sed non poterat proficere, in tantum, ut per gratiam creationis sine alia mereri salutem valeret. Poterat quidem per illud auxilium gratiae creationis resistere malo, sed non perficere bonum. Poterat tamen per illud bene vivere quodammodo, quia poterat vivere sine peccato, sed non poterat sine alio gratiae auxilio spiritualiter vivere, quo vitam mereretur aeternam.
3) Ib. l. c. n. 4. Considerandum vero est, quod fuerit illud adjutorium homini datum in creatione, quo poterat manere, si vellet. Illud utique fuit libertas arbitrii ab omni labe et corruptela immunis, atque voluntatis rectitudo, et omnium naturalium potentiarum animae sinceritas atque vivacitas.
4) Ib. l. 1. d. 5, 4. — 5) Ib. l. 3. d. 15, 8.
6) Ib. l. 2. d. 25, 8. Per illud peccatum naturalia bona in ipso homine corrupta sunt, et gratuita detracta. Vulneratus quidem homo est in naturalibus bonis, quibus non est privatus, alioquin non posset fieri reparatio; spoliatus vero gratuitis, quae per gratiam naturalibus addita fuerant.
7) Ib. l. 2. d. 30, 8. Originale peccatum est vitium concupiscentiae, quod

zung der Erbsünde findet ihre Erklärung darin, dass die Begierlichkeit, auf welcher die Erbsünde lastet, das Medium der Erzeugung ist. Das Fleisch, so fern es durch die Begierlichkeit fortgepflanzt wird, ist somit dasjenige, worin und wodurch die Sünde sich fortpflanzt. Indem die Seele mit dem Fleische verbunden wird, wird auch sie durch den Contact mit demselben befleckt und inficirt, und so der Makel der Erbsünde theilhaftig. So geht durch das Fleisch die Erbsünde auf die Seele über[1]). Aus der Erzeugung contrahirt das Fleisch dasjenige, woraus, wenn die Seele sich mit ihm verbindet, in dieser die Sünde entspringt[2]).

In Folge der Sünde nun finden sich im Menschen zweierlei Arten von Defecten, der Defect der Schuld und die Defecte der Strafe, welche aus jener Schuld thatsächlich entspringen. Da nun der Sohn Gottes zum Behufe der Erlösung des menschlichen Geschlechtes die menschliche Natur annahm, so hat er letztere in der Weise angenommen, dass sie in ihm zwar keineswegs mit dem Defecte der Schuld behaftet war, aber doch die Defecte der Strafe in sich trug, so weit nämlich letztere mit seiner Würde als Gottmensch sich vertrugen, und zur Verwirklichung des Zweckes der Menschwerdung nothwendig oder förderlich waren[3]). Die Möglichkeit, dass der Sohn Gottes jene Defecte in seiner menschlichen Natur überhaupt annehmen *konnte*, liegt darin, dass sie nicht vermöge ihres Wesens, sondern nur thatsächlich, so fern sie nämlich in uns andern Menschen aus der Sünde stammen, den Charakter der Strafe haben. An und für sich hätte der Mensch auch gleich anfänglich von Gott mit jenen Defecten geschaffen werden können. Und eben weil dieses stattfindet, konnte auch der Sohn Gottes sie in seiner menschlichen Natur möglicherweise annehmen[4]). Und sie haben dann in ihm natürlich nicht den Charakter der Strafe, sondern sind etwas von ihm freigewolltes, was auch von der Nothwendigkeit des Leidens und Todes gilt[5]).

---

in omnes concupiscibiliter natos per Adam intravit, eosque vitiavit. dist. 31, 2. Originale peccatum est concupiscentia, non quidem actus, sed vitium.

1) Ib. 1. 2. d. 31, 3. Caro propter peccatum corrupta fuit in Adam, adeo ut, cum ante peccatum vir et mulier sine incentivo libidinis et concupiscentiae fervore possent convenire, essetque thorus immaculatus, jam post peccatum non valeat fieri carnalis copula absque libidinosa concupiscentia, quae semper vitium est, et etiam culpa, nisi excusetur per bona conjugii. In concupiscentia ergo et libidine concipitur caro formanda in corpus prolis. Unde caro ipsa, quae concipitur in vitiosa concupiscentia, polluitur et corrumpitur; ex cujus contactu anima, cum infunditur, maculam trahit, qua polluitur et fit rea; id est vitium concupiscentiae, quod est originale peccatum. 4. 6. 7.

2) Ib. 1. 2. d. 31, 9. In conceptu dicitur peccatum transmitti, non quia peccatum originale ibi sit, sed quia caro ibi contrahit id, ex quo peccatum fit in anima, cum infunditur.

3) Ib. 1. 3. d. 15, 1. — 4) Ib. 1. 3. d. 15, 3. — 5) Ib. 1. 3. d. 15, 2. d. 16, 1.

Das sittliche Leben des erlösten Menschen ist getragen von der wirkenden und mitwirkenden Gnade ¹), und vollzieht sich in der Liebe Gottes und des Nächsten. Die weltliche Furcht verträgt sich nicht mit der Liebe, auch nicht die knechtische, welche zwar an sich gut und nützlich, aber unzureichend ist. Die anfängliche Furcht dagegen leitet die Liebe ein, hebt sich jedoch allmählich in dieser auf, während aus dieser eine höhere Furcht erwächst, nämlich die kindliche, welche immer bleibt, auch im Jenseits ²). Die Liebe ist es also, welche den Mittelpunkt des ganzen christlichen Lebens bildet; sie ist die Mutter aller übrigen Tugenden ³). In der Liebe muss der Mensch wirken und Gutes thun, um den ewigen Lohn durch Christus in dem heiligen Geiste zu verdienen.

Das Bisherige dürfte hinreichend sein, um ein allgemeines Bild von der Denk- und Lehrweise des Lombarden zu gewinnen. Auf den zweiten Theil seines Werkes, auf die Lehre nämlich von den Zeichen, resp. von den Sacramenten, wollen wir nicht weiter eingehen, weil dieser Gegenstand dem Zwecke unserer Darstellung ferner liegt. Wir sehen aus dem Bisherigen schon zur Genüge, dass und auf welche Weise die Resultate der wissenschaftlichen Bewegung der gegenwärtigen Epoche in dem Werke des Lombarden sich so zu sagen zu einem Ganzen zusammengefunden haben, um in dieser Gestalt für die folgende Epoche den Ausgangspunkt und die Grundlage für die weitere Fortentwicklung der christlichen Wissenschaft zu bilden.

2. Alanus von Ryssel.

§. 122.

Wenn in den Sentenzen Peters des Lombarden die Theologie vorwiegend in positiver Weise behandelt wird, das eigentlich philosophische oder speculative Moment dagegen in den Hintergrund tritt: so begegnet uns im Laufe des zwölften Jahrhunderts noch ein anderer Denker, in dessen Schriften mehr das letzterwähnte Moment vertreten ist. Es ist *Alanus von Ryssel* (von Lille), ein Schüler des heil. Bernhard. Wir wissen wenig aus seinem Leben. Seinen Namen hat er von Lille in Flandern (Ryssel, ab Insulis), seinem Geburtsorte. Er trat zu Clairvaux in den Cistercienserorden, in welchem er auch seine gelehrte Bildung erhielt. Der Beiname „Doctor universalis," welchen er erhielt, beweisst sein Ansehen in der gelehrten Welt jener Zeit. Er soll zu Paris gelehrt, nachmals zum Bischof von Auxerre erhoben und im Jahre 1202 in hohem Alter gestorben sein.

Alanus hat die Resultate, welche die bisherigen speculativen Bestrebungen in den Schulen auf der Grundlage der Väter erzielt hatten, in kurzen prägnanten Sätzen systematisch zusammengestellt und ihnen

---

1) Ib. l. 2. d. 25, 16. d. 27, 4. — 2) Ib. l. 3. d. 34, 4 sqq. — 3) Ib. l. 3. d. 36, 1.

in der gleichen gedrängten Kürze jene philosophischen Beweise beigefügt, welche die Schulen zu deren Begründung aufgebracht hatten. Nicht als ob er das positive Moment gänzlich vernachlässigt hätte; die Auctoritätsbeweise sind vielmehr, besonders in seinen fünf Büchern gegen die Häretiker, sehr zahlreich; aber das Vorwiegende ist bei ihm doch das Speculative. Sein Hauptwerk sind die fünf Bücher „de Arte sive de articulis fidei catholicae ad Clementem III.," aus welchen wir zugleich auch die Stellung, welche er in seiner Speculation dem christlichen Glauben gegenüber einnahm, so wie die Tendenz der letztern ersehen. Die Angriffe nämlich der Muhamedaner, Juden und Ketzer auf die katholische Religion gaben die Veranlassung zu diesem Systeme. Alanus wollte nun die Lehre der katholischen Kirche gegen alle diese Gegner vertheidigen, nicht durch Wunderthaten, noch auch durch vergebliche Anführung von Auctoritäten, welche für Ungläubige keine sind, sondern allein durch Vernunftgründe, welchen jene nichts entgegensetzen könnten. So schreibt er nämlich selbst in der Zueignung an den Papst Clemens III.[1]). Diese Tendenz ist auch in seinen übrigen Schriften überall augenfällig und gibt uns den Massstab zur Beurtheilung seiner Leistungen. Dass dieselbe im Interesse des christlichen Glaubens vollkommen berechtigt war, ist von selbst klar. Alanus ist nicht der Ansicht, dass er für alle Wahrheiten des christlichen Glaubens ganz apodiktische Vernunftbeweise zu führen im Stande sei, durch welche die Ungläubigen zur Annahme des Glaubens genöthigt würden; denn der Glaube, sagt er, hätte kein Verdienst mehr, wenn dessen Wahrheiten durch die Vernunft sich vollkommen und apodiktisch beweisen liessen. Das vollkommene Wissen wartet unser erst im Jenseits. Er will seinen Beweisen nur den Charakter von Wahrscheinlichkeitsbeweisen beilegen, die aber doch von der Art seien, dass ein klar und scharf denkender Geist ihnen kaum zu widerstehen vermöge[2]).

Alanus geht von dem Grundsatze aus, dass die Ursache einer Ursache auch die Ursache des durch sie Beursachten sei[3]). Jede Substanz nun ist zusammengesetzt aus Materie und Form, und wenn die Materie nicht ohne Form, und umgekehrt die Form nicht ohne die Materie wirklich sein kann[4]), so ist die Verbindung beider miteinander

---

1) *Alanus*, De Arte seu articulis cath. fidei (ed. Migne) prolog.
2) Ib. prol. Probabiles igitur fidei nostrae rationes, quibus perspicax ingenium vix possit resistere, studiosius ordinavi, ut qui prophetiae et Evangelio acquiescere contemnunt, humanis saltem rationibus inducantur. Hae vero rationes si homines ad credendum inducant, non tamen ad fidem capessendam plene sufficiunt usquequaque. Fides etenim non habet meritum, cui humana ratio ad plenum praebet experimentum. Haec etenim erit gloria nostra, perfecta scientia comprehendere in patria, quod nunc quasi in aenigmate per speculum contemplamur.
3) Ib. l. 1, 1. Quidquid est causa causae, est causa causati.
4) Ib. l. 1, 4.

die Ursache der Existenz der durch sie bedingten Substanz¹). Nun kann aber keine Substanz sich selbst das Dasein geben; denn so wäre sie die Ursache ihrer selbst, müsste also früher da sein, als sie wirklich da ist, was der Vernunft widerstreitet²). Die Verbindung der Materie mit der Form kann also nur von einer höhern Ursache ausgehen, und da diese Verbindung der Materie mit der Form die Ursache der Existenz der Substanz ist, so ist nach dem vorausgeschickten Fundamentalgrundsatze (Quidquid est causa causae, est causa causati) jene höhere Ursache auch die Ursache der Substanz selbst nach Materie und Form, um so mehr, da diese, wie schon gesagt, nur in Einheit miteinander wirklich sein können³). Und ist sie dieses, dann ist sie eo ipso auch die Ursache der Accidenzen der Substanz, weil ja jene ihr Sein nur in dieser und durch diese haben, und, um es nochmal zu wiederholen, die Ursache der Ursache auch die Ursache des Beursachten ist⁴).

So leitet also das Dasein der Dinge nothwendig auf eine höchste Ursache hin, da ohne die Voraussetzung der letztern das Dasein der Dinge nicht erklärbar wäre⁵). Diese höchste Ursache nun kann nicht ein zusammengesetztes Wesen sein, weil sie in diesem Falle, wie alle andern Dinge, wiederum eine höhere Ursache voraussetzen würde, durch welche jene Zusammensetzung in ihr bedingt wäre; denn sie selbst kann nicht die Ursache ihrer eigenen Zusammensetzung sein, da sie ja sonst die Ursache ihrer selbst wäre, was nicht denkbar ist⁶). Sie ist also ein ganz einfaches Sein⁷). Als solches kann sie nur Eine sein; denn wären es mehrere, dann müssten diese sich gegenseitig von einander unterscheiden. Unterscheiden können sich aber mehrere Dinge von einander nur dadurch, dass sie verschiedene Eigenschaften oder Formen haben⁸). So müssten sie also in diesem Falle zusammengesetzt sein aus dem Substrat und der Form oder den Eigenschaften, und wären folglich nicht mehr schlechthin einfaches Sein, was doch, wie wir gesehen haben, die höchste Ursache als solche nothwendig ist⁹). Als einfaches Sein ist ferner die höchste Ursache auch accidenzlos, theils weil auch das Accidens eine Zusammensetzung involvirt, theils weil die Accidenzen unterscheidende Momente der Substanz sind, während doch ein solcher Unterschied dem Gesagten zufolge nicht von der höchsten Ursache prädicirt werden kann¹⁰). Diese einfache, Eine und accidenzlose höchste Ursache nun ist Gott.

---

1) Ib. l. 1, 5. — 2) Ib. l. 1, 8. 8. — 3) Ib. l. 1, 6. — 4) Ib. l. 1, 2. — 5) Ib. l. 1, 9. — 6) Ib. l. 1, 10. — 7) Ib. l. 1, 12.

8) Ib. prol. Differre autem dicitur, quod informatum est proprietatibus, quarum collectio in alio inveniri non potest.

9) Ib. l. 1, 12.

10) Ib. l. 1, 13. Accidens suum subjectum differre facit. Ergo Deus differt ab aliquo; ergo proprietatibus informatur, quod est contra hypothesim.

Halten wir nun die bisher entwickelten Bestimmungen fest, so lassen sich daraus alle weiteren Attribute Gottes ableiten. Gott ist unveränderlich und unbeweglich; denn jede Veränderung oder Bewegung würde sich als Accidenz zu seiner Substanz verhalten, während er doch schlechterdings accidenzlos ist[1]). Gott ist unermesslich; denn als accidenzlos ist er auch quantitätslos, und wo keine Quantität, da kein Mass dieser Quantität[2]). Er ist ewig, weil Generation und Corruption unter die Categorie der Bewegung fallen, welche letztere dem göttlichen Sein widerstreitet[3]). Er ist unbegreiflich, unaussprechlich und unnennbar: unbegreiflich, weil der Verstand ein Wesen nur vermöge und nach seiner Form denken kann, während Gott formlos ist[4]); unaussprechlich: weil die menschliche Rede wesentlich darin besteht, dass dem Subjecte im Prädicat eine Eigenschaft beigelegt wird, während doch in Gott von einer Eigenschaft, als unterschieden von der Substanz, nicht die Rede sein kann; unnennbar: weil die Namen nur für dasjenige gebraucht werden können, was der Verstand versteht, während doch Gott für den Verstand unbegreiflich ist[5]). Daher gibt es denn auch von Gott keine Wissenschaft im strengen Sinne dieses Wortes; denn was wir nicht begreifen, das wissen wir auch nicht. An Gott können wir nur glauben. Der Glaube ist das Annehmen einer Wahrheit auf Gründe hin zwar, aber auf solche Gründe hin, welche zum Wissen nicht hinreichen. Er steht somit über dem Meinen, aber unter dem Wissen. Und dieser Glaube hat, wie gesagt, allein Geltung für unsere Erkenntniss Gottes[6]).

§. 123.

Daraus folgt nun, dass, wenn wir dennoch von göttlichen Eigenschaften reden, wir dieselben Gott blos in so ferne beilegen, als er die Ursache der geschöpflichen Dinge ist, und in diesen als in seinen

---

1) Ib. l. 1, 14.
2) Ib. l. 1, 16. Vere immensus est, quia in eo non certa quantitatis mensura: quantitatis enim expers est, in quem nullum cadit accidens.
3) Ib. l. 1, 15. Si enim incipit esse, ergo motus est generatione. Si desinit esse, ergo movebitur corruptione; ergo accidens vel erit, vel fuit in eo: quod est impossibile.
4) Ib. l. 1, 16. Deus, qui omnimodam formam subterfugit, intellectu comprehensus esse non potest, cum intellectus naturalis nisi adminiculo formae rem non comprehendat. Ergo Deus humano intellectu capi non potest.
5) Ib. l. c.
6) Ib. l. 1, 17. Nihil enim sciri potest, quod non possit intelligi. Sed deum non apprehendimus intellectu. Ergo nec scientia. Deum igitur ipsum inducente nos ratione esse praesumimus, et non scimus, sed esse credimus. Fides enim est ex certis rationibus ad scientiam non sufficientibus orta praesumtio. Fides igitur utique super opinionem, sed infra scientiam.

Wirkungen sich offenbart ¹). Weil also in den geschöpflichen Wirkungen allenthalben Macht und Güte sich kundgibt, deshalb können und müssen wir Gott mächtig und gut nennen; weil in der Disposition der Dinge überall Liebe, Gerechtigkeit, Barmherzigkeit, Herablassung sich offenbart, können und müssen wir Gott gütig, gerecht, barmherzig, herablassend nennen. Und so im Uebrigen. Dazu kommen dann auch noch gewisse symbolische Ausdrucksweisen, welche von Gott gebraucht werden können, wie wenn Gott Licht, Quell, Aufgang u. dgl. genannt wird ²). Aber eben weil alle diese Eigenschaften oder Benennungen Gott nur beigelegt werden in Rücksicht auf seine Wirkungen, so können sie von ihm auch wiederum verneint werden, weil und in so fern sie ihm eben nicht *so* zukommen, *wie* sie ihm beigelegt werden, nämlich in der Art, dass sie als Eigenschaften zu seinem Wesen gleichsam hinzukämen. Und diese Negation ist dann hier sogar noch wahrer und involvirt eine höhere Erkenntniss, als die Affirmation ³). Bleibt man jedoch bei der Affirmation stehen, d. h. prädicirt man diese Eigenschaften wirklich von Gott, dann hat man stets daran festzuhalten, dass in Folge der absoluten Einfachheit des göttlichen Seins jede dieser Eigenschaften das göttliche Sein selbst ist und ganz ist. Denn Nichts ist in Gott, was nicht er selbst ist, er selbst in seiner vollen Ganzheit ⁴). Gottes Sein ist seine Macht, seine Gerechtigkeit u. s. w , und umgekehrt ⁵). Was in den geschöpflichen Dingen eine dem Wesen inhärirende Eigenschaft bezeichnet, das bezeichnet in Gott die Wesenheit ⁶). Gott ist selbst die Macht, nach welcher und vermöge welcher er mächtig ist; er ist selbst die Weisheit, vermöge deren er weise ist; er ist selbst die Liebe, durch welche er liebend ist ⁷). Wenn ich sage: „Gott ist," und: „Gott ist mächtig," so sage ich mit der zweiten Benennung im Grunde nichts Anderes, als mit der ersten; denn sein Sein ist auch seine Macht").

Was nun das Verhältniss Gottes zur Welt betrifft, so verdankt die Welt ihr Dasein dem schaffenden Willen Gottes. Gott hat die Welt aus Nichts geschaffen. Alles also ist in Gott als in seiner Ursache, und Gott ist Alles, so fern er die Ursache aller Dinge ist; aber Nichts von Allem ist Gott nach seinem Wesen ⁹). Da jedoch alle Dinge seiner Macht ihr Dasein verdanken, so ist er mit seiner Macht überall und in allen Dingen; und da seine Macht nichts anderes als sein Wesen ist, so ist er auch überall und in allen Dingen nach seinem Wesen, d. h. er ist allgegenwärtig. Und doch ist er zugleich nirgends, d. h. er ist nir-

---

1) lb. l. 1, 19. Quae in rerum creatione et dispositione commendabilia contemplamur, per effectum et causam attribuuntur creatori.
2) Ib. l. c. vgl. Theologicae regulae, reg. 21. — 3) Theol. regul. reg. 18. — 4) Ib. reg. 9. 10. — 5) Ib. reg. 8. — 6) Ib. reg. 9. — 7) De arte etc. l 1, 20. Theol. reg. 38. — 8) Theol. reg. 11. — 9) De arte etc. l. 1, 21.

gends in örtlicher Weise¹). Er ist ein Kreis, dessen Centrum überall, dessen Peripherie nirgends ist²).

Aber wie Gott einfach ist im Wesen, so ist er auch dreifach in den Personen. Diese Dreipersönlichkeit Gottes spiegelt sich ab in jedem geschöpflichen Dinge, so fern in jedem derselben ein dreifaches ist, die Materie, die Form und die Einheit beider. Die Materie oder das Substrat entspricht dem Vater, die Form dem Sohne, die Einheit beider dem heiligen Geiste³). Die drei Personen sind derselben Natur; woraus folgt, dass Alles, was von Gott secundum substantiam prädicirt wird, von den drei Personen im Einzelnen und von allen dreien insgesammt und beiderseits in der Einheitszahl ausgesagt werden kann und muss⁴). Die Werke Gottes nach Aussen gehören stets den drei Personen zugleich an und zwar in ungetheilter Weise⁵). Was Gott nach Aussen wirken will, das kann er, es sei denn, dass es im Widerspruch stünde mit seinem eigenen Wesen⁶). Nichts kann gegen den Willen Gottes geschehen; selbst das Böse ist bedingt durch den permissiven Willen Gottes⁷). Darin besteht seine Allmacht. Gottes Voraussehung kann nie getäuscht werden; was er voraussieht, das tritt immer nothwendig ein; doch ist diese Nothwendigkeit nicht eine vorhergehende, welche die Freiheit des Thuns in den geschöpflichen Dingen aufhebt, sondern sie ist stets nur eine nachfolgende, welche als solche die Freiheit unbeeinträchtigt lässt⁸). Gott ist das höchste Gut; von ihm ist alles Böse ausgeschlossen. Und eben deshalb ist auch Alles, was von ihm ist, so weit es von ihm ist, d. i. nach seinem Sein, gut. Denn von Gott kann nichts Böses kommen⁹).

Die göttliche Güte und Liebe ist denn nun auch die bedingende Voraussetzung der schöpferischen Thätigkeit Gottes. Vermöge seiner unendlichen Liebe will Gott auch Andern jenes Gute, das er selbst besitzt. Das könnte er aber nicht, wenn nicht andere Wesen da wären, welche an den Gütern Gottes theilnehmen können. So musste denn Gott vermöge seiner unendlichen Liebe solche Wesen schaffen, denen er seine eigene Glückseligkeit nach dem Masse ihrer Empfänglichkeit zutheilen konnte. Das sind die geistigen Wesen¹⁰). Diese sind nun als solche verpflichtet zum Lobe Gottes, zum Gehorsam gegen seinen Willen und zum Dienste ihres Schöpfers¹¹). Aber eben weil sie solches sind, darum musste Gott auch die materielle Welt schaffen, damit die vernünftigen Wesen einerseits aus deren wunderbarer Grösse und weisen

---

1) Ib. l. 1, 22. — 2) Theol. reg. 7. — 3) De arte etc. l. 1, 24—26. — 4) Ib. l. 1, 29. Theol. reg. 25. — 5) Theol. reg. 61. — 6) Ib. reg. 54. 55. — 7) Ib. reg. 62. — 8) Ib. reg. 64. 65. — 9) De arte etc. l. 2, 1. 2. Theol. reg. 68. — 10) De arte etc. l. 2, 4.

11) Ib. l. 2, 5. Spiritus rationalis Deum timere, ei servire tenetur, et in omni obedientia ministrare.

Einrichtung die Grösse und Herrlichkeit des Schöpfers erkennen und so zum Lobe desselben sich erheben, und damit sie andererseits ihre Dienste in der Regierung dieser Welt Gott weihen könnten¹). So musste er ihnen gleichsam die Grundlage unterbreiten, auf welcher sie ihre Bestimmung zu erfüllen, und so zur Theilnahme an der göttlichen Glückseligkeit emporzusteigen im Stande wären. Aber eben weil sie durch eigene Thätigkeit zu diesem Ziele gelangen sollten, darum musste er sie auch mit freiem Willen ausrüsten, weil der freie Wille die wesentliche Bedingung jedes Verdienstes wie jeder Schuld ist²).

§. 124.

Noch mehr. Die Liebe und Herablassung Gottes ist die höchste, welche sich denken lässt, und muss sich daher auf Alles erstrecken, auch auf das Niedrigste. Daraus folgt, dass Gott allem Geschaffenen, auch dem Materiellen, seine Herrlichkeit mittheilen musste. Aber das Materielle als solches ist dieser Mittheilung nicht fähig. Deshalb musste Gott, um der Grösse seiner Liebe und Herablassung zu genügen, auch solche Wesen schaffen, welche nach ihrer Natur mit allen Dingen Etwas gemein haben; welche vernünftig sind, wie die Engel, und aus den Elementen der materiellen Welt bestehen, wie die irdischen Dinge. Und zwar musste er das Materielle in diesen Wesen aus der niedrigsten Materie, der irdischen nämlich, bilden, damit die Liebe und Herablassung Gottes sich auch bis auf diese tiefste Stufe des Seins herab erstreckte. Diese vernünftig-sinnlichen Wesen nun sind die Menschen, während die rein vernünftigen Wesen Engel genannt werden³). Aber eben weil der Mensch mit den Engeln die Vernunft gemein hat, so ist die Verpflichtung, welche ihm in seinem sittlichen Leben obliegt, die analoge, wie sie oben den Engeln vindicirt worden ist. Er hat all sein Denken, Reden und Handeln auf Gott als auf sein höchstes Ziel zu beziehen, um dadurch zur Theilnahme an der göttlichen Glückseligkeit zu gelangen⁴). Darum musste auch ihm Gott, wie den Engeln, die Freiheit des Willens verleihen⁵). Durch seinen freien Willen ist der Mensch fähig des Verdienstes; denn im Wollen wurzelt alles Verdienst⁶). Aber er ist durch seinen Willen auch fähig der Sünde, welche entweder durch Begehung oder durch Unterlassung verübt wird⁷). Wirkt nun der

---

1) Ib. l. 2, 6. Machina mundi cum suis multiplicibus ornamentis in timoris et laudis et ministerii Dei, et comitandae gloriae materiam fuerat fabricanda. Cum enim spiritus rationalis Deo servire teneatur et ministrare, praetendenda ei fuit in rebus miranda potentia creatis materia ministrandi. Quocirca mundi artificio considerato habuit manifestam materiam, quo tam potentem et doctum timeret artificem et laudaret, et in ejus gubernaculo et dispositione Domino ministraret, et ex cunctarum rerum scientia in suo auctore posset plenius gloriari.
2) Ib. l. 2, 8. — 3) Ib. l. 2, 13. — 4) Ib. l. 2, 15. — 5) Ib. l. 2, 14.
6) Theol. reg. 72. Penes voluntatem est omne meritum. — 7) Ib. reg. 73.

Mensch das Gute, dann ist es billig, dass Gott ihn belohne, und zwar mit einer ewigen Belohnung; denn wenn der Mensch den Willen hat, Gott ewig zu dienen, so ist es billig, dass auch die Belohnung dafür eine ewige sei [1]). Doch ist diese Belohnung nicht eigentlich Abtragung einer Schuld an den Menschen von Seite Gottes, weil eine solche nur da möglich ist, wo Jemand einem Andern Etwas freiwillig leistet, wozu er an sich nicht gehalten ist. Das findet aber in unserm Verhältnisse zu Gott nicht statt, weil wir ihm an sich schon Alles schulden. Und darum ist und bleibt die Belohnung, welche uns Gott spendet, stets eine Gnade, obgleich sie durch unser Thun und Lassen verdient ist [2]).

Anderwärts beschäftigt sich Alanus eingehender mit der Natur des Menschen als solcher, und sucht durch wissenschaftliche Gründe nachzuweisen, dass die Seele des Menschen unkörperlich und unsterblich sei. Er unterscheidet im Menschen einen doppelten Geist; den vernünftigen und den physischen, welchen letztern der Mensch mit dem Thiere gemein habe. Der vernünftige Geist ist die eigentliche Seele, und diese ist mittelst des physischen Geistes mit dem Körper verbunden. Letzterer nun ist zwar feiner und subtiler als Licht und Luft, und ist daher in den Thieren das Princip der Sinnlichkeit und der Imagination; aber er ist doch körperlicher Natur, und stirbt daher auch mit dem Körper. Die vernünftige Seele dagegen ist unkörperlich [3]). Die Seele ist nämlich Einer Gattung mit dem Engel, und deshalb ebenso unkörperlich, wie dieser. Sie vermag aus eigener Kraft das Unkörperliche und Geistige zu erkennen; und kann deshalb aus diesem Grunde nicht körperlicher Natur sein. Kein Körper bewegt sich ferner willkürlich aus eigener Kraft; denn wäre die willkürliche Bewegungskraft dem Körper als solchem eigenthümlich, dann müsste jeder Körper sich willkürlich bewegen, was nicht stattfindet. Der Körper wird also von einem andern Princip bewegt, welches nicht körperlich ist: — d. h. die Seele, welche den Körper bewegt, ist unkörperlich. Das Gleiche ergibt sich auch aus der Unfähigkeit des Körpers zu jeder anderweitigen Thätigkeit, welche wir im Menschen wahrnehmen [4]). — Ist aber die Seele unkörperlich, dann ist sie auch incorruptibel, unsterblich, weil sie keine Theile hat, in welche sie aufgelöst werden könnte [5]).

Nach Feststellung dieser allgemeinen Gesichtspunkte geht dann Alanus über zur speculativen Erörterung des Sündenfalles und der Erlösung des Menschen. Er tritt hier ganz in die Fussstapfen An-

---

1) De arte etc. l. 2, 17. Cum voluntati praemium est compensandum, si voluntatem habet homo perpetuo famulandi Deo cum effectu, quantum in ipso est, et non stat per eum, quin perpetuo vivat, recompensandum est praemium perpetuum suae voluntati.

2) Ib. l. 2, 18. — 3) De fide cath. contra haeret. l. 1. c. 28. — 4) Ib. l. 1. c. 31. — 5) Ib. l. c.

selms und Hugo's ein. Wir wollen die leitenden Grundsätze kurz ausheben.

Da der Mensch, nach seinem leiblichen Theile aus der niedrigsten Materie gebildet, eine höchst gebrechliche Natur hat, so ist, wenn er in die Sünde fällt, dieser sein Fall nicht unverzeihlich und unheilbar, wie solches bei dem Engel stattfindet, welcher die Gebrechlichkeit der menschlichen Natur nicht theilt. Im Gegentheil ist es geziemend für die göttliche Barmherzigkeit, dass sie sich des gefallenen Menschen wieder erbarme und ihn wieder aufnehme, wenn er Reue empfindet über seinen Fall [1]). Daher erforderte die göttliche Erbarmung auch die Reparation des Menschengeschlechtes nach dem Sündenfalle [2]). Da aber die göttliche Gerechtigkeit die Sünde doch nicht ungestraft lassen konnte, so musste die Sünde getilgt werden durch Satisfaction [3]). Eine solche Satisfaction zu leisten war aber weder ein Engel, noch ein blosser Mensch befähigt, theils wegen der Grösse der zur Erlassung einer endlosen Strafe erforderlichen Genugthuung, theils weil die Genugthuung sich bestimmen muss nach der Würde der beleidigten Person und kein Geschöpf im Stande ist, Gott etwas zu leisten, was seiner Würde angemessen ist [4]). Nur ein Gott konnte die Satisfaction für die Sünde vollbringen. Aber da der *Mensch* gesündigt hatte, so war es gerecht, dass auch ein Mensch wiederum Genugthuung leistete: und darum musste Gott Mensch werden, um das Werk der Satisfaction zu vollbringen [5]). Dieser Gottmensch musste zu dem bezeichneten Zwecke sich ganz Gott zum Opfer bringen, weil der Mensch in der Sünde sich ganz Gott entzogen hatte [6]). Und weil die Strafe, welche der Mensch verdiente, eine unendlich grosse war, so musste auch der Erlöser die grösstmöglichste Strafe auf sich nehmen, um Genugthuung für die Sünden aller Menschen zu leisten, d. h. er musste einem schimpflichen Tode sich hingeben [7]). So war die von ihm gewirkte Satisfaction hinreichend für die Sünden aller Menschen und allen strömt aus ihr durch die Sacramente die Gnade der Sündenvergebung und Heiligung zu [8]).

Alanus handelt dann noch weiter von den Sacramenten und von der Auferstehung des Fleisches [9]). Wir gehen aber hierauf nicht weiter ein, weil wir glauben, dass das Bisherige ein genügendes Bild von seiner Denkweise und von seinen speculativen Resultaten gibt. Es lässt sich nicht läugnen, dass sich in ihm die Bestrebungen der bisherigen christlichen Schule getreu wiederspiegeln, und dass in ihm alle jene Gedanken vereinigt sind, welche uns im Verlaufe der Geschichte dieser Epoche

---

1) De arte etc. L. 3, 1. vgl. l. 2, 21. 9, 11. — 2) Ib. l. 3, 2. — 3) Ib. l. 3, 3. — 4) Ib. l. 3, 4. — 5) Ib. l. 3, 5. — 6) Ib. l. 3, 7. — 7) Ib. l. 3, 10.

8) Alanus vergisst jedoch nicht, zu bemerken, dass Gott auch auf andere Weise den Menschen hätte erlösen können. Ib. l. 3, 15.

9) Ib. l. 4. u. l. 5.

bei den vorzüglichsten Trägern der wissenschaftlichen Bewegung begegnet sind. Nicht als hätte er gar nicht selbstständig gedacht: aber er steht mitten in seiner Zeit, und was die Geister damals bewegte, das hat er in sich aufgenommen und es mit scharfsinnigem Geiste zu einem systematisch gegliederten Ganzen verarbeitet. Und so hat er, wie der Lombarde, den grossen scholastischen Systemen, welche nach ihm kamen, die Bahn gebrochen.

3. Johannes von Salisbury.

§. 125.

Aber wenn sich in den Schriften des Alanus die Lichtseite der wissenschaftlichen Bewegung dieser Epoche abspiegelt: so wissen wir bereits, dass diese Bewegung auch ihre Schattenseite hatte. Das dialektische Verfahren in den Schulen hatte hin und wieder, wie wir wissen, zu mannigfachen Ausschreitungen geführt. Der Ernst der wissenschaftlichen Forschung war manchen von denen, welche ihrer dialektischen Kunst sich rühmten, abhanden gekommen, und sie behandelten die höchsten Wahrheiten nicht mehr mit jener heiligen Ehrfurcht, welche ihnen gebührt. Dass dagegen eine Reaction eintreten musste, ist selbstverständlich. Schon bei Anselm und bei den Mystikern dieser Epoche haben wir jene Reaction vorgefunden; noch mehr aber tritt sie hervor bei dem Nachfolger Richards von St. Victor, dem Prior Walter von St. Victor, welcher ein Buch herausgab gegen die vier „Labyrinthe" Frankreichs: Abälard, Gilbert, Peter den Lombarden und dessen Schüler Peter von Poitiers. Er hebt mehrere Sätze aus den Schriften dieser Männer aus, die er für häretisch erklärt, und setzt ihnen die katholische Lehre, gestützt auf die Auctorität der Väter und der ächten Theologen, entgegen. Er tadelt mit aller Schärfe das hochmüthige Gebahren der Dialektiker, das nur zum Irrthum führen könne, und will, dass man in theologischen Dingen nicht auf blosse Vernunftgründe, sondern zuerst und zumeist auf die Auctorität der Väter sich stütze [1]). Unstreitig war dieser Tadel im Allgemeinen berechtigt; aber freilich lässt sich nicht in Abrede stellen, dass Walter in seinem Tadel vielfach zu weit ging. Im Eingange seines eben erwähnten Buches: „Gegen die offenbaren, von den Concilien längst verdammten Ketzereien, welche die Sophisten Abälard, Lombardus, Peter von Poitiers und Gilbert in ihren Büchern der Sentenzen zuspitzen, zufeilen, mit Gründen befestigen," sagt er: Wer mein Buch liesst, wird nicht zweifeln, dass die vier Irrgärten von Frankreich: Abälard, Lombardus, Peter von Poitiers und Gilbert, welche alle von demselben aristotelischen Geiste beseelt sind, und das Geheimniss der Dreieinigkeit und der Menschwerdung mit ihrer scholastischen Leichtfertigkeit behandeln, Ketzereien hervor-

---

1) Auszüge aus dieser Schrift bei Migne, Patrol. tom. 199. pag. 1129 seqq.

gebracht haben und noch täglich hervorbringen. Ich aber, fährt er fort, verachte ihre Atomen (bekanntlich lehrte Wilhelm von Conches, wie Alles aus Atomen entstehe), ihre logischen Regeln, ihr „Was" und ihr „Etwas" und all das andere wunderliche Zeug, welches sie vorbringen, verachte sie und schliesse sie von unserer Gemeinschaft aus, indem ich mit dem Apostel sage: Sagt aber auch Einer etwas Anderes, als wir verkündet haben, sei er ein Engel, oder sei er Petrus — wir schliessen ihn von unserer Gemeinschaft aus. Nirgends in der Schrift findet man jene philosophischen Grillen. Mag also das, was sie sagen, feiner sein als Spinnengewebe, schärfer als die Grannen der Aehren, wie es die Erfindungen und Gründe des Teufels durch den Mund der Ketzer auch sind, so sage ich doch mit Ambrosius: ein rechter Christ soll Nichts davon lesen; denn was aus Gott ist, das ist mächtiger als die Welt. Der Sieg über die Welt ist in unserm Glauben, durch welchen wir über den Vater und Jesum Christum, der ganz und durchaus wahrer Mensch geworden, und über den heiligen Geist nicht disputiren und meinen, sondern glauben, festhalten und anbeten. — Das heisst offenbar das rechte Mass des Tadels überschreiten, und die wahre Wissenschaft zugleich mit der falschen über Bord werfen [1]).

Eine ähnliche Richtung finden wir denn nun auch vertreten in den Schriften des Johannes von Salisbury, obgleich freilich dieser Mann nicht, wie Walter, seinen Tadel auf alle wissenschaftlichen Bestrebungen, wahre wie falsche, ausdehnt, sondern zwischen ächter, gediegener Wissenschaft und hochmüthigem dialektischem Gebahren wohl zu unterscheiden weiss. Zudem erstreckt sich sein Tadel auch auf noch weitere Kreise, nämlich auf die Sitten der Höfe und auf das Treiben der Höflinge. Doch bleibt er nicht bei dem Tadel allein stehen, sondern sucht seinerseits Besseres an die Stelle des nach seiner Ansicht Verwerflichen zu setzen. Seine hauptsächlichsten Schriften sind der Metalogicus und Polycraticus, wozu denn auch noch der in Versen abgefasste Eutheticus kommt.

Johannes von Salisbury ward geboren zu Salisbury in England um das Jahr 1110, nach Andern 1120, und kam noch sehr jung um 1136 nach Frankreich, um sich den Wissenschaften zu widmen. Er zählt selbst mehrere berühmte Lehrer auf, unter deren Leitung er seine Studien machte; unter ihnen Abälard, Alberich von Rheims, Robert von Melun, Wilhelm von Conches, Gilbert de la Porrée, Richard, Adam Robert Pullus, Simon von Poissy u. A. [2]). Im Jahre 1151 kehrte er nach England zurück, und ward auf die Empfehlung des heil. Bernard hin Caplan des Primas Theobald von Canterbury, welchem er in der Leitung öffentlicher kirchlicher Angelegenheiten wichtige Dienste leistete. Nach dessen Tode ward er Secretär des neuen Primas Thomas Becket, mit welchem er schon

---

1) *Boulaei*, Hist. univ. Par. t. II. p. 403 sqq. p. 629—660 et passim. Vgl. *Schlosser*, Vincenz von Beauvais, S. 61 ff.

2) *Joh. Saresb.* Metal. l. 2. c. 10. (ed. Migne.)

vorher in innigster Freundschaft verbunden gewesen war. Als dessen treuesten Freund unterstützte er nun diesen auch jetzt mit Rath und That, folgte ihm in das Exil nach, stand ihm als tröstender Leidensgefährte zur Seite, unternahm für ihn Reisen und war, wie Peter von Blois, sein Freund, sich ausdrückt, dessen Hand und Auge. Mit Entschiedenheit vertheidigte er das Recht und die Freiheit der Kirche gegen die despotischen Gelüste Heinrichs II. Dem Standpunkte der mittelalterlichen Staatsordnung entsprechend hält er der weltlichen Gewalt vor, dass sie das Schwert von der Kirche empfangen habe, dass also die Kirche die erste Stelle einnehme, und dass folglich die weltliche Gewalt die Rechte und die Freiheit der Kirche achten müsse, sie nicht verletzen dürfe[1]). So weit geht er sogar, dass er den Tyrannenmord für erlaubt hält[2]), was freilich nicht zu billigen ist, was wir jedoch erklärlich finden, wenn wir uns die damaligen Zustände vergegenwärtigen. Nach der Ermordung des Thomas Becket, deren Zeuge er selbst sein musste, trat er in die Dienste des neuen Primas Richard. Gegen Ende seines Lebens ward er noch zum Bischofe von Chartres erhoben, welches Amt er bis zu seinem Tode (um 1180) verwaltete.

§. 126.

Johannes von Salisbury greift in seinen Schriften, wie schon erwähnt, einerseits die Sitten der Höfe und Höflinge, und andererseits die Verkehrtheiten der Gelehrten mit aller Schärfe an. In ersterer Beziehung haben wir ihm hier natürlicherweise nicht zu folgen; aber wenn wir ihn das Treiben vieler Schulphilosophen seines Jahrhunderts schonungslos blossstellen und dagegen eifern sehen, so werden wir ihn in dieser Richtung nicht unbeachtet lassen dürfen. Er zeigt da einen durchdringenden Verstand, eine vollendete Schulbildung und grosse Vertrautheit mit der alten Literatur. Sein Streben geht überall dahin, nachzuweisen, dass die modernen Dialektiker gar weit abstehen von ihren Meistern, den alten Philosophen, und keinen Vergleich mit ihnen aushalten. Dabei zeigt er sich als einen eifrigen Vertheidiger der Kenntnisse, welche wir aus den Schriften der Alten ziehen können, als einen Freund der wissenschaftlichen Bildung überhaupt, ist aber weit entfernt, die alten Philosophen über Gebühr zu erheben; denn der christliche Glaube und das christliche Leben stünden ungleich höher, als das Wissen und Leben der alten Philosophen. Er verwirft die sklavische Nachbeterei der alten Philosophie ebenso sehr, wie die unmässige Sucht nach Neuerungen. Er sucht die Selbstständigkeit des Denkens zu wahren, ohne doch letzteres aller Schranken entheben zu wollen. Wenn er daher einerseits die Logik und Dialektik gegen die verderblichen Eingriffe der Cornuficii (ein Spottname für die sophisti-

---

1) Polycr. l. 4. c. 3. — 2) Ib. l. 3. c. 15.

schen Dialektiker und Wortkrämer) vertheidigt, so ist er andererseits doch auch nicht blind für die Fehler der alten Philosophen. So sehr er den Aristoteles als den Begründer der Logik hochschätzt [1]), so rügt er doch auch seine Irrthümer, wie z. B. dass er behaupte, die göttliche Vorsehung erstrecke sich nicht herab in die sublunarische Region, die Welt sei ewig, die Freiheit komme den geschöpflichen Wesen nicht wahrhaft zu, die Seele sei aus einer fünften Wesenheit u. s. w. [2]). Am meisten eingenommen ist er von Plato, welchen er den ersten unter den Philosophen nennt. In ihm findet er, auf die Zeugnisse der Kirchenväter gestützt, eine kaum glaubliche Uebereinstimmung mit der christlichen Lehre, besonders mit der Lehre von der Dreieinigkeit Gottes; er schreibt ihm die wahre Bescheidenheit im Forschen zu, welche die Grenzen der menschlichen Wissenschaft anerkenne; und wenn Plato auch Manches, was mit dem Glauben nicht bestehen könne, gelehrt habe, so überwiege doch das Richtige und Gute in seiner Lehre [3]).

Diesen Voraussetzungen entsprechend erklärt sich denn nun Johannes von Salisbury für eine vorsichtige Skepsis, und schliesst sich, was den von ihm einzunehmenden Standpunkt betrifft, mit Cicero den Grundsätzen der Akademiker an [4]). Er ist jedoch dabei weit entfernt, zu behaupten, dass man an Allem zweifeln müsse, und dass gar keine Gewissheit möglich sei: — eine solche Annahme gilt ihm vielmehr als widersinnig [5]). In jeder Wissenschaft gebe es gewisse unbeweisbare Sätze, welche dem Verstande von selbst einleuchten, und an welchen dieser nicht zweifeln könne, ohne sich selbst zu verläugnen. In gleicher Weise verhalte es sich mit den nothwendigen Folgerungen, welche daraus hervorgehen. An diese Grundelemente des Erkennens dürfe die Skepsis sich nicht wagen. So verhalte es sich auch mit dem Zeugnisse der Sinne, und noch in höherem Grade gelte dieses von den Wahrheiten der Religion, des Glaubens, da es hier geradezu ein Verbrechen sei, diese Wahrheiten ernstlich zu bezweifeln [6]). Nur in solchen

---

1) *Joh. Saresb.* Polycraticus, l. 7. c. 6.
2) Entheticus de dogmat. phil. v. 831 seqq. Metalogicus, l. 4. c. 27.
3) Polycraticus, l. 1, 6. l. 7, 5. 6. Enthet. v. 937 seqq.
4) Polycrat. l. 7. prol. u. c. 1. — 5) Ib. l. 7. c. 2.
6) Ib. l. 7. c. 7. Sunt enim nonnulla, quae sensus, rationis aut religionis persuadet anctoritas. Horum dubitatio infirmitatis, erroris notam habet aut criminis.... Sunt in omnibus philosophicis disciplinis quaedam prima, primitiva principia, de quibus dubitare non licet, nisi his, quorum labor in eo versatur, ne quid sciant. Nam sicut quaedam se corporeis sensibus ingerunt, ut apud sensatos latere non possint: quaedam subtiliora sunt, ut nisi familiarius adhibita et prospecta diligentius, et pertractata sint, non sentiantur: sic sunt aliqua tanta sui luce perspicua, ut latere non possint rationis aspectum, sed communiter videantur ab omnibus... Alia quaedam sunt, quae quasi quodam scrutinio indigent, et quia istorum consecutiva sunt, diligentius perscrutantem latere non possunt.

Dingen, welche weder durch die Auctorität des Glaubens gewährleistet, noch durch das Zeugniss der Sinne gesichert seien, noch aus sichern und unerschütterlichen Vernunftsätzen mit Nothwendigkeit gefolgert werden können: solle man in seinen Behauptungen nicht so dreist und rücksichtslos zu Werke gehen, sondern nach Art der Akademiker sein Urtheil zurückhalten, damit man nicht etwas als gewiss annehme, was doch nicht gewiss sei. Besonders gelte dieses in Fragen der höhern Speculation, um so mehr, da hier die Behauptungen der Philosophen gar oft Lügen gestraft worden seien [1]).

Das ist denn auch der Gesichtspunkt, unter welchem Johannes von Salisbury in seinem Metalogicus die Logik vertheidigt. Er will die Berechtigung und den Nutzen der Logik herausstellen, sie gegen die ungerechten Vorwürfe, welche dagegen erhoben wurden, vertheidigen, zugleich aber auch die übermässige Keckheit der damaligen Dialektiker in ihren Behauptungen und Folgerungen abweisen [2]). Dabei beschäftigt er sich besonders mit den verschiedenen Theorien über die allgemeinen Begriffe, welche die Dialektiker aufgestellt hatten [3]). Er wirft diesen vor, dass jeder von ihnen einen eigenen Irrthum hierüber schmiede, um sich einen Namen zu machen [4]). Er selbst schliesst sich an die aristotelische Ansicht an, die er mit einer Menge von Gründen zu stützen sucht. Wenigstens sei die aristotelische Ansicht für die Zwecke der Logik die geeignetste [5]), wenn auch freilich in dieser Sache keine volle Sicherheit zu erzielen sei, vielmehr diese Frage unter diejenigen eingereiht werden müsse, welche stets zweifelhaft sein und bleiben werden [6]).

Fragen wir nun, wie Johannes die aristotelische Ansicht von den Universalien sich zurecht legt, so beruhen ihm die Universalien darauf, dass „unser Verstand fähig ist, das vielen Gemeinsame gleichsam als ein Einzelnes hervorzuheben, und an und für sich denkend zu erfassen. Das Denken entnimmt aus der sinnlichen Anschauung den

---

1) Ib. l. 7. c. 2. Sunt autem dubitabilia sapienti, quae nec fidei, nec sensus aut rationis manifestae persuadet auctoritas, et quae suis in utramque partem nituntur firmamentis. Talia quidem sunt, quae quaeruntur de providentia, de substantia, quantitate, viribus, efficacia et origine animae; de fato, de facilitate naturae, casu et libero arbitrio, de materia et motu et principiis corporum.... de tempore et loco, de numero et oratione, de eodem et diverso, in quo plurima attritio est, de dividuo et individuo, et substantia et forma vocis, de statu universalium, de usu et fine ortuque virtutum et vitiorum, an omnes virtutes habeat, qui unam habet, an omnia peccata sint aequalia et aequaliter punienda.... de veritate et primis rerum initiis, in quibus humanum ingenium deficit, an angeli omnino sua non habeant aut qualia habeant corpora, et quae pie quaeruntur de ipso Deo, qui totius naturae rationalis excedit investigationem, et super omnia, quae mente concipi possunt, exaltatur... etc.

2) Metal. l. 1. prol. — 3) Ib. l. 2. c. 15. — 4) Ib. l. 2. c. 18. — 5) Ib. l. 2. c. 20. — 6) Vgl. Polycr. l. 7. c. 2.

Begriff, das Wesen oder die Form der Dinge; mit andern Worten: — um die sinnliche Welt denkend zu erfassen, muss die Vernunft vom Dasein im gewöhnlichen Sinne zum idealen Sein der Formen, Ideen oder Universalien aufsteigen. Die Sinne haben es nur mit sinnlichen Einzelheiten oder mit den „„ersten Substanzen"" zu thun; aber dasjenige, was die ersten Substanzen zu Substanzen, und was sie uns erkennbar macht, ihr Wesentliches, eben die Form, ist nicht minder substantiell, und wird deshalb auch „„zweite Substanz"" genannt. Und dies sind die Geschlechter und Arten, die Formen oder Ideen, kurz: die Universalien[1]). Hienach ist es klar, dass das Sein der Universalien der Art nach ein anderes sein muss, als das der einzelnen Dinge. Nicht so nämlich ist ihr Sein zu verstehen, als ob die allgemeinen Begriffe, wie Plato und Andere behauptet haben, als eine für sich abgesonderte Form bestünden: der Begriff z. B. des Menschen hat keine andere Existenz, als in den einzelnen Menschen. Gattungen und Arten sind also von den einzelnen Dingen nicht actu, d. h. der natürlichen Existenz nach zu trennen, sondern nur durch das Denken[2]). Sie haben daher ein ideales Sein, welches mit der sinnlichen Existenz nicht identificirt werden, aber auch nicht in einer fingirten idealen Welt gesucht werden darf[3]). Gerade darin erscheint die Würde unserer Vernunft, dass sie das Einfache, Begriffliche, mittelst der Abstraction von dem Sinnlichen und Zusammengesetzten trennt; darin erscheint gerade ihre Ebenbildlichkeit mit dem göttlichen Verstande, welcher jene Begriffe und Formen der Dinge von sich ausgehen liess[4])." Man kann nicht verkennen, dass diese Ansicht des Johannes von Salisbury von den Universalien ganz in jene Bahn einschlägt, welche wir früher als die rechte Mitte zwischen den beiden Gegensätzen des Nominalismus und des excessiven Realismus bezeichnet haben. Die Zeit war gekommen, wo aus dem Streite der Gegensätze die wahre Anschauung der Sache nach Inhalt und Form zugleich sich herausbilden sollte.

§. 127.

Wir haben oben gesehen, dass es dem Johannes von Salisbury überall darum zu thun ist, dem Wissen, resp. dem Streben nach Wissenschaft vernünftige Grenzen zu ziehen. Es kann daher nicht befremden, wenn er den Glauben als die Voraussetzung oder vielmehr als den Möglichkeitsgrund einer ächten und wahren Philosophie be-

---

1) Metal. l. 2. c. 20. Polycrat. l. 2. c. 18. — 2) Metal. l. 2. c. 20.
3) Ib. l. c. Universalia tamen et res dicuntur esse, et plerumque simpliciter esse, sed non ob hoc aut moles corporum, aut subtilitas spirituum, aut singularium discreta essentia in iis attendenda est.
4) Polycrat. l. 2. c. 18. Vgl. *Schaarschmidt*, Johannes Saresberiensis, nach Leben, Studien, Schriften und Philosophie, S. 324 ff.

trachtet¹). Er schliesst sich in seinen hieher bezüglichen Lehrsätzen ganz an Augustinus an. Schon in den gewöhnlichen socialen Verhältnissen der Menschen beruht alle Sicherheit des Handelns auf dem Glauben, da z. B. kein Vertrag unter Menschen würde bestehen können, wenn nicht Treu und Glaube unter ihnen herrschte. Um so mehr wird die Sicherheit des Erkennens auf dem Glauben an die göttliche Offenbarung beruhen²). Mit Demuth und Selbstverläugnung muss der Mensch die Gnade des Glaubens aufnehmen, damit er der rechten Erkenntniss theilhaftig werde³). In so fern ist der Glaube, während Sinne und Vernunft häufig irren, das erste Fundament der Wahrheit⁴). Und da der Glaube wiederum in dem Maasse erst lebendig und thätig wirkt, als der ganze Mensch sittlicher und gottgefälliger wird, so ist der höhere Fortschritt im Erkennen von der sittlichen Vervollkommnung abhängig, dergestalt, dass die Tugendhaftigkeit nach dem Glauben die weitere Bedingung ist, um zur Intelligenz zu gelangen⁵), weshalb ganz besonders die Selbstkenntniss zu empfehlen ist⁶). Und so ist denn nach Johannes von Salisbury eine wahre Philosophie nur auf der Basis des in der Tugend wirksamen Glaubens ermöglicht, woraus zugleich folgt, dass Alles, was in unsern philosophischen Resultaten dem Glauben widerstreitet, keine Wahrheit für sich in Anspruch nehmen könne⁷).

Andererseits dringt Johannes von Salisbury mit gleicher Entschiedenheit auf eine höhere ethische Richtung der philosophischen Bestrebungen. Die Philosophie muss aus der Liebe zur Wahrheit, aus der Liebe zu Gott hervorgehen; aber sie muss hinwiederum auch diese zum Zwecke haben. Wie das Gesetz und die Propheten die Liebe Gottes erzwecken, so muss auch alle philosophische Erkenntniss auf Stärkung und Erhöhung der Liebe Gottes hingerichtet sein. Denn wenn die Philosophie die Lehre von Allem enthält, um als Lenkerin allen Thaten und Worten, ja Gedanken des Menschen selbst Maass und Ziel vorzuschreiben, so ist nach Plato dieses am einfachsten so auszudrücken, dass sie die Liebe des Höchsten sei; wer durch das Philosophiren Liebe erwirbt oder vermehrt, hat dessen höchsten Zweck erreicht. Und da die Liebe Gottes nicht unfruchtbar ist, sondern den Blütenkranz der übrigen Tugenden vermöge ihrer wesentlichen Tendenz um sich zu schlingen sucht: so hat die Philosophie mittelbar auch die Förderung der übrigen Tugenden zum Zwecke. Alles, was in den philosophischen Lehren und Bestrebungen diesem Zwecke nicht dient, ist leeres Gerede, eitle Fabel⁸).

---

1) Enthet. v. 310 sqq. — 2) Metal. l. 4. c. 13. — 3) Polycr. l. 7. c. 13. Enthet. v. 931.
4) Metal. l. 4. c. 13. Et quia tam sensus quam ratio humana frequenter errat, ad intelligentiam veritatis primum fundamentum locavit (lex divina) in fide.
5) Polycr. l. 7. c. 9. c. 3. — 6) Ib. l. 3. c. 2. — 7) Ib. l. 2. c. 29. — 8) Ib. l. 7. c. 11. Metal. l. 1. prol. Enthet. v. 305 sqq. v. 419 sqq.

Wir sehen hier den Johannes von Salisbury ganz an die Lehren der Mystiker sich anschliessen, welche ja gleichfalls dem wissenschaftlichen Erkennen überall diese höhere ethische Richtung zu geben strebten. Wir werden uns deshalb nicht wundern, wenn wir ihn auch in Bezug auf die weitern Momente seiner Erkenntnisslehre an die Victoriner sich anlehnen sehen. „Die Grundlage jedwelcher Erkenntniss bildet die Sinnlichkeit. Indem wir aber die Dinge wahrnehmen, bildet sich das Gedächtniss oder die Kraft, sinnliche Bilder in der Seele festzuhalten. Daran schliesst sich wieder die Phantasie oder das Reproductionsvermögen sinnlicher Bilder, welche, beiläufig gesagt, zugleich die Quelle der Affecte und Leidenschaften ist[1]). Das Urtheil aber, welches sich auf die sinnliche Erkenntniss im Allgemeinen bezieht, heisst die Meinung, welche, je nachdem die Wirklichkeit ihr entspricht oder nicht, wahr oder falsch genannt wird[2]). Unser Denken bleibt aber auf der Stufe der Sinnlichkeit nicht stehen, sondern erhebt sich zum Idealen, aus welchem Uebergange das eigentliche Wissen und die Wissenschaft hervorgehen[3]). Unser Erkennen verdient den Namen der Wissenschaft, wenn es sich zur Wahrheit erhebt[4]). Dies geschieht mittelst der Klugheit als derjenigen Tugend des Geistes, welche auf Erforschung und Durchdringung der Wahrheit gerichtet ist[5]). Die Wissenschaft kann aber wiederum zweifacher Art sein; sie kann sich auf das Irdische beziehen — und dann heisst sie Wissenschaft im engern Sinne, und das Organ derselben ist die Vernunft[6]); oder sie bezieht sich auf geistige und göttliche Dinge, und dann nennt man sie Weisheit, welcher das Seelenvermögen des Verstandes, der höchsten Kraft der geistigen Natur, entspricht[7]). Wenn sich der Mensch durch die Vernunft überhaupt vom Thiere unterscheidet, so bekundet der Verstand wiederum seine göttliche Abkunft und himmlische Bestimmung[8])." Was die Vernunft durch ihre Thätigkeit für den Verstand vorbereitet hat, das eignet sich dieser zu, um den Schatz der Weisheit in seinem Schoose anzuhäufen, und so mit Hilfe der göttlichen Gnade zum Genusse des Ewigen emporzusteigen[9]).

Was ferner die theologische Lehre des Johannes von Salisbury

---

1) Metal. l. 4. c. 10. Polycr. l. 2. c. 18. — 2) Metal. l. 4. c. 11. — 3) Polycr. l. 2. c. 18. — 4) Metal. l. 4. c. 14. Polycr. l. 2. c. 18. — 5) Metal. l. 4. c. 12.

6) Ib. l. 4. c. 12. Ex his patet, quod quum de sensu imaginatio, et ex his duobus opinio, et ex opinione prudentia nascatur, quae in scientiam convalescat, quod scientia de sensu trahit originem.

7) Ib. l. 4. c. 13. — 8) Polycr. l. 2. c. 2. vgl. *Schaarschmidt* a. a. O. S. 299 ff.

9) Metal. l. 4. c. 18. Intellectus assequitur, quod ratio investigat: siquidem in labores rationis intrat intellectus, et sibi ad sapientiam thesaurizat, quod ratio praeparans acquisivit. Est igitur intellectus suprema vis spiritualis naturae, quae humana continens, et divina penes se causas habet omnium rationum naturaliter sibi perceptibilium. c. 19.

betrifft, so hält er sich mit Beweisen für Gottes Dasein um so weniger auf, als es ihm wahnsinnig erscheint, Gott zu läugnen ¹). Gleichwohl deutet er seine Ueberzeugung an, dass das kosmologische, auf Grund des Causalitätsgesetzes sich vollziehende Argument trotz aller Gegenrede stringent sei ²), und nicht minder scheint ihm die zweckvolle Einrichtung der Welt von der Weisheit und Güte des Schöpfers Zeugniss abzulegen ³). Viel grösseres Gewicht aber, als auf dergleichen Betrachtungen, legt er auf den lebendigen Glauben an Gott, welcher das eigentliche Fundament der Religion bildet⁴). Gott muss also gläubig anerkannt werden und alle Wahrheitsforschung im Grunde sich auf ihn beziehen, jedoch so, dass die Unergründlichkeit seiner Weisheit, welcher der menschliche Vorwitz nicht gewachsen ist, dabei vorausgesetzt wird ⁵). Namentlich ist die Dreieinigkeit Gottes ein für unsere Vernunft undurchdringliches Mysterium ⁶).

§. 128.

Die weltschöpferische Thätigkeit Gottes ist auf den freien göttlichen Willen zu reduciren ⁷). Gott schafft in seinem Ebenbilde, dem eingebornen, coäternen Sohne, von Ewigkeit her die Gründe der Dinge als eine ihm immanente Ideenwelt⁸), welche dann in stetiger Weise und bestimmter Ordnung der Weltlauf zur materiellen Erscheinung bringt ⁹), dergestalt, dass Gott, ohne sich in die Veränderung der Zeitlichkeit einzumischen, von Ewigkeit her denselben vorausbestimmt hat ¹⁰). Die Welt, diese Verwirklichung jener ersten idealen Schöpfung, ist daher ein dem Wechsel der Zeiten unterworfenes Bild des göttlichen Wesens selbst ¹¹), indem Gott, sich Alles ähnlich zu machen trachtend, seine Güte den Dingen so weit einprägt, als dieselben zu deren Aufnahme und Darstellung überhaupt fähig sind ¹²). Ein Gott der Liebe ist er wegen seiner höchsten Weisheit auch ein Gott der Ordnung ¹³); aber

---

1) Enthet. v. 488.
2) Polycr. l. 3. c. 8. Proinde et haec ipsa contingentia primaevae omnium causae sic constat esse annexa, ut ad eam omnia referantur; et pro mea opinione haec ipsa ad positionem omnium quae sunt, necessario consequatur.
3) Metal. l. 4. c. 41.
4) Polycr. l. 7. c. 7. Est autem unum omnium religionum principium, quod pietas gratis et sine ulla probatione concedit, Deum scilicet potentem, sapientem, bonum, venerabilem et amabilem esse.
5) Polycr. l. 2. c. 22. — 6) Ib. l. 2. c. 26. Enthet. v. 705. — 7) Polycr. l. 2. c. 12. — 8) Metal. l. 4. c. 36. — 9) Polycr. l. 2. c. 21. Enth. v. 601 sqq. — 10) Polycr. l. 2. c. 21. — 11) Enth. v. 1021 sqq.
12) Metal. l. 2. c. 20. Voluit enim Deus cuncta similia sui effici, prout natura cujusque ex divinae dispositionis decreto capax bonitatis esse poterat, et sic facta sunt approbante Deo opifice rerum cuncta quae fecerat, valde bona.
13) Enth. v. 331 sqq. v. 580 sqq.

diese Ordnung ist nicht mit den Stoikern als ein blindes Fatum zu betrachten, da Gottes ewiger Rathschluss die Beweglichkeit der veränderlichen Dinge und insbesondere die menschliche Freiheit nicht ausschliesst[1]). So schwierig es auch ist, Gottes Allwissenheit und Allmacht mit der menschlichen Freiheit zusammenzudenken, so dürfen wir uns doch nicht davon abhalten lassen, Beides zusammen bestehen zu lassen[2]); wir müssen uns in dieser Hinsicht bei der Unzulänglichkeit unserer Vernunft mit der Aussicht auf die Zukunft trösten, welche allen Zweifel stillen, alle Wunder enthüllen wird[3]).

Die Seele ist ein ihrer Natur nach einfaches Sein; sie ist frei von aller irdischen Vermischung, durchdringend, beweglich, unsterblich. Was ihre Vermögen betrifft, so sind selbe nicht blos ein einziges Vermögen, welches etwa nach verschiedenen Richtungen in verschiedener Weise thätig wäre, sondern wir haben in der Seele eine Mehrheit von Kräften zu unterscheiden[4]). Die Seele ist das Leben des Körpers; das Leben der Seele dagegen ist Gott. Wie der Körper stirbt, wenn ihn die Seele verlässt, so hat auch die Seele kein wahres Leben mehr, wenn Gott sie verlässt[5]). Gott wirkt in unserer Seele nicht nur Erleuchtung unserer Vernunft, welche nothwendig ist zur Erkenntniss der Wahrheit, sondern auch die Glut der Liebe, durch welche wir mit ihm vereinigt und zur rechten Tugendübung befähigt werden[6]). Wenn alle Dinge durch Theilnahme an dem göttlichen Wesen das sind, was sie sind, so liegt die Würde des Menschen gerade darin, sich Gottes bewusst zu sein, und durch dessen Gnade mit ihm als dem Urquell der Wahrheit und Liebe unmittelbar verknüpft zu werden[7]). Das höhere sittliche Leben der Seele ist also dadurch bedingt, dass sie der göttlichen Einwirkung sich erschliesst, sich Gott hingibt, Gott gehorsam ist in Allem. Je weniger die Seele Gott gehorcht, desto weniger lebt sie. Aber die höchste Stufe des Lebens erreicht sie, wenn Gott sie vollkommen besitzt, wenn er und er allein in ihr herrscht, wie solches im jenseitigen Leben stattfinden wird[8]). Dies ist die Glückseligkeit in Gott, welche die Endbestimmung des Menschen ausmacht, und zu welcher die Tugend der einzige Weg ist[9]). Die Tugend kann aber nur durch beständigen sittlichen Kampf errungen werden[10]), zu dessen Durchführung wiederum die göttliche Gnade unumgänglich nothwendig ist; denn da in Folge der

---

1) Polycr. l. 2. c. 20. c. 26. — 2) Ib. l. 2. c. 26. — 3) Ib. l. 5. c. 3. Vgl. *Schaarschmidt* a. a. O. S. 327 ff. — 4) Met. l. 4. c. 20. — 5) Enth. v. 1818 sqq. — 6) Polycr. l. 3. c. 1. l. 5. c. 3. Enth. v. 1012. — 7) Enth. v. 641 sqq. — 8) Polycr. l. 3. c. 1.

9) Polycr. l. 7. c. 8. Una tamen est omnibus via proposita, sed quasi strata regia, scinditur in semitas multas. Virtus ergo felicitatis medium est, felicitas virtutis praemium.

10) Enth. v. 877 sqq.

Sünde die Sinnlichkeit im Menschen das Uebergewicht hat, so muss die Gnade hinzukommen, um unsern Willen zu heben und zu kräftigen im Kampfe gegen die Sinnlichkeit ¹).

Wenn das Wesen des Lasters in der Masslosigkeit, so besteht dagegen das Wesen der Tugend darin, Mass zu halten ²), und wenn alle Fehler von der Selbstüberhebung, vom Hochmuthe kommen, so ist die Mutterstätte der Tugend in der Demuth zu suchen ³). Den Eigenwillen müssen wir ablegen und in allen Stücken Gott die Ehre geben ⁴). Das Eine aber, was wir nie zu viel haben können, ist die Liebe gegen Gott ⁵), aus welcher, wie die vier Flüsse des Paradieses, die vier Cardinaltugenden und mit diesen alle andern hervorgehen ⁶). Aus der guten sittlichen Gesinnung muss jedoch auch die That hervorgehen; Gott ist nicht blos durch den Affect der Liebe, sondern auch durch werkthätige Ausübung derselben zu verehren ⁷). Denn die Ausübung der Tugend allein macht den Menschen wahrhaft frei, wie ihn der Sündenfall in die Knechtschaft gestürzt hat ⁸). Und die Erlangung dieser innern geistigen Freiheit müssen wir ja als das höchste Ziel betrachten, welches wir in dieser Welt erreichen können ⁹).

Der Staat ist ein durch göttliche Wohlthat belebter und nach Vernunft und Gerechtigkeit geregelter Organismus, in welchem das Gesetz zu herrschen hat, dessen Seele die christliche Priesterschaft, dessen Haupt der Fürst, dessen Glieder die Stände der Staatsbürger bilden ¹⁰). Das Gesetz ist der politische Ausdruck der Gerechtigkeit ¹¹), ein Bild des göttlichen Willens, Wächter der Sicherheit, Vereinigung der Völker, Regel der Pflichten, Tilgungsmittel des Bösen, Strafe der Gewaltthätigkeit und jedweder Uebertretung ¹²). Diejenige Gesetzgebung ist also die vollkommenste, welche sich an das göttliche Wort anschliesst, wenigstens demselben nicht zuwider läuft. Während der Priesterschaft dasjenige obliegt, was auf die Leitung der Seelen Bezug hat, ist dagegen der Fürst der Träger der materiellen Machtübung ¹³). Der Wille des Fürsten darf dem Gesetze nicht zuwider, sondern muss mit ihm gleichen Inhaltes sein. Denn das ist eben der Unterschied des wahren Fürsten und des Tyrannen, dass der erstere sich nicht für los von dem Gesetze ansieht, sondern vielmehr seine Aufgabe darein setzt, dem Gesetze Geltung und Achtung zu verschaffen ¹⁴), während der letztere eine auf Ehrgeiz beruhende Willkür- und Gewaltherrschaft

---

1) Polycr. l. 2. c. 20. Enth. v. 227 sqq. v. 265.
2) Polycr. l. 3. c. 3. Omnis enim virtus suis finibus limitatur et in modo consistit. Si excesseris, in invio es, et non in via.
3) Polycr. l. 7. c. 13. Enth. v. 931. — 4) Polycr. l. 7. c. 22. — 5) Ib. l. 7. c. 11. — 6) Ib. l. 5. c. 3. — 7) Ib. l. c. — 8) Ib. l. 7. c. 25. — 9) Ib. l. 3. c. 9. — 10) Ib. l. 5. c. 2. — 11) Ib. l. 4. c. 2. — 12) Ib. l. 8. c. 17. — 13) Ib. l. 4. c. 3. — — 14) Ib. l. 4. c. 2.

führt; weshalb es erlaubt, ja rühmlich ist, ihm mit gleichen Waffen gegenüber zu treten und ihn durch List oder Gewalt zu stürzen [1]).

So viel zur Charakteristik der Lehre des Johannes von Salisbury. Mit ihm schliessen wir die erste Epoche der mittelalterlichen Speculation ab. Wir sehen, es ist in dieser Epoche für die Gesammtentwicklung der christlichen Speculation ein grossartiger Anfang gemacht. Der Grund ist gelegt, die Bahn geebnet; nun konnte, wenn die Zeitverhältnisse günstig waren, aus diesen Anfängen ein herrlicher Fortschritt sich gestalten. Aus dem Senfkorn konnte ein grosser, blüten- und fruchtreicher Baum hervorwachsen. *Dass* dieses wirklich geschah, und *wie* dieser Fortschritt sich gestaltete, wird uns die folgende Epoche zeigen.

---

[1]) lb. 1, 7. c. 17. l. 3. c. 15. l. 8. c. 20. vgl. *Schaarschmidt* a. a. O. S. 337 ff. S. 346 ff.

www.ingramcontent.com/pod-product-compliance
Lightning Source LLC
Chambersburg PA
CBHW022137300426
44115CB00006B/226